中国科普研究所科幻研究丛书

中国科幻发展年鉴 2024

吴　岩　陈　玲　主　编
姚利芬　三　丰　副主编

中国科学技术出版社
·北　京·

图书在版编目（CIP）数据

中国科幻发展年鉴 . 2024 / 吴岩，陈玲主编；姚利芬，三丰副主编 . -- 北京：中国科学技术出版社，2024. 12. --（中国科普研究所科幻研究丛书）.

ISBN 978-7-5236-1087-9

Ⅰ. G124-54

中国国家版本馆 CIP 数据核字第 2024XY8513 号

策划编辑	王卫英
责任编辑	王卫英
封面设计	中文天地
正文设计	中文天地
责任校对	吕传新
责任印制	徐　飞

出　　版	中国科学技术出版社
发　　行	中国科学技术出版社有限公司
地　　址	北京市海淀区中关村南大街 16 号
邮　　编	100081
发行电话	010-62173865
传　　真	010-62173081
网　　址	http://www.cspbooks.com.cn

开　　本	710mm × 1000mm　1/16
字　　数	556 千字
印　　张	34.5
版　　次	2024 年 12 月第 1 版
印　　次	2024 年 12 月第 1 次印刷
印　　刷	涿州市京南印刷厂
书　　号	ISBN 978-7-5236-1087-9 / G · 1068
定　　价	168.00 元

前　言

科幻不仅是科技创新的前瞻性探索，也是文化表达的重要形式，它通过构建虚拟世界和设想未来情景，激发了公众对科学的兴趣与热情，同时也推动了相关领域的创新和进步。《中共中央关于进一步全面深化改革 推进中国式现代化的决定》提出，应“探索文化和科技融合的有效机制，加快发展新型文化业态”。科幻作为文化与科技融合的产物，能够良好响应上述期望，发挥想象力的作用，探寻未来科技和社会发展的多种可能性。

科幻在文化的土壤中生根发芽，在科技的发展中接受滋养，既是我国国家文化软实力的展现，又反映出当前社会对科技时代变革的理解与想象。在深入实施科教兴国战略、建设科技强国的背景下，《全民科学素质行动规划纲要（2021—2035 年）》《关于新时代进一步加强科学技术普及工作的意见》《“十四五”国家科学技术普及发展规划》等文件相继出台，国家综合国力稳步增强、科技创新不断突破，中国科幻日益蓬勃发展，呈现出欣欣向荣的行业生态，持续开掘新的潜力，创造新的价值。

2023 年，“科幻 +”赋能作用进一步增强。科幻早已超出文学艺术领域，以自身强大的渗透力，成为跨行业、跨文化、跨领域融合创新的重要载体。科幻阅读、影视、游戏稳步发展，科幻中短视频、周边衍生品、文旅、剧本娱乐等多种业态活力迸发。以创意带动产业，产业反哺事业，不断塑造发展新动能、新优势，激发社会创新创造活力。

《中国科幻发展年鉴》自 2020 年起每年一编，近距离地记录当年中国科幻行业的发展情况，现已初步构建起一套切实可行的研究框架。本年鉴依托过往经验，延续了“综述、专论、资料”的编写框架。在综述板块，以创作综述，产业综述，研究、译介、教育、活动及艺术综述为分类体系，汇总了 2023 年我国科幻发展的总体情况，力图概览中国科幻行业发展图景。在此基础上，随着中国科幻拥抱时代、吐故纳新的成长，本年鉴在专论板块多点切入，关注科幻 IP 的多形式改编，对科幻产业的科技支撑、版权保护等议题予以关注，同时观察科幻创作新风向，纳入对“国风科幻”的考察。

2023 年，中国科幻平稳发展，多处开花。科学技术的前沿创新、文化艺术的多元繁荣，以及社会各界对于科幻行业的支持，都为中国科幻的不断推进贡献了力量。本年鉴以点带面、以小见大，所涉资料品种纷繁、数量庞大，梳理工作恐有疏漏，敬请各位专家学者、行业人士批评指正。

本年鉴的编写发行，建立在中国科幻行业持续发展的基础上，是科幻研究者、科幻从业者、科技工作者共同奋斗的见证，也是各位参与撰写年鉴的专家学者们学术成果的结晶，在此向本年鉴成书期间提供过帮助的各界同人表示衷心感谢。

鉴古而知今，彰往而察来。愿本年鉴为将来的相关研究提供微末助力，为前方的科幻发展留存点滴渊源，成为中国科幻脚踏实地、跬步向前的事实依据。百尺竿头，更进一步，我们明年再见！

王　挺

2024 年 8 月

目录

Contents

上篇·综述部分

▲ 科幻小说创作综述

年度长篇科幻小说创作综述 / 彭 超 003

年度中篇科幻小说创作综述 / 杨 琼 014

年度短篇科幻小说创作综述 / 闫进芳 林雪琪 024

年度少儿科幻创作综述 / 崔昕平 034

年度网络科幻小说创作综述 / 鲍远福 孟正皓 046

▲ 科幻产业发展报告

年度科幻阅读产业发展报告 / 柏毅恒 069

年度科幻影视产业发展报告 / 刘宇坤 韩贵东 张子瑞 083

年度科幻中短视频产业发展报告 / 张子瑞 113

年度科幻游戏产业发展报告 / 孙佳山 吴彧斐 何 婷 144

年度科幻衍生品产业发展报告 / 刘启航 柯昊纯 158

年度科幻文旅产业发展报告 / 王嘉诚 李 珂 189

年度科幻剧本娱乐产业发展报告 / 周天行 210

▲ 科幻研究、译介、教育、活动及艺术综述

年度科幻研究综述 / 朱钰婷 226

年度英语科幻作品翻译引进综述 /
李　琴　吴馨玉　白东子　250
年度非英语科幻作品翻译引进综述 / 陈　瑶　269
年度科幻文学外译情况综述 / 李　振　王雷宏　279
年度中小学科幻教育综述 / 周　群　291
年度科幻展览综述 / 陈　娱　306
年度科幻活动综述 / 柏毅恒　321
年度科幻艺术创作综述 / 陈　娱　曾乙文　344

中篇 · 专论部分

赋科幻于有形：国产电视剧《三体》视觉特效及 CG 动画的创意表达与技术解析 / 陆贝珂　363
2023 年中国科幻知识产权保护与发展新态势 /
崔　莉　崔灵珺　386
《云身》：学科交融的风景 / 陈跃红　408
近年中国科幻小说的“或然历史”想象及其美学建构 /
詹　玲　416

下篇 · 资料部分

2023 年科幻图书目录 / 河　流（笔名）　431
2023 年重要原创科幻小说梗概 / 游　者（笔名）　454
2023 年代表性国产科幻影视作品梗概 / 闫进芳　500
2023 年中国科幻大事记 / 河　流（笔名）　520
2023 年主要科幻奖项及获奖名单 / 柏毅恒　525
2023 年 CSSCI 来源期刊科幻论文名录 / 朱钰婷　535

科幻

上篇·综述部分

▲ 科幻小说创作综述

年度长篇科幻小说创作综述

彭　超

一、年度概况与主要作品

本文主要观察对象为2023年出版的8万字以上的中文科幻小说。2023年，中文长篇科幻小说整体发展态势良好，保持较高创作水准，涌现出不少佳作，也呈现出一些新的变化。根据中文科幻数据库（CSFDB）的统计数据，从数量上来看，全年出版长篇科幻小说共计100多部，大致与2022年持平。

从创作内容上看，2023年长篇科幻小说呈现出以下特点：一是"元宇宙"题材的热度不减，并出现质量相当不错的作品，呈现出本土化创作特色；二是人工智能题材成为新的增长点，涌现出近年来少有的重磅作品；三是越来越多的作品聚焦我国前沿科技发展，展示出文化自信；四是出现跨媒介写作，并且作品影视化风格逐渐突显；五是哲理性思考成分增加，让作品更具深度。

从作者分布来看，既有成熟作家，如江波、萧星寒、刘洋等，均有新作发表；又有新人作者，比如汪小海、王莹、文禾谷等，展示出创作潜力。中文原创科幻小说的出版渠道多元，除了国内的出版社，一些国外的出版社也在关注中文科幻作品，比如新加坡南洋出版社推出了寒山的《曜变天幕》。

年度主要作品有刘洋的《井中之城》、严曦的《造神年代》、江波的《天帆》、萧星寒的《逐日：空间太阳能电站档案》、吟光的《港漂记忆拼图》、谭钢的《伯劳与荆棘》、鲁般的《班的猫》、阿缺的《爱、时光和大怪兽》等。这些作品综合体现出2023年长篇科幻小说的发展特点。其中，刘洋的《井中之城》和严曦的《造神年代》是不容错过的年度重磅作品，分别在不同题材上代表着近年来的高水准创作，将在后文进行更为详细的论述。

二、“元宇宙”题材热度不减，呈现本土化特色

在经历2021年、2022年的热闹后，“元宇宙”这一概念仍受到资本的关注，在长篇科幻小说领域，依然保持着一定热度。尽管已出版的“元宇宙”相关作品，从技术设想和内容框架上尚未超越经典赛博朋克所达到的高度，但是我们已经欣喜地看到这一题材呈现出本土化特色。2023年，关于虚拟世界的描写，更多地与现实世界形成参照，并出现刘洋的《井中之城》、碳基处理器的《世界簇漫游指南》等多部作品。其中，刘洋的《井中之城》带来很大惊喜。

《井中之城》是《火星孤儿》的续作，采用“科幻＋推理”的写作手法，以现实中国城市为想象空间，以物理学理论为想象框架，关注现实社会问题，引领读者进入未来奇妙世界。在井式结构的城市中，普通快递员张亮的一场奇遇，揭开未来之城的多重隐秘。小说有宏大的空间构想，第一层空间是元宇宙，也是张亮生活的城邦，用现实主义的笔法勾勒出城邦的历史与现状。这个城邦从上古时代、魔神时代、阱化时代发展到孤岛时代，与人类文明发展进程产生某种对应关系。第二层空间是现实世界。由于外星人入侵，现实人类世界已经崩溃，人类将意识上载到网络中。人类肉身已经被解构，取而代之的是机器身体；元宇宙中的人类意识可以与机器身体结合。第三层空间是宇宙。宇宙中的二维生物占领地球，促使人类进行意识上载，元宇宙出现。《井中之城》的核心设定是人类将意识上载到电子之中，任何元素都可以单独形成一座城市，每座城市都是一个完整的元宇宙。“井中之城”是建筑在原子上的袖珍城市，城中的一切都受到物理规律的限制，同时，城中的许多元素与人类生存的现实世界有着对应关系。比如，电子在特定能级轨道之间跃迁，这与人类在不

同阶级之间跃迁，所凭借的物品极其相似，金钱是电子跃迁的能量。小说在叙事技巧上，开篇陆续制造悬念，抛出科幻设定，例如张亮所在的城市建设在类似于井的地方，城市天空存在无法突破的无形界限，城市地下管道中的子弹会反弹，主人公每到零时就会被自动传送到家，闯过三关骰子游戏就能登上“升仙台”离开井中之城。这些科幻设定在谜底揭开时，成为被解释的谜题，作者用物理学知识详细解释小说前半部分提出的设定，让读者产生醍醐灌顶的阅读快感。作为一部元宇宙题材的作品，小说也关注到元宇宙失控带来的挑战，比如以张亮为代表的“魔神”（来自真实世界的人类）在自己设计的元宇宙中，沦为社会底层边缘人士，生活备受压迫。

中文在线主办的“首届全球元宇宙征文大赛”获奖的作品有多部出版，该项比赛旨在以优质科幻 IP 加速元宇宙内容世界的繁荣。其中，碳基处理器的《世界簇漫游指南》由中译出版社于 2023 年推出。该作品讲述在未来世界，虚拟现实技术成熟，人类可以借助机器，让意识穿梭于形态各异的虚拟世界，这种技术被称为“世界簇”。《卞和与玉》《赛博遗产》《死者长鸣》《铁镜面孔》这四部作品将由四川大学出版社于 2024 年推出，留待以后做具体分析。

三、人工智能叙事的涌现

2022 年年底，ChatGPT 发布，迅速在社交媒体走红，并吸引大量用户注册使用。人工智能技术以这样一种出人意料的方式进入大众视野，并引起诸多讨论，尤其是人工智能的伦理问题。人工智能是经典科幻题材，2023 年，与人工智能相关的科幻作品有严曦的《造神年代》、何明瀚的《恒星异客 2：人工智能危机》等。其中，严曦的《造神年代》让人眼前一亮，引人关注。

作为国内近年来少有的、描写人工智能的重磅级长篇科幻作品，《造神年代》聚焦于技术奇点到来的那一刻，以逻辑严密、细节扎实的技术构想，描绘出人工智能觉醒的技术演化路线，并探讨人工智能的发展给人类社会带来的变化。小说将故事设定在近未来，描绘了两大超级人工智能“万国宝”和“古歌”的自我意识“觉醒”过程以及彼此之间的博弈。“万国宝”是阿理集团上线的一款人工智能翻译软件，它原本是服务于阿理集团的国际网购平台，让全世界使用不同语言的人可以无障碍沟通。在中美对抗的大背景下，“万国宝”是作为“古歌”的人工智能翻译软件的替代方案而产生的。按照人工智能的发展逻辑，从弱人工智能到强人工智能，再到超级人工智能，遵循着进化论的演化路径。在以往的科幻小说中，绝大多数描述的是“技术奇点”到来之后发生的故事。《造神年代》的不同之处在于，它聚焦于“奇点”是如何到来的，花费大量笔墨来解释超级人工智能是如何进化而成的，将技术原理抽丝剥茧般娓娓道来，很有真实感。小说用长达两章的篇幅，特意安排设计师或曰“造神者”图海川用演讲的方式，详细讲述其设计过程，甚至让人觉得顺着小说的思路去推进，真的有可能出现“万国宝”这样的超级人工智能。新生的“万国宝”从“混沌”状态到逐渐“开窍”，这种“开窍”伴随的是对三个问题的回答，这三个问题分别是“你是谁”“你想要什么”“为什么”。与人工智能的“超人”能力相比，人工智能的自我意识是更值得关注的议题。一旦人工智能拥有对自身系统的反思能力，就有可能改进自身系统，创造新规则。语言作为中介，使人工智能拥有自主意识得以成为可能。“万国宝”作为翻译软件，从人类的语言中直接获取养分，理解并模拟人类的思维方式，学习用隐喻来表达抽象概念，这让自我意识的产生成为可能。它对前文三个问题的回答，像是新生儿从“混沌”状态，逐渐学会表达一切，并进行反思，进而“开窍”，完成了迭代升级。这或许就是人工智能的生存演化路径。

随着研发技术的进步，人工智能已经渗透到人类生活的各个领域，甚至有赶超人类的趋势。换言之，人类正处于历史的转折点上。随着人工智能越来越自主，人类对它的监控和干预将变得越来越困难。一旦人工智能拥有自我意识，那么对于人类而言将非常具有挑战性，因为它有可能像“万国宝”那样，按照自己的自由意志行事，义无反顾地做它喜欢的事情，即使这些事情可能危及人类，它也在所不惜。更值得人类关注的是，一旦人工智能拥有拟人化的情感、欲望和价值，可能更为危险，带来更多的冲突，如同人类的欲望与价值观产生冲突。奇点降临之后，人类的生活将会发生怎样的新变？迎接人们的是乌托邦还是“恶”托邦？这些问题都值得继续思考。

四、聚焦前沿科技，展示文化自信

科幻的发展与国家综合国力、科技水平高度相关。2023年10月18日至22日，以“共生纪元”为主题的第81届世界科幻大会在成都举行。中国科幻的发展受到越来越多的关注，这与中国科技的高速发展密不可分。正如《流浪地球》系列导演郭帆在媒体撰文所言：“强盛的国家才能托举起强大的科幻产业。”[1] 近年来，长篇科幻小说越来越聚焦前沿科技发展，展望中国式现代化的广阔未来，展示出强大的文化自信。2023年的突出代表是江波的《天帆》和萧星寒的《逐日：空间太阳能电站档案》。

江波的《天帆》是太空题材，想象在不远的未来，中国在太空中建成巨型太空电站工程“天帆一号”，引来外星飞船降临，中国人与外星人相遇，进而寻找宇宙的“终极答案”。基于当下航天科技高速发展的时代背景，小说大胆展开科技推想，“天帆一号”携带着一个能够探索宇宙奥秘的“量子边界望远镜”装置，这个装置能探测到遥远宇宙中的引力波，这代表着前沿科技的发展，人类在探索宇宙终结真理的道路上迈出重要一步。小说的创作受到阿瑟·克拉克《与罗摩相会》的启发，解答“人类为什么没有见过外星人”这一问题。江波认为，类似“天帆一号”这样的行星级工程，是触发星际交流的契机。作为行星级文明标志的大型工程“天帆一号”，把外星人引来的构思是小说的精彩之处。《天帆》刻画技术细节，构建四种技术奇观，分别是太空电站（包括地面接收站）、外星超级飞船与人类太空母舰、外星飞船内部的“数字溶洞”及“万神殿”。空间太阳能电站由“发”“送”“收”三部分组成，即太阳能发电装置、能量转换和发射装置、地面接收和转换装置。“天帆一号”的太空电站和设置在赤道的地面接收站是宏大工程，塑造出技术的崇高感。关于外星飞船的想象，重点在于描述外星飞船形态，致敬阿瑟·克拉克的“罗摩飞船”。小说在中美竞争和绿色能源的背景下展开，“天帆一号”的建成使用，重塑全球经济地图，也让中美关系面临考验。当未知的外星飞船出现在地球轨道上时，人类面临着巨大挑战，全球范围的反应极为复杂，不同情绪与策略相互交织，国际动态波谲云诡。面对外星文明，社会各界反应各异：沉着应对有之，制造恐慌有之，好奇疯狂有之。在全球危急时刻，江晓宇和他的同事们挺身而出，站在与外星文明接触的前线，他们的勇气、担当、智慧与牺牲精神，体现出中国气派和民族精神。作为太空神秘主义作品，《天帆》在展示外星文明的神秘与强大时，也让人类反思自身的渺小；在感受外星文明带来的震撼与敬畏时，也不放弃人类对宇宙和未来的乐观追求。

萧星寒的《逐日：空间太阳能电站档案》围绕中国空间太阳能电站，生动讲述我国老中青三代科学家为祖国能源安全与未来发展而殚精竭虑的动人故事，将中国空间太阳能电站前沿科技与中国的大国担当有机融合在一起。空间太阳能电站被认为是新一代绿色能源解决方案，当下，世界航天强国都在积极布局空间发电站的理论研究与实践探索。我国提出两个有代表性的空间电站方案，并建设两个相关的实验基地，即重庆璧山空间太阳能电站实验基地和西安电子科技大学“逐日工程”地面验证系统。《逐日》就是以重庆和西安这两个团队及其工作为原型，在现实中刚刚启动的研究，在小说中就已经成为现实。在小说的上半部分，2028 年，重庆和西安这两个走不同技术路线的团队竞标，争夺代表中国竞逐空间太阳能电站国际标准的资格。在两个团队激烈竞争的过程中，老一辈科学家发扬伟大的民族精神，将祖国利益置于个人利益之上，关心并支持年轻一代科学家的成长；而青年科学家受到老一辈科学家精神的感召，踔厉奋发、勇毅前行，挑大梁、担重任、当主角，顺利完成祖国赋予他们的任务与使命。在小说的下半部分，2049 年，中国援建非洲，为全球做出能源方面的贡献。在上半部分还是青年科学家的夏涵已经成长为中流砥柱，作为总设计师被派往非洲博茨瓦纳共和国，负责“逐日工程 – 马卡迪卡迪项目”的实施。“马卡迪卡迪号”是中国空间太阳能电站的第一个海外项目，将对解决博茨瓦纳共和国的能源问题并促进经济社会发展起到重要推动作用。通过与非洲国家的合作，中国得到更多国际认可和尊重，彰显了中国的大国担当，在国际社会树立了积极形象，提升了国际影响力。在叙事技巧上，小说在上下部分，分别加入谍战和政变因素，通过“科幻 + 谍战”“科幻 + 政变”的写法，将科幻元素与通俗文学元素相结合，让故事更为曲折复杂，对于读者而言，充满悬念与吸引力。

从世界发展进程来看，科幻的“黄金时代”往往也是科技飞速进步的时期。中国科幻的崛起，某种程度上也是中国迈入新时代，尤其是科学研究进入硕果期的生动写照。科技发展为科幻提供肥沃土壤，反过来，科幻作品中的有些设想已经成为现实，有些正在扎实推进。我们有理由相信，会有越来越多的长篇科幻小说展现中国实力强大、文化自信的大国形象。

五、跨媒介写作与影视化风格

在“科幻产业”的大旗下，长篇科幻小说正在将目光投向文字文本之外，试图在影视、漫画、剧作、剧本杀等跨媒介领域进行创作，探索新的创作模式。这主要体现在两个方面：一方面是出版的作品本身是跨媒介叙事，比如吟光的《港漂记忆拼图》；另一方面是科幻小说具备被改编为影视剧的风格，比如王元的《外星人与赞美诗》、分形橙子的《地球众神：亡者归来》等。

吟光的《港漂记忆拼图》以香港的文化想象和“港漂”的记忆为基底，将科幻与昆曲相结合，尝试融合昆曲、音视频、纸质图书、剧本杀等不同媒介，进行交互式、跨媒介、沉浸式的创作实验探索。作品致力于文体和叙事方式上的先锋探索，采用“分布式叙事”的新型叙事策略，在作品开头提供三个不同的二维码，通过扫描书中的二维码，引导读者通往文字之外的世界。篇首曲是扫码聆听音频——有声音乐唱诵《挖心术》，内容是对部分章节浓缩的多人艺术朗诵与即兴演唱，供读者在阅读之前建立观感。序幕是扫码观看视频——跨媒介剧场《未境之像》，由中国美术学院创新设计学院媒介与交互研究所打造，剧情是对小说的补充或衍生，采用新媒体展演、音画交互、空间叙事、影像装置、全景视频等多种形式，为读者提供视觉刺激，延展想象力。声音景观是扫码聆听音频——昆曲声音作品《荒·生》，由昆曲表演艺术家等创作，让读者在阅读过程中播放陪伴，走向机械生命、自然山水与游吟诗人交融的后人类世。正文部分是小说文本《港漂记忆拼图》，从科幻的角度阐述港漂群体的情感模式与生存状态，前七章由五个视点人物出发，加入科幻设定，不断进行解构和反转，第八章模仿昆剧说书人的判词，第九章模拟人物进入剧本杀，翻转视角重看故事，提供多重视角来理解作品。在篇尾曲部分，再次提供二维码，可以扫码聆听音频——音乐札记《救赎》，概述剧情因果及抒情呓语，供读者在阅读完成后回味。二维码打开的数字空间与纸质图书构成的文本空间形成特殊的对话关系，既能够通向未来的科幻空间，也能通向悠远的历史遗存，比如带领读者进入昆曲的艺术世界。正文部分在叙事方式上，采用多人第一人称视角叙事，带领读者从不同视角、不同立场去观察和思考世界，体验到不同视角之间的交互。这种创作需要注意的是，如何让多种媒介真正融合起来，让多媒体参与小说的文本叙事，承担叙事功能，并保持叙事风格的总体性。

王元的《外星人与赞美诗》将科幻设定融入荒诞喜剧的外壳，讲述人类与外星人的接触，颇有喜剧科幻片《疯狂的外星人》的味道。大学教师孙旭遭受打击，在投河时被外星人救起，外星人与孙旭探讨诗歌的最后的表现形式。因为外星人，诗歌受到人们的推崇，孙旭成为社会关注的焦点，享受到流量的红利，并从讲师破格提拔为教授，诗集也迅速出版，成为畅销书。孰料事情朝着不可控的方向发展，地球管理者认为外星人带来危机，地球正在遭受前所未有的破坏。作品充满黑色幽默，冲突与荒诞贯穿整个故事，一地鸡毛的现实生活与地球文明的尽头并置，其中对诗歌的探讨让作品又多了一重思考。

分形橙子的《地球众神：亡者归来》以科幻神话的形式虚构了众神时代与人类文明的对峙，很容易让读者联想到美剧《美国众神》，或者《光明王》《科魔大战》等类型的作品。在小说设定中，远古众神都是真切存在的，众神之战一直延续到现在。莫特作为远古神灵之一，找到改写历史的方法，将希腊神话、巴比伦塔传说、北欧诸神等传说中的众神复活，试图摧毁人类文明，重返众神时代。人类文明的守护者肖恩、沈晓琪等与复活的神灵展开异常艰辛的斗争，阻止人类文明的陨落。可惜的是，小说的笔墨分配不匀，核心人物守护者肖恩、沈晓琪展开并不充分。在结尾处，守护者与归来众神之间的战斗戛然而止，这或许与小说的框架结构有关，作者可能会在续作中再作交代。

科幻产业的发展给科幻小说的创作带来机遇与挑战，让科幻小说的创作生态更为丰富多元，在赋予创作灵感的同时，也可能形成隐形的桎梏。这让读者在阅读作品时，不断产生似曾相识的感觉。如何赋予这类作品以新意，让作品具有“出圈”的可能性，是值得思考的问题。

六、哲理性思考增加作品深度

科幻是适合进行思想实验的文学载体。用科幻进行哲理性思考，这对作者有相当高的要求。2023 年的部分作品正在尝试对“情感”“命运”“人类中心主义”等概念进行反思，比如谭钢的《伯劳与荆棘》、鲁般的《班的猫》、阿缺的《爱、时光和大怪兽》等，作品思想深度有所增加。

谭钢的《伯劳与荆棘》从时空穿越角度展开对“命运”的阐述，人物的情感构成叙事的动力。小说采用“悬疑 + 科幻”的写作手法，讲述时间穿越的故事，让读者跟随两个主要人物“伯劳”与“荆棘”，逐步接近事件的真相，揭开各方势力的神秘面纱。以“鸟巢”为名的杀手组织，由“乌鸦”“云雀”“伯劳”“雨燕”四个杀手组成。他们成为杀手的目的各不相同，对人性也有着不同的见解：“云雀窥探他人的命运，雨燕修改他人的命运。”[2] 伯劳将自己伪装成命运，而乌鸦则成了命运本身。这四个人的命运与来自未来的生化改造人爱琳·索菲亚联系到一起。小说中人物的名字与人物的性格贴切，比如伯劳性格刚烈，勇猛好斗；爱琳·索菲亚则如“荆棘”一般，迷人而多刺，象征着命运的折磨。天才物理学家李青门发明时间机器，但时间机器有可能毁灭人类世界。“鸟巢”的首领乌鸦，与时间机器发明者李青门之间存在纠葛，要对控制时间机器的日本山友财团和李青门下手。李青门通过时间机器将自己传送到未来，作为时空穿越过程中的两个对等的生命体，爱琳·索菲亚被传送到过去。小说采用双线结构，现在与未来两条时间线并行，中间穿插交代背景。小说人物数量众多，关系网错综复杂，乌鸦对李青门的恨，伯劳对女儿以及转移到爱琳·索菲亚身上的爱，爱琳·索菲亚经历过的背叛和对伯劳的依赖等，还有日本极道组织、俄罗斯各官方部门等，在作者笔下娓娓道来，体现出作者娴熟的写作技巧和较强的逻辑组织能力。小说对量子对称破缺、核威慑、多元宇宙、最小作用量原理、诺特定理等物理术语和理论也进行了精彩阐释。时间穿越和时间机器是经久不衰的科幻题材，小说对外祖母悖论给出一种解决方案：破坏量子对称，形成对称破缺，通过制造出极小误差改变历史走向。巧合的是，杀手云雀就是未来人爱琳·索菲亚的祖母，她为了潜藏人类心灵深处的故事，希望通过了解不同角色的过往来理解人性，成了一名母亲。小说对“命运”的探讨，也赋予作品以哲理，命运的无常与必然，如同纠缠的量子粒子。

鲁般的《班的猫》让读者对“人类中心主义”产生反思。小说的标题是“猫”，但猫不是主角，而是像一根线贯穿始终。在一个名为“班”的小镇上，生活着一只名为“班”的猫，在这里主人公鲁反思自己与父亲的关系，并最终达成亲情的和解。阿缺的《爱、时光和大怪兽》由四个故事组成，穿越时光重新面对童年与成长，其中篇幅最长的《最后的怪兽》同样处理的是父子感情的问题。“最后的怪兽”既是指主人公邓弘兴的父亲在基因科技作用下变成的最后一只怪兽“利维坦”，也指向人性深处的怪兽。

科幻作品不仅关乎科技与未来，也要引起读者的情感共鸣。如何处理“情感”等哲理性问题，是对作者理论储备量、情感敏锐度等多角度的考验。作者要真诚地面对自己，真诚地面对读者，赋予科幻作品独特的情感力量。

七、结语

综上所述，2023年长篇科幻小说可能正处于重要节点，在总体数量保持稳定的前提下，质量正在稳步提升，出现了具有本土特色的代表性作品。随着中国科技的迅速发展，时代环境充满科技感，大众对未来世界的想象、对科幻小说的创作提出更高要求。在关注科幻作品内容、思想性的同时，科幻作品的创作手法也不断创新。与此同时，也要警惕低水平的重复，拒绝俗套的模式，努力开创具有中国特色的科幻文艺道路。

（本文为国家社科基金青年项目“中国当代科幻文学的想象力研究”〔22CZW057〕阶段性成果。）

参考文献

[1] 郭帆．以丰富细节夯实艺术想象［N］．人民日报，2023-01-31（20）．
[2] 谭钢．伯劳与荆棘［M］．成都：四川科学技术出版社，2023，384.

作者简介：

彭超，中国科学技术出版社有限公司与清华大学联合培养博士后，中国科幻研究中心“起航学者”，中国石油大学（北京）副教授、青年拔尖人才。研究方向为中国当代文学、科幻文学。

年度中篇科幻小说创作综述

杨　琼

相较过去几年，中篇科幻小说的创作在2023年有所增长，估测总发表量超过250篇，创作质量稳中有升，产生了一些令人印象深刻的作品。许多成熟作者依然坚持创作，成为中篇小说高质量产出的基本盘，同时也出现了不少活跃的新作者。有些新星作者拿出了相当优秀的作品，其日后的创作十分值得期待。

值得关注的是，传统媒体和各种形式的网络媒体的多元化参与，使中篇科幻小说的创作和阅读整体上体现了媒介融合的趋势。传统杂志如《科幻世界》等经典平台仍然坚持一贯的风格和要求，发表质量稳定的作品。出版社组织结集出版的小说集也是传统媒体发表中篇科幻作品的重要途径，如《母塔之下》（百花文艺出版社）、《造访星辰：飞往太空的中国故事》（译林出版社）等优秀之作。活跃的科幻文化公司如成都八光分文化传播有限公司等参与了文集出版方面的运作，为中篇小说出版做了很大的贡献。《人民文学》《上海文学》等传统文学杂志也为优秀的科幻中篇小说提供了展示空间，这显示了科幻文学在整体文学空间中的活力和可见性。已经运作数年的“光年奖”“未来科幻大师奖”“冷湖科幻文学奖”等，则提供了以征文参赛方式发表作品的机会，其作品或网络发表，或以纸媒形式结集发表。而已经繁荣发展多年的网络平台，如不存在科幻，咪咕文学，爱奇艺小说，中文在线的谜想计划、奇想宇宙等也关注科幻文学，为更多科幻作者提供了发表作品的空间。

网络平台成为中篇科幻小说发表的重要阵地，这一现象格外值得注意。与传统媒体相比，网络平台与影视 IP 资源的对接更为灵活，与文化产业资本的联系更为紧密，这为作品的发表、宣发、多媒体呈现都提供了许多机会。而同时，繁荣的网络文学已经形成了一些自己的传统，科幻文学在其中属于后起之秀，发展空间广阔。这些因素结合在一起，对科幻作者，尤其是新作者的吸引力很大，同时也给予有兴趣的作者许多机会。2023 年发表的中篇科幻小说，许多来自不存在科幻、咪咕文学、奇想宇宙、SciFidea 等平台，其中颇有一些优秀之作，值得科幻界重视。同时需要注意的是，一些网络平台对于科幻的关注历史短，关注点和投资亦受到各种因素的影响，有时会出现资金支持不稳定问题。但无论如何，越来越多样化的发表空间培养和成就了更多的新作者，促进了科幻文学的整体繁荣，而网络文学的传统和偏好也对科幻创作形成了影响，在一定程度上改变了科幻文学的总体面貌。

从作品主题来看，在中篇科幻小说创作中，经典科幻主题的再次阐发和精耕细作成为主流，通过太空探索故事回顾历史、通过一定历史背景下的故事反思人类伦理、通过赛博朋克故事阐发对于生命的哲思等方向都产生了不少作品，而对于当下社会热点和技术热点（如 2023 年大火的 AIGC）的关注则并不突出。这也许源于疫情影响逐渐平息，人们的生活回归正常；也许与科技发展的速度已经赶上，甚至有时超出科幻想象的增长速度有关；也许因为科幻文学对关涉科学与人生的基本问题重新燃起了浓厚兴趣。不论为何，这一创作现象显示，回归具体的生活现实和身心感受，回归对于历史运行和人生基本问题的哲学思索，是当下中篇科幻创作中的主流。这促使我们重新关注科幻创作中的一些基本问题，即哲学理念的思辨、类型化写作、表现形式的打磨和创新等。

接下来，以几个重要主题为中心回顾年度中篇科幻创作的状况。

一、太空探索与地外文明：经典主题的深入发掘

人类对于太空的探索、人类和地外文明的接触始终是科幻小说的重要主题。此类作品中，关于火星的科幻小说不胜枚举。2023 年的不少中篇科幻小

说不约而同地以火星探索为话题。以火星叙事为代表，这些作品在不同的历史背景设定下重新思索许多问题：人类的探索精神，目标、动力和影响；太空科技的发展方向；与太空殖民相关的生存条件、资源利用、社会组织等方面的问题；人类在太空探索中面临的道德和伦理困境；国际合作与竞争问题等。

宝树的《我们的火星人》承接此前受到好评的《我们的科幻世界》，继续设定在当代环境，回溯孤僻而神秘的小城书店主沈星光的故事。在这篇语言幽默、场景富有生活气息的小说中，沈星光的真实身份得到揭示，他曾是登上火星的第一位宇航员，也曾有过感人至深的伉俪爱情。小说通过对平行世界理论的引用使一切得到合理解释，历史的另一种可能走向引人深思。

张佳风的《火星墓碑》从近年美国航空航天局的火星新发现这一科技事件（加入了虚构处理）进入叙事，向前追溯了敦煌老石油基地的建设，向后想象了人类和火星之间以不可思议的方式展开的博弈，高手隐藏在民间，普通石油工人拯救了世界。从小说的最终旨归来看，实际上是在赞颂平凡人的家国之爱。虽然科幻想象颇为大胆，但其间对于石油基地生活化的细节重建比较成功，具有真实感。

汪小海的《月亮上诞生的孩子》也关乎地外探索，作为实验对象，在月球上出生、具有缺陷的孩子被放弃，但孩子最终以人工智能的形式反哺了人类，拯救了人类。小说结尾人工智能“月岩”的话具有深意：它既是人类的孩子，又是人类的父母，它来自人类，又超越了人类。这样一个既继承又超越的智能存在，似乎只能在月球这个人类已经放弃的星球上产生，因为没有人类纷杂利益的干扰。“孩子”和“父母”之间的被放弃和放弃关系，后来地位互换产生的复杂伦理问题，赋予小说深刻的哲学思辨意义。

碳基处理器的《鸦语者》讲述人类在地球上遭遇地外高级文明考验的故事，地外文明为人类设置的机关只能被乌鸦打开，资深乌鸦研究专家通过观察和研究，破解了乌鸦的三进制语言，并由此拯救了人类。小说关乎动物学、宇宙法则等的想象具体有趣，而其情节的另一个亮点是国际政治斗争的残酷与功利，由此反衬出人类大爱的实现需要强大的文化和信念支撑。

苏伐的《点亮火星》、钱琨的《欧罗巴星的金字塔》、索何夫的《千疮星工程记事》等，从不同角度想象和呈现了人类与地外文明的互动，与太空探索相关的各种复杂问题，拓宽了地外探索主题小说的形态领域。

太空探索和地外文明作为科幻文学的经典话题，相关的创作体现了当下作家对于相关技术前沿的理解和对人类探索精神的新体会。

二、后人类状况的展示：大爱与哲思

近几十年科技的发展已经将历史带到了后人类时代，关于人体改造、人工智能、机器人等话题的小说仍然是中篇科幻小说创作的主流之一。令人印象深刻的是，这一年不少相关的作品或从人类大爱角度观照后人类可能性，或从哲理高度讨论后人类情境下的人文本质，讲述了富有感染力的故事。

吴清缘的《卫煌》呈现了一个从人类到机器人情系敦煌、守卫敦煌的史诗故事。主人公唐北川到过敦煌之后被其文化和艺术深深吸引，决定不与其他人一起飞向新的星球，而是留在地球，留在敦煌。人类的生命有限，他在临终前命令自己的机器人卫煌永远保卫莫高窟。尽管只是一个民用机器人，但卫煌幸不辱命，以一己之力建立了庞大的工业体系，支持敦煌艺术的持续存在，卫煌也在这一过程中产生了自我意识，认识到保卫敦煌的荣光。小说将宏大叙事与机器人智能觉醒联系，非常震撼人心。

后人类保卫、延续人的意志，产生了感人至深的故事，这在汪小海的《方舟》中也有鲜明的体现。小说中的一对爱人面临衰老死亡，其中鲍勃选择了意识转移改造，拥有义体，保留了智力和理性的部分，代价是失去了感情能力。爱德华则拒绝这种变化，选择独自面对自然人的生老病死，伦理观的差异使他们不得不分道扬镳。爱德华从去世的父亲那里接手了牧场，收容在大自然中生活的动物，又接收了动物园里所剩无几的动物，为维持生存而遭遇重重困难；后来得知，原来不计代价、匿名帮助他的是鲍勃。进行改造前的鲍勃用底层命令要求改造后的自己满足爱德华的情感需求，因此遭受了许多痛苦。爱是枷锁，亦是动力，爱德华临死的愿望“万物复苏，万木争荣”，在鲍勃殚精竭虑的经营下，成为现实。

上述两部小说似乎都在说明，人类深厚强大的情感力量叠加后人类的技术力量，产生了无限的能量，可以向意想不到的方向改造地球乃至宇宙。

文禾谷的《黑色不是一种颜色》关注科技热点话题，即AI绘画。小说的主人公是绘画AI，不同于直接学习和应用大数据进行拼贴组合，这个AI产生了自我意识，在艺术上有了自己的追求。这个AI的“父母”是一位追逐利益的商人和一位顶尖的科学家，他们隐喻着推动人工智能发展的两股主要力量。小说探讨了后人类时代艺术创作的本质问题：创造力以及人类的创造力是等同的吗？自我意识是艺术创作的本质性要求吗？AI技术在过去一年的突飞猛进无疑为这样的反思提供了良好的契机。

昼温的《失重的语言》借助语言学、物理学和神经学理论，构筑了一个结合科学探索和爱情体悟的感人故事。人类语言能力的产生和交流能力的保持本身已经是一个非常艰深的科学问题，当引入了太空环境之后，语言学问题变得更为复杂。小说假想外太空的失重环境对人的语言能力造成此前未见的影响，因而可以产生“零重力语言学”，关注如何认识语言的物理属性问题。小说的叙事者也是这一理论的提出者，自身的感情故事从另一个维度印证着语言交流的物理属性：从神经层面到身体层面的接近、同步和共鸣。主人公感情上的失败隐喻着人类使用语言深入交流的终极难处，即思想上的相互理解。

汪小海的《泡泡里的向日葵》关注技术对于人类的反噬，设想纳米薄膜的改造引起部分人类患病死亡。无法跟上技术革命的人种和人类在进化过程中被“淘汰”，这在地球史上曾多次发生，但小说意在强调在技术可以达到的范围内，应该修正人对于自然的改造及由此对部分人造成的伤害。小说富含对于自然生态和生物生存的人文关怀。

翻空的《延身与亡灵少女》讨论赛博格义体设计的病痛和生死问题。近年科幻小说中对于人类装置义体而产生的伦理讨论已经不少，该作品的创新之处在于从从事殡葬业的主人公视角切入，直面生老病死的终极问题，并充分调用了悬疑的元素，保证了作品的可读性。邛匕的《假想层》将仿生人与义体问题、刑侦案件结合，制造了充分的悬念。雷虻的《母塔之下》想象人工智能的觉醒和失控，具体的载体是手机，幽默的语言和生活化的场景是该小说的亮点。

科幻小说的灵感很大程度上来源于生活中的科技，当前的后人类状况给相关话题的创作提供了源源不断的灵感，也促使作者不断推进关于人类对自身和世界进行改造的前景的辩证设想。

三、历史情境的多重演绎

历史科幻是中国科幻小说成果丰富的一个分类，近年来产生了不少优秀作品。历史科幻可以让作者在文学中进行多种探索的可能：如或然历史，涉及历史事件的重写和对平行宇宙的设想；对历史人物、社会结构和文化的重新解释；人类进化与改变的其他可能性，以及相应的社会结构变迁；不同文明之间的交流与融合方式，以及这种交流对历史进程和文化形成的影响；历史观念与现代价值观的对比等。

2023 年依然有许多科幻作品关注历史。如邵子歧的《迁客》以五代十国为背景，讲述在此时期意外落入地球的外星人如何隐藏身份，被地球人同化，最后“成为”地球人的故事。小说着意与历史贴近，出场的人物均有历史依据，但讲述的又是一个陌生化的外星人故事，由此产生了情节上的强烈张力。

汪小海的《修正者》将眼光放到了世界史中。以第二次世界大战时期的苏联为背景，《修正者》讲述了一位可预知未来的数学天才的故事，他的弟弟和他先后被赋予“修正者”的使命，使用自己的天赋，预知并改变人类的未来。在战争与和平之间，在保护国家安全和人民生命的使命感下，两位数学家贡献了自己的智慧和生命，感人至深。小说中出现真实的历史人物如朱可夫等，营造了真实可信的氛围。

也有一些小说虽然并不意在讲述历史本身，但擅于进行历史情境的搭建和历史细节的营造，具有较好的代入感，其历史维度增强了小说的可读性，使作品的意义更为复杂和丰富。如钴铜鱼的《雾都孤儿 1957》以回忆录的形式讲述了一个关于个人记忆和生命感悟的故事。主人公患有超忆症，这使得日常生活的嗅觉、听觉、触觉等感觉都与其他细节一同保存在其记忆中。借助来自地外智慧的方法，主人公对这些感官感觉和个人回忆的意识进行整理记录，整个小说文本是多个回忆片段的组合。个人的回忆和 20 世纪特定时代的历史记录相结合，组成生命历程的河流。小说虽然涉及了具体的历史情境，但意不在此，而在于抒发人类个体人生历程感悟，历史事件只是人生永恒问题得到检视的场景。而靓灵的《盐桥》将几代人的故事设定在20世纪和21世纪不同的历史时间点，从西部到东部，再到国际舞台，人物的命运与历史交融在一起。小说中的几代人，尤其是其中的女性，为他人作出了巨大的奉献，自身则无声地湮没在历史的洪流之中，令人动容。其中一些闲笔触及时代的悲剧，给小说增添了厚重感。又如阿波的《临终时代》讲述社会主义建设过程中，新疆罗布泊垂直地心隧道工程建设的故事，结合了历史与科幻，重提专业与奉献的话题，令人感动。

在科幻文本中，过去发生的事并不天然等于历史，而其中灌注的关于历史的思索和总结、对历史特点的把握和呈现，使得历史显现其魅力，赋予小说文本以历史科幻的特质。

四、类型化写作与创新

科幻小说为人熟悉的一个面向是类型文学，即具有深厚通俗类型传统，是较为商业化和娱乐化的写作。毋庸置疑，这方面的探索对于科幻文学的整体发展是非常重要的，在当今媒介融合的状况下更是如此，类型文学和类型影视等可以更方便地互相转化和影响。2023年此类创作或突出鲜明的视觉因素，或在类型范围内进行创新，或将类型元素与其他类型结合，产生了一些较有特色的作品。

林烁的《山海劫》是一部较为成熟的类型化作品。小说将故事背景设定在东南亚，情节多线并行，以特种部队战斗为核心场面展开叙事，兼具传说的神秘色彩与军事斗争的紧张感。小说的主要科幻创意是围绕“原语”这一可以控制人行动的神秘能力展开情节。作为一个商业化写作的成功范例，小说的语言非常富有画面感，情节场景的切换就如影视作品一样具有节奏感。

长安猫叔的《因赛克特谎言》是比较典型的商业化、类型化写作。因为“外星文明的干扰”，地球上的昆虫开始巨化，不仅威胁人类的生命安全，也因消耗巨量的资源而给人类生存带来了各种挑战。各国因此成立了各种治理机构，人们的生活也为此发生了翻天覆地的变化。然而“因塞克特”（谐音英文insect，昆虫）的巨化来自外星影响，这被证实是一个谎言，人们一切的牺牲，实际上是政治力量为了夺取先机而人工制造变异带来的后果。对于政治和资本野心的批判符合此类写作的传统，其中对于昆虫状态、变化的描写想象丰富，细节具有真实感。

汪彦中的《造物》讲述复活各种恐龙的“大工程”，营造了科幻感十足的气氛，读者到小说的后半部分才会发现这不过是商业资本的骗局，颇具讽刺意味。酱烤克苏鲁的《暗月营救》、天空枢纽的《天恩》将科幻与刑侦推理结合，撷取多种类型元素，塑造了可读性强的故事。

类型化科幻的写作也应该得到充分重视。作为科幻文学中最“通俗”的一个分支，通过多种媒介的呈现，类型化科幻也是受众最广泛的。许多作品的想象细节度高，场景设置也具有真实感和感染力，尤其是视觉化呈现的高完成度，值得研究和在未来的创作中借鉴。

五、叙事和语言的多元形式

形式创新对于科幻文学而言是一个重要的方面，也是构成其文学品质高度的指标之一。近期中篇科幻小说的两个形式创新方向值得关注：一是科幻小说与偏向现实主义的文学交汇，二是网络文化和网络语言与科幻小说的互动与互相影响。

双翅目的《太阳系片场：宇宙尽头的茶馆》是较有特色的一篇。作品以老舍的名作《茶馆》为底本，借鉴其形式、人物，甚至表达，但场景、故事和表达的内容发生了变化。在远未来的地球之外，生存在不同“片场”、不同故事演绎空间交界处的茶馆，以努力维持的恒常坚守着最后一片不变之地。老舍笔下的“莫谈国事”成为“莫谈时代”，空间向时间的对象转换，表达的是对技术、对人的生存状态之深刻影响的思考。该作品与老舍作品的互文性值得研究。

宝树的《我们的火星人》不仅从作家自身情况取材，营造了一种虚虚实实的现实感，由此产生幽默的效果，而且特意引用了郑文光的经典火星探索小说《战神的后裔》，文本与文本之间的呼应和互证成为小说的亮点之一。这种互文性似是一个标记，带领小说由轻松的氛围进入了严肃的探讨。郑文光小说所讨论的问题之一，即探索者如何被社会和历史对待，由此也成为宝树小说隐含的信息之一。

李夏的《长安饕餮馆》以历史幻想为背景，讲述了一个饕餮以人的欲望为食，化身餐馆老板娘经营餐馆，由此产生的与食客之间的故事。小说延续了作者的风格，语言幽默，描写细致，场景吸引人。尤其是化用当前的网络热梗，具有网络小说的特征，制造了轻松的阅读气氛。

肖子豪的《思想即宇宙》用游戏通关的形式讨论文明与进化，创意新颖。许多网络小说的整体结构有游戏化的倾向，但直接采用游戏形式“戏说”人类文明发展，是一个有趣的构想。小说如能在叙事上进一步打磨，可以成为更优秀的作品。

阿缺的《在人类的墓旁，等待夕阳》使用了一些元小说的元素，以幽默风趣的形式讲述了一个人与机器人因为根本利益不同，只能无奈分道扬镳的故事。故事本身的悲凉感和无奈感在元叙事的映衬下得到一些消解，但其背后的深层矛盾引人深思，小说实际上是讨论人与机器人之间的本质区别，具有哲学思辨意义。

2023 年中篇科幻的形式创新有亮点，取得了一些值得关注的成果。但是整体上看，这方面的发力并不多，未来还需要更多的作品在这方面多加努力。

六、结语

2023 年中篇科幻小说创作整体质量和数量都在稳步上升，在原有题材创作版图的基础上有所拓宽。一些优秀作品令人眼前一亮，小说作品继续在多种平台上得到发表，而且也有更多的平台推出了或者正在酝酿相关的扶植计划，这得益于近年来我国科幻文学创作者、出版界乃至文化产业界以及全年龄段读者的共同努力。在科幻文学影响日益扩大的情况下，出现了不少新的作者，带来了新的想象力和新的文学风格。这些是值得高兴的方面。但具有创新性的特别优秀之作还不够多，尤其是突破常见题材的传统，对于主题进行创新、深入关注社会人生，或者在类型写法上精益求精，从整体上追求高质量创作的作品还应该出现更多，这样才可以为日益繁荣的科幻文学领域交出满意的答卷。

作者简介：
杨琼，中国社会科学院中国社会科学杂志社副编审。研究方向为中国科幻文学史和科学文化。

年度短篇科幻小说创作综述

闫进芳　林雪琪

一、年度概况与主要作品

本研究聚焦于 2023 年发表或出版，且总字数在 25000 字以内的中文原创短篇科幻小说。总体来看，2023 年中文短篇科幻小说保持了较好的发展态势，涌现出一批佳作。这些短篇科幻小说以丰富的想象力构建后人类时代与异世界的叙事空间，深入探讨了在当前科技文化环境下的人类生活及其复杂性。此外，这些作品还力图将个体故事与全人类的命运相联系，展现出对人性和人类未来的深刻关怀，从而为读者提供了既具有文学价值又富含哲学思考的阅读体验。

从创作数量来看，根据中文科幻数据库（CSFDB）的统计数据，2023 年短篇科幻小说的总篇目达到了 620 篇，较 2022 年（约 400 篇）增长超 50%。

从创作主题来看，既有人工智能与生态环境相结合的大胆畅想，又有科幻与不同文化艺术相结合的新尝试；既有对历史科幻的进一步探索，又有严肃沉重的关于人类未来命运的寓言；既有对特殊人群（如路航《心语者》中的聋哑人母亲、北颇《生命的振动》中的盲人画家等）在未来科技背景下生存状态的观照，又有人机伦理的哲思探讨。整体来看，主要呈现出五个方面的特点：一是人工智能话题热度持续高涨，与不同学科（如音乐、美术、医学等）融合的作品增多；二是对语言类主题的探讨增多；三是人物描写“去英雄化”，人性刻画更为“立体”；四是采用“天人合一”的生态主义叙事，反思人与自然的关系；五是治愈系题材增多，为读者提供心灵疗愈与现实思考空间。

从创作群体来看，成熟作家仍是短篇小说创作的主力，程婧波、宝树、顾适、万象峰年、昼温等都有新作，并在各类奖项评比中取得佳绩；同时，新秀作家也表现出较强的创作潜力，如汪小海、史雨昂、谈雀等。

2023 年科幻短篇小说主要的作品有程婧波的《且放白鹿》、顾适的《择城》、宝树的《中元节》、汪彦中的《星空开始晴朗》、王真祯的《倒悬的巴别塔》、万象峰年的《湖风吹过广寒月》、昼温的《滋滋作响的阳光》、靓灵的《走春》、王元的《他者》等。这些作品综合体现出 2023 年度短篇科幻小说发展的主要特征，反映了短篇科幻文学的最新趋势，以下做具体阐述。

二、年度短篇科幻小说创作的主要特征

（一）人工智能的未来应用对现实世界的观照主题

Open AI、Sora 等人工智能数据大模型的火爆出圈无疑是近年科技领域关注的热点话题，也是人类社会在人工智能发展领域的标志性事件。以规模化数据和算力为基础的大数据模型，在文本输入输出、语言编码生成等方面展现出了广泛的应用前景。然而，在技术的更迭和运用过程中，也对科技伦理等带来诸如冲击伦理规则的适用性、冲击人类社会生存发展的主体性、导致人们认知的混乱性等风险，从而引发了人类对人工智能技术未来发展的深思和危机意识[1]。2023 年，有不少科幻作家敏锐地关注到人工智能技术的应用前景和潜在危机等问题，展开充满哲思的想象叙事，其中有些作品更多地对现实世界形成观照，引人深思。如程婧波的《且放白鹿》、顾适的《择城》、李维北的《我们》、李帕图的《重返巴别》等作品。其中程婧波的《且放白鹿》和顾适的《择城》最具典型性和代表性。

《且放白鹿》是获得第十五届华语科幻星云奖短篇小说金奖的作品，入选人民文学出版社出版的《2023 中国最佳科幻作品》。小说的主人公是一个叫李同芳的老人，他与妻子舜华感情深厚。在妻子去世后，他偶然发现亡妻箱子里有一张写着“别君去兮何时还？且放白鹿青崖间”诗句的玻璃纸，种种疑问促使他想去找寻妻子的过去，探索生命的意义。他决定利用“倍思亲”这个基于自然语言处理技术的聊天工具，来模拟回忆中舜华的人格，并与之互动，进而找出玻璃纸诗句隐含的意义。随着“倍思亲”因为李同芳提出的问题而崩溃，他意识到自己提出的问题信息熵太高，强大的人工智能无法回答。在这个过程中，他开始反思信息、意识和生命的本质。小说结尾，李同芳才发现“倍思亲”聊天工具及引导他去峨眉寻找玻璃纸答案都是王凡与周单设下的圈套，目的是骗取老人的钱。小说将诈骗与人工智能巧妙结合在一起，观照了当前人工智能技术可能带来的潜在风险和社会问题。在小说中，诈骗、成都方言、川剧、AI、信息熵、科学公式及生死观等诸多元素凸显了主人公生活环境的辨识度和层次感。

顾适的《择城》是另一篇人工智能主题的短篇佳作，作品获得第二届科幻星球奖最佳科幻短篇小说冠军奖、第十五届华语科幻星云奖短篇小说银奖，入选人民文学出版社出版的《2023 中国最佳科幻作品》。小说讲述到，城市安全规划师涂山娇曾参与设计了“完整建筑”和大禹系统。在暴雨中她意识到，费博易负责开发的大禹系统存在严重的算法问题，该系统可能根据人的“价值”判断推送不同的逃生路线，优先保护那些更有“价值”的人。故事深刻探讨了人工智能伦理、责任以及技术对人类社会的影响，特别是在紧急情况下的应用。从技术上来看，大禹系统是一个典型的人工智能专家系统，旨在提高整体逃生效率、“降低伤亡和经济损失”。从人文伦理角度审视，其算法是一个“黑箱”，因过于追求效率，筛选有“价值”的个体，忽略了公平，加深了人工智能时代的伦理困境。当人类真正面临“谁死谁生”的抉择时，是要顾及“效率”还是“公平”？确实是难以回避的伦理困境。

人工智能技术的到来无疑会带来人类社会的巨大进步，但技术变革随之也会带来“存在主义焦虑”和社会问题，学术界从不同视角思考和探讨了人工智能引发的系列隐患，如引发的法律风险、作品的著作权归属、政府建设与治理风险、人类安全风险、科技伦理等问题。科幻作家则及时、敏锐地对这些

“近未来”问题予以文学的回应，对人工智能技术向善、预防各种风险问题具有很强的警示意义。

（二）语言谜题的科幻解读

如何与异质文明交流、与人工智能语言对话，是科幻作品的重要主题之一，在 ChatGPT 成为热点话题的背景下，不少科幻作家对与之相关的语言艺术给予了观照和想象。2023 年科幻作品中，描述语言主题的科幻短篇小说明显增多。王元的《他者》中婴儿语言与外星语言习得的描述，汪彦中的《标语》中以语言与视觉为主的“月球标语系统”项目的建设，以及昼温的小说集《星星是如何相连的》中通过科幻文学对语言中各种谜题的解答和回应，都表达了作者们对语言类主题的深刻认识。

昼温的《星星是如何相连的》小说集对语言世界展开了丰富的“思想实验”。小说共包括八篇中短篇小说，分别是《百屈千折》（2018 年）、《完美的破缺》（2020 年）、《风言之茧》（2021 年）、《星海言灯》（2022 年）、《星星是如何相连的》（2022 年）、《失重的语言》（2023 年）、《滋滋作响的阳光》（2023 年）、《也许，换一颗星球生活吧》（2023 年），其中有三篇是在 2023 年创作的。这部小说集将语言学理论作为故事的核心，借助物理学、神经学等知识，融入亲情、友情、爱情等元素，构筑了以语言为基底的崭新宇宙。例如，在《星星是如何相连的》这篇小说中，作者建构了全新的“星门”，将经严格筛选的大批开拓者送往星空深处。由于思维模式高度一致，这批开拓者在其他星球上快速磨合出全新的语言。然而，这种新的语言在日后的使用中却成为沟通的障碍，使得人类与地球的交流变得越来越少。正是在这样的背景下，主人公丁小兮选择逃回地球，她的“符号”则成为地球与外星文明之间沟通的桥梁。小说通过对外星文明与地球文明之间沟通障碍的描写，引发了人类对于文明交流、文化传承等问题的思考。而随着对语言和生存环境的描写，小说又对当下社会的热点问题，如机器学习、生态环境等产生关注，展现了作者对现实问题的敏锐洞察力。

《滋滋作响的阳光》入选人民文学出版社出版的《2023 中国最佳科幻作品》，小说通过联结语言、少女、亲情，展现了母女关系、代际冲突和个人成长的复杂故事。小说巧妙地利用拟声语言这一独特元素，描绘了语言是如何让人们心意相交、情绪纷涌，又是如何制造争执和误解的。拟声语言在为故事增添神秘色彩的同时，也象征着跨越代际和文化障碍的沟通可能性。此外，小说对科学与人文交织进行了探索，为人类语言和沟通方式提供了丰富思考。

综合来看，在语言的“思想实验”里，作者们用科幻的多样视角，对语言谜题予以深刻解读。有运用婴儿、母亲、少女等不同群体语言特征，勾画语言万象生态的；有运用语言学及交叉学科理论，展示语言力量和魅力的；也有超越时空，构建全新宇宙世界观的。正如韩松所说：“实际上在语言这座实验室里，如今也集中了大批科学家和工程师；同时，语言又是哲学的命题，有着最深奥难懂、复杂奇妙的阐释。这使它成为最好的科幻题材之一。”[2]

（三）“去英雄化”下的真实人性刻画

在科幻文学中，英雄叙事一直是众多作家青睐的核心主题。英雄叙事不仅在西方文化中占据重要地位，在中国文化中也是一种重要的叙事传统，它在一定时期内承载并传递了中西文化的价值观与理念。然而，随着社会发展、科技进步及后现代主义思潮的介入，科幻小说也呈现出“去英雄化”的特征。这种叙事手法通过颠覆和解构传统英雄形象，“反映了后现代文化对创作意识的表达和对主流文化的反叛，创作者将个人的人格意识和个性不断放大”[3]，重塑了更加真实、具备复杂性格特质的人物形象。在这一视角下，英雄不再被描绘为道德上无懈可击的完美典范，而是呈现出带有缺陷的不完美的人性化特征，反映了当下社会人们真实的生活状态和精神需求。近年来，科幻文学更是倾向于摒弃传统的英雄人物，转而选择具有人性缺陷的普通人作为故事的主人公，短篇小说亦不例外，采用“去英雄化”的叙事手法，进一步加深了对人性抉择与内在矛盾的刻画与剖析。

王元的《他者》深刻探讨了人性与生存的哲学议题。小说通过主人公面临的道德困境，展现了一个关于生命选择的复杂难题：是为了躲避癌症的侵袭，而将意识迁移至虚拟世界以追求不朽的存在，还是回到过去，接受病痛死亡，以个人性命为代价，培养一代社会栋梁以阻止一场可能毁灭人类的浩劫。最终，他出于对生命的强烈渴望而选择了前者，进入了虚拟世界以求生存，而现实世界中的成都则因无人阻止，爆发灾难，沦为荒城。他的选择不仅挑战了传统的人性道德边界，暴露了人类本能对生命的渴求与对死亡的恐惧，也反映了普通人在生死关头的真实挣扎与心理状态。宝树的《中元节》从老魏这一数据人格复制体的视角，深入挖掘了身份认同、记忆与存在等主题。老魏作为一个逝者的“复制品”，中元节归家探视，本想寻求与家人的联系和自我认同的确认。然而，他所遭遇的家人的矛盾态度、环境的剧烈变化，以及自身身份的逐渐丧失，构成了对自身存在意义的深刻质疑。最终，老魏意识到自己并非真正的生命体，而是一个被遗弃的、孤独的数据存在。小说通过老魏的故事，真实地反映了人类在面对逝者数字化再现时的情感变化与心理冲突。家人对数据人格复制体的态度从最初的怀念与探视，到最终的冷漠与抛弃，映射出随着时间推移，人类对于逝者记忆与情感的逐渐淡漠，以及对数字化身份认同的复杂态度。这一过程不仅是残忍而真实的人性写照，也是对现代社会中人际关系和情感纽带脆弱性的深刻反思。

陈小手的科幻作品《十年树木》通过叙述“我”——一位驻扎火星的机械师的奇特经历，对科技发展与人性伦理的关系进行了深刻的反思与批判。“我”因高额债务所迫，被宇航局以“树人计划”为名诱使，接受了一种转变身份的实验——注射生长液，转变成一棵在火星土壤中生长的树。这一转变不仅是身份和形态上的，更是对个体自由与尊严的剥夺。作品通过这一荒诞不经的设定，讽刺了在未来科技发展的进程中，人类为追求更大利益甚至可能将同胞当作实验资源的残酷行为，指出了科技进步背后潜在的伦理道德困境。

上述作品塑造了一系列以个人利益为行动导向的普通人，他们缺乏传统意义上的自我牺牲精神，并且在某些情况下，其行为甚至映射出人性中的残忍与邪恶。这些人物的真实反应与理想的英雄形象相悖，却恰恰体现了在极端情境下普通人可能做出的行为模式。作家们通过“去英雄化”叙事，刻画了真实的人性，思考了在中国社会现实下，英雄的缺失与人类精神虚无的关联，不仅激发读者对于生命意义、道德责任和社会责任进行更为深刻的思考，也促使社会审视现代化进程中可能出现的道德困境和精神空虚。

（四）“天人合一”的生态叙事策略

“天人合一”理念源远流长，是中国古代圣贤对宇宙、人与自然关系的深刻洞察。这一思想认为，人类与自然界不是孤立的，而是构成一个和谐共生的整体。在文学创作领域，“生态叙事”作为一种艺术表现形式，以生态整体主义为创作原则，将生态意识与作品内容紧密融合。其主旨在于通过演绎自然和人类的关系，解析生态问题，唤起人类保护生态、保护自然的环保意识[4]。

在2023年短篇科幻小说中，“天人合一”的生态主义叙事策略成为一个较为显著的创作趋势。这些作品通过科幻的视角重新审视生态平衡，深入探讨了世间万物的共生关系，强调了人与自然、宇宙的“一体”理念。

以汪彦中的《星空开始晴朗》为例，该作品通过描写作为宇宙唯一一名人类的主人公“我”的奇遇，展现了人与宇宙的深刻联系。“我”与宇宙中遇到的另一个“他”经历一系列冒险后，意识到“他”即是“我”，“我”即是“他”，揭示了宇宙中所有生命的相互依存性。最终，“我”与“他”握手，与宇宙融为一体，超越了生死，成为永恒的存在。这种叙事不仅体现了“天人合一”的传统哲学思想，也对宇宙生命观进行了新的诠释。同样，王元的《他者》通过主人公“我”为了逃避死亡，选择上传意识与虚拟世界融为一体，最终人与虚拟宇宙同在，获得了形式上的永生这一设定，不仅对传统观念中生命存在的方式进行了新的想象，也反映了人类对生命延续的渴望和探索。这两篇作品都典型地体现了“天人合一”的思想，强调了宇宙中万物相互联系、相互依存的核心观点。两篇小说结尾处不同生命形态的交融，象征着人与宇宙的统一与和谐，也促使读者对生命、宇宙和存在本质进行深刻思考。

（五）治愈系题材增多

治愈系文化起源于20世纪末的日本，最初以音乐形态呈现。1999年，日本著名音乐家坂本龙一发表了具有里程碑意义的治愈系单曲《wura BT-TB》，该作品的流行标志着“治愈热”现象在日本的兴起，从而奠定了这一术语的基础[5]。治愈系音乐以其旋律的舒缓、清新和悠扬著称，能够为听众带来身心的放松，有效缓解焦虑情绪和生活压力。随着治愈系文化的不断发展，其影响力逐渐扩展至文学、动漫、电影、旅游及广告等多个领域[6]。在全球化的浪潮和媒介技术的进步推动下，治愈系文化跨越国界，传播至包括中国在内的多个国家，并在不同文化背景下呈现出本土化的特征。

在中国，治愈系文化与中国的时代特征和情感需求紧密相连。面对都市生活的激烈竞争和快节奏生活，许多初入职场的年轻人感到心灵疲惫。现代社会的复杂性激发了人们对爱与纯真的向往，促使他们寻求从文学作品中获得的慰藉与力量。近年来，科幻小说领域也融入了治愈系元素，通过富有想象力的叙事和深刻的人文关怀，为读者提供了一种独特的心灵体验。

在宝树的《看得见风景的窗口》中，叙述者“我”通过爷爷赠送的宇宙窗，得以窥见宇宙的浩瀚与神秘。之后，“我”经历了亲人相继离世的悲痛，但慢慢被宇宙窗中百亿光年外星系的雪灵治愈了，重新找回了内心的平静与力量，宇宙窗也成为“我”心灵的慰藉与疗愈之源，承载着“我”对亲人的思念与对生命意义的探索。“我”与宇宙窗的故事，不仅是对宇宙中生命多样性的肯定，也给了许多正在经历人生挫折的读者治愈之效。廖舒波的《旅人，城市》通过一位来自遥远阿尔勒旅人的视角，展现了不同星球与城市的独特风貌与人文景观。在《媚迩城·罐装火箭》一章中，旅人与月孩们相遇，送给他们罐装火箭，这不仅是一次知识与经验的传递，更是一次心灵与情感的交流。月孩们通过旅人看到了外面世界的精彩，打开了罐装火箭飞上宇宙，远处传来的她们的歌声，不再是无力的小调，而是充满向往和自由的歌声。故事中的温馨与治愈，不仅表现在旅人对月孩的关照，也表现在月孩对外部世界的憧憬和期待。昼温的《滋滋作响的阳光》则聚焦于个体与家庭关系的重塑，展现了细腻的情感疗愈。李茗音虽然与母亲有很多矛盾和误解，但通过拟声语言的学习和探索，逐渐理解了母爱的复杂性与深刻性。拟声语言作为一种传递情感的媒介，不仅帮助李茗音与母亲建立起更深层次的沟通与理解，也促使她勇敢地追寻科学技术，实现个人的成长与突破。正如小说中所言：“能落在纸面上的字句终究是片面的，但每个人发出的声音，却可以有一万种色彩。而且不只是人类的心情，万事万物皆能化为一道振动，就像韩语里滋滋作响的阳光。这便是来自心灵的言语。”

这些作品以温暖治愈的笔触，探讨了个体在面对生命挑战时的心灵成长与自我超越。无论是通过宇宙窗的探索，还是通过旅行的体验，抑或通过拟声语言的学习，作品都以其独特的视角与治愈性的描写，为读者提供了丰富的思考与感悟。

三、结语

2023年短篇科幻小说无论从数量还是质量上都保持了良好的发展态势。透过对年度作品从创作到传播方式各个层面的纵览，可以清晰地看到，短篇科幻小说创作主题更加丰富，人工智能技术观照现实，对未来世界予以深刻的想象；叙事跳出同质化的思维模式，尝试用“去英雄化”叙事手法和“天人合一”的生态主义叙事策略，将科幻与人性、自然紧密结合；跨学科思维逐渐凸显，尤其是语言谜题的科幻解读，融合了语言学、物理学、神经学及声学等多学科内容，作品越发呈现出“立体感”；治愈性题材增多，作品治愈读者心灵，为其提供现实与情感的观察视角。

总之，在作者们勾勒的科幻短篇宇宙中，我们见证了人类想象力边界的不断扩展。从遥远星系的探险到微观世界的奥秘，这些故事激发了人类对未知的好奇心和对未来的美好期许。科幻叙事的活力日益凸显，成为我们思考人性、科技与自然关系、未来发展的平台。科幻短篇小说以其独特的魅力，继续启发着我们去设想未来的种种可能性，同时也提醒我们审视当下，从而携手共筑一个更为美好的明天。

参考文献

[1] 曹贤平. 人工智能文生视频大模型Sora对科技伦理的冲击及应对[J/OL]. 新疆师范大学学报（哲学社会科学版），1–7[2024-09-25]. https://doi.org/10.14100/j.cnki.65-1039/g4.20240704.001.

[2] 韩松. 这本新书，有当今科幻不可忽视的语言学奇观[EB/OL]. https://mp.weixin.qq.com/s/AfrdwKFEQrT_MRKeHN4wyA.

[3] 吴晨玥. 解构、颠覆与隐喻：探究国产动漫IP《中国奇谭》的后现代表

达［J］. 湖北工业职业技术学院学报，2023，36（5）：82.
［4］刘新元. 迪士尼动画电影中生态叙事的生态伦理研究［J］. 出版广角，2016,（03）：70.
［5］孟红淼. 从《千与千寻》看日本“治愈系”文化［J］. 山西大同大学学报（社会科学版），2013，27（05）：67.
［6］刘洁. 治愈系文化传播研究［D］. 呼和浩特：内蒙古大学，2021：7.

作者简介：

闫进芳，中国科普研究所博士后。主要研究方向为科普科幻教育、科普图书研究等。参与《青少年科幻教育指南》《2019～2020年科普图书出版情况报告》等论著编撰工作。

林雪琪，中国科普研究所博士后，中国科普作家协会会员。主要研究中国科幻海外传播、东亚比较文学、文学伦理学批评等领域。

年度少儿科幻创作综述

崔昕平

纵观2023年少儿科幻创作，较之2022年，整体呈现增长趋势。据不完全统计[①]，2023年少儿科幻图书出版物（初版）种数达到209种。其中，引进版图书43种，本土非虚构图书10种，本土原创少儿科幻图书达到156种。

仅以中文科幻数据库（CSFDB）收录图书为例，2023年，以“少儿类”和“初版”为检索范围，可查到收录少儿类初版图书174种，其中引进版43种。对比2022年CSFDB数据，少儿科幻图书出版物数量增长明显，比2022年的118种增长了47%。同时，引进版的数据也有明显变化，由2022年的56种减少到43种，引进版少儿科幻图书比例下降至24.7%，引进与本土原创比例接近半数的格局明显改观。

由上述数据可见，2023年少儿科幻创作领域的本土原创图书数量明显提升，本土与引进的比例也有了较为明显的改观。这是本土原创少儿科幻创作更具生机与活力的表现。总括2023年少儿科幻创作呈现出的整体特点如下。

首先，本土原创少儿科幻创作与出版日益受到重视，出版物品类与数量不断增长，引进版少儿科幻图书比例不断下降，本土少儿科幻的创作环境明显改善和提升。以少儿科幻奖项为支撑的书系策划成为重要创作推动，多个围绕少儿科幻星云奖等获奖作家的书系策划并推出，新人新作不断涌现。

其次，更具延展性的作家资源与更多涌入的系列化、类型化写作成为年度突出现象。一方面，延续2022年的作家“跨界”，儿童文学领域作家黄蓓

① 数据来源：参考中文科幻数据库（CSFDB）数据，并补充了笔者视野内收集到的相关图书。

佳的首部少儿科幻小说《黎明动物园》与科幻领域作家宝树的《恐龙奇旅》是值得重点关注的佳作；另一方面，一批对于科幻文学创作领域而言的“新面孔”大量出现，且多是选择了系列化的创作形式。

最后，少儿科幻经典作品的探讨也逐渐受到关注。少儿科幻领域呈现出以选本形式推动的经典化路径，并有少儿科幻专史《中国少儿科幻史话（1949—2021）》面世，以梳理、总结的形式记录、推动中国少儿科幻文学的发展。以赵华等作家为代表，少儿科幻作家们凸显创作者主体性特征的创作努力，也是对中国少儿科幻经典化路径的有效探索。

同时，上述创作样态也反映了一系列有待分析的现象，有值得高度肯定的创作态势与积极的出版影响，也存在需要认真思考与研判的潜在问题。

一、以少儿科幻奖项为支撑的书系策划成为重要创作推动

2023 年，以少儿科幻奖项为支撑的书系策划成为最主要的创作推动力。多家出版社策划出版了多个书系，选取的作家均为在各科幻奖项（包括中国科幻银河奖、少儿科幻星云奖、“大白鲸”原创幻想儿童文学优秀作品征集活动等奖项）中获奖的作家。

（一）围绕少儿科幻星云奖等获奖作家的书系策划

2023 年，首先有 1 月份面世的“我们的元宇宙 · 少儿科幻精品书系”，由刘慈欣、董仁威主编，浙江少年儿童出版社出版。书系包括赵华的《巨虫危机》、江波的《重返火星》、彭柳蓉的《时光钟摆》、艾天华的《蓝色极光》、索何夫的《银河曙光号》与邹谨忆的《行星方程式》。书系的选材聚焦了外星文明、平行宇宙、物种入侵等科学话题。这套书系第一辑六册面世后，入选了 2023 年第四届年度儿童文学新书榜等榜单，受到孩子、老师和家长的喜爱。

同是在 1 月，“第二届少儿科幻星云奖获奖作品集”在成都时代出版社出版，收入了少儿科幻星云奖获奖作品。具体包括《平行空间》《奔月》《隐身

衣》《命运彗星》《爸爸的秘密》，涵盖凌晨、陆杨 、彭柳蓉、徐彦利、超侠、彭绪洛、廖小琴、姜永育、贾煜、刘芳芳、刘琦、杨晚晴、左文萍、石黑曜等作家的作品。

2023 年 5 月，在 2023 少儿科幻大会暨第三届少儿科幻星云奖活动现场启动的“全球华语少儿科幻大奖书系”，由北京少年儿童出版社出版策划，刘慈欣、董仁威任主编，收录第二届少儿科幻星云奖原创专项奖作品，已面世的有少儿星云专项奖金奖作品——宝树的《猛犸女王》、银奖作品——贾煜的《改造天才》，以及特别奖作品——董仁威的《三星堆迷雾》等，还有索何夫的《后人类之旅：寻找甜苹果》等。入选作品的题材领域颇为丰富，包括了远古大陆、人类进化、人工智能、考古文化等主题。

2023 年 7 月，湖南少年儿童出版社出版“中国科幻星云奖作家书系”，涉及人工智能、纳米科技、基因工程、气候变化、灾后世界等科幻主题。具体包括刘慈欣的《未来预言》、杨鹏的《外星小绿人》、超侠的《时间晶体》、彭绪洛的《梦印机》和张静的《星海迁徙》。

2023 年 9 月，少儿科幻星云奖组委会发起原创少儿科幻图书征集活动，联合华东师范大学出版社推出“中国少儿科幻星云书系”，选取的作家均是少儿科幻星云奖新晋获奖作家，这些原创作品同样涵盖了人工智能、太空探索、时空穿越、虚拟现实等科技热点。包括李晓虎的《宠物星球》、何涛的《时空闪电狗》、邹谨忆的《梦境计划》、姜永育的《探秘魔鬼谷》和刘琦的《怪奇侦探社 · 神秘卷轴》。

2023 年 12 月，河南文艺出版社、天一童书馆策划推出“太阳鸟”少儿科幻大奖系列六部，由刘慈欣、董仁威主编，入选作品均来自中国科幻银河奖、少儿科幻星云奖、“大白鲸”原创幻想儿童文学奖获奖作家。具体包括王晋康的《七重外壳》、尹代群的《残缺》《地球上来的小男孩》、陆杨的《吞噬行星》、李晓虎的《孙悟空的跟屁猴》和王轲玮的《灵境少年游》。

（二）围绕其他奖项涌现的新人新作

其他奖项也推动着新的作家力量不断被发现，如面向 25 岁以下青少年的“鲲鹏”全国青少年科幻文学奖。该奖项自 2021 年启动，每年举行一次，获奖作品也以书籍形式面世。2023年，“鲲鹏”科幻文学系列（第一季）由“鲲鹏”全国青少年科幻文学奖组委会主编，在中国大百科全书出版社·知识出版社出版，包含王艺博的《石碑》与彭林芳的《灯塔》，两部长篇作品同时获首届“鲲鹏”全国青少年科幻文学奖长篇小说组一等奖，同时出版的还有《首届“鲲鹏”青少年科幻文学奖中短篇小说合集》，收录了获得中短篇小说组一、二、三等奖的八篇作品。王艺博（2001—）与彭林芳（2004—）都是在校生，一批“00后”创作新人在奖项的助推下涌现，且出手都是不俗的长篇，架构宏阔，蕴含较为深刻的人类思考。

还有一些儿童文学奖项中，也不断有少儿科幻类作品获奖。雷振宇的《莫扎特奇遇记》曾荣获2021年“秦文君儿童文学创新奖·新作奖”，2023年由少年儿童出版社出版。作品也选择了当下关注度极高的人工智能题材，讲述人类研制的音乐机器人“莫扎特”中了“匹诺曹病毒”被激活，与人类朋友共处、冒险的故事，属于比较注重情感关怀的“软科幻”作品。

（三）以有影响力的作家为引领的书系策划

一些少儿科幻图书策划也采取了以有影响力的作家为引领、老中青作家结合的书系策略，在六一儿童节前后，以集束形式推出少儿科幻作品。

2023年5月，百花文艺出版社与科幻立方编辑部结合《科幻立方》的刊发作品与作家资源，联合出版“少年科幻·小立方”书系，包括杨鹏的《天外入侵》、超侠的《超侠特攻队之太古决战》、陆杨的《少年面具侠之外星人的奇妙屋》、小高鬼的《外星小狌兽》等。

2023年6月，世界图书出版西安有限公司出版“小幻龙少儿科幻系列”（全6册），由超侠、陆杨主编，刘芳芳策划。书系包括凌晨的《火星驯龙记》、徐彦利的《海底理想国》、超侠的《惊险超时空》、陆杨的《脑电波危机》、刘芳芳的《别惹机器人》、左文萍的《空间站救援》。同月，“中国少年科幻馆”书系面世，由济南出版社、全国少儿科幻联盟等共同策划，陆杨、超侠主编，入选作品来自华语科幻星云奖、全国优秀科普作品奖、全国优秀儿童文学奖获奖作家。第一辑六册分别为《星际航海家》《时空大冒险》《元宇宙时代》《AI的觉醒》《基因的秘密》《宇宙大爆炸》。

2023 年 7 月，长江少年儿童出版社出版“未来系少儿科幻丛书”五部，包括王晋康的《生命之歌》、凌晨的《拥抱时间》、赵华的《外星宝石》、彭柳蓉的《永恒之夏》、哈琳的《异星建设者》。

此外，还有如徐彦利的两部作品，《完美世界》收入黑龙江科学技术出版社的“少儿科幻联盟”精品书系列，《天才的非正常生活》收入中国科学技术出版社的“科幻中国系列”。作家非书系的单行本数量极少，大多有书系归属，成套系推出。

（四）现象分析

很显然，当下少儿科幻受重视程度、创作与出版的活跃程度，都较之前有了极大提升。这得益于多位少儿科幻事业的推动者作出的重要努力，得益于社会、家庭、学校对儿童阅读科幻作品的高度认可与重视。罗列可见，十余个套系形式出版的少儿科幻作品，占本年少儿科幻作品数量的半数。

得益于头部作家、获奖作家的带动，上述作品都密切关注当下的科学热点，题材涉及人工智能、基因探索、元宇宙概念、航空航天科技等时代议题，也延续了宇宙探秘、时空探险等传统题材，兼具科学幻想与童心童趣，激发儿童读者的想象力与科学热情。

值得警惕的是，从上述丛书可见，少儿科幻领域几家出版社开掘同一个作家资源的现象也较为明显，这曾经是儿童文学领域在 21 世纪第一个十年间出现的问题。一方面，这可能带来作家们创作节奏的疲惫；另一方面，也促使出版人有意识地转而发掘更多的创作领域与资源，这构成了 2023 年少儿科幻作品样貌的第二大特征。

二、更具延展性的作家资源与更多涌入的系列化、类型化写作

2023 年在少儿科幻领域初探与深耕的作家仍然不断增多。具体分析，有下述主要来源。

（一）延续 2022 年的作家“跨界”

如 2022 年所概括的跨界作家创作现象，2023 年仍然是该领域一个重要表征。这里关于跨界的探讨，主要集中在成熟的、已有较为丰富创作成果的作家。尤其值得提及的是从事创作五十多年的重要作家黄蓓佳，以及科幻领域近年来创作活跃的新时代作家宝树。

黄蓓佳的《黎明动物园》由江苏凤凰少年儿童出版社出版，作品首发于《中国作家》2023 年第 6 期。这部小说是黄蓓佳首度创作的“少儿科幻”小说，具有独特的辨识意义。《黎明动物园》以人类未来科技时代为时间背景，以跨国战争为事件背景，描绘了战争灾难席卷北崖国高堡市，市郊的黎明动物园园长戴安宁艰难守护动物生命，并因组织部分动物转移的决定，构成留守家园与突围转运的双线叙事。作品中笔墨最多的人物，是动物园园长戴安宁的两个孩子——十四岁的哥哥戴克与十二岁的妹妹戴莉，这两个角色分别成为故事进入双线叙事的讲述者，构成了宏大纷乱的战争语境下相对恒定、易感的儿童科幻视角。作品中也有一位贯穿始终的科学家——动物行为学家贺拉教授，贺拉教授身上有着科学狂人的属性，不顾一切地坚持科学实验，直至生命终点，在战乱中冒险与神秘无人机接头，获取宇宙极速公司的脑机接口电极片，悄悄植入大猩猩芮芮的大脑，实现了脑机对话，在关键时刻达成了以科技拯救人类的愿景。

宝树创作的《恐龙奇旅》标识了少儿科幻创作领域与风格的拓展。作品以莫比乌斯神奇的拓扑结构架构故事，以时间旅行的幻想方式，讲述一群小学生参加学校组织的时光旅行，到中生代等地球生命的不同时段参观恐龙的奇妙故事。作品穿梭于地球生命历程的不同阶段，上下篇之间殊途同归又相互呼应，情节环环相扣且生动诙谐，富有智慧的悖论化解令人产生阅读惊喜。作品中，古生物进化历程与相关知识的描写，似是信手拈来，实则细节严谨。作品同时蕴含对生命与文明进程中种种偶然与必然的思辨，也生动描绘了当小行星撞击地球的毁灭时刻到来、当历史可能被改写时，不同物种生命间面对生死选择时表现出的善意与大爱。

另外，2023 年还有不少儿童文学作家的跨界少儿科幻创作，如在儿童文学领域与少儿科幻领域都有深耕的翌平，2023 年在安徽少年儿童出版社出版少儿科幻新作《活房子》，作品聚焦“未来人类如何在灾难后实现自救与发展”，探讨了当下科技的热点。作品中几个孩子共同快乐地生活在一个“房子”里，而随着故事进展，真相逐渐浮出水面，由于人类遭遇大辐射，为保存人类生命，成年人捐献出自己的身体来盛放少年的脑组织，让他们顺利成长，因而这个房子其实是所谓的“活房子”。作品仍是推演了未来世界，人类面对灾难时的生死抉择和自我救赎，也展开了肉体生命与电子生命、人类与克隆人的身份探讨与伦理思考。儿童文学作家葛冰在大连出版社创作出版了《克隆怪物》《返老还童记》《机器人兄弟》，构成一个少儿科幻系列。曾获“大白鲸”原创幻想儿童文学奖的周昕，创作出版《通向过去未来的电梯》（人民文学出版社 · 99 读书人），作品是时空穿越题材，构思也较为巧妙。

跨界创作的科幻作家也有很多，如《星际宝探》由《科幻世界》《科幻世界 · 少年版》主编拉兹领衔创作，作品描绘地球少年杜宇为寻找父亲，驾驶传奇探宝船“应龙号”起航历险的故事，关联了大量天文学与航天学知识。还有邹谨忆的《行星方程式》，属于“我们的元宇宙 · 少儿科幻精品书系”，描绘人类星际移民历程；索何夫的《后人类之旅：寻找甜苹果》，将故事设定在未来两千年后的社会，反思人类如何因为科技文明的发展而毁灭自己；路航的《星际醒狮队》，立足岭南大地的社会和文化背景展开科幻想象。

（二）为数不少的少儿科幻“新面孔”

对于科幻文学创作领域而言的“新面孔”大量出现，也是 2023 年少儿科幻创作领域的一大特点。查阅中文科幻数据库（CSFDB）收录的作品可见，2023 年有非常多的作家是相对陌生的，且没有查到相关的科幻创作履历。

例如，《科学小捣蛋：李不言和他舅舅的冒险故事》（四川大学出版社）的作者刘俊，作品定位为少儿科幻，“既是一本科幻小说，又是一本科普图书”；《雷恩嘉德行星和宇宙小天使》（安徽文艺出版社）的作者王常铸，作品是一个关于星际探险的故事；《恐龙悍将 · 炙热的梦想》《恐龙悍将 · 光与影的英雄》

（万卷出版有限责任公司）的作者张恩东，之前创作科普作品较多。还有如《迷失神农架》（重庆出版社）的作者侠客飞鹰,《三峡城的秘密》（长江少年儿童出版社）的作者易晓燕等。

2023 年，大连出版社也挖掘了一位作家高高，有儿童文学创作履历，是一名编剧，2023 年出版了一个少儿科幻系列，包括《拯救外星人》《校规第 82 条》《地下冰世界》《黑影火卫一 》，将幻想架构在火星与外星人故事背景上。重庆出版社推出了作家王敏，有儿童文学创作履历，是一名动漫编剧，作品系列名为“龙族少年”，出版《龙族少年 1：寻找失踪的龙飞船》《龙族少年 2：疯狂的牛魔王》《龙族少年 3：守护者虎将》。故事由一个男孩偶遇一架失控的飞船展开，也是一个少年担大任、战邪恶的故事（该系列虽被列入少儿科幻，实则更多地属于魔法幻想）。

此外，还有多部归入少儿科幻的作品，创作者也较为陌生，因作品实际上更接近魔幻小说或童话，此处不再罗列。

（三）更多的系列化、类型化少儿科幻创作

系列化少儿科幻系列一直占据少儿科幻创作的半壁江山甚至更多，2023 年也有很多耳熟能详的少儿科幻作家作品，如江波在安徽少年儿童出版社创作出版的“无边量子号”系列，该系列稳扎稳打，于 2023 年出版了《无边量子号·新生》，创作周期相对较长，每一部都保证了较高的、恒定的文学品质。

还有彭绪洛在希望出版社创作出版的“地球上的外星人”系列，该书系属于刘慈欣主编的“中国芯科幻系列”，2023 年出版了 4 部，包括《外星来客》《火星阴谋》《盗梦机器》《平行空间》，该书系创作严谨，可读性强。彭柳蓉在 2023 年也有“时契者”系列出版，包括《少女明染》《大唐异人司》《永生族的秘密》三部，由“新经典文化·爱心树童书”推出。作品以主人公能够操控时间的科幻形式，展开回到历史的时空穿越，关联了颇为丰富的传统文化，被定位为当下新兴的科幻领域“丝绸朋克”。

2023 年更多系列化或类型化少儿科幻创作涌入，进入大众视野。一批新近展开少儿科幻创作的作家采取了类型化创作、系列化出版的形式，包括取得

了一定读者影响力的何明瀚的“恒星异客”系列。该系列由中国大百科全书出版社·知识出版社出版，2021 年第一季出版了三部，2023 年推出了第二季三部，分别为《“雄鱼”争夺战》《人工智能危机》《危险的“间谍游戏”》。还包括上面提及的高高、王敏等，也是甫一创作，就是一系列。

另外，一批相对成熟的系列化、类型化创作者，如在青春文学领域创作多年的“80 后”畅销书作家郭妮，2023 年也有少儿科幻系列创作。系列名为“狩梦奇航”，由晨光出版社出版，2023 年推出了《狩梦奇航 1：孤勇者的觉醒》等七部。图书的宣传定位为“元宇宙主题的软科幻冒险故事”，融入了平行时空、VR 虚拟现实、AR 增强现实等元素。在儿童文学领域创作少儿军事题材的作家八路，2023 年在湖南文艺出版社 / 博集天卷出版“战机少年”系列，作品定位为“少儿军事科幻冒险小说”，汇聚了军事、空中战争、科幻、冒险元素，2023 年出版了《战机少年 1：战机起飞》等五部。

（四）现象分析

更多成熟作家的跨界少儿科幻创作，对少儿科幻自身的发展起到了重要的推动作用。不同维度的文学创新，也有利于激发少儿科幻文学的品质提升。一批相对陌生的创作面孔不断参与到少儿科幻创作中，也从一个方面印证了少儿科幻正在为更广大的文学创作者与文学阅读者所关注、重视，有利于少儿科幻创作队伍的不断壮大，缓解了众多出版社争抢有限创作资源的问题。

同时，系列化、类型化的创作形式成为更多创作者的选择，这类作品应该给予辩证分析。品质过硬的系列化作品，具有较强的可读性，有利于培养儿童读者的阅读兴趣，养成阅读习惯。但系列化作品大批量创作的方式，强调了以量的叠加来增强市场效应，也容易带来作品的品质参差问题，伤害文学性与读者口碑。

而且，更多的新思路、新形式、新元素进入少儿科幻创作领域，文体交叉的幻想作品也势必不在少数。“童话式的故事逻辑 + 少量的科技元素术语”或者“科幻的故事背景 + 魔法的幻想逻辑”，都在作品实际样貌中可见。多种幻想模式的相互借鉴，简化或符号化科幻写作的技术性、创新性、前瞻性，可能伴生怎样的文体问题，也值得追踪关注。

三、中国少儿科幻经典性的探讨与努力

（一）选本形式的经典化推动

2023年，少儿科幻领域有多部具有影响的选本系列面世。首先提及的是2023年9月浙江少年儿童出版社和奇想国童书系列在2023年成都世界科幻大会上发布的新书《中国儿童文学百年百篇·科幻卷》。这套少儿科幻选本是“中国儿童文学百年百篇”选本工程中的一部分，由孙建江任总主编，赵海虹任科幻卷的分卷主编。选本力求严谨、专业，并查证标注了作品的首发信息。《中国儿童文学百年百篇·科幻卷》包括《巴鳞》《云鲸记》《生命之歌》《伪人算法》《飞越海峡的鸽子》《宇宙尽头的书店》《布克的奇遇》七册，收录了众多科幻名家的短篇精品，涉及时空旅行、宇宙探索等经典题材和人工智能、元宇宙、基因编辑等当下热点题材。书系有利于对我国科幻文学、少儿科幻的创作与发展形成整体印象与感性认识。

“创想未来·中国科幻名家系列”则是一套面向青少年读者群体的科幻选本，收录中国科幻发展史中具有重要代表意义的经典作品。这套系列丛书由北京时代华文书局出版，包括《电子梦幻》《钢铁咆哮》《机魂觉醒》《机械纪元》《群星呼唤》《时空幻境》《生命代码》《往日幻景》《星辰大海》《异星拓殖》十册，分别以元宇宙、未来战争、人工智能、机器人、外星生命、时空穿越、基因工程、古代科技、星际旅行、外星殖民为主题，每册均围绕一个主题选编。

另外，安徽科学技术出版社于2023年8月出版了“给少年的科幻经典”作品选集，包括《大战机器人》《飞向冥王星》《地球逃亡》《时空平移》《五万年以前的客人》《蚂蚁帝国》等，涵盖童恩正、叶永烈等中国著名科幻作家和赫伯特·乔治·威尔斯、爱德华·埃尔默·史密斯等国外著名科幻作家的作品。还有中国经济出版社的“银河少年科幻名家通识启蒙系列”，收录刘慈欣、王晋康等代表性科幻作家的代表作品，该系列包括《地火》《流浪地球》《吞食者》《微纪元》等。

（二）非虚构图书对中国少儿科幻发展的及时总结

2023年，非虚构中国少儿科幻作品中有一部值得重点关注，即是由董仁威主编，成都时代出版社于2023年9月出版的《中国少儿科幻史话（1949—2021）》，内含三个板块，分别为《第一卷 新中国少儿科幻简史》《第二卷 中国当代少儿科幻面面观》《第三卷 当代中国少儿科幻经典作品赏析》。

《中国少儿科幻史话（1949—2021）》意在为少儿科幻治“专史”。众所周知，中国少儿科幻是一个非常年轻的文学子类。在中国科幻文学的视野中，有意识地圈定中国少儿科幻，形成少儿科幻的概念，并加以阐释、区分、建构，以专史的样貌加以呈现，这在中国少儿科幻研究领域具有“补白意义”。《中国少儿科幻史话（1949—2021）》第一卷中，董仁威先生以亲历者对创作现场的深度参与为依托，首度对中国当代少儿科幻发展做出了史学层面的阶段性划分，将我国少儿科幻的发展历程提炼、概括为五个重要阶段，勾勒了中国少儿科幻发展的阶段性表征，对把握中国少儿科幻发展的整体脉络和趋势走向具有重要的研究意义。著作中还有许多首度提及的概念及首度做出的概括，如“中国少儿科幻文学的四大流派”等。这样的探讨，不但具有学理意义，也有利于作家们对照、检视、思考自己的创作实践。

（三）现象分析

在中国少儿科幻发展逐步趋热的时代背景下，对中国少儿科幻做出“经典”作品探讨、发现与评价便具有重要意义。以选本的形式和专论的路径，展开经典的标识与确认，有利于少儿科幻美学样貌、文学品质、儿童本位立场的标识与确认，有利于形成有立场、可信赖的文学评价。

与此同时，这项文学经典的追问与探讨，既可以从上述路径，如选本的形式、研究论述的形式展开，也可以来自作家自身主体性确认的努力。如2023年在少儿科幻创作领域最凸显主体性的作家赵华，2023年大约可以称为“赵华年”。据不完全统计，2023年赵华出版少儿科幻作品六部，其中，《外星宝石》是中短篇合集，属于长江少年儿童出版社的“未来系少儿科幻丛书”，《巨虫危机》属于浙江少年儿童出版社的“我们的元宇宙·少儿科幻精品书系”。更重要的四部，是赵华的“贺兰山少年科幻系列”。赵华自2019年开始创作该系列，均为长篇少年科幻小说，至2023年在少年儿童出版社出版，包括《黑星星》《慈父龙》《太空野人》《天梯计划》，该系列书籍集中体现了赵华作为作家的主体性意识。之所以谈及赵华的作家主体性，在于其创作有意识地呈现了独属于自己的风格和领域，这种风格和领域，是他所生活的贺兰山赋予的。这是文学界常常论及的“文学故乡”“文学地理”，是独属于作家的创作养分。贺兰山的地形地貌、历史文化、风土人情，都深深印刻在作家的脑海中，由巍巍贺兰山下生长出的、基于未来、基于宇宙、基于生命的幻想，都化入赵华的“贺兰山少年科幻系列”中。四部小说均以贺兰山为故事背景，主要人物也都是生活在贺兰山脚下，均有着浓郁的塞北地域文化气息。现实主义手法的叙事，粗犷开阔的宇宙生命想象与冷静严谨的未来思索交织在作品中。这一风格，其实在赵华之前的许多作品中也有体现。这样一种创作理念与风格的有意识的自我确认，在少儿科幻领域还为数不多，对于作家而言具有实验意义，对于中国少儿科幻美学样貌的建构同样具有探讨意义。

作者简介：

崔昕平，太原师范学院文学院教授，文学博士，硕士生导师，中国作家协会儿童文学委员会委员。致力于中国当代文学（儿童文学）研究，著有《出版传播视域中的儿童文学》《中国童书出版纪事》《儿童文学批评现场》《新聚焦：儿童文学创作现场》等专著，参与编写《新中国儿童文学70年》、《中国大百科全书》（儿童文学专题）等大型学术工具书项目多项。

年度网络科幻小说创作综述

鲍远福　孟正皓

第一部分　总论

一、引言

将中华优秀传统文化融入多元题材和类型是2023年网络文学的显著特点，其中在历史、现实、科幻等题材中表现得尤为突出。在此基础上，网络科幻小说继续展现出蓬勃发展的态势，其市场规模不断扩大，创作质量也在稳步提升，涌现出大批科幻新人作家和爆款佳作。此外，随着近年来国内重大科幻奖项的视野开始转向网络科幻文学作品，加上中国作家协会等官方机构和主要网络文学平台对科幻题材网络小说的大力扶持，2023年中国网络科幻小说也从圈子较窄的小众化网文类型逐渐转变为众所周知的“头部网络文学”形态，在文创端、接受端、市场端和海外传播领域都展现了强劲生命力和火热关注度。

第一，从市场规模来看，中国网络文学阅读市场规模持续增长，网络科幻小说作为其中的重要分支，同样受益于此，传播的影响力越来越大。随着“95后”和“Z世代”读者群体的扩大以及付费阅读模式的普及，加之短视频、移动 App、游戏账号等新媒体要素加入其内容生产过程，网络科幻小说的市场规模得以进一步扩大，成为社会主义文学领域“新质生产力”的重要组成力量。

第二，在作品质量方面，网络科幻小说的创作水平有了显著提升。专精科幻的作家（如天瑞说符、黑山老鬼）进一步深挖科幻叙事的新技术、新方法，“跨界作家”和新人作家（如玄鸊、三九音域）致力于探索科幻题材的新领域、新元素，将科技理念、想象力建构与网文题材有机融合，创作出了一系列富有创意和深度的科幻爆款。这些作品中的想象力元素奇特而丰富，并在题材内容、故事情节、叙述方式和审美话语层面表现出创造力，还融入了科幻作者对人类未来、社会发展、科技进步和道德伦理的深入思考，显现出网络科幻小说审美实践对于中国当代审美建构的特殊价值。

第三，网络科幻小说在题材选择上也呈现出多元化的趋势，类型融合和体裁创新成为网络科幻小说“爆款”和“出圈”的重要因素。除了传统的太空歌剧、未来世界、异界冒险、位面穿越、游戏流、无限流等题材，越来越多的作品开始关注现实社会生活中的科技问题，如人工智能、生物科技、元宇宙、数据安全等，《隐秘死角》《永生世界》《时间裂缝》《十日终焉》《夜幕降临》等作品深度挖掘想象力建构潜能，成为网络科幻小说的“新爆款”。这些作品通过将传统科幻与玄幻、仙侠、神话、都市、游戏、历史、悬疑、克苏鲁等其他类型元素深度融合的手法，构建出意义更加丰富的“混合科幻”“拟科幻”“类科幻”“科幻 +X”“X+ 科幻”[1]等文本类型，并对现实社会中的科技伦理和人的异化问题进行深入剖析和探讨，引起了广泛的社会反响。

第四，网络科幻小说的传播渠道也在不断拓展，受众面更加广阔。除了大型专业网络文学平台，越来越多的科幻小说开始通过影视化、有声化、微短剧以及移动 App 等方式进行内容传播，进一步扩大了其受众范围。豆瓣阅读、番茄小说、掌阅小说、每天读点故事、17K 小说网、有毒小说网等跨媒介平台的网络科幻小说“出圈”，成为年度重要话题。《吞噬星空》《第一序列》等网改动画借助腾讯视频、哔哩哔哩等视频网站获得不俗的商业成绩，《我在八零年代当后妈》《触手可及的你》等融合科幻元素的微短剧的爆火则拓展了网络科幻小说的受众基础。这种跨媒体传播的方式不仅提升了网络科幻小说的知名度，也为其带来了更多的商业机会。

第五，中国作家协会以及地方网络文学专业机构等也对网络科幻小说的发展给予了高度关注和大力支持。这些机构通过举办各种科幻文学奖项、征文，以及推出扶持项目、注入专项资金等方式，鼓励网络作家创作更多优秀的科幻作品，推动中国科幻文学的发展。据悉，2023 年全年中国作家协会网络文学中心共举办网络文学作品专题线上研讨会十余场，包括科幻作品专题讨论会七场,《我们生活在南京》《永生世界》《夜的命名术》《黎明之剑》《我要上学》《长乐里：盛世如我愿》等代表性作品通过研讨会获得了更大的社会热度，进一步推动了网络科幻小说在题材、内容、手段和传播上的路径优化与思路创新。

总的来说，2023 年中国网络科幻小说在内容生产、市场规模、创作质量、类型融合、传播渠道等方面都取得了显著的成效。网络科幻小说正在成为新时代中国特色社会主义现代化建设过程中的一股重要力量，在用科技视角和人文眼光讲好中国故事、传播好中国声音的新文化实践中发挥着不可忽视的作用。

二、主要作家及作品介绍

我们将以持续从事科幻文类写作、在业界取得较高成就，并在网文平台获得较高关注度作为 2023 年网络科幻小说作家及作品的遴选标准。对此，下文将从大神作家、新晋作家和入门作家三个层面对 2023 年主要作品进行介绍。

（一）滚开与《隐秘死角》

滚开本名何庆丰，系中国作家协会会员，发表过《剑道真解》《巫师世界》《神秘之旅》《极道天魔》等作品，题材涉及仙侠、异能、科幻、玄幻、都市等多种类型。截至 2024 年 3 月 26 日，滚开的作品累计字数 2631 万余字，作品粉丝数量1149万人。他2023年4月9日开始于起点中文网连载的《隐秘死角》受到读者好评，并获得第34届中国科幻银河奖最佳网络文学奖。

《隐秘死角》讲述植物养护专业的大学生李程颐在被卷入神秘的“异空间”隐秘死角的同时，也获得了神奇的“花鳞衣”异能，为了探索死角的秘密，他在这个平行异空间中不断蜕变成长，最终成就一段人生传奇。小说也借助小人物的成长构建了更加宏大的“仪国”和“白星”双雄争霸的虚构国际政治图景，可谓管中窥豹、小中见大。小说将叙述视角投向时空结构的逆流与人性之海的隐秘角落，描摹了一种前所未见的奇观化场景，借此拷问人性、人情与人生。以此可见，《隐秘死角》依靠奇特的类型设定，借助潜藏于日常生活的神秘“死角”来展示人类精神体验复杂性，通过科学幻想、游戏进化和细腻的叙述，为我们构建了一种奇观化的人生囚牢与独特性的叙事伦理；与此同时，这种暗含神秘力量的“异空间”也映照人性的一面镜子：“死角”常常是寂静的无人区，有时也是人性的角斗场，失落正常世界的人类在这里失踪或是死亡，似乎是每一个参与“死角游戏”的“入局人”的宿命。《隐秘死角》在呈现网络科幻小说的奇观叙事和后人类伦理的同时，也展示了其现实的意义与价值。目前，小说已连载完结，共231.84万字、705章，累计获得1万张月票、50万张推荐票和50万收藏量。

（二）伪戒和《永生世界》

伪戒本名孙家良，1988年生于黑龙江哈尔滨，17K小说网签约作家，著有《正道潜龙》《第九特区》《永生世界》《星痕之门》《风起龙城》等作品。

《永生世界》曾入选2022年“中国网络文学影响力榜十本小说”，并于2023年5月完结，全书225.75万字。小说讲述了主人公张云溪在现实世界和人工智能构筑的“元宇宙”世界冒险的故事，揭示了作者对人工智能技术发展的深度思考。伪戒以细腻的笔触创造了一个充满未知和挑战的永生世界，这里有技术发达的近未来世界，也有元宇宙技术充分实现的数字世界，意识上传、超体、AI人的设定让这个科幻世界充满魅力。小说特别展现了人类与AI生命的对话、博弈以及情感交流，展示了更加多元的未来世界可能性。同时，小说中的人物形象也十分鲜明，每个人（张云溪、姜馨、卡戴珊、贺文、童战等）

都有自己的故事和追求，这些故事和追求相互交织，构成了这部小说的叙事主线，也形成了富有革新色彩的人物角色画廊。小说还描写了“永生世界”的魅力。在小说中，永生被描绘成一种充满诱惑和充满不确定性的存在。在其描绘的元宇宙世界中，生活着 NPC、活人和“记忆人”三种生命体，三种生命体共同组成了一种充满无限可能的“后人类世界”，故事情节设定也有向经典人工智能题材科幻小说和影视作品致敬的意味（比如“超体”的设定等）[2]。这些思考提升了小说的思想内涵，给读者以科幻哲思的启迪。

（三）玄鶴与《时间裂缝》

玄鶴，“每天读点故事”独家签约作家，文笔老练，剧情精彩，尤其擅长创作脑洞怪异的短篇故事。这些作品将科幻设定、赛博主题与中华传统神话、民间传说及寓言故事相结合，呈现出独特的“中国式科幻”美学风格。作者非常注重挖掘传统文化中的科幻元素，并以科学视角重新阐释其中的神秘、灵异与怪诞之处。李玮将玄鶴称为“国潮科幻”的代表作家，“尽管行文幽深晦暗，玄鶴却总在其中铺垫出希望与意义的光辉，平等、幸福、安定的社会是极端环境中每一个人的期冀，人生的意义与存在的价值都于作品中得到肯定”[3]。2022—2023 年，玄鶴在“每天读点故事”App 上连载《砸缸》《太岁》《黄袍》《行者》《神医》《让梨》《梦叠》等融合传统文化精髓与超级科技、异域想象以及非凡审美体验要素的科幻短篇，并结集为《时间裂缝》；另著有《莲华》《归墟》《天使》《鬼娃》《回魂》《桥洞下的外星人》等融合各种幻想、悬疑和古风元素的短篇作品。

《时间裂缝》系列以中国古代背景设定容纳了幻想未来的设定和构想，为人们耳熟能详的传说故事铺垫出极具幻想、诡异与浪漫色彩的文本线索，并以科学幻想的基底重构了诸多历史掌故和民间异闻。其中，《太岁》以写实的方式呈现出清末饥荒年，底层百姓的生活惨状。主人公年嘉禾和弟弟年丰登在流星坠地的土坑中刨出一块古怪的肉团，教书先生孟秀才说这是“太岁”，太岁形如磨盘，可以不断再生，村子里的人从此以之为食，却引发无边祸患。作者运用大量恐怖离奇的细节描写表现出长期食用太岁后身体变得非人化的人类，其身体结构、思维状态逐渐脱离了人的概念。小说最终在一种悬疑和恐怖的氛围中点明这一切的真正缘由——太岁是一种来自木星的外太空生物，其在进化过程中获得了宛若神明的力量。太岁通过促进人类身体的进化，以满足其心理愿望，进而从被感染的人类身上获得星际漫游的能量。不过，这种愿望的满足过程是极其扭曲和恐怖的，例如近视的孟秀才因为想要看清星空的样子而被太岁引导进化成为整个面孔都被红色眼球覆盖的怪物，“如同剥开的石榴一般，整个头部密密麻麻地拥挤着上百颗眼球，每一颗眼珠或者说‘果粒’，都饱满得惊人，在那颗肿胀的头上杂乱无序地蠕动、眨动着”[4]，字里行间透露出疯狂而恐怖的“克苏鲁系”意味。贪婪吞食太岁的村人最终变成为太岁提供能量的宿主。太岁在“饱食”过后化为一道流虹，继续开启星际之旅，而被它祸害的村子却陷入灭亡。《神医》以擅长“补形术”的神医华佗为曹操治疗头疾为叙事之引，引导出上古进化路上双螺旋结构与线粒体（所谓“螺仙旋祖”和“线妖环孽”）的生命正义之辩，又从“忒修斯之船”悖论，引出人之为人的哲学思考。小说中很多场景描写都令人印象深刻：残缺的手掌生有复眼，在王城各处窥探人类的隐秘；化为蜘蛛一般的残肢在地牢中游荡；而小说的高潮部分则是全身器官都被置换的曹操变成了一条怪龙（由“线粒体”的遗传密码掌控），同人类展开灭世大战。全篇故事情节紧凑、离奇、诡异、怪诞而又富于感染力。《时间裂缝》中的其他篇目也非常出彩，它们将科幻小说的想象力建构与传统文化的美学底蕴无缝对接，传达出新奇陌生化的接受体验。例如，《让梨》写到了人工智能和时空回溯，揭示人类与强人工智能生命之间复杂而有矛盾的逻辑关联；《行者》从“波粒二象性”的角度推演“武松打虎”成立的物理依据，又从平行世界的原理来阐释四维空间的无限可能性，再以“纳米机器”赋予打虎英雄超凡的能力，行文中充满着对宿命的形而上学之思；《砸缸》将科幻的“复制人”的设定融于“司马光砸缸”的故事内里，借机探寻人之为人的本义；《黄袍》将拉美魔幻元素、克苏鲁神话与北宋皇室的宫廷秘闻结合起来，呈现了一种“新神话”叙事范式。玄鹇的作品虽以传统故事为语料，却表现出了具有现代意义和科幻色彩的主旨倾向，真正做到了在成语掌故的现代科幻语义解读中实现传统文化的创造性转化。我们有理由认为，经由玄鹇的一己之力，短篇科幻在2023年网络科幻小说创作生态中独树一帜，成为一种“现象级”的艺术存在。

（四）黑山老鬼与《黄昏分界》

黑山老鬼，阅文大神作家[①]，曾以创作修真小说见长。2020年黑山老鬼尝试转型科幻创作，自《从红月开始》赢得“开门红”后，开始侧重科幻题材创作。2023年2月完本的《猩红降临》与2023年10月完本的《神秘尽头》均受到读者好评，并荣登起点中文网首页推荐榜。

2023年9月，黑山老鬼开始连载科幻作品《黄昏分界》，再次获得不错反响，2024年3月获得起点中文网男频月票榜第八名。《黄昏分界》讲述男主穿越到一个充满邪祟的怪异世界，借尸还魂地以一个“早夭”的儿童——胡麻的身体活下来的故事。作者极力渲染一种诡异而恐怖的故事氛围。整个世界充满着危险的邪祟，需要时刻提防，胡麻自己也似乎来路不明，随时可能被人类当作邪祟杀掉。这部作品也讲述了有关太岁的故事，只不过它披着“生物科幻”的外皮。小说中的太岁是一种不知来历的肉山，将肉山的某些部位割下吃掉则会大大激发人的生命力，提升身体机能。胡麻在吃了太岁中最珍贵的血太岁后逐渐站稳脚跟，却也因此深度卷入到这个诡异的世界中。故事设定的叙事背景为人类和邪祟以黄昏为界达成微妙的平衡，黄昏之前的世界归人类，而黄昏之后的世界则由邪祟主宰。作品将浓厚的民俗怪诞元素与生物学意义上的异世界想象有机结合，构建出具有中国民俗特色的“科幻怪谭”。此外，小说也在叙事所营造的诡异奇幻的氛围中，对胡麻与婆婆之间“陌生化”的亲情进行细腻描写，显现出一丝人性的暖色，读来令人唏嘘。通过连接中国传统文化中的审美要素，《黄昏分界》营造出悬疑诡异的氛围感和符合中国传统民俗想象的科幻认知方式，这是本土网络科幻创作的重要尝试。截至2024年9月，该作品连载243.16万字，获得55.16万总推荐和3064个周推荐。

（五）杀虫队队员与《十日终焉》

杀虫队队员，1991年生，山东青岛人。番茄小说金番作家，擅长悬疑幻

---

① 阅文大神作家的标准包括具备较高的写作功底和商业素养、成名后平均年收入百万元以上、至少两部作品获得成功或拥有一部长年维持高人气的作品、具有强大的笔名影响力与读者号召力，以及鲜明的个人风格。其他平台同类型的作家标准可参照阅文的标准。

想类题材，作品设定新颖，情节多重反转，笔下人物鲜活立体，代表作有《传说管理局》《十日终焉》等。

2023年，《十日终焉》上线后即霸榜番茄小说网悬疑榜Top1，上架一年累计千万读者阅读，超21万读者打出9.8的评分，追更人数超300万，长期蝉联番茄总阅读榜Top1，其网络影响力已成"破圈"作品，目前已改编为广播剧，出版实体书，并售出动漫、影视版权。作为一部悬疑推理作品，《十日终焉》融合了时下众多新媒体流行文化元素，诸如时空循环、架空、穿越、灵异、无限流、末日求生、废土世界等各种网络科幻小说中常见的题材设定，甚至还包括剧本杀、密室逃脱、电子游戏等多种交互性娱乐形式，具有明显的跨媒介、跨文本和二次元文化等特征。《十日终焉》的故事以对虚拟世界的叙写来揭示现实世界的真相，完成现实人生的救赎。小说中"十日重生"这一设定具有鲜明的网络游戏特征，对此，邵燕君视其为通过"数据库写作"的"游戏现实主义佳作"[5]。游戏性的底层逻辑正是网络文学与传统文学最大的不同之一，升级、系统、无限流等网络文学经典设定都呈现了这种游戏逻辑。在幻想话语体系建构的层面，周志强认为《十日终焉》是一部鲜明的寓言现实主义作品，因为它以游戏性的寓言方式，描绘一个疯狂的世界。全书蕴含着气势恢宏的想象力，令其具有了美剧《西部世界》的末日废土气象，而它所呈现出来的深度人文性和反思性，又令其兼具卡夫卡式小说的荒诞性意蕴[6]。因此，这部融合了科幻等多种类型要素的小说，再次拓展了网络文学类型化的可能维度，成为年度最烧脑的网络"X+科幻"类型化作品，也深度拓展了当代中国网络科幻小说类型文学想象力话语建构的艺术潜能。

（六）三九音域与《我在精神病院学斩神》

三九音域，番茄小说网殿堂作家，入选2021年"中国网络文学影响力榜"新人榜。主要作品有《超能：我有一面复刻镜》、《我在精神病院学斩神》（又名《夜幕之下》）、《我不是戏神》等。作为一位阅读网文长大的年轻作者，三九音域在小说中所构建的现代神话世界融合了传统文化的精髓，也暗含着现代人的价值诉求，体现了年轻作者的才气、灵气与文气。在小说中，不同层次的类型（文体、题材、内容、叙述要素等）的扩展融合与故事情节的推进互为驱动力，相辅相成，在内容和形式上共同提升了小说的审美品质。“精神病院”既有早前网络科幻类型文“设定模式”（如《第一序列》中的“宫殿”）的影子，又有当前网络文学元素融合进程中的一些新质（现代神话、都市异能、游戏副本与高维穿越相结合），作为整个人类生存状况的巨大隐喻，它凸显了作者深度刻画人性救赎复杂性的艺术野心，同时也为网络文学研究提供了一种新的审美话语范式，从而为今后网络科幻小说类型融合的发展演变提供了可借鉴的艺术样板。小说借助出色的人物群像描写，传达了一种积极向上的价值观，热血奔放却又不失深沉的人文反思。小说除了塑造以林七夜为代表的主角团队形象，更可贵的是塑造了一系列“具有真情的真人”，例如带有“痞雄”气质的赵空城，以生命守护大夏的红尘剑仙周平，无畏选择献祭而成就人类天花板“成神”的守夜人司令叶梵，穿越时空力挽狂澜拯救大夏苍生的“假面”小队队长王面，拥有像素异能且古灵精怪的“上邪会”首领纪念，牺牲后仍然以“英灵”来守护大夏龙脉的001号特殊小队等。这些人或为家国情怀而舍生取义，或为亲情友谊而奋不顾身，或为正义良知而杀身成仁，一个个“有真性情的真人”跃然纸上，读来令人心潮澎湃。此外，小说的“互文性”特征较为鲜明，不仅包括故事情节设定上对早前网络类型文的借鉴与再生产，而且还体现在体裁上对其他新媒体时代艺术形式（如游戏、漫画、二次元等）的整合。例如，小说的人物对话呈现表情包、颜文字等形态，图文结合，构建了一种符合“网生代”符号编码和意义表达的二次元文化体系或习惯，表明发展转型期的网络类型文学正在创造和实践某种符合新时代特色的科幻文学新形态。

（七）天瑞说符与《保卫南山公园》

2023年是天瑞说符获得巨大收获的一年，《我们生活在南京》获得了中国科幻银河奖、华语科幻星云奖、百花文学奖、茅盾文学奖·新人奖等国内顶级奖项。语言描写的细腻与科学设定的硬核，共同组成了天瑞说符科幻小说创作的审美风格。《保卫南山公园》以高维生命“天使”和地球机甲战士正面硬刚、以炽热焦灼的前线战场开篇，迅速交代以“天使”为名的系列外星生命对地球的威胁和破坏，架构起相继抵抗、逐个击破的结构。小说将科幻元素与现实问题相结合，通过描写一场场发生在中国重庆南山公园的地球保卫战，展现了人类在面对高纬度物种“天使”入侵时的英勇反抗与文明自信。借助主人公在战斗一线的见闻和感受，表达了作者对人类与自然、人文与科技、文明与野蛮、地球文明与浩渺宇宙的探索与反思。在技术设定上，小说还引入“广义相对论”“宇宙维度”“弦论”等物理概念的思考，并且融入“超级机甲”“脑机接口”“数字生命”等热门科幻设定，呈现硬核科幻的色彩。从整个故事情节来看，作者通过紧凑而富有节奏的叙述，将读者带入了一个充满悬疑与惊险的世界。每到来一个“天使”，人类就要想方设法以最快的速度予以应对，每一场与“天使”的决斗都惊险无比，稍有不慎，人类文明就将满盘皆输，付出极其惨重的代价。最后，小说以“留白”和“伏笔”的方式，隐喻“重庆前线”战斗发生前人类世界的几次失败的对抗，这不仅增加了读者对后续情节的紧张期待，而且也暗示了人类为了保全文明火种所付出的巨大代价。

（八）其他作家与作品

1. 红刺北与《砸锅卖铁去上学》

红刺北，晋江文学城活跃作家，中国作家协会成员，主要作品有《砸锅卖铁去上学》《单身狗的春天》《暴力输出女配》等。红刺北的创作类型多元丰富，包括星际、机甲、修仙、古言、现代以及玄幻等题材。其作品风格诙谐幽默、情节紧凑，富有想象力。《砸锅卖铁去上学》又名《我要上学》，是一部科幻和无厘头元素相结合的小说，它以星际世界为背景，讲述了顶级工程师卫三穿越成为异星失学儿童，然后驾驭机甲，一路成长、奋斗、探险并走上人生巅峰的故事。

2. 骷髅精灵与《机武风暴》

骷髅精灵本名王小磊，阅文集团白金作家和网络文学知名作家，上海网络作家协会副会长，是网络文学“2020 年十大科幻作家”荣誉获得者。《机武风暴》系骷髅精灵 2020 年开始连载的科幻作品，在世界观设定上与作者此前创作的“机动风暴三部曲”（《机动风暴》《武装风暴》《星战风暴》）相似，都讲述了人类远征星辰大海的故事。《机武风暴》开篇即展现出一个宏大的世界，人类文明已然可以登陆太阳系内别的星球。作者详细设定了 USE 地球联邦、NUP 月球联邦、ROM 火星联邦等太阳系政治组织之间的复杂关系，在星际争霸的故事情节中描述了铠龙战机三代、龙神E型等战斗机甲的型号与性能，为读者呈现了热血沸腾的近未来世界样貌。

3. 光速旅人与《电磁暴君》

光速旅人，起点中文网新人作家，其首部作品《电磁暴君》即引起较大反响。该作于2023年6月于起点中文网开始连载，2023年8月进入起点精品频道。小说设定了一个能够连接宇宙所有时空的“星界”，在星界里物理、化学规律都会失效，但星界会产生独特能源，促进社会发展，同时也会让人类获得超能力。主人公季星火获得了可以掌握多种超能力的万象星瞳，在对万象星瞳的开发和运用中，他也从平凡走向超越。小说把异能的设定归因于电磁力的掌控，颇有美国科幻电影《X战警》的味道，相关情节的描写也让人想到民国科幻小说《电世界》里的设定。作者在叙事中尝试融合玄幻、异能和科幻的类型和方法，以此构建一个“融幻宇宙”[①]，这对一个新人来说具有一定的开拓性和实验性。

4. 十月廿二与《学霸的军工科研系统》

十月廿二是2023年进入起点中文网创作的新锐作家，其科幻网文作品《学霸的军工科研系统》截至2024年9月连载299.45万字，获得25.25万总推荐数。小说主要围绕主人公常浩南展开，他作为一名军工从业者穿越到1996年自己的大学时期，通过随身携带的金手指“科研指导系统”，获得了远超时代的科研能力，涵盖了航空发动机、相控阵雷达、核动力航母、先进半导体等诸多领域。在“科研指导系统”的助力下，常浩南不仅在军工领域取得显著成就，还致力于将科研成果应用于沙漠变绿洲、天堑变通途等宏大民生工程。他的努力不仅赢得了同行的尊重，也推动了华夏科技的腾飞，展现了军工系统内部奋斗者的精彩群像与时代精神。

5. 爆炸小拿铁与《我没病！我的其他人格也是！》

爆炸小拿铁，系起点中文网Lv.5级别[②]作家，著有《我没病！我的其他

① 即通过科学与玄想等多种叙事建构的方法来搭建一个想象世界。

② 按照起点中文网对其签约作家的级别划分，Lv.1是在起点发文的作家，即新手作家；Lv.2是收入能够达到第二档标准的作家，这一类已经属于优秀写手了；Lv.3收入在第三档，这一类已经属于超级写手了；Lv.4达到第四档的标准，这一类也是超级写手；Lv.5是目前起点中文网最高级别的作家。

人格也是！》《我只想安静的做个苟道中人》等作品，涉及科幻、仙侠等题材。小说围绕作者精心设计的“数字病毒”展开科学幻想。“数字病毒”是某种不知来源的病毒，感染患者可以迅速理解复杂的数学逻辑、完成巨量的数字运算，并借此获得某种超越现实的能力或引发灾害。“数字病毒”的感染者在故事中是极端危险的存在，主人公周震即为了探寻自己身上“数字病毒”的奥秘，躲避社会对“数字病毒”感染者的围剿而生存。

6. 远瞳与《黎明之剑》

远瞳，阅文大神作家，本名高俊夫，其作品《深海余烬》获第33届中国科幻银河奖最佳网络科幻小说奖。2023年，其连载的科幻/魔法作品《黎明之剑》完结，小说描写了主人公高文在一个“剑与魔法”并存的平行世界冒险的故事。小说主题引人深思：科技虽然是强大的武器，但作为一个完善的人应具有的人性光辉同样不可或缺，甚至更为重要。这在更深层次上展现了对人类社会进入现代以来靠理性和科技主导现实生活的反思和质疑[7]。

7. 其他较有影响的作家

（1）我吃西红柿

本名朱洪志，阅文大神作家。他善于将“星辰大海”的梦想与复杂的修仙体系结合起来，2023年新作《宇宙职业选手》就是如此。小说描写了家乡星球（地球）融入高级宇宙文明俱乐部之后，开始步履蹒跚地在文明之路上前行，人类也开始了进化之路，并进入与超级文明争雄的新纪元的故事。

（2）凌东君

小说作者，游戏公司制作人，主要研究IP在游戏、影视、动画小说、舞台剧等媒介下的不同表现，代表作有《蒸汽水浒》《赛博神话》系列等。2023年在“每天读点故事”连载《赛博神话：祸乱时期的爱情》等短篇，在该平台有较高人气。

（3）虾王

起点新人作家，作品《白帝战机停展厅？谁泄露出去的！》是科幻题材的军工爽文。作品故事线简明流畅，主人公陆辰穿越到一个近乎现实的平行世界，中国第五代战机歼20已列装多年，第六代战机成为我国重点发展项目。作品引入了许多工科的基础知识，以浓厚的科学感营造出传说中遥遥领先的

“白帝战机”的现实质感，构造出军迷们幻想中中国科技腾飞和民族复兴的美好愿景。

第二部分　网络科幻小说创作概况与知名平台介绍

一、2023年网络科幻小说创作概况

2023年中国科幻网络小说整体发展良好，网络科幻小说被社会认可和接受的程度逐步提高，基于网络科幻小说的相关文化产业也在蓬勃发展，从整体上推动网络科幻小说的创作环境不断优化。

第一，2023年科幻题材的网络小说呈爆发式增长，众多优秀的科幻作品涌现，吸引了大量读者的关注。这些作品不仅展示了作家们丰富的想象力和创新精神，也反映了中国科幻文学的快速发展和成熟。其中，政策环境的利好是推动科幻网络小说发展的重要因素。国家主动调控科幻产业生态，推出科幻产业发展专项行动计划，为科幻产业持续发展提供了政策支持。这些政策不仅鼓励了科幻作家的创作热情，也促进了科幻网络小说的传播和推广。此外，市场需求的逐步扩大推动科幻网络小说的发展。随着市场消费的崛起，科幻产业市场需求进一步加强，在影视IP购买、改编、阅读等方面具有充足的发展空间，为网络科幻小说的创作传播提供了更多的机遇。从更宏观的视角来看，2023年人工智能技术呈现“井喷”式发展，ChatGPT、GPT-4、Sora等技术接踵而至，都为科幻题材的网络小说创作提供了新创意。同时，在党的十九届五中全会全面擘画的中国社会主义高质量发展蓝图中，到2035年我国将基本实现“新四化”的建设目标和要求。因此，必须坚定不移地“推动制造强国、质量强国、网络强国和数字中国建设”，在“双循环”新发展格局下努力提高产业链供应链稳定性和现代化水平[8]。在此背景下，中国在科技产业和工业生产中取得的技术进步逐步展现在普通民众面前，已经成为《大国重工》《大国蓝途》《智能觉醒》等具有科幻元素的网络小说创作的

重要素材库。

第二，强国战略与科幻叙事的融合。2023年，科幻题材中的强国叙事作品逐渐增多。在中国国防科技力量发展的背景下，中国国防实力与科技实力的发展和进步成为故事背景和设定，融入网络科幻小说的人物塑造、情节发展以及主题表达等层面，一大批以中国国防事业发展为主题的网络科幻迅速涌现。十月廿二的《学霸的军工科研系统》、虾王的《白帝战机停展厅？谁泄露出去的！》等作品均具有较强的代表性。强国叙事之所以能和科幻叙事迅速融合，得益于强国叙事为科幻小说提供了宏大的背景。在这个背景下，国家力量、科技进步以及文明发展等要素相互交织，共同构建了一个充满想象力和可能性的未来世界。同时，科幻小说通过对这个世界的描绘和想象，展现了中国可能面临的时代挑战和历史机遇。另外，在人物塑造和情节设计上，强国叙事与网络科幻的融合展现出“国族叙事”的审美韵味。在这些小说中，主人公往往不仅是具有天才研发能力的科学家和科技工作者，更是具有强烈国家荣誉感和使命感的爱国者。他们的行为和决策往往受到国家利益和民族尊严的驱使，使得加入了强国元素的科幻叙事更具有感染力和吸引力。最后，强国叙事和科幻叙事的融合彰显出年轻的网络科幻作者对中华民族未来的深度关切和思考。强国叙事以中华民族伟大复兴为思想主旨，而科幻叙事则关注人类文明未来的可能性。两者的结合使科幻小说在探讨未来科技和社会发展的同时，也探讨了中华文明未来发展的艺术图景。

第三，科幻元素逐渐成为网络小说的常用手段和基础设定。随着近年来进入大众视野的科幻电影、电视剧、小说和动画在数量和质量上的显著提高，科幻不再是相对边缘的题材门类。在此背景下，科幻元素成为网络作家在世界观设定和背景介绍时的常用取材。例如玄鹤的《时间裂缝》系列以中国乡土和传统习俗文化为故事语境，对故事缘由进行解释时运用了“平行世界”“人工智能”“波粒二象性”“纳米技术”“复制人”等科幻元素。杀虫队队员的《十日终焉》中“终焉之地”的“造神”游戏、无限流模式、末日求生与生死轮回等设计也具有极强的科幻意味。这种设定打破了读者关于时间和生死的常规认知，展现了科幻感十足的游戏互动与沉浸体验。爆炸小拿铁的《我没病！我的其他人格也是！》将异能和都市题材相结合，但其支撑叙事基础和世界观架构的却是“数字病毒”的科幻设定。另外，人工智能技术的井喷式突破也让科幻元素与现实生活的结合越来越紧密。人工智能、太空探索、意识上传、人机共生等技术不再是遥不可及的神话，而有了梦想照进现实的逻辑基础。

第四，科幻元素在网络小说中的运用也凸显出网文作者对于现实问题的深度思考。科幻元素在网络小说创作中的流行并非偶然，这在一定程度上反映了读者对于小说故事世界观架构的好奇心和探索欲望，同时表达了作者和读者双方对于打破世俗生活庸常性和碎片化的想象性尝试。对此，追求严谨、合理和科学的科幻元素天然在网络小说世界观架构中具有优势，通过构建一个超越现实的世界或情境，科幻元素带领读者进入一个充满想象力和可能性的空间。在这个空间里，读者可以体验到前所未有的冒险和探索，感受到未知世界带来的刺激和新鲜感。通过构建一个个奇异的科幻世界，网文作者可以更加深入地探讨人性、道德、伦理、社会制度等议题，让读者在分享故事的同时，也能够思考这些议题在现实生活中的意义和价值。

二、重要网络科幻小说发表平台动态与介绍

2023 年，中国网络文学平台在推动科幻小说创作发展方面起到了关键作用。

第一，平台规模和影响力逐渐增强。起点中文网、纵横中文网、17K 小说网、晋江文学城等作为国内知名文学网站，是科幻类型文的主要输出平台，它们拥有庞大的用户基础和活跃的作家群体。这些平台积极推广科幻小说，通过设立专门的科幻频道、举办科幻征文大赛、整合科幻 IP 资源（如影视改编、游戏改编和动漫改编）等方式，吸引了大量优秀科幻作家，不断推出具有轰动效应的科幻小说精品。这些平台十分注重科幻小说内容质量的优化。各大平台不仅严格筛选作品，确保上架作品的质量，还鼓励作家进行原创性创作，探索新的科幻题材和风格。这些平台还提供了丰富的互动功能，如读者评论、作家互动、作品推荐等，使得读者能够更深入地参与到科幻小说的创作和阅读过程中。

第二，网络文学版权制度不断规范。免费阅读、短视频引流、IP热的逐渐降温，新现象、新模式进一步冲击网络科幻小说市场，在阅文等大平台科幻类型文同质化问题逐渐突出的情况下，一大批新的科幻类型文生产平台借助类型融合、题材扩充和更为灵活的经营方式，进而在激烈的竞争中脱颖而出，番茄小说、每天读点故事、豆瓣阅读、掌阅小说、火星小说、飞卢小说网等中小型网文平台及读书软件崛起，网络科幻小说IP文创产业链的“下游倚重”现象[9]更为突出。中小型网络小说平台在网络类型文发展转型中发挥越来越重要的作用，为中国当代科幻文学的发展注入了新的活力。

（一）每天读点故事

每天读点故事是国内领先的移动互联网精品原创故事平台，旗下有@故事研习社、@每天IP推荐、@读点作者服务号等品牌账号，着力于对新人作者的扶持和好故事的孵化。该平台在内容生产方面主打女性成长、职业故事、悬疑惊悚、东方奇幻、国潮科幻、浪漫爱情等类型化文学，推动好故事在出版、影视、动漫、有声和衍生品上的开发。每天读点故事配备“智能算法+人工推荐”的功能，能够自动识别用户的兴趣，通过精准分发，为用户提供个性化的阅读体验。该平台希望借此从源头上为用户打造好故事，建设优质内容生态，致力于成长为未来超级IP的策源地。“让好故事成为好IP”，为用户打造一个精品阅读空间，为其持之以恒的追求。总的来说，每天读点故事凭借其丰富多样的内容、智能推荐的功能以及优秀的用户体验，成为网络文学领域的一股重要力量。2023年，玄鹳的《山海见诡》《时间裂缝》、凌东君的《蒸汽水浒》《赛博神话》等“国潮科幻/奇幻”的“出圈”提升了该平台短篇科幻创作的知名度，推动了平台的品牌化建设。

（二）番茄小说

番茄小说是抖音旗下的免费网文阅读App，致力于为读者提供畅快不花钱的极致阅读体验，于2019年11月正式上线。番茄小说随着其用户数量的不断增大、作品保有量的不断提高等，在网络科幻小说创作中崭露头角。番茄社区的分类方式集合了社区互动和故事情节等不同要素，形成了别具一格的科幻细分特征。例如，2023 年疯狂“出圈”的《十日终焉》《我在精神病院学斩神》等作品的成功，就是得益于这种类型与风格的细分。此外，通过对科幻概念的借用，番茄用户在作品分类和趣缘圈层的建构中产生独特的话语表达方式，形成独特的科幻社区互动语境。

（三）起点中文网

2023 年，起点中文网继续构建网络科幻小说分类体系，科幻类型被进一步细分为“古武机甲”“未来世界”“星际文明”“超级科技”“时空穿梭”“进化变异”“末世危机”等七大主要栏目。根据读者偏好和流量标签的细分标准，上述类型还在某种程度上实现“跨类融合”，产生“科技修真”“蒸汽朋克”“赛博朋克”“现代修真”“军工爽文”“技术流”“虚拟现实”“科普向”等不同标签。

（四）晋江文学城

晋江文学城作为女性活跃用户较多的门户网站，科幻元素同样成为其分享女性情感、构建文学想象的主要素材。晋江文学城的科幻作品在分类和内容呈现上更加细腻和多元化。例如，晋江文学城将“大众化指数”较高①的零落成泥的《身在曹营心在汉》称为“综科幻”②，而小蚌冲鸭的《靠演技在科幻世界苟到底》把属性副标题定为“三体”③等。科幻元素逐步融入晋江的社区风格与用户互动里，成为众多女性读者感受趣缘氛围、维系趣缘同好、感受科幻魅力的重要载体。

（五）知乎

知乎原本是一个用户问答社区。近年来，知乎开始鼓励针对特定话题的网络小说创作。例如，在知乎提问“你认为最牛的科幻桥段或者科幻对象是

---

① 按字面意思即大众普及率较高、受到大众欢迎程度较高。

② 晋江文学城平台内部设定。在这里意指综合了其他题材类型的科幻作品，即把其他类型元素融入了科幻小说的类型之中，形成的复杂文类组合形态。

③ 意指本小说的主题与《三体》的相关设定有关，可以视为“《三体》同人文”。

什么？”下，知乎官方背景用户“宇宙生存法则”将其“知乎盐选”栏目的科幻作品《地球无应答：9个关于基因、数据、时空的科幻故事》节选引入到问题回答中，引起一万余位用户点赞。知乎平台嵌入用户话题、深度参与用户互动的内容呈现方式，具有较大的新颖性，给网络科幻文学的创作提供另一种可能。

（六）其他平台

2023年连载网络科幻小说的重要平台还有创世中文网、掌阅、有毒小说网、火星小说、不存在科幻等。

三、简单小结

2023年，网络科幻小说从一种新兴网络文学题材类型开始下沉为网络文学中最常见的文本样式。科幻元素和科幻桥段逐渐为一般读者熟悉、理解和接受，成为网络文学作品中较为常见的内容。科幻类型的常态化、日常化与知名度让其在网络文学内容生产过程中深度介入日常生活的人生体验，成为“网生代”“Z世代”惯常的认知经验与生存方式，由此也导致了网络科幻小说创作、生产、传播、接受和消费的标签化、阶层化和普适化。从某种意义上讲，网络科幻小说已经演变为当代网络文化的主流形态。网络科幻小说生产平台的竞争日趋激烈，内容生产市场下沉以及类型融合的加剧，都让网络科幻IP细分日趋成为网文圈、产业界和学术界共同重视的问题。

第三部分　网络科幻文学创作的未来发展趋势

未来，中国网络科幻小说的发展将会呈现出以下几个显著特点。

首先，大数据、云计算、元宇宙、基因编辑、数字人、生成式人工智能大模型等新兴科技的飞速发展，使得人类可以创作出更加绚丽多彩、超越现实的网络科幻文学作品，它们也极大地拓宽了人类的科幻审美领域，激发了更为先锋的科幻认知体验。因此，AI正在掀起一场规模宏大、影响深远的网络文学内容生产方式变革。网络科幻小说将更加深入地利用科技元素，融合前沿科技元素，将其改造成为科幻作家们的重要创作灵感来源，这也让科幻小说的情节设定和背景构建更加具有现实感和前瞻性，满足读者对未知世界的好奇心和探索欲望。2023年7月，首个网文大模型“阅文妙笔”发布，其应用端作家助手妙笔版同步上线，并于当年年底向阅文所有签约作家开放内测，AIGC辅助网文作者提升创作效率已成行业共识[10]。华东师范大学王峰教授团队利用“国内语言大模型+提示词工程+人工后期润色”方式创作的幻想作品《天命使徒》[11]即可视为是AI专业创作的首次成功尝试。在可见的未来，大模型（如国外的GPT4、Sora以及国内的文心一言等）技术将以高度沉浸的方式，介入网络科幻小说的内容生产过程。

其次，网络科幻文学的类型、题材、体裁和风格将更加多元化。叙事类型深度融合、创作素材不断拓展、审美风格多元共存以及题材、体裁跨界杂糅正成为网络科幻小说内容生产的主要趋势。除了传统的太空歌剧、时间旅行、人工智能等经典题材，网络科幻文学还将更多关注现实社会问题，并深度下沉到网络文学的类型细分领域，所有文学类型的“嫁接”“混融”“嵌合”成为科幻叙事的主导性想象力生产方式，“混合科幻”“融合科幻”“类科幻”“科幻+X（或X+科幻）”等体裁风格将成为未来网络科幻文学的主要形态。除了超长篇的科幻小说，科幻短篇、科幻视频剧、科幻诗、科幻剧本与科幻游戏脚本等形态也将成为这个类型的重要形式。《十日终焉》这一集合了小说、桌游与剧本杀等不同载体的“破圈之作”的成功，就是网络科幻文学未来潜在的发展趋势。

再次，网络科幻小说的创作将更加专业化、精细化和经典化。在免费阅读、类型细分和市场下沉的多轮驱动背景下，网络科幻小说平台之间的竞争会加剧，“网络科幻大类型”的内容生产也将从同质化的重复制造转向“质高效优”的“多类共生”模式。随着科幻读者对于作品质量要求的不断提高，作家们将更加注重情节的合理性、人物塑造的立体性以及语言表达的精准性，网络科幻小说也将紧密贴合传统科幻的经典创作模式，努力产生更多具有民族特征与现代视野的经典科幻作品。科幻短篇平台高度“内卷”以及《时间裂缝》《赛博神话》等精品“国潮科幻”系列的诞生，反映了网络科幻文学坚持走经典化道路与实现主流化创作转型的重要趋势。

最后，网络科幻小说的生产与传播渠道将更加广泛多样。2023年短视频平台的快速崛起为网络科幻小说的生产传播提供了重要启示。微短剧的“语图文本共现”特征使网络科幻小说变得“可视化”“场景化”“具象化”“互动化”。因此，跨媒介、跨符号生产与传播方式具有打通和融合所有艺术门类限制的创造性潜能，能够积极发挥语言和图（影）像两种符号的综合表意功能，生产出更具交互意味的“泛科幻网络文艺”综合形态，并在科幻话语接受场域中传递人类的普遍生活经验与文化心理。除了传统网络文学平台与线下实体书出版，网络科幻小说还通过影视、游戏、动漫等多种形式进行生产传播，或通过原创科幻影视、动漫和游戏的创意模式实现跨媒介、跨文本生产与传播。《星域四万年》《第一序列》《从红月开始》《大宇宙时代》等热门IP网改科幻动漫的上线，《三体》《黑门：蜂群》《灵笼 第二季》等原创科幻动画剧集的诞生，《戴森球计划》《光明记忆：无限》《无尽的拉格朗日》等国产科幻游戏的出圈，都预示着网络科幻文学将会迎来更为灵活多样的跨媒介生产、传播、接受与再生产的发展前景。由此，网络科幻文学将会摆脱在文学网站中生硬单一的寄居状态，打通从平台到内容的互动壁垒，以内容生产和类型融合为纽带完成跨符号、跨媒介、跨平台的生存模式转化。

综上所述，未来中国网络科幻小说将在科技元素的深度融合、题材风格的多元化、内容生产的精细化、创作模式的专业化以及传播渠道的多样化等方面呈现出新的发展趋势。这些趋势将共同推动中国科幻文学走向更加繁荣和多元的未来，成为中国特色社会主义新文化实践中“新质生产力”的重要代表。

（本文为国家社会科学基金西部项目“媒介融合语境下中国网络科幻小说的阐释批评机制研究”〔23XZW031〕、2023年度中国作家协会网络文学理论评论支持计划项目“现代神话、后人类叙事与中国式现代化书写——新世纪中国网络科幻小说论稿”〔ZZ2023WWLP004〕阶段性成果。）

参考文献

[1] 鲍远福."中国式现代化"语境下的网络科幻小说[N].中国艺术报，2023-04-05（5）.

[2] 鲍远福，陈添兰.中国网络科幻小说的机器人叙事与伦理构建[J].科普创作评论，2024，4（1）：27-36.

[3] 李玮.玄鹔《时间裂缝》："国潮科幻"代表作[EB/OL].（2024-03-18）[2024-07-01].https://www.chinawriter.com.cn/n1/2024/0315/c404027-40196444.html.

[4] 玄鹔.太岁（下）[EB/OL].（2022-05-06）[2024-07-01].https://h.gushi.cn/detail?encode=SdQJeOFWqws&type=1.

[5] 邵燕君.网络一代的"游戏现实主义"力作——简评《十日终焉》[EB/OL].（2024-04-19）[2024-07-01].https://mp.weixin.qq.com/s/_0R_iP5CYdbPC3tZ3clTkA.

[6] 扬子江网文评论.杀虫队队员《十日终焉》研讨会召开[EB/OL].（2024-01-04）[2024-07-01].https://mp.weixin.qq.com/s/77Ubibj3cyAO7948MbufTA.

[7] 网文视界.远瞳《黎明之剑》研讨会召开[EB/OL].（2024-01-31）[2024-07-01].https://mp.weixin.qq.com/s/mX8tOzQ5adVGiOckysGPyA.

[8] 刘勇.面向2035年的中国制造业高质量发展[J].China Economist，2021，16（1）：42-57.

[9] 欧阳友权，罗亦陶.我国网络文学发展的新挑战与新趋势[J].天津社会科学，2022（2）：99-108.

[10] 中国社会科学院文学研究所《中国网络文学发展研究报告》课题组.2023中国网络文学发展研究报告[EB/OL].（2024-02-28）[2024-07-01].https://www.gmw.cn/xueshu/2024-02/28/content_37172214.htm.

[11] 王峰.国内首部中文智能长篇小说来了[EB/OL].（2024-03-23）[2024-07-01].https://mp.weixin.qq.com/s/AGAL9wMSJyxIU_9zexCraQ.

作者简介：

鲍远福，文学博士，中国科普作家协会会员，贵州民族大学教授、硕士生导师。主要从事文艺理论、科幻电影与文艺、网络文化与传播研究。

孟正皓，河南大学文艺学专业2024级博士研究生，贵州省网络作家协会会员。主要从事媒介批评、科幻文艺研究。

▲ 科幻产业发展报告

年度科幻阅读产业发展报告

柏毅恒

一、引言

本文将 2023 年中国科幻阅读产业分为纸质图书出版、数字阅读和有声阅读三个板块，并分别对这三个板块展开分析，归纳总结 2023 年的产业规模与主要产业特征。本文也将与前几年中国科幻产业相关报告中的相关数据进行比较，考察科幻阅读产业的发展趋势。

根据统计测算，2023 年科幻阅读产业总体规模约为 31.7 亿元，同比增长 4.3%。其中，纸质图书出版、数字阅读和有声阅读三个板块的产业规模分别是 12.9 亿元、14.2 亿元和 4.6 亿元。2023 年中国科幻阅读零售市场呈现恢复性增长的态势，出版新书 590 种，相比 2022 年增长了 0.7%。数字阅读与有声阅读的增长则有所变缓，正在期待新的科幻类爆款产品的出现。

二、纸质图书出版

（一）图书零售市场综述

根据北京开卷信息技术有限公司（以下简称开卷）公布的《2023 年图书零售市场年度报告》，2023 年中国图书零售市场码洋规模同比增长率为 4.72%，码洋规模为 912 亿元。这标志着市场从之前的负增长转为正增长。在市场码洋构成方面，平台电商依然是最大的渠道，码洋比重为 41.46%。其次是短视频电商，码洋比重为 26.67%，超过了垂直及其他电商，成为第二大销售渠道。实体店渠道的码洋比重为 11.93%。

从整体零售市场来看，2023 年全国图书零售市场总动销品种同比上升了 1.55%，达到了 237 万种。动销新书品种同比上升了 7.3%，达到了 18 万种。值得注意的是，虽然码洋规模增长，但实洋同比下降了 7.04%。这主要是由于折扣率的变化，2023 年零售折扣率从 2022 年的六六折下降至六一折。

综合以上信息，2023 年图书零售市场主要特征总结如下。

从整体市场看，2023 年图书市场经历了恢复性增长，市场码洋同比增长率由负转正，上升了 4.72%。尽管零售市场实洋同比下降，但整体市场呈现出复苏态势。

从销售渠道看，销售渠道发生了显著变化，短视频电商的崛起改变了传统的销售模式，超越了传统平台电商，成为带动图书零售市场增长的主要动力。与此同时，实体店渠道继续呈现负增长，而平台电商和垂直电商的增长率也出现了下降。这显示出线上销售尤其是短视频平台销售的市场潜力巨大。

从细分市场看，少儿图书市场显示出强劲的刚性需求，其销售量在 2023 年实现了 3.19% 的增长。研究报告显示，2023 年图书零售市场的销售构成出现了显著变化。在这一年中，社会科学类图书以 26.42% 的市场份额占据领先地位，这一比例相较于 2022 年减少了 1.06 个百分点。紧随其后的是少儿读物类图书，其市场份额为 25.09%，这一数字较 2022 年增长了 3.53 个百分点，显示出少儿图书市场的活跃度和扩张趋势。

从新书市场看，2023 年全国上市新书达到了 18.36 万种，新书码洋品种贡献效率达到近 10 年最高点。实体店虽然面临挑战，但仍然是文化传播和新书发布的重要场所，而线上渠道的快速发展为新书推广提供了更广阔的平台。

以上这些市场整体特征或多或少在科幻图书零售市场上有所反映。

（二）科幻图书与期刊市场零售市场综述

2023 年科幻图书市场规模为 12.6 亿元，科幻期刊市场规模为 0.3 亿元，总体市场规模为 12.9 亿元。科幻图书与期刊市场零售市场概况如下。

第一，2023 年全国动销科幻图书种数超过 5500 种，全年总码洋 12.6 亿元，较 2022 年增长 2.4%（图 1）。科幻图书零售的变化在总体上与整个图书零售行业的恢复性增长相吻合，但增长速率稍慢。据基于“国家出版发行信息公共服务平台”的销售数据和商报·奥示“中国出版业市场监测系统”线下 ERP 数据、线上监测数据的统计，2023 年文学艺术类与科学技术类细分市场的销售同比均有下降，这一现象也会对科幻图书的销售产生影响。科幻类图书在 2023 年中国图书零售市场 912 亿元的码洋规模中占比 1.38%，较 2022 年略有下降。

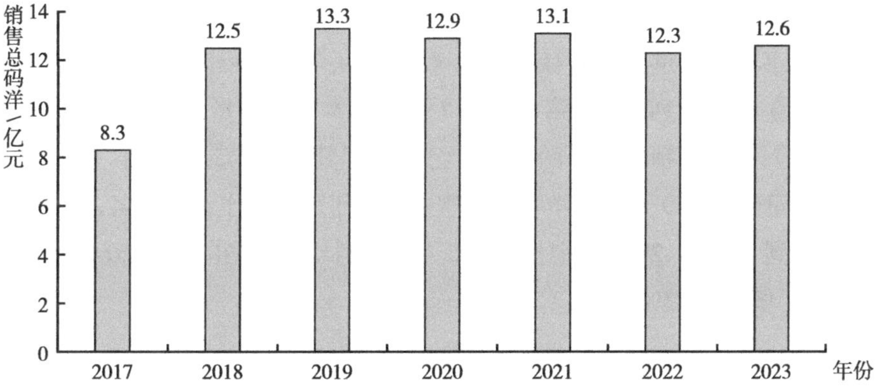

图 1　中国科幻图书零售市场码洋（2017—2023 年）

第二，2023 年全年出版科幻类新书 590 本，相比于 2022 年增长了 0.7%，数量基本持平（图 2）。根据开卷的统计数据，2023 年科幻类新书的码洋大约为 9000 万元，较 2022 年增长 20%。这个增长速度是相当显著的，表明尽管新书数量没有大幅增长，但科幻类图书的市场销售额却有了显著提升。这也反映出疫情结束后，读者的需求和购买力在逐渐提升，同时可能也说明了出版商和作者在内容创新和市场推广上取得了一定的成效。在 2023 年科幻类新书中，虚构类与非虚构类的总数分别是 544 种和 46 种。进入细颗粒度的分类，2023 年小说单行本的数量有所减少，为 339 种，个人选集与多人合集共有 140 种。绘本与图像小说共有 40 种，数量略有增加。

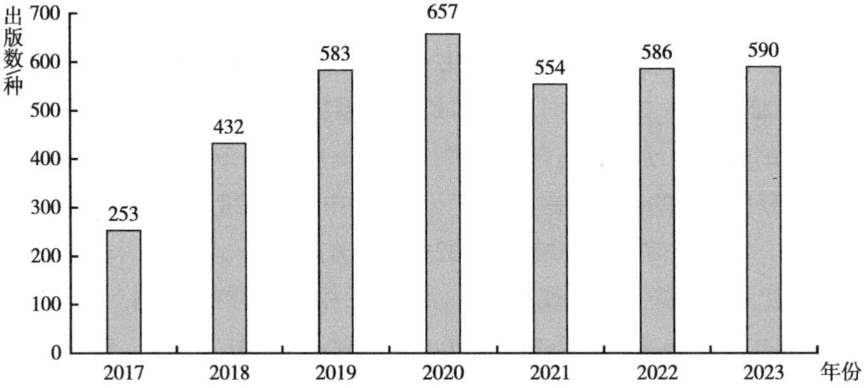

图 2　中国科幻新书出版种数（2017—2023 年）

第三，科幻图书市场的头部效应依旧明显。在 2023 年开卷虚构类年度销量领先图书榜中，重庆出版社出版的《三体》《三体Ⅱ：黑暗森林》《三体Ⅲ：死神永生》分别位列第 4、第 5 和第 7 名，三本书的销量均有 80 多万册。加上《三体》系列的精装版、图文版、纪念版等其他版本，2023 年《三体》系列的总销量超过 350 万册。作者刘慈欣则成为年度畅销作者第 1 名，作者册数占有率达到 0.35%。2023 年销量超过 5 万册的科幻类长销图书有 20 种（表 1），较 2022 年增长了 43%。

表 1　2023 年销量超过 5 万册的科幻类长销图书

排名	书名	出版方	出版年份
1	三体	重庆出版社	2008
2	三体Ⅱ：黑暗森林	重庆出版社	2008
3	三体Ⅲ：死神永生	重庆出版社	2010
4	海底两万里	人民教育出版社	2016
5	三体（典藏版）	重庆出版社	2016
6	三体Ⅱ：黑暗森林（典藏版）	重庆出版社	2016
7	三体Ⅲ：死神永生（典藏版）	重庆出版社	2016
8	海底两万里	人民文学出版社	2004
9	球状闪电	四川科学技术出版社	2016
10	三体（纪念版）（三册）	重庆出版社	2017

续表

排名	书名	出版方	出版年份
11	流浪地球	万卷出版公司	2016
12	献给阿尔吉侬的花束	河南文艺出版社	2022
13	中国科幻基石丛书：三体	重庆出版社	2022
14	带上她的眼睛 ——刘慈欣科幻短篇小说集Ⅰ	四川科学技术出版社	2015
15	海底两万里	时代文艺出版社	2021
16	中国科幻基石丛书： 三体·黑暗森林	重庆出版社	2022
17	中图科幻基石丛书： 三体·死神永生	重庆出版社	2022
18	一九八四	上海译文出版社	2009
19	梦之海 ——刘慈欣科幻短篇小说集Ⅱ	四川科学技术出版社	2015
20	流浪地球	中国华侨出版社、磨铁图书	2016

第四，新书零售市场的头部效应也很突出。根据开卷的数据，2023 年新上架的科幻图书中销量前 20 名所占新书总码洋的比例约为 70%，较 2022 年有显著增长。同时，有超过 400 种图书的销量不足 1000 册。

由表 2 可以看出，电影原著图书、网文纸书依然位列排行榜前列。麟潜的《人鱼陷落》在 2022 年登顶排行榜榜首，2023 年推出的续作《人鱼陷落Ⅱ》《人鱼陷落Ⅲ》依然闯进排行榜前 5 的位置。除了《人鱼陷落》，续作与系列作品在 2023 年集中发力，例如《电锯人：最佳搭档》《三体漫画：第一部》《地球上线·完结篇》等。引进图书中，日本作者占比较大，且图书形式丰富。

第五，少儿和青少年类科幻图书市场表现持续向好。商报·奥示“中国出版业市场监测系统”发布的报告显示，在细分市场中，少儿类图书市场表现出刚需特性，销售同比增长 3.19%。此外，报告还指出，图书零售市场的销售结构在 2023 年发生了变化，社会科学类图书市场份额最大，占比 26.42%，但比重同比减少了 1.06 个百分点。少儿读物类图书市场份额次之，占比 25.09%，比重同比增加了 3.53 个百分点。

表 2　2023 年中国科幻新书销量 Top20

排名	书名	作者	出版方
1	铃芽之旅	［日］新海诚	新星出版社
2	惊封	壶鱼辣椒	广东旅游出版社
3	人鱼陷落Ⅱ	麟潜	上海文化出版社
4	流浪地球 2 电影制作手记	朔方 等	中信出版集团
5	人鱼陷落Ⅲ	麟潜	上海文化出版社
6	通往夏天的隧道，再见的出口	［日］八目迷	百花文艺出版社
7	有人自林中坠落	蒲熠星	四川文艺出版社
8	夜幕之下	三九音域	北京联合出版公司
9	天才与疯子的狂想	南派三叔	山东文艺出版社
10	全知读者视角	［韩］sing N song	国际文化出版公司
11	电锯人：最佳搭档	［日］藤本树 原作、［日］菱川沙角 著	北京联合出版公司
12	三体漫画（第一部）	刘慈欣 原著，蔡劲、戈闻頔、薄暮 改编，草祭九日东 绘	浙江文艺出版社
13	复明症漫记	［葡］若泽·萨拉马戈	河南文艺出版社
14	月海与游梦人：日本幻想文学杰作集	［日］夏目漱石、［日］太宰治 等	广西师范大学出版社
15	地球上线·完结篇	莫晨欢	广东旅游出版社
16	她对此感到厌烦	休鹤	北京联合出版公司
17	祈祷之海：格雷格·伊根经典科幻三重奏 1	［澳］格雷格·伊根	新星出版社
18	莱博维茨的赞歌	［美］小沃尔特·M. 米勒	北京日报出版社
19	无人逝去	［日］白井智之	四川文艺出版社
20	三进数世界：格雷格·伊根经典科幻三重奏 3	［澳］格雷格·伊根	新星出版社

根据北京开卷信息技术有限公司常务副总裁杨雷在“颠覆与再生——2023年全球童书出版市场数据及趋势”论坛上的报告，2023年少儿市场码洋比重降幅最大，但仍是码洋比重最大的细分市场，少儿科普百科、少儿文学和少儿绘本是码洋比重最大的细分类。在零售渠道的少儿图书细分市场码洋占比中，少儿科普百科类图书占比为近三年最大，超过26%；在平台电商与垂直电商频道，少儿科普占比最高；在实体店渠道则是少儿文学占比最高。少儿科幻图书在少儿科普百科与少儿文学中均有涉及，同样表现出较大的市场份额。少儿科幻学者崔昕平在2024少儿科幻大会上发布了《2023—2024中国少儿科幻报告》，该报告显示，2023年少儿科幻创作领域头部作家和获奖作家的带动效应依然显著，越来越多跨领域创作者涌入少儿科幻赛道，激发了少儿科幻文学的品质提升。据不完全统计，仅2023年，少儿科幻图书出版物（初版）种数达到209种，较2022年增长了近一倍。其中，引进版图书43种，本土非虚构图书10种，本土原创少儿科幻图书达到156种。

2023年，少儿科幻领域不乏优秀的系列丛书与图书涌现。由成都时代出版社出版的第二届少儿科幻星云奖获奖作品集（包括《奔月》《平行空间》《隐身衣》《命运彗星》《爸爸的秘密》）系列科幻丛书集结了超侠、彭柳蓉、凌晨等多位著名少儿科幻作家的作品，围绕人工智能、航空航天、外星文明等科学主题创作，兼具想象力、科学性与趣味性。由长江少年儿童出版社出版的“未来系少儿科幻丛书”（全6册）则收录了六位作家的短篇科幻小说，包括王晋康的《生命之歌》、凌晨的《拥抱时间》、赵华的《外星宝石》、彭柳蓉的《永恒之夏》、哈琳的《异星建设者》、王洁的《蒸汽夜莺》。四川科学技术出版社出版的“银河少年科幻丛书”由资深科幻编辑从近几年发表于《科幻世界·少年版》的少儿科幻小说中挑选出短篇精品，按照主题重新归类，结集成册，汇聚了众多作家创作的少儿科幻精品。

第六，2023年全国科幻类期刊总码洋约为3300万元，相较于2022年增加了10%。2023年全国科幻类期刊市场的发展没有明显变化，依然由科幻世界杂志社的《科幻世界》《科幻世界·译文版》《科幻世界·少年版》与天津百花文艺出版社的《科幻立方》占据主要市场。2023年《科幻世界》杂志的市场发展状况呈现出积极态势，发行量保持着稳定增长，读者群体不断扩大。在市场推广方面,《科幻世界》杂志也采取了积极的策略，通过线上、线下的宣传活动，扩大杂志的知名度和影响力。

在少儿科幻杂志方面，除了传统的《科幻世界·少年版》持续稳定输出内容，江苏凤凰少年儿童出版社推出的少儿科幻杂志《儿童故事画报·科幻大探险》也发展迅速。该杂志2021年7月起由“探险版”改版为“科幻大探险”，杂志内容围绕幻想、科学、探索三大主题，涵盖知识科普、侦探推理、幽默故事等多个方面。

天津百花文艺出版社的《科幻立方》杂志也采取了多种发展策略。在内容方面，杂志积极丰富科幻选题，并与科幻作家、影视制作公司等相关产业合作，共同推广科幻文化和产业。在市场推广方面，除了传统的订阅方式，还通过中国邮政微邮局、百花文艺出版社官方微店以及淘宝、天猫、京东等电商平台进行销售，为读者提供了更便捷的购买渠道。

三、数字阅读

本节数字阅读将主要讨论通过 PC、手机、平板电脑等互联网设备进行文学作品的在线或离线阅读，包含电子图书（主要是纸质图书报刊电子版）和网络文学两个子板块。

2023 年，我国科幻数字阅读（包括电子图书和网络文学）总市场规模为 14.2 亿元，超过了科幻纸质出版物的总码洋，相比 2022 年增长了 3.6%，增长速率有所放缓，但仍处于稳定增长态势。其中，科幻类电子图书的销售收入约为 1.8 亿元，同比增长 1.3%；科幻类网络文学的市场规模约为 12.4 亿元，同比增长约 2.5%。

2023 年科幻电子图书的发展相对较缓，缺乏获得较高关注的图书产品。在中国音像与数字出版协会公布的“2023 年数字阅读作品（项目）”推荐结果中，数字阅读推荐作品前 20 名中不乏优质科普图书与音像作品，但科幻相关产品却很少。在数字阅读推荐项目中，阅文集团推出“阅文集团全民阅读月活动”，咪咕数字传媒推出“数智化云上书店解决方案”，都为科幻电子书产品的推广与发展提供了高质量平台。科幻电子书产品应当提高产品质量，持续打造优质内容，抓住发展机遇。

根据比达咨询2023年第三季度数据，在移动阅读App市场中，首位的番茄的月活用户是8935.8万人，市场渗透率为34.3%，位列二、三名的七猫和掌阅则分别是6390.2万人和6138.4万人，市场渗透率分别为25.3%与24.7%，第四名QQ阅读是2579万人，市场渗透率为9.3%，第五名才是微信读书，月活用户是2179.1万人，市场渗透率仅为8.3%。与以网络文学为主的阅读平台相比，以电子书为主的阅读平台处于明显劣势。

全国编辑出版学名词审定委员会公布的2023年度数字出版领域十大热词为：生成式人工智能（AIGC）、数据资产入表、数字阅读、出版业高质量发展、出版学科建设、数字出版编辑、出版科技应用创新、数字人文、数字资产与数字版权、网络文学与微短剧。由此可见，网络文学编辑、出版与发行是2023年中国数字阅读行业发展的核心之一。

本节重点关注网络文学这一部分。中国作家协会网络文学中心发布的《2023中国网络文学蓝皮书》（后文称“蓝皮书”）指出，我国网络文学用户规模已超5.2亿人，全国50家重点网络文学网站作品总量超3000万部，年新增作品约200万部。其中，2023年新增现实题材作品约20万部，总量超过160万部，继续保持高速增长态势；全年新增科幻题材作品约25万部，同比增长15%，现存科幻题材作品近200万部。

2023年科幻题材网文依然保持较高热度，优质作品持续出圈。卖报小郎君的《灵境行者》与远瞳的《深海余烬》分别位列起点中文网年度月票排行榜的第2位和第4位，足以看出科幻网文所受到的关注。其中,《灵境行者》打破平台最快20万均订纪录。在起点中文网年度月票科幻类网文前20名中（表3），类别为“超级科技”的网文占40%，居于首位。2023年，男频IP在科幻领域展现出了强劲的产业影响力。在第34届中国科幻银河奖评选中，多部网络文学作品表现出色。其中,《神秘尽头》等9部作品从众多作品中脱颖而出，进入不同榜单单元的入围名单。我会修空调的《我的治愈系游戏》获得最佳原创图书，滚开的《隐秘死角》获得最佳网络文学奖。在《科幻世界》杂志社联合中国科幻研究院共同发布的《中国科幻文学IP改编价值潜力榜（2023）》

12 部入围作品中，网络文学作品占据了 6 席，这不仅展示了科幻网文的创作能力，也证明了其改编潜力以及行业内的活力。同时，科幻题材不再局限于传统的表现形式，而是通过与悬疑、成长等元素的结合，发展出“科幻 + 悬疑”“科幻 + 成长”等创新模式。这些“科幻 +”模式不断完善，帮助科幻题材突破传统界限，扩大了其类型叙事的吸引力。

表 3　2023 年起点中文网月票榜科幻类网文 Top20

作品名	作者	起点标注类别
灵境行者	卖报小郎君	科幻 · 进化变异
深海余烬	远瞳	科幻 · 未来世界
黄昏分界	黑山老鬼	科幻 · 进化变异
隐秘死角	滚开	科幻 · 未来世界
说好军转民，这煤气罐什么鬼？	那年回响	科幻 · 超级科技
走进不科学	新手钓鱼人	科幻 · 超级科技
学霸的军工科研系统	十月廿二	科幻 · 超级科技
万界守门人	烟火成城	科幻 · 星际文明
最终神职	拓跋狗蛋	科幻 · 古武机甲
招黑体质开局修行在废土	陈风笑	科幻 · 星际文明
每天都离现形更近一步	陈词懒调	科幻 · 进化变异
我没病！我的其他人格也是！	爆炸小拿铁	科幻 · 超级科技
末世：我的关键词比别人多一个	棉衣卫	科幻 · 末世危机
神明模拟器	鹿人戛	科幻 · 进化变异
电磁暴君	光速旅人	科幻 · 未来世界
最后结局	zhttty	科幻 · 末世危机
我不是赛博精神病	板斧战士	科幻 · 超级科技
致暗频率	王一弦	科幻 · 超级科技
让你造拖拉机，你去造火箭？	红酒花	科幻 · 超级科技
大国院士	少一尾的九尾猫	科幻 · 超级科技

《2023中国网络文学发展研究报告》显示，2023年，网文写作年轻化趋势持续深入，“95后”“00后”作家以崛起之姿引领网络文学创作新风潮，“00后”作家成为网文作家新增主力。蓝皮书数据也显示，据全国50家重点网络文学网站数据，全年新增注册作者近250万人，同比增长10%，新增签约作者26万人，同比增长17%，多家网站“00后”签约作者占比超过半数。全国省级网络作家协会会员平均年龄为35岁左右，2023年新加入中国作家协会的网络作家中，“90后”作者占五成。科幻网文作家天瑞说符、我会修空调等均为“90后”作家，他们的作品不仅具有高度的文学价值，也深受广大读者的喜爱和追捧。

随着科幻小说的流行和人工智能技术的兴起，网络文学领域迎来了一股新的活力。尤其是以起点中文网为代表，超过70%的签约科幻作家拥有本科或本科以上学历，而初次尝试科幻创作的作家中有72%是“00后”。同时，约70%的科幻读者群年龄在30岁以下，其中大约40%拥有本科及以上学历。这种创作者背景的多样化不仅使得作品在视角、题材上更为广泛、专业和立体，也成功吸引了更多年轻读者的兴趣，产生了共鸣。

各大网站平台也纷纷推出各自的科幻文学作品扶持计划，以助力创作力的提升。例如，阅文集团发起了“科幻梦想启航计划”，中文在线推出了“科幻网络文学创作扶持计划”，咪咕文学推出了“奇想空间”品牌，而哔哩哔哩则与未来局、《青年文摘》等合作，共同举办了“科幻春晚”。

远瞳的《深海余烬》、滚开的《隐秘死角》等6部作品分别获得了第33和第34届中国科幻银河奖；《深渊独行》（言归正传）、《星域四万年》（卧牛真人）等12部作品被选入《中国科幻文学IP改编价值潜力榜（2023）》。此外，九月酱的《大国科技》、不吃小南瓜的《从大学讲师到首席院士》、新手钓鱼人的《走进不科学》、星云落烟雨的《超自然事件调查笔记》、伪戒的《永生世界》等作品，也深受读者喜爱。

值得注意的是，2023年科幻网文逐渐与强国叙事产生紧密结合，例如《大国科技》《从大学讲师到首席院士》《保卫南山公园》等作品。近年来，网络科幻文学在中国呈现出蓬勃的发展态势，众多作品如雨后春笋般涌现，这些作品不仅展现了强国梦、科学精神，而且紧跟科技发展步伐，对人类未来进行了富有想象力的探索。

四、有声阅读

本节有声阅读将讨论通过有声方式（包括录音带、CD、有声读书机、广播、移动 App、微信语音等）收听各类内容的“在线音频”或“网络音频”，其子类型多种多样，包括音频节目（播客）、有声书、广播剧、相声曲艺、脱口秀、知识付费音频、音频直播、网络电台等。

2023 年，音频产业这个以往步履缓慢的领域变得异常活跃。社交媒体巨头微信加大了对音频领域的投资力度，而喜马拉雅 FM 在连续 4 个季度实现盈利后引起了广泛关注。同时，一些原本小众的播客节目开始吸引大众的目光，AI 生成的音频内容也显示出巨大的潜力。

尽管网络音频应用的发展逐渐加速，但在网络视听产业内部所占的份额仍旧较小。中国网络视听协会发布的《中国网络视听发展研究报告（2024）》显示，2023 年，移动互联网用户人均单日使用时长为 435 分钟；移动端网络视听应用人均单日使用时长为 187 分钟，超过 3 小时。其中，网络音频应用为 29 分钟。从网络音频平台用户渗透率来看，喜马拉雅系占比 77.8%，蜻蜓 FM 与猫耳 FM 共占比 9.3%，其他平台占比 12.9%。

艾瑞咨询发布的《2023 年中国网络音频产业研究报告》显示，2023 年国内主要音频平台产生的商业盈利规模为 138.1 亿元，其中订阅付费收入为 58.6 亿元，广告营销收入 27.6 亿元，直播打赏收入 37.4 亿元，其他创新业务收入 14.5 亿元。科幻内容在有声阅读与网络音频市场的占比并不大，也未能产生如 2022 年《三体》广播剧这样有较大影响的内容产品。根据 2023 年中国音频产业整体发展趋势与科幻有声阅读热门产品销售数据估算，2023 年科幻类有声阅读市场规模约为 4.6 亿元，同比增长 12.2%。

从喜马拉雅科幻板块的播放量排行看，2023 年播放量排名前十的内容产品除了《三体》有声小说，其余作品全部是网络小说转化的有声书产品，例如紫襟剧社制作的废土科幻作品《这游戏也太真实了》、我吃西红柿的经典网文作品《吞噬星空》、都市异能霸榜作品《全球高武》等。这一现象反映了网络小说改编有声书的巨大受欢迎程度，以及喜马拉雅平台在提供多样化和丰富内容方面的成功。同时，它也表明了科幻题材的广泛吸引力，以及数字媒体在推动文学传播方式变革中的作用。

五、总结

将上述纸质图书出版（12.9 亿元）、数字阅读（14.2 亿元）和有声阅读（4.6 亿元）三个板块的数字汇总，得到 2023 年科幻阅读市场规模总数约为 31.7 亿元，同比增长 4.3%。“纸数声”三板块的组成结构如图 3 所示。

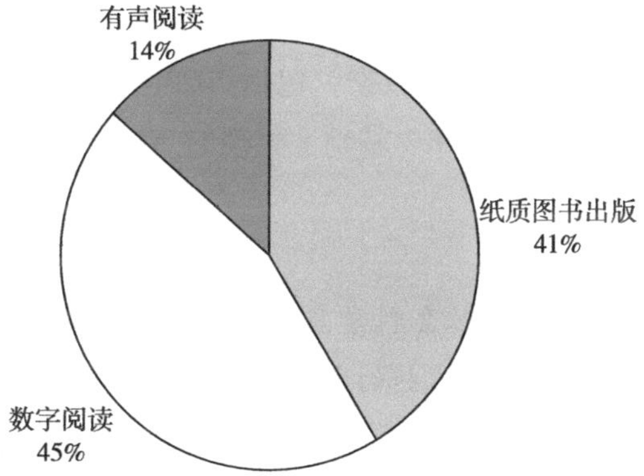

图 3　2023 年中国科幻阅读市场结构

2023 年中国科幻阅读市场经历了恢复性增长，纸质图书出版、数字阅读和有声阅读三个板块均有所发展。

纸质图书出版方面，科幻图书零售的变化与整个图书零售行业的恢复性增长相吻合，但增长速率稍慢。科幻图书在新书出版数量和总码洋方面均有增长，但实洋同比下降。少儿与青少年图书出版势头良好，各种原创图书与选集层出不穷，具有较好的市场前景。

数字阅读方面，科幻题材网文保持较高热度，优质作品持续出圈。科幻网文作家年轻化趋势明显，“95 后”“00 后”作家成为网文作家新增主力。在

IP 转化与作品出海上，科幻网文也有不错的成绩，不少科幻网文作品收获海外读者喜爱，并进入影视改编流程。

有声阅读方面，有声阅读用户持续增长、付费意识提升，平台精品制作及运营能力进一步增强。科幻网文转化的有声阅读产品稳定占据头部位置，数字阅读与有声阅读的合作高效推进，正在逐渐打造全新的行业业态。

[本报告中的数据来源于公开可获取的行业报告，包括《2023 年图书零售市场年度报告》《2023 年纸质图书市场分析报告》《2023 中国网络文学蓝皮书》《2023 中国网络文学发展研究报告》《中国科幻文学 IP 改编价值潜力榜（2023）》《2023 国民收听趋势白皮书》《中国网络视听发展研究报告（2024）》《2020—2026 网络音频平台市场规模及预测》等，以及商报·奥示“中国出版业市场监测系统”发布的相关数据、比达咨询 2023 年季度数据、喜马拉雅季度收听数据等；购买的部分开卷数据，包括 2023 年新书码洋数据和长销书码洋；在中文科幻数据库（CSFDB）基础上整理的 2023 年新书书目资料等。]

作者简介：

柏毅恒，重庆大学人文社会科学高等研究院硕士研究生，中国科普作家协会会员。研究方向为中国当代科幻文学。

年度科幻影视产业发展报告

刘宇坤　韩贵东　张子瑞

一、引言

2023 年中国科幻影视产业总营收约 115.9 亿元，同比增长 38.82%。科幻影视产业主要包含科幻电影、科幻剧集、科幻节目等细分市场。

科幻电影方面，2023 年科幻电影市场实现稳步增长，共上映院线科幻电影 38 部，年度科幻电影总票房 115.53 亿元，同比增长 40.29%，占据 2023 年中国电影总票房的 21.04%①。国产科幻院线电影总票房 60.03 亿元，占年度科幻电影总票房的 51.96%。2023 年，各网络视频平台上线科幻网络电影 18 部，占全年网络电影总数的 7.4%②，尽管整体数量有所减少，但科幻网络电影所占网络电影的份额比例有所提升。2023 年国产科幻网络电影累计分账为 3803.7 万元，占分账总规模的 2.99%。

科幻剧集方面，2023 年全网上线科幻网络剧 12 部，共 259 集，数量大幅度增加。上线科幻动画剧集 25 部，累计播放量超 3.26 亿次。2023 年，共推出科幻微短剧 34 部，其中，科幻横屏微短剧 11 部，其在猫眼上的最高热度总计达到了 60133；科幻竖屏微短剧则推出了 9 部，累计播放量达 2.26 亿次；与科

① 数据来源：国家电影局，2023 年全国电影总票房 549.15 亿元。

② 数据来源：猫眼专业版，2023 年各大平台上线网络电影共 242 部。

幻主题相关的分账小程序短剧 11 部。

科幻节目方面，微纪录片和综艺仍是其主要类型。

自 2021 年起，中国科幻影视产业营收连续三年实现稳步增长，市场加速回暖，总体趋势向好，科幻微短剧及科幻节目等多元化科幻影视内容形态仍具有较大的开发潜力。

二、中国科幻影视年度创作与产业分析

（一）科幻电影

1. 院线科幻电影

2023 年中国电影总票房达 549.15 亿元，同比增长 82.64%，位列全球电影票房第二位。全年票房过亿影片 73 部。2023 年科幻电影总票房 115.53 亿元，同比增长 40.29%。院线科幻电影（含动画电影）38 部，观影总人次约 1.17 亿。其中国产科幻电影 17 部，总票房约 60.03 亿元（表 1），同比增长 10.63%。刘慈欣 IP 改编影视作品继续领跑中国科幻电影市场票房，《流浪地球 2》以 40.29 亿元票房获得 2023 年中国电影市场票房亚军、中国科幻电影票房冠军。

2023 年上映科幻题材或带有科幻元素的动画电影 19 部，总票房 29.45 亿元，占年度科幻电影总票房的 25.49%，占比与 2022 年基本持平。其中，国产科幻动画电影 10 部，票房约 18.03 亿元，占年度科幻动画电影总票房的 61.22%。“熊出没”系列大电影《熊出没 · 伴我“熊芯”》以 14.95 亿元票房继续位列国产科幻动画电影票房首位。

从档期表现上来看，国内春节档（2023 年 1 月 21 日—2023 年 1 月 27 日）构成了 2023 年科幻电影的主要票房。2023 年春节档以 67.58 亿元的票房成绩成为中国电影史春节档第二名[1]。

其中，两部国产科幻电影明星 IP“流浪地球”续作《流浪地球 2》、“熊出没”系列大电影《熊出没 · 伴我“熊芯”》分别取得 40.29 亿元和 14.95 亿元票房，占 2023 年春节档总票房的 81.74%，票房、口碑双丰收。且这两部影片分别位列 2023 年科幻电影中国内地票房排行榜的第一名、第二名，占年度科幻

表 1　2023 年中国科幻电影票房构成情况

类型	产地	数量 / 部	票房 / 亿元	占比
真人	国产	7	42.00	36.35%
	合拍	1	8.51	7.37%
	引进	11	35.57	30.79%
	小计	19	86.08	74.51%
动画	国产	10	18.03	15.61%
	合拍	0	0.00	0.00%
	引进	9	11.42	9.88%
	小计	19	29.45	25.49%
合计		38	115.53	100%

电影总票房的 47.81%，接近总票房的一半。两部影片的市场定位都十分精准，从观影人群的用户画像来看，《流浪地球 2》的消费群体仍旧锁定在青年观众，20 ～ 24 岁观众占比 26.1%，25 ～ 29 岁观众占比 24.6%。《熊出没 · 伴我“熊芯”》的儿童向、合家欢家庭观影的定位也体现在了其票房结构中，30 ～ 34 岁、35 ～ 39 岁的购票占比分别达到了 26.3% 和 23.1%。周末档成为好莱坞科幻大片的主要消费场景，如美国漫威影业出品的《银河护卫队 3》《蚁人与黄蜂女：量子狂潮》，美国华纳兄弟影片公司和 DC 漫画公司出品的《海王 2：失落的王国》[2]，这类引进科幻大片在排片策略上也有意避开了春节档、暑期档、国庆档等竞争激烈的热门档期。

从票房表现上来看，在 2023 年中国电影市场票房前 10 名中，科幻电影有 2 部，均为国产科幻电影，分别为《流浪地球 2》和《熊出没 · 伴我“熊芯”》。在 2023 年上映的 38 部科幻电影中，共有 19 部票房破亿，占据全年科幻电影总数的一半。在这 19 部票房破亿的影片中，国产科幻电影仅有 3 部，分别为《流浪地球 2》《熊出没 · 伴我“熊芯”》《非诚勿扰 3》。中美合拍片 1 部，为《巨齿鲨 2：深渊》。其余 15 部影片均为引进。从影片数量构成上来看，中国科幻电影的“高原”还有待进一步发展，国产科幻电影的总票房结构存在比较明显的“断档”。

从影片创制的层面上来看，2023 年上映的科幻电影各具特色。国产 IP 科幻电影《流浪地球 2》在刘慈欣 IP、郭帆导演团队与春节档期的三重加持下，不出意外地拿下了亮眼的票房成绩，收获了第 18 届中国长春电影节金鹿奖最佳影片奖及第 36 届中国电影金鸡奖最佳故事片、第 17 届亚洲电影大奖最佳视觉效果的提名。《流浪地球 2》在影片的世界观设定、故事情节、美术设计方面都十分精良，作为电影《流浪地球》的前传，较为成功地塑造了航天员刘培强、量子科学家图恒宇、联合政府中国代表周喆直等丰富、立体的人物形象，与前作《流浪地球》形成了巧妙呼应，完成度高。除了影片内容本身,《流浪地球 2》对中国电影工业体系的探索、对科幻影视产业链的开发与拓展、对中国科幻影视创作者们在情感上的激励，也意味着这部影片将会在中国科幻电影史乃至中国电影史中留下浓墨重彩的一笔。

另一部获得较高关注的影片是孔大山导演的《宇宙探索编辑部》，这部出身于平遥国际电影展的“非典型”科幻电影讲述了一家诞生于 20 世纪 80 年代的科幻杂志《宇宙探索》编辑部的主编唐志军寻找外星人的故事。尽管该片在票房表现上称不上“亮眼”，但影片展现出的独特的人文思考，以及对于科幻这一影片类型其自身的内涵的“挑战”与更多可能性的探索赋予了这部影片独特的价值，也因此获得了观众和业界的认可。在第 36 届中国电影金鸡奖中斩获了最佳编剧奖，并获得了第 51 届鹿特丹国际电影节未来之光奖、第 46 届香港国际电影节新秀电影竞赛火鸟电影大奖（华语）的提名。

在 2023 年的中国电影市场票房中，海外科幻电影（含中外合拍片）是不可忽视的一部分，不论在影片数量还是票房上，都占据了不小的比重。如在《变形金刚：超能勇士崛起》《巨齿鲨：深渊》《银河护卫队 3》《海王 2：失落的王国》《蜘蛛侠：纵横宇宙》《碟中谍 7：致命清算（上）》《蚁人与黄蜂女：量子狂潮》《闪电侠》《疯狂元素城》《惊奇队长 2》《黑豹 2》等 21 部影片中，票房过亿的影片共有 16 部。这 16 部影片的累计票房达到 53.87 亿元，占 2023 年度中国科幻电影市场总票房的 46.63%，几乎构成了 2023 年中国科幻电影市场的“腰部”。这些影片凭借着成熟的电影工业或高度系列化、类型化的创作、制作策略，形成了较为稳定的受众群体，获得了不俗的票房回报。

最后，值得一提的是“熊出没”系列大电影的第9部作品《熊出没·伴我“熊芯”》，该片作为一部儿童向的合家欢影片，以母子亲情为主题，巧妙融入了“人机关系”等科幻议题，凭借着精准的定位，取得了14.95亿元的票房，位列2023年中国科幻电影票房第二位。事实上，这已经是“熊出没”系列大电影第三次进入年度中国科幻电影票房的前列，且票房和观影人次都在逐年增加。2021年，“熊出没”大电影的第7部作品《熊出没·狂野大陆》于2021年2月12日上映，获得5.95亿元票房，观影人次达1374.4万，位列当年度中国科幻电影票房榜第5位[3]；2022年，“熊出没”大电影的第8部作品《熊出没·重返地球》于2022年2月1日上映，获得9.77亿元票房，观影人次达2096.3万，位列当年度中国科幻电影票房榜第3位[4]。近年来，“熊出没”大电影的成功和进步，向观众和市场证明了儿童向的动画电影的科幻潜力。以国民IP“熊出没”为代表的儿童向、合家欢动画电影与科幻的碰撞、融合或将成为未来中国科幻电影产业重要的增长点。

表2为2023年科幻电影中国内地票房排行榜。

表2　2023年科幻电影中国内地票房排行榜①

类型排名	电影名称	累计票房/亿元	总人次/万	上映日期
1	流浪地球2	40.29	7932.50	2023年1月22日
2	熊出没·伴我“熊芯”（动画电影）	14.95	3229.20	2023年1月22日
3	巨齿鲨2：深渊	8.51	2010.90	2023年8月4日
4	阿凡达：水之道	7.45	—	2022年12月16日②
5	变形金刚：超能勇士崛起	6.55	1753.00	2023年6月9日
6	银河护卫队3	6.06	1543.60	2023年5月5日
7	海王2：失落的王国	4.65	1187.30	2023年12月20日
8	蜘蛛侠：纵横宇宙（动画电影）	3.57	995.30	2023年6月2日
9	碟中谍7：致命清算（上）	3.49	881.20	2023年7月14日
10	蚁人与黄蜂女：量子狂潮	2.72	658.80	2023年2月17日

① 数据来源：猫眼专业版。

② 该片为跨年度上映影片，表格中仅统计2023年票房数据。

续表

类型排名	电影名称	累计票房 / 亿元	总人次 / 万	上映日期
11	闪电侠	1.85	487.70	2023 年 6 月 16 日
12	超级马力欧兄弟大电影（动画电影）	1.71	443.40	2023 年 4 月 5 日
13	名侦探柯南：黑铁的鱼影（动画电影）	1.62	479.90	2023 年 12 月 16 日
14	汪汪队立大功大电影 2：超能大冒险（动画电影）	1.38	422.50	2023 年 9 月 29 日
15	疯狂元素城（动画电影）	1.14	313.10	2023 年 6 月 16 日
16	惊奇队长 2	1.10	287.90	2023 年 11 月 10 日
17	黑豹 2：瓦坎达万岁	1.06	260.30	2023 年 2 月 7 日
18	非诚勿扰 3	1.02	246.30	2023 年 12 月 30 日
19	哆啦 A 梦：大雄与天空的理想乡（动画电影）	1.01	325.20	2023 年 6 月 1 日
20	贝肯熊：火星任务（动画电影）	0.81	221.90	2023 年 9 月 28 日
21	超级飞侠：乐迪加速（动画电影）	0.71	191.80	2023 年 7 月 8 日
22	宇宙探索编辑部	0.67	151.30	2023 年 4 月 1 日
23	舒克贝塔 · 五角飞碟（动画电影）	0.66	177.50	2023 年 12 月 30 日
24	饥饿游戏：鸣鸟与蛇之歌	0.57	150.80	2023 年 11 月 17 日
25	名侦探柯南：贝克街的亡灵（动画电影）	0.56	164.00	2023 年 4 月 4 日
26	潜艇总动员：环游地球 80 天（动画电影）	0.53	101.10	2023 年 8 月 12 日
27	刀剑神域进击篇：暮色黄昏（动画电影）	0.330	103.10	2023 年 5 月 26 日
28	宇宙护卫队：风暴力量（动画电影）	0.200	67.10	2023 年 4 月 29 日
29	棉花糖和云朵妈妈 1 宝贝“芯”计划（动画电影）	0.130	39.00	2023 年 7 月 1 日
30	忍者神龟：变种大乱斗（动画电影）	0.095	28.90	2023 年 8 月 11 日
31	逃出白垩纪	0.065	20.20	2023 年 3 月 31 日
32	欢乐丛林之外星人大冒险（动画电影）	0.039	12.40	2023 年 7 月 15 日
33	家园 · 重返地球之战	0.023	5.90	2023 年 11 月 3 日
34	超萌时空宝贝（动画电影）	0.00076	0.460	2023 年 4 月 29 日
35	爸爸是仿生人	0.00029	0.097	2023 年 11 月 24 日
36	飞向月球（动画电影）	0.00024	0.083	2023 年 8 月 13 日

续表

类型排名	电影名称	累计票房/亿元	总人次/万	上映日期
37	我的游戏情人	0.00024	0.880	2023年5月26日
38	星球人	0.00018	0.049	2023年1月20日

2. 科幻网络电影

科幻网络电影是指以网络平台为主要传播渠道，通常以科幻题材和元素制作的电影作品。这类电影通常在网络视频平台上进行首映或独家播放，而非借助于传统的院线模式上映。确切地说，科幻网络电影的故事情节和场景通常涉及科学技术、未来世界、外星生物等科幻元素，以探索未知和想象未来为主题。由于科幻网络电影没有传统院线上映的压力，制作方往往会采取更加创新的营销和宣传策略，通过社交媒体、网络直播等方式吸引目标观众的关注。这也相应地让在网络平台上播放的科幻电影往往能够更好地与观众进行互动和反馈，制作方可以通过观众评论和分享等方式了解观众喜好，进而调整制作方向和推广策略。当然，从2023年网络电影的播放统计数据来看，爱奇艺、优酷、腾讯视频、搜狐视频等门户视频播放网站仍然是网络电影发展的重要平台支撑。2023年，这4家平台上新网络电影数量占全年网络电影数量的比例分别为53%、11%、26%、10%。

2023年各大平台上线的网络电影只有242部，平均每月仅20部左右。相比2022年的388部，同比减少38%，公开分账票房总规模为12.7亿元[①]，同比减少26.2%。整个2023年，票房分账破千万的网络电影仅有34部，相比2022年的53部，同比减少36%，票房总规模5.83亿元，同比减少33.9%。

2023年，各视频平台共上新18部科幻网络电影，占全年上新网络电影总数的7.4%，即便相较于2022年的26部，数量大幅度减少，但相对2022年科幻网络电影所占网络电影比例6.7%，2023年网络科幻电影的份额反而有所提升。由此可见，在2023年网络电影整体遭遇“寒冬”的发展背景下，网络科幻电影仍然保持较好的发展势头。根据猫眼专业版数据平台可统计分账数据，2023年国产科幻网络电影累计分账为3803.7万元，占分账总规模的2.99%。

① 累计分账数据来自猫眼数据专业版。

2023年科幻网络电影主要依托爱奇艺、腾讯视频、优酷、搜狐视频、哔哩哔哩等平台播出。从平台分布上来看，爱奇艺11部，腾讯视频2部，优酷3部，搜狐视频3部，哔哩哔哩4部，其中4部科幻网络电影在多个平台播出。在18部国产科幻网络电影中，分账票房最高的是在爱奇艺平台播出的《回到明天》，分账票房为1166.49万元。实际上，这部电影杂糅了喜剧、动作以及现实主义温情关怀等类型特征，同时故事的叙述带有明显的“时间驾驭”等科幻特质，将一个底层小人物的梦境与科幻叙事中的时间重复能力相契合，从而赋予了故事人物“预知”与“修正”的科幻表达。尽管作为“软科幻”题材，电影并没有特别震撼的视听效果，但其凭借温情熨帖的伦理关怀赢得了观众的口碑。另外，2023年科幻网络电影中末日灾难、基因突变、怪兽大战相关题材与视角的科幻电影所占比重仍然较大。诸如《极寒之地》《地心危机》《大雪海的卡纳：星之贤者》《章鲨》《超能水怪》《远古巨兽：狼蜥兽》《破军X档案：致命异变》。准确地说，此类题材已经成为科幻网络电影创作的主要着眼点。通过对末日世界的视觉想象，既可以达成科幻叙事的目的，又能在故事之中诠释未来科技的“忧患启迪”思想。一定程度上，使得科幻网络电影在兼顾“想象力消费”市场需要的同时，赋予了其在电影之外生命伦理或生态哲学反思的具体性意义。

此外，2023年的科幻网络电影中诸如人机关系、超人类与后人类主义思想，也即人之主体性彰显的“核心科幻”题材也保持较高比例。如《超能透明人》《破军X档案：隐身人》《机器人8号》《全城风暴》等，此类科幻网络电影试图通过大量科幻想象情节，探讨人类与机器人之间的情感关系或在超人类或后人类思想中，回应如何确保人之主体性的哲学追问。不过，这类题材的科幻网络电影也存在因主题先行、刻意迎合某种理念而导致情节匮乏或叙事张力欠缺的症候。另外，2023年的科幻网络电影中仍旧充斥着大量“时空穿越”“外星来客”等科幻外衣包裹下的情感电影，如《平行宇宙之恋》《伴侣》《波尼龙的异想世界》等。可以说，赋予科幻叙事以情感共鸣与情绪感召是软科幻电影创作的一个标配。不过，问题也正在于，科幻电影的内容设定不应仅仅是为了获得某种“情绪爽感”而肆意煽情，还需要葆有以爱为出发点的理性关怀与善的伦理哲思。

表3为2023年科幻网络电影累计分账票房统计。

表 3　2023 年科幻网络电影累计分账票房统计 [①]

播出平台	电影名称	累计分账票房 / 万元
爱奇艺	超能透明人	57.6
	极寒之地	346.5
	回到明天	1166.49
	破军 X 档案：致命异变	333.4
	破军 X 档案：隐身人	228.8
	远古巨兽：狼蜥兽	206.4
	超能水怪	123.0
	机器人 8 号	119.5
优酷视频	章鲨	504.9
搜狐视频	平行宇宙之恋	223.4
哔哩哔哩	大雪海的卡纳：星之贤者	—
	伴侣	—
	明日生存指南	—
	大世界扭蛋机 2	—
多平台播出	地心危机（优酷、腾讯视频）	191.5
	全城风暴（爱奇艺、搜狐视频）	302.2
	极地密码（爱奇艺、优酷）	—
	波尼龙的异想世界（爱奇艺、搜狐视频、腾讯视频）	—

（二）科幻剧集

1. 科幻网络剧

网络剧（简称网剧）是指通过互联网平台发布和传播的电视剧集，例如视频网站、流媒体平台等，观众可以随时随地通过网络观看。网络剧的题材和内容相对更加多元化，涵盖了更广泛的主题和类型，包括言情、喜剧、科幻、悬疑等。相比传统电视剧，网络剧的每集时长通常较短，且整体剧集数量可能

① 数据来源：猫眼专业版。

较少。这种设计更符合观众在网络上的观看习惯。因此，其制作成本通常更低。这使得更多的独立制作公司和创作者能够参与其中，创作出更具创新性和个性化的作品。同时，网络剧通常能够更直接地与观众互动，例如通过社交媒体平台进行互动、观众意见反馈等。而科幻网络剧可能涉及未来科技发展、人类与外星生物对话、末日想象等情节。这些剧集往往探索未知、挑战常规，带给观众前所未有的想象空间和视觉体验。因此，近年来，科幻网络剧受到了越来越多的关注。

2023 年，全网共上线网络剧 202 部，较 2022 年的 248 部下降 18.5%，其中科幻网剧有 12 部 259 集，与 2022 年上线科幻网剧 4 部 105 集相比大幅度增加。相比之下，2023 年科幻网络剧数量的增加，可能与《三体》等同年科幻 IP 剧集的火爆、出圈有关，同时，也在一定程度上反映出国内科幻网剧制作新力量的崛起。

2023 年科幻网剧播出主要平台有爱奇艺、优酷、腾讯视频等，从上线的网剧数量来看，爱奇艺有 6 部，优酷有 3 部，腾讯视频有 3 部。由于此前广电主管部门下发反对将唯收视率（点击率）作为首要参考指标的通知，各大网络视频平台的播放量无法被有效统计。为呈现科幻网剧的实际影响力，仍采用猫眼数据历史最高热度作为参考标准。其中产生过较高影响的科幻网剧有 4 部，猫眼热度历史最高均破 7000。

表 4 为 2023 年科幻网剧热度统计。

表 4　2023 年科幻网剧热度统计①

播出平台	网剧名称	猫眼热度（历史最高）
爱奇艺	来自未来的你	7454.04
	他跨越山海而来	7578.99
	仿生人间	8829.51
	可爱的坏家伙	6788.31
	不一样的萧先生	6623.43
	画江湖之换世门生	6132.66

① 数据来源：猫眼专业版。

续表

播出平台	网剧名称	猫眼热度（历史最高）
腾讯视频	三体	9814.19
	悬疑作者求生指南	6617.22
	时空螺旋	5334.17
优酷	山海异记之昆仑墟境	5345.06
	百慕迷踪	5551.03
	御梦录之驱梦蓝星	3201.64

2023 年 12 部科幻网剧中话题热度排名前二的科幻网络剧分别为猫眼历史最高热度为 9814.19 的《三体》，猫眼历史最高热度为 8829.51 的《仿生人间》。作为年度剧集头部作品，《三体》可谓是当之无愧的赢家。实际上，自刘慈欣《三体》小说的大热，到 2023 年科幻剧集版《三体》在海内外引发的观剧热潮与好评，就可见一斑。截至 2024 年年初，《三体》在豆瓣的评分已跃升至 8.7，IMDB（国际影视资料库）的打分也攀升到 8.0。不得不说，《三体》的热度持续不单单将科幻剧推向大众文化生活的领域，更有力地助推了科幻产业的迅速发展。谈及《三体》剧集火热背后的原因，可以说，其集中体现了"遵循原著，改编得当，推陈出新"的文学—影视改编原则。剧集版《三体》在故事情节和人物塑造上相对忠于原著小说，尊重了刘慈欣所创造的科幻世界，保留了小说中的重要情节和核心思想。同时，该剧在视觉效果上表现出色，通过先进的特效技术呈现出令人惊叹的科幻场景，如三体世界、太空战斗等，为观众带来强烈的视听震撼。此外，值得一提的是，《三体》作为 2023 年开年热度排名第一的科幻剧集，创作班底同样可圈可点。导演杨磊、编剧田良良皆为行业内资深影视工作者，有着丰富的剧集创作经验，加之张鲁一、于和伟、陈瑾、王子文、林永健、王传君、白客等一众老中青实力派演员加持，保证其质优的同时，还兼具粉丝效应，获得了高曝光的市场反响。此外，科幻网络剧集《仿生人间》也有着较高的人气值，不仅仅是因为文淇、李鸿其等知名青年演员的演绎，更因为陈正道、柯贞年、许肇任等年

轻一代导演团队的群体高品控，使得这部剧在核心科幻的内容叙述中，平添了更多悬疑、神秘元素。仿生人与人类自身的后人类对位，以及“初始执念”的有效植入，再到“仿生人禁令”的颁布，可以说《仿生人间》在扑朔迷离的科幻剧情中，牢牢抓住了观众的好奇心，引人入胜的故事情节也使得观众具有强烈的代入感。

除了《三体》《仿生人间》，其余上线科幻网剧的整体质量参差不齐。单从其剧集名称就可管窥一二，大都在言情、偶像、都市、青春等多个标签的混杂下完成科幻叙事，如猫眼热度紧随其后的《他跨越山海而来》《来自未来的你》。这两部网剧虽然作为未来叙事的科幻类型，但几乎都从浪漫情感的核心中逐一展开故事线索。《他跨越山海而来》从主人公戚玥未来儿子的人生预警开始，在“废柴老妈改造计划”的情节铺陈中，通过诙谐幽默的情感追逐实现科幻主题表达。当然，这部剧并非只是披着“科幻外衣”的情感剧，某种程度上，其实现了对传统家庭情感伦理，尤其是父女母子间关系的未来化缝合。而《来自未来的你》顾名思义，也凭借穿越未来的科幻元素，表达男女间的情感命题，从题名来看，仿佛《来自星星的你》的复刻版。总而言之，这一类的科幻网剧不仅需要摒弃“为了科幻而科幻”的创作思路，还应当在整体的故事叙述中体现科幻的未来想象与精神哲思，而不应局限于“拼凑化”的科幻剧集创作路数。

2023 年在国家广播电视总局“重点网络影视剧信息备案系统”中通过登记并取得上线备案号的网络剧累计 204 部 5041 集，其中，科幻网络剧总计 31 部 691 集，分别约占 15.2% 和 13.7%。需要说明的是，本报告采取的是较为宽泛、大范围的科幻影视统计口径，即包含科幻元素在内的网络剧均会纳入相关数据统计。值得注意的是，在 31 部取得上线备案号的科幻网络剧中，高概念与时空穿越科幻网剧所占比重仍然较大，言情与古装、都市与悬疑、青春与戏剧等融合化的科幻网剧也成为当下科幻网络剧创作的一大趋势。

表 5 为 2023 年国家广播电视总局“重点网络影视剧信息备案系统”中通过登记并取得上线备案号的科幻网络剧。

表 5　2023 年国家广播电视总局“重点网络影视剧信息备案系统”中通过登记并取得上线备案号的科幻网络剧[①]

时间	片名	集数
1—3 月	这个女子有点田	24
	香蕉先生不睡觉	24
	光 · 渊	30
	超战真人	13
	慕先生，请按小说来	24
	郎君不如意	30
	如月	24
	他跨山海而来	24
	恩爱两不疑	30
	倾城亦清欢	36
4—8 月	超战真人第二季	13
	带上系统谈恋爱	12
	机智的公主殿下	24
	华服	12
	亲爱的朋友	14
	19 层	24
	如月	24
	水月镜花	24
	时空恋人	12
	我不是诗仙啊	24
	异人之下	24
	我的盲盒恋人	24
	来自未来的你	24
	拥抱未来的你	20
	不一样的萧先生	24
	吾家才女初长成	24

① 数据来源：国家广播电视总局“重点网络影视剧信息备案系统”。

续表

时间	片名	集数
9—12月	仿生人间	12
	第二次初见	24
	我的神使大人	24
	金屋藏夫	24
	孔雀归来又逢君	24

2. 科幻动画剧集

2023年，各网络平台共上线科幻动画剧集25部（表6），相较2022年的84部有所减少，总播放量超3.26亿[①]。B站国创区、番剧区累计上线17部，仍旧是科幻动画传播的主要平台。播放量最高的作品为改编自起点中文网作家“会说话的肘子”的同名小说的动画《第一序列》，该作品上线B站后，获得1.4亿播放量。该片的故事发生在一个历经了核冬天的世界，人类不再是世界的主宰，物种变异、生存资源稀缺，在这样一个危机四伏的世界里，人类为了保护自己建造了一座座壁垒。但也有很多人没有进入壁垒生活，以荒野打猎为生，主人公任小粟和弟弟颜六元就是其中之一。该片讲述了主人公任小粟在这个世界里一步步成长和崛起的故事。该部动画整体来看制作较为精良，对原著还原度较好，但在叙事节奏方面稍显拖沓，缺乏张力，仍有进一步提升的空间。

在公开播放量数据的科幻动画剧集中，播放量超过1000万的作品共有7部，播放量超过100万的作品共有10部。由B站出品的动画短片集《胶囊计划第二季》延续了第一季的高品质，其中科幻短片《时间机器》《病毒》等作品凭借扎实的故事和精美的制作受到了广泛好评。改编自同名手机游戏的《明日方舟：冬隐归路》作为《明日方舟：黎明前奏》的续作，成功接续前作口碑，中日双语配音版本累计播放量达1690.8万次。（数据统计截至2024年2月28日。）

2023年，共有71部科幻电视动画片完成了备案（表7），同比增长82.05%。从地区分布上来看，广东22部，位列第一。浙江19部，江苏10部，北京7部，广西、湖南、上海各2部，福建、河南、黑龙江、湖北、辽宁、山东、湖南各1部。

① 仅统计了公开的播放数据，数量以平台可检索的结果为准，数据统计截至2024年2月28日。

表 6　2023 年科幻动画剧集名录（不完全统计）[①]

序号	片名	平台	总播放量 / 次	平台标签	开播日期	集数	弹幕总数 / 条	追番人数 / 万
1	第一序列	哔哩哔哩国创	1.4 亿	小说改 / 科幻 / 热血	2023 年 7 月 19 日	已完结，全 16 集	279000	189.5（系列）
2	Dr.STONE 石纪元（第三季）	哔哩哔哩番剧	6899.3 万	漫画改 / 科幻 / 冒险 / 励志	2023 年 4 月 6 日	已完结，全 22 集	196000	470.5
3	山海际会	哔哩哔哩国创	2665.2 万	原创 / 战斗 / 科幻	2023 年 4 月 13 日	连载中	48000	32.1（系列）
4	希灵纪元	哔哩哔哩国创	2243.3 万	小说改 / 搞笑 / 日常 / 科幻	2023 年 4 月 7 日	已完结，全 16 集	29000	41.8（系列）
5	胶囊计划 第二季	哔哩哔哩国创	2188.7 万	原创 / 热血 / 科幻 / 武侠	2023 年 12 月 5 日	已完结，全 13 集	38000	55.4
6	尼尔：自动人形	哔哩哔哩番剧	1587.9 万	游戏改 / 战斗 / 科幻 / 催泪	2023 年 1 月 8 日	已完结，全 16 集	31000	53.3
7	明日方舟：冬隐归路（日配版）	哔哩哔哩国创	1172.7 万	游戏改 / 科幻 / 热血 / 战斗	2023 年 10 月 7 日	已完结，全 8 集	46000	204.4
8	月魁传 动态漫画	哔哩哔哩国创	607.6 万	动态漫 / 热血 / 奇幻 / 战斗	2023 年 11 月 9 日	连载中	5799	7.4
9	明日方舟：冬隐归路（中配版）	哔哩哔哩国创	518.7 万	游戏改 / 科幻 / 热血 / 战斗	2023 年 10 月 7 日	已完结，全 8 集	16000	204.4
10	火星西路 7 号	哔哩哔哩国创	345.5 万	原创 / 科幻 / 搞笑 / 日常	2023 年 12 月 20 日	已完结，全 12 集	8496	15
11	香格里拉边境	哔哩哔哩番剧	97.9 万	漫画改 / 战斗 / 奇幻 / 科幻	2023 年 10 月 1 日	已完结，全 25 集	137000	97.9（系列）
12	我玩游戏成了绝世强者	哔哩哔哩国创	88 万	热血 / 战斗 / 科幻 / 动态漫	2023 年 8 月 5 日	连载中	460	0.6665

① 数据来源：哔哩哔哩、爱奇艺、优酷、腾讯视频。数据统计截至 2024 年 2 月 28 日。

续表

序号	片名	平台	总播放量/次	平台标签	开播日期	集数	弹幕总数/条	追番人数/万
13	钢铁飞龙4时空战记	哔哩哔哩国创	69.6万	科幻/机战/少儿	2023年3月3日	连载中	360	0.8941（系列）
14	贝肯熊：火星任务（动画电影网播）	哔哩哔哩国创	51万	冒险/动画/喜剧/科幻	2023年9月28日	—	766	0.5264
15	超变战陀5百变战陀	哔哩哔哩国创	33万	热血/战斗/科幻/少儿	2023年10月20日	连载中	866	1.5（系列）
16	乐高 梦境城猎人	哔哩哔哩番剧	31.7万	科幻	2023年5月15日	连载中	181	1853（系列）
17	吞噬星空合集篇	腾讯视频	—	科幻/战斗/冒险/腾讯出品	2023年12月29日	连载中	—	
18	小品一家人之密室大通关	爱奇艺、优酷	—	科幻/搞笑/日常	2023年9月27日	已完结，全30集	—	
19	深渊游戏	爱奇艺	—	动作/冒险/热血/科幻	2023年12月14日	已完结，全16集	—	
20	混世机甲	爱奇艺、腾讯视频	—	科幻/末日/机战	2023年4月10日	已完结，全12集	—	
21	孤勇者 东南大决斗	爱奇艺、优酷	—	科幻/机战/热血	2023年3月10日	已完结，全21集	—	
22	风火战纪	爱奇艺	—	科幻/机战/末日	2023年5月10日	已完结，全16集	—	
23	布莱普上校	爱奇艺	—	搞笑/科幻/合家欢	2023年5月15日	已完结，全20集	—	
24	天蓝星的异变 东南特卫队前传	爱奇艺	—	科幻/机战/灾难	2023年3月10日	连载中	—	

表 7　2023 年国产科幻电视动画片制作备案公示汇总 ①

序号	备案月份	备案省（区、市）	片名	集数	单集时长 / 分钟	总片长 / 分钟	报备机构
1	1 月	北京市	航天双子星第二季	26	9	234	北京神舟航天文化创意传媒有限责任公司
2	1 月	上海市	迷你特工队之超威能量	26	13	339	上海泰地文化传播有限公司
3	1 月	北京市	机器之道	1	15	15	中科数创（北京）数字传媒有限公司
4	2 月	广东省	卡卡虎大冒险第五季	26	7	182	广州长隆集团有限公司
5	2 月	广东省	超元绝战（下）	10	20	200	广州达力动漫有限公司
6	2 月	广东省	咖宝车神之拯救联盟	30	14	420	广东易腾动漫文化有限公司
7	2 月	广东省	开心超人联盟之勇敢之城 2——超人计划	25	13	325	广东明星创意动画有限公司
8	2 月	上海市	重器 2069	12	20	240	上海福煦影视文化投资有限公司
9	3 月	广东省	小小侦探团 第二季	24	22	528	广州小火星文化传媒有限公司
10	3 月	广东省	小小侦探团 第一季	27	22	594	广州小火星文化传媒有限公司
11	3 月	河南省	远古未来机器人	52	11	572	河南约克动漫影视股份有限公司
12	4 月	广东省	次元玩家	26	10	260	汕头市次元玩家科技有限公司
13	4 月	广东省	咖宝车神之拯救联盟（下）	22	14	308	广东易腾动漫文化有限公司
14	4 月	广东省	火星·启航	1	128	128	炫梦动漫（深圳）有限公司
15	4 月	浙江省	心奇爆龙战车之巨兽战龙	30	13	390	浙江荣军动漫科技有限公司
16	4 月	浙江省	心奇爆龙战车之暴龙出击 4	26	7	182	浙江荣军动漫科技有限公司

① 数据来源：国家广播电视总局官网。

续表

序号	备案月份	备案省（区、市）	片名	集数	单集时长 / 分钟	总片长 / 分钟	报备机构
17	5月	湖南省	盟卡车神之魔幻元珠 3	26	14	364	湖南玄明影业有限公司
18	6月	广东省	魔幻陀螺 6	20	15	300	广州灵动创想文化科技有限公司
19	6月	黑龙江省	超级能源战队	25	10	250	哈尔滨抱抱熊动画设计有限公司
20	6月	广东省	哈小浪之星城守护者	30	3.5	105	深圳市束光文化科技有限公司
21	6月	广东省	哈小浪之超时空星战	30	3.5	105	深圳市束光文化科技有限公司
22	6月	福建省	铠兽超人 2 超次元战队	26	13	338	福州得得乐动漫有限公司
23	6月	江苏省	超变战陀 5 百变战陀（上）	13	13	169	苏州飞马良子影视有限公司
24	6月	浙江省	龙战士星源 2	26	13	338	浙江荣军动漫科技有限公司
25	6月	浙江省	变形联盟之越空勇者	26	13	338	杭州馨梦动漫有限公司
26	6月	湖北省	时光代理人第二季	12	24	288	湖北卫视传媒有限公司
27	7月	广东省	炽元星球	26	13	338	木星（广州）动画科技有限公司
28	7月	广东省	金刚特龙战队 1	13	15	195	广州英隽文化传播有限公司
29	7月	北京市	星能守卫者	24	15	360	北京臻视未来传媒有限公司
30	7月	浙江省	超元绝战之传说卡	26	13	338	中逸数字传媒（杭州）有限公司
31	7月	浙江省	心奇爆龙战车之超斗爆龙	26	13	338	浙江荣军动漫科技有限公司
32	7月	浙江省	吼吼龙守卫队	26	13	338	杭州馨梦动漫有限公司
33	7月	山东省	创世纪 – 太阳纪元	40	15	600	山东尹利堂影视传媒有限公司
34	7月	江苏省	超变战陀 5 百变战陀（下）	13	13	169	苏州飞马良子影视有限公司

续表

序号	备案月份	备案省（区、市）	片名	集数	单集时长 / 分钟	总片长 / 分钟	报备机构
35	8月	广东省	卡卡虎大冒险第六季	26	7	182	广州长隆集团有限公司
36	8月	广东省	喵能战士 2	26	13	338	广东咏声动漫股份有限公司
37	8月	浙江省	芯际奇缘	6	5	30	杭州硬脑创意科技有限公司
38	8月	江苏省	炫卡斗士 1	26	13	338	镇江翻页动漫文化有限公司
39	8月	浙江省	光明五侠之少年派第一季	26	12	312	绍兴灌木文化科技有限公司
40	8月	浙江省	光明五侠之少年派第二季	26	12	312	绍兴灌木文化科技有限公司
41	8月	浙江省	光明五侠之少年派第三季	27	12	324	绍兴灌木文化科技有限公司
42	8月	浙江省	变形联盟 4 时空危机	26	13	338	杭州馨梦动漫有限公司
43	8月	广西壮族自治区	钢炽之芯第一季（上）	13	13	169	广西木星科技有限公司
44	8月	广西壮族自治区	钢炽之芯第一季（下）	13	13	169	广西木星科技有限公司
45	8月	浙江省	叁柒柒小队	12	15	180	思漫奇（浙江）数字科技有限公司
46	8月	浙江省	超元绝战 2（上）	10	13	130	中逸数字传媒（杭州）有限公司
47	8月	浙江省	小豆的微观世界	46	13	598	四年一班（杭州）文化科技有限公司
48	8月	北京市	神奇图书馆	20	11	220	北京凯声文化传媒有限责任公司
49	9月	广东省	金刚特龙战队 2	13	15	195	广州英隽文化传播有限公司
50	9月	江苏省	超变兽车侠（上）	10	13	130	苏州飞马良子影视有限公司
51	9月	北京市	南天门计划	12	20	240	北京圣潼文化传媒有限公司
52	9月	浙江省	太空探索日志	5	3	15	海宁桔米影业有限公司

续表

序号	备案月份	备案省（区、市）	片名	集数	单集时长 / 分钟	总片长 / 分钟	报备机构
53	10 月	辽宁省	蛋蛋小分队	26	11.5	299	沈阳天鹏动画制作有限公司
54	11 月	湖南省	逐梦未来系列——星空下的愿	2	10	20	湖南快乐阳光互动娱乐传媒有限公司
55	11 月	广东省	嘀嗒传奇 2	26	13	338	深圳市森巴视觉科技有限公司
56	11 月	广东省	卡卡虎大冒险第八季	26	7	182	广州长隆集团有限公司
57	11 月	广东省	卡卡虎大冒险第七季	26	7	182	广州长隆集团有限公司
58	11 月	广东省	百变校巴 16 火星大冒险	26	13	338	广州绿星球数字科技有限公司
59	11 月	广东省	咖宝车神之时空守护	26	14	364	广东易腾动漫文化有限公司
60	11 月	江苏省	魔方战士 1	26	13	338	镇江翻页动漫文化有限公司
61	11 月	江苏省	超变战陀之百变战陀 2（上）	13	13	169	苏州飞马良子影视有限公司
62	11 月	江苏省	超变兽车侠（下）	10	13	130	苏州飞马良子影视有限公司
63	11 月	浙江省	超星龙骑元素战纪	26	13	338	杭州馨梦动漫有限公司
64	12 月	浙江省	心奇爆龙战车超斗爆龙 2	32	13	416	浙江荣军动漫科技有限公司
65	12 月	浙江省	龙战士星源 3	26	13	338	浙江荣军动漫科技有限公司
66	12 月	湖南省	爆炫星陀	26	14	364	湖南玄明影业有限公司
67	12 月	江苏省	托宝战士之银河侦探 6	32	13	416	苏州星腾文化传媒有限公司
68	12 月	北京市	萌宝战警 5 深海奇渊	26	13	338	北京百世师影视传媒有限责任公司
69	12 月	江苏省	侏罗纪特工之暗星危机 1	32	13	416	苏州星腾文化传媒有限公司
70	12 月	江苏省	超变战陀之百变战陀 2（下）	13	13	169	苏州飞马良子影视有限公司
71	12 月	北京市	地球大炮	1	15	15	中科数创（北京）数字传媒有限公司

3. 科幻微短剧[①]

网络微短剧是一种新兴的网络文艺形态，其单集时长通常在几十秒到15分钟，特点是有着明确的主题和连贯、完整的故事情节。这种格式因低制作成本、轻量化内容和目标受众分散的特性，已逐渐发展成为一种独特的艺术形式、商业模式和传播手段。微短剧根据播放平台的不同，主要分为三类：横屏微短剧（长视频平台）、竖屏微短剧（短视频平台）和小程序短剧（包括短剧独立App、微信小程序、抖音小程序等）。在2023年，共推出科幻微短剧34部，其中，科幻横屏微短剧共推出了11部，在猫眼上的最高热度总计达到了60133；科幻竖屏微短剧共推出了9部，累计播放量达到了2.26亿次；科幻相关的小程序短剧11部。

（1）科幻微短剧的创作情况

据国家广播电视总局数据（不含小程序），2023年拍摄备案通过的科幻微短剧为160部4178集，分别占总量的4.48%和4.29%，部数较2022年提高7.38%。上线备案通过的科幻微短剧有26部520集，分别占总量的4.51%和3.94%，部数较2022年提高100%[②]。

科幻横屏微短剧方面，2023年在腾讯视频、优酷、爱奇艺、芒果TV、咪咕视频等网络视频平台共上线11部（表8），较2022年增加3部，猫眼最高热度合计60133。在短剧热度方面，相比2022年芒果TV《妻子的秘密世界》连夺7次猫眼短剧热度榜日冠的佳绩，2023年没有表现突出的科幻短剧，均未进入排行榜。在剧情设定方面，科幻更多作为世界观设定，如虚拟世界、平行时空、外星人等，主线剧情以爱情、悬疑、喜剧为主。

科幻竖屏微短剧领域共推出了8部作品，其中7部在抖音平台首发，B站贡献了1部，累计观看量高达2.04亿次（表9）。这些竖屏微短剧展现了内容的广泛多样性，从由虚拟偶像“宫玖羽”主演的赛博朋克风格短剧《平行之翼》，到采用人工智能技术制作的《数字少女脱困全纪录》，这些作品代表了微短剧创作的创新方向。其中，反响最为热烈的作品是“三分钟推理”团队发

① 出于连续性和总时长的原因，本报告将网络微短剧放在科幻剧集部分讨论。科幻中短视频报告见下一篇。

② 数据来源：国家广播电视总局“重点网络影视剧信息备案系统”。

表 8　2023 年科幻横屏微短剧热度（不完全统计）

微短剧名称	平台	集数	上线时间	猫眼热度（历史最高）
金牌主簿	芒果 TV	20	2023 年 11 月 1 日	7038.37
亲爱的契约男友	腾讯视频	25	2023 年 10 月 23 日	6858.93
明日来讯	腾讯视频	25	2023 年 7 月 25 日	6676.41
夜族公子小仙妻	腾讯视频	25	2023 年 11 月 27 日	6656.74
超时空爱恋	优酷	12	2023 年 11 月 25 日	6296.87
白月光拯救计划	腾讯视频	20	2023 年 10 月 15 日	6030.64
时空螺旋	腾讯视频	16	2023 年 5 月 23 日	5334.17
机器男友来宠我	优酷	20	2023 年 2 月 10 日	5146.35
冰封魔芯	优酷	18	2023 年 6 月 8 日	4522.82
鲤鱼小姐	优酷、搜狐视频	10	2023 年 10 月 28 日	3914.73
壹零	咪咕视频	10	2023 年 12 月 14 日	1658.49

表 9　2023 年科幻竖屏微短剧名录（不完全统计）①

平台	微短剧名称	账号	集数	播放量 / 万次	点赞 / 个	题材
抖音	谁？异能者	三分钟推理	10	10000	713101	异能
	量子游戏	质子森林	12	1331.2	173892	异世界 / 大逃杀
	异能档案馆	三分钟推理	4	314.3	48649	异能
	平行之翼	AI 时光姬、陈俊杰 AI、平行之翼	7	6540.4	42503	赛博朋克 / 虚拟偶像
	数字少女脱困全纪录	甲导 AI 剧场	5	84.8	15979	AI 制作
	傀纪元	苏晓蕾	6	11	11303	AI 机器人
	玻优优地球历险记（第一季）	玻优优 Boyoyo	更新中	25.7	6392	AI 机器人
哔哩哔哩	逃离迷境	三分钟推理	24	2141.1	—	神秘力量

① 数据统计截止时间：2024 年 1 月 10 日。

布的《谁？异能者》，该短剧巧妙地将“异能”元素与当下流行的霸道总裁题材结合起来，最终播放量超过1亿次，点赞数达到71.3万。特别值得一提的是，这个团队在微短剧领域成果丰富，在B站上线的作品《逃离迷境》也是出自其手，展现了其在该领域的强大创作力。

小程序短剧以“核心爽点”作为分类依据，没有单独的“科幻类”。其中，涉及科幻的热门题材有“重生类”“穿越类”“超能类”。依据DataEye提供的数据，2023年5—12月，共有145部可能涉及科幻元素的小程序短剧被记录在案，其中62部缺乏详细信息。经过初审，共识别出表10中的泛科幻类小程序短剧，包括直接定位为科幻题材的作品和含有科幻元素的作品。值得注意的是，小程序短剧行业中存在对热门剧本进行翻拍的现象，这可能导致某些短剧内容上的重叠。

表10　2023年泛科幻类小程序短剧名录

小程序短剧名称	短剧类型	主要投放平台	月份	类型
末日冰封	男频，重生	裙摆短剧	10	科幻题材作品
全球冰封：我打造了末日安全屋	男频	热播短剧	9	科幻题材作品
全球热浪，我囤积了百亿物资	男频，重生，超能	火热好剧	9	科幻题材作品
全球热浪：我打造了末日安全屋	男频，超能，重生	热门短剧	9	科幻题材作品
全球热浪	男频，重生，超能	掌悦短剧	10	科幻题材作品
我能接到未来电话	男频，逆袭	春华小短剧	11	科幻题材作品
新末世之黄金屋	男频，逆袭	酸橙短剧	10	科幻题材作品
未来日记：我能逆天改命！	—	小浪滔滔剧场	9	科幻元素作品
未来日记	男频，穿越	九州剧场	7	科幻元素作品
我能预知未来	超能，男频	繁花剧场	6	科幻元素作品
未来日记：我能逆天改命！	—	小浪滔滔剧场	9	科幻元素作品
未来日记	男频，穿越	九州剧场	7	科幻元素作品
我能预知未来	超能，男频	繁花剧场	6	科幻元素作品
我去平行时空爱你	女频，情感	芝麻短剧	6	科幻元素作品

（2）科幻微短剧产业情况

短剧的商业模式按收益形式可分为“分账剧”和“分销剧”两大类。

①“分账剧”是依据平台规定，根据播放情况对收入进行分配的模式，这种模式主要应用于包括爱奇艺、优酷、腾讯视频、芒果TV在内的四大长视频平台，以及抖音和快手这两个主要的短视频平台。在这一模式下，长视频平台上的短剧通常采用横屏形式，而短视频平台的短剧以竖屏为主。

横屏微短剧在行业中较为普遍，每集时长约5～10分钟，通常由专业的影视制作公司负责生产，并在长视频平台播出。它们的收入来源主要包括会员付费分账、广告收益分账以及招商合作分账。从成本角度看，一个总时长达200分钟的微短剧项目，300万～400万的成本在业内处于较高水平，而同类别的科幻微短剧成本至少需要500万元，这意味着更高的市场风险。

竖屏微短剧每集时长通常在1～3分钟，主要在抖音和快手这样的短视频平台上播出。最初，早期短剧多由MCN机构和网红制作，但现在越来越多的专业影视公司也开始进入这一领域。它们的营收方式较为多元，包括付费分账、广告植入、品牌定制剧等，还可以通过短剧提升达人知名度，进而通过直播带货等方式实现更多的收益。多个MCN机构已通过短剧形成了一个完整的产业链，从打造网红到内容制作，再到直播变现。

②“分销剧”则是平台通过设定一定的分销比例来分发内容，分销方通过广告投放获得用户充值，平台根据充值金额乘分销比例来进行收益分成。分销短剧主要通过小程序和App进行传播，目前主要以微信小程序为主，除了长视频和短视频平台，许多小程序短剧平台也开始布局自建的短剧App。

分销剧早期主要是来自网络文学领域的玩家操盘，具有轻体量、快节奏和短回本周期等优势。短剧之所以吸引人，是因为它能通过独特的叙事风格和故事设定，迅速触及观众的“爽点”。运营者通过在如抖音、快手等短视频平台购买流量，并使用精确的推荐算法找到目标观众，利用免费内容吸引观众的注意，随后设计付费点以促进观众跳转到相关平台消费，从而实现成本的回收。骨朵网络影视的数据显示，小程序短剧因其贴近生活、易于理解的内容，主要吸引了下沉市场中35～55岁的中年人群，这与传统科幻题材的主要受众有所不同。目前，短剧的平均制作成本大约为50万元，这对于制作科幻题材的短剧构成了较大的挑战。

（三）科幻节目

2023 年 8 月 18 日，由世界科幻协会指导、世界科幻大会（中国）品牌中心推出的科幻节目《雨果 X 访谈》第一季于微信公众号上线，并在 B 站注册同名账号，上传节目视频，深受科幻迷群体青睐。《雨果 X 访谈》关注当前技术潮流和人文议题，通过与著名科幻作家刘慈欣、加拿大科幻教父罗伯特·J. 索耶、《流浪地球》系列电影导演郭帆等全球顶级科幻、科技、科学大咖的深度对话，让更多科幻迷“面对面”深入了解科幻作品创作的幕后故事。截至 2023 年 12 月，该节目播放量已突破 4000 万[5]。

2023 年 10 月 21 日，成都世界科幻大会举办期间，中央电视台纪录片频道推出了 5 集微纪录片《我眼中的中国科幻》，并在央视网同步播出。该纪录片选取了中国第一个科幻文学博士姜振宇、科幻游戏美术概念设计师张路野、《科幻世界》杂志创始人之一谭楷、科幻爱好者孙悦和成都金沙遗址讲解员姚凯等五位与科幻相关的代表性人物，通过他们的奇妙人生，讲述发生在你我身边不为人知的科幻故事，体现不同的科幻生活方式[6]。

2023 年 6 月 10 日，由湖南卫视、芒果 TV 与咪咕视频联合出品的实境剧情生存挑战真人秀《全员加速中 2023》上线，每周六 18:00 在芒果 TV、咪咕视频更新，22:00 在湖南卫视播出。“加速之城”是本季节目升级的其中一大看点。在节目设定中，以人工智能技术驱动的自然语言处理工具“须臾系统”不断吸收着巨量来自人类世界的信息，在引入了新技术——RLHF（Reinforcement Learning from Human Feedback，即基于人类反馈的强化学习）后，优化升级成了一个独立的数字世界“加速之城”。节目设定将科幻时空、游戏时空、剧情时空的三重世界交叠于一个大框架。剧情时空是现实世界，设定于 12 个真实存在的与中国速度相关的标志之地，比如首期剧情时空的故事，就以代表中国机械生产速度的中联重科为原型创作。科幻时空是虚拟世界，架构了一个有别于人类世界的数字世界“加速之城”。在这个城市里生活的数字人以挑战困难、获得加速能量而生。游戏时空是穿梭在虚实之间的缝隙世界，游戏世界的存在源于虚拟世界中的人将加速队员派遣到现实世界采集能量，这个世界的本质就是沟通虚拟世界与现实世界的桥梁[7]。本季节目承袭了第一季热血沸腾的氛围，同时首创国内虚实集合模拟世界。以“中国速度”为核心立意，讲述中国引领力不断增强，不断赶超，令世界惊叹的加速奇迹和惊艳成就，展示当下每一个中国人民在各自岗位的辛勤付出和奋勇拼搏，以及为实现中华民族伟大复兴携手奋进的精神面貌[8]。

三、中国科幻影视年度总结与发展趋势分析

（一）中国科幻影视年度总结

1. 科幻电影

院线科幻电影方面，2023 年的中国科幻电影市场及票房构成，主要体现为四大主要类型：国产头部科幻 IP 改编大作，高度工业化、系列化的海外科幻电影，儿童向动画 IP+ 科幻的合家欢科幻电影以及科幻影片的多元探索与科幻艺术电影实践。

这四大主要类型几乎构成了 2023 年度中国科幻电影市场的全部票房。值得注意的是，1 亿～ 10 亿票房区间内几乎全部由海外科幻电影组成，这在一定程度上也表明了中国科幻电影当下“有高峰，缺高原”的现状。随着中国电影工业体系的不断完善和全民科学素养的不断提升，我们期待，在未来，中国科幻电影市场出现更多口碑与票房兼具的“高原”影片。

2023 年，科幻网络电影继续尝试“拼盘电影”或“集锦电影”的类型创作模式，更加注重青年导演对当下及未来社会的想象力表达。《明日生存指南》《大世界扭蛋机 2》的高播放量已然证明将“年轻群体”与“未来世界”相结合，在追问自我意义的同时，又给予如何朝向良好生活的佐证，可能才是青年一代科幻创作的核心诉求。《明日生存指南》作为一部充满现实主义关怀的科幻未来寓言故事集，在七个单片科幻故事的讲述中，生动地探讨了人工智能高度发展的近未来社会，AI 入侵之下的人类生活如何走向真实而富有意义的领域，以此可以确证情感的真切与生命的温度。毋庸讳言，《大世界扭蛋机 2》的出现似乎已经将“大世界扭蛋机”这个大“IP”推向“科幻系列电影”创制的浪潮中。实践也证明，哔哩哔哩联合坏猴子影业战略打造的头部短片电影厂

牌“大世界扭蛋机”，在扶持青年导演，尤其是培育科幻电影创作新力量的征程中初见成效。无论是《爱情未来式》里AI统治世界，数据匹配的爱情是否为真爱的哲学追索，抑或《准点下班》里社畜整顿职场，如何才能摆脱“加速主义”影响下群体内卷的激进式思想批判，以及《正在载入中》里宅男追爱遇BUG危机，虚拟世界能否追到女神式的“真实性哲学”探赜，似乎都将科幻叙事非常精准地融贯进青年一代当下及未来的生存思考之中。总而言之，这类拼盘化的科幻网络电影不仅达成了高播放量的市场需求，更在各种现实问题的忧患性反思中，完成了对科幻电影未来主义关怀的价值探讨。

2. 科幻剧集

科幻网剧应如何推陈出新，打造真正的经典作品？目前来看，除了4部猫眼热度破7000的科幻网剧，大多数剧集都停留在科幻拼贴的创作思维中。《可爱的坏家伙》《不一样的萧先生》《画江湖之换世门生》《悬疑作者求生指南》《时空螺旋》《山海异记之昆仑墟境》等，这些科幻网剧看似以科幻为核心，实际上在科幻元素与其他类型融合的过程中，往往顾此失彼，科幻悬疑更倾向于悬疑打造，科幻喜剧沦为单一化的喜剧，如此便导致了科幻发展与类型结合的南辕北辙。因此，科幻网剧想要实现拓新，还应当注重以下几个方面。首先，题材和概念需要创新，科幻网剧亟待挖掘新颖的科幻题材和概念，可以包括未来科技、人工智能、虚拟现实、生物工程等前沿领域，或者是探索人类的未来发展、宇宙探索等大胆设想。其次，科幻网剧需要突破传统叙事结构，可尝试采用非线性叙事、多重时间线等创新叙事手法，增加剧集的观赏性和思考深度。最后，科幻网剧要挖掘深度探讨的科幻主题，在故事情节中深入探讨科幻主题背后的哲学、伦理、社会等问题，引发观众对于未来世界、科技发展的思考和讨论。

科幻动画剧集方面，总体来看，2023年科幻动画剧集呈现出“小而精”的态势，文学改编、游戏改编、原创动画剧集、原创动画短片集等多元化的形式都产出了较为优质的作品，从市场规模来看，仍具有较大的拓展空间。

2023年迎来微短剧的爆发式增长，被称为“付费短剧元年”。然而，其快速的剧情转折和高度集中的情节特点，导致了市场上主要作品多聚焦于重生、逆袭、复仇和甜宠等情节，这一趋势渐渐显现出内容同质化的问题。因此，微短剧行业亟须打造具有差异化的内容特色，用高质量的作品吸引观众，形成良性的内容生态。在这样的背景下，科幻题材因其广阔的想象空间和创新潜力，不失为行业破局的选择。

抖音平台在科幻短剧的探索和创新方面已经迈出了重要步伐。2023年4月，在“抖音短剧畅想会”上，平台宣布了一系列科幻短剧项目，因种种原因，项目在2024年才陆续上线。其中包括与创壹科技合作的《柒两人生》——国内首部采用虚拟制片技术的科幻悬疑短剧，成功得到商业客户赞助的无限流题材《救救我全家》。同时，基于中国科幻大会十强IP改编的《劫魄者》和热门动漫IP改编的《终钥之歌》也在积极推进之中。

科幻微短剧还可以融入更广阔的叙事空间。2024年1月，国家广播电视总局发布“跟着微短剧去旅行”的创作计划，强调了微短剧在题材和形式上的灵活多变，以及其在满足公众文化需求、促进文旅融合和经济增长中的潜力。这一计划也为短剧与城市文化旅游的结合指明了方向。目前，四川成都、北京石景山区、青海冷湖等地区已将科幻作为发展战略的一部分，而深圳、南京、上海等城市也成为中国重要的科幻活动举办地。科幻微短剧与这些区域的科幻特色结合，将促进双方共赢。

科幻微短剧的崛起，预示着中国版“DUST”（专业科幻内容平台）平台的可能性。DUST作为美国GUNPOWDER & SKY旗下的科幻品牌，以其稳定的作品更新和全平台分发能力著称，有独立的频道及App发布科幻作品，形成相对完整的商业闭环来支持科幻新人导演创作，其完整的产业链有助于科幻影视生态良性发展。尽管之前有中国团队尝试建立类似的创作社区，但因各种挑战未能持续。如今，随着短剧App和小程序短剧商业模式的成熟，加之AIGC技术在降低制作成本方面的突破，打造中国版DUST的条件似乎已经成熟。

3. 科幻节目

不论是微纪录片《我眼中的中国科幻》以轻量化的形式实现了科幻内容的传播，还是真人秀《全员加速中2023》这一经典节目IP对科幻设定的深度融合，都彰显出了科幻作为一种内容，其具有良好的跨媒介叙事、改编与传播的潜能。我们可以期待，在未来的节目策划和制作中，科幻能为更多节目带来新的视野和玩法，通过科幻实现节目的更新和迭代。通过节目日常化、大众化的传播，也能让更多人了解并喜欢上科幻，开启科幻传播的2.0时代。

（二）中国科幻影视发展趋势分析

2023年，中国科幻电影市场整体回暖，票房增长明显，国产头部科幻IP改编作品票房亮眼，国产儿童动画IP的科幻电影实践逐渐成熟。相信随着各大电影节对于科幻电影创作者的关注逐步提升，相关政策逐步完善，中国科幻电影市场将会迎来更多的发展机遇。

科幻网络电影方面，在网络电影整体“冷清”的大背景下，国产科幻网络电影仍然保持了较高的比例份额，无疑体现了市场对科幻题材的聚焦与关注。尤其是涌现出大量青年科幻创作的力量，这些新力量导演在软、硬科幻的创作版图交织中，将自身的态度与思考融入作品，为科幻网络电影的发展不断赋能，同时进一步促成年青一代的科幻审视态度，为今后科幻影视的发展提供源源不断的力量。当然，科幻网络电影的发展仍然存在拼凑化的问题，但道阻且艰，行则将至，新老力量的接续也成为科幻网络电影质量的有效保证，我们理应相信在政策扶持与人才培优的举措中，中国科幻网络电影必然会迎来市场“寒冬”之后的“春天”。

科幻网剧方面，剧集数量大幅增加，这恰恰表明科幻从业者剧集创作的自信心逐渐提升，某种意义上，也使得人们对科幻网剧的关注度日渐增加。换言之，科幻应当作为一种大众文化“飞入寻常百姓家”，进一步成为人们现实生活与未来想象的结合中枢。而科幻网剧也需要在回应“何为良好生活”的日常追问中，葆有更为明朗、鲜活，以及“人之目的”的无限可能。

科幻微短剧市场正在经历从初期探索到成熟发展的转变。2023年，科幻微短剧在横屏和竖屏平台上积累了力量，小程序短剧则验证了其商业潜力。展望2024年，随着市场向精品化和多元化方向发展，预计将出现更多具有特色的科幻微短剧作品，为中国科幻影视领域注入新的活力和创意。

参考文献

［1］1905电影网．549.15亿收官！2023中国电影年度调查报告发布［EB/OL］．（2024-01-01）［2024-02-28］．https://www.1905.com/news/20240101/

1654852.shtml.
[2] 灯塔电影实验室. 2023中国电影市场年度盘点报告[EB/OL].(2024-01-01)[2024-02-28]. https://mp.weixin.qq.com/s/oAlzav525J2tdcQkimC-7Q.
[3] 吴岩，陈玲，姚利芬，等. 中国科幻发展年鉴2022[M]. 北京：中国科学技术出版社，2022：10.
[4] 吴岩，陈玲，姚利芬，等. 中国科幻发展年鉴2023[M]. 北京：中国科学技术出版社，2023：11.
[5] 红星新闻.科幻访谈《雨果X访谈》受青睐，第一季播放量突破4000万![EB/OL].(2023-12-14)[2024-05-30]. https://static.cdsb.com/micropub/Articles/202312/8dfd201396db12cb5b878c5cfb92fc86.html.
[6] CCTV节目官网.我眼中的中国科幻[EB/OL].(2023-10-23)[2024-02-28]. https://tv.cctv.com/2023/10/23/VIDAJHbqEnCRORZzBQd14Bqt231023.shtml.
[7] 南方声屏报.关键词秒懂《全员加速中2023》科幻世界[EB/OL].(2023-06-15)[2024-02-28]. https://mp.weixin.qq.com/s/CLXd72xe-oZIKFsPCEu_aw.
[8] 湖南卫视.《全员加速中2023》定档6月10日 科技赋能跨屏互动创新综艺新范式[EB/OL].(2023-06-06)[2024-02-28]. https://mp.weixin.qq.com/s/WzRbRLA1Wqk1Td3jahkk0w.

作者简介：

刘宇坤，中国传媒大学艺术研究院博士研究生，中国科幻研究中心“起航学者”，中国科普作家协会会员，主要研究方向为科幻影视、艺术理论。

韩贵东，大连理工大学文学伦理学研究所助理研究员，主要研究方向为科幻影视产业与伦理批评。

张子瑞，独立科幻导演，中国科幻研究中心“起航学者”，中国科普作家协会会员，《世界科幻动态》特约通讯员，主要研究方向为科幻影视创作与媒体商业化。

年度科幻中短视频产业发展报告

张子瑞

根据第 53 次《中国互联网络发展状况统计报告》，截至 2023 年 12 月，中国互联网用户总量已达到 10.92 亿人。其中，网络视频和短视频用户数量分别高达 10.67 亿人和 10.53 亿人，对应的用户使用率达到了 97.7% 和 96.4%。《中国网络视听发展研究报告（2024）》显示，2023 年移动互联网用户人均单日使用时长为 435 分钟，其中，短视频用户黏性最高，人均单日使用时长为 151 分钟，成为行业增长的核心动力。中短视频，特指时长不超过 30 分钟的视频内容，主要通过如抖音、快手等短视频专业平台，以及哔哩哔哩（Bilibili，以下简称 B 站）、西瓜视频、微信视频号等综合性视频平台发布。同时，小红书视频号等新兴视频赛道的快速崛起，为科幻视听内容的传播开辟了新的通道，与科幻电影、电视剧等内容共同构建了一个多元且完整的科幻影视产业生态。

一、科幻中短视频创作情况

2023 年，科幻中短视频领域呈现出创作活动和作品数量增长的趋势。本报告中科幻中短视频发展情况选择 B 站、抖音、快手、西瓜视频、视频号和小红书六大平台作为主要分析平台。依据各公司财报和市场公开信息，抖音月活跃用户数据规模已高达 7.61 亿人，快手月活跃用户数据规模达到 4.46 亿人

（据 QuestMobile 2013 年 12 月监测数据显示），B 站的日活跃用户数达 1.31 亿人（2023 年第三季度财报数据），小红书的日活跃用户数超过 1 亿人（根据虎嗅报道），而西瓜视频和视频号分别作为字节跳动和微信的视频平台，尽管官方未公布具体数据，但用户基数同样不容小觑。通过对这六大平台的分析，本报告基本可涵盖科幻中短视频创作全貌。

（一）整体科幻作品与创作者（账号）情况

2023 年 1 月 1 日—12 月 31 日，抖音、快手、B 站、视频号、西瓜视频等五个平台上，共有 79504 个账号发布了 47.39 万条与科幻相关的中短视频作品，作品总点赞量达到 7.08 亿次。上述统计口径为以“科幻”为元素的标题、标签及话题。此外，同时期内，小红书平台上有 5.27 万个账号发布科幻标签笔记 19.05 万条，获赞 2769 万次，因笔记包含视频笔记和图文笔记两类，故不计入表 1 统计。

表 1　2023 年主要播放平台科幻中短视频作品数据统计①

项目类型	B 站	抖音	快手	视频号	西瓜视频
科幻视频数量 / 个	203883	120772	40238	33399	75646
总播放量 / 万	578128.52	—	688641.08	—	99078.91
总点赞量 / 万	17238.56	34996.80	16608.02	1183.37	810.13
总评论数 / 万	774.57	2428.66	985.34	—	72.95
总分享数 / 万	856.43	5410.98	710.39	—	—
总弹幕数 / 万	1110.44	—	—	—	49.45
相关发布账号 / 个	34400	21943	5833	3928	13400

按照“账号科幻内容超过 50%”的标准，截至 2024 年 1 月 10 日，抖音、快手、B 站、视频号、西瓜视频和小红书六个平台，总计有 3605 个科幻相关账号，合计粉丝量为 1.32 亿（视频号无数据）（表 2）。

① 数据统计截止时间：2024 年 1 月 10 日。

表 2　2023 年主要播放平台科幻中短视频账号数据统计[①]

项目类型	B 站	抖音	快手	视频号	西瓜视频	小红书
科幻账号 / 个	614	933	282	206	365	1205
科幻账号粉丝 / 万人	1980.29	6751.61	3168.61	—	1025.20	307.41

基于相同统计口径，对 2022 年和 2023 年截面数据的相应指标进行对比。

在科幻账号数量方面，六个平台均出现不同程度的增长，其中 B 站增长最多，增量达到 209.85%，一定程度上体现出平台对科幻内容创作者的吸引力；小红书平台增长较大（含图文账号），增量达到 158.60%，该平台作为传统的图文平台与新近崛起的视频流量平台，吸引众多科幻内容创作者入驻，一跃超过抖音，成为创作者数量最多的平台（图 1）。

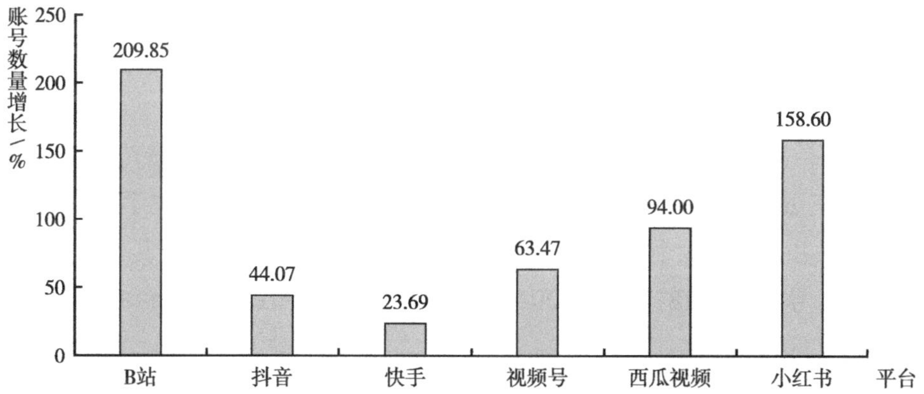

图 1　2022—2023 年科幻账号数量增长情况（相同统计口径）

由图 2 可见，B 站的作品数量大幅提高，但粉丝数仅小幅增长，说明与高涨的创作热情相比，科幻需求并没有相应提升，接下来或将面临存量竞争；抖音与快手的情况相似，作品数有一定提高，但粉丝数却有所减少，主要是个别头部账号停更（或卖号）导致；西瓜视频则呈现相反情况，作品数减少，粉丝量增长，同时获赞数与评论数均有不同程度提高，说明经过主动停更或平台销

① 数据统计截止时间：2024 年 1 月 10 日。

号之后，供给内容更符合平台用户调性，用户黏性在增加；小红书的作品数量增长显著，因该平台是图文笔记起家，在“视频化”转型过程中，涌现出前几个平台没有的内容类型（见后文），是科幻内容创作新生力量。

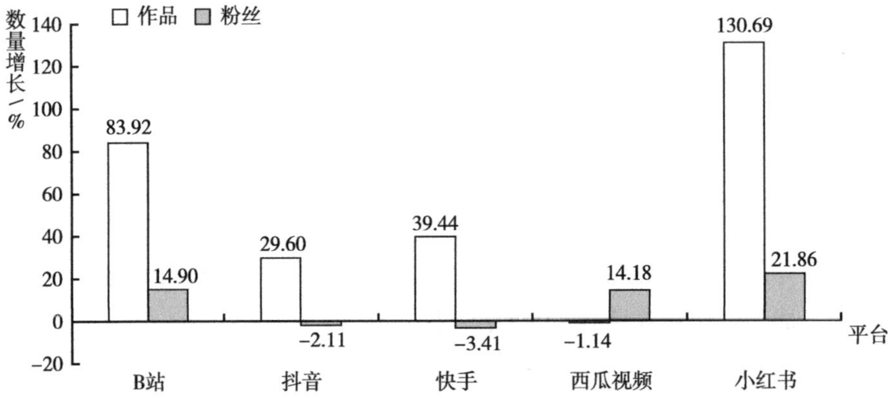

图2　2022—2023年科幻账号作品数与粉丝变化情况（相同统计口径）[①]

（二）头部科幻账号情况

截至2024年1月10日，经交叉统计核对，B站、抖音、快手、视频号、西瓜视频和小红书六个平台中，跨平台（即在2个及以上平台）发布的科幻中短视频账号至少有187个，较2022年提升58.47%，超过3个平台的科幻账号具体情况见表3。

表3　2023年科幻中短视频账号跨平台情况

跨平台数量	6个平台	5个平台	4个平台	3个平台
账号数量/个	11	13	8	24

其中，累计粉丝量过百万的账号有27个，具体情况见表4。

① 因视频号数据不全，科幻账号作品数与粉丝数变化仅统计五个平台的数据。

表 4　跨平台合计粉丝量超过 100 万的科幻账号[①]

账号名称	B 站粉丝数量 / 个	抖音粉丝数量 / 个	快手粉丝数量 / 个	西瓜视频粉丝数量 / 个	小红书粉丝数量 / 个	五平台粉丝数量 / 个
侃片大师兄	77800	5454215	1928900	139500	36300	7636715
科幻 Fans 布玛	1844185	2125758	143983	1477596	218226	5809748
上将王司徒	1986900	1775000	1184800	—	3338	4950038
开普勒星人	147100	3820800	655900	—	115100	4738900
超清剪影	11400	1860051	2229616	140502	—	4241569
科幻战舰	198687	2614469	825868	267850	—	3906874
特效卡卡西	12000	2428400	1206241	—	—	3646641
科幻放映厅	1576	561381	2207821	—	99775	2870553
暗部 CXP	—	1130460	1504300	—	—	2634760
科技大彬	—	2437520	1977	—	—	2439497
下饭电影	19000	1587023	415300	371800	26200	2419323
文曰小强	1845400	—	—	468900	1110	2315410
超万说电影	59200	—	971000	904500	—	1934700
幻海航行	690000	606683	16855	535300	—	1848838
科幻大鹿	213462	1293725	83946	172642	5694	1769469
科幻真探	35681	913600	613585	195619	10620	1769105
四眼电影	3031	1087929	438400	118400	39809	1687569
南白北墨	7436	1664244	—	—	—	1671680
安迪视频	1424600	104100	—	19500	—	1548200
柴哥说电影	7257	823000	461300	120100	13300	1424957
饱饱学长	154770	1190519	—	—	1222	1346511
特兰防卫会 TDC	421100	407500	302000	123100	77000	1330700
欧 K 电影	3186	1174883	67502	8966	—	1254537
大酱电影	95100	751200	400363	—	—	1246663
科幻视界	1132949	43412	42100	—	—	1218461
渣叔电影	11421	664300	475000	—	26942	1177663
尘白禁区	1037428	—	27115	—	—	1064543

① 数据统计截至 2024 年 1 月 10 日，视频号平台无粉丝数量信息，不计入本表。

头部账号中，绝大多数为“二创类”视频博主。“二创”即“二次创作”（re-creation），指创作者基于已存在的作品，以模仿、改编、引用等多种创作模式进行重新演绎。主要内容为科幻影视作品推介和科幻小说解读。

在影视作品推介方面，“侃片大师兄”和“科幻 Fans 布玛”分列前二，2023 年前者更新 332 期（部分为非科幻内容），后者更新 183 期（基本为科幻内容）。在平台分布上，两者呈现非常明显的差异性，前者在抖音、快手平台优势明显，后者在其余平台上更强势，因此，对二者的进一步分析，可以更好地了解平台受众（见后文）。

在科幻小说解读方面，“文曰小强”“幻海航行”“科幻视界”等账号较为突出，UP 主提炼小说精华内容，并通过画面拼接，提前将小说“视觉化”，吸引并引导观众关注原著。三个账号在选题上有一定的趋同性，对选题的统计，可更好地了解科幻文学的受众传播情况。

头部账号中也涌现出不少原创视频博主。“上将王司徒”作为知识类博主，深入浅出地对科幻作品进行脑洞式解读；“开普勒星人”打造月球人的幽默人设，善于玩梗、借势营销，曾与央视合作出片，在抖音上获得广泛关注；“特兰防卫会 TDC”意在孵化科幻 IP，自创“大秦重工”的世界观，在各平台均取得不错的传播效果。

（三）头部科幻作品情况

通过分析各平台头部作品，可以更好地了解该平台科幻中短视频的创作与传播情况，本小节基于不同平台关键数据指标（播放量、互动量、推荐量等），选取相应指标前 10 位的作品，进行综合分析。

1.B 站

B 站 2023 年发布作品 20.3 万个，总播放量为 57.81 亿次，平台 Top10 科幻作品总播放量为 1.3 亿次，占总播放量的 2.25%。

由表 5 可见，B 站头部作品中，作品形式以影视解说为主，作品内容涉及的科幻类别也较为多元。值得注意的是，头部作品仅 UP 主“过往说电影”是科幻账号，其他均为综合影视大 V。原创作品方面，没有出现 2022 年《DEEP：深海》这样较为突出的个人原创，仅有官方账号推出《中国奇谭》之“玉兔”进入前十。

表 5　2023 年 B 站平台高播放量科幻中短视频前 10 名[①]

视频时长	视频标题	发布时间	素材类别	作品形式	账号名称	播放量/次
0:11:40	男人陷入无限次复活，就为了救自己美丽善良的爱妻，超燃科幻动作	2023/10/13	二创类	电影解说	摩斯神探	24232500
0:11:55	科幻片拍成这样，不得不佩服编剧的脑洞，上世纪的经典电影	2023/9/13	二创类	电影解说	长片短解	17817700
0:28:13	能在水下呼吸的小男孩，长大竟成了整个海洋的霸主，他就是亚特兰蒂斯的国王《海王》	2023/7/17	二创类	电影解说	过往说电影	12732800
0:12:00	女版雷神首次登场，最强反派屠神者登场，雷神战锤再度回归《雷神 4：爱与雷霆》下集	2023/3/1	二创类	电影解说	过往说电影	12003900
0:10:11	被困在火星如何自救？看看高智商天才是怎么做的	2023/6/15	二创类	电影解说	可人 kimi	11274700
0:12:41	创意超棒的科幻片，真的把生命变成了数字，如果你到了这样的世界该怎么办	2023/10/14	二创类	电影解说	长片短解	11103200
0:02:24	剧情解析（59）：双王时代终于来临，神秘彩蛋揭示人族隐藏的秘密	2023/8/29	二创类	游戏解说	神秘小五	10633200
0:11:48	【变形金刚 4】机甲老大哥有多猛，机械恐龙在他面前，秒变宠物！	2023/8/12	二创类	电影解说	流心影者	10428400
0:16:39	【独家/完结】中国奇谭 第 8 集 玉兔【1 月国创】	2023/2/12	原创类	科幻短片	哔哩哔哩国创	10108100
0:08:04	一整颗行星都被用来建造监狱，许多无辜的人被抓来填满牢房	2023/1/5	二创类	电影解说	白鸽影视	9804400

① 数据截止时间：2024 年 1 月 10 日。

2. 抖音

抖音 2023 年发布作品 12.08 万个，累计互动量（获赞、分享、评论）为 4.28 亿次，平台 Top10 科幻作品合计互动量为 1245.93 万，占总互动量的 2.9%。

由表 6 可见，抖音平台的科幻短视频也以“二创”为主。除了影视解说，影视镜头混剪颇受欢迎，分列第二位、第四位。博主“邓嘴燃剪”的“丝滑转场”将超级英雄与变形金刚的招牌动作混剪在一起，“电影麋鹿”选择将各类科幻电影中的角色变身进行卡点剪辑，很好地带动情绪，达到很好的传播效果，也由此彰显科幻电影视觉特效的魅力。此外，关于电影《流浪地球 2》的宣传预告，也赢得惊人的互动量。

表 6　2023 年抖音平台高互动量科幻中短视频前 10 名[①]

视频时长	视频标题	发布时间	素材类别	作品形式	账号名称	互动量 / 次
0:10:57	最新一集 2023 科幻灾难片，原以为是普通片子，却没想到越看越上头 # 影视解说 # 好片推荐 # 新片速递 # 种群 # 木村拓哉	2023/3/2	二创类	电影解说	光的影子	2748155
0:00:09	别划走，带你看看不一样的丝滑转场 # 混剪天团 # 每一帧都是热爱 # 科幻	2023/8/2	二创类	影视镜头混剪	邓嘴燃剪	1736356
0:11:27	我的父母竟然是我自己！# 前目的地 # 科幻电影 # 悬疑烧脑 # 宅家 dou 剧场	2023/1/4	二创类	电影解说	小北探影	1198826
0:01:36	每次看他们变身都燃到不行！蜥蜴：这将是我最后一次变身！# 漫威 # 钢铁侠 # 复仇者联盟 # 科幻 # 超级英雄	2023/1/22	二创类	影视镜头混剪	电影麋鹿	1194194
0:26:38	一口气看完《饥饿游戏》系列，全长 26 分钟！# 科幻电影 # 饥饿游戏 # 电影解说	2023/3/24	二创类	电影解说	菲猫电影	1126998

① 数据截止时间：2024 年 1 月 10 日。

续表

视频时长	视频标题	发布时间	素材类别	作品形式	账号名称	互动量/次
0:06:12	迷航的飞行员迫降到陌生机场，不料被当成疯子关起来 # 影视解说 # 科幻悬疑 # 奇幻 # 迷离时空第一季	2023/3/12	二创类	电影解说	向荣影视	1097681
0:00:29	有大家的理解和支持，中国科幻未来可期 # 流浪地球 2# 流浪地球 2 用真诚换观众真心	2023/1/26	原创类	科幻作品预告片	电影流浪地球 2	943710
0:14:31	一口气看完经典高分电影《康斯坦丁》。# 科幻惊悚 # 驱魔人 # 奇幻电影 # 康斯坦丁	2023/10/21	二创类	电影解说	MIA 影视	829770
0:06:53	女人深夜独自被困百货大楼，里面的假人模特却都活了 # 影视解说 # 科幻悬疑 # 惊悚奇幻 # 迷离时空第一季	2023/2/13	二创类	电影解说	向荣影视	820287
0:06:36	虫族入侵地球，天才少年依靠电子游戏拯救人类世界！# 电影解说 # 影视解说 # 科幻电影 # 科幻片	2023/9/13	二创类	电影解说	正人君子	763370

3. 快手

快手 2023 年发布作品 4.02 万个，累计互动量（获赞、分享、评论）为 1.83 亿次，平台 Top10 科幻作品合计互动量为 635.41 万，占总互动量的 3.47%。

由表 7 可见，快手平台的头部科幻视频，除了与抖音相同的科幻影视解说与影视镜头混剪，还出现了官方媒体的身影。其一是“央视新闻”账号对电视剧《三体》定档播出的预告，其二为“共青团中央”对中国科幻电影的宣传报道，由此可见主流媒体对本土科幻影视的积极影响。

4. 视频号

因平台原因，该平台的重要指标——推荐数，显示上限为 10 万，超出部分无法统计，鉴于达到 10 万推荐的视频仅 4 个，可同步影响整体样本和头部数据，故可以做近似统计计算。2023 年视频号发布科幻相关作品 3.34 万个，累计推荐数至少 1183 万次，平台 Top10 科幻作品合计推荐数至少 78.43 万，占总推荐数至少 6.63%。

表 7　2023 年快手平台高互动量科幻中短视频前 10 名[①]

视频时长	视频标题	发布时间	素材类别	作品形式	账号名称	互动量 / 次
0:02:18	电视剧《三体》央视定档！1 月 15 日 CCTV-8 开播。给国产科幻剧加油！	2023/1/12	原创类	科幻作品预告片	央视新闻	1175495
0:05:40	一整颗行星都被用来建造监狱，许多无辜的人被抓来填满牢房 # 科幻片 # 好剧推荐	2023/1/5	二创类	电影解说	美丽影视剪辑	737000
0:04:25	第 1 集 丨 一只诡异的生物入侵飞船，最后仅一人幸存！# 异形 # 科幻电影 # 快手影视巨星计划	2023/3/8	二创类	电影解说	明日 – 影视	673681
0:01:14	初号机 VS 哥斯拉 # 科幻片	2023/1/1	二创类	影视镜头混剪	大铁牛	667000
0:00:14	如何用一张动图描述中国科幻电影？网友：希望中国科幻电影越来越好！你们是最棒的！	2023/1/29	原创类	科幻感新闻 / 纪录片	共青团中央	598648
0:03:02	第 2 集 丨 比三体还恐怖的外星人侵方式 # 影视解说 # 好剧推荐 # 高分科幻电影	2023/9/5	二创类	电影解说	颜言电影	528480
0:05:19	当未来的世界被冰雪覆盖，一辆列车上剩下了仅存的人类 # 快手影视巨星计划 # 科幻 # 一剪到底	2023/1/17	二创类	电影解说	小陈说电影	514584
0:09:14	科幻短剧 * 几人为得到黄金，选择沉睡 100 年后苏醒	2023/3/30	二创类	电影解说	陈哥讲电影	498650
0:03:49	地下藏着一座 144 层楼的城市，可这里就像监狱，没有人能活着离开！科幻灾难美剧《羊毛战记》# 新光合计划 @ 快手光合计划助手（O40300118）	2023/5/7	二创类	电视剧解说	闲言电影	486188
0:02:10	第 27 集 丨 神奇冰箱蕴含小世界文明飞速跃迁超越地球 # 科幻 # 美剧 # 爱死亡和机器人第一季	2023/4/21	二创类	电影解说	郭郭剧场	474433

① 数据截止时间：2024 年 1 月 10 日。

由表 8 可见，视频号推荐数超过 10 万的作品仅 4 部，内容均为科幻影视解说，时长普遍控制在 1 ～ 3 分钟。值得注意的是，官媒账号“小央视频”发布视频介绍“南天门计划”，这是由中航环球打造的航空科幻 IP，许多新型军事构想天马行空，此类模式的成功也为官媒账号起到了新的范例作用。

表 8　2023 年视频号平台高推荐数科幻中短视频前 10 名①

视频时长	视频标题	发布时间	素材类别	作品形式	账号名称	推荐数 / 次
0:01:54	为了缓解男女比例失调 AI 科技公司造出女性仿生人 # 科幻电影	2023/4/21	二创类	电影解说	托尼说电影	≥ 100000
0:01:05	科学家在南极发现了一个冰块，里面冷冻着 5000 万前的女人 <1/3># 电影解说 # 科幻	2023/7/14	二创类	电影解说	金乐说影	≥ 100000
0:02:07	2023 灾难科幻片《种群》3/4 海洋生物发生变异，引发传染	2023/8/27	二创类	电影解说	大嘴说大片	≥ 100000
0:02:51	末日科幻片《维斯珀》第 1 集 # 科幻	2023/9/7	二创类	电影解说	PIGPIG 影视解说	≥ 100000
0:02:09	这个世界太疯狂了！是不是只有我们被蒙在鼓里？# 海奥华预言 # 神奇 # 科幻	2023/8/20	二创类	科幻杂谈及其他	解惑新思维	87768
0:01:35	他们的变身我就看了亿遍，你们呢？# 变形金刚 # 科幻电影 # 全能装甲	2023/10/24	二创类	影视镜头混剪	AT 魂剪	50159
0:09:22	男人陷入无限次复活，就为了救自己美丽善良的爱妻，超燃科幻动作	2023/10/13	二创类	电影解说	阿拜电影	48114
0:00:30	开始“弃丝行动”，这才是男生该看的 # 机甲 # 科幻电影 # 速度与激情	2023/1/19	二创类	影视镜头混剪	影 D 侠	47102
0:00:21	【“南天门计划”是什么？】“南天门计划”是中航环球打造的航空科幻 IP，其中 10 万吨级空天母舰“鸾鸟”“玄女”“白帝”战机模型已亮相航展，科技感十足！	2023/6/3	原创类	科幻感新闻 / 纪录片	小央视频	46645

① 数据截止时间：2024 年 1 月 10 日。

续表

视频时长	视频标题	发布时间	素材类别	作品形式	账号名称	推荐数/次
0:04:21	海洋生物进化成陆地怪物，实力极其恐怖，身体构造让人难以理解 # 科幻	2023/9/9	二创类	电影解说	皖跃看电影	37698

5. 西瓜视频

西瓜视频 2023 年发布作品 7.56 万个，累计播放量为 9.91 亿次，平台 Top10 科幻作品合计总播放量为 9569.1 万，占总播放量的 9.66%。

由表 9 可见，西瓜视频是纯粹的“二创”发布平台，头部账号对整体影响极大，播放量前 10 作品中，“科幻迷 FANS”就占据四席。需要说明的是，该账号非“科幻 Fans 布玛”，前者当前粉丝量 32 万，平均播放量 1.45 万，后者粉丝量 212 万，平均播放量 8.28 万。如何将爆款转化为稳定输出，该账号还需要进一步努力。

表 9　2023 年西瓜视频平台高播放量科幻中短视频前 10 名①

视频时长	视频标题	发布时间	素材类别	作品形式	账号名称	播放量/次
0:02:35	博士将蛇的基因注入人类体内，改造出的生物震惊世人	2023/9/21	二创类	电影解说	新月说影视	20766080
0:01:32	孤男寡女被困神秘荒岛，竟招惹比牛还大的巨蜂，他们该如何逃生？	2023/6/27	二创类	电影解说	科幻迷 FANS	17293841
0:01:37	女人被男人推下万丈悬崖，竟惊扰了底下可怕怪物，她该如何逃生？	2023/5/29	二创类	电影解说	科幻迷 FANS	12142774
0:01:52	女人被困沙漠荒地，竟招惹了地底可怕生物，她该如何逃生？	2023/7/30	二创类	电影解说	科幻迷 FANS	9446175
0:01:32	女人被一只蝴蝶入侵身体，下一秒竟席卷世界，称霸全球	2023/6/18	二创类	电影解说	海林说电影 D	8838676
0:01:02	没想到野猪还是个猪脾气	2023/6/27	二创类	电影解说	花九电影	6139068
0:01:38	男人在沙漠发现神秘天坑，竟招惹可怕怪物，他们该如何逃生？电影	2023/8/14	二创类	电影解说	科幻迷 FANS	6097682

① 数据截止时间：2024 年 1 月 10 日。

续表

视频时长	视频标题	发布时间	素材类别	作品形式	账号名称	播放量 / 次
0:20:19	一个来自未来的手提箱，一份五天后的死亡报告！	2023/11/1	二创类	电影解说	小北探剧	5472991
0:06:46	这样的小区免费，你敢住吗？	2023/8/30	二创类	电影解说	山夫电影	5351582
0:08:10	电影：外星人嘴上说为和平而来，下一秒却大开杀戒，这下惨了！	2023/7/25	二创类	电影解说	南瓜扛把子	4142022

6. 小红书

小红书 2023 年发布作品 19.05 万个（含图文笔记），累计总互动量（获赞、收藏、评论）为 4064.55 万次（含图文笔记），平台总互动量 Top10 的科幻中短视频合计总量为 136.95 万，占总互动量的 3.37%。

由表 10 可见，在小红书平台上，原创作品显著高于其他平台。原创的形式也比较多样，包括互动创作、科幻杂谈等形式，较有求知氛围。特别是由“阿鱼爱学习”发布的“一句话写科幻小说”视频笔记，在评论区引起了“一句话科幻”互动创作热，累计评论量将近 8900 次。

（四）科幻作品共性情况

2023 年科幻中短视频作品在上述六个平台中，也呈现了一定的共性。报告将从热门题材类型与热点选题进行分析。

1. 热门题材类型

据调研，头部专业科幻账号主理人更倾向于将 B 站作为作品首发平台，因此，对 B 站作品的选题分析，在一定程度上可以代表整个中短视频科幻的整体分析。笔者以 B 站为样本，按照“300 万 + 播放，10 万 + 点赞 / 投币，1 万 + 分享，5000+ 评论”（满足至少一条）的标准，从 2023 年 B 站发布的 20.38 万个科幻中短视频中，遴选出 232 个作品，参照盖伊·哈雷《科幻编年史》中的分类方式，对上述作品进行类型分析。232 个科幻作品中，单一科幻类型的中短视频有 184 个，复合科幻类型（即 2 个科幻类型）的中短视频有 48 个。

表 10　2023 年小红书高互动量科幻相关中短视频前 10 名①

视频时长	视频标题	笔记分类	发布时间	素材类别	作品形式	账号名称	账号属性	互动量 / 次
0:01:22	一句话写科幻小说！现在网友是懂科幻的！	兴趣爱好	2023/2/10	原创类	同人作品	阿鱼爱学习	头部 kol	285144
0:05:25	大脑开发到 100% 后！人将羽化登仙无处不在！	影视综	2023/11/15	二创类	电影解说	正人君子	初级达人	192994
0:04:02	星际旅行 S1E06	科学科普	2023/10/6	二创类	电视剧解说	菲猫影视	腰部达人	164835
0:03:48	未来女人不用亲自生孩子，换成了孵蛋生娃	影视综	2023/10/27	二创类	电影解说	小米椒电影	腰部达人	162597
0:04:51	人类是不是宇宙中的唯一文明	科学科普	2023/7/26	原创类	科幻杂谈及其他	娱乐先锋君	腰部达人	152345
0:02:03	地球 46 亿年演变过程	科学科普	2023/7/13	原创类	科幻杂谈及其他	宇宙科普百科	初级达人	104583
0:00:35	地球居然是这样转的	科学科普	2023/4/26	原创类	科幻杂谈及其他	歌者的异星流浪	初级达人	92618
0:03:22	大家期待的结局来啦	影视综	2023/9/25	二创类	电视剧解说	小夏电影	初级达人	77875
0:04:12	她能预知人的死亡时间，却看着老公自杀……	影视综	2023/11/14	二创类	电影解说	这个霉叔	初级达人	69903
0:05:05	星际旅行 S2E01	科学科普	2023/10/16	二创类	电影解说	菲猫影视	腰部达人	66605

① 数据截止时间：2024 年 1 月 10 日。

由图 3 可知，太空歌剧是最热门的科幻作品，可见星辰大海对广大受众的吸引。第二热门的是超能力 / 超英题材，主要得益于以漫威为代表的超级英雄电影打下的庞大影迷基础。需要注意的是，人工智能与赛博朋克并没有成为热门类型，更多是作为复合科幻类型的一部分来呈现，这在一定程度上也反映出受众的现实科幻观。

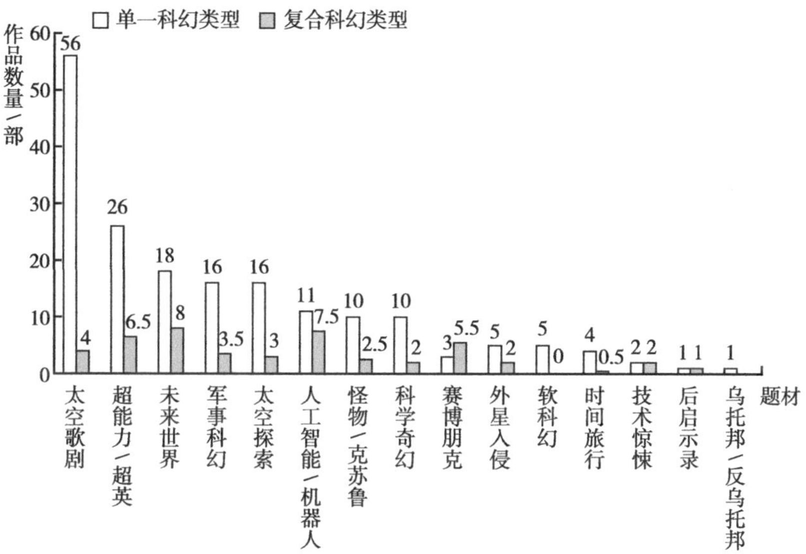

图 3　2023 年 B 站头部科幻作品题材分布情况

2. 热点选题

通过对标题进行大数据分析，可以更好地了解 2023 年科幻选题重点。报告从上述六个平台中，采集每天科幻话题前三名的中短视频标题名称，每平台各 1095 条，图 4、图 5 是词云分析结果。

通过数据分析，可以明显看出不同平台的热点话题各有侧重，然而横跨所有平台的唯一年度热点是“流浪地球”。这一热点在不同平台上呈现出多样的形式。例如，在 B 站，UP 主“上将王司徒”以科普知识的方式深入讲解；在抖音和快手，观众可以看到大量从粉丝视角拍摄的路演片段，这反映出《流浪地球》的巨大影响力。同时，热点分析也指出，像“世界科幻大会”这样的重要活动及科幻行业内的其他活动在宣传推广方面还有很大的提升空间。

（a）B站

（b）抖音

（c）快手

（d）视频号

（e）西瓜视频

（f）小红书

图 4　2023 年六大平台科幻类热门作品标题词云分析

图 5　2023 年全平台（六大视频）科幻类热门作品标题词云分析

二、年度原创科幻中短视频发展情况

2023年，用户生成内容（UGC）与专家生产内容（PGC）都涌现出了不少优质的原创科幻作品。本节将从平台原创科幻作品和原创科幻业态这两个方面分别进行探讨。

（一）原创科幻中短视频创作情况

原创科幻中短视频一般有三条发布通路：第一条是依托于抖音、B站等视频平台，主要以UGC为主；第二条是通过专业网站，如新片场、GGAC[①]，这里偏向发布专家用户制作内容（PUGC）；第三条则是通过科幻赛事，如蓝星球电影节。鉴于科幻赛事的保密需求，一些作品的传播数据可能不齐全。同时，这些发布通路正显示出融合的趋势，比如蓝星球电影节与B站进行的专题页面合作。此外，网络视听平台也在基于自身业务发展需要，参照美国奈飞公司（Netflix）的短片项目《爱，死亡和机器人》，主导推出短片系列，如《中国奇谭》《胶囊计划》《明日生存指南》，其中包含大量科幻内容，也为更多科幻创作者提供了展现才华的舞台。因此，针对原创科幻短视频的研究，仍基于B站、抖音等六大平台展开。表11为各平台抽样调查的原创情况。

表11　2023年各平台抽样调查科幻作品原创情况[②]

平台	科幻作品抽样标准	抽样作品总数	原创作品样本数	原创率
B站	300万+播放，10万+点赞/投币，1万+分享，5000+评论（满足至少一条）	232	87	37.50%
小红书	1万+互动总量	100	28	28.00%

① 由GGAC网站主办的数字艺术大赛。

② 数据统计截止时间：2024年1月10日。

续表

平台	科幻作品抽样标准	抽样作品总数	原创作品样本数	原创率
抖音	20 万 + 点赞	98	18	18.37%
快手	750 万 + 播放，30 万 + 赞，5 万 + 收藏 / 分享，1 万 + 评论（满足至少一条）	120	12	10.00%
西瓜视频	150 万 + 播放，1 万 + 获赞，5000+ 收藏，1000+ 弹幕 / 评论（满足至少一条）	184	3	1.63%

由表 11 可见，B 站和小红书原创程度最高，西瓜视频几乎没有原创，抖音和快手介于中间。其中，B 站的原创率印证了该平台对科幻创作者的吸引力。而小红书则以图文笔记起家，自带知识社区属性。接下来选取 B 站和小红书平台互动总量最好的 10 个科幻中短视频展开分析。

1. B 站

如表 12 所示，B 站原创作品形态较为多样，包括实拍合成、实拍、三维动画、二维动画等多种形式，各有千秋。UP 主“神奇的老皮”用“五毛特效”以及无厘头的设计，营造出十足喜剧效果；“凹凸赛克”全程记录自主设计，并用积木拼装《三体》自然选择号的全过程；“上将王司徒”使用大量素材配合文案，高密度输出，论证流浪地球的脑洞。三位 UP 主的作品风格与 B 站社区调性相契合。墨境天合（MOREVFX）作为《流浪地球 2》的特效制作方，放出的视效花絮再次掀起互动热潮。

表 12　2023 年 B 站总互动量前 10 名的原创科幻中短视频[①]

视频时长	视频标题	发布时间	制作方式	账号名称	总互动量 / 次
0:04:23	仙侠剧都不敢这么拍！韩立，时代变了！	2023/6/23	实拍 + 合成	神奇的老皮	972027
0:08:00	两个月，自己设计 + 拼装，自然选择号，前进四！——《三体》	2023/1/15	纯实拍	凹凸赛克	797675

① 数据统计截止时间：2024 年 1 月 10 日。

续表

视频时长	视频标题	发布时间	制作方式	账号名称	总互动量/次
0:12:53	MOREVFX「流浪地球2」视效花絮	2023/3/17	三维动画	MOREVFX	726440
0:04:56	如果地球有变，怎么带着全人类跑路？	2023/1/4	素材加工	上将王司徒	725164
0:22:16	耗尽半年！我用MC拍出了一部电影！	2023/8/22	三维动画	毫无人性的大麦纸	638973
0:01:03	我大秦科技，天下无敌！	2023/8/30	三维动画	特兰防卫会TDC	611327
0:18:14	π已死，圆形违反了宇宙法则，根本不可能存在	2023/10/13	二维动画	时少权	389753
0:01:26	大秦科技，遥遥领先！	2023/9/24	三维动画	特兰防卫会TDC	370799
0:15:48	《圈养人类指南》给外星人一点人类震撼（动画短片）	2023/4/22	二维动画	时少权	347048
0:01:24	上月球旅游记得要学聪明一点呀	2023/12/5	三维动画	开普勒星人	336541

2. 小红书

小红书原创作品相比之下，除了和B站重合的作品，整体视频水平相对粗糙，重文案轻画面。如表13所示，两度上榜的“阿鱼爱学习”，以及“这个月”，就是以自拍视频的形式分享相关内容，该形式在小红书平台较为常见，很多博主正是采取此种形式来推荐科幻图书。“邦邦的宇宙”主打简易太空主题的二维动画，创作者标签备注为“10后”，体现小红书平台年轻化的特征。而“大G仙人”的内容为AI创作，代表两个创作趋势，一是人工智能生成内容（AIGC）的作品将成为科幻创作生态的重要组成，二是在AIGC赋能下，很多小红书图文博主可以更好地将图片内容视频化，成为该平台内容创作的常态。“特兰防卫会TDC”与“开普勒星人”将在后文详叙。

表 13 2023 年小红书总互动量前 10 名的原创科幻中短视频[①]

视频时长	视频标题	发布时间	作品形式	账号名称	互动总量 / 次
0:01:22	一句话写科幻小说！现在网友是懂科幻的！	2023/2/10	同人作品	阿鱼爱学习	285144
0:00:31	人类是不是宇宙中的唯一文明	2023/7/26	科幻杂谈及其他	娱乐先锋君	152345
0:02:03	地球 46 亿年演变过程	2023/7/13	科幻杂谈及其他	宇宙科普百科	104583
0:01:55	作家因为履历太奇葩，竟被怀疑是AI？！	2023/4/21	科幻杂谈及其他	阿鱼爱学习	52027
0:04:28	我坐的飞机竟在天上飞了三天三夜	2023/12/1	科幻短片	在下孔二楞	45835
0:03:45	我指天发誓，这本科幻谁看都哭。	2023/4/25	科幻杂谈及其他	这个月	44033
0:01:02	大秦军工，值得信赖！	2023/11/23	科幻短片	特兰防卫会 TDC	34535
0:00:21	被你们感动了	2023/5/7	其他	邦邦的宇宙	30744
0:00:32	维度失真瞥见巨灵	2023/9/1	视觉特效奇观	大 G 仙人	30595
0:01:02	我大秦科技，天下无敌！	2023/9/1	科幻短片	特兰防卫会 TDC	27650

（二）原创科幻中短视频业态

2023 年原创中短视频，在项目落地、人才培养、个体力量与技术促进上有较大进展，极大推进我国原创科幻中短视频的发展。

1. 项目落地

2023 年，在科幻界与影视界的不断努力下，更多科幻 IP 项目落地。以慕明的《涂色世界》为例，早在 2021 年，影视版权所有方“科幻世界”就曾在上海国际电影节“IP 影视开发大会”上推介。最终经过资源对接，以及先后长达 2 年的开发，成为 B 站现实主义科幻寓言故事集《明日生存指南》的一集，还因姚安娜的主演获得不小的关注，标志着越来越多科幻 IP 的落地。

北京国际电影节上也取得了一些成果，第十三届北影节“ReelFocus 真实影像计划盛典”宣布科幻 IP 孵化计划，计划联合《科幻世界》杂志社与全球

① 数据统计截止时间：2024 年 1 月 10 日。

华语科幻星云奖推动科幻作品孵化，更在科幻单元推出科幻短片《天府十三区》（改编自《金陵十二区》）。该片最终在《明日生存指南》中推出，还因植入成都世界科幻大会彩蛋，被戏称为“世界科幻大会非官方宣传片”。《明日生存指南》与《天府十三区》海报见图 6。

图 6 《明日生存指南》与《天府十三区》海报

2. 人才培养

在科幻影视领域，除了项目落地，业界也在人才和资源方面全面推动行业进步。2023 年 10 月，在成都世界科幻大会上，导演郭帆宣布了两项与人才培养紧密相关的项目。

第一个项目是“流浪地球短片集”计划，由郭帆监制，并由郭帆导演工作室发起。该计划邀请了 14 位导演，围绕《流浪地球》系列电影和其宇宙观，创作 14 个独立的故事。此举旨在通过实践项目来培育和发掘新的导演人才，为中国科幻电影界注入新鲜血液。

第二个项目是科幻电影训练营“小苔藓工程”，由科幻小说家刘慈欣担任总顾问，郭帆担任号召人，以及以《流浪地球》系列电影的剧本指导王红卫为主导。该训练营由《流浪地球》的导演团队发起，旨在将科幻电影制作的经验和知识传授给更多电影从业者。训练营的首期活动以编剧为主题，由郭帆导演工作室主办，并由《科幻世界》杂志社作为专业的科幻文学合作伙伴承办，于

2024 年 1 月在成都成功举办。

“流浪地球短片集”计划与“小苔藓工程”海报见图 7。

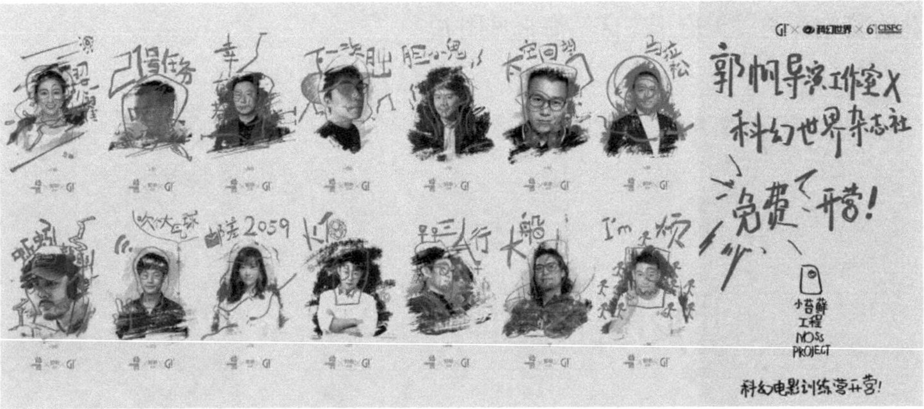

图 7 “流浪地球短片集”计划与“小苔藓工程”海报

此外，蓝星球科幻电影周与八光分文化联合推出“星光计划 Project”，以挖掘新人、新作，开放授权鼓励影视机构、独立创作者改编。

3. 个体力量

2023 年，在各平台发布的个人原创科幻作品中，没有类似 2022 年《Deep：深海》的代表性作品，这也一定程度上体现，这类破圈式成功具有其特殊性。值得一提的是,《DEEP：深海》的作者——UP 主“GZHhaha”高子涵，受邀参与 B 站《胶囊计划》第二季项目，并主导创作科幻短片《时间机器》，备受好评。

B 站 UP 主“孙熙然”则通过另一种方式出圈。该创作者曾历时两年自学并拍摄科幻片，因影片参赛，原片并未上传账号。在 2023 年前后，孙熙然在平台上分享创作全记录，以及参赛获奖的历程。因“梦想照进现实”引发广泛关注，还获得 CCTV6《中国电影报道》的报道。据悉，孙熙然也入选“小苔藓工程”。

与前两位创作者聚焦于单一作品不同，UP 主“开普勒星人”和“特兰防卫会 TDC”更侧重于构建“品牌”身份，即在一套固定的角色设定和宇宙观内，持续推出科幻主题内容。

“开普勒星人”的创始人李锴滨察觉到主流媒体对航天航空的报道多从新

闻宣传角度出发，而缺乏对于太空相关的知识性和娱乐性内容的深入普及。因此，他找到了结合“娱乐 + 科普”的短视频创作机会，创造了月球人这一角色，并力求在月球景观的呈现上保持真实感，以更加吸引观众。李锴滨的这种创新尝试让他多次得以与央视等主流媒体合作，并在《中国短视频大会》上获得了“花 Young 视界”奖项，证明了他在品牌构建上的成功。

“特兰防卫会 TDC”则另辟蹊径，视频为个人自制 CG 动画，片长 30 秒到 1 分钟不等，系列作品意在打造平行宇宙的科幻故事，内容包含太空、机甲、军事、国风等热门元素，吸引广泛关注。该 UP 主于 2023 年 4 月 8 日在 B 站发布首条视频，5 月即获颁 B 站“黑马 UP 主”。目前该账号在五个平台总粉丝量达 133 万，其中在 B 站、小红书平台上，均有 2 部作品进入了年度科幻互动榜前 10 名，是值得持续关注的原创科幻创作者。该创作者的创新之处在于，原创科幻难度高、工作量大，选择打造世界观而非专注故事，可将单一作品分解为多个短视频，重复使用相关数字资产，相对降低单片工作量，继而能够提高更新频次，保证账号的活跃度。与之对应的，2023 年 B 站原创科幻作品《Deep：深海》耗时两年半，虽属“爆款”作品，但较长的更新频次很难承接账号的运营需求。此外，“特兰防卫会 TDC”积极与粉丝互动，如发起道具命名等互动，进一步提高粉丝黏性，整体而言，是值得关注的新模式。

4. 技术促进

科幻短片对视效的要求颇高，通常需要进行大量后期特效工作。这不仅存在较高的技术门槛，还需要一定的艺术素养。因此，对于创作者来说，这是对其综合素质的全面考验。新兴技术的变更为原创科幻中短视频带来新机。首先就是 AIGC 的发展，ChatGPT 虽尚不能直接创作剧本，但可提供世界观设定等辅助工作，Midjourney（AI 图片生成工具）和 Stable Diffusion（AI 图片生成工具）已经能够较为便捷地快速生成大量概念设计图，还可以此创作独具风格的真人转描动画，在《胶囊计划 第二季》的《宿敌》中，AI 导演谢达威正是使用 Stable Diffusion 实现了很独特的视觉效果。此外，AI 相关企业也在通过各类创作活动推动创作，如 AI 创作平台“AI Top100”就联合故事接龙、出门问问等多家平台，推出“星际奇旅 Dec 数字科幻月”AI 短片大赛，吸引更多爱好者参与创作。

此外，Wonder Dynamics（人工智能3D动画和视觉特效创作工具）帮助科幻创作者更好地将机器人、外星人等元素“傻瓜式”合成到现实镜头中。与此同时，以Runway Gen-2和Pika为代表的AI视频生成工具正在迅速发展，虽还存在可控性较差的问题，但已让文字到成片一步到位成为可能。

除了AIGC技术，虚拟制片也是原创科幻短片的发展方向之一。作为国内虚拟制片技术的代表性企业，博采传媒曾于2022年利用虚拟制片技术拍摄科幻短片《诞辰》，在业界获得不小的反响。之后，该公司与蓝星球科幻电影周合作推出“蓝星球·博采幻象电影计划”，以创新型影视创投孵化活动的方式，用新技术助力青年电影人创作科幻作品。

三、年度“二创”科幻中短视频发展情况

“二创类”科幻中短视频具有较大的影响力和巨大的营销潜力，对科幻产品的消费与科幻文化传播具有带动作用。本节将从用户画像、发展瓶颈与潜在机会来展开分析。

（一）“二创类”科幻中短视频的用户画像

“二创类”科幻聚焦于账号运营策略，致力于通过连续生产高品质内容吸引并维持稳定的视频观看量，以此作为基础，进一步通过各种商业手段将观看量转化为经济收益。这种模式的收入主要来自播放量相关的创作者奖励、品牌广告合作和推广链接的分佣①。此外，创作者还可以通过直播带货、粉丝打赏和商业版权授权等多元化方式增加收益。虽然在政策调整之前，创作者奖励的金额对于支持一个小团队的日常运作尚可，但随着激励规则的变化，这一渠道的收入有了明显下降，推动创作者更多依赖于广告合作来实现收益。商业合作的报价根基在于账号的粉丝特性、粉丝规模，以及作品的观看量、点赞数、评论量和分享等互动指标。关键因素则是账号能否吸引特定的目标群体。比如，

① 分佣：将所得收益按约定比例或规则分给参与相关业务的各方，如用户通过创作者提供的链接消费，创作者会获得相应的分成。

针对时尚领域的账号，其内容特性能直接吸引对快速时尚感兴趣的客户群。

在科幻受众的性别分布上，选取每个平台粉丝量最高的5个账号（含个别原创类科幻账号），通过数据分析用户画像（图8）。

在用户年龄分布上，鉴于五个平台对年龄段的分类标准各不相同，报告采用了“归类整合”的方法，将数据整理成图9、图10、图11。

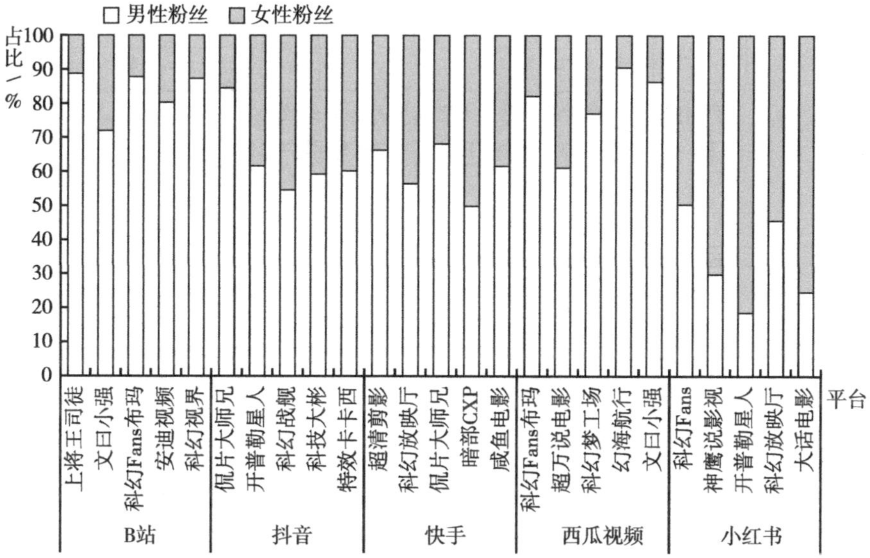

图8　2023年各平台Top5科幻账号用户性别分布情况

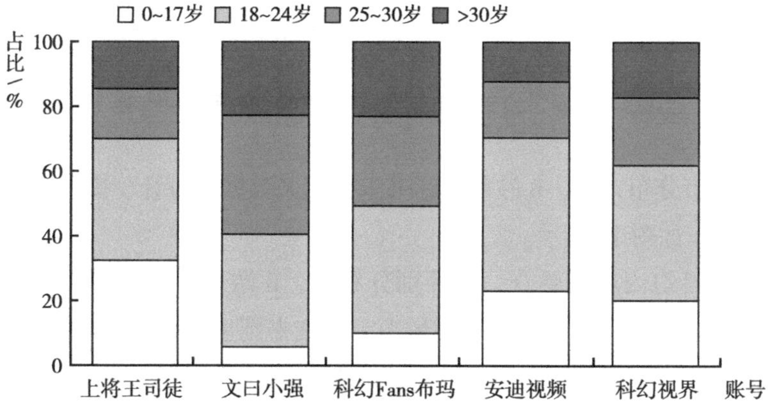

图9　2023年B站Top5科幻账号用户年龄分布情况

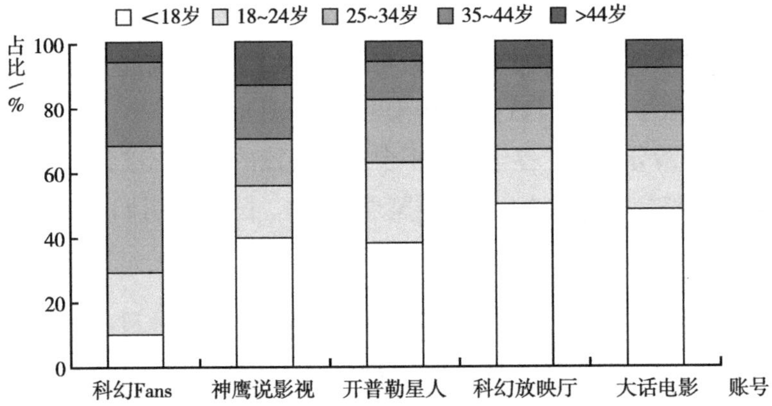

图10　2023年小红书 Top5 科幻账号用户年龄分布情况

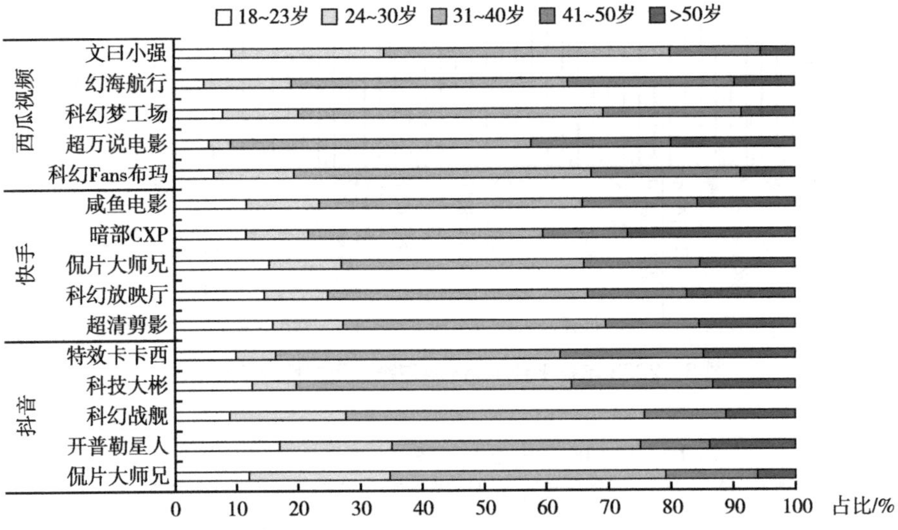

图11　2023年抖音、快手、西瓜视频 Top5 科幻账号用户年龄分布情况

用户城市分布方面，B站和小红书未有相关数据，抖音、快手、西瓜视频三个平台分布如图12所示。

综上，科幻内容的受众，在性别分布上，B站、抖音、快手、西瓜视频等平台男性占多数，其中B站程度最高，小红书则呈现科幻受众的女性偏好。在年龄分布上，小红书年轻用户最多，B站在18～23岁的比较多，抖音、快手、西瓜视频集中在31～40岁。在地域分布上，快手相对下沉，三四线受众

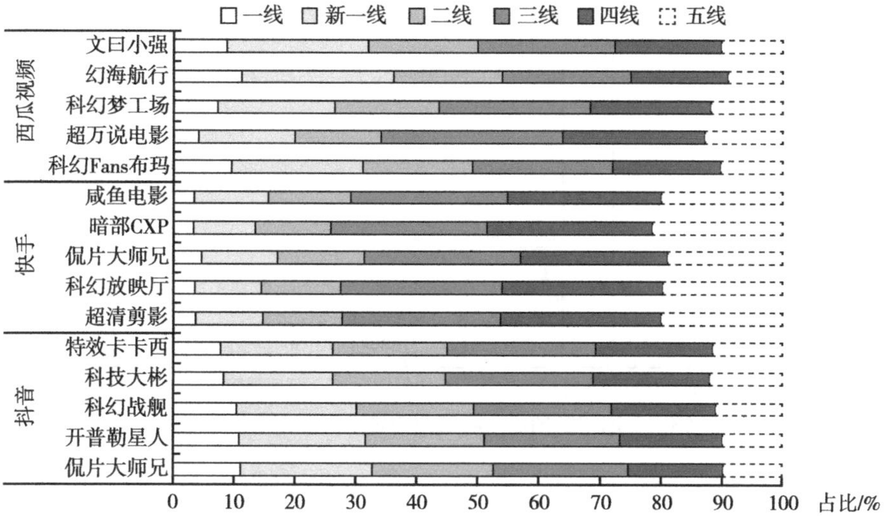

图 12 2023 年抖音、快手、西瓜视频 Top5 科幻账号用户城市分布情况

较多，抖音和西瓜视频受众分布比较均匀。

（二）“二创类”科幻中短视频的发展瓶颈

当前“二创类”科幻中短视频正在面临一定程度的发展瓶颈，在特定平台深耕，可以打造“护城河”，但风格可能也会被平台所限定。前文曾提过，科幻类账号中，侃片大师兄和科幻 Fans 布玛分列前二，在 B 站、抖音、快手、西瓜视频、小红书五个平台上的表现各有千秋。图 13 很清晰地显示出巨大的差异。

在以竖屏短视频为主的抖音和快手平台上，“侃片大师兄”显著领先；而在偏好横屏中视频的 B 站和西瓜视频平台，“科幻 Fans 布玛”则展现出了明显的优势。小红书的用户基数相对较小，其发展趋势还需进一步观察。这种差异反映了不同平台间的特性区别。以 2023 年 11 月双方均解析的科幻电影《超能失控》为例，“侃片大师兄”以三段各约 2 分半的横屏视频形式呈现，每个部分都精心设计了吸引观众注意的精彩开场，总计 8 分 10 秒（在 B 站发布的是拼接版）；而“科幻 Fans 布玛”的视频时长为 10 分 15 秒，展现了内容深度和叙述方式的不同（图 14）。可见不同平台用户观看行为的差异之大。

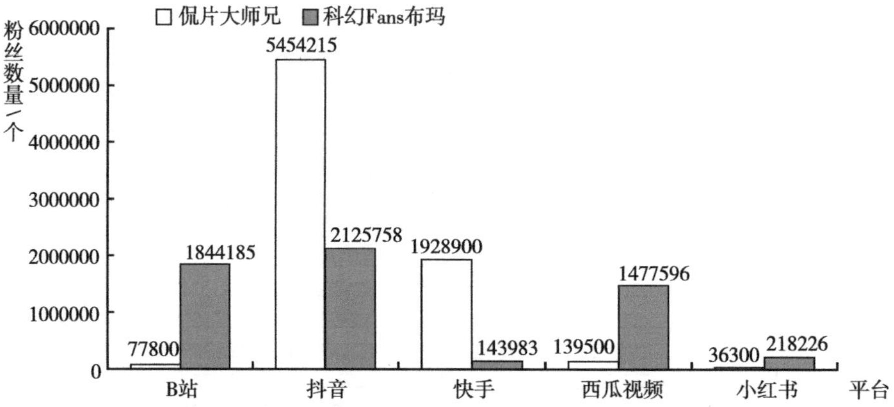

图 13 头部“二创类”科幻创作者不同平台粉丝量对比

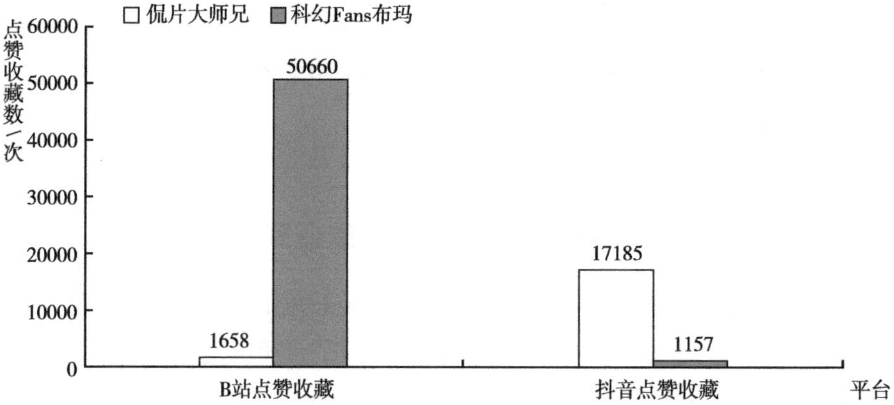

图 14 头部“二创类”科幻创作者相同题材互动数据对比

另外值得一提的是，抖音有个关键指标是赞评比（评论数/点赞数，数值越高反映视频粉丝活跃度越大），“侃片大师兄”三段视频赞评比在 0.95% ～ 2.90% 不等，而“科幻 Fans 布玛”视频的赞评比则达到 6.69%，一定程度上体现了后者抖音粉丝活跃度更高。诚然，单一作品对比无法说明全部情况，但能足够证明，各平台的播出逻辑存在很大差异，很难实现同一视频“通吃”的情况。如果在多平台都想取得突破，就需要花额外的精力针对平台特点做调整。

当前，互联网整体流量已进入存量时代，QuestMobile 发布的《2023 中国移动互联网半年大报告》显示，短视频行业增速明显放缓，全网用户渗透率基本稳定。在这一背景下，图文起家的小红书在视频领域提供新的增长点。此外，视频号作为腾讯内部重点打造的视频产品，亦可获得增长机遇。

（三）“二创类”科幻中短视频的潜在机会

随着科幻话题的火热，越来越多的企业乐于绑定科幻话题，或者将自身企业形象与科幻绑定。在第三方数据平台“新红”（新榜有数旗下小红书数据工具），搜索“科幻”话题，表14所列企业均在科幻相关话题上有过较多互动，品牌品类上不乏服装、酒店、家电、日化、游戏等。当然，品牌在不同平台的诉求不同，但品牌渴望找到的目标用户是相同的，而能否以“科幻”为媒，触达目标用户，正是广大科幻中短视频创作者的机会。

表14　2023年小红书科幻话题平均互动量超过5000的品牌名录[①]

品牌名称	关联笔记数/个	累计互动量/次	平均互动量/次	品牌名称	关联笔记数/个	累计互动量/次	平均互动量/次
凯莉	7	164953	164913.67	蜻蜓 Tombow	2	7864	7864
希尔顿 Hilton	2	71935	71935	威力 WEILI	83	78257	7781.33
本上 BENSHANG	21	198868	65599.84	渴望 Orijen	43	19476	7606.16
只二	8	47167	46813	虎都 FORDOO	5	14834	7418
DUKE	2	37700	37700	原神	18	7428	7293.83
华生 Wahson	2	37573	37573	明月 MingYue	4	7161	7141
超能	11	94254	31144.92	雅典 Ulysse Nardin	45	46491	6618.37
阿么	1	30481	30481	生生不息 pet-ever	3	6407	6340.5
独角兽 Lime Crime	3	16478	16478	大树	5	6343	6334
华尔 WAHL	1	14842	14842	喵说 Miusay	1	6243	6243
Procreate	109	114351	13597.48	一言 yiyan	18	8013	6110.4
美的 Midea	9	16653	12836.5	舍里	2	12002	6001
美科 Meirkergr	11	11248	11172.5	主角光环	9	6733	5865.67
天树 TEMPUS TWO	3	11078	11078	快速实现时尚 CAROMAY	1	5807	5807

① 数据截止时间：2024年1月10日。

续表

品牌名称	关联笔记数 / 个	累计互动量 / 次	平均互动量 / 次	品牌名称	关联笔记数 / 个	累计互动量 / 次	平均互动量 / 次
猎奇 LIEQI	25	47905	9667.17	英雄联盟 LEAGUE OF LEGENDS	7	15374	5746.25
王后	2	9554	9554	力简	8	10973	5591
天湖	3	9513	9513	神偷奶爸	2	5428	5428
NOMAD	13	9179	9114.34	得胜 TAKSTAR	16	13835	5379.5
新科 Shinco	27	39108	8911.02	丁香妈妈 App	6	5329	5204.33
天公	4	8781	8781	展高 JUMPGO	1	5151	5151
back	18	10804	8626.49	修正	6	9509	5039
黑妹	10	17458	8069.17				

四、科幻中短视频的发展前景

2023 年,《流浪地球 2》的上映和《三体》电视剧的流行，加上在成都举行的世界科幻大会，这一系列事件让科幻文化在国内外引发广泛关注，并推动了其在主流文化叙事中的地位提升。2022 年的行业报告预见了技术革新、市场动态和文化发展作为推动业态未来进步的三大关键因素。回顾 2023 年，中国科幻短视频领域正沿着这些预测的轨迹发展，而这些因素预计将持续作为科幻中短视频未来发展的主导力量。

在技术领域，2024 年 AIGC 将继续深刻改变行业格局。过去，制作一部科幻作品常需依赖庞大的团队努力，而现在 AI 技术正逐步接管这些任务。目前，市面上已涌现出大量 AI 生成的短片，随着“文字生成视频”和“图片生成视频”技术的进步，预计更多来自科幻影视领域以外的创作者，包括科幻作家和爱好者，将加入科幻短视频创作行列，这不仅将极大丰富内容的供应和提升内容质量，也意味着市场竞争将变得更加激烈。

在市场领域，对于科幻中短视频而言，最大的挑战在于如何生存和发展，无论是通过运营账号，还是通过作品来为创作者铺设未来的道路。“内容为王”

是内容产业生存和成功的关键，这一点从原创作者高子涵被选入《胶囊计划》的经历中得到了充分证明。随着原创水平的提升，成功吸引观众的因素变得多样化，包括赛事推广、平台流量支持和热点话题的匹配等。因此，除了专注于内容质量，创作者还需策略性地利用各平台的流量，探索科幻与更大市场（如科普）的结合，从而在激烈的市场竞争中占据一席之地。

在文化领域，2023 年的一系列科幻佳作和活动显著推动了科幻文化的广泛传播，中短视频在其中发挥了关键作用。B 站上对《流浪地球》的“二创”互动、小红书上博主的书籍推荐，以及抖音对新晋雨果奖获奖者故事的传播，进一步激发了公众对科幻的兴趣，深化他们对科幻文化的热爱和理解。同时，创作者们通过系列化内容，努力构建丰富的科幻世界观，利用抖音、快手、B 站等平台探索本土科幻的新路径。此外，科幻中短视频的海外传播或将成为新趋势，将中国科幻故事通过国际视角展现，并讨论全人类共同的前景与挑战，既丰富了全球科幻的多样性，也有效提升了中国科幻在世界舞台的影响力。

综上所述，科幻中短视频在推动中国科幻产业的进步方面起到了重大作用，其影响力可谓“小巧之身，大有所为”。这些视频迅速蔓延开来，以其惊人的发展速度和巨大的影响力吸引了广泛的关注，它们不仅积极采纳最新科技，推动了产业的技术革新，也让更广泛的观众对此刮目相看。通过有效的营销和推广策略，这些短视频成为科幻电影、图书及其他文化产品的有力宣传工具，开辟了广阔的市场空间。同时，“二创”的热潮和原创内容的兴起极大地丰富了科幻文化的内涵，为本土科幻文化打下了坚实的基础。随着科幻短视频的持续发展和创新，无论是在技术上的探索、文化上的创新，还是在市场上的开拓，都预示着中国科幻将迎来更加广阔的发展前景，确立在全球科幻界的新地位。

作者简介：

张子瑞，独立科幻导演，中国科幻研究中心“起航学者”，中国科普作家协会会员，《世界科幻动态》特约通讯员，主要研究方向为科幻影视创作与媒体商业化。

（王俞萱参与了本报告的数据收集工作。）

年度科幻游戏产业发展报告

孙佳山　吴彧斐　何　婷

2023年，中国科幻游戏产业国内营收651.9亿元。近年来，中国科幻游戏产业蓬勃发展，总体发展态势良好，游戏工业水平的持续进步，为中国科幻游戏产业提供了坚实的行业支撑。根据中国科幻游戏产业的产业发展情况及研究现状，本报告将“科幻游戏”这一概念范畴划分为硬科幻游戏和泛科幻游戏两大类。硬科幻游戏是指以科幻为主题和主体的各类游戏；泛科幻游戏指虽不以科幻为主题和主体，但明确包含科幻元素的各类游戏。游戏的媒介载体为电脑、智能手机、平板电脑和游戏主机，并不包括桌上游戏、剧本娱乐等其他范畴。

2023年，移动端硬科幻游戏国内营收为164.5亿元左右，电脑端硬科幻游戏和游戏主机硬科幻游戏国内营收为84.7亿元；移动端泛科幻游戏国内营收为399.5亿元左右，电脑端泛科幻游戏国内营收为3.3亿元。2023年的中国科幻游戏产业依旧以移动端科幻游戏为主体，营收占比为86.36%。移动端二次元科幻游戏在2023年取得较大幅度的营收增长，收入主要集中在头部产品，品类内部竞争激烈。2023年，中国科幻游戏在海外市场同样取得了优异成绩，整体营收为139.3亿元左右，占中国自主研发游戏出海总收入的12.08%。

当下，中国科幻产业不断完善发展，AR、AIGC等新兴数字技术正赋能科幻游戏的未来发展。科幻游戏正承载着当代文化传播的重要职能，与影视等媒介的深度有机融合也不断释放着科幻文艺的想象力，并积极拥抱中华优秀传统文化。科幻游戏与科幻杂志、科技馆等的线上、线下联动，还在逐渐形成科幻文艺内容的新矩阵。

一、2023年中国科幻游戏产业现状

（一）移动端科幻游戏已日趋主流

2023年，中国游戏市场实际销售收入为3029.64亿元。在整体游戏市场回暖的大环境下，国内移动端游戏市场2268.6亿元的营收总额和6.57亿人次的游戏用户规模均创下了新的历史纪录[①]。2023年，硬科幻游戏《崩坏：星穹铁道》等一批移动端游戏新品集中面市，并取得了较好的市场表现，与之前的长线运营产品共同助力中国移动端游戏市场的繁荣。

在2023年国内市场收入排名前100的移动端游戏产品中，科幻游戏的数量占比为9%（表1），整体收入占比为7.25%。与2022年相比，在游戏数量上基本持平，但收入占比却提高了1.49%，保持增长势头[②]。长线运营的经典移动端硬科幻游戏《崩坏3》《明日之后》《无尽的拉格朗日》《碧蓝航线》等都保持着稳定的市场营收，而2023年新上线的《崩坏：星穹铁道》《星球：重启》《黎明觉醒：生机》等移动端硬科幻游戏在国内外游戏市场也都取得了优异的成绩。移动端泛科幻游戏，如《王者荣耀》《和平精英》这两款长线运营的经典游戏，是2023年全球“唯二”的两款营收过10亿美元的移动端游戏[③]。此外，还有《晶核》《明日方舟》《使命召唤手游》《合金弹头：觉醒》等含有科幻元素的移动端泛科幻游戏，均取得了十分可观的市场营收。

2023年上线的几款移动端硬科幻游戏都获得了良好的市场口碑，米哈游出品的硬科幻游戏《崩坏：星穹铁道》一举夺得中国2023年收入增长最快的

① 数据来源：中国音像与数字出版协会游戏工委《2023年中国游戏产业报告》、data.ai《2024年移动游戏市场报告》。

② 数据来源：中国音像与数字出版协会游戏工委《2023年中国游戏产业报告》。

③ 数据来源：AppMagic《2023年度手游收入榜》、mobilegamer.biz《The top grossing mobile games of 2023》。

表 1　2023 年收入前 100 的移动端硬科幻及泛科幻游戏[①]

类型	游戏名称	出品方
硬科幻游戏	崩坏：星穹铁道	米哈游
	明日方舟	鹰角网络
	明日之后	网易
	黎明觉醒：生机	腾讯光子
	崩坏 3	米哈游
	无尽的拉格朗日	网易
	碧蓝航线	蛮啾网络、勇仕网络
	星球：重启	朝夕光年
	钢岚	紫龙游戏
泛科幻游戏	蛋仔派对	网易
	穿越火线：枪战王者	腾讯
	晶核	VI-GAMES
	合金弹头：觉醒	腾讯
	口袋奇兵	江娱互动
	使命召唤手游	腾讯
	暗区突围	腾讯
	弹壳特工队	海彼网络
	魂斗罗：归来	腾讯
	元梦之星	腾讯
	重返未来 1999	深蓝互动网络
	红警 OL	腾讯
	闪耀暖暖	叠纸网络

① 数据来源：淘数据《2023 年手游流水收入排行榜 Top100》。

出海移动端游戏①。而在SOC游戏②的品类中，来自字节跳动的《星球：重启》基于科幻的末世题材，在场景设计、机甲造型上都做出了丰富的差异化呈现，2023年年末登陆国服后，连续一周位列中国IOS下载榜榜首，月流水超过了7000万元③。字节跳动的《星球：重启》、腾讯的《黎明觉醒：生机》、网易的《明日之后》，形成了在SOC这一游戏品类三家大厂的鼎立局面，而这一风格主打的“硬科幻”“重工业”等特点，基本阻隔了中小游戏厂商的入局。

2023年，国内移动端游戏市场泛科幻题材更加丰富，越来越多的移动端游戏倾向于在游戏内增加科幻元素，科幻风格、内容受到广泛欢迎。老牌塔防类游戏④《明日方舟》在故事背景和游戏环境中融入了科幻的末世色彩，并以机甲为游戏人物的主要武器。2023年新上线的《钢岚》《少女前线2：追放》将策略战棋模式与科幻元素相结合，在玩法和观感上皆独树一帜。《末日喧嚣》杂糅了“丧尸题材、射击与三消”，在末世场景和武器设计等方面均融合了科幻元素，累计流水达到了98.6亿元[1]，在Sensor Tower发布的“2023年国产移动端游戏海外收入榜”上位列第5名。重制后上新的老牌横版游戏《合金弹头：觉醒》《元气骑士前传》等，以及经典“肉鸽”游戏⑤《弹壳特工队》和FPS游戏⑥《使命召唤》等游戏，在背景设定、武器装备、环境氛围等都体现出了不同程度的科幻风格。2024年年初,《王者荣耀》与刘慈欣合作，发布全新“琥珀纪元”系列的科幻皮肤，为伽罗、马超、铠等热门游戏角色打造科幻内容，吸引了广大游戏玩家的关注。泛科幻类游戏在玩法和题材、类型等方面，主动结合科幻内容，充分展现科幻元素所带来的创新性、想象力，彰显了科幻元素的商业竞争力、文化感召力。

值得注意的是，2023年的移动端游戏市场中，二次元游戏在国内市场收入约为317.1亿元，同比增长了31.01%。尽管二次元的一些特性会使科幻属

---

① 数据来源：Sensor Tower《2023中国手游出海年度盘点》。

② SOC是Survival、Open-World、Crafting的缩写，SOC游戏是开放世界生存制作类游戏。

③ 数据来源：Sensor Tower《2023年11月中国手游发行商全球收入排行榜》。

④ 塔防类游戏，是一类通过在地图上建造炮塔或类似建筑物，以阻止游戏中敌人进攻的策略型游戏。

⑤ 肉鸽是“Roguelike”的中文音译，“肉鸽”游戏是角色扮演游戏的一个重要分支，其特点包括随机生成、永久死亡、高自由度，以及挑战玩家技巧和策略的高难度。

⑥ FPS是First-Person Shooter的缩写，FPS游戏是在移动端上运行的第一人称射击游戏。

性更加泛化[①]，但通过与二次元的有效结合，科幻游戏的覆盖面仍将进一步拓宽。国产二次元科幻游戏的营收为88.3亿元，占二次元游戏整体的27.85%[②]。米哈游出品的《崩坏：星穹铁道》主打“二次元+”的一贯风格，在2023年4月一经推出就占领了各大下载榜的榜首，并一举摘获了谷歌、苹果和TGA（腾讯电竞运动会）的年度最佳移动游戏三项大奖，创造了中国移动端游戏的历史。此外，新上线的《晶核》以及老牌的《明日方舟》《崩坏3》等二次元科幻游戏也收获了一定的市场份额。2023年很多二次元游戏集中上线，尤其是在8月份，国内市场就有多达12款二次元游戏陆续登上游戏平台。二次元游戏市场虽然增幅明显，但是原画师等行业资源垄断效应明显，市场集中度很高，收入主要集中于头部产品；而非头部产品各项资源有限且产品质量参差不齐，市场表现并不理想，并且还存在小厂商借二次元概念“割韭菜”等乱象。国产非头部二次元科幻游戏亦难挣脱这样的困境，这也是二次元游戏在当下发展的缩影。

小程序游戏以其更为便捷的获取方式和更为轻松的玩法，满足了当下受众碎片化的娱乐需求。相比于移动端应用游戏，小程序游戏的整体成本和抽成比例都更低，研发方式更加轻量化，是对移动端应用游戏市场的有效补充。从最初的广告变现，发展到现在结合内购付费的混合变现模式，小程序游戏直接带动了小游戏市场规模的快速增长，成为中国游戏产业的新赛道。只是在微信小程序的畅销游戏榜中，目前只有《向僵尸开炮》等少数游戏含有科幻元素。小程序游戏受容量、极简玩法等限制，使科幻元素、内容在其中尚无法得到很好的呈现；但基于旺盛的市场需求，小程序游戏所依赖的云渲染、游戏引擎等技术限制正在被逐渐攻克，游戏体验感日渐增强，明确的规模化发展使其在未来一定会结合更多的科幻元素。

2023年，在国内游戏市场中，进口游戏的营收总额为465.89亿元，占整体游戏市场的15.36%，进口科幻游戏的总营收为99.1亿元[③]。2023年，在国内

① 在《崩坏：星穹铁道》《明日方舟》等二次元科幻游戏中，科幻内容从属于二次元的美术风格，科幻属性更加泛化，并不是被首要考虑的因素。

② 数据来源：中国音像与数字出版协会游戏工委《2023年中国游戏产业报告》。

③ 数据来源：中国音像与数字出版协会游戏工委《2023年中国游戏产业报告》。

移动端游戏市场中，进口科幻游戏的整体营收为63.1亿元。在收入排名前100的移动端游戏中，进口科幻游戏共有4款（表2），且均为泛科幻游戏，营收为52.4亿元，占比为2.78%①。2023年，电脑端和主机的进口科幻游戏营收为36.1亿元。然而，在国内电脑端、主机游戏市场，Steam、EPIC等主要电脑端游戏平台和Xbox、PS等主流游戏主机均为国外厂商，目前尚没有已公布的中国区具体游戏销量数据，故无法详细统计。

表2　2023年移动端收入前100的进口科幻游戏②

硬科幻游戏	泛科幻游戏	出品方	制作方
—	穿越火线：枪战王者	腾讯	Smile gate、腾讯
	使命召唤手游	腾讯	动视、腾讯
	魂斗罗：归来	腾讯	KONAMI、腾讯
	红警OL	腾讯	EA、腾讯

（二）电脑端科幻游戏、主机科幻游戏仍待发力

在电脑端方面，2023年国产游戏在Steam平台的营收为20.5亿。市场基本面有企稳回暖迹象。在2023年Steam平台新发售的国产买断制游戏销售年榜的前20名中，硬科幻游戏占6席（表3），销量占15.1%，销售额占13.28%。

表3　2023年Steam平台新发售国产买断制游戏销售年榜Top20中的硬科幻游戏③

游戏	排名	销量/万	销售额/万元	出品方
无人生还	5	30	3000	Cat Play Studio
钢铁指挥官	9	26	1800	Game River
边境	11	25	1800	柳叶刀工作室
苍翼：混沌效应	14	20	1500	91Act

① 数据来源：淘数据《2023年手游流水收入排行榜Top100》。
② 数据来源：淘数据《2023年手游流水收入排行榜Top100》。
③ 数据来源：Game Look《2023国游销量年榜》。

续表

游戏	排名	销量 / 万	销售额 / 万元	出品方
清零计划 2：天启派对	15	19	800	破荒者游戏工作室
贪婪大地	20	10	500	VaMP He（独立游戏）

其中,《无人生还》发售于 2023 年 1 月 14 日，这是一款多人合作的开放世界生存沙盒游戏，玩家必须在游戏中寻找物资，建造庇护所;《钢铁指挥官》将即时战略与回合制策略融为一体，利用机甲战士等形象呈现宏大的科幻战争场面;《边境》作为第一人称射击游戏作品，玩家扮演一名太空安保承包商雇员与来犯的宇宙海盗等势力进行战斗;《苍翼：混沌效应》是一款多派别“肉鸽”动作游戏，由《苍翼默示录》正版授权，是衍生于经典格斗游戏《苍翼默示录》的横板动作游戏;《清零计划 2：天启派对》是《瘟疫清零计划》的续作，玩家们在这款游戏中扮演一位末日幸存者，担负起“病毒清零”的任务;《贪婪大地》是类吸血鬼的末世幸存者射击游戏。

值得注意的是，排名第 11 的《边境》作为一款预热已久的科幻大作，在未上线之前就备受瞩目，被评价为“国产之光”“媲美 COD”“第一款拿得出手的国产 FPS 游戏”。遗憾的是,《边境》的实际完成度并未达到预期。由于游戏玩法过于单一、匹配机制欠缺平衡性,《边境》在 2023 年上半年仅售出 24 万份，与行业的普遍预期差距较大，并间接导致 2023 年电脑端科幻游戏销量下降。

继 2021 年后，2023 年国产游戏在电脑端再度出现三款百万级销量的游戏，但这三款游戏分别为派对类、互动影视类、养成类，科幻游戏与这些更贴近国内玩家生活的游戏相比，尚缺乏有效的竞争力。2024 年,《失落之魂》这样一款具备一定泛科幻元素的 3A 级大制作游戏即将落地，经过四年的等待，终于要迎来市场的检验，预计会给 2024 年的电脑端游戏市场带来一定震动。

2023 年，中国主机游戏市场实际销售收入为 28.93 亿元，同比增长 22.93%，增幅虽大，总量却依然有限。而且，鉴于国产游戏仅有少量入驻 PS4、PS5 及 Xbox 等主机游戏平台，且实际销售量等数据并未公开，故尚无法掌握相关有效统计数据。

表 4 为 2023 年 Steam 平台新发售国产买断制游戏销售年榜中的科幻游戏。

表 4　2023 年 Steam 平台新发售国产买断制游戏销售年榜中的科幻游戏①

类型	游戏名称	出品方
硬科幻游戏	无人生还	Cat Play Studio
	钢铁指挥官	Game River
	边境	柳叶刀工作室
	苍翼：混沌效应	91Act
	清零计划 2：天启派对	破荒者游戏工作室
	贪婪大地	VaMP He（独立游戏）
泛科幻游戏	心渊梦境	烛龙信息科技
	犹格索托斯的庭院	Bone Nail
	隔离区 – 丧尸末日生存	Leven Liu
	地心归途	探鲟工作室
	铁骑少女	中子星游戏研究所

（三）中国科幻游戏正扬帆出海

2023 年，中国自主研发游戏在海外市场的实际收入为 1153.15 亿元，连续四年超千亿人民币。2023 年国产科幻游戏海外市场收入为 139.3 亿元，占国产游戏出海总收入的 12.08%。本次报告是自《中国科幻发展年鉴》发布以来，首次将国产科幻游戏的出海情况纳入考察范围，因为涉及 GDP 核算等不同国家和地区的复杂统计口径等原因，相关数据仅在本部分单独汇总。

2023 年，米哈游继续蝉联中国海外流水最高的出海游戏厂商。其中，对

① 数据来源：Game Look《2023 国游销量年榜》。

增长贡献最明显的是在 2023 年 4 月份上线的二次元风格的硬科幻移动端游戏《崩坏：星穹铁道》，不到一年的时间就跻身 2023 年年度出海手游畅销榜第 3 名[①]。在游戏上线前，全球预约数就超过了 3000 万，目前这款游戏的营收仍在高速增长。《崩坏：星穹铁道》以宇宙银河作为故事背景，无论是游戏人物、服饰、建筑等，还是各种道具以及 CG 动画，都展现出米哈游强大的内容制作能力。科幻元素的加入使得《崩坏：星穹铁道》在普通回合制策略游戏的基础上增添了新的吸引力和沉浸感，也因此获得了第 81 届世界科幻大会“幻游星河——世界科幻游戏年度评选”的最佳人气奖。在 2023 年移动端游戏出海收入榜中，含有科幻元素的泛科幻游戏占据主流,《和平精英》《使命召唤》分别拿下了国产移动端游戏出海榜的第 2 名和第 4 名，益智泛科幻游戏《末日喧嚣》成为出海手游的第 5 名。此外，还有模拟泛科幻游戏《七号堡垒》《守望黎明》，休闲泛科幻游戏《弹壳特攻队》《明日方舟》等，都进入了出海移动端游戏收入榜的前 30 名[②]。

目前，国内游戏市场进入存量发展阶段，游戏厂商纷纷制定了游戏出海计划。2023 年中国游戏厂商的出海游戏近 4000 款，同比增加 8%，新增参投 1661 款，同比增长 4%[③]。在国家文化出口重点企业和项目中，游戏企业和游戏项目正不断增加。但是，中国游戏企业出海同样面临着竞争加剧等一系列严峻挑战。国际局势的不稳定、海外游戏平台隐私政策的调整等因素，都导致传统的买量策略受到直接冲击，出海成本不断增加，对国内游戏厂商提出了全方位的挑战。为此，在国家政策层面,《网络游戏精品出版工程》鼓励游戏厂商发展具有国际市场潜力的游戏作品;《数字中国建设整体布局规划》则强调深入实施国家文化数字化的战略，支持文化品牌出海；各地方也相继出台各类扶持计划，鼓励精品化游戏产品的海外发行，为游戏开发和游戏出海提振信心。

在 2023 年的海外游戏市场，休闲小游戏意外受到了广泛欢迎，休闲移动端游戏收入增长 30%，已经成为游戏厂商接下来海外布局的关键。海外电脑

① 数据来源：Sensor Tower《2023 中国手游出海年度盘点》。
② 数据来源：Sensor Tower《2023 中国手游出海年度盘点》。
③ 数据来源：DataEye《2023 年全球游戏买量洞察》。

端和主机游戏市场潜力巨大，国内企业正尝试游戏的多平台发布，积极布局海外的电脑端游戏和主机游戏市场。而在其中，中国科幻必然将发挥极大的文化杠杆作用，推动中国游戏进一步扬帆出海。

二、科幻游戏市场值得关注的重点现象

（一）科幻游戏积极拥抱中华优秀传统文化

在中华优秀传统文化的创造性转化和创新性发展过程中，中国游戏作为中国当代文化的“新容器”，正承载着传递新时代中国文化的历史使命，彰显着文化自信，在科学幻想架构下的中华优秀传统文化释放出了别样的魅力和生机。

米哈游的硬科幻游戏《崩坏：星穹铁道》于2023年8月亮相德国科隆游戏展，新角色视频《归去来》使中国非遗技艺“龙鳞装”飞速“破圈”。《崩坏：星穹铁道》将科幻的质感与中华优秀传统文化有机融合，形成独特的“仙舟罗浮”世界观，受到全球玩家的喜爱。游戏中的丹鼎司采用层楼叠榭、曲靖回廊的组合，将传统建筑自然融入虚拟场景中。游戏在科幻场景中融入徽派传统民居营造技艺并没有生硬照搬，而是围绕游戏主题再度创新。徽派建筑具有较强的延展性，有助于在游戏后续场景制作中糅合科技感。在泛科幻游戏《和平精英》中，制作团队采用先进的动作捕捉技术，高效且精确地复刻了中国传统的舞龙、舞狮等非遗精华，在游戏中给玩家提供多角度的欣赏和体验。《和平精英》也曾与上海京剧院合作，将“武生”“武旦”等京剧角色纳入游戏场景之中，在提升游戏趣味性的同时，也向全球游戏玩家生动展示了中华优秀传统文化。

当下的中国科幻游戏已开始与中华优秀传统文化有机融合，科幻游戏承载着当代文化传播的重要媒介职能。中华优秀传统文化为中国科幻游戏提供了思想、文化和美学资源，这是中国科幻的独特优势，在潜移默化中为中国科幻游戏乃至中国科幻文艺实现鲜明区别于欧美科幻的创作、生产，形成属于中国科幻的全球话语权不断赋能。

（二）影游融合持续释放科幻文艺想象力

电影与游戏的结合已有多年的行业实践，无论是电影改编游戏还是游戏改编电影，都具有极大热度。2023 年的影游融合已不止聚焦于相互改编，更开始在营销等全链条多方面充分有机融合。影游融合正不断释放着中国科幻文艺的想象力，为中国科幻文艺人才的成长壮大提供更广阔的舞台。

网易的废土生存硬科幻游戏《明日之后》在电影《流浪地球 2》上映的当天官宣影游联动。《明日之后》官方将《流浪地球 2》中的宏大科幻场景，像素级还原到了游戏之内，《流浪地球》系列电影中的人工智能 Moss 更是成为重要一环。在《明日之后》的首曝视频中，Moss 用极为标志性的机械朗读法宣布：“一场更大的危机将会在这个世界降临，Moss 将在 2023 年 1 月 22 日启动明日之后紧急预案，为延续人类文明履行自己的职责。”

由祖龙娱乐开发制作的《阿凡达》IP 衍生手游《阿凡达：重返潘多拉》，已于 2023 年 7 月份进行了一轮安卓测试。据了解，《阿凡达：重返潘多拉》是一款以团队协作、副本挑战为核心玩法的第三人称射击类游戏，游戏采用虚幻 4 引擎进行开发制作，打造了精美的潘多拉外星环境和生物形象。

（三）科幻游戏联动线下活动，形成科幻内容新矩阵

2023 年，科幻游戏的传播不止限于线上，中国科幻游戏更多地向线下延伸。以《无尽的拉格朗日》为例，其不仅在线下进行互动，还与游戏内的设定相结合，利用游戏末日时空的“地球日”概念在线下进行植树公益，将游戏内的科幻内容在现实世界进一步拓展。

《无尽的拉格朗日》于 2023 年游戏中的“世界日”期间，在游戏内开启了原创 IP 节日——“地球日”及其相关活动。自上线以来，游戏就一直秉持高品质内容输出，同时研发团队专注于科幻内容的打造，用一系列具有科幻气息的虚拟节日，如“双子节”“星灯节”等，构建一个宏大且充满科幻气息的原创科幻 IP。原创 IP 节日“地球日”正是基于此推出的虚拟节日，在线上、线下联动的大范围曝光下，广大游戏玩家对“还沙于林”的认知程度显著提高，并引发广大游戏玩家对“和谐地球”理念的深度思考，为社会发展带来了

正向积极的文化价值。2024 年,《无尽的拉格朗日》官方延续与中国绿化基金会的合作，并升级“百万森林计划”，再增加种植 2 万棵树苗，与广大玩家继续共同守护。这表明“地球日”活动的长线公益效应已经形成，科幻游戏照进现实公益，充分展现了科幻游戏的社会价值。

除此之外，作为首届中国科普游戏大会后的第一批成果，上海科技馆共发布了 5 款原创科普游戏，分别是科学桌游《大熊猫国家公园》、微信小程序游戏《朱鹮》、电脑端 3D 游戏《异星进化》、游戏化线上临展《星火之旅》和 AR 实景探秘游戏《消失的科博士》。原创科普游戏寓教于乐，将本次上海科技馆展览的内容进行线上、线下的融会贯通，实现了几乎全年龄层观众的参与互动。

（四）AIGC 等科技进步赋能科幻游戏发展

随着 AIGC 技术的持续进步，相关技术几乎可以应用到游戏领域的各个环节，包括美术设计、内容设计以及游戏中的体验优化、运营优化等各方面。伽马数据 2023 年发布的《中国游戏产业 AIGC 发展前景报告》显示，在中国游戏营收排名前 50 的企业中，64% 的企业已经布局了 AIGC 领域，其中有 27 家企业已将 AI 技术投入到游戏研发、营销、运营等游戏产业全流程应用层面。

早在 2022 年 9 月，米哈游在《未定事件簿》中就用逆熵 AI 实现了用 AI 配音取代真人配音演员，在虚拟偶像“鹿鸣”身上实现了完全由 AI 合成输出的声音，通过 AI 完成角色口型与声音匹配等。网易的《逆水寒》更是国内第一款宣布将实装类 Chat GPT 对话模型的游戏，让玩家体验与 NPC 的开放式对话，将“AI 生成高自由度对话”作为游戏的一大卖点。

2024 年年初，Open AI 发布人工智能文生视频大模型 Sora。Sora 的一大特点便是能够“模拟数字世界”，同时还能精确地计算角色与环境间的交互。在不久的将来，以 Sora 为代表的，作为“世界数字模拟器”的文生视频大模型一经介入游戏，自然将给游戏产业带来新的发展动能。科幻游戏由于自身的先天属性，与 AIGC 等科技进步势必还会有着更为深度的融合，或可成为这一历史进程中的一大井喷点。

三、中国科幻游戏产业未来展望

2023年，第81届世界科幻大会于成都成功举办，在大会首届“幻游星河——世界科幻游戏年度评选”中，《流浪地球》《无尽的拉格朗日》《戴森球计划》等国产游戏纷纷摘得奖项，《逆战手游》更是作为唯一的游戏，获得了“科幻文创奖”。

科幻游戏通过互动体验，更加直观地展现了人类对未来科技的构想和对未知的探索，丰富了科幻文艺的表现手法，将科技与艺术想象力有机融合。科幻游戏在当下不仅具有重要的经济和产业价值，同时也是承载科学内容的重要传播载体。游戏为科幻注入新的活力，科幻则为游戏带来无限创意。2023年中国游戏行业迎来了新的发展机遇，中国科幻游戏正不断为未来的辽阔发展空间储备坚实的行业基础。

第一，持续深耕游戏内容，打造中国科幻游戏品牌。

近年来，中国科幻游戏在数量和质量上都有显著提升，越来越多的游戏倾向于在内容中结合科幻元素，以增添游戏的趣味性和对玩家的吸引力。硬科幻游戏已经在行业中占据了清晰的位置，在星际题材形成了鲜明的特色，下一步应深入探索新的题材和类型。泛科幻游戏则有着更大的规模和更广泛的影响，但在泛科幻游戏中，科幻元素更多承载的是视觉风格或故事背景等，游戏中所蕴含的科幻内涵仍有待进一步拓展。

2019年，《流浪地球》的上映让科幻在影视领域取得了“破圈”式影响，而中国科幻游戏还未迎来能够引领科幻热潮的头部产品。当前，作为市场主体的泛科幻游戏有着庞大的受众群体，可以广泛传递探索、求知的科幻精神。然而，大部分泛科幻游戏缺乏严密的科学思考、合理的科学幻想等科幻的核心要素。

第二，跨媒介传播科幻内容，充分释放科幻潜力。

近些年，随着几次“科幻热”的兴起，科幻文娱产品得到了井喷式发展，中国科幻产业逐渐受到了公众的广泛关注。《流浪地球》作为当下国产硬科幻电影的标杆开启了中国科幻电影元年,《三体》小说的影视化改编亦收获了观众的充分好评。中国科幻游戏产业逐年进步，线下的科幻主题活动、科幻园区的建设也如火如荼地开展。当下，中国科幻游戏应当充分结合其他媒介，在释放科幻想象力的同时，更好地传播科学理念。随着沉浸式可穿戴设备等新兴媒介技术的进一步落地和商业化，中国科幻游戏还将有更为丰富的实现形态。

第三，中国科幻游戏应进一步拓展观念，丰富科幻文娱产品矩阵。

相较于欧美国家，在中国科幻游戏的开发过程中，对科幻世界观和游戏概念的理解都还需要很大提升。在世界科幻产业发达的国家和地区，涵盖了从文学、影视到游戏的丰富的科幻文娱产品矩阵，因此在科幻衍生 IP 的创作中更容易被公众所理解和接受。对于当下的中国科幻游戏，应当积极结合其他媒介内容，促进整体产业链条的不断完善，为科幻游戏的未来发展拓宽媒介路径，在与剧本娱乐、微短剧等其他文娱内容的跨媒介互动中，进一步吸收消化更广泛的受众群体，进而实现“破圈式”的传播。显然，中国科幻游戏的世界观设定应充分挖掘中华优秀传统文化，打造独属于中国特色的古风科幻内容，推出新的具有全球影响和中国话语权的科幻文艺内容。

参考文献

[1] 手游那点事. 27 家公司出海年收破 1 亿美元，米哈游首超腾讯拿下第一[EB/OL]. (2024-03-01)[2024-07-18]. https://mp.weixin.qq.com/s/afP8THbMuLqqgaryO6FniA.

作者简介：

孙佳山，中央文化和旅游管理干部学院副研究员，中国艺术研究院研究生院影视系硕士生导师、广州美术学院硕士生导师，中国文艺评论家协会青年工作委员会副秘书长。

吴彧斐，中国艺术研究院影视系影游融合的理论与评论专业硕士研究生。

何婷，中国艺术研究院影视系影游融合的理论与评论专业硕士研究生。

年度科幻衍生品产业发展报告

刘启航　柯昊纯

伴随着2023年年初我国各行业生产生活秩序逐步恢复、经济整体回升向好,“复苏”与“重构”成为2023年中国科幻衍生品产业发展的两大主题。一方面,《流浪地球2》引发的“众筹狂欢”成为年度话题，为整个科幻市场注入强心剂。另一方面，优质科幻IP供给短缺、产品研发能力不足、产业链条不完善已成为产业发展的核心掣肘，严重制约我国科幻衍生品市场规模的扩大与高质量发展。

从数据来看，相较于2021年中国科幻衍生品产业创造的60.7亿的营收峰值、2022年48.3亿的次峰，2023年中国科幻衍生品产业发展情况并不乐观，处在明显的“转型阵痛期”(图1)。2023年科幻衍生品产业总营收约为22.8亿元，同比下降52.3%，市场降幅明显。

科幻衍生品的IP来源包括国内科幻IP和国外科幻IP两大类别。2023年国内科幻IP衍生品销售额约9.47亿元，同比下降46.8%；国外科幻IP衍生品销售额约13.29亿元，同比下降51.5%。其中，刘慈欣科幻IP的衍生品销售额约为2.07亿元，同比增长15.2%，是国内外所有科幻IP中唯一保持正增长的小类，在市场整体走低的背景下逆势上扬，反映出不俗的增长韧性。其他科幻IP的衍生品销售则明显“遇冷”，市场表现并不乐观。

总体而言，2023年中国科幻衍生品产业市场规模进一步萎缩，面临着产业结构调整、消费风向转变、市场预期下滑等多种不确定性风险，逐步进入转型压力与创新机遇并存的纵深发展阶段。无论是相较于我国科幻产业的其他细分门类，还是美国、日本等国外相对成熟的科幻衍生品市场，中国科幻衍生品产业仍是一片亟待开拓的蓝海空间。

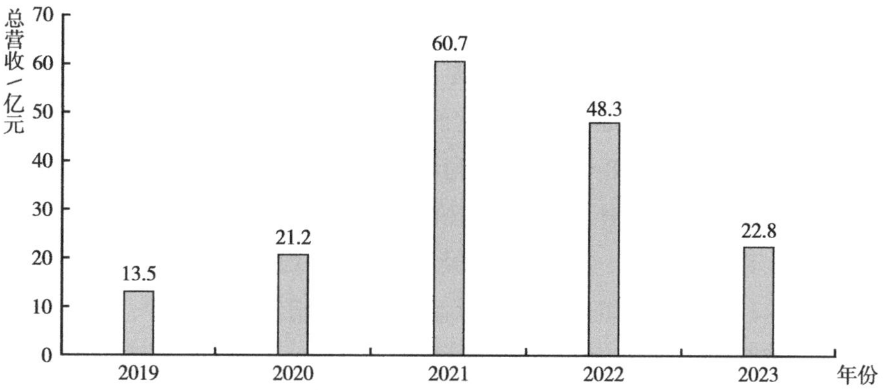

图 1　中国科幻衍生品产业总营收情况（2019—2023 年）

报告从四个方面细察 2023 年科幻衍生品产业的发展轨迹。第一部分“中国科幻衍生品产业的 IP 与衍生品体系”考察 2023 年国内外主要科幻 IP 的衍生品销售情况；第二部分“中国科幻衍生品产业的市场主体”关注代表性科幻衍生品企业及其特点；第三部分“中国科幻衍生品产业的商业模式”探讨授权、联名和众筹模式在衍生品行业的应用；第四部分“辅助性会展活动”论证文化节展等活动平台的支撑作用，呈现政府、企业、学界与科幻迷之间的主体联结与多元互动。最后，在分析产业发展机遇与现实瓶颈的基础上，探寻中国科幻衍生品产业的未来进路。

从强调“内容为王”的科幻 IP 创作到侧重市场价值的衍生品开发，IP 形态转换的背后必然涉及承担授权、生产、销售职能的各类市场主体，普遍采用的商业模式以及辅助性的会展活动，以上种种共同构成科幻衍生品产业的生态体系。其中，IP 及衍生品是核心，企业是主体，商业模式是依托，会展活动是平台——只有在尽可能多的分岔小径中，才能尽力参悟中国科幻衍生品产业的多样图景。

一、中国科幻衍生品产业的 IP 与衍生品体系

从 IP 出发是理解中国科幻衍生品产业的首要路径，构成了对产品、企业、商业模式等后续环节进行讨论的基本前提。实际上，当我们使用衍生品这一概念时，已经“隐晦地”表达了它的逻辑前提，即与“衍生”相对的“中心”——其围绕的 IP，IP（intellectual property）的本义即知识产权。不同的分类标准深刻影响着人们对 IP 基本形态的理解。以行业类别为划分依据，IP 主要包括文学 IP、影视 IP、游戏 IP、动漫 IP 等具备粉丝基础和“二创”潜力的内容型资源；如果基于组成元素进行普遍抽象，则包括故事 IP、形象 IP、场景 IP、品牌 IP 等。

科幻 IP 是将 IP 类型化、风格化理解的产物，以科幻文学、影视、游戏和动漫为核心组成。相应地，围绕科幻 IP 创造出的带有还原性或二创性的文化产品便可统称为科幻衍生品，与周边产品或文创产品的概念基本同义。目前学界普遍存在从国别、属性和范畴出发的“二分法”。如从产品属性出发，一般将科幻周边划分为“软周边”（light hobby）和“硬周边”（core hobby）[①]两种类型；从涵盖范畴出发，广义上任何授权商品及服务都是 IP 的衍生品，包括但不限于周边、书籍、影视、游戏、主题公园等；狭义上，一般认为不包含明显剧情和叙事逻辑的授权商品属于衍生品。如今，科幻衍生品既包括玩具模型、服装鞋帽、卡牌道具、帆布包等实体产品，又在越来越多地向数字化的虚拟产品与服务扩容。

为确保统计口径与数据来源的相对一致性，报告沿用国别“二分”的方式，将科幻 IP 划分为国内科幻 IP 和国外科幻 IP 两大类别，相关衍生品数据均收集、整理自原仓数据平台。

2023 年，国内科幻 IP 衍生品销售额约为 9.47 亿元，同比下降 46.8%；国

① “软周边”（light hobby）指具有一定实用性的商品，如文具、服饰、钥匙扣、手机链等，价格相对硬周边较便宜；“硬周边”（core hobby）指像扭蛋、挂卡、模型、手办这样没有多少实用价值，纯观赏收藏的周边产品。

外科幻 IP 衍生品产业产值约为 13.29 亿元，同比下降 51.5%。从占比来看，国内科幻 IP 衍生品产值约占总产值的 41.6%，国内 IP 与国外 IP 在中国科幻衍生品市场“四六分”的基本格局尚未被打破（图 2）。具体情况如下。

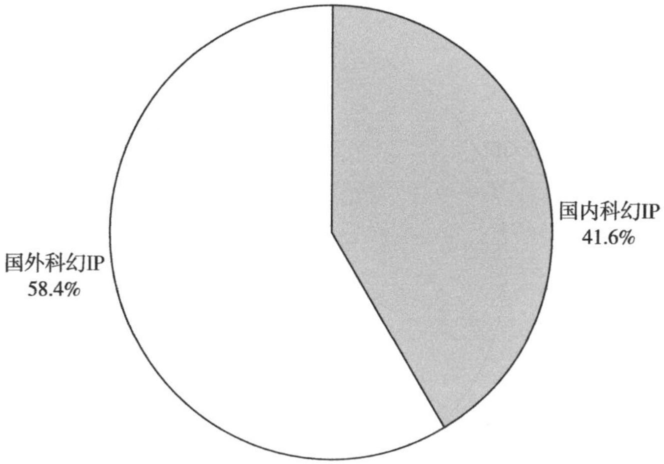

图 2　2023 年国内外科幻 IP 衍生品销售额占比情况

（一）国内科幻 IP

国内科幻 IP 根据主题的不同，可大致分为刘慈欣科幻 IP、国创儿童科幻 IP、国创二次元科幻 IP 三个类别。

2023 年，刘慈欣科幻 IP 的衍生品销售额约为 2.07 亿元，同比增长 15.2%，是三个国内科幻 IP 中唯一保持正增长的小类，在科幻衍生品市场规模整体走低的情况下逆势上扬，对整个产业的发展起着重要的引领和带动作用，市场地位不断巩固，IP 吸引力不断增强。国创儿童科幻 IP 的衍生品销售额为 4.45 亿元，同比下降 65.8%，市场降幅最为明显，市场相对饱和，长期来看增长较为乏力。国创二次元科幻 IP 的衍生品销售额约为 2.95 亿元，与 2022 年的数据基本持平，仍是我国科幻衍生品产业市场中不容忽视的稳定增量。从内部结构来看（图 3），刘慈欣科幻 IP 占据着中国科幻衍生品市场中超两成的市场份额，这一比例相较于 2022 年的 10% 而言涨幅明显，电影《流浪地球 2》、剧版《三体》等优质科幻作品的涌现功不可没。与2022年的数据相比，国创儿童科幻IP的衍生品市场占比下降约26%，但仍牢牢占据着我国科幻衍生品市场的近半壁江山。国创二次元科幻IP的市场份额占比则变化不大，仍为三成左右，反映出这一细分市场受众圈层和消费意愿的相对稳定性。

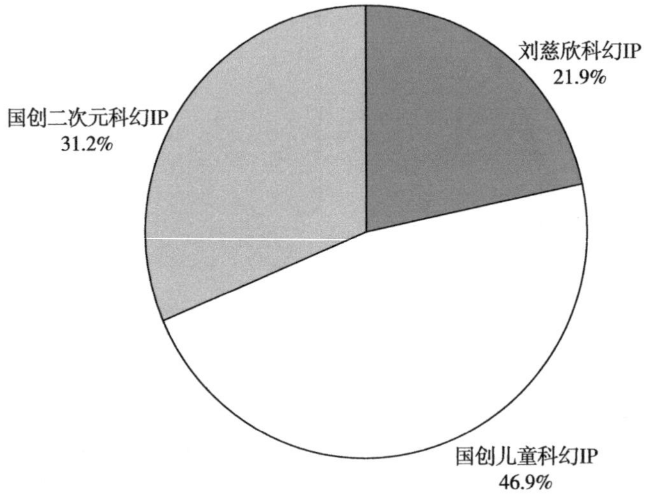

图3　2023年三大国内科幻IP衍生品的市场份额占比情况

1. 刘慈欣科幻IP："三体""流浪地球"的"双子星"效应

"三体"和"流浪地球"是目前中国科幻衍生品产业中当之无愧的超级IP。自2015年8月刘慈欣的《三体》系列第一部《地球往事》在"雨果奖"评选中一举夺魁后，中国科幻领域终于拥有了第一个真正意义上的顶流IP，衍生品开发也终于等来了优质的原生内容。2019年，赛凡科幻空间获得《三体》版权方三体宇宙（上海）文化发展有限公司的官方授权，继续设计、生产和组织销售由《三体》衍生出的文创产品。《三体》的IP衍生之路一直遵循细水长流的路径，舞台剧、衍生品、"二创"作品均口碑不俗。直至2022年年底，被众多科幻迷寄予厚望的动画版《三体》在情节改编、人物塑造、画面设计上口碑惨淡，成为当年最具争议的IP改编作品。2023年年初，由杨磊执导、于和伟等人主演的剧版《三体》正式开播，仅凭"尊重原著"就收获了无数忠实拥趸。该剧一经开播，便在多个社交媒体平台刷屏，话题"#三体#"也频登微博热搜榜首。截至 2024 年 3 月 31 日，剧版《三体》豆瓣评分 8.7 分，为 2023 年全年“三体”IP 的衍生品开发提供了优质的粉丝基础、话题热度与口碑效应。

然而，“三体”IP 具有进行衍生品开发的特殊性。数据显示，2023 年“三体”IP 衍生品总销售额约为 0.6 亿元，与 2022 年的数据相比“不升反降”（图 4）。在剧版《三体》上线以及口碑发酵的 Q1 季度，“三体”IP 衍生品的销售额从 1 月份的 386.16 万元下降至 3 月份的 347.09 万元。相较之下，“三体”IP 销售额表现最好的月份为 11 月，达 801.77 万元。可见，“三体”IP 衍生品销售额与 IP 的火爆程度之间并不存在明显的正向关联，体现出一定的相对独立性，可能与衍生品开发的“时效性”不足、产品宣传营销手段不到位等因素有关，“三体”剧集 IP 的市场吸引力以及口碑、流量的商业变现能力仍有待观察。

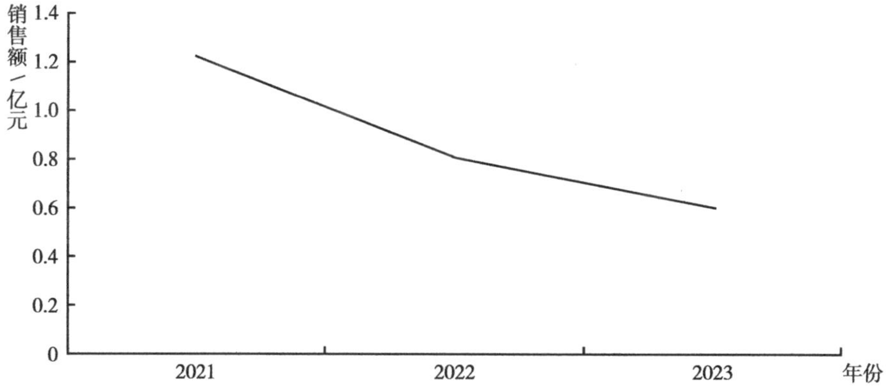

图 4 “三体”IP 的衍生品销售额（2021—2023 年）

2023 年，基于“三体”IP 开发出的衍生产品呈现出参与主体广、涉及类型多、价格跨度大的基本特点（表 1）。“三体”IP 衍生品的出品方以专门进行科幻衍生品开发的企业为主，最主要的包括赛凡科幻空间、北京三体阶梯、羊很大等；此外，2023 年“三体”IP 也吸引了诸如 JIGZLE 这类从事木玩开发的企业入局。从产品类型来看，“三体”IP 衍生品主要以《三体》中的战舰、基地为创意来源。例如，JIGZLE 以《我的三体》中的恒星级战舰自然选择号和蓝色空间号为原型，结合自身优势领域，设计出两款三体战舰木质 3D 立体模型，兼具收藏性与体验性。“三体”IP衍生产品涵盖了从中低端到高端的多个价格区间，从几十元到上千元不等，致力于满足不同消费能力群体的需求。商汤科技旗下品牌“羊很大”推出蓝色空间号AR拼搭电动积木模型，包含AR体验、形态变换等多种功能，以高品质和定制化特征吸引特定消费人群。而耳机、笔记本等生活周边产品则以实用性和亲民价格占据市场，既满足了日常需求，又增强了消费者与喜爱IP的情感连接。

表1　2023年基于“三体”IP开发出的系列衍生产品（部分）

出品方	产品类型	产品名称	淘宝平台售价/元
赛凡科幻空间	数码电子	水滴主题耳机	299
		太空军主题耳机	249
	摆件	红岸基地模型	284
北京三体阶梯	手办	章北海太空款手办	346
	笔记本	红岸基地工作笔记	38
JIGZLE	玩具模型	蓝色空间号积木玩具拼装模型	180
		自然选择号积木玩具拼装模型	180
羊很大	玩具模型	蓝色空间号AR电动拼搭积木	1602
		红岸基地AI动态版	239
	摆件	万有引力号桌面摆件	1099

《流浪地球2》周边衍生品“众筹”破亿无疑成为2023年中国科幻衍生品产业的标志性事件，为实现整个市场的良性发展注入了一针“强心剂”。系统梳理《流浪地球2》的众筹时间线（图5）后容易发现，实际上，作为电影《流浪地球2》官方正版授权商，早在电影还未上映阶段，赛凡科幻空间就已为周边衍生品的开发做足了准备和预热工作。2023年1月14日，正值电影《流浪地球2》正式上映前一周左右，赛凡科幻空间便在其淘宝店铺推出了“第一弹”现货衍生产品，主要包括550W（MOSS）款、机械狗笨笨款、太空电梯任务款的徽章，行星发动机热敏变色马克杯、移山计划主题款棒球帽等

10 款软周边产品，为后续更大规模的衍生品众筹项目预热。2023 年 1 月 22 日（大年初一），《流浪地球 2》在中国内地与北美地区同步上映，在开启中国科幻电影新纪元的同时，也为周边衍生产业的发展创造了新的市场机遇。同日，作为电影《流浪地球 2》的官方授权出品方，赛凡科幻空间在造点新货平台正式启动周边众筹项目，包括机械狗笨笨、人工智能 MOSS 和数字生命卡三款核心产品，该项目上线仅 1 分钟便达成了 10 万元的目标众筹金额。2023 年 1 月 29 日，赛凡科幻空间发布《流浪地球 2》众筹项目截档公告。淘宝旗下众筹平台造点新货数据显示，截至 2023 年 1 月 31 日，赛凡科幻空间出品的周边项目的成交数超 53 万、众筹金额近 1.2 亿元，是最初目标金额的 1200 倍，成为最快“众筹破亿”的 IP 衍生品，创造了中国科幻衍生品产业的又一个“众筹奇迹”。

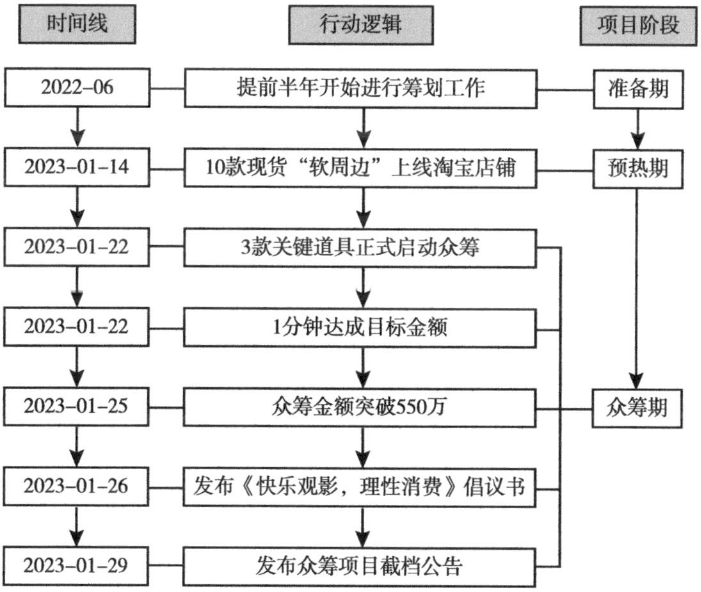

图 5　电影《流浪地球 2》的周边众筹时间线[①]

2023 年，国内科幻 IP 衍生品销售额的增长主要来自“流浪地球”IP 的贡献，后者共计创造了约 1.47 亿的销售额，同比增长 47%（图 6）。数据显示，

① 笔者根据网络资料整理。

2023 年 1—3 月，“流浪地球” IP 所创造的衍生品销售额便超过 4700 万元，其中 2 月份销量最为喜人，达 3200 万元，与 1 月的销售额相比翻了四倍，创全年最高纪录。

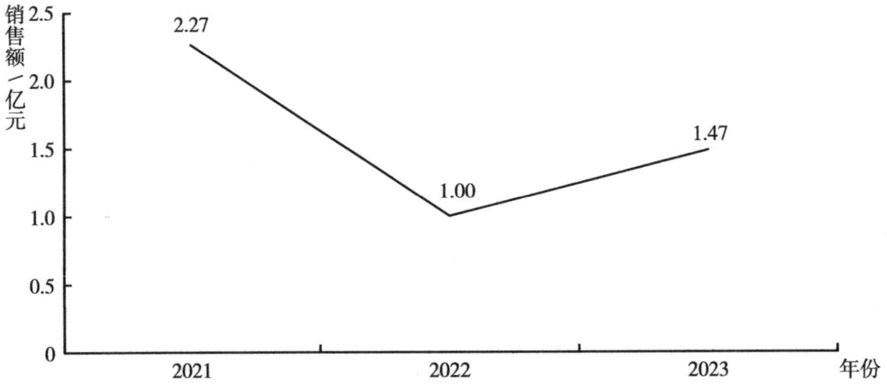

图 6 “流浪地球” IP 的衍生品销售额（2021—2023 年）

从产品结构来看，2023 年“流浪地球” IP 衍生产品涵盖了玩具模型、办公用品等多个品类（表 2），反映了其在满足消费者日常使用需求的同时，亦不断拓展新的消费场景和数字体验。赛凡科幻空间是“流浪地球” IP 衍生品开发的绝对主力。2023 年年初推出了智能量子计算机 MOSS 和多功能全地形运输机械狗笨笨模型，并提供了拼装和成品两种选择。通过 158 ～ 498 元的定价区间，赛凡科幻空间进一步细分市场，既吸引了拼装爱好者，又满足了普通消费者的需求。知名玩具企业森宝积木和 52TOYS 主打月球基地移动车、月面运输车、笨笨变形玩具机器人等玩具模型产品，旨在高度还原电影中的硬核科幻场景，兼具玩乐和收藏的双重价值。

2. 国创儿童科幻 IP：市场相对饱和，转型阵痛明显

国创儿童科幻 IP 是面向 3 ～ 12 岁儿童的科幻 IP，主要包括“百变布鲁可”“超级飞侠”“迷你特工队”“咖宝车神”四个 IP。2023 年，国创儿童科幻 IP 的衍生品销售额均发生不同程度的下降。其中，“百变布鲁可” IP 衍生品销售额为 1.36 亿元，同比下降 73.2%，市场降幅最为明显；“超级飞侠” IP 衍生品销售额为 1.59 亿元，同比下降 61.5%；“迷你特工队”IP 衍生品销售额为 0.67

表 2　2023 年基于“流浪地球”IP 开发的系列衍生产品（部分）

出品方	产品类型	产品名称	售价 / 元
赛凡科幻空间	玩具模型	智能量子计算机“MOSS”模型	158（拼装） 328（成品）
		多功能全地形运输机械狗“笨笨”模型	198（拼装） 498（成品）
	办公用品	“数字生命卡”U 盘 + 读卡器组合	249
森宝积木	玩具模型	月球基地移动车	249
		月面运输车	299
羊很大	玩具模型	笨笨幼年版机器人积木	129
52TOYS	玩具模型	笨笨变形玩具机器人	168

亿元，同比下降 62.8%；“咖宝车神”IP 衍生品销售额为 0.83 亿元，同比下降 57.2%。可见，国创儿童科幻 IP 衍生品市场规模呈现相对饱和的态势，处在产业结构动态调整、产品更新换代的“阵痛期”，面临着较为严峻的挑战。

究其原因，主要包括以下几点。一是国创儿童科幻 IP 领域普遍缺乏现象级作品，市场热度不高。对于以动画内容为基础的国创儿童科幻 IP，内容的更新速度可能影响到衍生品的销售增长。如果相关内容更新不够及时或不够吸引人，消费者的关注度和兴趣就会随之下降。2023 年，《百变布鲁可》动画已更新至第七季，《超级飞侠》动画也已更新至第十五季，尽管超级飞侠和迷你特工队分别出品了《超级飞侠：乐迪加速》《迷你特工队之汉堡大作战》的动画大电影，但均未在儿童动画领域激起多大水花，续集的快速迭代容易导致消费者的审美疲劳，面临热度丧失的风险。二是国创儿童科幻 IP 的衍生品开发能力不强，缺乏多样化和差异化的产品线，难以满足儿童消费者的多元化和个性化的需求。国创儿童科幻 IP 的衍生品主要集中在玩具、文创、服饰等传统品类，可能已经出现了过度饱和的情况。三是国创儿童科幻 IP 的市场运营能力不高，缺乏有效的宣传和推广策略，难以形成良好的口碑和传播效应。

伴随着家庭对儿童益智教育的重视，消费者对于儿童玩具的需求会越来越大。作为一种富有想象力和创造力的文化形式，儿童科幻 IP 可以最大程度激发广大儿童的好奇心和探索欲，培养儿童的科学素养和创新思维，亟待在产品研发与后端推广上投入更多精力，促进“儿童科幻 IP+ 衍生品”的商业模式创新。2023 年 4 月 15 日，以“携手共进，共创共享”为主题的布鲁可新品发布会暨订货会在上海举行。发布会上，布鲁可原创的“骨肉皮”积木搭建体系正式亮相，《百变布鲁可》第七季原创动画隆重发布，同时推出“百变布鲁可”“小猪佩奇”等多款动画同款新品[1]。儿童科幻 IP 本身即带有极强的“带货”属性，能够通过文创电商等形式吸引家庭消费市场。各家科幻文化企业应基于原创儿童科幻动画 IP，开发更多兼具可玩性与益智性的衍生产品，拓展“线上品牌店 + 线下体验店”O2O 平台建设，定期组织家庭 DIY、科幻儿童节等多元体验活动，发展活动经济，促进产业平稳过渡。

3. 国创二次元科幻 IP：份额相对平稳，蓝海有待开拓

国创二次元科幻 IP 主要指在二次元文化领域中，以科幻元素为核心内容的原创 IP，主要包括“洛天依”“崩坏 3”“明日方舟”“灵笼”“凹凸世界”“崩坏：星穹铁道”六个 IP（表 3），以 Z 世代和千禧一代为核心受众。2023 年，“洛天依”科幻 IP 衍生品销售额约 0.01 亿元，同比下降 93.3%；“崩坏 3”科幻 IP 衍生品销售额约 1.91 亿元，与 2022 年数据基本持平；“明日方舟”科幻 IP 衍生品销售额为 0.34 亿元，同比下降 48.5%；“灵笼”科幻 IP 衍生品销售额约 0.1 亿元，同比下降 66.7%；“凹凸世界”和“崩坏：星穹铁道”为 2023 年新观察到的国创二次元科幻 IP，年销售额分别为 0.22 亿元和 0.23 亿元。

在这六个 IP 中，“洛天依”是科幻虚拟偶像 IP，“崩坏 3”“明日方舟”“崩坏：星穹铁道”是二次元科幻手游 IP，“灵笼”“凹凸世界”是二次元科幻动画 IP。

表 3　2023 年国创二次元科幻 IP 的类型与细目

类型	IP 名称	出品方	出品时间
虚拟偶像	洛天依	上海禾念信息科技	2012 年
科幻手游	崩坏 3	米哈游	2016 年
	明日方舟	鹰角网络	2019 年
	崩坏：星穹铁道	米哈游	2023 年
科幻动画	灵笼	艺画开天	2019 年
	凹凸世界（第四季）	七创社	2022 年

近年来，虚拟主播凭借独特的魅力爆红网络，虚拟主播产业也随之高速发展，在中国和日本形成了一定规模的产业集群。从“初代偶像”洛天依到《明日之子》中的荷兹、虚拟主播绊爱，再到2020年爱奇艺推出的虚拟偶像竞演节目《跨次元新星》，虚拟偶像IP成为衍生品领域的新蓝海。虚拟人产业的可持续发展有赖于技术和内容的双重驱动。洛天依由上海禾念信息科技有限公司基于雅马哈公司的VOCALOID3语音合成引擎制作，是全世界首款VOCALOID中文声库和虚拟形象，伴随着技术手段的迭代升级，洛天依也在2022年引入由时域公司研发的ACE引擎，并在出道十周年的纪念活动上首次采用AI发声。洛天依的内容IP与形象IP主要来源于粉丝的UGC创造，诞生了诸如《普通Disco》《达拉崩吧》等代表性音乐作品。2021年，洛天依成功登上央视春晚的舞台，实现了其商业模式的整合创新与跨界融合。以洛天依IP为中心，出现了cos服、手办、手机壳、耳机、键盘等种类丰富的科幻衍生品。而从市场份额来看，洛天依2023年的衍生品市场表现情况不如预期，暴露出虚拟偶像热潮消退、IP长线增长乏力与运营不足的问题，亟须进一步创新产品形式，加强组合营销与推广。

明日方舟IP和崩坏IP是科幻手游领域的两大明星IP。《明日方舟》（Arknights）是一款由鹰角网络（Hypergryph）出品的二次元塔防抽卡手游，于2019年正式上线。在一个名为Terra的虚拟世界中，玩家需要基于“干员”来构建防御阵容。每个干员都有独特的职业、技能和攻击方式，因此玩家需要在关卡开始之前合理地布置队形、安排技能，以取得最佳效果。这些“干员”的人物IP也成为后续衍生品开发的重要创意来源。《崩坏3》和《崩坏：星穹铁道》均由上海米哈游公司出品，同属崩坏IP系列。《崩坏3》（Honkai Impact 3rd）自2016年发布以来，凭借独特的科幻世界观、深入的故事情节、流畅的战斗体验和精美的动画风格赢得了全球玩家的喜爱。在“崩坏”引发的末日世界中，由玩家扮演的“女武神”是对抗崩坏生物的斗士，每个角色IP都拥有自己独特的故事和技能。同时，《崩坏3》拥有极为活跃的玩家社区，玩家可以在社区中分享攻略，借助PGC和UGC的力量创作同人作品，参与游戏官方举办的各种线上、线下活动。《崩坏：星穹铁道》是崩坏IP系列的第五部作品，于2023年4月26日正式公测。崩坏IP的衍生产品以“粉丝向”为主，尤以

cos 服、抱枕、手办、徽章等产品最受玩家喜爱，2023 年共计创造 2.14 亿元的衍生品销售额。

《灵笼》和《凹凸世界》都是国创科幻动画 IP 的典型代表。《灵笼》是一部由我国著名动画公司武汉艺画开天文化传播有限公司制作的 3D 科幻动画剧，在服化道、BGM、人物形象的设计中都特别强调中国文化元素与价值观的融入，利于借助“国潮”之风实现衍生品推广。《凹凸世界》由七创社打造，早先流行于贴吧和同人创作社区，于 2015 年推出第一季动画作品，近年来则普遍遭受质量下降、内容注水的非议，2022 年推出的《凹凸世界（第四季）》在 B 站上的评分创新低，IP 的商业化变现之路仍困难重重。

（二）国外科幻 IP

国外科幻 IP 根据商业模式的不同，可以分为影视科幻 IP、ACG 科幻 IP、融合型科幻 IP 三个小类。2023 年，从销售额来看，影视科幻 IP 衍生品销售额约 0.79 亿元，同比下降 47.3%；ACG 科幻 IP 衍生品销售额约 2.94 亿元，同比下降 33.2%；融合型科幻 IP 衍生品销售额为 9.56 亿元，同比下降 55.5%。三个小类的 IP 衍生品销售额均呈明显下降趋势。从结构占比来看，国外科幻 IP 的表现与 2022 年的情况基本持平，融合型科幻 IP 仍占据着国外科幻 IP 衍生品市场的绝对主流，ACG 科幻 IP 的占比有所上升，达 22.1%；影视科幻 IP 的占比相对较小，占 6%（图 7）。整体上讲，国外科幻 IP 衍生品已进入相对成熟的发展阶段，各个小类的结构占比变化不大。

1. 影视科幻 IP：“大片”遇冷、“大厂”遭困

2023 年，国外影视科幻 IP 衍生品销售额约 0.79 亿元，在中国市场的降幅达到 47.3%。国外影视科幻 IP 衍生品销售额的下滑，与国外“科幻大片”在中国市场的遇冷有直接关系。随着时间的推移，《星球大战》《星际迷航》等经典影视科幻 IP 同样面临着市场饱和、消费者审美疲劳的问题。2023 年，漫威的《惊奇队长 2》、DC 的《海王 2：失落的王国》、迪士尼公司的《蜘蛛侠：综合宇宙》悉数登陆中国电影市场，但并未在中国衍生品市场中激起多少“涟漪”。由于中国消费者对于国产科幻 IP 的狂热和其他新兴娱乐产品的兴趣，这些新兴 IP 和产品成为国外科幻 IP 的有力竞争者，很大程度上挤压了国外科幻

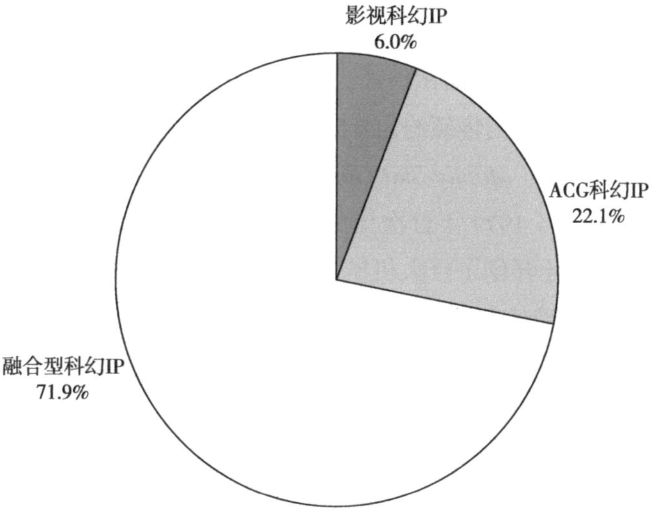

图 7　2023 年三大国外科幻 IP 衍生品销售额占比情况

IP 衍生品的市场空间。

对国外影视科幻 IP 的版权方而言，除了中国本土 IP 崛起的“外患”，其自身也面临较为严重的“内忧”风险。例如，科幻巨头迪士尼的“造梦空间”仿佛正在被挤压得越来越小。2023 年，迪士尼在全球多个区域内均出现不同程度的裁员、亏损以及会员流失等问题。数据显示，2022—2023 年迪士尼的股价已跌了近四成，净利率也从 2019 年之前的 15% 下降到 2023 年的 5% 左右。在 2019 年“复仇者联盟”“星球大战”两大 IP 正式完结后，迪士尼的 IP 生产链条显得有些青黄不接，自 2023 年 5 月开始的好莱坞罢工运动又使得整个美国的影视行业陷入混乱，2023 年新上映的迪士尼电影《疯狂元素城》在全球票房和口碑上均表现欠佳。迪士尼公司在产业链顶端的颓势将直接影响到迪士尼的 IP 衍生品能否植入新的内容及能否顺利跨过观众的审美疲劳期。总体来说，国外影视科幻 IP 需要更多关注中国市场的特殊性，通过实施本土化策略促进产品更新，以在竞争日趋激烈的 IP 市场中脱颖而出。

2. ACG 科幻 IP

2023 年，国外 ACG 科幻 IP 衍生品销售额约 2.94 亿元，同比下降 33.2%。

ACG 科幻 IP 是面向青少年和成年人的，具有二次元属性的科幻动画、漫画或游戏 IP，主要包括“机动战士高达”和“新世纪福音战士”两个 IP。2023 年，“机动战士高达”IP 的衍生品销售额约为 2.41 亿元，同比下降 33.1%；“新世纪福音战士”IP 的衍生品销售额约为 0.53 亿元，同比下降 33.7%。

《机动战士高达》（*Mobile Suit Gundam*）由日本 Sunrise 公司制作，最初由富野由悠季导演，自 1979 年首次播出以来，就成为日本乃至世界科幻 IP 史上的重要里程碑，还开创了巨大机械人（mecha）类动画的先河。作为一个长盛不衰的系列，《机动战士高达》有多个时间线（宇宙世纪、Cosmic Era、AD、Advanced Generation 等），涵盖了电视连续剧、OVA、电影、漫画、小说以及各式各样的衍生产品，如模型玩具（被称为 Gunpla，即高达模型）、视频游戏和其他收藏品。《新世纪福音战士》（*Neon Genesis Evangelion*）由庵野秀明执导，首次于 1995—1996 年上线，其 IP 衍生品包括漫画、小说、玩具模型（如 EVA 初号机等的模型套装）、服装和各种促销商品，构建了一个庞大的 IP 衍生品宇宙。实际上，无论是机动战士高达还是新世纪福音战士，其 IP 世界观、衍生品的创作理念和手法都对中国科幻衍生品领域有着深远影响，而超越了“销售额”这一简单意义层面。

3. 融合型科幻 IP

融合型科幻 IP 是一种兼具影视、ACG 和儿童科幻 IP 特点的作品类型，主要包括“奥特曼”“变形金刚”“哆啦 A 梦”“钢铁侠”“侏罗纪世界”“哥斯拉”六个 IP。2023 年，国外融合型科幻 IP 的衍生品销售额约为 9.56 亿元，同比下降 55%。其中，“奥特曼”IP 的衍生品销售额约为 4.13 亿元，同比下降 48.3%；“变形金刚”IP 的衍生品销售额约为 1.13 亿元，同比下降 66.8%；“哆啦 A 梦”IP 的衍生品销售额约为 2.81 亿元，同比下降 58.1%；“钢铁侠”IP 的衍生品销售额约为 1.04 亿元，同比下降 59.6%；“侏罗纪世界”IP 的衍生品销售额约为 0.26 亿元，同比下降 62.3%；“哥斯拉”IP 的衍生品销售额约为 0.19 亿元，同比下降 36.6%。融合型科幻 IP 多属经典老牌科幻 IP，很多作品均诞生于 20 世纪七八十年代。近年来，由于科幻衍生品市场整体萎缩、IP 竞争愈发激烈等因素，这类融合型科幻 IP 的长期效应还能持续多久，目前仍是未知数。

二、中国科幻衍生品产业的市场主体

构建现代科幻衍生品产业体系和市场体系，首先应坚持科幻衍生品企业的市场主体地位，推动各类科幻衍生品企业发展壮大。从科幻衍生品授权、生产、销售的三个产业链环节出发，中国科幻衍生品产业的市场主体大致包括授权型企业、生产型企业和平台型企业（表4）。

表4　中国具有代表性的科幻衍生品企业

企业定位	企业名称	注册地	成立时间
授权型企业	三体宇宙（上海）文化发展有限公司	上海	2018年
生产型企业	赛凡科幻空间（羿星文化传媒）	成都	2014年
	羊很大（商汤科技）	北京	2020年
	52TOYS	上海	2015年
	星环重工（星环造物）	深圳	2019年
	森宝积木	东莞	2016年
	八光分文化传播有限公司	成都	2016年
平台型企业	摩点	北京	2014年
	造点新货	杭州	2019年
	淘宝店铺	杭州	2003年
	Bilibili会员购	上海	2019年
	抖音小店	北京	2020年

（一）授权型企业

授权型企业是科幻IP的版权拥有者和运营者，他们通过购买或合作获得科幻IP的开发权和运营权，通过授权将科幻IP的部分或全部权利转让给其他市场主体，从而获得授权费用或分成收入。“三体宇宙”是目前中国科幻衍生品授权型企业的典型代表。作为《三体》三部曲的内容开发及商业衍生的全球独家版权方，三体宇宙的业务范围早已超越狭义的科幻衍生品畛域，而触及科幻 IP 全产业链运营的各个环节。2023 年成都世界科幻大会期间，三体宇宙 CEO 赵骥龙在分享会上首次提出了三体宇宙 IP 运营的四大内容支柱，即影视听、泛文化、互动娱乐和实景娱乐[2]。

（二）生产型企业

生产型企业处于科幻衍生品产业链条的中游，涵盖创意设计、数字服务和生产制造等环节，是中国科幻衍生品企业的核心组成部分。这类企业通过购买或合作获得科幻 IP 的衍生品开发权和销售权，设计、生产、销售类型多样的科幻衍生品。专业深耕科幻 IP 衍生品这一细分领域的企业，目前主要是成都翌星文化传媒有限公司。在它旗下，诞生了一个更广为人知的科幻品牌——赛凡科幻空间，已先后出品小说《三体》、电影《流浪地球》系列 IP 官方授权周边衍生品。此外，不少综合类文化、科技、玩具企业也部分涉及科幻衍生品的相关业务，如羊很大、52TOYS、星环重工、森宝积木等。需要说明的是，除了专注于科幻衍生品开发的赛凡科幻空间，科幻衍生品在中国其他文化企业中均是作为非主营的附属业务存在的，由于产值较小、影响力偏低等因素，遂不纳入生产型企业重点考察的范畴。

（三）平台型企业

平台型企业主要包括科幻衍生品销售平台和众筹平台，是构建科幻衍生品产业协同发展体系，助力衍生品产业可持续发展的重要力量。

在互联网销售平台方面，中国科幻衍生品企业立足传统电商平台、打通新型直播平台，逐渐搭建出“线上为主、线下为辅”的 O2O 销售渠道网络。淘宝为各大科幻衍生品企业提供了最重要的 B2C 销售平台，在淘宝设立网购店铺成为行业标配；B 站、抖音等新媒体平台也不乏科幻衍生品企业的身影；相比之下，京东平台中科幻衍生品企业数量明显不足，反映出两者差异化的客群定位。

在互联网众筹平台方面，摩点和造点新货是科幻衍生品企业的首选。摩点在 ACG 领域拥有一定的行业影响力，众筹项目涵盖桌游、潮玩、手办等多个品类；造点新货（原淘宝众筹）是阿里旗下的众筹平台,《流浪地球 2》便是基于此平台开展衍生品众筹项目。

总体而言，中国科幻衍生品企业呈现出以下特点：一是从企业规模来看，基本以初创型的小微企业、创意工作室为主；二是从产业链组成来看，中国科幻衍生品企业基本集中在产业链中游的生产环节，本土企业在 IP 原创、IP 授权与营销推广等领域的参与度明显不足，产业链亟待向高端化方向迈进；三是就企业布局而言，中国科幻衍生品企业主要集中在一线和新一线城市，上海、成都和北京是目前中国科幻衍生品产业发展的三大高地；四是从市场结构来看，赛凡科幻空间是目前中国科幻衍生品企业中的龙头，科幻衍生品产业呈现寡头市场结构。

三、中国科幻衍生品产业的商业模式

拥有具体可行的商业模式是一个行业迈向成熟的标志。从广义上讲，商业模式包括核心竞争力、业务组合及产品线、可盈利方法三个层次，这三个层次共同构成商业模式的“同心圆”模型[3]。由于盈利模式与商业变现直接相关，商业模式也往往被狭义地理解为盈利模式。目前，授权、联名和众筹是中国科幻衍生品产业最主要的商业模式。

（一）授权模式：产业存续的根本依托

授权模式是整个科幻衍生品产业发展的源头活水。需要说明的是，授权模式在科幻衍生品产业领域中的应用从来不是一种“单向”的赋予行为，有时可能是与后端的开发行为“双向”交织在一起的。例如赛凡科幻空间就在其官方微博平台解释过从《流浪地球 1》到《流浪地球 2》的身份角色转变，具体如下。

大家知道,《流浪地球》的时候我们主要承担了风格设计指南

> 的制作和设计，衍生产品的制作和发售是顺水推舟的行为。而对于《流浪地球2》我们更专注于授权商的角色，花更多的精力在产品把控和产品的丰富度上，希望能够给大家带来更好的产品体验。当然，通过我们对于衍生产品的打磨，也会反馈给片方一些建议和优化的选择[4]。

授权模式对科幻衍生品产业增长的核心贡献在于：一方面，科幻IP的版权方可以通过一次性收取授权费和保证金或参与分成的方式增加营收，其中具体的比例和数额即通常所言的“商业机密”；另一方面，被授权方得以拥有进行后续开发的合法性，进而完成科幻IP的跨媒介转化与生产工作，有效拓展科幻IP的产业链和价值链。

（二）联名模式：跨界融合的典型范例

文化产业中的联名行为早已有之、今日更盛。20世纪30年代，艺术家Dali与意大利知名时装品牌Elsa Schiaparelli的一次跨界合作，便将联名行为带入了世人的视野。如今，在“万物皆可联名”的跨界融合时代，各家科幻企业竞相推出“科幻IP× 品牌”的联名款文创产品，这俨然成为当代科幻衍生品市场上的一道独特景观。例如，2023年，“三体”IP成为中国科幻衍生品市场联名营销的“头号玩家”（表5）。据不完全统计，“三体”IP联名品牌分属在家居、汽车、日用、家电等诸多领域。“三体”IP联名多采用的是“强强联手”的方式，所选择的联名对象均为不同领域内的代表性品牌，如电池行业的南孚电池、保健品领域的汤臣倍健、新能源汽车领域的奇瑞等，“门当户对”的联名方式有助于双方维系彼此的品牌调性与用户认知。

“科幻IP× 品牌”的跨界联名行为，与其说是在生产衍生产品，不如说是在生产社会话题，其本质是实现用户群的对接互补与口碑营销。联名款产品在绝大多数情况下都是限量款，“联名≈限量”已经成为业内的一条潜规则。企业品牌通过与科幻IP的跨界联名，能够有效放大品牌价值，延展品牌形象，提升品牌的“科幻气质”，完成一次甚至多次的自我曝光与推广。

表5　2023年“三体”IP的联名款产品（部分）

联名品牌	产品名称	“三体”科幻元素
梦百合	梦百合三体联名智能床	世界观、技术观
奇瑞汽车	奇瑞汽车三体联名款SUV	外观、内饰、语音、音乐……
荣耀	荣耀80三体联名手机	外观、壁纸、铃声
南孚电池	南孚三体联名电池	文案、包装
汤臣倍健	汤臣倍健联名三体的限定礼盒	包装、质感、文案
Keep	Keep×三体红岸往事奖牌	外观、质感、内涵

（三）众筹模式：创意变现的路径选择

众筹对科幻衍生品企业而言早已不再新鲜。早在2019年，赛凡科幻空间便创造了“饱和式众筹”的玩法。赛凡科幻空间于2019年2月16日发起《流浪地球》周边衍生品项目的众筹，众筹商品包括铭牌、行星发动机、运载车模型、帆布包等。淘宝官方数据显示，该项目截止时共收获近800万元的众筹金额，累计认筹人次超7万。要知道，赛凡科幻空间彼时的目标众筹金额只有10万元。一时间，众多科幻衍生品企业好像终于找到了为数不多的能够生存下去的合理模式，纷纷期盼从众筹红利中分得一杯羹。

众筹模式成为科幻衍生品企业实现“创意变现”的路径选择，主要是由科幻衍生品企业的性质与特征决定的。中小微企业占主导的科幻衍生品企业结构，也就决定了在很多时候企业选择众筹模式并非“想不想”的意愿驱动，而是“不得不”的现实考虑。与众筹相对应的是“直销直购”模式。相比之下，前者的最大优势就在于能够让科幻企业对市场规模有一个基本预期，按需生产，从而有效降低市场经营风险。

众筹模式在科幻衍生品产业中运行的基本逻辑在于，通过各种方式将消费者单纯的金钱投入转换为一种对IP的情感投入，达成与消费者“共在”的情感共同体。鲍德里亚在《消费社会》中认为：“物质的和功能的物品在消费过程中成为抽象符号。”[5]当今社会，人们已经不再满足于对产品使用价值的实际占有，而转向对产品的符号性消费，即对品牌文化与身份认同的消费，消费成为自我满足的重要手段。而对科幻衍生品企业而言，引导消费者达成情感积累的手段主要如下。一是设立阶段性的“诱惑机制”，最常见的就是“福利解锁”的模式。简单来说就是众筹金额达到一定的门槛，便解锁相应的福利。如在电影《流浪地球2》的周边众筹项目中，10万、50万、550万便是赛凡科幻空间设定的门槛，分别对应主题贴纸等福利环节。二是企业定期汇报项目进展，达成“制工—监工”的身份关系，让消费者实时掌握项目的最新动态。

以摩点众筹平台为例，2023年摩点上的“三体”IP衍生品众筹项目共有5项（表6），基本以出版物、摆件为最主要的产品品类。其中，最火爆的众筹项目是果麦文化发起的“《三体漫画》限定珍藏礼盒”，共计筹集人民币87万余元，是最初设定目标金额的29倍。上线摩点平台的“流浪地球”IP衍生品众筹项目共有3项（表7），由Killerbody发起的“《流浪地球》高端可穿戴系列藏品”最受消费者青睐。当然，并非所有的众筹项目都能达成预期，2023年科幻衍生品领域众筹失败的案例同样不胜枚举。例如，由宝藏院国风体验馆发起的“刘慈欣科幻漫画系列微雕纪念卡”众筹项目由于缺乏设计感、制造粗糙而备受诟病，最终仅仅筹集到9.36%的目标金额。可见，在容易受到“跟风式消费”影响的衍生品领域，众筹模式容易陷入群体极化的怪圈，要么无人问津、惨淡收场，要么爆款频出、一骑绝尘。对企业而言，应在保证产品质量的前提下，审慎入局。

表6　2023年摩点平台的“三体”IP衍生品众筹项目

发起方	众筹项目名称	上线时间	结束时间	目标金额/元	筹集金额/元	达成率
果麦文化	《三体漫画》限定珍藏礼盒	2023年1月6日	2023年2月5日	30000	870571	2901.91%
羊很大	蓝色空间号拼接积木	2022年12月28日	2023年2月1日	50000	405255	810.51%
纸律文化	《三体》立体书	2023年5月4日	2023年5月25日	50000	154354	308.71%
CuteBee	《三体》红岸基地拼装书立	2023年11月29日	2023年12月28日	10000	59264	592.64%
就很潮	三体水滴创意摆件	2022年12月8日	2023年2月28日	100000	5412	5.41%

表 7　2023 年摩点平台的“流浪地球”IP 衍生品众筹项目

发起方	众筹项目名称	上线时间	结束时间	目标金额 / 元	筹集金额 / 元	达成率
Killerbody	《流浪地球》高端可穿戴系列藏品	2023 年 3 月 3 日	2023 年 4 月 15 日	20000	180972	904.86%
倍思创	《流浪地球》箱式运载车模型	2023 年 2 月 27 日	2023 年 3 月 27 日	50000	55131	110.26%
宝藏院国风体验馆	刘慈欣科幻漫画系列微雕纪念卡	2023 年 6 月 6 日	2023 年 7 月 18 日	25000	2341	9.36%

四、辅助性会展活动

异彩纷呈的会展活动成为汇聚科幻衍生品产业资源，对接企业、政府、学界等多方主体力量的重要平台，能够在短期内增加参展企业的曝光度、提升主体间洽谈与合作的效率，一向是各大科幻衍生品企业和科幻爱好者密切关注的对象。

2023 年，中国与科幻衍生品产业发展密切相关的展会活动主要包括“科幻专门类”和“文化综合类”两大类别（表 8）。其中，最引人瞩目的无疑是 2023 年 10 月在成都举办的第 81 届世界科幻大会。作为世界上关注度最高、影响力最大的科幻文化主题活动，对大会 IP 资源的开发与利用成为年度内中国科幻衍生品产业发展的重点任务。为此，成都市有关部门相继组织开展 2023 成都科幻中心产业大会、2023 成都世界科幻大会全球品牌发布会等活动，确定赛凡科幻空间等 8 家特许经营企业、发布 27 项科幻产业机会清单项目，为办会兴业预热。2023 年国庆期间，围绕第 81 届世界科幻大会开发的“科梦”（Kormo）系列 IP 衍生品正式上线淘宝特许零售店，产品品类既包括手办、徽章、冰箱贴等实物产品，还同时创新推出大会永久数字皮肤套装等虚拟产品，为以科幻会展 IP 为抓手开发运营相关衍生产品树立了典范（表 9）。

表 8　2023 年中国科幻衍生品相关展会及活动情况

展会类别	展会及活动名称	举办地	举办时间
科幻专门类	“幻享未来”优秀科幻作品征集活动	成都	2023 年 1 月
	成都科幻中心产业大会	成都	2023 年 5 月
	成都世界科幻大会全球品牌发布会	成都	2023 年 6 月
	2023“中国科幻之都”网络文化季之“万物来潮”创意生活市集	成都	2023 年 9 月
	第 81 届世界科幻大会	成都	2023 年 10 月
文化综合类	2023 深圳国际授权及衍生品展览会	深圳	2023 年 4 月
	2023 中国国际动漫及衍生品授权展览会（CAWAE）	上海	2023 年 7 月

表 9　第 81 届世界科幻大会 IP“科梦”的衍生品条目

衍生品类型	产品名称	基本情况描述
手办	科梦（Kormo）手办	以大熊猫为原型，融入太阳神鸟等巴蜀文化元素以及《2001 太空漫游》等科幻元素
虚拟产品	大会限量版永久数字皮肤套装	支付宝平台售价 6.9 元 +29 积分，套装含付款码皮肤、红包封面、头像框、壁纸等虚拟产品，致力于为全球科幻迷保留世界科幻大会的数字记忆
	世界科幻大会数字文创盲盒	科梦、创生之杖、星域信使、科幻会徽 4 款 3D 数字藏品
系列徽章	科梦滑动徽章、科梦灵动徽章、夜光金属徽章	徽章以科梦 IP 为原型，具有可滑动、可摆动、夜光变色的交互性，限量 2023 件
系列冰箱贴	赛博科梦、金属立体冰箱贴	融入另一 IP“星域信使”，限量 2023 件
传统工艺品	时空绣影 – 蜀绣科梦挂饰、逐梦星辰 – 手工盘扣胸针	以大会 LOGO 和科梦 IP 为主体，使用桑蚕丝欧根纱等材质展现中国传统工艺

面向社会公众的征集活动则为中国科幻衍生品产业发展注入更加多元、新鲜的力量。2023 年 1 月，成都启动“幻享未来”优秀科幻作品征集活动，该活动由成都市科学技术协会、成都市文化广电旅游局、成都市文学艺术界联

合会共同主办，成都市科幻协会协办，分科幻文学、艺术和文创三大类别开展征集，设立金奖、银奖、铜奖和群星奖等奖项。主办方在内容方面特别提出，参赛作品需聚焦中华优秀传统文化特别是巴蜀文化，结合实际、发挥创意，深入理解和把握思想性、艺术性、观赏性相结合的要求，是致力于实现“科幻IP+巴蜀文化”跨界交融的一次尝试。截至2023年7月31日，活动官网数据显示，共收到来自全国各地的科幻作家、艺术家、企业、机构、幻迷、高新科技企业投稿作品7000余部，文创产品类别涵盖音乐、CG、文创、插画等多种形式。中国科幻衍生品产业也在不断创新自身消费场景、拓展多元消费形式。正是在这一背景下，诞生了融合烟火气和科幻风的“市集经济”。2023年9月，2023“中国科幻之都”网络文化季之“万物来潮”创意生活市集在成都举办。市集设立文创、美食、运动、潮流等多个体验板块，《科幻世界》杂志社、八光分文化等全国知名科幻文化企业悉数参展，实现了科幻文化消费与居民日常生活的有机结合。

相较于定制化、专业化的科幻主题展会，综合类的文化会展活动所涵盖的产业门类以及辐射的受众群体更加广泛，为科幻衍生品企业“出圈”提供了另一重要平台。2023年7月，中国国际动漫及衍生品授权展览会（CAWAE）在上海新国际博览中心举办。作为与ChinaJoy同期同地举办的活动，CAWAE已成为动漫及衍生品企业的“年度盛会”，有利于将科幻衍生品产业“接入”到一个更加广阔的文化市场中，创造新的行业发展机遇。

五、总结与展望

（一）中国科幻衍生品产业的发展机遇

1. 情绪消费的市场机遇

2023年12月4日，《咬文嚼字》编辑部发布“2023年十大流行语”，“情绪价值”位居榜单第九位。科幻衍生品消费的一大诱因便是来自对特定IP的情感依恋和认同归属，特别是当“爆款”IP出现时，衍生品消费所带来的情绪价值无疑会被无限放大成为一种国民情绪。例如，当2023年电影《流浪地球2》周边衍生品大卖时，最“出圈”的一句留言便是“我们买的不是周边，是中国科幻的未来”，这充分印证了人们在衍生品身上所叠加的情感属性。近几年，中国科幻一向是同“崛起”“振兴”等类似的字眼绑定在一起的，科幻电影已逐步成为我国电影工业和技术水准的象征，承载着特殊的国民情感和时代价值。2023年12月，《流浪地球2》等热门影视剧的周边衍生品成功入围“淘宝2023年度十大商品”，凸显了我国新型消费品市场的发展趋向——人们越来越愿意为IP、为情怀、为认同买单。

2. IP引领的政策机遇

目前，中国暂未出台与科幻衍生品产业发展直接相关的政策文件，但在不少省（区、市）的文化产业发展规划以及工作方案中均有涉及与科幻IP、文创衍生相关的政策内容，为科幻衍生品产业发展提供了良好的政策保障。2023年12月，中共成都市委宣传部、成都市科技局等部门联合印发《关于加快打造科幻产业落地转化载体平台 推动科幻产业高质量发展的实施意见》，提出要以“科幻+文学”“科幻+影视”“科幻+游戏”“科幻+消费”“科幻+IP运营”为核心抓手，探索打造面向全球的科幻IP交易平台，为在“后大会时代”延长科幻IP产业链条，持续用好大会IP资源树立了典范。

3. 结构调整的转型机遇

中国科幻衍生品产业正处在产品形态、企业组织乃至商业模式动态调整与变革的战略机遇期。如今市面上诸如键盘、雨伞、水杯、T恤等“基础款”的科幻衍生品已屡见不鲜，更新迭代的一大方向便是增加产品的可玩性，这背后意味着更多的交互与体验。例如，2023年被称为“新概念文玩”的EDC玩具横空出世，成为玩具市场中的轻奢代名词。EDC是英文“every day carry”的缩写，意思是每天携带的物品，包含指尖陀螺、戒指、推牌等多元产品形态，它们往往拥有精巧的设计和工艺，也是使用者身份和品位的彰显，在国外拥有大批粉丝受众。玩具市场的变化实际上为“科幻+”的衍生品设计与转型提供了更多思路。

（二）中国科幻衍生品产业的现实瓶颈

第一，优质科幻IP供给相对短缺的事实，严重制约着科幻衍生品等后端产业链的延伸与创造。毋庸置疑的是，优质的科幻 IP 是衍生品产业实现良性发展的逻辑前提和价值基石。此处所言的“优质 IP”并不单单指向作品内容本身，而主要是指科幻衍生品企业眼中的优质 IP，是就面向产业链、价值链拓展的意义而言的。一般来讲，科幻衍生品企业眼中的“优质 IP”应具备一定的粉丝基础，拥有丰富的故事情节和相对明晰的人物形象。整体而言，中国科幻衍生品产业仍处于起步和调整时期，对 IP 具有极强的依赖性，衍生品产业所取得的成绩在很大程度上归功于科幻 IP 本身的价值属性与受众影响力。自带流量的科幻 IP 是所有衍生品企业梦寐以求的“香饽饽”，是否拥有足量优质的科幻文学与影视 IP 作品成为引领带动周边产业发展的前提条件。反过来讲，中国科幻衍生品产业就存在过度依赖刘慈欣科幻 IP 的问题，单是刘慈欣科幻 IP 就占到了整个国内科幻 IP 衍生品市场份额的 1/5 左右，从长远来看并不利于增强整个产业的创新创造活力。但截至目前，除了少数几部社会公众耳熟能详的科幻作品，中国科幻仍缺少优质的故事内容、主题和 IP 形象，“僧多粥少”的现状成为制约中国科幻衍生品行业可持续发展的关键因素。

第二，科幻衍生品产业的可持续发展离不开企业研发能力与产品质量的保障。“打铁还需自身硬”，仅仅依靠 IP 自带的热度或许可以在短期内为广大衍生品企业赚取流量、赢取收益。但归根结底，还是需要落实到衍生品本身的质量与口碑上来。消费者“激情下单”、情绪消费的背后，还是为产品买单。例如，曾多次创造中国科幻周边众筹纪录的赛凡科幻空间，由于样品与公示版本在材质设计上相差过大而触及“雷区”，曾一度陷入“翻车”的舆论环境。不过好在赛凡科幻空间及时发布整改说明，承诺将产品改为众筹页面最初质感的版本。科幻衍生品的“众筹狂欢”过后，则更加考验出品方的细节把控能力，对制造方的生产效能来说也是巨大挑战。

第三，中国科幻衍生品产业链条尚不完善，部分产业链环节存在不规范、不透明的现象。例如在国外相对成熟的科幻衍生品市场中，科幻 IP 授权所产生的收入往往占据整个产业链条的很大一部分，整个产业呈现出“哑铃型”的收益结构。数据显示,《星球大战》系列 10 部电影全球总票房为 64.9 亿美元，而衍生品收入为 320 亿美元，其中 76 亿美元来自授权衍生品，244 亿美元来自零售衍生品[6]。相比之下，中国科幻衍生品产业在“授权”环节仍稍显混乱，容易发生侵权和盗版的现象，严重损害科幻作品的版权和声誉。

第四，中国科幻衍生品产业的人才缺口和资金缺口较为明显，尚未建立完善的科幻要素支撑体系。其一，科幻衍生品行业既需要熟谙一整套 IP 商业化运作模式的通才，也需要拥有独特创意和设计能力的专才，且这两者都需要拥有充足的实践经验以及对科幻文化的浓厚兴趣。反观现实，既有人才对科幻的关注，基本是出于纯粹的“爱好”，而非专业层面的知识、技术和理念，这导致中国科幻衍生品行业的后备人才力量明显不足。当然，这有赖于我国科幻文化与产业环境的整体改善，如果尚不足以让已经踏入这个行业圈的人稳定维持生计、树立行业信心，谈何期望后继人才的“涌入”？其二，中国科幻衍生品行业投融资机制不健全、资金缺口较大，缺少对各类中小微科幻衍生品企业的专项扶持政策与长效培育机制，诸多扶持政策和项目的落地情况有待检验。

（三）中国科幻衍生品产业的未来进路

1. 新理念：从附加考虑转向运营前置

将衍生品开发纳入科幻 IP 从策划到创作的全流程考虑，遵循运营前置的发展思路，是科幻衍生品产业迈向成熟的重要一步。从产业链的角度讲，衍生品开发对一个科幻 IP 而言，不是可有可无的附加考虑，而是其完整生命历程上的重要一环。将衍生环节“前置”，主要是就版权方和出品方的双边行动而言的。对版权方和出品方而言，应在 IP 生产的过程中便保持密切交流与沟通。以产业更为发达的日本市场为例，在商品出品方和版权方确认联动前，双方已经就企划进行了多轮沟通交涉，一旦合作敲定、合同签署，版权方就提供素材，并在样品设计、生产阶段，参与数轮堪称烦琐的监修工作，为后续产品售卖、营销做好铺垫[7]。而不是等电影上映、游戏出品之后才匆忙进行衍生品的开发和众筹工作，如此这般便难免错过衍生品上市的“黄金期”，这就需要版权方、出品方、制造商等多元市场主体的深度联结，由此导向“平台化”的发展思路。

2. 新思路：从个体经营迈向平台整合

对于处在发展初期的中国科幻衍生品产业而言，仍存在产业结构单一、市场主体创新活力不足的问题，尚且处于“单打独斗”的孤立竞争状态。为此，应积极发挥三体宇宙、赛凡科幻空间等市场主体在科幻衍生品领域的引领带动作用，建立涵盖衍生品产业全链条、全要素的科幻 IP 授权交易服务平台，或在既有文创 IP 交易平台中开辟科幻领域的专门板块。平台化发展的基本思路如下。

一是整合 IP 资源，解决科幻衍生品企业“IP 获取难”的问题。科幻衍生品行业存在明显的头部效应，整体利润通常集中在头部 IP 和头部企业手中，其他规模较小的科幻企业由于难以获得优质 IP 的授权、自有 IP 数量又明显不足，经营状况堪忧。为此，平台应进一步充实包括品牌商、服务商、设计师、作家、电影公司在内的一批科幻 IP 授权方，缓解科幻衍生品企业信息不对称的问题，丰富 IP 资源数量，提高 IP 配置效率。

二是聚集数据资源，解决科幻衍生品行业“市场监管难”的问题。充分利用产业大数据、5G、物联网等新兴技术手段，搭建包括市场监测、企业运营、仓储管理、物流配置、员工服务、舆论监管在内的数字服务系统，共建科幻衍生品产业的大数据监测平台。

三是联动行业资源，解决科幻衍生品企业“抱团发展难”的问题。中小微企业是中国科幻衍生品产业的绝对主体，亟须抱团取暖、联动发展，平台应充分发挥桥梁纽带作用，进一步打通 IP 衍生的产业链资源，强化科幻衍生品行业上、中、下游协同，推动创作、授权、设计、销售等各个环节的精准对接，帮助科幻衍生品中小企业实现联动发展，以有效应对市场的不确定性风险。总之，要进一步推动中国科幻衍生品产业从个体经济迈向平台经济，从一家独大转向多点支撑，不断优化科幻衍生品产业的整体生态环境。

3. 新赛道：从 IP 依赖到创意植入

如何走出只有三体、流浪地球的 IP 衍生品卖得动的“怪圈”，应该是中国科幻衍生品产业界下一步需要重点考虑的问题。为此，应从过度依赖 IP 本身转向创意植入的发展阶段，不断拓宽衍生品赛道。具体而言，可通过以下几种方式。一是推动产城融合，实现科幻 IP 衍生品的在地化生产。一般来讲，科幻 IP 指的就是科幻文学、科幻影视这类内容型 IP。但对于成都、北京这样的“科幻名城”而言，还有世界科幻大会、中国科幻大会等品牌 IP、城市 IP 有待发掘。同时，将科幻 IP 与各个城市的地方性文化、传统文化相结合，开发出更多地方符号与科幻IP相结合的衍生品，不妨作为商业模式创新的破局之道。二是推动产数融合，实现科幻IP衍生品的数字化生产。从中国科幻衍生品的产业结构来看，实体产品仍占据市场主流，而缺少对后续数字文创产品的开发，可适时布局AI数字人、NFT数字藏品、VR沉浸展、元宇宙科幻博物馆等"文化+科技"融合型产品，拓展新一代信息技术在科幻衍生品开发领域的应用场景。三是推动产生融合，实现科幻IP衍生品的生活化生产。目前，市面上存在很多类型的泛科幻衍生品。于此，科幻更像是作为一种独特的美学风格或营销概念而存在，变相表征为某种"科技感"和"未来感"。例如，美国国家航空航天局（NASA）的联名潮品已成为服装市场上的新秀，专注星星命名的全球公司Star Registration出品的"国际星星命名"礼盒成为标榜浪漫与科幻的代表性礼品，中国航天也相继出品太空兔手办、金属徽章等周边衍生产品。泛科幻衍生品是科幻赋能产业升级的重要尝试，与人们的衣食住行等日常生活使用场景密切相关。在这一过程中，科幻衍生品逐步从"粉丝向"转向"大众向"的开发与营销。创意植入的关键就在于杜绝科幻IP衍生品的平面化、空心化，从在地化、数字化、生活化等层面下功夫，才能实现IP衍生品与消费者的情感共振，迈向良性循环的增长之路。

4. 新模式：从产品导向到用户导向

近年来的文化市场营销基本呈现出从产品导向到品牌导向以及社会/消费者导向的变革趋势，科幻衍生品市场也不例外。在高质量发展阶段，中国科幻衍生品产业不单单是要"卖玩具"，还要"卖服务""卖品牌""卖生活方式"。对广大科幻衍生品企业而言，最基础的路径在于用好众筹模式，吸引粉丝参与。在衍生品市场尚不成熟的环境下，各大科幻企业普遍选择了"先众筹、后制作"的稳妥模式，这一模式与其说是在筹集项目资金，不如说是为了积蓄粉丝情感。众筹也应提前做好各项设计、规划与研发工作，借助电影的热度同步宣发众筹，满足粉丝期待。众筹结束后，也应将"以受众为中心"的发展思路贯彻到底，做到及时公开产品进度、邀请粉丝参与、按时保质完成生产任务等。

另外，中国科幻衍生品产业应坚持走软、硬"双轮驱动"的发展模式。"软"的部分指科幻衍生品产业的活动经济、社群运营与品牌营销板块；"硬"

的部分包括具体产品的设计、生产和销售。目前，受限于客观的基础条件，绝大多数科幻衍生品企业仍停留在硬性经济的部分，有待向软性经济过渡。约瑟夫·派恩在其著作《体验经济》中提出，体验不同于消费，它是在消费过程结束后所留存在人们心中难忘的美好经历[8]。消费者的需求发展经历了从“量的满足时代”到“质的满足时代”，再到“感性满足时代”。在第三个阶段，产品和品牌被符号化并被注入情感元素，进入一个所谓“文化化”的过程，成为吸引和引导特定人群进而满足其消费心理体验的载体。科幻衍生品产业从“硬”到“软”转化的内在逻辑在于：前者吸引流量，后者转化留量；前者标榜新意，后者凸显心意。二者相辅相成，缺一不可。具体的衍生品往往自带 IP 属性，能够实现资金的快速回流与变现。软性经济的核心在于通过组织活动、空间营造等方式达到吸引“人”的目的。特别是科幻衍生品领域，由写手、画手组成的“二创”力量是衍生品行业发展的重要社群生态，粉丝自制的非正式力量不容忽视。

处在转型“阵痛期”的中国科幻衍生品产业，少了些数据的浮华，多了些创新的朝气。对此，我们仍需谨慎入局，理性看待。尽管经历了 2023 年年初的“众筹狂欢”，但从全年数据来看，2023 年中国科幻衍生品产业的整体表现显然并未达到市场预期。优质科幻 IP 供给短缺、产品研发能力不足、产业链条不完善、资金与人才缺口明显等因素已成为产业高质量发展的核心掣肘。另外，转型也意味着新的发展机遇和市场活力。2023 年，情绪消费成为年度热词，产业政策呼唤 IP 引领，结构调整引领市场风向，众多新型数字衍生产品及相关业态已初现端倪。为此，只有树立运营前置、平台整合的新理念和新思路，从 IP 依赖转向创意植入，走软、硬“双轮驱动”的发展模式，不断寻找衍生品与活动经济、社群运营之间的连接点，构建科幻衍生品产业的全要素支撑体系，中国科幻 IP 的商业变现之路才能走实、走远。

参考文献

[1] 中外玩具网. 布鲁可重磅 IP 新品发布！积木市场爆品来了［EB/OL］.（2023-04-16）［2024-03-01］. https://mp.weixin.qq.com/s/dABSQdYsPb3bmv4mzkCrcg.

[2] 2023成都世界科幻大会. 全球《三体》迷相聚成都:“三体已经成为一个跨代际的文化符号”[EB/OL].(2023-10-22)[2024-03-01]. https://mp.weixin.qq.com/s/UJM0hlaNTb7gEf7erblD6A.

[3] 陈少峰,张立波. 文化产业商业模式[M]. 北京:北京大学出版社,2011:96.

[4] 赛凡科幻空间. [EB/OL].(2023-01-15)[2024-03-01]. https://weibo.com/2830766900/MooZaxTtR.

[5] 鲍德里亚. 消费社会[M]. 南京:南京大学出版社,2001:87.

[6] 三文娱. 全球最赚钱的50个IP:第一名收入1000亿美元,760亿来自授权衍生品[EB/OL].(2021-03-16)[2024-03-01]. https://www.36kr.com/p/1140026030343299.

[7] ACGx. 众筹结束不到两月,《流浪地球2》的衍生品就“踩坑”了[EB/OL].(2023-03-22)[2024-03-01]. https://www.jiemian.com/article/9109257.html.

[8] 派恩,吉尔摩.体验经济[M]. 毕崇毅,译. 北京:机械工业出版社,2012:65.

作者简介:

刘启航,上海交通大学媒体与传播学院文化产业管理系硕士研究生,中国科幻研究中心“青年储备人才”。研究兴趣为文化产业与文化消费。

柯昊纯,中国科普作家协会会员,主要从事科幻衍生品产业研究。

年度科幻文旅产业发展报告

王嘉诚　李　珂

2023年是中国科幻文旅产业急剧变化的一年。2023年中国科幻文旅产业总营收为310.6亿元，与2022年相比增加了160.3亿元，同比增长106.7%，原因在于随着市场的开放，市场逐渐走向多元化，主题公园科幻游乐项目增多，世界各大娱乐集团加大在华主题公园投资力度。其中主题公园科幻游乐项目营收为303亿元，占比98%。科幻景区营收为7.5亿元，占比2%。文旅综合体营收为100万元，科幻舞台剧营收达到500万元。如图1所示，2023年中国科幻文旅产业较2022年相比有着显著增长。

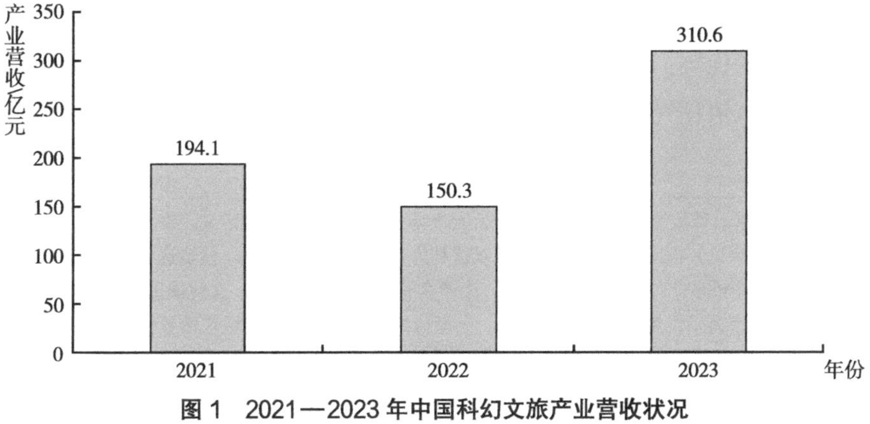

图1　2021—2023年中国科幻文旅产业营收状况

一、概述

本文提到的科幻文旅产业是指以科幻内容传播为目的的文旅产业类型，它以科幻文化为内容主体，以促进文化旅游、完善科幻事业、普及科学思想、承接科幻 IP 转化、传播科幻文化、发展科幻娱乐等为旨归，是文化旅游产业的组成部分。其本身具有科技属性、文化属性、经济属性与意识形态属性。从产业类型上来看，科幻文旅产业与文化旅游产业构成大致相同，包含以下几种类别。

第一类是科幻文旅综合体。科幻文旅综合体是在新时代城市总体规划创新、传统工业转型升级的背景下，由国家着力打造的科幻产业集聚区、传统工业转型升级示范区、高端产业创新高地及科幻文娱产业创意基地，是集工业、文化、体育、旅游为一体的高新发展综合体。

第二类是主题公园科幻游乐项目①。科幻游乐项目属于主题公园范畴，但因我国主题公园市场开发时间较短，目前不存在已完全建成并独立运行的科幻主题公园，因此本文以主题公园科幻游乐项目为研究对象。

第三类是科幻景区。科幻景区是将园区建立在自然景区的基础上，通过科幻科普类游览项目开发而形成的文旅形式。在发展模式方面，科幻景区依托自然环境的优势，将科幻与科普内容进行深度结合，开发科幻科普类游览项目。科幻景区依托气候、地质等环境优势，在景区模拟太空、火星等外太空环

---

① 国家发展改革委等 12 个部门对主题公园市场进行了较为详细的定义，在《关于规范主题公园建设发展的指导意见》指出："主题公园是指以营利为目的兴建的，占地、投资达到一定规模，实行封闭管理，具有一个或多个特定文化旅游主题，为游客有偿提供休闲体验、文化娱乐产品或服务的园区。主要包括：以大型游乐设施为主体的游乐园，大型微缩景观公园，以及提供情景模拟、环境体验为主要内容的各类影视城、动漫城等园区。"根据上述定义，本文认为主题公园科幻游乐项目是主题公园通过骑乘设施、园区演艺、场景设置等呈现科幻内容的游乐项目。依据投资属性划分，此类项目又可以细分为两种类别：一是本土主题公园的科幻游乐项目，二是国外在华投资主题公园的科幻游乐项目。本土主题公园科幻游乐项目因受到发展时间、内容庞杂等因素的影响，具有较为复杂的属性，大致可分为科幻 IP 类主题公园游乐项目与科幻科普类主题公园游乐项目。

境，给游客以身临其境的“科幻感”。

第四类是科幻舞台剧[①]。科幻舞台剧是指呈现在舞台上的科幻题材戏剧，通常在剧场中演出。剧情来源于原创科幻科普内容，或改编自小说、漫画、动漫、游戏、电视剧、电影等。相较于一般舞台剧来说，科幻舞台剧对灯光、造型、音乐、舞台设计等专业技能的要求更为严格，以突出题材本身的科技感与未来感。

2023年中国科幻文旅产业总营收为310.6亿元。其中，主题公园科幻游乐项目占总营收的98%，为303亿元；科幻景区占比2%，营收为7.5亿元（图2）。

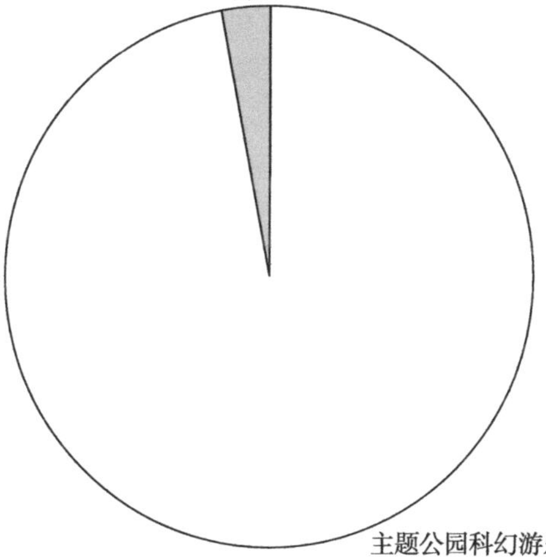

图2 2023年科幻文旅产业主题公园科幻游乐项目、科幻景区营收占比

随着经济复苏，市场回温，以及政策的推动，中国科幻文旅产业走向多元化，形成科幻文旅综合体、主题公园科幻游乐项目、科幻景区、科幻舞台剧与科幻展览等多元产业模式。世界科幻大会等科幻文旅综合体成为国内科幻文旅产业独特的产业模式，彰显中国特色。在主题公园方面，如方特、海昌海洋

① 本文对科幻舞台剧的定义主要参考相关学者对舞台剧本身的定义，即舞台剧为呈现于舞台上的戏剧艺术。详见董健、马俊山:《戏剧艺术十五讲》，北京大学出版社，2012。

公园、欢乐谷等国内主题公园对内加强科幻 IP 开发力度，与国外知名 IP 加强联动，形成双向互动；国外企业在华投资主题公园科幻游乐项目继续深耕 IP 开发，“疯狂动物城”等新项目呈现出火爆现象，国外大型娱乐资本相继在国内投资主题公园，中国成为世界主题公园的中心。科幻景区平稳发展，成为中国科幻文旅区别于其他文旅产业的特色类型。科幻舞台剧成为科幻文旅产业的新赛道，《深 AI 你》《云身》开辟了科幻发展新模式，与舞台剧相融合。“小宇宙：科技主导下的情感”“科幻世界 · 无限 宇宙之门”“2023 成都双年展”“三体 · 引力之外”等科幻展览采用新兴技术进行创作，展现艺术家对人与科技的思考。文化输出与主题公园出海成为 2023 年中国科幻文旅产业的一大亮点。在“一带一路”政策的指导下，“火星大战”科幻主题公园、海昌海洋公园积极开拓海外市场，在中东、东南亚成功落户并签署合作协议，成为中国主题公园产业出海的典范。

二、年度科幻文旅产业发展状况

2023 年是中国科幻文旅产业活跃的一年。其中，文旅综合体成为中国科幻文旅产业独特的产业模式，以首钢科幻产业集聚区和成都科幻馆为代表，在世界范围内，还未有类似的科幻产业园区形式。主题公园科幻游乐项目仍是 2023 年中国科幻文旅产业的支柱。国内主题公园科幻游乐项目在维持原有项目的基础上，采取更多元的开发模式：一是拓展产业渠道，增加营收；二是完善旧有体系，维持稳定。如华强方特在 2023 年采取稳步的发展策略，集中巩固已开发的项目。与之相比，海昌海洋公园不断拓展新项目，加强与上海新创华文化发展有限公司的版权合作，在郑州、成都与大连投放奥特曼主题馆和航海王传奇城堡项目。国外在华投资主题公园持续推进新 IP 的开发与落地。如上海迪士尼度假区二期项目“疯狂动物城”在 2023 年年底盛大开业，题材内容涉及生化阴谋、探案冒险与真情友谊，成为该年度最受欢迎的文旅项目。另外，随着我国科技事业、航天事业的不断发展壮大，文化自信不断增强，科幻景区成为许多消费者的去处。冷湖火星营地、金昌火星 1 号基地、平塘县克度镇 FAST 天文小镇等涉及天文、航空航天内容的科幻景区逐渐发展起来，游客量有所增长。科幻舞台剧与科幻展览为科幻文旅产业带来新气象，以深圳等地为先锋，出现了令人惊喜的系列作品，成为中国科幻发展多元化的具体表现。

（一）科幻文旅综合体成为独特的产业发展模式

首钢园科幻产业集聚区是科幻文旅综合体的典型，旨在召开科幻会议、举办科幻赛事与展览，凝聚科幻产业人才，汇集科幻创意，提供办公、展览场地，打造开放式的科幻公园，为市民提供旅游目的地，最终实现城市更新，推动地域经济发展。目前来看，首钢园科幻产业集聚区大体包含三类功能。一是工业遗址改造，为市民提供旅游去处。首钢园科幻产业集聚区依托首钢原址，在原有的工业遗址上进行改造升级。如首钢一高炉·SoReal 科幻乐园目前已整体改造完成，提供沉浸式体验项目，为会展、游戏赛事等提供场地，供市民参观游览。二是企业集聚，为企业提供办公场所。当前，首钢园科幻产业集聚区已引进刘慈欣、王晋康科幻大师工作室，元宇科幻未来技术研究院，中国移动咪咕公司，航天智能院，瞰瞰智域等科幻与高新技术企业，加快科幻与科技的融合。三是构建科幻产业生态，推动各类展会的实施。目前形成以中国科幻大会为中心，科幻产业基金、中关村科幻产业创新中心、科幻大奖、科幻产业联合体为支撑的“一体四翼六维”的产业生态[1]。四是提供产业服务，为企业提供平台支持。目前首钢园已举办“首钢园互联网 3.0 国际高峰论坛”“智汇首钢·元启未来产业系列活动”“走进科幻产业联合体”等以促进高新技术发展为主旨的活动。2023 中国科幻大会首次采用虚拟主持人，激发了全民对科幻的热情。潮幻奇遇季等项目为青少年、科幻爱好者展示了裸眼 3D、元宇宙等前沿技术，让消费者感受到科幻走进现实的震撼之感。

2023 年，世界科幻大会在成都成功举办，成为世界科幻史上的一大盛事。开园期间游客量超 3000 人次[2]，营收达 100 万元①。成都市人民政府颁布《成都市郫都区城市场景机会清单（科幻专题）》、《成都市郫都区科幻产业城市机会清单》（第一批）（2023）、《成都市郫都区建设清水河高新技术产业走廊打造成

① 营收计算方式：园游客量 × 门票平均价格。如世界科幻大会开园期间游客超 3000 人次，门票平均价格为 320 元，总营收约达到 100 万元。

都科幻中心若干政策措施》等政策，将发展措施集中于科幻产业的开发上，形成政策支持，并以大会的形式，以发展科幻、科普、科技文化为主旨，建设郫都区新型文旅目的地，辐射成都市科幻文旅市场，带动四川省科幻文化发展。

成都世界科幻大会的科幻文旅项目以成都科幻馆与世界科幻公园为主，成都科幻馆位于世界科幻公园内。成都世界科幻公园于2023年10月份投入使用，是以世界科幻大会“共生纪元”为主题的开放式公园，为市民提供休闲娱乐去处。世界科幻公园的主要功能为拓展成都科幻文旅产业，将科幻与古蜀文化、成都文化相融合，为数字技术、元宇宙技术、人工智能发展提供场地，打造世界级科幻场景集群。世界科幻公园为成都各类科幻产业提供集聚场所，共包含科幻艺术村、科幻主题博物馆、成都科幻博物馆、科幻电音节、科幻青年训练营、科幻主题嘉年华、科幻主题街区、科幻主题营地、青少年科普研学中心、科幻主题社区空间、科幻主题夜游11个文旅项目。成都科幻博物馆包含主场馆、主展览场地与其他配套功能空间，荣获“全国一流科普场馆”“全国首个科幻主题场馆”称号。其中包含三个主题场馆，分别为“科幻剧场及近未来科技概念会展”“科幻IP主题场景”“科幻科普融合场景”。“科幻剧场及近未来科技概念会展”集中展览科幻电影、沉浸式演出，同时为前沿科技产品提供展示场地；“科幻IP主题场景”通过自主开发的数字IP，为消费者提供虚拟现实的场景体验；“科幻科普融合场景”采用数字技术、元宇宙技术等，将科幻科普主题内容进行实景转化。青少年科普研学中心集中发展科幻科普教育项目，培养青少年想象力与科学素养，并积极创建全国研学旅游示范基地。科幻主题营地、科幻主题街区、科幻主题社区空间位于世界科幻公园内，通过与当下流行的露营经济相结合，以太空、科技、户外二次元等为主题元素，打造沉浸式科幻主题营地，并为科幻迷提供交流互动的场所。科幻主题博物馆为历年重大科幻典礼提供场所，陈列、展览国内外科幻作品。科幻青年训练营为青年学者、作家、编辑等提供专业指导，每年定期举办训练营，指导专家为重大科幻奖项获得者、剧作家、导演等，产出的作品优先在郫都区培育转化。科幻艺术村临近成都科幻馆，引进与培养科幻艺术家，打造世界科幻艺术创作高地。

2023世界科幻大会囊括了科幻科普学术讲座、产业合作、企业商品展示、IP开发、科普研学、幻迷交流、衍生品展览、旅游等多项议题，是集会展、旅游、商务、学术研究等为一体的多功能大会形式，运营模式更加多元。学术讲座方面涉及“人工智能”“气候变化”“赛博朋克”等内容，对当下国内外科幻创作与研究有着深刻启示。产业方面，“天问”计划、《科幻产业成都共识》《2023 中国成都科幻产业报告》等对成都科幻产业的发展进行了细致描绘，并为科幻企业提供交流平台，实现总投资 80 亿元[3]的成就，从政策方面为未来成都科幻产业发展提供支持。成都世界科幻大会的成功举办为中国科幻文旅产业探索出一条新的发展道路，破除了主题公园、会展、学术会议、研学等各行业之间的壁垒，通过政策实施将各行业有机融合，为中国科幻发展提供更多元化的平台。

（二）主题公园科幻游乐项目加快运营模式改革，加强国际合作

2023 年全年，我国主题公园科幻游乐项目营收约为 303 亿元，与 2022 年相比增加了 156.5 亿元，同比增长 106.8%，成为科幻文旅的发展支柱。现有主题公园科幻项目可分为两类，一是国内企业自主开发的主题公园科幻游乐项目，二是国外在华投资主题公园的科幻游乐项目。其中，本土主题公园的科幻游乐项目营收为 87.5 亿元，占主题公园科幻游乐项目营收的 29%；国外在华投资主题公园的科幻游乐项目营收为 215.5 亿元，占比 71%。

1. 国内主题公园科幻游乐项目平稳增长，实现运营模式改革

随着地产市场的放开，国内文旅集团开始新一轮的布局。国内主题公园科幻游乐项目在保持原有项目运行的基础上，继续进行新项目的拓展，包括更新骑乘设备，如华强方特维持现有项目的运营。另外，一些文旅集团开始规划新项目建设。如海昌集团在 2023 年拓展主题公园市场，国内方面在北京通州投资建设海昌海洋主题公园，形成与北京环球度假区竞争的趋势，国外方面，海昌集团与沙特阿拉伯王国签署合作协议，力图打造世界级海洋综合主题公园度假区；长隆宇宙飞船项目将科幻与科普内容进一步深度融合。

（1）科幻 IP 类主题公园游乐项目①

科幻 IP 类主题公园游乐项目主要包括华强方特科幻文旅项目。2023 年，

① 科幻 IP 类主题公园游乐项目是指以国产原创科幻 IP 为内容进行拓展的项目类型，代表园区有以国产科幻 IP“熊出没”为主的华强方特科幻游乐项目。

华强方特采取稳步走的战略，维持已有科幻游乐项目的运营，营收达到9.6亿元。华强方特集团稳步保持科幻文旅项目的运营，其中科幻类文旅项目主要包括“方特欢乐世界”“方特恐龙王国”“方特·狂野大陆”。华强方特半年报显示，2023年上半年华强方特主题公园营收为19.8亿元。各分项的半年报显示，自贡“方特恐龙王国”2023年上半年运营营收为1.6亿元，年营收约为3.2亿元，是2023年方特集团旗下最受欢迎的主题公园；台州“方特·狂野大陆”2023年上半年营收为1.3亿元[4]，年营收约为2.6亿元；方特欢乐世界半年营收约为1.9亿元，年营收为3.8亿元。2023年方特科幻文旅项目总营收为9.6亿元，年游客量超900万人次。

（2）科幻科普类主题公园游乐项目①

科幻科普类主题公园游乐项目主要包括长隆海洋王国、长隆欢乐世界、长隆宇宙飞船、海昌海洋公园与常州中华恐龙园，2023年总营收为77.9亿元。

2023年，长隆海洋王国与长隆欢乐世界全年游客量基本恢复到2019年水平。其中长隆海洋王国1100万人次，年营收为36.3亿元；长隆欢乐世界490万人次，年营收为12.3亿元。长隆科幻科普文旅项目总营收约为50亿元②。新开发的珠海横琴长隆宇宙飞船成为2023年长隆科幻科普文旅的一大亮点。全场馆以地球生态、外太空旅行、海洋动物科普等为主题，将科幻想象与科普传播相结合，包含“宇宙世界”“亚细亚星球”“雨林星球”“峡谷星球”“星际站台”“珊瑚秘境”“海洋狂想曲”“惊鲨黑洞”“太空龙宫”“鲸奇宇宙”“酷比之旅”“宇宙乐园”等15个科幻科普游乐项目。值得注意的是，长隆珠海宇宙飞船的成功运营预示了本土主题公园走向科幻科普结合的道路。随着《全民科学素质行动规划纲要（2021—2035年）》等国家政策的发布，以及国内市场的快速转型，以往主题公园中有着严格界限的科幻与科普内容不再局限于原有的领

---

① 科幻科普类主题公园游乐项目是将科幻与科普内容进行融合的类型。与迪士尼乐园等以科幻IP为支柱的游乐项目和单纯的科普科技馆都不相同，科幻科普类主题公园具有商业的营利性质与娱乐性质，在内容上有幻想性、未来性、科普性、故事性等特征，与单纯的科普项目有所区别。其中的游乐项目并非单纯聚焦于科幻IP，也不仅仅聚焦于科普，而是包含由科幻到科普或由科普到科幻相互穿插的内容。在游乐项目中，科幻与科普内容融合程度较高，难以分割，科幻与科普内容都占据较高比例。

② 数据来源于AECOM联合主题娱乐协会发布的《2019全球主题公园和博物馆报告》（*Theme Index & Museum Index 2019*）。营收计算方式为：园游客量 × 门票平均价格。

域，而是加速融合，以满足消费者更多元的科幻科普消费需求。

2023 年，海昌海洋公园转向轻资产运营，改革管理与开发模式，加强 IP 开发，加快联动开发进度。在管理方面，采取出售创意、加强区域合作的发展模式。海昌集团 2023 年年报显示，主题公园版块年度收入为 16.9 亿元，总入园人数达到 929 万人次[5]。在上海海昌海洋公园建设了世界第一座奥特曼主题馆后，海昌集团进一步采取 IP 联动策略，在郑州海昌海洋旅游度假区与大连海昌发现王国主题公园分别投放奥特曼主题馆，同时与华侨城欢乐谷合作，在成都欢乐谷投放了西南第一座奥特曼主题馆。这些主题馆与上海海昌海洋公园奥特曼主题馆项目相同，包含奥特曼主题展示区、奥特曼主题餐厅、奥特曼冰封剧场、奥特曼光之店、奥特曼游艺中心，以及新开发的奥特曼主题怪兽海盗船。大连海昌发现王国也同期推出航海王传奇城堡项目，加深与世界市场的结合程度，为国内主题公园科幻游乐项目提供了联动开发模式的标杆。另外，海昌集团在轻资产运营方面取得了一定成效，在北京市通州区建设北京海昌海洋公园，与北京环球度假区等形成竞争态势。该项目采取合作方出资建设、公司方负责运营的轻资产运营模式，减轻了海昌海洋公园的运营成本。从海昌发展模式的转型来看，在建设未来科幻主题公园时，可采取多元化入股方式，完善版权分配，明晰建设与管理权责。同时，海昌集团也采取“走出去”战略，与沙特阿拉伯王国政府签署合作协议，并在东南亚市场布局，成为主题公园产业输出中华文化的经典案例。

2023 年，常州中华恐龙园稳步发展科普基地、鲁布拉区、库克苏克峡谷区、魔幻雨林区、嘻哈恐龙城区、梦幻庄园区（儿童区）、冒险港区等科幻项目，2023 年游客量已恢复到 2019 年水平，年营收约为 11 亿元①。2023 年，中华恐龙园加快与各 IP 的联动，弘扬传统文化，开展传统文化庆典，举办动漫文化 COS 秀、主题演唱会等。同时利用主题公园的辐射效用，赋能公共基础设施，与常州市文化广电和旅游局、常州市交通运输局、常州市体育局、常州市生态环境局、新北区人民政府共同主办“绿动生活 骑遇龙城”恐龙主题新能源助力车投运暨“骑着恐龙游常州”城市骑行活动，推出 2000 台恐龙形象

① 营收计算方式为：园游客量 × 门票平均价格。

的公共新能源电动车，与常州恐龙文化结合，同时引领低碳生活。

2. 国外在华投资主题公园科幻游乐项目加大在华投资力度

2023 年，随着国内市场的放开，国外在华投资主题公园相继进行新项目的拓展，形成多种主题公园 IP 的竞争局面，各类国际娱乐巨头展开在中国主题公园市场的合作。目前，已经成熟运行的国外在华投资主题公园科幻游乐项目集中在北京环球度假区和上海迪士尼度假区两大园区，营收达到 215.5 亿元，占据主题公园科幻游乐项目营收的 71%。

（1）北京环球度假区科幻游乐项目

2023 年，北京环球度假区经历了更多挑战。首先，随着北京环球度假区一期项目运行的成熟，“变形金刚基地”“好莱坞”“未来水世界”“小黄人乐园”“侏罗纪世界努布拉岛”五个科幻游乐项目缺少再开发的空间，在营收、客流量方面都呈现出平稳的态势。据环球母公司康卡斯特（Comcast Corporation）官方数据，2023 年环球主题公园收入为 89.4 亿美元[6]，约为 642 亿人民币，同比增长 18.6%。北京环球度假区营收约为 128.4 亿元，年游客量超 1600 万人次[7]，其中科幻游乐项目部分营收为 91.5 亿元①，后发力度逐渐减弱。其次，在本土化方面，北京环球度假区与国内科幻 IP 的联动开发并未实现预期效果。一是版权方面的原因。国内科幻 IP 的版权结构复杂，同时也未形成完善的开发体系，因此目前只有大型公司少部分的科幻 IP 可供开发，无法保证开发的顺利运行与后期的合作时长。如环球与腾讯共同开发的“王者荣耀英雄盛会”推出花车巡游、主题商店与餐饮，并未获得更多流量，其关注度在活跃一段时间后便销声匿迹。二是可供开发的国产科幻 IP 较少，成为环球联动开发的难题。北京环球度假区并未如同大阪环球影城一样取得比较优势。一方面，大阪环球影城的科幻游乐项目基于日本每年产出的超人气动漫、漫画、影视、游戏等，因此基本上每年都会进行项目更新。如 2023 年，大阪环球影城利用《鬼灭之刃》《进击的巨人》《宝可梦》《哥斯拉》《新世纪福音战士》等新型或旧有的超人气动漫，进行场景化改编与更新局部项目，从而保证每年都推出新内容。另一方面，2021 年大阪环球影城与任天堂公司达成合作，

---

① 营收计算方式为：年度总营收 × 科幻游乐项目在主题公园中的占比。如环球影城有 8 个游乐项目，其中科幻文旅类项目有 5 个，以此算出科幻项目的营收。

开发超人气科幻闯关类游戏《超级马里奥》，针对游戏内容进行 1∶1 的还原，搭建真实场景。日本每年能够产出多类型科幻 IP，因此大阪环球影城能够保有更多选择，从而加强局部或整体的项目更新。与之相比，国内缺少能够持续开发的科幻 IP，因此造成北京环球度假区本土化不足的现象。实际上，目前国内拥有大量的科幻 IP，其中如《三体》《流浪地球》等也承受住了市场的考验，有着深厚的市场基础。但整体来看，能够进行持续开发与改编的科幻 IP 不多，受众基础不广泛，加之由于开发机制、版权、运营等各方面的问题，使得北京环球度假区目前缺少可联动开发的科幻项目。同时，各大国际娱乐巨头相继进入中国市场，让北京环球度假区的竞争压力增大。因此，在未来的规划中，北京环球度假区也明确了加深本土化进程，加强园区与中国文化的结合，开设新春“环球中国年”主题活动，并在二期规划中引入中华文化与孙悟空主题 IP。

综合来看，在经历了开门红之后，北京环球度假区 2023 年科幻游乐项目运行平稳，但后发力度不强。在未来的发展过程中，需要注意旧有项目的更新与新项目的开发，才能维持客流量。

（2）上海迪士尼度假区科幻游乐项目

2023 年，上海迪士尼度假区乘势崛起。迪士尼集团财报显示，2023 年迪士尼主题公园营收为 325.4 亿美元，约合人民币 2336.3 亿元[8]。其中，上海迪士尼度假区游客量超 1300 万人次[9]，门票与园内消费营收约 217.1 亿元，科幻游乐项目年营收为 124 亿元①，其受欢迎的原因在于新项目“疯狂动物城”②的开业。

在原有科幻游乐项目方面，上海迪士尼度假区采取稳步发展策略，维持“漫威英雄总部”“探险岛”“明日世界”等项目平稳运行。但值得注意的是，在没有新 IP 注入的情况下，上海迪士尼科幻游乐项目对游客产生的吸引力在达到峰值后持续减弱，回归到平稳水平。若逐年缺少新 IP 更替或开发，则会走向如同北京环球度假区的发展困境。另外，上海迪士尼度假区科幻游乐项目的本土化程度也不强，其开发的科幻项目均是基于以往漫威漫画、电影等，缺

① 营收计算方式与北京环球度假区营收计算相同。

② 《疯狂动物城》采用科学叙事与近未来叙事，与传统的童话叙事相结合，从内容上来看属于科幻故事，以《疯狂动物城》为内容的主题园区属于科幻文旅项目。

少基于中国形象的科幻IP。纵观上海迪士尼度假区，其科幻游乐项目是以“复仇者联盟”“创·战纪”“星际宝贝”等以美国科幻形象为主的IP内容，在线下体验中并未开发任何以中国形象为主题的展馆。同时，上海迪士尼度假区并未展开与中国本土科幻动漫、影视的合作，因此在线下投放时缺少联动开发。虽然这种模式在一定时间内能够通过其强有力的文化输出赢得中国市场，但在长远来看，随着中国市场逐渐成为世界主题公园市场的中心，中华文化在海内外的影响扩大，迪士尼这一文化输出的影响力在逐渐减弱。若是缺乏与中国本土科幻IP的合作，则会影响其未来在中国的发展。

“疯狂动物城”的开园是上海迪士尼度假区在2023年的转折点。同程旅行数据显示，2023年10月份，在“疯狂动物城”将于12月20日开园的消息发布一小时后，平台的上海迪士尼度假区门票搜索量暴增530%[10]。在开园之后，“疯狂动物城”成为2024年元旦最热门的景区。园区以电影《疯狂动物城》为基础，将电影场景进行1∶1的复制，包括“疯狂动物城：热力追踪”“探索哺乳动物大都会”“迪士尼疯狂动物城生活秀”“动物城警局招募中心”“迪士尼疯狂动物城日特别巡游”等游乐项目。同时，迪士尼在香港开发的新项目“冰雪奇缘”在2023年11月20日于香港开园，更加显示出迪士尼在华投资的力度逐渐加大，对中国市场的依赖与合作程度逐年增高。

综合来看，随着中国市场成为世界主题公园市场的中心，迪士尼不断加大投资筹码，也更彰显了中国主题公园未来市场呈现出的利好现象。但同时，迪士尼在开发过程中忽视了进一步与中华文化结合，尤其是在科幻游乐项目方面，缺少以中华文化为主题的科幻IP，也缺乏与中国本土科幻IP的合作。从长远来看，这将成为迪士尼未来在华发展的短板。

（3）尚在建设的国外企业在华投资科幻游乐项目

2023年，国际各大娱乐公司相继加大在华投资力度，国内主题公园市场不断扩大。默林集团在成都、上海、深圳分别投资了三座乐高乐园，投资金额总计超100亿元。从本土化方面来看，默林集团更为成功。上海乐高乐园度假区以江南水乡为基础，以枫泾镇为原型，结合本地文化与历史，打造具有上海地域特色的乐园模式。深圳乐高乐园度假区是全球最大的乐高主题公园，位于粤港澳大湾区，以中国文化理念为基础，结合深圳科技创新的优势，建设数字化高水准亲子主题公园。“乐高小伙伴”“乐高城堡”等项目将引入超人、蝙蝠侠等超级英雄 IP，成为科幻游乐的去处。

综合来看，随着国际主题公园市场的东移，国内各大娱乐集团展开主题公园投资的布局，在人工智能、数字技术的发展背景下，各级政府出台针对科幻、科技、科普产业的配套政策，为主题公园科幻游乐项目提供了政策支持。如华强方特的“熊出没”IP拍摄《熊出没·伴我“熊芯”》《熊出没·逆转时空》等以科幻为题材的独立电影，并将在线下投放相关场景，开发少儿科幻市场，激发青少年的科幻想象。另外，国内主题公园加强与国外科幻 IP 的合作，如成都欢乐谷与郑州海昌海洋度假区纷纷开展“奥特曼”IP 的线下投放，开设奥特曼主题馆，走向深度联动开发的道路。同时，国内主题公园科幻文旅与科普文旅融合程度进一步加深。如长隆集团在多年经营科幻科普文旅的基础上，“长隆宇宙飞船”景区又增添外太空旅游、星球旅游等以科幻内容为主的文旅项目，景区主题不再具有“科幻”“科普”方面明显的区分，科幻、科普的融合程度更深。

国外在华投资主题公园科幻游乐项目不断增多，显示出中国市场的广阔前景。值得注意的是，在进入中国市场时，虽然国外娱乐集团在一定程度上进行了本土化建设，但和中华文化结合程度不深。大多数科幻游乐项目仍以国外的科幻 IP 为基础，既缺少针对中国市场的科幻 IP，也缺少与中国科幻 IP 的联动开发环节，短期内能够依靠其文化输出的优势在中国市场获得成功，但长远来看，随着中华文化在国内外的影响力逐渐加大，国外在华投资主题公园科幻游乐项目的比较优势在逐渐减弱，未来应更尊重中国市场，注重与中华文化的结合，加强本土化进度，实现双赢。

（三）科幻景区形成“科幻、科普、科技”融合的文旅发展模式

2023 年，中国科幻景区依托地域文化特色，进一步发展集科技创新、科学研究、科普研学、科幻创意于一体的旅游模式，实现旅游营收 7.5 亿元，较 2022 年增加了 3.7 亿元，同比增长 97.4%，占科幻文旅产业总营收的 2%。2023 年全面运营的科幻景区包括冷湖火星营地、金昌火星 1 号基地与平塘县克度镇 FAST 天文小镇。

1. 冷湖火星营地

2023年，茫崖市共接待游客140.26万人次，实现旅游收入7.05亿元[11]。茫崖市人民政府继续引进天文科普、地质探险、火星登陆模拟等文旅项目，坚持文旅路线一体化战略，将冷湖火星营地、火星1号公路、“恶魔之眼”艾肯泉、海豚湾、俄博梁雅丹地貌、翡翠湖、丹霞奇境等景点串联，深化发展冷湖等文化旅游资源。冷湖火星营地是茫崖市科幻科普文旅的代表。2023年，冷湖火星营地持续平稳发展，冷湖火星营地俄博梁旅游区、火星营地、冷湖实验室共接待11.4万人次游客，收入547.2万。其中，火星营地、冷湖实验室共接待2064位科普研学的营员，开展驾驶火星车、火箭及火星救援等系列课程①。2023年，冷湖火星营地在2023年依然坚持“科技”“科普”“科幻”三方面的发展路线。冷湖与国内前沿天文研究机构和大学合作，建设中国科学院地质与地球物理研究所—冷湖行星地质观测中心、紫金山天文台冷湖观测基地、中国科学技术大学—紫金山天文台大视场巡天望远镜冷湖观测中心等，与上海交通大学合作建设国内观测能力最强的光谱望远镜，打造世界级天文观测基地。2024年，冷湖火星营地依据冷湖的地质优势，将开展冷湖火星地质公园项目的建设，并同步扩大冷湖实验室的科普研学接待能力。科幻产业方面，冷湖火星营地加快冷湖科幻文学奖影视化转化，进而促进产业链拓展。由第三届冷湖文学奖获奖作品《闭环》改编的科幻院线电影《冷湖37°》在2023年7月发布第一张概念海报，展现了冷湖未来向产业多元化发展的计划。

2. 金昌火星1号基地

金昌火星1号基地位于甘肃省金昌市金川区，由中国航天员科研训练中心与中国航天科技国际交流中心指导建设，着力打造“航天主题”泛大众的旅游目的地。2023年，火星1号基地总计接待游客超过7万人次，旅游门票营收超过613万元②，以研学旅行团队和学生旅行团队为主要消费群体。金昌火星1号基地预计2024年接待游客数量突破20万人次。其中，研学旅行团队和学生团队将占据较大比例。金昌火星1号基地整体业务以航天文化旅游为主，结合文创产品开发、影视拍摄发行等业务，打造科普、科幻、科研、科创为一

① 数据与资料全部由冷湖火星小镇文化旅游开发有限公司常务副总经理袁振民提供。

② 数据与资料全部由火星1号基地负责人宋旭提供。

体的旅游项目，带动区域经济发展，激发青少年想象力。火星1号基地共包含“探访红色星球”“探秘火星之城”“探寻火星居所”“探玩火星秘境”四大主题内容，有航天实景生存体验基地、火星数字互动体验中心，以前沿科学为基础，通过“火星车”“登陆舱”“火星采集车”等装备，模拟火星地表的地貌环境、火星登陆过程，以及火星生存体验等。研学方面，火星1号基地针对青少年开发出“CREATE”（未来生存力）培养体系，注重培养青少年的“创造力与自信心”“抗挫力与复原力”“情感力”“有效学习力”“适应力”“团队合作能力”。

在未来，火星1号基地将持续拓展火星登陆模拟的相关业务，围绕科技产业、火星主题产业、休闲娱乐产业，聚焦人工智能、航天科技，推动国家航天事业发展；围绕火星主题，开发多元影视、文创产品、研学课程等多元消费产业；打造沉浸式火星场景。

3. 平塘县克度镇 FAST 天文小镇

平塘县克度镇FAST天文小镇位于贵州省，近年来一直保持平稳发展。该景区依托FAST天眼、贵州文化等地域优势，开发出多种科幻想象与科普研学相结合的项目，如天文体验馆、南仁东先进事迹馆、九号宇宙航天科技馆、球幕飞行影院、夜游科幻互动、科技梦幻艺术展、科幻剧本杀、真人科幻CS基地等项目，将科普与科幻深度融合，赋能地域文旅产业发展。《平塘县2023年1—11月经济要情》显示，2023年全县一般公共预算收入为3.39亿元[12]，科幻科普文旅税收占全县税收比重为12.42%[13]，年营收约为4210万元。随着国家科幻科普事业的发展，在维持原有项目的基础上，平塘县人民政府在2023年开始招商引资，着手拓展科幻科普文旅产业，拟投资项目包括天文小镇青少年天文科技训练中心地、天文小镇主题乐园、天文小镇科幻拓展基地与溢彩沉浸式夜游、天文小镇研学基地等项目[14]，建设火星、月球模拟基地，拓展研学市场。

综合来看，随着市场的放开，2023年科幻景区的类型也逐渐丰富，文旅项目内容覆盖范围广，包括火星登陆、月球登陆、宇宙冒险、天文观测、科普研学、科技赛事、科幻创作与体验等，加快科幻与科普的融合进程，与国家科普政策结合，促进中国科普与科幻事业的双重发展。

（四）科幻舞台剧拓展科幻文旅产业赛道

2023年，科幻舞台剧成为中国科幻文旅产业发展的新赛道，营收达500万元。

1.《深AI你》

《深AI你》是首部以舞剧艺术形式探讨人与人工智能未来的作品，由中共深圳市委宣传部、深圳市文化广电旅游体育局出品，北京保利演出公司、江苏省演艺集团有限公司、中共深圳市罗湖区委宣传部、中共深圳市宝安区委宣传部联合出品，深圳戏院制作，中国歌剧舞剧院国家一级编导佟睿睿执导，于2023年3月30日在深圳滨海艺术中心首演，共演出24场，观看人次在24000人次以上。

《深AI你》将古典舞与数字技术相结合，在舞台上融合机器人、裸眼3D、高科技屏幕等科技元素，向观众传达出具有数字美学的震撼感受，使其在观看中体会到现实与未来的融合与割裂。科幻、科技在某种程度上更新了传统舞剧的表达方式与呈现内容，使其从纯审美领域迈向思考未来的新场域。

2.《云身》

《云身》于2023年3月11日首次面向社会公演，共计演出5场，观看人次为3100人次，获得深圳市资助，是由深圳编剧、导演、演员、剧务运营组成的深圳本土原创作品，属于公益性演出。该剧由时任南方科技大学党委书记李凤亮和深圳大学艺术学部主任钟曦担任总策划，南方科技大学人文社会科学学院院长陈跃红、科学与人类想象力研究中心主任吴岩与深圳大学戏剧影视学院副教授尹迪共同编剧，尹迪担任导演，深圳大学戏剧影视学院表演专业2023届毕业生倾力演出。

《云身》体现了科幻文旅产业的两个探索方向：第一，以学术研究激发科幻创意，保证了科幻舞台剧的专业性与氛围特色；第二，以本土、城市为导向打磨剧本和策划演出，在赢得当地支持的同时，也彰显了当地的创新精神与城市名片。后续《云身》将以市场化为导向，进行商业化开发，值得继续关注。

除了上述两部作品，另有一些面向儿童的科幻剧目值得关注，如音乐戏剧《本草纲目》、科幻探险记《飞向月球》等，这些儿童科幻舞台剧更受市场欢迎，在未来应关注其发展态势。

三、年度科幻文旅产业重要现象观察：科幻主题公园成为中华文化传播新形式

党的二十大明确提出，繁荣发展文化事业与文化产业，讲好中国故事，传播好中国声音，推动中华文化更好走向世界。2023 年 5 月，中共中央宣传部等六部门联合推动对外文化贸易“千帆出海”行动计划，鼓励推进文化出海，为中国科幻文旅产业在海外拓展提供政策支持。中国科幻文旅产业在 2023 年明确目标与方向，以“一带一路”为基础，依托国内大市场与国际市场双循环的战略，拓展了中国科幻产业范围，更加注重海外市场。其中，以“火星大战”主题公园与海昌海洋公园为先锋。

“火星大战”主题公园由北京诣想华萬科技开发有限公司在沙特阿拉伯王国塔伊夫市与塔伊夫大学（Taif University）合作共建，是中国首批出海的主题公园，也是首个将中华传统文化与科幻相结合的主题公园。其中的游乐项目大致分为陆地公园、儿童乐园、水上公园、冰雪公园、航空航天教育、XR 游戏、科幻商业街、太空主题餐厅、火星度假酒店、太空主题住宿、火星营地，具体项目包括“有巢会”“棉星家园”“冰盖历险”“星槎飞跃”“玉轮站”“火心谷”“赤壁鏖兵”“黑钢公社”“问天环”，将中国古代神话与太空探险主题相融合，彰显中华文化魅力。

海昌海洋公园也成为中国科幻文旅产业海外布局的先锋。海昌集团于 2023 年 12 月 15 日发布公告，首次与海外国家级投资部门沙特阿拉伯旅游发展基金（Tourism Development Fund）签署无法律约束力合作备忘录，计划依据沙特阿拉伯旅游战略来开发沙特阿拉伯王国海昌海洋公园项目，力图将海昌海洋公园打造成世界级海洋文化 IP。在此之前，海昌集团依据轻资产化发展理念，在“一带一路”政策的指导下，不断拓展海外市场。2022 年海昌集团与越南 Sunny World 集团共同建设越南海洋文化主题公园，投资内容包括业态导入、园区规划、创意策划、IP 授权、动物保育、运营筹备等，指向文化创意

层面，具体推广与园区建设由越南 Sunny World 集团负责。同年，海昌海洋公园与菲律宾 Boracay Lighthouse 17 Realty Inc. 签署无法律约束力合作备忘录，开发长滩岛新海岸项目，包括创意咨询、IP 授权等，逐渐走向轻资产化的发展模式。

“火星大战”主题公园与海昌海洋公园的成功出海开辟了中国科幻新的发展模式，同时也与以往的文化和旅游产业有着三点不同：一是超越了科幻文学、影视等传统叙事形式，结合沉浸式虚拟技术、场景技术，进一步向大众文化市场下沉，更加面向大众，摆脱了以往文化传播范围小、具有精英倾向的局限；二是开发主体构成更为复杂与多元，真正与国外当地市场、文化、版权等有机结合，显示出“一带一路”政策的有效性与持续性，在尊重本土化的前提下，运用主题公园等文旅开发模式在海外投资，传播中华文化；三是摆脱了文旅产业以往以地产开发为核心的乱象，走向数字化、轻资产化，更加注重创意开发的发展模式，是我国文化与旅游产业高质量发展的优秀成果。

四、结论与展望

2023 年，中国科幻产业走向多元化发展道路，超越以往以科幻文学、影视为主的发展模式，向场景式、体验式消费拓展，大型科幻文旅综合体、主题公园科幻游乐项目、科幻景区、科幻舞台剧、科幻展览等多种文旅产业形式迸发，显示出强劲的生命力。成都成功举办世界科幻大会，吸引了全世界科幻迷的目光，为政策型科幻文旅产业发展模式提供了借鉴，各地纷纷推出科幻产业相关政策。

主题公园科幻游乐项目方面，本土主题公园在稳步发展的基础上，不断开拓国内外市场，向新型文旅模式转化。较为成功的例子有长隆珠海宇宙飞船、海昌海洋公园。长隆珠海宇宙飞船的成功打破了以往科幻产业与科普产业泾渭分明的界限，显示出本土主题公园科幻游乐项目科幻与科普融合的转向。海昌实行多步走的战略，一是在国内积极拓展园区建设，在通州区建立北京海昌海洋公园，与北京环球度假区形成竞争态势；二是拓展与国际科幻 IP 合作的范围，在成都欢乐谷、大连发现王国投放奥特曼主题馆；三是以“一带一路”政策为基础，加大海外市场开发力度，加快轻资产化转型，在东南亚、沙特阿拉伯王国等国家开展创意开发指导、IP 授权与运营、动物保育等轻资产项目，实现本土主题公园科幻游乐项目管理模式的升级。

国外在华投资主题公园的科幻游乐项目呈现出爆发式增长。北京环球度假区走向平稳发展，但随之而来的是运营成本不断提高，项目吸引力逐渐减弱。同时，除了“功夫熊猫”，如“孙悟空”等改编自中华文化特色的本土化 IP 项目还未落地开放，显示出 2023 年北京环球度假区本土化不足的困境。上海迪士尼度假区也面临着同样的问题：科幻游乐项目陈旧，内容形象以西方超级英雄为主，既缺乏以中华文化为主的本土化科幻 IP，同时也并未开展与中国知名科幻 IP 的合作。值得注意的是，2023 年年末，上海迪士尼度假区开发的新项目“疯狂动物城”开园营业，成为年度文旅项目的爆款。但随着中国逐渐成为世界主题公园市场的中心，以及中华文化在海内外影响力的不断加强，环球影城与迪士尼应更加需要加快本土化进程，完善与中华优秀文化相融合的发展机制。另外，国外对主题公园的投资逐渐增大，科幻类型的项目不断增多，乐高集团、派拉蒙影业相继进入中国市场，开展本土化管理与发展模式，在场景构建方面，结合地方文化与中国文化符号内容。

2023 年，科幻景区稳步发展，聚焦科技强国、科学普及、科学幻想等主题，开发火星登陆、月球探测、太空体验等项目，结合国家科技发展战略，通过科幻文旅助力强国梦。

科幻舞台剧成为 2023 年中国科幻文旅产业新的发展赛道，不仅依托于逐渐成熟的舞台拍摄技术与场景沉浸技术，更依托于日渐庞大的科幻消费市场与科幻想象力的飞速发展。其创作内容与当下的人工智能、元宇宙等火热议题相结合，展现出对中国未来科技发展的哲思。

总之，2023 年是中国科幻文旅产业急速发展的一年，人工智能、数字技术等科技突飞猛进，消费市场不断扩大，产业更加多元。随着中华文化在海内外影响力的不断加强，中国科幻文旅产业也成为中华文化传播的重要一环，同时也促进传统产业模式转型升级，开拓海外大众市场，促进中国文化与旅游产业高质量发展。

参考文献

[1] 北京石景山发布. 石景山首钢园科幻产业集聚区正式挂牌中关村特色产业园[EB/OL].(2024-05-21)[2024-05-22]. https://baijiahao.baidu.com/s?id=1799596267419197675&wfr=spider&for=pc.

[2] 四川日报. 2023成都世界科幻大会购票渠道上线 两天售出近3000张门票[EB/OL].(2023-08-16)[2024-03-03]. http://scnews.newssc.org/system/20230816/001388340.html.

[3] 人民网. 2023成都世界科幻大会收官[EB/OL].(2023-10-23)[2024-02-21]. https://baijiahao.baidu.com/s?id=1780499706110374015&wfr=spider&for=pc.

[4] 原创力文档知识共享平台. 华强方特：2023年半年报[EB/OL].(2023-08-21)[2024-03-03]. https://max.book118.com/html/2023/0819/8055103115005122.shtm.

[5] 新京报. 海昌海洋公园去年收入18.17亿元，同比增长约129.1%[EB/OL].(2024-03-27)[2024-03-28]. https://baijiahao.baidu.com/s?id=1794644446597084676&wfr=spider&for=pc.

[6] COMCAST. Comcast Corporation 2023 Annual Report on Form 10-K[EB/OL].(2023-12-31)[2024-01-10]. https://www.cmcsa.com/static-files/fabc4151-d6cd-4480-bf15-43a5dfd96290.

[7] 中国新闻网. 北京环球度假区商圈年客流约1600万人次[EB/OL].(2024-02-20)[2024-02-21]. https://www.chinanews.com.cn/cj/2024/02-20/10166595.shtml.

[8] THE WALT DISNEY COMPANY. FISCAL YEAR 2023 ANNUAL FINANCIAL REPORT[EB/OL].(2023-11-08)[2024-01-11]. https://thewaltdisneycompany.com/app/uploads/2024/02/2023-Annual-Report.pdf.

[9] 劳动报. 疯狂动物城今日开园！迪士尼透露今年接待游客超1300万人次[EB/OL].(2023-12-20)[2024-01-11]. http://wap.51ldb.com/shsldb/ms/content/018c84b93fa9c0010000b9ff6f110fdc.html.

[10] 每日经济新闻. 上海迪士尼乐园疯狂动物城开幕消息发布后一小时，门票搜索量暴增530%［EB/OL］.（2023-10-24）［2024-01-12］. https://baijiahao.baidu.com/s?id=1780618057518118074&wfr=spider&for=pc.

[11] 中国网. 青海省茫崖市："孤独之城"旅游产业实现创收新高［EB/OL］.（2023-11-24）［2024-01-20］. http://minzu.china.com.cn/2023-11/24/content_42607483.htm.

[12] 平塘县人民政府. 平塘县2023年1—11月经济要情［EB/OL］.（2024-01-12）［2024-02-21］. http://www.gzpt.gov.cn/zfbm/xtjj_5770996/zfxxgk_5770966/fdzdgknr_5770969/tjsj_5121431/tjfx/202401/t20240112_83533957.html.

[13] 黔南布依族苗族自治州人民政府.【喜迎黔南州第十二次党代会——四新四化看黔南】奋发有为开新局——平塘县围绕"四新"主攻"四化"奋力推进高质量发展［EB/OL］.（2021-12-22）［2023-03-01］. http://www.qiannan.gov.cn/ztzl/qnzdsecddh/sxshkqn/202112/t20211222_72094877.html.

[14] 贵州省人民政府. 2023贵州省文化旅游重点招商项目［EB/OL］.（2023-03-07）［2024-02-01］. http://www.guizhou.gov.cn/ztzl/gqt/xmk/202303/t20230331_78832610.html.

作者简介：

王嘉诚，山东师范大学文学院文学与文化产业管理博士生。主要研究方向为文化产业与科幻产业。

李珂，常州大学周有光文学院讲师。主要研究方向为科幻文学与科幻教育。

年度科幻剧本娱乐① 产业发展报告

周天行

一、中国科幻剧本娱乐产业概述

剧本娱乐，作为实况角色扮演游戏（LARP）的分支，是2016年左右②开始出现的一种以剧情为核心的桌游形式，一般以5～8人的玩家规模为主进行游戏。玩家通过分饰剧本中的角色，围绕剧情展开推理、还原人物关系，寻找、互动交流、探讨、交换线索，共同揭开秘密或发现凶手，完成个人以及集体任务。2017—2019年，剧本娱乐产业迅速发展，展会模式、发行体系、加盟店派系等产业规范相继形成，大量人才涌入该产业，大批优秀作品不断出现，娱乐形式日新月异，发展出了自成一体的产业生态，成为炙手可热的新兴行业。从企业数量来看，中国文化娱乐行业协会数据显示，2021年全国有33300个沉浸式剧本娱乐企业，与2018年相比增长了26700个，年复合增长率为71.5%。行业规模从2018年的65.3亿元，增长至2021年的170.2亿元，

① 2023年4月，为进一步加强剧本娱乐管理，促进行业健康有序发展，文化和旅游部起草了《剧本娱乐管理暂行规定（征求意见稿）》。自此，“剧本娱乐”正式被用来指代“剧本杀”相关娱乐活动。

② 剧本娱乐前身起源于欧美的“谋杀之谜”（Murder Mystery）游戏。2013年，来自英国的谋杀之谜游戏《死穿白》（Death Wears White）被国内跑团爱好者翻译成中文引进，可视为剧本娱乐在国内的起点。2016年左右，国内一部分店家自发组织起来，将自己所从事的行业统一更名为“剧本杀”。

2022年达238.9亿元[①]。然而根据统计测算，在2023年，行业规模并没有明显的扩张，仍维持在200万亿元以上的水准。

在这样的环境下，我国的剧本娱乐作品发展出了丰富多样的题材和类型。其中，科幻元素在该行业的剧本创作中浓度很高。然而，由于对于剧本娱乐的分类没有统一标准，在大多数剧本娱乐平台中，科幻不作为一个独立的分类存在，只是搜索标签，而"科幻剧本"大多被归为"未来"类型，并少量分布在"架空""推理"等子类型中。本文研究的"科幻剧本娱乐"在这里定义为以科幻"点子"为核心，有明显科幻创作意识的剧本娱乐作品，以及包含各类科幻元素的"泛科幻"作品。

下文对剧本娱乐产业的数据统计和收集来自剧本售卖和资讯传播，以及为发行和剧本娱乐门店提供线上交易途径的应用程序"黑探有品"。"黑探有品"收集的信息涵盖了剧本单价、销量、发行日期、介绍资料及点评，是一个比较完整的剧本娱乐行业的数据库。它将剧本划分为十大类，分别是古风、民国、现代、未来、欧美、日式、架空、港风、中式和其他。其中，"未来"板块的剧本描述大多包含赛博、科幻、玄幻、AI等关键词，符合本报告中对科幻剧本娱乐的定义。为了获取有效数据和进行有意义的对比，本报告在下面的综述中将"未来"类型等同于科幻类型，但不代表其他类型中没有符合科幻剧本游戏定义的作品。

在具体的统计分析过程中，我们提取了这十大类的剧本信息。其中已售、单价和销售种类为原始数据；销售额和占比为辅助计算列[②]。继而我们根据二八定律对各类别剧本娱乐进行行业价值分析[③]。

由数据分析（表1）可见，现代种类是剧本娱乐销售的主力，占据了总销售额的46.46%，遥遥领先于排名第二的种类。古风和架空种类销售额相当，均为15%左右。这三大种类合计占据了剧本娱乐销售额的76.73%。其余种类（如民国、欧美、日式等）属于小众类，销售额较低。其中未来（科幻）类

① 数据来源：由沉浸式娱乐行业高质量发展平台发起，中国文化娱乐行业协会和中国青少年研究中心调查研究的《青少年沉浸式娱乐现状研究报告》。

② 销售额 = 销量 × 单价，占比 = 每本销售额 / 总销售额。

③ 定义高价值销售额占比 = 销售额占其种类前80%的本数 / 总本数。

表 1　2023 年剧本娱乐各类别销售额及占比分析表

种类	销售额（万元）	销售额占比	销售额占其种类前 80% 本数	总本数	高价值销售额占比
现代	14509.74	46.46%	184	1439	12.79%
架空	4733.85	15.16%	50	671	7.45%
古风	4718.83	15.11%	61	686	8.89%
其他	2466.74	7.90%	49	337	14.54%
日式	2440.17	7.81%	31	256	12.11%
民国	1060.37	3.40%	31	200	15.50%
欧美	962.55	3.08%	18	90	20.00%
未来	314.61	1.01%	28	173	16.18%
中式	14.08	0.05%	2	20	—
港风	11.85	0.04%	2	2	—
共计	31232.79	100.00%	456	3874	11.77%

的销售额仅占 1.01%，位列倒数第三，但其高价值销售额占比却高达 16.18%。相比之下，港风和中式种类的销售额及高价值销售额占比都较低，销售额占比分别只有 0.04% 和 0.05%，在小众类并未形成规模。

根据二八定律，我们对每个剧本娱乐种类下销售额占其种类前 80% 的本数进行了统计。现代种类的本数最多，达到了 1438 本，同时其高价值销售额占比排名第五，显示出其稳定的现金牛[①]地位。相反，古风和架空种类虽然本数较多，有一定市场规模，但由于没有极其叫座的作品，高价值销售额占比均在 10% 以下，不能将其归为高价值种类。未来（科幻）类剧本娱乐虽然小众，但是相比于港风、中式，在小众剧本娱乐种类中已形成规模，且在受众中有中坚作品，高价值占比排名第二，有极大的市场潜力。值得一提的是，欧美类和未来（科幻）类类似，均属于小众类初具规模（销售额占比 3.08%）且具高价值（高价值销售额占比 20%）。因此，可以考虑开发以欧美科幻为背景的剧本娱乐来拓宽市场。

① “现金牛”是指一种能够持续且大幅度产生现金流的企业或投资，类似于“摇钱树”，意味着一种可靠且盈利丰厚的收入来源。

总体而言，截至 2023 年，科幻仍然是剧本娱乐的小众分类。经统计，科幻剧本共 176 部（前 20 位具体篇目和占比分析已于表 2 呈现），在总剧本篇目中仅占比 4.53%，有待提升。但由于其为高价值种类，随着技术的进步与中国剧本娱乐产业的升级，未来的相关市场会更关注科幻剧本娱乐，尤其是有中

表 2　2023 年前 20 位科幻剧本娱乐具体篇目的销售额及占比分析表

剧本娱乐	已售 / 本	售价 / 元	销售额 / 元	占比
璀璨星河	811	528	428208	13.61%
送你一朵小花花	2094	99	207306	6.59%
夜枭	339	528	178992	5.69%
飞向冥王星	61	2288	139568	4.44%
笼中戏	240	528	126720	4.03%
海神	5	24888	124440	3.96%
脑髓炼狱	231	528	121968	3.88%
失控信条	200	588	117600	3.74%
天赋异禀	229	508	116332	3.70%
一米光年	182	528	96096	3.05%
错位	18	4288	77184	2.45%
漫娱 K 的游戏 1–12	168	439.2	73785.6	2.35%
禁闭凶间	169	428	72332	2.30%
我是决斗王	134	528	70752	2.25%
湖心岛	134	438	58692	1.87%
生者在狂奔	146	399	58254	1.85%
破壁之刃	113	488	55144	1.75%
造梦师	126	428	53928	1.71%
纯白在黑暗中湮灭	96	528	50688	1.61%
嘘！	24	2088	50112	1.59%

国特色的科幻剧本娱乐。根据我们对剧本娱乐行业的趋势分析结果，在2024年，剧本娱乐行业整体会维持2023年的趋势；而在2025年年初，行业情况和外界因素将有所回暖。因此，在此期间，在相关政策和机构完善的同时，中国科普科幻领域和剧本创作领域的人才应该抓住机遇，让科幻稳固其在小众剧本娱乐中的地位，甚至成为一种大众的娱乐方式。

二、中国科幻剧本娱乐产业的产业链

目前，我国剧本娱乐产业已经形成了相对完善的产业链。按照产业链上、中、下游的划分，中国科幻剧本娱乐产业的主要活动（如图1中的“主要活动”板块所示）可以分为内容创造与供给、内容分发与市场推广以及营销销售与服务三个环节。

在产业链上游的内容创造与供给环节，科幻剧本娱乐产业专注于剧本创作和知识产权（IP）的开发与授权。个人作家、创意工作室、主流品牌商自建的创作团队及大型娱乐公司，不同规模的创作者和IP拥有者为行业提供原始故事和概念，是产业链的创意源泉。他们通过市场调研和创新思维，确保剧本内容丰富多元，满足不同玩家的需求和偏好。这一环节的质量直接影响到整个产业链的质量和创新能力。

内容分发与市场推广环节中，科幻剧本娱乐发行商扮演关键角色，负责将上游创造的剧本和IP产品转化为可市场化的商品，并通过线下门店和线上平台等各种渠道将其推向市场，到达目标受众。在这个过程中，发行商还会对剧本进行筛选和评估，确保下游门店和平台能够获得高质量的剧本。因此，居于中游的科幻剧本发行商在整个产业链中占有重要地位，其剧本的发售模式主要分为三类：普通盒装本、城市限定本和独家授权本（简称“盒装”“城限”“独家”）。普通盒装本不设门槛，店家购买就能获得授权，因此销量最大；城市限定本意味着每座城市只有一定数目的店家能获得授权；独家授权本往往价格最高，通常一座城市只有一家线下实体店能获得授权。店家购买剧本获得授权后，就可以招徕玩家，每场游戏都有专门的主持人（DM），个别本还需要一些由员工扮演的辅助角色（NPC）。除了确定发售模式，发行商还会对剧本进行分类，给定标签。根据一级标签分类，剧本娱乐有情感本、恐怖本、推理本、机制本四类。而“科幻”作为剧本娱乐的二级标签，相关剧本娱乐分布在各个种类中，其中以“推理本”和“机制本”居多。在一级标签之外，剧本娱乐可以按照背景、题材和类型进行分类。涵盖科幻元素的剧本会散布在以下标签类型中：以“背景”作为分类标准的古风、民国、现代、未来、欧式、日式、架空，以及其他；按照“题材”分类的惊悚、情感、推理、欢乐、阵营、机制、谍战、武侠、玄幻、立意，以及其他；按照“类型”分类的新本格、本格、变革、还原、封闭、半封闭以及开放等。另外，这一环节还涉及市场营销策略的制定和执行，剧本发行商需要对内容进行包装和推广，增加市场的可见度和受众的参与度。科幻剧本娱乐的市场运营涉及多个方面，包括市场推广、用户关系管理、活动策划等。剧本发行商通过有效的市场推广，可以吸引更多的玩家参与，良好的用户关系管理可以提升玩家的满意度和忠诚度，而丰富的活动策划则能够增加玩家的参与度和游戏的趣味性。

营销销售与服务环节直接面向终端消费者，处于产业链的下游。其载体有两类，分别是提供实体游戏场所的线下剧本娱乐体验门店、科幻主题公园、科技馆和博物馆等，以及提供互联网技术支持的交流社区和虚拟体验的线上互动平台，例如我国最大的桌游综合平台“集石”App、线下剧本娱乐的头部交易平台“黑探有品”小程序、剧本娱乐测评及玩家社区平台“谜圈”App和“千岛剧本娱乐”小程序等。这些门店和平台通过与发行商合作，获取剧本资源，为消费者提供多样化的游戏体验和相关服务。与其他行业不同的是，虽然我国拥有愈加强大的电子商务，但由于剧本娱乐行业的特殊性，即服务质量和体验创新是吸引和留住用户的关键，线下销售仍然是中国科幻剧本娱乐的主流销售方式。此外，营销和商业模式决定了如何拓展市场，并将产品转化为收益。除了基本的门票销售，中国科幻剧本娱乐产业的商业模式还包括周边商品、在线订阅、广告合作等多样化的收益渠道。随着行业的发展，科幻剧本娱乐还有可能与其他产业进行深度合作，如与电影、游戏、旅游等产业进行联动，从而创造出更多的商业机会和收入来源。因此，营销策略和商业模式的创新是确保产业持续增长和盈利的关键。

在三个主要环节之外，中国科幻剧本娱乐产业还离不开技术、人力资源管理和财务管理等支持性活动等辅助（如图 1 中的“支持性活动”板块所示）。

其中，辅助部门，例如行业规范和人才培养，保证了产业的标准化和专业化。这包括以文化和旅游部等五部门为主的国家相关部门及行业协会制定的规则和标准[①]，以及以2023年成立的全国首个高校剧本杀学院——隶属于晋中信息学院的云端剧本杀学院为例的专业培训机构为产业输送合格的专业人才。这些机构保证了产业生态的健康发展，并且提供了行业发展的指导和支持，是中国科幻剧本娱乐产业合法性和技术性的来源。

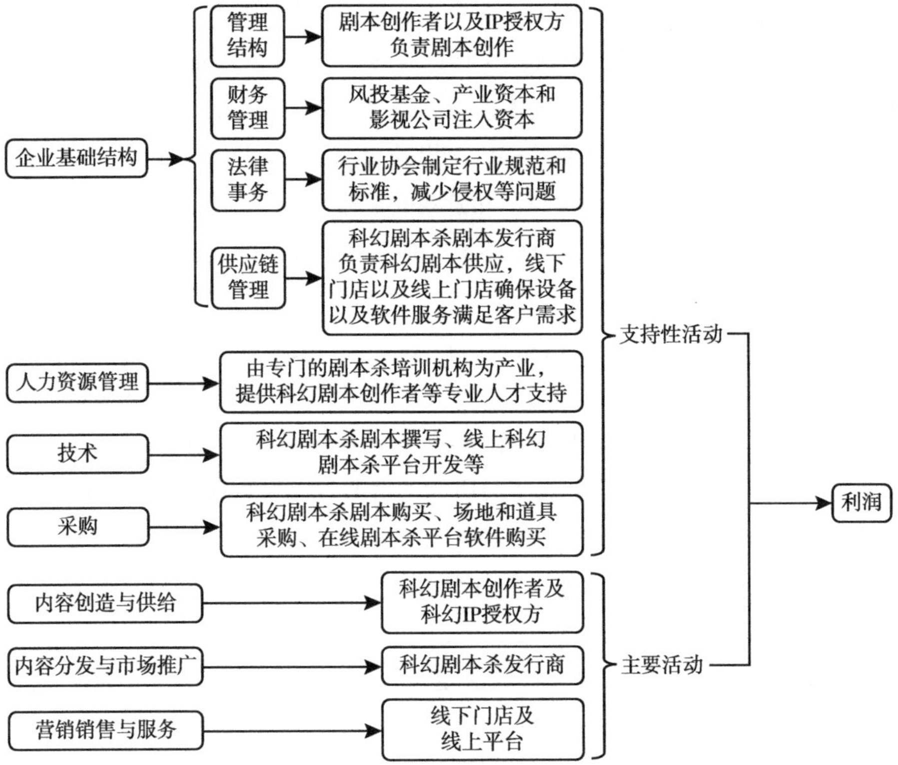

图 1　中国科幻剧本娱乐产业链

① 2022 年，由文化和旅游部、公安部、住房和城乡建设部、应急管理部、市场监管总局共同发布的《关于加强剧本娱乐经营场所管理的通知》就剧本娱乐有关事项进行了规范和监督指导。

而资本和投资者则为科幻剧本娱乐产业提供必要的资金支持。2023 年，上市公司腾讯控股、中手游、网易、芒果超媒、掌阅科技等皆在剧本娱乐行业有所布局。科幻剧本娱乐与元宇宙平台和沉浸式娱乐的融合吸引了大批投资与 IP 授权，促进整体行业投融资活跃度不断上升。这些投资帮助企业扩大规模，加速技术革新，并推动产业链的每个环节的持续发展。此外，财务支持还包括对整个产业生态的投资，如产业园区的建设、大型项目的投资等，这些都为产业的持续发展提供动力。

三、中国科幻剧本娱乐产业发展特征与趋势分析

（一）互动技术带来的科幻剧本娱乐产业变革与升级

从上一部分可见，科幻剧本娱乐产业是一个跨媒体、跨平台的综合性娱乐产业。它依靠强大的内容创造力、分销网络和技术支持，结合有效的商业模式和资本投入，不断推动产业向前发展。在这个过程中，随着技术的进步和元宇宙时代的到来，VR（Virtual Reality，虚拟现实）和 AR（Augmented Reality，增强现实）等互动技术的出现为科幻剧本娱乐发展提供了新方向和强助力，同时也将新的产业模式融入了该产业，带来了产业结构的变革与升级。其涉及的领域更广泛，且在一定程度上解决了传统剧本娱乐现存的问题。

与传统的剧本娱乐相比，VR 剧本娱乐进一步提升了剧本游戏始终追求的沉浸感。尤其对于科幻主题来说，利用互动技术在虚拟中构建宏大的未来世界，突破了传统圆桌剧本娱乐难以达到的视听壁垒。同时，互动设备可以让玩家充分体验到主角的能动性，通过实时决策影响故事走向，大大提高了玩家参与度。玩家不再只是阅读剧本或观看他人表演，而是亲自参与到游戏中，与游戏中的角色和事件进行互动。这种互动不仅增强了游戏的趣味性，也使得玩家能够更加深入地理解和体验游戏故事。此外，VR 剧本娱乐还具有更高的可定制性和可扩展性。游戏开发者可以根据玩家的需求和喜好定制游戏内容和难度，同时也可以通过不断更新和扩展游戏内容来保持游戏的新鲜感和吸引力。这种灵活性使得 VR 剧本娱乐成为一种极具潜力和创新性的新型娱乐方式。

VR 剧本娱乐基于五种新的收入模式展开。第一类利用互补品策略，涵盖“产品＋产品”，如“剃刀－刀片”模式，“产品＋服务”互补，以及创造间接互补品。第二类是“免费至收费”模式的创新，众多互联网公司通过提供免费服务吸引用户，再通过细节优化发掘盈利机制。第三类是第三方付费模式，消费者无须直接付费，企业通过其他利益相关方获取收入。第四类涉及付款方式创新，通过创新原有产品或服务的支付方式，升级低销量产品，进而提升销量。第五类是多收入流模式，通常与价值网络构建紧密相连，为企业拓展多元收益来源。

VR 剧本娱乐的出现让科幻剧本娱乐行业的收入模式开始发生深刻变革。优质原创剧本成为吸引玩家的关键，因此剧本娱乐与影视、小说 IP 的联动成为趋势，推动优质剧本的创作。同时，可通过打造知名剧本娱乐 IP 提升门店影响力。此外，优质 IP 正向线上化、多元化娱乐衍生发展，如推出与剧本娱乐内容相关的周边产品，如 VR 场景内的模型、续写或改编的轻小说等。企业还可以向发行商定制更具想象力的剧本，进一步丰富产品线和服务内容。

与此同时，技术成为科幻剧本娱乐产业更为重要的核心驱动力。区别于传统产业中例如剧本撰写、线上平台搭建等已经相对成熟、成体系的技术，VR 互动技术的运用为科幻剧本娱乐提供了沉浸式的体验，同时也带来了更多挑战。从设备建模、渲染到动作捕捉，再到加密导入 VR 设备，每一个环节都需要专业的技术支持。此外，为了确保玩家体验感的顺畅，还需要对设备进行持续的优化和维护，这涉及 VR 硬件设备的研发和优化、软件平台的构建和迭代更新，以及与之相配套的服务系统。目前国内已出现了一些专攻互动剧本领域的科技公司。以作为国内首批剧本娱乐 VR 游戏开发公司的“西安灵镜科技有限公司”为例，其着力于各类 VR 应用开发，打造 VR 学习、生活、娱乐一体化应用体验，推出了《灰石镇》《一个也不能少》《莫比乌斯》等多款包含科幻元素的 VR 剧本娱乐，备受市场欢迎。2023 年，包含了科幻和 VR 元素的剧本娱乐《奇异人生 2100》和硬核推理 VR 科幻剧本娱乐《穿越星辰》，凭借其身临其境的探索乐趣和非凡的想象力饱受市场好评，成为 VR 与科幻剧本娱乐相结合的优秀范本。

技术进步不断推动着玩家体验的边界，在确保游戏的流畅性和安全性的同时，还要不断创新以提供更真实的沉浸式体验。在未来，相关企业将朝着家用式、便携式 VR 普及落地等目标继续创作，继续开拓。

（二）科幻剧本娱乐的实景化进程加快

2023 年，实景化进程加快成为国内科幻剧本娱乐产业的重点发展趋势，其中以洛阳全城剧本娱乐文旅活动和高校的中式克苏鲁校园实景为主要现象。

为迎合 2020 年由文化和旅游部发布的《关于推动数字文化产业高质量发展的意见》中所明确的“发展沉浸式业态”的要求，即支持和鼓励沉浸式业态与城市公共空间、特色小镇等相结合，开发沉浸式旅游演艺、沉浸式娱乐体验产品，提升旅游演艺、线下娱乐的数字化水平，“剧本 + 文旅”的组合应运而生，多地纷纷进行了诸如“剧本 + 邮轮游”“剧本 + 节庆活动”“剧本 + 舞台剧”“剧本 + 民宿”等有益尝试，科幻实景剧本娱乐由此迅速发展起来。

实景剧本娱乐又叫实景 RPG（Role-Playing Game，角色扮演游戏）、沉浸式景区等，是通过实物道具、建筑及真人 NPC 等来增强剧本娱乐沉浸感的娱乐方式。市面上主流的实景剧本娱乐有多种玩法，应用场景也不尽相同。2023 年，文旅产业在疫情后缓慢复苏，亟待新的元素加持，同时剧本娱乐主体市场与往年相比并不景气，双方便互相融合，全国各地由此大量涌现实景剧本娱乐。由于科幻有助于解决其创意上的瓶颈和技术困难，在目前国内的实景剧本娱乐中，科幻题材所占比例明显高于常规桌面剧本娱乐中的科幻占比。在这些科幻实景剧本娱乐中，有不少作品在创作水平、经济收益以及社会影响方面都达到了较高的水平。

其中，河南洛阳的实景剧本娱乐《博物馆奇妙夜》是 2023 年最火的将古风与科幻结合的实景剧本娱乐之一。受同名美国奇幻冒险大片《博物馆奇妙夜》（*The Night at the Museum*）启发，洛阳博物馆、二里头夏都遗址博物馆、洛阳古墓博物馆、隋唐大运河文化博物馆大胆创新，联合举办结合剧本推理游戏、沉浸式戏剧和夜宿项目的历史人文类博物馆体验活动“博物馆奇妙夜”，通过四段穿越时空的演出讲述了百余件文物的故事，带领观众沉浸式体验洛阳厚重的历史文化。活动中的“时空回溯仪器”和“历史波动转换”功能等设定独具科幻特色，在增强历史沉浸感的同时，也让观众通过互动解谜与角色扮演的方式接受有趣的科普教育，将科幻和历史完美融合。尽管该体验项目的费用达到了每人1688元，不少场次依然一票难求，甚至吸引了北上广等一线城市游客旅游尝鲜，取得了极为可观的商业利润。这一沉浸体验不仅限于几家博物馆的行动，而是整座城市都进行了联动，系统策划了“神都奇幻志”全城剧本娱乐、隋唐洛阳城国风穿越节等文旅活动。

山西晋中的实景剧本娱乐《太行之主》作为全国第一个高校校园实景科幻剧本娱乐项目，也受到了业界关注。《太行之主》采用了中式克苏鲁背景，主线剧情为全校师生合力对抗即将苏醒的太古邪神“太岁”，并以破壁机制与现实校园建立联系。项目由学校出资，仅限本校师生参与，费用全免。虽不存在经济效益，但取得了较大的社会影响力，许多主流媒体自发对此进行了报道。

（三）全国剧本杀大赛的举办推动科幻剧本创作发展

2023年，国内剧本娱乐市场整体呈现繁荣景象，其中涌现一批高质量的科普科幻剧本娱乐作品。为继续推动国内剧本娱乐行业发展，发掘潜在剧本娱乐人才，一批相关赛事的出现成为关键助力，促进了剧本娱乐行业的规范化运行，并帮助形成了具有中国特色、适应剧本杀发展道路的中坚力量。其中，由晋中信息学院云端剧本杀学院主办，淬炼·国际商学院承办，中国科幻研究中心和中国人民大学发展研究所支持的全国首届以剧本娱乐为主体的“2023乌马河·全国剧本杀大赛”，成为该领域年度科幻剧本娱乐产业的重要事件之一。

值得注意的是，该大赛专门设立了科幻特别奖，以鼓励科幻剧本娱乐的创作，激发科幻剧本娱乐创作者的热情，并推动他们的创作步伐。该赛事的其他赛道也接收到大量科幻类作品投稿，体现出了科幻题材在剧本娱乐领域的旺盛生命力。以荣获一等奖的科幻剧本《采葛计划》为例，《采葛计划》的故事将中国传统文化与科幻相结合，同时融合了博弈论的元素，通过玩家之间的心理博弈和策略思考，使推理过程更加严谨和具有挑战性。这部以博弈推理探索为亮点的科幻剧本是大赛所倡导的具有中国特色的剧本娱乐的优秀典范，同时也获得了大量对数学特别是逻辑学感兴趣的进阶推理玩家的青睐。在大赛活动期间，参与者高手云集、群英荟萃，除了成熟作者，还有很多大学生新人作者入围，为剧本杀行业注入了新鲜活力。依托晋中信息学院云端剧本杀学院提供的优越平台，“乌马河·全国剧本杀大赛”将长期举办，以积极鼓励科普科幻剧本娱乐创作。

除此之外，由中国戏剧文学学会和四川电影电视学院联合主办，中国戏剧文学学会沉浸式文游创作与运营委员会等组织承办的第一期全国沉浸式文游创作与运营研修班于2023年10月在四川电影学院安仁校区开班，为未来的沉浸式戏剧市场培养了一批主力军。诸如此类良好的赛事与活动运作和丰厚的创作奖励，都将推动科幻剧本娱乐创作的进一步发展，带来更多优秀的科幻剧本娱乐作品。基于晋中信息学院太古科幻学院与多个剧本娱乐相关平台丰富的互动与共享关系，科幻创作有望与剧本娱乐创作进一步形成跨界联合，持续促进科幻创作向科幻产业的高水平转化。

四、未来发展展望

（一）科幻剧本娱乐与文旅、教育有望进一步结合

2018年以来，“剧本娱乐+文旅”模式逐渐成为文旅项目中的重点体验形式，各大景区、博物馆、科技馆、艺术馆等争相推出实景剧本娱乐产品，打造文旅新业态。传统文旅项目通常止步于呈现展品、景区背后的故事，而利用剧本娱乐游戏，是将处于旁观者位置的游客拉入故事中，使其成为主角，获得体验感。同时，剧本娱乐始终追求的“沉浸感”在文旅项目中得到了充分加持，二者相辅相成、融合发展，是商业必然。

“剧本娱乐+文旅”模式不仅在传统文旅项目中受到重视，更在科幻领域展现出其独特的魅力。上海木偶剧团原创的科幻木偶剧《银河系历险记》，以传统非遗技艺结合先进技术，与未来时空接轨，疑幻似真地编织出人类对未来世界的虚拟想象，营造沉浸式星际“戏偶影院”。在这趟特殊的旅行中，游客不仅是观众，更是参与者，亲身体验宇宙探索、星际旅行等科幻场景，感受科

技与文旅结合带来的新奇与震撼。这种融合科幻元素的浸没戏剧，不仅丰富了文旅项目的类型，也为“剧本娱乐 + 文旅”模式的创新发展提供了新方向。

2022 年开始，剧本娱乐逐步打入少儿教育领域，赋予原属于成年人的娱乐性质游戏新的意义。这类以冒险、成长、探索为主题，适宜少儿阅读的剧本，不仅能够提高孩子们的学习兴趣，还能够在角色扮演和剧情推进中学习到生活常识、社交技能和团队合作精神。此外，以科技馆、VR 体验馆为主场的“科技馆 + 剧本娱乐”青少年教育新模式逐渐走入家长们的视野。以实景场馆为背景，以科学探索为主题，通过手机端、文创产品端、现场实景端三端联动的形式，打造数字化实景解谜科普游戏，将科技馆自身 IP 的世界观和故事融入主题展厅，让孩子们在参与解谜和实验的过程中与展品产生实际交互，有利于学习科学知识，培养科学思维和实践能力，达到学以致用、寓教于乐的效果。时至今日，这类融入科普教育的剧本娱乐已发展成为少儿研学营的热门项目。“好风凭借力”，在未来，业内人士应把握风口，不断打磨技术和内容，将科学知识普及和弘扬科学家精神有机地融入剧本创作之中，为科学传播工作的开展提供全新的思路和可能性。同时，行业各部分力量的配合会更加紧密，根据不同年龄层次的需求，开发出具有教育意义的科幻剧本娱乐作品，将其打造成集科学性、可及性、趣味性于一体的公共文化产品，维持“剧本娱乐 + 教育”模式的繁荣。

（二）中国科幻剧本娱乐产业有望步入良性发展轨道

根据国家层面出台的各项政策，在未来，科幻剧本娱乐内容的健康发展将成为焦点。通过明确经营者的责任、强化内容管理和备案制度，确保剧本未含不健康元素，如恐怖、血腥暴力等元素。该产业将营造一个更加正面和健康的娱乐环境，促进行业内自我审查和自律，推动行业整体朝着积极的方向发展。其中，对青少年用户的保护将尤其得到加强，这包括实施建立分级机制和前置审查制度，限制未成年人接触不适宜内容等措施。

此外，剧本娱乐将被用作传递正确价值观和社会责任感的平台，通过游戏教育玩家，促进其全面健康成长。在政府的引导和行业自律的推动下，剧本娱乐行业将建立更为完善的监管体系。行业协会和联盟等组织将起到桥梁和纽带的作用，协调政府部门和企业之间的关系，共同推动行业的健康有序发展。近年来，在创意写作于国内发展迅猛的前提下，多所高校已开设创意写作学科。为进一步壮大创意写作的影响力，各写作中心主动吸纳剧本娱乐等新兴文类，计划成立剧本娱乐写作学会，带领中国科幻剧本娱乐产业进入良性发展轨道。然而，晋中信息学院云端剧本杀学院院长指出，全国性、官方性、规范性的剧本娱乐协会需要有坚实的管理和运作基础，尽管不少剧本娱乐业内人士对建立写作学会产生过浓厚兴趣，但目前尚未有成功案例，可见在剧本娱乐领域建立官方协会具有复杂性和挑战性。

理想的情况下，科幻剧本娱乐将逐渐涉及更多反映社会问题的主题，如环境保护、科技伦理等，通过剧本娱乐这一形式让玩家在游戏中思考现实问题，增强社会意识。除此之外，科幻剧本娱乐还将探索传统文化与现代科技的结合点，结合中国丰富的历史文化资源，创造出既有科幻色彩又不失文化底蕴的新型娱乐形式。

（三）AIGC 技术爆发赋能中国科幻剧本娱乐产业

2023 年，AIGC（Artificial Intelligence Generated Content，人工智能生成内容）技术的爆发性增长对中国科幻剧本娱乐产业产生了重大影响。随着 AI（Artificial Intelligence，人工智能）技术的进步，尤其是在文本和视觉内容生成方面的创新，AIGC 技术正日益成为剧本创作的强大工具。这一技术不仅能够加速剧本创作过程、提高效率，还能在剧情构思、角色开发以及语言风格上提供个性化和多样化的选择，从而极大地丰富科幻剧本的创意和深度。

这项技术的发展对 VR 和 AR 在中国科幻剧本娱乐行业的应用具有多方面的推动作用。通过自动化的多模态内容生成所构建出的具有高度沉浸感的虚拟环境，AIGC 有望实现科幻场景的完美复现与搭建，丰富玩家的多感官体验，增强互动体验和具身体验，弥补当下中国科幻剧本娱乐的缺口，促进科幻题材与剧本娱乐的进一步融合和创新。该技术的引入不仅可以降低内容创作的成本，还能够大幅提升动态适应的互动式剧本的生产效率，加快该行业的更新和迭代。除此之外，AIGC 允许开发者根据用户的喜好和过去的互动历史定制内容，使得 VR 和 AR 体验可以持续适应和进化，以满足用户的特定需求。用户也可以根据自己的选择影响故事走向，实现个性化的剧情体验。这种个性化是提升用户黏性、增加剧本复玩性和扩大市场的关键因素。

展望未来，剧本创作者有望能够通过 AIGC 辅助，将更多的时间和精力集中在创意和故事叙述上，而不是日常的重复性工作。总体而言，AIGC 技术的融入，预计将推动中国科幻剧本娱乐产业向更加开放、创新的方向发展，吸引更广泛的观众群体，提升整体市场的活力和竞争力。

作者简介：

周天行，英国约克大学创意技术博士生，主要研究方向为虚拟现实中的互动叙事与游戏开发。中国科普作家协会会员，江苏省科普作家协会科幻专业委员会委员，中国科幻研究中心“青年储备人才”。

[科幻剧本娱乐产业研究项目组参与了本报告部分撰写及数据分析工作，成员包括：范轶伦、高玮明、马皓哲、马延哲、吴凡、余乐琪（按姓名拼音首字母排序）。

晋中信息学院云端剧本杀学院参与了本报告的数据收集整理工作。]

▲ 科幻研究、译介、教育、活动及艺术综述

年度科幻研究综述

朱钰婷

在全球化的时代语境下，科幻作为科技与文学交汇的独特领域，展现了其深厚的文化影响力。科技日新月异的发展，也为科幻文学、科幻影视以及科幻游戏等注入了独特而鲜活的魅力。科幻研究的发展与时代环境紧密相连，及时进行年度的全景式检视，将成为我们下一年探索的重要参照。本研究聚焦于2023 年科幻研究的现状，以中国知网为主要检索平台，以科幻主题相关的关键词进行了系统的文献检索[①]。检索范围涵盖 2023 年 1 月 1 日—12 月 31 日发表的期刊论文、会议论文、学术辑刊以及报纸等各类文献。

据笔者不完全统计，如图 1 所示，2023 年共检索到与科幻研究相关的中文文献 1616 篇，数量相较于 2022 年呈现出小幅度的增长趋势。通过对 2023 年科幻领域相关的 165 篇 CSSCI 来源期刊文献进行数据分析，发现这些文献的总被引次数为 68 次，总下载次数达到了 58152 次。进一步计算可得，平均每篇文献的被引次数为 0.41 次，平均下载次数为 352.44 次。根据对中国科幻研究者在 CSSCI 来源文献发表量的初步统计（图 2），2023 年“科幻研究常规军”中的黄鸣奋、吴岩、姚利芬、宋明炜、江玉琴、姜振宇、陈舒劼等学者，依旧保持了出色的学术产出，他们占据了 2023 年 2 篇及以上 CSSCI 文献发表量梯队的半壁江山，这充分显示了科幻研究队伍的稳健与持续发展的态势。

① 万方数据平台中与科幻相关的期刊文章、学位论文等共计 1204 条文献，维普期刊平台中检索到 986 条文献，中国知网检索到 1616 条文献。其中该三个数据库科幻相关的 CSSCI 文献基本重合。

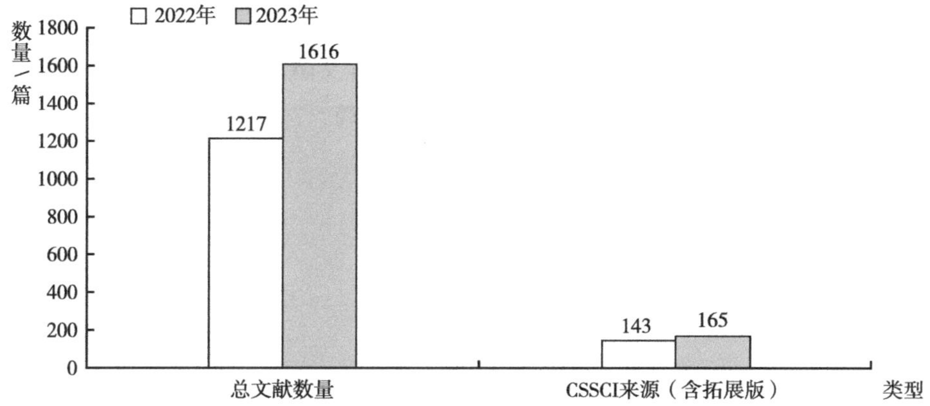

图 1　2022—2023 年中国知网相关文献数量统计

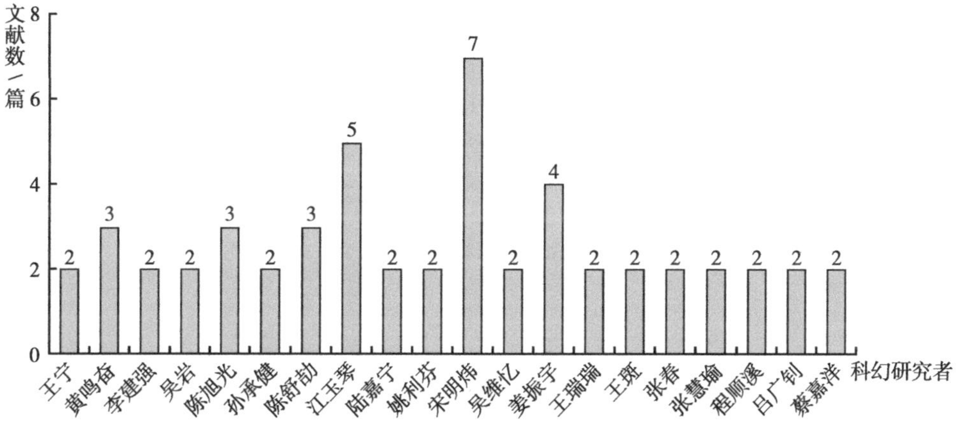

图 2　2023 年中国科幻研究者 CSSCI 来源文献发表量分布

通过对相关文献方向进行捕捉，可以大致勾勒 2023 年科幻研究方向重点关注的主题（图 3），其中因《流浪地球 2》的上映以及《三体》电视剧和动画的播出，科幻影视和动画研究受到了高度关注。与之相应的，从期刊分布来看（图 4），结果显示《当代电影》《小说评论》《中国电视》《当代电视》等发表科幻研究的 CSSCI 文章数量位居前列。发文机构主要包括上海交通大学、四川大学、厦门大学、美国韦尔斯斯利学院等国内外知名高校，以及中国科普研究所、福建社会科学院文学研究所等重要研究机构。这些机构在各自领域具有深厚的学术积淀和广泛的影响力，为推进科幻研究提供了坚实的学术支撑。值得注意的是，近乎半数的 CSSCI 文章发表得到了基金资助，其中国家社会科学基金资助的文章数量占比较大（图 5）。在文献筛选过程中，本研究遵循惯例，排除了硕博士学位论文、报纸、杂志等非学术性文献，重点对 2023 年 CSSCI 来源期刊论文进行深入分析，共计涉及文献 165 篇，部分重要论著及业内重要刊物[①]也将纳入视野范围之中进行考察。

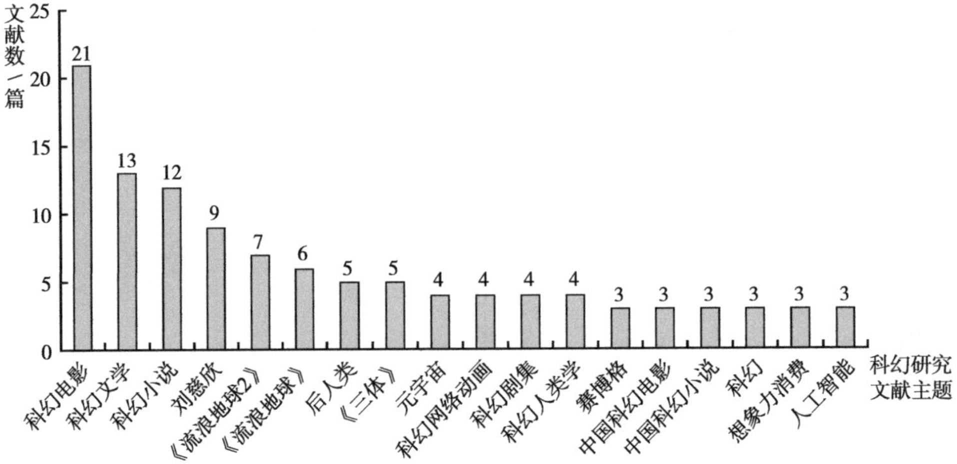

图 3　2023 年 CSSCI 来源期刊科幻研究文献主题分布

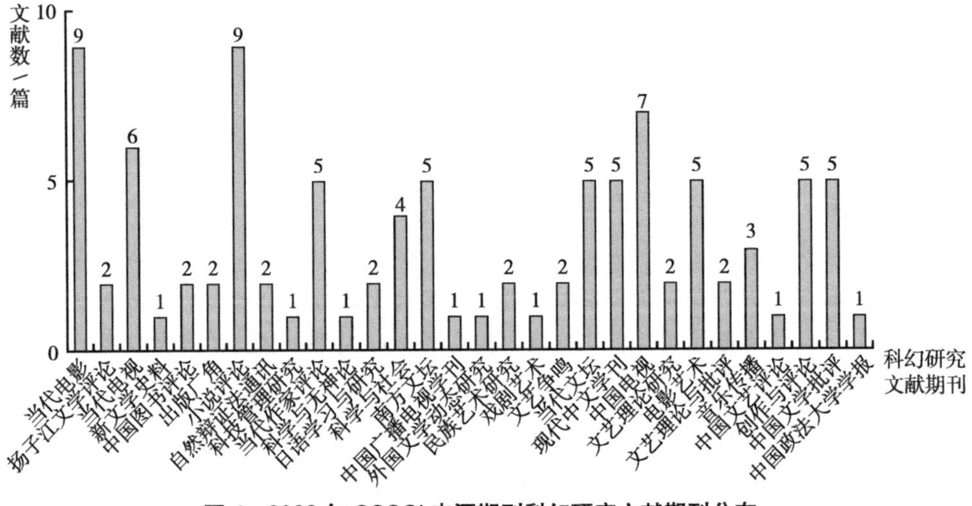

图 4　2023 年 CSSCI 来源期刊科幻研究文献期刊分布

① 此处主要指《科普创作评论》这份刊物。

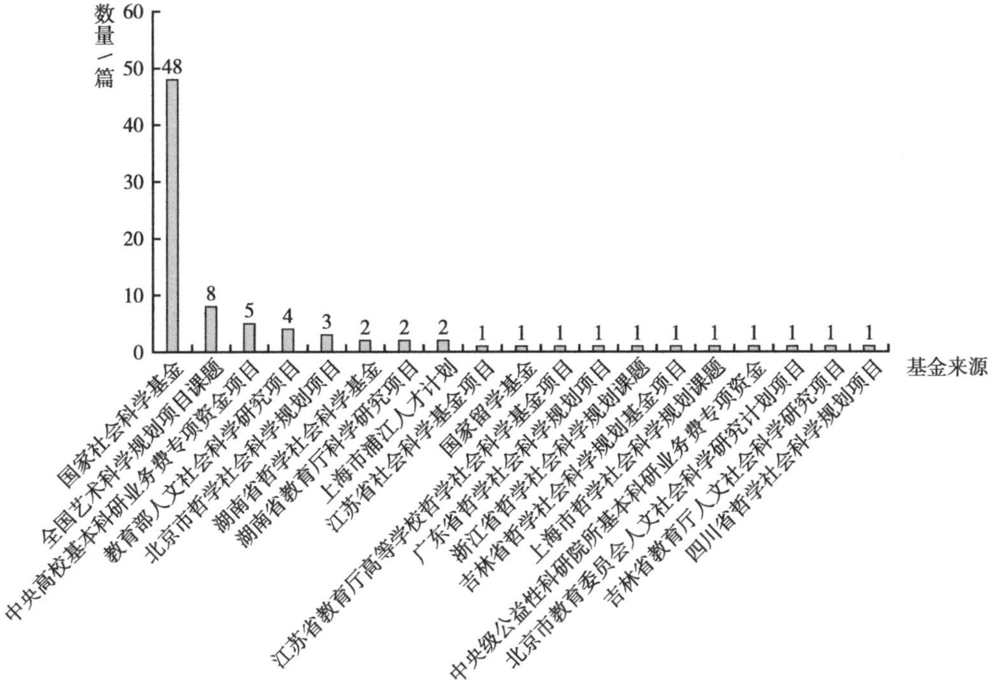

图 5　2023 年 CSSCI 科幻发文基金来源分布

与此同时，为了更全面、深入地了解科幻研究的态势，有必要将目光投向 2023 年出版的相关著作。近年来，本土科幻研究著作的出版数量不断增加，其中不乏一些具有里程碑意义的研究。这些著作从不同角度探讨了中国科幻的历史脉络、理论建构、外译传播以及主题风格等方面，揭示了中国科幻的独特魅力和深远价值。而在 2023 年，这一趋势得到了进一步的延续和加强。据笔者不完全统计（表 1），2023 年本土科幻研究著作出版约 20 部，出版地集中于北京、重庆、成都和上海。例如重庆大学出版社推出的《科幻理论的未来版图》《科幻产业的未来版图》《科幻创作的未来版图》，不仅是对中国科幻的现状和问题的集中反思，更是从创作、理论和产业化三个至关重要的方向进行一次集中的理论思考和展望。此外，还有相当一部分研究著作对于开拓科幻疆域有着重要推动作用。这些研究成果从科幻文学和电影的理论探讨、科幻产业与市场分析、科幻文化与社会影响等层面丰富了中国科幻的学术研究视野，也为我们理解科幻在中国社会文化中的角色提供了多维度的视角。

表1　2023年本土科幻研究著作

作者 / 编者	书名	出版社
黄鸣奋	中国科幻电影的多维定位	科学出版社
黄鸣奋	流衍宇宙：中国科幻电影的工业与美学研究	科学出版社
黄鸣奋	后人类生态视野下的科幻电影	光启书局
余泽梅	赛博朋克科幻文化研究	科学出版社
江晓原	在幻想中反思科学：江晓原科幻评论集	重庆出版社
张峰	科幻产业的未来版图	重庆大学出版社
江玉琴	中国当代科幻作家访谈录	南京大学出版社
刘洋	科幻创作的未来版图	重庆大学出版社
王峰，陈丹	科幻乌托邦：迈向乌托邦诗学	北京大学出版社
董仁威	中国少儿科幻史话（1949—2021）	成都时代出版社
吴岩	科幻理论的未来版图	重庆大学出版社
李广益	科幻导论	重庆大学出版社
杨枫	中国科幻口述史（第2卷）（第3卷）	成都时代出版社
Mingwei Song	*Fear of Seeing: A Poetics of Chinese Science Fiction*	Columbia University Press
李琴	中国百年科幻文学翻译史研究	商务印书馆
吴岩，陈玲，姚利芬，三丰	中国科幻发展年鉴2023	中国科学技术出版社
杨潇	仰望星空：我亲历的中国科幻	四川人民出版社
谭楷	银河礼赞：我所亲历的中国科幻	四川人民出版社
罗小茗	解锁未来：当代中国科幻小说中的城市想象	上海书店出版社
任一江，蒋洪利，王云杉	中国新科幻文学十五讲	北京时代华文书局

具体而言，2023年科幻研究主要集中在以下四个层面。第一，历史纵深与理论建构有了更为深入的勘察。通过对中国科幻文学的历史化探讨，学界对其的态度已逐渐清晰明确。在不同的研究视角下，中国科幻文学史日益通过更加丰富与多维的面向被展现。为了促进科幻文学研究的稳健进步，中国

科幻发展中的一些复杂模糊的概念、问题得到了进一步的辨析。同时，在理论构建与拓展上也取得了值得称道的成绩。这也是2023年本土科幻研究最为重要的突破。第二，作品本体层面的研究得到总体推进。不论是科幻文学还是科幻影视，对其内容主题的关注是长期以来的研究重心，2023年对于科幻作品的人物塑造、核心设定和美学特征等亦有着较为精彩的论述，从而实现对其更为全面地探讨。第三，在文化层面多样激活科幻的潜力。科幻作为一种独特的文化表达和传播形式，不少研究者在2023年将其放置于主流文化、亚文化和跨文化的交织地带，从而观察它的时代位置和社会价值。第四，以科幻为路径，在人文关怀与哲学思辨层面得到进一步审视。科幻与社会现实以及诸多伦理困厄紧密联结，2023年有相当一部分研究对人与他者、后人类生存状况等问题展开存在式追问，其中对科幻电影在哲学层面的讨论尤为值得关注。

一、历史纵深与理论建构的深入勘察

在中国当代科幻文学领域内深入探寻其历史脉络，已成为当前研究者所热衷的学术焦点之一。研究者们致力于全面把握中国当代科幻文学在不同时期的发展轨迹与阶段特性，并将其融入中国当代文学乃至全球文学的整体架构之中，这一趋势已然成为本土科幻学术研究的主流方向。目前，中国科幻文学史的脉络已经日渐清晰，但仍有待于深入挖掘。自晚清以来，科幻与科普就紧密缠绕。例如汪贻菡试图在文史相互印证的视角下，系统梳理“科技物”叙述与近现代文学转型之间的内在联系。由此深入探讨了从晚清“新小说”到五四“新文学”的现代性演进过程中，科学意识的产生、发展与修正的轨迹，揭示科学意识对文学转型的推动作用[1]。苏湛等对科普型科幻进行历史回溯，在中西方视野中梳理了这一范式的起源，认为其受到了启蒙运动的影响，底层理念是利用文学形式向广大民众传播科学知识，其在国内的兴衰与中国独特的科学技术现代化进程密切相关[2]。吴岩在科幻未来主义这一流派的基础上，进一步提出了蓝图未来主义，对其源起、发展以及特质进行了细致论述，是进一步打开中国科幻文学历史的空间和发掘这一文类性质的有益尝试[3]。不少研究者亦将科幻文学纳入中国现当代文学史的宏观框架内进行考察。唐圆鑫和韩学恒基于当代中国社会的背景，从多维度的学术视角深入剖析新时代中国现实主义文学的创作现状及其所积累的发展经验。并注意到以科技为背景的现实显然成为当前时代现实主义文学的典型特征，呼吁作家在新时代现实主义文学与技术变革的背景下，应更加自觉地关注并思考由此引发的文学伦理、文学观念、文学功能以及文学审美等诸多方面的问题[4]。徐维辰则从偶然性叙事切入探讨了当代科幻小说中的鲁迅影响，表示鲁迅的社会批判思想正成为科幻小说的一个重要写作资源[5]。姜振宇回顾了百年前青年鲁迅与科幻的渊源，从现代性视野出发论述了科幻文学在特定语境下兴起的缘由，并指出科幻与当代中国之所以能够紧密契合，或许源于国人长期以来所形成的独特经验和理解“科学”“科技”的特定方式，这种经验和理解最终汇聚并体现在具有代表性的科幻作品中，为科幻在中国的发展提供了坚实的基础[6]。从科幻文学与主流文学和网络文学的交汇中，我们不仅可以看到科幻文学的“文学性”是流动的、开放的，同时也能借此重新定位科幻文学在当代文学版图中的位置。

近年来，众多学人在继承前人研究成果的基础上，进一步深入探索中国科幻研究的理论路向，致力于全面梳理和深刻反思科幻文学与文化的学理品性。为推动科幻文学研究的持续、稳定发展，对中国科幻文学核心问题的深入探讨显得尤为重要，且对相关理论话语进行建设与拓展亦尤为迫切。自 20 世纪 80 年代伊始，科幻现实主义便持续引发讨论。黄鸣奋从意识、媒介和科幻等多个维度对现实主义加以考察，指出现实主义在功能定位上与科幻可能有所勾连而产生了一些新的范畴，显示出了现实主义在当下的新活力[7]。李广益就科幻现实主义相关的争议出发，认为如果现实主义这一深植于人类文学传统的丰富内涵和多元形式能够充分滋养科幻文学，那么它便能在当前这个科幻文学与文化繁荣的时代中，有效地支撑人们对现实世界支配法则的探索以及自我表达与自我实现的需求。他进而指出非洲科幻小说的探索是值得中国科幻文学借鉴的路径，并在第三世界的历史记忆、全球南方的共同现实以及“百年未有之大变局”中激活中国科幻文学和文化[8]。“想象力消费”则是中国科幻电影研究的核心概念之一，成为新的学术研究热点。陈旭光和郑好在中国科幻剧中具体地探讨“想象力消费”问题，着重分析想象与现实、想象力表达与技术呈现等的关系，并对中国科幻剧集的现状、初步成功的原因投以关注[9]。朱晓军从建设电影学体系出发，指出在当前影游融合不断深入、中国科幻电影工业化水平持续提升的大背景下，对中国电影学派而言，进一步挖掘并拓展“电影工业美学”的理论体系内涵与外延，无疑是开辟新路径、形成独特风格的重要方向[10]。赛博格想象与“赛博朋克”潮流深受欧美科幻传统的熏陶，然而它们在全球范围的发展亦有一些在地化的转变。江玉琴在梳理技术赛博格与文化赛博格观念发展的基础上，深入探索中国科幻话语体系，发掘了中国科幻赛博格叙事兼具身体间性、世界间性与文化间性三个维度[11]。姜振宇同样注意到中国科幻作家在处理赛博朋克时，不仅从古代经典与当代通俗文化的广阔领域中汲取了丰富的话语资源，同时在本土科技文化的探索道路上进行了深刻的反思、积极的探索和坚实的建构[12]。

科幻文学作为一个多元化、跨学科的领域，若仅依赖传统的文学研究方法，恐难以全面激发其内在活力与创新潜力。以文本为核心的传统文学研究方法在一定程度上需要得到更新，应融合多种学科知识和方法，以更全面、更深入的方式揭示其内在魅力和价值。由此，一些新的科幻研究范式正在形成。刘洋将计算批评用于科幻文学研究之中，从传统的文本阅读拓展至图像、数据和算法等层面，力图在文学意义和数据之间建立联系，通过计算发现文本隐藏的细节以及结构性特征，在整体上更为直接地呈现出科幻文学的发展现状及趋势[13]。姜佑怡和姜振宇则认为科幻人类学是一种更具想象力、统摄性和贯穿性的理论进路，能够对科幻展开整体性的研究。他们尝试以此为路径对火星探索这一科技实践和科幻母题展开分析，并指出在此视野下科幻和人类学突破了各自的局限性，从而共同成为人类建构未来的文化实践的组成部分[14]。从生态批评的角度进行论述的文章不在少数。王斑指出科幻是一种深刻的文化批评实践，通过独特的乌托邦想象，重构了我们对时间的感知与体验。科幻批评与生态思想的结合不仅深化了我们对自然的认知，更为我们提供了一种全新的思考方式。文章认为从“人类世”“新陈代谢断裂”的生态观以及法兰克福对工具理性的批判等理论出发，对于深入剖析科幻文学中的自然、技术、劳动与生态等核心议题具有重要意义，能够为科幻文学批评提供有力的理论支撑[15]。王斑在另一篇与虞又铭合撰的文章中则具体以郝景芳的作品为例，指出反思性乌托邦通过制造出文化与认知上的落差和震动，使反省成为可能，从而起到“诊断性干预”的效果[16]。科幻电影理论建设方面，尤为值得关注的是黄鸣奋对此的有力开拓,《流衍宇宙：中国科幻电影的工业与美学研究》《中国科幻电影的多维定位》《后人类生态视野下的科幻电影》是他在2023年进一步完善和建设中国科幻电影理论研究学派和深化相关理论话语阐发空间的重要成果。他通过极为丰富的文本案例，以跨学科的研究视野和独特的学术风格，不仅在“传播九要素”的基础之上论证了中国科幻电影的多维属性、创意特色以及美学建构，还通过极为丰富的文本案例具体而微地从自然生态、社会生态、心理生态和生态格局四个角度对科幻电影展开思考，有效地填补了当前科幻电影研究的不足[17]。吴岩主编的《科幻理论的未来版图》则是极富前瞻性地指出未来科幻理论发展的三个方向，如在哲学层面深化对科幻本质的认识、科幻理论的跨学科发展以及研究方法层面的技术推进，这些未来规划思考不仅是对现有研究范式的挑战，也极大地突破了科幻文学这一文类本身的潜力，进一步拓展了对中国科幻与社会变革以及现实价值的理解[18]。

二、作品本体层面的总体推进

内容和形式构成了科幻作品的血肉，因此科幻研究必然无法回避对作品层面的观照。通过系统分析科幻作品的叙事技巧、人物刻画、内容主题、科幻设定以及美学风格等核心要素，我们能够深入揭示科幻作品的创作特色及其发展趋势，进而准确理解其内在精神追求和文学价值。叙事艺术是一部作品向读者和观众呈现的重要方式，对于主要面向大众和消费市场的科幻而言，讲述一个有吸引力的故事自然十分有必要。金秋容以金·斯坦利·罗宾逊的《未来部》为例，指出该小说在叙事策略、情感模式及文学类型等方面均对主流小说叙事的传统模式进行了有益的补充与超越，同时敏锐地把握了气候变化时代所带来的新的生活现实[19]。江玉琴则从中国海洋科幻文学出发，辨别海岛叙事、海人叙事和海洋文化叙事三个面向。通过其独特的文学视角和深刻的思考，为中国海洋科幻文学成功地构建了广阔而深邃的世界图景，不仅丰富了中国海洋文学的内涵，也为其发展注入了新的活力[20]。科幻文学在人物塑造方面向来颇受争议。陈舒劼也认为科幻小说以抽象思维为工具，巧妙地展示总体性远景想象，但在人物塑造方面普遍显得力不从心，且区别于现实主义文学逻辑。但他从威尔斯的《隐身人》切入，进一步指出科幻小说人物通过深入参与社会关系、知识话语与文学叙事之间的紧密联系与复杂互动，并致力于揭示科幻想象中那些被掩盖的人类关系，从而有效提升了自身的魅力与吸引力[21]。

部分学者选择从内容主题进行切入。李芳芳和汤天勇主要从宏大叙事、现实指向和人性审思三个方面对电视剧《三体》的内容展开分析[22]。赵媛将国产科幻网络动画剧集题材区分为星际探索、生物科技、人工智能与人类关系、病毒疫情等多个方面。这些作品在吸收借鉴国际科幻文化的同时，巧妙地融入了众多中国元素，构建了独特而丰富的世界观。在叙事主题上，它们以未来为镜，反思历史与现实，对后人类社会进行文化批判，强调家国情怀和命运共同体的理念，倡导建立更加紧密的命运共同体[23]。孙晓迪则深入分析了多部具有代表性“丝绸朋克”作品，从寓言结构、叙事伦理及审美空间等维度，系统探讨该类小说运用的虚构策略及其对现代性的想象。同时，文章还梳理了自20世纪80年代以来，从“历史科幻小说”到“丝绸朋克”小说的主题演变与幻想路径，旨在明确“丝绸朋克”的幻想边界及其在历史叙述与文学想象互动中是否能够有效“幻述中国”，进而释放20世纪中国长期受压抑的现代性潜力[24]。

基于科学技术逻辑展开的丰富想象是科幻文学的重要特色。中国科幻文学中的想象模式，则关涉小说中的“设定”，是一种嵌合于文本的“潜结构”，这是与传统主流文学有别之处。姜通和徐毓宣尝试挖掘中国古代文学中的科幻想象，对其文本特征、局限性以及当下价值展开了分析[25]。张经武和梁森旺则从想象向度、影像外观、故事主题以及人文倾向四个层面对科幻电影中的“逆托邦”想象进行了考察[26]。江玉琴将21世纪中国科幻的时间想象主要分为线性象、拟真、时间场三种方式，既扎根于现实，表现出现时性与现世性的深刻洞察，同时也展现出一种超越现实的勇气和探索精神，体现了中国科幻创作在共生与互证的过程中，不断打破传统束缚，释放自由探索的无限潜能[27]。这些科幻设定最为集中地张扬了创作者的想象力，也为读者提供了独特的审美体验。

此外，科幻的美学风格不仅来源于作家独特的创作个性，同时也与这一文类的独特性有着内在关系。丁卓以王晋康、刘慈欣和陈楸帆这三位中国当代科幻作家为例，将他们的创作视为以危难意识为起点，以奇观符号为突破口，以理想图景为超越目标，从而在文本中形成了科幻奇观美学[28]。姚萧程和何敏注意到美国后现代主义科幻文学蕴含着深刻的禅宗美学思想，他们从美国后现代主义科幻文学与禅宗的关系切入，以经典之作“沙丘”六部曲和“海伯利安”四部曲为例，借助中国禅宗美学思想中的“不二法门”这一重要思维方式，深入剖析小说中人工智能与众生之间的联系与差异，进而揭示了禅宗美学视角下的语言困境[29]。刘洋主编的《科幻创作的未来版图》① 则对近年来科幻创作的故事题材、作者群体、叙事方式以及传播媒介的多样化这四个方面进行了精准把握，并由此进一步阐发科幻这一文类自身的动态发展与核心魅力[30]。宋明炜的《看的恐惧：中国科幻诗学》是对中国科幻新浪潮的进一步思考。著作中不仅追溯了中国科幻新浪潮的起源与发展态势，还在密集的作家作品分析上更为集中地归纳了其诗学特征，进而更为深切地探讨科幻与当下社会文化与现实处境的相关性[31]。上述论题大多采用的是传统文学研究中的常用方法，印证了科幻文学的文学价值的相对自主性。从某种程度上而言，对作品本体层面研究的重视不仅是推进中国科幻创作进展的重要方式，也是我们从文化研究和历史化研究等方式切入科幻的合理出发点与依存之所。

三、科幻文化层面的多样激活

科幻是知识分子回应和想象前沿科技与现实问题的重要方式，它不仅承

① 《科幻创作的未来版图》属于南科人文学术系列，此外还有吴岩主编的《科幻理论的未来版图》以及三丰主编的《科幻产业的未来版图》，关于后面二者的详细论述请参见下文。

载了人们对于未来人类文明走向在宏观与细节上的建构，亦是当下社会文化精神需求的反映。需要注意到的一个趋向是，科幻文学不单单是一种文学类别，其作为文化实践的潜力正被多样激活，成为时下备受瞩目的社会文化现象。科幻将主流文化、通俗文化以及青年文化等多元文化体系联系在一起，具备了非凡的活力和丰富的开发空间。因此，对科幻的研究不仅要聚焦文本内，还要走出文本外。通过跨学科的交流与融合，我们才能更透彻地认识科幻文学的本质与动态变化。同时，跨界赋能不单是激发科幻本身的潜能，或是为其他领域提供某种新的观察视角，亦是在共聚不同领域力量探索当下和未来人类文明的发展。

在相当长的时间里，科幻文学的工具性价值超过了其本身的审美价值，这鲜明体现在 20 世纪 80 年代的“科文之争”中。不过在郑文光、童恩正、叶永烈和肖建亨等人的倡导下，科幻文学界尝试跳出“科普”的框架，而更为高扬其在文学层面的本体价值和意义。过去以非此即彼的二元对立思维审视这一问题，势必会导致忽视某些层面。在新的历史段落里，科幻与科普之间的关系再次受到了关注。张栋认为 20 世纪 20 年代国内的“科玄论战”实则为人类思想史中两种文化观念冲突的延续。他以漫威电影等科幻作品为例，指出科学与玄学之争在影片中体现为理性科学体系与神秘玄学理念的交锋，并关注到在科玄融合的大背景下，科幻电影的意义已超越单纯的视觉震撼，而是深入到人类文明与思想的内核，致力于为人类共同的未来探寻建设性的方向[32]。刘兵与冯溪歌则结合历史文献和概念分析，认为在当下“大科普”的全新视野下，科幻作为一种特殊的文化表达形式，可以被纳入科普的范畴之内，从而实现两者之间的和谐共生[33]。王宁同样指出在元宇宙时代，文学艺术与科学之间的界限逐渐模糊，二者在更高层次上实现了融合与互补，由此肯定了科学幻想小说创作和批评的时代价值[34]。

此前，我们更多地探讨科技对科幻文学的影响，而科幻如何为科技和科普赋能也逐渐受到了关注。科幻小说作为科技时代特殊的产物，它不仅传递了科幻作家基于现实科技的时代想象，同时也提供了一种视角和方法帮助我们再度与当下的社会和文化产生链接。将科幻作为一种方法也成为研究者观照其他领域的切入点。陈颀以国内外基因编辑科幻小说为研究对象，探索不同自然科学和社会科学背景下的基因编辑技术的多元化应用场景，由此对以“人权”为核心的现有基因编辑伦理与立法进行批判性反思[35]。岳丽媛选取赛博朋克科幻类型中的经典小说以及电影作为核心研究对象，探讨了数字化时代信息监控与隐私权之间的矛盾如何在这些作品中得以呈现。由此她进一步分析科幻作品在科普教育方面所具备的优势与独特性，同时指出了在大数据时代背景下，科普实践与研究所面临的传统科普观念转变与突破的挑战[36]。曹喆等人则运用扎根理论，将一线科技工作者因受科幻影响而激发的科技创新行为视为科幻推动科技创新的典型体现，深入研究科幻如何发挥其促进科技创新的作用机制，并给出了建设性的对策建议[37]。呼思乐将医学科幻融入医学科普研究工作中，更为全面、多元地理解医学科普的深层内涵，以及探索相关问题的潜在路径[38]。科幻文学本是一种跨越多个门类且具有极高包容性的文学类别。可以看到，这些文章力图将科幻与法律、医学、科技等各个领域结合起来，以实现科幻与科普的双向赋能。

科幻课程在塑造学生创造力、强化批判性思维以及促进跨学科理解方面发挥着重要作用。在吴岩、郭建中以及吴定柏等前辈的不断推动下，中国科幻教育正逐渐稳步发展。2023 年，李广益主编的《科幻导论》备受瞩目，该书不仅满足了高校科幻类通识课程的需求，同时也为科幻爱好者提供了宝贵的阅读和参考资源。《科幻导论》融合了通识性和学术性特点，是由国内外众多学者共同参与编纂的集体性学术成果，结合了深入的学术研究和细致的理论分析，提供了丰富的学术论断和多元的批判视角。书中内容覆盖了科幻的历史、理论、批评等多个方面，并深入探讨了创作实践和跨学科应用，为读者构建了一个全面而多维度的科幻知识体系[39]。罗小茗所著的《解锁未来：当代中国科幻小说中的城市想象》一书，同样涉及文化研究、城市研究等多个层面。作者从晚清至当下，关注城市想象在中国科幻文学中的演变及特征，从这一切面对中国科幻的本土性、未来想象力等层面展开深入剖析。这部作品作为首部专注于中国科幻与城市想象领域的著作，展现了作者对该领域独特的见解与深刻的洞察[40]。

从文学到影视动漫，科幻借助不同的媒介不断延展着其文化实践的潜力，提供了更为丰富的认知维度和体验。叶冬和孙文睿讨论了美国科幻文学从文字传播到影像传播的互动转型[41]。骆平则注意到随着网络媒介的崛起和话语体系的变革，网络科幻小说为改编提供了新的视角、经验和挑战[42]。2023年中国科幻影视研究格外蓬勃,《三体》电视剧成为学界关注的重心。白一骢等人主要从创作者视角回溯了该部电视剧的创作历程，呈现了原著与影视化改编中的丰富细节，试图寻找中国式科幻的出路[43]。值得注意的是，目前对《三体》电视剧的评价也呈多极化。张书端认为该部电视剧广受好评，不仅体现出数字媒介时代电视艺术的跨媒介特质，还实现了全球化、本土化、青春化的多元文化价值[44]。而周彦杉则注意到《三体》电视剧评分较低的现象，以该部电视剧和原著小说的豆瓣评价为例，讨论了学界与大众读者间不同的文本批评逻辑，通过考察作家与读者在文学观念上的罅隙，由此在“文学性”和“思想性”上提供了一些新的创作启示[45]。姚舜和胡凯对中国科幻题材的电视动画投以关注，指出其巧妙地将科幻元素与现实情境相结合，通过艺术与技术的相互促进，以及传统元素与现代元素的和谐融合，形成了技术、产业、艺术、价值等多方面的合力。这种合力不仅塑造出具有新时代中国特色的美学风格，而且为中国科幻动画的高质量发展奠定了坚实的基础[46]。

科幻译介与传播研究的热度相较2022年而言有所降低。不过，从西方科幻的输入与中国科幻的译出等角度展开的研究，不乏一些有分量且具新意的探索。如贾立元以金庸对《飞向太空》一文的翻译为线索，在太空核威慑的国际形势下关注海因莱因等科幻作家、杂志与组织在其中的角色，并注意到金庸在国内发表的相关译文和评论文章，进而延伸至对金庸武侠小说创作的影响。由此，在更为具体且立体的历史语境中，将科幻与武侠两种类别文学并置在同一时代舞台中，为理解二者的民族性和世界性问题提供了新的观察角度[47]。管浩然和余泽梅从《科学文艺》这份刊物的内部视角出发，全方位地考察了1979—1988年杂志的翻译状况和翻译生产活动，以丰富的史料为基础，勾勒出20世纪80年代中国科幻文学的发展脉络[48]。有关科幻文学外译，主要将其与其他文类并置进行考察。例如郭恋东和冯若兮将类型小说的全球翻译视为一种新趋向，指出科幻小说的翻译得益于科幻社群的贡献，并认为科幻文学正发展成为半边缘/准核心[49]。刘桐阳则在中国现当代文学的图景中部分地讨论了科幻文学在西班牙的译介，从文化研究的角度解释了间接译介现象[50]。

在理解科幻文化时，我们必须将其置于本土文化和全球视野的交汇点，以明确其在时代坐标的定位，进而更准确地把握科幻文化在当代社会中的重要性和价值。张慧瑜认为新涌现的科幻题材网络文学，不仅承袭了中国式科幻文化深厚的社会想象，更在新的语境下创新性地叙述了崭新的中国故事。同样，中国式现代化的历史积淀，为科幻题材网络文艺的创作提供了无比广阔的想象空间。因此，科幻文化已然成为新时代传播中国故事、展示中国发展道路的重要文化媒介[51]。王峙和邱子沐深入观察了中国科幻电影的类型融合，特别是基于“本土想象”的创作实践。同时细致剖析了中国科幻电影如何在制作过程中积极探索构建具有“中国特色”的人类命运共同体的可能性，进而提出应立足于国际视野，通过提升跨文化传播竞争力，推动中国科幻电影“走出去”[52]。张春和蔡嘉洋在探讨近年来国产科幻剧的特征时，注意到除了理性的逻辑思维，国产科幻剧同样具有中华民族文化特色的科幻想象以及人类命运共同体的话语表达两个向度[53]。

最后，随着科幻产业的逐步激活，相关研究也成为近年来的重要课题。黄鸣奋注意到电影产业形态正在持续演变，“公园电影”作为一种新型的电影形式也开始崭露头角，以漫威电影宇宙为代表，其形态与主题公园高度契合。借此，他指出我国科幻电影产业的崛起除了提升总产量，更需要借鉴国外电影公园与公园电影的发展经验来创新产业形态[54]。翁杨和强薇以“流浪地球”系列科幻 IP 为切入点，从内容生产和市场营销两个层面给出了建设性意见，探索出版业和影视业的协同发展机制[55]。三丰主编的《科幻产业的未来版图》对科幻产业这一概念进行了辨析，从出版业、电影、游戏、主题乐园、会展、周边等多个维度的发展现状展开考察，呈现了当前国内外科幻产业体系的大致结构，富有洞察力地探讨了科幻产业未来发展趋势与所面临的问题[56]。由中国科幻研究中心、南方科技大学科学与人类想象力研究中心共同发布的《2024 中国科幻产业报告》提供了对中国科幻产业在 2023 年的全面回顾和分析，突出显示了产业的快速增长和多样化发展。该报告涵盖了科幻产业的多个方面，包括阅读、影视、游戏、衍生品和文旅产业，并对不同产业细分市场进行深入分析和数据量化支持。其中科幻阅读和影视产业的增长显示了内容消费的稳定和回升，而科幻游戏产业的持续增长则体现了科技与文化的有机结合。尽管科幻衍生品市场出现收缩，但科幻文旅产业的爆发式增长为产业多元化发展提供了新的增长点。这份报告不仅展示了全面的科幻产业市场概览，对理解各个领域的具体表现和市场动态也有重要作用。自 2017 年起，这份每年发布的报告也是国内对中国科幻产业最为权威和全面的观照，对中国科幻产业链未来发展生态的完善有着重要的价值。

四、人文关怀与哲学思辨的激荡

科幻与科学技术的天然关联，极为密切地表达了现代化进程中的新变和体验，对当下社会问题和现实本质进行了总体性和结构性的反映。科幻如何表达人文关怀，也成为部分研究者的侧重点。例如詹玲从人学观层面引入对中国科幻小说的思考，指出其中的想象都是在认知基础上的不断创新和超越。这种从科技维度构建的以人为本的新价值立场，不仅与当代社会发展趋势相契合，更为文学领域对科技与人的关系进行深入反思提供了具有更强解释力的思维框架[57]。

在新的技术背景下，机器和身体的组合逐步解构了人文主义的本体论范式，为观照人类自身、人与他者以及人与物之间的关系提供了新的反思角度。其中，身体是众多学者关注的重要维度。管季观察到在新的人文环境里，身体和技术的矛盾随之而来的是伦理的失衡，这尤其反映在中国当代科幻小说的创作中，对人类具身性和当前生存状态进行了深入反思，旨在重新界定和确认人的根本价值[58]。郭子淳等人注意到近年来我国科幻影视剧中身体观的具身化趋势日益显著，为叙事结构带来了深刻变革。他们以“身体观的现实性探究”为基石，深入剖析了作品中身份驱动和时空体的建构路径，并对科幻图景中人机共生的宇宙生命理念、乡土情感及其蕴含的哲学思考进行深入分析[59]。陆嘉宁从当下对数字身体视角想象的现状出发，通过借鉴日本御宅文化研究，对当前广泛流行的二次元风格数字身体形态进行了细致考察。在数字身体传播的过程中，身体操演、身体审美和身体伦理等要素，将在“半透明”的想象力环境下经历重塑与变革[60]。刘永亮则在后人类语境下归纳了科幻电影中的身体想象和身体叙事特征，认为这二者令人类的思维模式和审美观念得以重塑，传统哲学中关于人类主体性的命题被颠覆，进而催生了一种全新的异质美学[61]。

科幻对于理解当下全球性的生态问题是一种有效的路径。张晖通过把握斯特鲁伽茨基兄弟的科幻创作历程，注意到其与苏联科幻小说传统中乌托邦根源的创造性对话，指出其中的核心命题之一便是“人与自然”关系的变化及伴此而生的“人的危机”[62]。卢军霞以台湾作家吴明益、伊格言、高翊峰为代表，敏锐地注意到21世纪中国台湾地区的科幻作家们围绕末世灾难、生态修复、自然伦理等核心议题，以独特的文学类型和美学形式，推动了科幻与生态的双向交融，将其推向了新的高度。这种超越性的思考，不仅针对台湾地区长期存在的环境问题和文明弊病提出了有力的解决之道，更彰显了当代知识分子应有的生态责任感与使命感[63]。吴维忆试图挖掘当代中国科幻中多元化的非人想象中的潜能，认为这些具有鲜明中国本土特色的非人形象，在唤起家园认同与构建生态诗学的过程中，展现出超越西方生态理论的思想价值。通过持续挖掘生态语言、积极融入社会实践，中国科幻不仅能够有效化解自身的创意危机，更能以创造性的方式应对人类生存困境与西方人文主义的双重挑战[64]。王坤宇指出他者形象在科幻叙事中主要通过外星人、人工智能、动植物以及工具媒介等形式展现，认为后人类文化的他者观对于颠覆以人类为中心的传统价值观念体系，以及构建生态后人文社会具有不可或缺的重要意义[65]。

此外，对科幻电影在哲学层面的讨论亦值得关注。周冬莹聚焦法国新浪潮电影，探讨其中代表性影片对人脑和宇宙在精神层面的具体关联，指出无论是从故事主题、情节构成，还是视觉表达手法来看，这些影片都极大地拓展了科幻电影的艺术边界和思想深度[66]。孙承建旨在深入探讨科幻电影中的创造性问题，从技术的创新性、科学的突破性和艺术的独创性等多个维度，系统阐述当代科幻电影在科学与哲学层面上的构建逻辑。他指出这三个维度之间的关联，在当代科幻电影发展中起到了结构性作用[67]。张智华和王义仁选取经典科幻电影中的屏幕元素为研究对象，以屏幕在影像中不同领域的形态出发，深入探讨屏幕空间的视觉效果与象征实践，从虚拟与现实、信息与物质、科技与人文等多个层面审视与反思人类中心主义文化[68]。

五、结语

相较以往，科幻研究生态在中国已经逐渐趋于成熟。以上这四个层面的研究向度在一定程度上是相对独立、相互转化的，甚至在某种程度上也彼此挑战，多元化的维度也将共同推动中国科幻文学研究的多样发展。与此同时，科幻研究依旧存在一些不可忽视的问题。其一，2023 年科幻研究的文章数量大，且持小规模增长的趋势，但是大多数文章所关注的对象依旧较为单一，问题意识不够充分，在论述过程中浅尝辄止，并未得出有意义的结论。这也是老生常谈，却难以得到彻底解决的问题。其二，在理论话语建构方面，目前已有不少学者和作家对理论进行了深度提纯。不过科幻文学与主流文学、网络文学交汇之处，以及科幻产业的激活等多方面仍然有着丰富的理论新生空间。如何提炼出具有本土性、前瞻性的中国科幻文学批评新理论和新概念，又如何让中国科幻理论建设更为在地化和具备现实性，需要研究者一以贯之地探索。其三，文献史料是中国科幻研究的重要基石之一，不仅有助于揭示科幻文学发展的复杂形态与历史原因，还有益于知识累积和学理探究，进一步拓展科幻文学的学术视野。科幻界内部在史料挖掘方面做了相当多的努力，例如 2023 年杨潇的《仰望星空：我亲历的中国科幻》[69]、谭楷的《银河礼赞：我亲历的中国科幻》[70]可进行对读，二者立体地呈现了《科幻世界》的历史现场和发展脉络。这两本书主要从自身丰富的办刊经验出发，为读者提供了“内部视角”，使我们能够透过这些细腻而深入的笔触，窥见《科幻世界》这份重要刊物背后的波澜壮阔与隐秘变迁。杨枫主编的《中国科幻口述史（第 2 卷）（第 3 卷）》则是通过采访中国科幻发展史上一批重要名家，在对谈的形式中以丰富的视角，多元地呈现中国科幻事业的历程，重新挖掘被埋藏在历史和记忆处的细节，从而促进中国科幻历史在场的回溯。值得注意的是，虽然口述史所展现的是个人对过去的回忆，因而难免会有遗漏或错误，但《中国科幻口述史》中多位名家对历史事件的理解和描述，依然能帮助我们在多条脉络中还原历史事实[71]。以上三本书都是极为重要的基础性史料。然而部分研究者在涉足科幻领域时却对相关史料梳理和把握做得不够到位，因此存在“重复造车”，甚至论述错误的问题。另外，目前有关国内科幻奖项、科幻期刊、作品版本等相关的史料建设还不够充分，对一些书信、回忆录、日记等已有史料的辨伪也依旧有待做出一些新的探索。

参考文献

[1] 汪贻菡. 从“新小说”到“新文学”：晚清器物书写中的“科技物”与科学意识［J］. 理论月刊，2023（7）：149-160.

[2] 苏湛，李衡哲. 科普型科幻起源重探［J］. 科学与社会，2023，13（4）：12-23.

[3] 吴岩. 蓝图未来主义科幻小说：滥觞、发展和性质［J］. 中国比较文学，2023（4）：29-41.

[4] 唐圆鑫，韩学恒. 新时代语境下中国现实主义文学创作及其可能［J］. 当代作家评论，2023（4）：61-69.

[5] 徐维辰. 偶然性叙事——鲁迅和刘慈欣的精神困境及其文本突围［J］. 小说评论，2023（5）：57-63.

[6] 姜振宇. 体验与想象“现代”的方式——中国式现代化起点处的科幻与鲁迅［J］. 上海文化，2023（6）：65-71.

[7] 黄鸣奋. 意识、媒介与科幻：现实主义的多维考察［J］. 广州大学学报（社会科学版），2023，22（3）：65-81.

[8] 李广益. 非洲、第三世界、全球南方：再论“科幻现实主义”的可能面向［J］. 文艺理论研究，2023，43（5）：163-171.

[9] 陈旭光，郑好. 论中国科幻剧集的“想象力消费”与想象力表达［J］. 中国电视，2023（6）：5-9.

[10] 朱晓军. 电影学的想象力——兼论想象力消费、科幻电影创意与中国电影学派建构［J］. 民族艺术研究，2023，36（3）：17-26.

[11] 江玉琴. 论中国科幻赛博格叙事与话语建构［J］. 山西大学学报（哲学社会科学版），2023，46（3）：22-31.

[12] 姜振宇. 在数字空间建构中国话语：从赛博朋克到赛博英雄[J]. 山西大学学报（哲学社会科学版），2023，46（3）：16-21.
[13] 刘洋. 数字细读：对科幻文学的计算批评之路[J]. 现代中文学刊，2023（6）：48-54.
[14] 姜佑怡，姜振宇. 作为实践的科学幻想——科幻人类学的方法及案例[J]. 现代中文学刊，2023（6）：55-62.
[15] 王斑. 作为文化与生态批评的科幻文学[J]. 现代中文学刊，2023（6）：40-47.
[16] 王斑，虞又铭. 重构生态乌托邦——论郝景芳的反思性科幻叙事[J]. 南方文坛，2023（6）：5-12.
[17] 黄鸣奋. 后人类生态视野下的科幻电影[M]. 上海光启书局有限公司，2023.
[18] 吴岩. 科幻理论的未来版图[M]. 重庆：重庆大学出版社，2023.
[19] 金秋容. 书写人类世的故事：论金·斯坦利·罗宾逊《未来部》[J]. 当代外国文学，2023，44（2）：38-45.
[20] 江玉琴. 论中国海洋科幻文学的世界图景建构[J]. 广州大学学报（社会科学版），2023，22（5）：143-151.
[21] 陈舒劼. 隐身人：科幻小说人物塑造的隐喻、想象与挑战[J]. 文艺研究，2023（11）：60-73.
[22] 李芳芳，汤天勇. 宏大叙事、现实指向与人性审思——评电视剧《三体》[J]. 当代电视，2023（8）：43-46.
[23] 赵媛. 浅论国产科幻网络动画的题材类型与叙事主题[J]. 当代电视，2023（4）：83-88.
[24] 孙晓迪. 再造昆仑："丝绸朋克"小说的幻想尺度与现代性镜像[J]. 上海文化，2023（12）：50-58，101.
[25] 姜通，徐毓宣. 历史长河中的未来方舟——论中国古代科幻文学的特征与价值[J]. 文艺争鸣，2023（4）：202-208.
[26] 张经武，梁森旺. 未来往回走：科幻电影中的"逆托邦"想象[J]. 宁夏社会科学，2023（1）：179-186.

[27] 江玉琴. 科幻小说的时间想象及其社会文化机理 [J]. 中国文学批评，2023 (3)：154-162，192.

[28] 丁卓. “断裂时代”中国科幻奇观美学的突破与超越 [J]. 东岳论丛，2023，44 (7)：45-54，191.

[29] 姚萧程，何敏. “月印万川”：美国后现代主义科幻文学中的禅宗美学意蕴 [J]. 科普创作评论，2023，3 (1)：72-81.

[30] 刘洋编. 科幻创作的未来版图 [M]. 重庆：重庆大学出版社，2023.

[31] Mingwei Song. Fear of Seeing: A Poetics of Chinese Science Fiction [M]. New York: Columbia University Press, 2023.

[32] 张栋. 科学、玄学或走向融合：科幻电影中的“科玄论战” [J]. 上海文化，2023 (10)：72-79.

[33] 刘兵，冯溪歌. 科幻与科普的关系：基于历史文献和概念分析的讨论 [J]. 科学与社会，2023，13 (4)：1-11，149.

[34] 王宁. 元宇宙时代的科学与文学：对时代之问的回答 [J]. 天津社会科学，2023 (2)：125-130.

[35] 陈颀. 为未来立法：基因编辑科幻的思想实验 [J]. 现代中文学刊，2023 (6)：63-71.

[36] 岳丽媛. 科幻作品何以为大数据时代科普赋能？——基于信息监控与隐私伦理内容的探讨 [J]. 科学与社会，2023，13 (4)：24-35.

[37] 曹喆，许艺琳，曹麓，等. 科幻促进科技创新的路径与影响因素——基于13位理工科博士（生）科幻迷的深入访谈研究 [J]. 科技管理研究，2023，43 (24)：25-31.

[38] 呼思乐. 科学传播视角下的医学科幻与医学科普 [J]. 科学与社会，2023，13 (4)：36-47.

[39] 李广益. 科幻导论 [M]. 重庆：重庆大学出版社，2023.

[40] 罗小茗. 解锁未来：当代中国科幻小说中的城市想象 [M]. 上海：上海书店出版社，2023.

[41] 叶冬，孙文睿. 美国科幻文学的电视传播 [J]. 中国广播电视学刊，2023 (5)：82-86.

[42] 骆平. 主体性建构与多元化共生——网络科幻小说影视改编之困境与突围［J］. 当代文坛，2023（3）：163-168.

[43] 白一骢，杨磊，田良良.《三体》：站在中国科幻剧发展的历史节点上［J］. 中国电视，2023（7）：92-97.

[44] 张书端. 科幻剧《三体》的跨媒介叙事与多元文化价值［J］. 电视研究，2023（5）：55-57.

[45] 周彦杉. 大众接受效果与科幻文艺创作——以《三体》小说和电视剧的豆瓣评价为例［J］. 当代文坛，2023（5）：109-115.

[46] 姚舜，胡凯. 与现实相连 与时代同频——中国科幻题材电视动画十年发展回眸［J］. 当代电视，2023（8）：94-99.

[47] 贾立元. 太空核威慑背景下金庸对海因莱因的翻译考［J］. 中国现代文学研究丛刊，2023（6）：100-123.

[48] 管浩然，余泽梅. 中国科幻杂志的早期翻译活动研究：以《科学文艺》（1979—1988年）为对象［J］. 科普创作评论，2023，3（4）：43-53.

[49] 郭恋东，冯若兮. 类型小说的全球翻译——以犯罪小说、网络小说和科幻小说为例［J］. 学术月刊，2023，55（11）：160-168.

[50] 刘桐阳. 中国现当代文学在西班牙的译介——对间接译介现象的文化反思［J］. 中国文艺评论，2023（8）：96-107，127-128.

[51] 张慧瑜. 科幻题材网络文学与新的中国故事［J］. 人民论坛，2023（15）：106-109.

[52] 王峙，邱子沫. 中国科幻电影从本土想象到国际视野的发展历程［J］. 传媒，2023（23）：47-50.

[53] 张春，蔡嘉洋. 想象性、逻辑性、人文性：近年来国产科幻剧的三重向度［J］. 当代电视，2023（8）：57-62.

[54] 黄鸣奋. 走向元宇宙：科幻电影产业的公园形态［J］. 文艺论坛，2023（1）：113-119.

[55] 翁杨，强薇. 出版业与影视业协同发展的内容策略与营销路径——以“流浪地球”系列科幻IP为例［J］. 出版广角，2023（2）：68-71.

[56] 张峰. 科幻产业的未来版图［M］. 重庆：重庆大学出版社，2023.

[57] 詹玲. 后人类时代中国科幻小说创作的人学观面向 [J]. 探索与争鸣, 2023 (10): 136–145, 180.

[58] 管季. “后人类”与文学伦理的转向——基于当代文学现状的思考 [J]. 中国当代文学研究, 2023 (5): 54–66.

[59] 郭子淳, 孟宪宁, 陈赟冰. 中国科幻影视创作的叙事新变与人机关系的哲学反思 [J]. 中国电视, 2023 (6): 17–23.

[60] 陆嘉宁. “符码 – 身体”:“半透明写实主义”视角下的数字身体想象 [J]. 当代电影, 2023 (9): 159–167.

[61] 刘永亮. 后人类语境下科幻电影叙事中的身体想象与异质美学 [J]. 深圳大学学报 (人文社会科学版), 2023, 40 (6): 150–159.

[62] 张晖. 从花园到宇宙——斯特鲁伽茨基兄弟科幻小说中的他者形象和“人与自然” [J]. 俄罗斯文艺, 2023 (1): 4–15.

[63] 卢军霞. 岛屿的破碎与重生: 论 21 世纪台湾地区科幻小说中的生态关怀 [J]. 上海文化, 2023 (8): 54–64.

[64] 吴维忆. 当代中国科幻“非人”想象的生态意蕴 [J]. 中国文学批评, 2023 (3): 181–188, 192.

[65] 王坤宇. 科幻叙事与后人类他者形象 [J/OL]. 天津社会科学, 1–17 [2024–05–07]. https://doi.org/10.16240/j.cnki.1002–3976.20230419.001.

[66] 周冬莹. 法国新浪潮科幻电影: 从宇宙到大脑的运动 [J]. 文艺研究, 2023 (8): 110–122.

[67] 孙承健. 技术的艺术: 唤醒创造性力量的科幻电影 [J]. 当代电影, 2023 (6): 125–131.

[68] 张智华, 王义仁. 后人类视域下科幻电影的屏域形构与意义增殖 [J]. 当代电影, 2023 (12): 140–148.

[69] 杨潇. 仰望星空: 我亲历的中国科幻 [M]. 成都: 四川人民出版社, 2023.

[70] 谭楷. 银河礼赞: 我亲历的中国科幻 [M]. 成都: 四川人民出版社, 2023.

[71] 杨枫. 中国科幻口述史 (第 2 卷)(第 3 卷) [M]. 成都: 成都时代出版

社，2023.

作者简介：

朱钰婷，浙江大学哲学学院博士后，中国科幻研究中心“起航学者”。研究方向为当代科幻文学与文化研究。

年度英语科幻作品翻译引进综述

李　琴　吴馨玉　白东子

一、引言

2023 年，我国从英语国家引进出版 231 部科幻图书，以小说单行本为主，约占总数的 69.7%，其次是作品集及论文或杂文，分别约占 17.7% 及 6.1%（见图 1）。相较于 2022 年，除了图文书，其他类型图书数量均有所增加。本文主

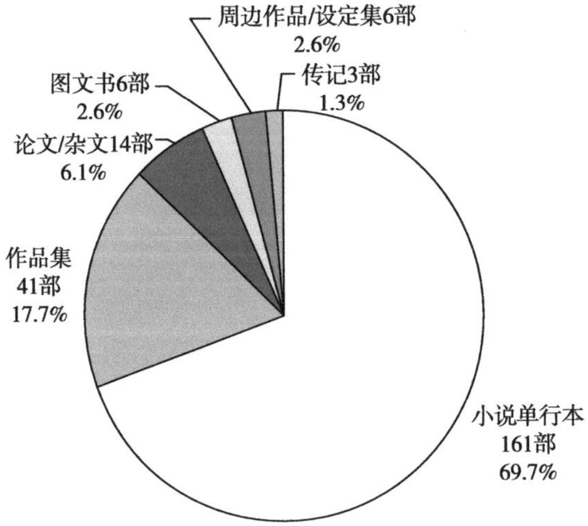

图 1　2023 年翻译引进英语科幻图书出版类型分布

要以引进的小说单行本为对象，兼顾个人作品集、作品选集、图文书等虚构类作品，同时关照论文、传记等非虚构类作品，从文本选择、翻译出版和接受情况三个方面就 2023 年英语国家科幻作品的引进情况进行考察[①]。

二、文本选择

本部分拟从原作质量、选材来源、作品类型及主题风格四个角度对 2023 年引进的英语国家科幻作品展开评述。

（一）原作质量

2023 年引进的英语国家科幻作品质量持续保持较高水准。作品质量可以通过作品的再版或重译、国际奖项获奖情况及读者反馈等形式体现出来。在 231 部科幻图书中，107 部为再版或重译的经典之作。阿道斯·赫胥黎的反乌托邦杰作《美丽新世界》（*Brave New World*）曾多次以连载、节选、全文刊录等形式再版或重译，例如 1935 年第 56 期《论语》杂志黄嘉德节译本《小儿制造厂》、1980 年外文出版局卢佩文全译本《奇妙的新世界》，2023 年由民主与建设出版社与译林出版社分别再版。北京日报出版社出版的《莱伯维茨的赞歌》（*A Canticle for Leibowitz*）由小沃尔特·M. 米勒创作，荣获 1996 年雨果奖最佳长篇小说奖。该小说此前分别由四川科学技术出版社（2004 年）、新星出版社（2012 年）、中信出版集团（2018 年）等多家出版社出版。安·莱基的《数字星舰 1：正义的觉醒》（*Ancillary Justice*）斩获雨果奖、星云奖、轨迹奖、阿瑟·克拉克奖、英国科幻协会奖等多项国际大奖，继 2018 年上海文艺出版社引进后，2023 年由浙江教育出版社再度出版。还有些科幻小说曾以连载或汇编等形式引进，2023 年首度以单行本形式出版。例如，约翰·温德姆的《米德威奇布谷鸟》（*The Midwich Cuckoos*）曾于 1994 年经杨汝钧编译

---

① 本报告主要参照中文科幻数据库（CSFDB，https://csfdb.cn/）、当当网（https://www.dangdang.com/）、豆瓣网（https://www.douban.com/）等平台数据信息及相关研究文献，统计 2023 年从英语国家引进的科幻作品。收录日期截至 2023 年 12 月 31 日（检索日期为 2024 年 1 月 15 日）。

并连载于《科幻世界》杂志第7～8期，后于1995年收录至《世界科幻名著精选》。2023年，该作品以单行本形式同时由人民文学出版社、四川科学技术出版社（此版名《米德维奇的布谷鸟》）出版，分别由李小霞及鄢宏福、鲁冬旭担任翻译。与此同时，一些优秀的非虚构类作品也得以再度引进。英国科幻学者、文学批评家戴维·锡德的《科幻作品》（*Science Fiction: A Very Short Introduction*），曾于2017年由译林出版社引进，并于2023年再版，该著作旨在勾勒19世纪以来英语科幻文学的发展史，得到中国科幻研究学者吴岩的充分认可，被称为“能站在学术高度反映科幻历史和现状的通识性读物”[1]。诺贝尔文学奖得主多丽丝·莱辛的《时光噬痕：观点与评论》（*Time Bites: Views and Reviews*）于2010年由作家出版社首次引进，后由译林出版社于2016年及2023年再次引进。

2023年首度翻译引进的科幻小说多为近年来斩获国际奖项的优秀新作或深受源语国家读者好评的口碑佳作。新星出版社出版了美国科幻作家约翰·斯卡尔齐的《怪兽保护协会》（*The Kaiju Preservation Society*），该作品斩获2023年轨迹奖最佳长篇科幻小说奖，并入围2023年雨果奖最佳长篇小说奖提名及日本年度最佳科幻榜单海外篇提名。此外，荣膺2023年星云奖最佳长篇小说奖的《巴别塔》（*Babel: An Arcane History*）出自美籍华裔作家匡灵秀之手，该作品在2023年由中国台湾地区脸谱出版社及中信出版集团相继引进。脸谱出版社还引进了加拿大作家艾米丽·圣约翰·曼德尔的畅销书《宁静海的旅人》（*Sea of Tranquility*）。该小说创作于2022年，深受海外读者的欢迎，在美国知名图书评论平台好读网（Goodreads）获得4.09（225769人评分，满分5.0）的高分，并登上《纽约时报》（*The New York Times*）畅销书排行榜，被英国《金融时报》（*Financial Times*）、英国《卫报》（*The Guardian*）、美国《华盛顿邮报》（*The Washington Post*）等国外媒体争相报道。普利策文学奖得主理查德·鲍尔斯的全新力作《困惑》（*Bewilderment*）发行于2021年，一经发布便引起广泛关注，入选2021年国际布克奖短名单及2021年美国国家图书奖长名单。2023年，该小说同时被中信出版集团及台湾时报文化出版企业股份有限公司（以下简称“时报出版”）分别引进，还以节选形式刊载于《外国文艺》（2023年第2期）。还有些深受英语国家读者喜爱的作品一开始先在中国港澳台地区引进，2023 年首次在内地亮相，如凯瑟琳・艾登的《冬夜三部曲》（*Winternight Trilogy*）。《冬夜三部曲》包括《熊与夜莺》（*The Bear and the Nightingale*）、《笼中少女》（*The Girl in the Tower*）、《女巫之冬》（*The Winter of the Witch*）3 部小说，在好读网上分别获得 4.10（198187 人评分）、4.36（96245 人评分）、4.49（75762 人评分）的高分。该系列作品曾于 2021 年由时报出版引进中国台湾地区，2023 年由天地出版社首度引进内地。

（二）选材来源

选材来源主要从作品国别分布及作家作品数量两方面对 2023 年引进的科幻作品进行评述。

1. 作品国别分布

在统计作品国别时，鉴于部分合著作品涉及多位作者，而选集还会涉及作品作家及选集编者，因此一部作品的国别可能涉及多个国家，本文在此对于数据的统计标准进行说明。考虑到本文主要关注英语国家科幻作品的引进情况，若引进作品同时涉及英语国家及非英语国家作者，本文仅记录其来自哪个英语国家，不再提及非英语国家。如由美国漫画家迈克・约翰逊与西班牙漫画家安德烈斯・吉纳尔多编绘的《银翼杀手 2029 第一卷：重逢》（*Blade Runner 2029 Vol.1: Reunion*）被列为从美国引进的图文书。对于引进的个人作品集，以作品作家为统计依据，如澳大利亚作家格雷格・伊根的《三进数世界》（*3-adica*）收录了其 7 篇中短篇小说，在统计时则将其列入从澳大利亚引进的作品集。对于汇编不同作家作品的选集，本文拟以整部选集为一个整体，以编者的国籍为统计依据。但也有些作品集由国内出版社及编辑自行选材编定而成，对于此类作品集则以其中收录的作品国别为记录依据，如由新星出版社出版、中国资深编辑杨枫与姚雪主编的《对望的恒星》收录了中国科幻作家刘慈欣、加拿大科幻作家罗伯特・J. 索耶、俄罗斯科幻作家谢尔盖・卢基扬年科的共十余篇中短篇小说，其中只有罗伯特・J. 索耶来自英语国家，因而将该作品集列入从加拿大引进的科幻图书行列中。

从国别来看，2023 年引进的英语科幻作品主要涉及美国、英国、加拿大、澳大利亚及爱尔兰 5 个英语国家。由图 2 可知，美国与英国仍为我国科幻文学翻译引进的主要来源国，约占 90.5%。具体来看，美国以 151 部的作品引进数量位居榜首，英国则以 58 部位居第二。这两个国家为我国引进英语科幻作品的主要来源国，受到科幻图书出版领域的密切关注。首先，英美两国科幻创作历史悠久，拥有许多经典的科幻佳作，同时还在不断推出科幻新作。其次，英美科幻作品汉译历史悠久，受众较为广泛，在我国科幻市场拥有较高认可度。相较之下，其他英语国家的科幻作品仍待进一步挖掘。澳大利亚和加拿大引进情况相似，主要以知名科幻作家的作品为主，如 2023 年从澳大利亚引进了 9 部作品，其中 5 部为知名科幻作家格雷格 · 伊根的小说集。虽然一些潜力作家也受到了关注，如澳大利亚科幻作家丽莎 · 尼科尔及加拿大科幻作家伊恩 · 里德，但引进作品数量相对较少。与 2022 年相比，2023 年增加了对爱尔兰作家作品的引进，即凯特 · 汤普森的长篇小说《寻找时间的人》（*The New Policeman*）。整体来看，我国科幻图书引进出版仍需开阔视野，亟须挖掘不同地区的优秀作家作品，从而为中国科幻图书引进市场增加多样性。

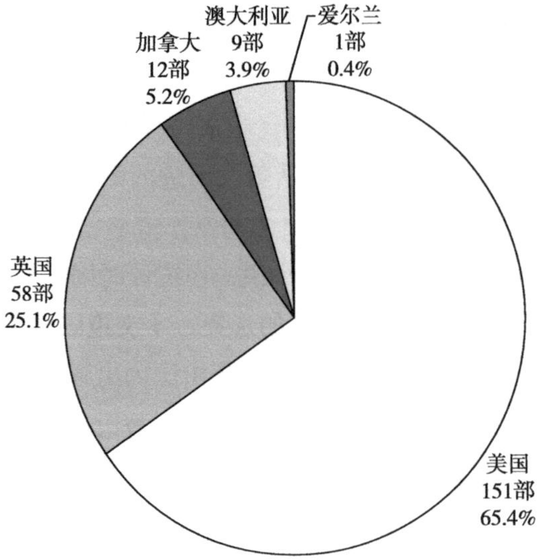

图 2　2023 年翻译引进英语科幻作品国别分布

2. 作家作品数量

2023 年，引进作品数量排名前十的作家均有 3 部及以上科幻作品得到引进，见图3。延续2022年的趋势，库尔特·冯内古特、乔治·R. R. 马丁、斯蒂芬·金、玛格丽特·阿特伍德、约翰·温德姆等知名科幻作家的作品数量仍占有相当比重。被誉为“当代乔治·奥威尔”的库尔特·冯内古特以7部作品数量位列第一，包括6部小说单行本［其中《猫的摇篮》（*Cat's Cradle*）由海南出版社和中国台湾地区的麦田出版社分别引进］，及1部与其学生苏珊娜·麦康奈尔合著的非虚构作品《写作是从事一种娱乐行业》（*Pity the Reader: On Writing with Style*）。美国科幻作家、编辑乔治·R. R. 马丁也有5部作品得以引进，除了《图夫航行记》（*Tuf Voyaging*）、《光逝》（*Dying of the Light*）等小说单行本，还有其编辑的“百变王牌”系列作品:《百变王牌：鬼牌镇疑云》（*Jokertown Shuffle*）、《百变王牌：逆转王牌》（*Turn of the Cards*）、《百变王牌：荷官的抉择》（*Dealer's Choice*）、《百变王牌：独眼杰克》（*One-Eyed Jacks*）。2023年还引进了美国科幻作家斯蒂芬·金的5部作品，分别为小说单行本《疯狂玫瑰》（*Rose Madder*）、《头号书迷》（*Misery*）、《绝笔》（*Billy Summers*），个人作品集《解决那个局外人》（*If It Bleeds*）以及非虚构作品《史蒂芬·金谈写作》（*On Writing: A Memoir of the Craft*）。

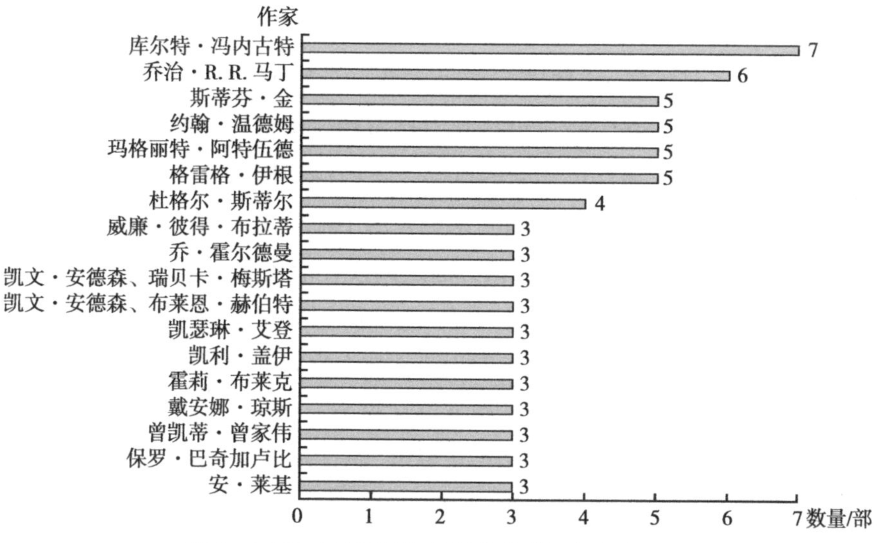

图3　2023年引进科幻作品数量排名前十的作家

2023年延续了往年传统，图书引进继续呈现系列化特点。人民文学出版社通过“约翰·温德姆科幻经典系列”引进约翰·温德姆的《重生之蛹》（*The Chrysalids*）、《三尖树时代》（*The Day of the Triffids*）、《克拉肯苏醒》（*The Kraken Wakes*）及《米德威奇布谷鸟》。中信出版集团推出“血与锈”经典科幻系列，引进保罗·巴奇加卢比的《海洋之神》（*Ship Breaker*）、《淹没之城》（*The Drowned Cities*）、《图尔之战》（*Tool of War*），其中《淹没之城》《图尔之战》为首次引进。重庆出版社推出“沙丘学派”系列丛书，包括凯文·安德森与布莱恩·赫伯特合著的《沙丘学派：姐妹会》（*Sisterhood of Dune*）、《沙丘学派：门泰特》（*Mentats of Dune*）、《沙丘学派：领航员》（*Navigators of Dune*），均为首次引进。面向青少年群体，2023年也引进了系列图书，如凯文·安德森与瑞贝卡·梅斯塔合著的“水晶门”系列，包括《水晶门：岛屿之国》（*Island Realm*）、《水晶门：海洋之国》（*Ocean Realm*）、《水晶门：天空之国》（*Sky Realm*）。

2023年我国科幻作品的翻译引进工作特别注重对于新作品的挖掘。新星出版社的“格雷格·伊根经典科幻三重奏”包括《祈祷之海》（*Oceanic*）、《快乐的理由》（*Reasons to Be Cheerful*）、《三进数世界》3部小说集，收录了澳大利亚硬科幻作家格雷格·伊根的20篇经典之作，覆盖其在不同时期创作的各类题材与风格的科幻小说，其中大多数为首次引进。同时，江苏凤凰文艺出版社也推出了格雷格·伊根的2部小说集，分别为《数学陷落》（*Oceanic*）与《闪光骇客》（*Luminous*）。2023年对格雷格·伊根作品的大规模引进为国内读者提供了深入了解这位作家的机会，正如科幻作家陆秋槎在《快乐的理由》的导读中所说：“伊根的长篇与未翻译的中短篇之中也不乏精心雕琢的奇想，理应让更多读者看到。我相信，通过阅读、消化这位硬科幻大师的作品，中国的作者们也一定能有所收获，从而更加游刃有余地探索‘内在宇宙’与‘外在宇宙’。”[2]同样的情况还有四川科学技术出版社出版的《荒城》（*City*）。该小说于1944年由美国著名科幻作家克利福德·西马克创作。西马克曾多次获得雨果奖和星云奖，并于1977年获得由美国科幻奇幻作家协会颁发的大师奖。其作品早在20世纪80年代便开始引进，如1981年江苏科学技术出版社出版了《戈勃林禁区》，收录了克利福德·西马克的长篇科幻小说《戈勃林禁区》(*The Goblin Reservation*)及4部中短篇科幻小说。但曾斩获1953年国际幻想奖最佳幻想小说奖的《荒城》却未得到应有的重视，直至2023年终于得以引进。新作品的出现为科幻粉丝读者提供了更多选择，也能为出版市场增添活力。

(三)作品类型

2023年，我国从英语国家共引进出版231部科幻图书，包括161部小说单行本、41部作品集、14部论文或杂文、6部图文书、6部周边作品或设定集和3部传记(图1)。与2022年相比，小说单行本、作品集、论文或杂文、周边作品或设定集的引进数量均有所增加。虽然2023年没有以单行本形式出版的访谈、剧本、诗集，但通过作品集引进了一些诗歌或书信，如玛格丽特·阿特伍德的个人作品集《在其他的世界：科幻小说与人类想象》(*In Other Worlds: SF and the Human Imagination*)，不仅收录了中短篇小说，还收录了一些非虚构作品及信件。

从作品类型来看，虚构类作品仍为主要译介类型，包括156部长篇小说、46部中短篇小说单行本或合集及6部漫画或连环画，约占引进总量的90%(图4)。同时，非虚构类作品明显增多，由2022年的14部增长至23部[3]，分别为14部论文或杂文、6部周边作品或设定集、3部传记。

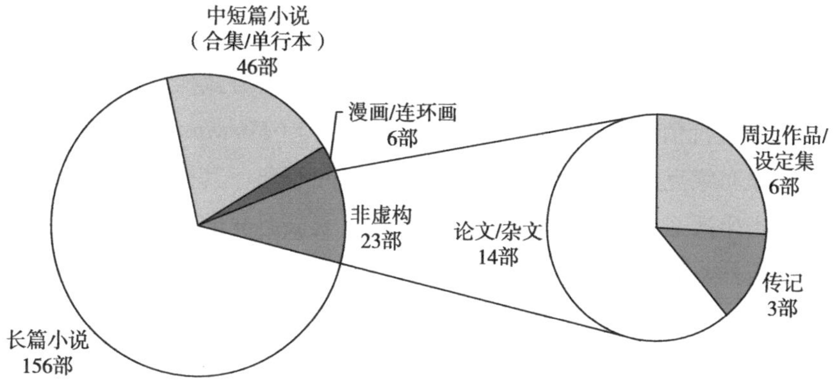

图4 2023年翻译引进英语科幻作品类型

（四）主题风格

2023年可谓是中国科幻发展史上的里程碑。中国科幻大会首次被纳入国家级科技论坛“中关村论坛”，第81届世界科幻大会在成都圆满召开以及各类科幻学术圆桌论坛和研讨会的举办，均促使中国科幻与世界科幻文学产生深度交融，碰撞出别样火花。因此，较2022年，2023年从英语国家引进的科幻作品主题风格变化多元，除了延续经典科幻母题叙事和元宇宙概念，还呈现出如下鲜明特征。

1. 聚焦前沿科技，开启AI统治新纪元

2023年，ChatGPT和AI算法呈喷涌之势袭来，引进的科幻小说单行本中出现了诸多聚焦前沿科技发展的经典之作。毋庸置疑，科技是科幻文学创作过程中必不可少的元素，缺乏这一核心元素，科幻小说也即失去了它固有的内核。澳大利亚硬科幻作家格雷格·伊根的个人作品集《数学陷落》便是前沿科技与科学诗意的典型结合，其收录的故事中不乏“数学毁灭世界”“人类受纳米机器人指使”“关闭平行世界入口”“沉默了百万年的文明开口说话”的巧妙构思，但最终都将超越生死之说，解构永恒之意，试图找出人类与高科技共存的方式。美国作家扎克·罗克的《1138号的奇遇》（*A Good Story*）刻画出一个数字至上的怪诞世界，故事的主角是一只代号为“1138”的猪。在社会庞大、有序运转的体系里，它仿佛可以随时被替代。故事以超现实的笔法将读者寻找的答案隐藏在“走铁链的剪刀、如影随形的狼、用勺子做的天平、数字或符号相关的建筑”的古怪细节中，旨在以一种讽喻的方式探讨数字化时代人类的异化、个人价值和工作价值的实现等。《向前》（*Forward*）是由美国知名科幻小说作家布莱克·克劳奇主编的中篇科幻故事合集，其探讨的核心内容为高科技对人类生活产生的巨大影响。未来社会，日新月异的科技发展是否会引领人类走向万劫不复的深渊？高科技诚如一把双刃剑，其背后承载的人伦道德或许更耐人寻味。英国作家阿道斯·赫胥黎的科幻经典之作《美丽新世界》也得以重新引进，小说中描绘的技术高度发达的未来世界对于今天的读者而言或许不再遥远，但背后所隐匿的种种对于人性和欲望的诘问，在ChatGPT和人工智能盛行的当下却需要我们进行理性思考：当一切不确定的因素都被消除，人类生活在一种程式化定义的世界中时，是否能够斩获所谓的自由与快感？

2. 科学哲理命题凸显，叩问人类内心世界

所谓的“科学哲理”，实则是从科学哲学这一学科分支中延伸出的一个概念，其重点探讨的内容不外乎有“人类与人工智能之间的关系”“人类与机器人之间发生矛盾时，人类将何去何从”等触及人的主体性危机的主旨[4]，或从一段稀松平常的经历上升至对人性、命运的哲思。在2023年引进的科幻小说中，这一概念并未缺席。例如美国作家克利福德·西马克创作的《荒城》将故事背景设定在一个遥远的未来，在那里人类虽掌握了高端技术，但仍想逃离这片“城市废墟”，在机器人的帮助下，爱好和平的狗与其他动物和睦相处，成为人类最终的守护者。在这部作品中，克利福德·西马克为读者呈现出一种“细思极恐的哲学视觉”，充满诗意的叙述中，“人类、狗、蚂蚁和机器人”不同种族的命运纷至沓来，让人叹为观止的同时亦能冲破想象的藩篱而置身其中。《遗忘效应》（*Obscura*）是一部颇具太空史诗风格的科幻佳作，作者乔·哈特大胆、扣人心弦的情节设定，将太空科幻和悬疑推理元素糅合其中，对新型疾病、瞬息转移和生命重组进行描述，引发读者对未来科技和世界走向的深思。美国作家沃尔特·特维斯所著的《知更鸟》（*Mockingbird*）展现出一幅悲观的未来主义图景：人类过度依赖机器人服务、文明无法传承、智识日趋低下、维持社会运转的重任交由高等机器人。沃尔特·特维斯笔触细腻，往往能够在不经意间给人以“峰回路转”之感，其对故事情节的铺设和故事主人公的刻画最终能够精准指向人类主体性的衰落、生死存亡等终极问题，甚至能够超越对终极命题的探讨。前方是否有答案？后退是否就会灭亡？这些直击心灵的叩问，使读者不得不掩面沉思。

作为一种惯于以人类整体为实际或象征性观察对象的书写方式，科幻文学已然发展出独特的路径[5]。英国作家大卫·米切尔的长篇巨著《乌托邦大道》（*Utopia Avenue*）即以20世纪60年代中期的英国摇滚浪潮为创作背景，演绎出一种属于音乐的“悖论”，并以此为主线探讨人类与自身的关系，从而发出“我是谁”的灵魂拷问。除此之外，约翰·温德姆的《重生之蛹》以及美国科幻作家罗伯特·西尔弗伯格的《内心垂死》（*Dying Inside*）亦均为探索人性与自我的代表之作。

3. 女性主义色彩鲜明，激发自由解放意识

女性主义概念在科幻文学中的运用已然并不陌生。相较于2022年，2023年引进科幻文学中的“她”力量明显增强，科幻故事中的女性视角更加鲜明。加拿大知名女性科幻作家玛格丽特·阿特伍德的短篇小说集《黑暗中的谋杀》（*Murder in the dark*）便是其中一个典型范例，收录的故事主要传达了一个核心思想，即女性有权创造属于自己的游戏规则，甚至可以打破由男性所设计的游戏规则。在这一虚设的游戏世界里，玛格丽特·阿特伍德试图创造出一种两性平等或者性别消解的未来世界，从中读者不仅可以知悉她的主要关切，还可以领悟到这一书写范式所传达的精神诉求。与此稍有不同的是，《纸帐篷》（*The Tent*）所传达出的女性声音似乎更加响亮，书中囊括了35种女性表达自我的方式，玛格丽特·阿特伍德欲表达的核心观点是“无论处于何种被动的境地，女性都试图为自己发声”，尽量彰显出一种强烈的自我意识，正面抗拒女性在社会上遭遇的不公。英国诺贝尔奖获得者多丽丝·莱辛创作的“科幻式半自传”《幸存者回忆录》（*The Memoirs of a Survivor*）将故事背景设定在“城市瘫痪、食品短缺”的全球灾难中，在这一片慌乱之中，一个获得穿墙能力的留守女人，带着一个青春期女孩和一只小狗，决心成为此地最后的幸存者。这一在逆境面前勇往直前、永不言弃的女性形象往往能够引发读者的强烈共鸣，从而使读者进行“换位思考”，沉浸在作者笔下的女性世界中。

随着当下女性自我意识的强烈觉醒和对个人自由意志的不懈追求，她们渐渐意识到单靠一己之力是完全不够的，需要在最大限度内动员一切“命运共同体”，以实现最大程度的“解放”。女性主义色彩在科幻文学作品中的凸显便为她们的发声提供了一种新平台，使之在异域想象中寻找新出路[6]。

4. 轻喜剧之风盛行，留下无限遐想空间

顾名思义，“轻喜剧”颇具喜剧美学的色彩，创作者往往通过各类幽默、抑或讽喻的手法给读者营造一种轻松愉悦的氛围。“轻喜剧”科幻的整体切入点新颖讨喜，故事情节设定中规中矩，但结局却往往耐人寻味。美国科幻作家罗柏·哈特创作的《时空错乱大饭店》（*The Paradox Hotel*）便上演了一场穿越时空的“喜剧表演”，故事背景设定于遥远的2072年：时空旅行成为最时兴的观光产业，但穿越过去有一系列规则，即不得介入、不可顺手牵羊，但总

有一些“刁民”想要打破这一规则，麻烦接二连三地涌现，读者在陷入沉思的同时却又忍俊不禁。菲利普·迪克的《逆时钟世界》(*Counter-clock World*)向读者呈现了一个时间倒流的故事，其中包括一系列离谱怪异的事件：人们见面时说“再见”，告别时说“你好”，食管倒流出热咖啡，香烟越吸越长，书籍变回草纸等，这些情节看似符合故事背景设定，但读起来也饶有趣味，不时让人啼笑皆非。实际上，在这些“笑料”的背后，实则能折射出人性和社会的黑暗面。坏消息真的会接踵而至吗？事情真的会愈来愈糟吗？还有回旋的余地吗？也许你能从《坏消息不断》(*Moral Disorder*)这部短篇小说集中找到想要的答案。玛格丽特·阿特伍德仿佛采用了一种“辩证”的书写方式，给读者带来了 11 个坏消息和 11 个好消息，以及横亘在它们之间的无数闹剧，读者在细细品读时时而会产生一种“抽离”之感，上一秒是“现实”，下一秒又回到“梦境”，如此在过去、当下和未来中交替穿梭，不免让人产生一种困顿之感。

综上，2023 年引进的科幻文学主题风格多变，紧跟世界科幻文学发展潮流，为科幻迷制造出别样的惊喜。在中国科幻文学持续发力，向世界文学舞台中央靠拢的当下，中国科幻已然与世界文学之间呈现出一种“双向奔赴”的态势，两者“你中有我，我中有你”，缺失任一部分，都无法在世界文学的百花园中绽放异彩。

三、翻译出版

2023 年的翻译出版情况主要从译者分析与出版机构分布两个角度进行评述。

(一) 译者分析

整体来看，2023 年科幻图书译者群体呈现专业化趋势，大多具有丰富的科幻翻译经历。译介凯文·安德森“沙丘学派”系列的王梓涵曾参与“博德之门”“上古卷轴”“辐射”等游戏的翻译工作，并拥有《心灵之眼》(*The*

Eye of Minds)、《纽约 2140》(*New York 2140*)、《云上的秘密》(*Happiness for Humans*)等科幻小说的翻译经历。译介《人类：尼安德特人三部曲》(*The Neanderthal Parallax Trilogy: Humans*)等科幻小说的仇俊雄毕业于英语翻译专业，主要从事科幻、奇幻及历史小说翻译。李镭除了在 2023 年的 2 部科幻译作《潜沙记》(*Sand*)、《羊毛战记》(*Wool*)，还曾译有《星球大战：绝地归来》(*Return of the Jedi*)(2015 年)等多部科幻小说，并参与“星际争霸”等海外机构开发的科幻游戏的汉译工作。图书出版程序复杂、审核标准严格，这对科幻图书译者提出了较高的要求，促使图书译者队伍呈现专业化倾向。出版方作为译文的把关人，通常会要求意向译员对样章进行试译，并对译者的专业背景及翻译经历进行考察，包括所擅长的语言及译介方向等，因此，只有具有较强翻译能力及较高专业水平的译者才能通过出版方的考核。

译者在翻译选材方面更为聚焦。译介数量前十的译者（图 5）大多具有系列图书译介经历，如王梓涵译介凯文·安德森的“沙丘学派”系列小说，吴天骄译介乔·霍尔德曼的“火星三部曲”系列小说。还有些译者聚焦于译介某位作家的作品，如朱佳文的 2 部译作均来自乔治·R. R. 马丁，分别为

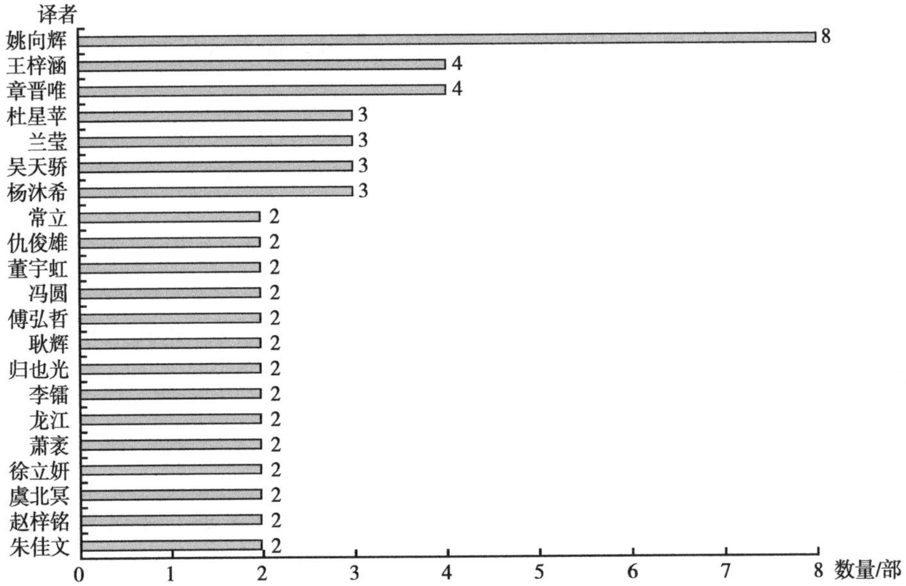

图 5　2023 年翻译英语科幻作品数量前十的译者（不含合译）

《光逝》（*Dying of the Light*）及《图夫航行记》（*Tuf Voyaging*）。对于译者来说，科幻图书的篇幅通常较长，更具考验性。译者不仅要具备扎实的语言功底及深厚的文学素养，还需要充分理解作者的创作思想及作品的主旨意蕴，因此，译者倾向于翻译系列丛书或同一作者的不同科幻佳作。此外，在出版发行上，同一译者的译作倾向于由同一家出版社出版，这表明译者与出版社逐渐建立起可持续的合作关系。例如，杨沐希译介的斯蒂芬·金、伊恩·里德等科幻作家的3部小说均由皇冠文化出版有限公司（以下简称“皇冠文化”）出版。对于图书市场而言，译者与出版社之间的良性合作关系有助于稳定地产出高质量译作。然而，除了维持现有的合作关系，出版机构也需要给予译界新秀机遇，不断扩大科幻翻译队伍，为科幻图书引进积蓄足够的翻译力量。

（二）出版机构分布

整体来看，2023年我国共有近80家出版社引进科幻图书，其中引进数量位居前十的出版机构（图6）均出版6部及以上作品。相比2022年，出版单位总数量略有提高，且图书引进总数量也有所增长，出版情况整体向好。

在2023年引进图书数量前十的出版单位中，位居榜首的四川科学技术出版社引进18部科幻图书，以高出2部作品的优势领先位列第二的重庆出版社，人民文学出版社与中信出版集团分别以14部、11部紧随其后。与2022年相比，新星出版社虽仍位列前十，与湖南文艺出版社并列第五，但其引进数量明显下降，由2022年的15部降至9部[3]。北京联合出版公司以微弱优势领先于北京时代华文书局、译林出版社及江苏凤凰文艺出版社。总体来看，内地的出版社仍为英语国家科幻作品的主要引进力量，但同时还涌现出一些中国台湾地区的出版社，例如皇冠文化、寂寞出版社、麦田出版社、尖端出版社、博识图书出版有限公司等多家出版机构也相继引进科幻作品。

2023年科幻图书出版持续呈现丛书化倾向。四川科学技术出版社出版的18部图书分属于世界流行科幻丛书、世界科幻大师丛书等系列丛书，其中13部隶属于世界科幻大师丛书。该丛书自1999年第一辑起至2023年已引进

260余册科幻图书[7]，包括艾萨克·阿西莫夫、阿瑟·克拉克、罗伯特·海因莱因、道格拉斯·亚当斯、乔治·R. R. 马丁、弗兰克·赫伯特、奥森·斯科特·卡德等众多知名科幻作家的经典科幻之作，被称为“打开世界科幻之门的丛书”[8]。此外，新星出版社的幻象文库及重庆出版社的独角兽书系等科幻及奇幻类书系也持续引进科幻作品。丛书化不仅有助于大规模引进科幻图书，增加科幻图书引进数量，还能够通过系列引进科幻作品更为全面地呈现科幻文学在英语世界中的整体面貌。

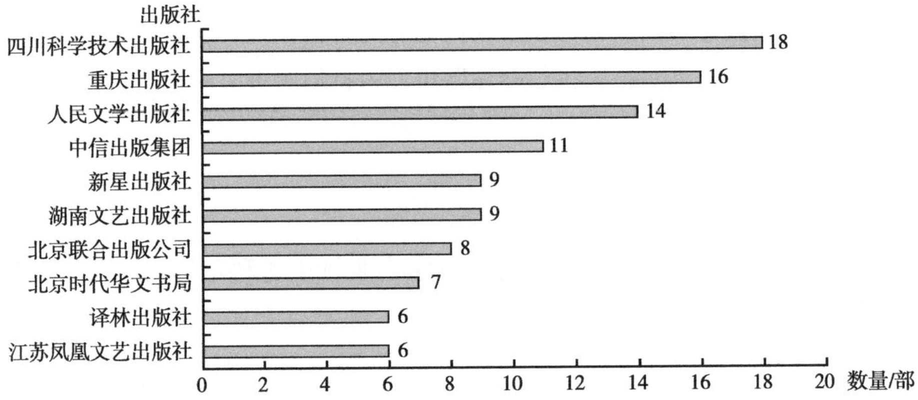

图6　2023年翻译引进作品数量前十的出版机构

鉴于当前我国科幻图书的引进工作仍以单行本为主，本文主要关注以单行本引进的小说。但是期刊、报纸等其他媒介形式也为科幻小说的翻译引进作出了重要贡献，特别是对于中短篇小说而言。近年来，网络技术的发展催生出以互联网为平台的数字化传播媒介，《零重力报》、“不存在科幻”等网络媒介也加入科幻作品引进队伍。但这些网络平台主要以中短篇小说为引进对象，对于长篇小说多采用连载、摘录、提要的方式发表。科学技术的发展推动媒介环境发生变革，给图书、期刊等传统媒介带来严峻挑战，但同时也带来了新的传播技术与传播路径，为传统媒介提供新的发展机遇，衍生出集文字、图像、声音等多种模态的传播模式。在碰撞及融合过程中，传统媒介与新兴媒介将携手推进科幻作品的引进工作，为科幻搭建一个更加广阔的国际交流平台。

四、译作接受情况

引进作品在目的语国家的接受情况是整个译介传播链条的关键一环，往往受到多种因素的影响。“读者接受是衡量译介效果的重要尺度，因此我们既要重视专业读者的评价，也不能忽视普通读者的接受研究。”[9]基于此，2023年译作接受情况拟从普通读者评价与专家读者评价两方面进行探讨。

1. 普通读者评价

2023年从英语国家引进的231部科幻图书中，93部有豆瓣评分记录（图7）。其中分值在8.0～8.5分的译作数量位列第一，有35部；其次是分值在8.6～9.0分的作品数量，统计结果为19部；分值在7.0～7.5分的译作数量位居第三，有14部；分值在7.6～7.9分的有13部作品。统而论之，2023年翻译引进的科幻译作接受效果佳，部分作品的豆瓣评分在8分以上。然而，还有一些科幻译作缺乏相关评分记录，经考察，这些作品暂无评分的原因总结如下。一是作品版权和宣传渠道问题。在这些暂无评分记录的译作当中，港澳台出版社出版的科幻图书单行本占据半数以上，在内地科幻图书市场的曝光度有限，宣销渠道有限，因此缺乏相应的受众群及读者反馈亦不足为奇。二是与译作本身的编排设计和内容质量有关。纵观138部暂无评分记录的科幻图书，其作品类型呈现繁复多元的态势，其中有论文和杂文、绘本以及作品集，还包括一些根据科幻游戏改编的小说单行本等。这些图书类型拥有特定的受众群，论文和杂文主要针对一些精英群体，科幻绘本的受众群大都是一些科幻漫画爱好者，而作品集则因主题风格多样，不够聚焦，致使受众群体相对分散。科幻游戏爱好者更热衷于沉浸在虚拟的游戏世界中，获得真实的游戏体验感，对根据科幻游戏改编的小说则兴致索然。除此之外，译作本身的语言质量也会影响读者的整体阅读感受，部分译者在翻译实践经验积累上有一定差异，使得部分译作的语言不符合特定科幻读者的审美标准，从而影响了译文的接受效果。

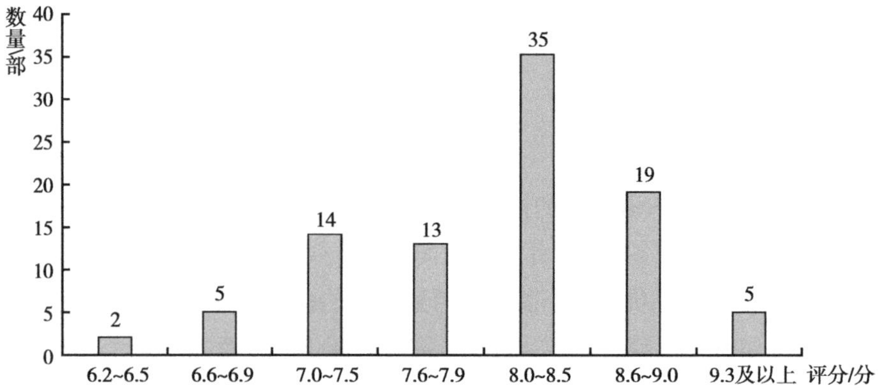

图 7　2023 年翻译引进的科幻图书单行本豆瓣评分情况

2. 专家读者评价

专家读者对某部科幻小说的推介与评价往往具有引领性的作用。由于专家读者在业内已经积累了大量的文化资本和象征资本，因此，他们对于某部小说的看法可以助推读者对译作的接受。针对暂无豆瓣评分记录的译作接受情况，可以此作为一种参考指标，判断其市场接受情况。以《数字星舰 1：正义的觉醒》、《数字星舰 2：巨剑的陨落》（*Ancillary Sword*）、《数字星舰 3：仁慈的复生》（*Ancillary Mercy*）三部曲为例，虽然在豆瓣上显示暂无评分，但在其豆瓣内容简介一栏的推介语中写到“陈楸帆、程婧波、龙星如倾情推荐”。在《数字星舰 1：正义的觉醒》的作品评论中，陈楸帆说道：“安·莱基对人工智能共生体的描写颇具原创性，探索了人工智能和人性的表达边界。在人工智能发展日新月异的今天，‘数字星舰三部曲’为我们展现了一个未来新的可能性。”[10]这在一定程度上能为该部科幻译作的宣传造势。这类评价也包括知名科幻编辑与研究者发表的读后感。如杨枫在读完英国作家苏珊娜·克拉克创作的《皮拉奈奇》（*Piranesi*）后发表了一篇题为《重新定位人与世界的关系》的网络文章，在这洋洋洒洒的千字感言中，她认为这部小说“相当好看”，“这样的小说才更有可能带我们走向我们所期待的那个未来”，“唤醒了‘超想去这样的世界’的澎湃心境”[11]，这样真切的感受能在一定程度上说服读者前来捧读。

五、结语

综上所述，相较于2022年，除了图文书，2023年其他类型科幻图书的引进数量均有所上升，众多上乘科幻作品被引进国内。延续往年的传统，科幻经典之作继续重译再版，同时一些新的作家作品得以发掘，引进的英语科幻作品质量整体较高。作品主题风格紧扣时代主题，变化多元。译者队伍进一步扩大，并且呈现专业化趋势。译作接受情况整体较佳，读者反响热烈。总体而言，国内科幻翻译引进发展空间和潜力巨大，更多优秀的作家作品值得进一步挖掘。

参考文献

[1] 吴岩. 序言[M]// 戴维·锡德. 科幻作品. 南京：译林出版社，2023：1.

[2] 陆秋槎. 两个宇宙的探索者[M]// 格雷格·伊根. 格雷格·伊根经典科幻三重奏2：快乐的理由. 北京：新星出版社，2023：Ⅰ－Ⅴ.

[3] 李琴，白东子，吴馨玉. 年度英语科幻作品翻译引进综述[M]// 吴岩，陈玲，姚利芬，等. 中国科幻发展年鉴2023. 北京：中国科学技术出版社，2023：240.

[4] 陈劲松.《云身》：科幻哲理背后的沉重肉身[J]. 当代比较文学，2023(2)：59–68.

[5] 李宏伟. 科幻，作为镜像[J]. 文艺争鸣，2022(12)：31–33.

[6] 王进. 科幻文本与女性主义研究[J]. 作家天地，2023(11)：42–44.

[7] 没感情的机器人. 世界科幻大师丛书·编号[EB/OL].(2023–06–13)[2024–03–18]. https://www.douban.com/note/850231362/?_i=0754094pZfUF0b.

[8] 陈曜，唐四豆. “世界科幻大师丛书”：打开世界科幻之门的丛书[N]. 文艺报，2021–01–18(6).

[9] 王慧，陆晓鸣. 日本读者对中国科幻文学翻译作品的接受[J]. 日语学习

与研究，2023（2）：114-127.

[10] 莱基. 数字星舰1：正义的觉醒［M］. 孙璐，译. 杭州：浙江教育出版社，2023.

[11] 杨枫. 重新定位人与世界的关系［EB/OL］.（2021-09-08）［2024-03-05］. https://mp.weixin.qq.com/s/uMZ1kz6dryZiw0YlczXH4g.

作者简介：

李琴，西安外国语大学高级翻译学院教授，博士生导师。主要研究领域为翻译理论与实践、比较文学翻译研究。

吴馨玉，西安外国语大学研究生院2021级翻译学博士研究生。主要研究方向为文学翻译、翻译史研究。

白东子，西安外国语大学研究生院2022级翻译学博士研究生。主要研究方向为文学翻译、翻译史研究。

年度非英语科幻作品翻译引进综述

陈　瑶

引言[①]

2023 年我国（含港澳台地区）引进出版非英语国家或地区的科幻图书种类共计 189 部，收录了 444 篇科幻作品，其中包括报纸、杂志以及网络平台上发表的 27 篇作品。相比 2022 年，同比增长了 30.3%。可见，2023 年非英语地区科幻作品的译介总体保持了往年持续升温的良好势头。

2023 年非英语科幻作品引进的来源国家覆盖亚洲、欧洲、美洲、非洲等 14 个国家及地区，包括俄罗斯、法国、韩国以及日本等十个国家。如图 1 所示，出版数量排名前五位的国家分别是日本（111 部）、韩国（31 部）、法国（16 部）、俄罗斯（12 部）、德国（6 部），其余国家均不超过 5 部。相比 2021 年和 2022 年，由各个国家引进的作品数量均呈现出增长的趋势，尤其是日韩两国。日本作品由 2022 年的 86 部增长至 111 部，韩国作品的引进数量相比 2022 年增加了一倍，由 14 部增加到 31 部。

从引进作品的体裁来看，小说的占比遥遥领先，漫画及连环画作品排名第三，占比最少的非虚构类作品共计 37 篇（图 2）。就小说的类型分布而言，

① 数据参考自中文科幻数据库（https://csfdb.cn/）。

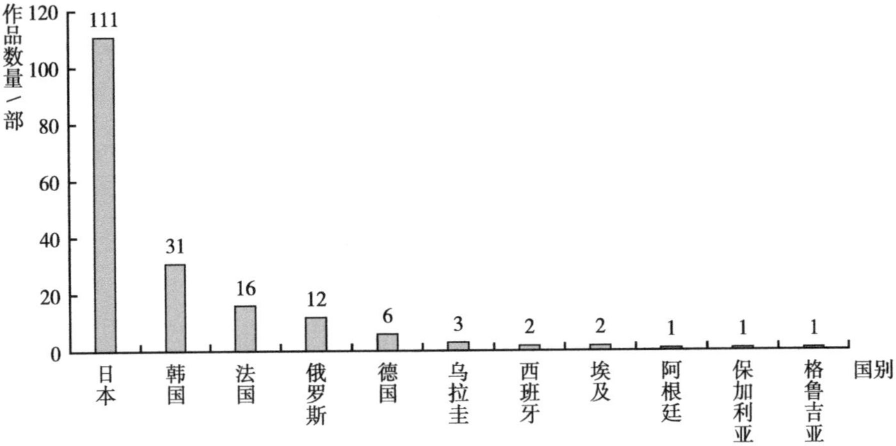

图 1　2023 年非英语区科幻作品的引进来源国别分布

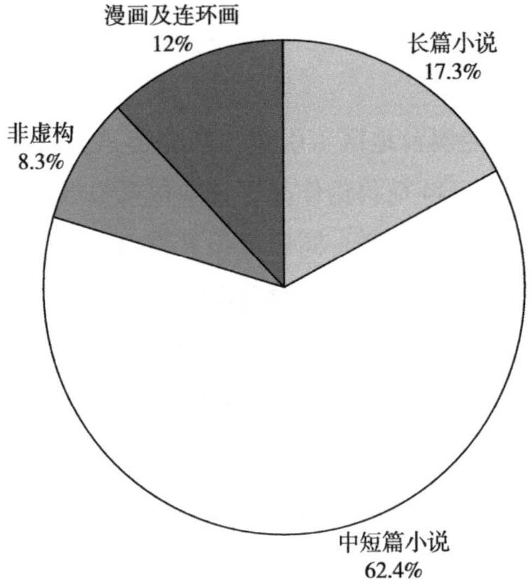

图 2　2023 年翻译引进非英语区科幻作品的类型分布

中短篇小说以 62.4% 的占比稳居榜首，长篇小说位居第二。此外，按照受众读者的年龄层来看，少儿科幻占据了总篇目的 29.3%，相比 2022 年增长了 20%（图 3），且绝大部分来自稻垣足穗、小松左京以及星新一等日本作家的微型科幻小说。其中，由译林出版社出版的《蓝色宇宙大冒险》《隐形生物》《空中都

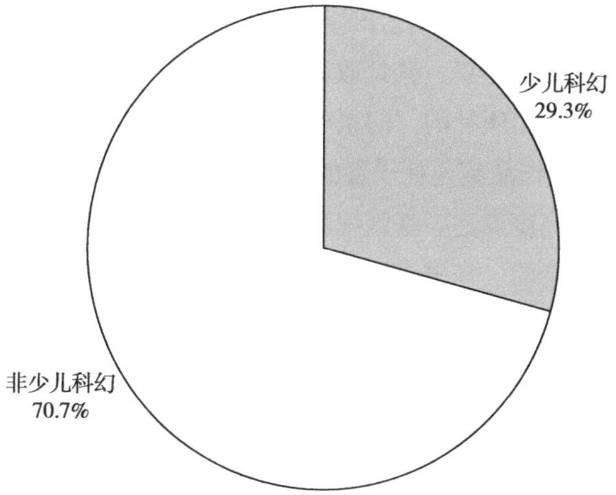

图 3　2023 年翻译引进非英语区科幻作品的读者受众分类

市》[①]《外星人的约定》4 册图书，收录了小松左京自 20 世纪 70 年代以来创作的所有少儿科幻作品，其中绝大多数是首次在我国出版，为中国的少儿读者送来了一份迟来的科幻大礼。

基于以上数据，本文拟从重点作家及其作品简述，报纸、杂志及网络平台的重点项目，读者及市场评价等三个角度，剖析引进自不同国家及地区的科幻作品的分布特点及趋势，以窥 2023 年非英语科幻引进作品的全貌。

（一）重点作家及其作品简述

纵观 2023 年非英语地区的科幻引进作品，每一国家或地区皆出现了极具代表性的作家及其作品。本节主要围绕日本当代科幻小说家小林泰三（1962—2020），当代俄罗斯幻想文学大师谢尔盖·卢基扬年科（1968—）以及墨西哥籍作家莉奥诺拉·卡林顿（1917—2011）展开论述。

日本科幻巨匠小林泰三于 1995 年凭借短篇小说《玩具修理者》获第 2 届日本恐怖小说大奖短篇奖，该作品的单行本出版后销量高达 15 万册，并被改编为电影。他的另两部作品《天狱和地国》与《奥特曼 F》分别于 2012 年、2017 年斩获长篇类的星云奖。仅就其科幻创作而言，小林泰三的作品多以短

① 即《空中都市 008》，安徽少年儿童出版社曾在 1992 年出版由克明翻译的中文译本。

篇小说为主。2023年，湖南文艺出版社出版了《破烂回收塔》以及《要来块水果塔吗？》等短篇作品集，共计收录了小林泰三出道早期发表的15篇中短篇小说。此外，译林出版社的“幻系列”重点推出了小林泰三的长篇小说《逃离未来》，以及两部作品集《杜子春的失败》和《看海的人》。《逃离未来》构筑了一个人工智能高度发达、基因编辑技术滥用的未来世界，但故事的主舞台却是平静祥和的养老院。该书讲述了主人公发现养老院实则是一座监狱的真相之后，开始召集朋友计划出逃，逃离由人工智能构建而成的未来乌托邦世界。作品集《杜子春的失败》则收录了小林泰三晚年创作的《蜘蛛丝的断裂》等4篇中短篇小说。关于小林泰三科幻文学的翻译，不得不提及我国第一位翻译介绍小林泰三的译者——丁丁虫。早在2002年，新星出版社便推出了由丁丁虫翻译的短篇小说集《看海的人》，而标题作《看海的人》的中文译文也在2023年由译林出版社重新出版。此外，2023年首次出版的《逃离未来》与《杜子春的失败》两部作品的译者同样也是丁丁虫。北京联合出版公司出版的侦探小说集《梦中的暗杀者》也收录了丁丁虫的译作，即长篇小说《谋杀桃乐丝》与《谋杀爱丽丝》。按照译介的作品数量来看，2023年共计引进小林泰三的25篇作品，占据日本科幻作品引进总数的近四分之一。可以说，2023年是小林泰三文学作品在我国译介的高峰年。尽管各大出版社的出版方针各有不同，但总体看来，意在全面引进小林泰三的文学作品，向读者展现小林泰三完整且立体的文学面貌。

谢尔盖·卢基扬年科曾被《纽约时报》评价为“俄罗斯最受欢迎，也是最好的作家之一”。谢尔盖·卢基扬年科凭借1988年发表的短篇小说《毁灭》正式出道，1999年之后创作的“守夜人”系列（《守夜人》《守日人》《黄昏使者》《最后的守护人》）奠定了谢尔盖·卢基扬年在俄罗斯科幻文学界不可撼动的地位。2023年，新星出版社出版了由肖楚舟翻译的长篇小说《深潜游戏》两部曲，以及短篇小说集《对望的恒星》，其中收录了谢尔盖·卢基扬年科的六篇短篇小说。《深潜游戏》两部曲被誉为“俄罗斯赛博朋克巅峰之作”，融合了俄罗斯的传统哲学思考与科技想象。著名科幻作家弗拉基米尔·瓦西里耶夫评价道：“这是第一部真正意义上的俄罗斯赛博朋克小说，一部关于自由和爱的赛博朋克。它并不是传统的美式赛博朋克，而是俄罗斯自己的赛博朋克。”[1]

标题中的“深潜”指的是那些迷失在虚拟游戏空间且不愿意回归现实世界的玩家，同时也指向深潜在虚拟游戏空间中的“救生员”。“救生员”主要负责“打捞”那些沉浸在虚拟游戏世界中的玩家，迫使其回归现实世界。主人公廖尼亚便是“救生员”之一，他在虚拟世界中拯救了无数游戏玩家的人生，却没有勇气面对自己的人生。《深潜游戏》讲述的是“救生员”廖尼亚如何在虚拟与现实的双重世界，实现自我救赎的故事。《深潜游戏》中有关现实与虚拟的思考，引起了生活在AI科技时代的读者们的强烈共鸣，更为中俄两国间的文化交流搭建起了一座特殊的科幻桥梁。谢尔盖·卢基扬年科作为2023成都世界科幻大会的主宾之一，到访中国北京、上海和成都等地，并参加了“中国行”的系列活动。他曾在一场活动中表示，“在科幻文学创作上，中俄科幻有很大的共通性。因为中国与俄罗斯在地理和思想上的相似，让两国作家所创作的科幻作品都有对于‘文明冲突’的想象和思考”[2]。2022年俄罗斯科幻的引进作品仅有4种，而在2023年上升到了12种，其中谢尔盖·卢基扬年科的作品占比25%。可以认为，中俄两国之间的科幻文学交流正处于稳步上升期。

墨西哥籍作家莉奥诺拉·卡林顿被誉为“超现实主义最后的幸存者”，曾被推举为2022年威尼斯艺术双年展主推人物。《纽约时报书评》曾如此评价其作品：“在毛茸茸的童话故事中间，有一些激怒人的东西，一些熟悉得令人不快的东西，一些充满人性的、可怕的东西。”[3]2023年，广西师范大学出版社出版了莉奥诺拉·卡林顿的个人回忆录《在深渊》、长篇小说《魔角》及短篇小说集《椭圆女士》。短篇小说集共收录了27篇小说，涵盖了莉奥诺拉·卡林顿的不同创作时期的代表作品。从数量上来看，莉奥诺拉·卡林顿的译作占据了法语区引进科幻作品总数的75%。《魔角》是莉奥诺拉·卡林顿唯一的长篇小说，该作讲述了一位92岁高龄的老太太玛丽安与她的“魔角”助听器，在养老院发生的系列冒险故事。养老院院方严格要求老太太们做一位优雅的“淑女”，必须服从管理、遵守秩序、参加固定的仪式，而玛丽安冒险的终极目的在于撕开所谓主流秩序的虚伪，回归自由自在的边缘。总体看来，莉奥诺拉·卡林顿的创作风格荒诞又诡谲，看似魔幻却又在情理之中，作品整体渲染了异常的奇特色彩。

除了上述作家及其作品，俄罗斯科幻“大满贯”作家亚历山大·格罗莫夫的中篇科幻小说集《计算者》，韩国新生代作家金草叶的首部长篇科幻小说《地球尽头的温室》，乌拉圭作家克里斯蒂娜·佩里罗西的《模拟》以及德国科幻鬼才布兰登·莫里斯的代表作《牧羊人1号》等作品同样是2023年引进的科幻作品中的精彩之作。

（二）刊物及网络平台的重点项目

2023年，科幻引进作品的主要发表平台可分为科幻类杂志与文学类杂志两大类。科幻类杂志有《科幻世界》，中文版《银河边缘》，科幻爱好者结成的非正式杂志《零重力报》以及中国科普研究所的内部杂志《世界科幻动态》等四种，文学类杂志主要有《世界文学》《译林》《外国文艺》等。八光分文化的《银河边缘》在2023年共发行了五期，收录了俄国作家安德烈·普拉东诺夫的短篇小说《美丽而粗暴的世界》、日本作家稻田一声《无痕的蝉蜕》以及久永实木彦《或许上不了天堂》等三部非英语地区的科幻作品。《世界文学》刊登了俄罗斯作家格尔曼·卡纳别耶夫的《一周》，德国作家E.T.A.霍夫曼的《自动机器人》以及法国作家玛丽·达里厄塞克的《每当我晚上感到很累的时候》等六部科幻作品。《科幻世界》的相关情况，已有官方详尽介绍《超元跃迁！我们的科幻世界2023年报告》[4]，笔者在此不予赘述。

在众多期刊中，尤其令人瞩目的是《零重力报》刊登的众多非虚构作品。自2023年起,《零重力报》正式启动了“世界科幻文化翻译”的专题项目。《零重力报》第12期收录了《格鲁吉亚科幻历史和科幻俱乐部》《阿拉伯语科幻杂志简介》等具有代表性的文章，第13期则刊登了《葡萄牙科幻版图划分》《西班牙科幻历史》《法国科幻搭车指南》《德国科幻俱乐部成立60年回顾》四篇作品。尽管上述文章所涉及的大部分国家或地区的科幻作品，尚未被介绍到我国，但是通过上述文章可以快速地掌握阿拉伯、格鲁吉亚、葡萄牙等国家地区的科幻发展历史及其现状，也为后续的科幻引进工作打下了坚实的基础。其中,《阿拉伯语科幻杂志简介》一文详细介绍了埃及和阿拉伯的科幻文学。该文将阿拉伯语的科幻发展分为三个阶段，分别是第一阶段的开拓期、第二阶段的起步期以及第三阶段的发展期。在陶菲克·哈基姆和慕斯法塔·穆罕默德以及尼哈德·谢里夫等先驱者的努力下，阿拉伯语科幻经历了漫长且艰难的起步发展期。纳比勒·法鲁克和艾哈迈德·哈立德·陶菲克被视为是第三阶段的开拓者，正是这两位作家为阿拉伯语科幻赢得了青年读者的广泛关注。其中，代表性的作品有纳比勒·法鲁克《未来档案》、艾哈迈德·迈赫迪《黑色冬天》等。实际上，不仅是科幻类刊物，在我国文艺界享有权威影响力的《文艺报》也曾关注到异军突起的非洲科幻。2023 年 7 月 2 日,《文艺报》发表了题为《迅猛发展的非洲科幻文学，期待被看到独特性》的文章。该文对非洲科幻历史发展的关键节点、具有代表性的作家作品以及总体的风格特色进行了阐释。重庆大学李广益教授在《文艺理论研究》2023 年第 5 期发表文章《非洲、第三世界、全球南方：再论“科幻现实主义”的可能面向》，以非洲科幻小说为切入点，在第三世界的历史记忆、全球南方的共同现实和“百年未有之大变局”的宏阔视野中，将中国与非洲视为彼此的经验和想象之泉源，由此重新思考了“科幻现实主义”这一经典命题对当下科幻文学和文化的重要价值[5]。在不久的将来，非洲科幻小说的译介或许会给中国读者带来不一样的冲击和独特感受。

2023 年，微信公众号“不存在科幻”再次推出了“镜像”专题，通过 14 篇韩国科幻作品，为中国读者进一步了解韩国科幻提供了平台。其中，金宝英的《神之进化》、朴成桓的《生即菩萨》、全慧珍的《脐带》以及金斗钦的《欢迎成为生化人》等作品集中探讨了人类通过生物、机械技术改造为某种全新的物种后，如何定义自我存在的命题。此外，郭财植的《出卖灵魂也赎不回本钱》、金昌圭的《脑树》以及梁援英的《天女菩萨》等三部作品着眼于赛博空间与 AI 人工智能，对现代科技时代下人类的归属展开了思考。而 Amile 的《路杀》以及郑昭延的《宇宙流》等作品则从女性视角切入，展现出女性科幻特有的温柔与能量。

从目前来看，刊物以及网络平台上发表的科幻作品数量的总体比例相对较小，但具备了广阔的发展前景。透过刊物以及网络平台的重点项目，不仅能快速捕捉到当前非英语国家或地区科幻译介的热点和主流趋势，而且也为今后的科幻译介工作拓宽了发展空间。

（三）读者及市场的评价

为扩大非英语国家或地区科幻译介作品的读者受众群体以及出版市场，

选择作品的价值准则往往侧重于荣获重要文学奖项的作品，以及热门科幻IP的相关图书。以日本科幻的译介为例，日本星云奖、芥川龙之介文学奖、直木三十五文学奖等奖项是译介作品选择的重要参考依据。2023年，四川科学技术出版社出版了梶尾真治的长篇小说《怨仇星域Ⅱ：新伊甸》，该作是第47届日本星云奖长篇获奖作品。石黑达昌的《食血草》曾获得日本星云奖以及芥川龙之介文学奖两项提名，由花城出版社翻译出版。由台海出版社出版的高山羽根子《首里之马》也曾入围芥川龙之介文学奖。江苏凤凰文艺出版社则出版了荣获第65届日本推理作家协会年度大奖的作品——高野和明的《人类灭绝》。另外，热门科幻IP的衍生图书主要有新海诚导演的《铃芽之旅》、经典动漫作品《哆啦A梦：大雄的新恐龙》以及宫泽伊织的《里世界郊游05：再会八尺大人》等。漫画以及连环画作品有殿堂级漫画家鸟山明的短篇精选集《鸟山明○作剧场》三卷本，收录了20个独立短篇以及11个自传小剧场。

其他语种译介的作品选择，同样以文学奖项为重要依据。花城出版社出版了黄麻瓜的《再次重逢的世界》，该作曾获第四届韩国科学文学奖。亚历山大·格罗莫夫的《计算者》是俄罗斯科幻大会最佳中篇奖的获奖作品。谢尔盖·卢基扬年科的《深潜游戏》两部曲曾包揽东欧各国九项科幻大奖，自发表以来，常年盘踞在俄罗斯本土幻想小说榜前三位。

文学奖项以及长久不衰的读者人气不仅是作品质量的重要保证，也是检验市场以及读者评价的可靠依据之一。2023年引进的非英语科幻作品中，宫部美雪《鸠笛草》获得第34届中国科幻银河奖最佳引进图书奖；小林泰三的《破烂回收塔》曾入选豆瓣“科幻·奇幻”部门的2023年度读书榜单;《铃芽之旅》《SF魂：小松左京自传》入围好书大赏2023微博年度人气新书；韩国作家金草叶的长篇小说《地球尽头的温室》入选“八光分文化”2023年度榜单以及豆瓣“科幻·奇幻”部门的2023年度读书榜单。

在豆瓣读书平台，读者广泛参与评价的科幻作品多以日本、韩国科幻为主。截至2024年4月20日，小林泰三的《破烂回收店》共计1021人参与评价，《要来块水果塔吗？》共有659人参与评价，评分分别为7.9、7.6。由译林出版社推出的《杜子春的失败》以及《逃离未来》等图书在京东图书的官方平台，收获了上千条读者评论。韩国作家金草叶《地球尽头的温室》的评价人数共

1290人，评分为8.0。其他语种、国家的科幻引进作品的评价人数相对较少，但也都收获了不错的评价。法语科幻方面，莉奥诺拉·卡林顿的三部作品《魔角》《椭圆》《在深渊》的读者评分分别是8.6、7.7、7.7。俄罗斯方面，《深潜游戏Ⅰ：迷宫》的评分为8.2，《深潜游戏Ⅱ：镜子》收获了8.5分的好评，《深潜游戏》两部曲在京东图书的官方平台，目前已累积了2000多条评论。此外，新星出版社出版的短篇小说集《对望的恒星》的评分高达9.1。德国科幻方面，长篇小说《牧羊人1号》为7.9分，而《时空漫游指南：回到过去的旅行和生存建议》的评分为8.2。不仅如此，在知乎、微博、小红书、微信读书等其他网络平台，非英语科幻的译介作品同样引起了读者们的热烈讨论。

结　语

回顾2023年非英语科幻的翻译引进，收获满满且惊喜不断。从重点作家及其作品简述来看，2023年的译介作家的选择侧重于不同国家的当代科幻小说名家，且有意为中国读者呈现其完整的文学面貌。不仅如此，20世纪乃至19世纪的科幻作家及其作品也逐渐增多。通过着眼于报纸杂志的出版以及网络平台的重点项目，可以发现少儿科幻、韩国科幻、非洲科幻是2023年科幻译介的热点，更有望成为今后译介的主要对象。各大读书平台以及销售网站的读者评价也充分表明非英语科幻作品的译介前景广阔，值得持续关注与期待。

参考文献

[1] 新星出版社官方微博. 俄式××××巅峰之作，初代××的启蒙枕边书！[EB/OL].（2023-06-27）[2024-04-02]. https://weibo.com/ttarticle/p/show?id=2309404917240029118983.

[2] 网易. 俄罗斯科幻作家卢基扬年科：科幻文学已不仅仅是传统类型文学[EB/OL].（2023-12-02）[2024-04-02]. https://www.163.com/dy/article/IL00QBHR0514D3UH.html.

[3] 豆瓣读书. 椭圆女士[EB/OL]. [2024-04-02]. https://book.douban.com/

subject/36314896/.

[4] 科幻世界SFW. 超元跃迁！我们的科幻世界2023年度报告[EB/OL].(2023-12-30)[2024-04-02]. https://mp.weixin.qq.com/s/37DKCoWSFEF0BCv-BVKT7w.

[5] 四十二史.“科幻文学与科技人文”学术集群2023年度总结[EB/OL].(2024-02-08)[2024-04-02]. https://mp.weixin.qq.com/s/mdoyx-r5I7pOcpmOfl6UAQ.

作者简介：

陈瑶，上海外国语大学日本文化经济博士研究生。研究方向为日本科幻。

年度科幻文学外译情况综述

李 振 王雷宏

本文对 2023 年中国科幻文学在世界范围内的翻译数据进行整理，尝试对 2023 年中国科幻文学在世界范围内的出版和传播成绩进行评价。通过梳理外译作品，本文发现 2023 年中国科幻文学的外译呈现出以下两个方面的新态势：第一，华裔学者及汉学家成为推动中国科幻海外出版的重要力量。在华裔学者宋明炜教授的推动下，韩松“医院三部曲”中的《医院》及《驱魔》两部作品在美国出版，并在科幻爱好者及汉学圈中产生一定的影响；第二，中国科幻文学在非英语国家的传播势头依旧强劲，特别是在日本、韩国、意大利、俄罗斯及德国，这主要得益于海外中国科幻文学爱好者及研究者的推动。

一、2023 年中国科幻文学在英语国家的翻译情况

2023 年共有 28 部（篇）中国科幻小说在英语国家获得翻译，主要包括长篇小说及中短篇小说，其中短篇小说的传播载体包括杂志及选集两种形式。

（一）中国长篇小说在英语国家的翻译

2023 年有 2 部中国长篇科幻小说在美国出版。2023 年美国亚马逊跨文化出版事业部（Amazon Crossing）出版了韩松的长篇作品《医院》（*Hospital*）及《驱魔》（*Exorcism*），这是韩松长篇小说在美国的首次译介。两部作品的

译者均为美国加利福尼亚大学洛杉矶分校中国研究中心主任白睿文（Michael Berry），曾经翻译过余华的《活着》（*To Live*）及王安忆的《长恨歌》（*The Song of Everlasting Sorrow: A Novel of Shanghai*）等中国现当代文学作品。

韩松是中国著名科幻作家，其作品《医院》《驱魔》《亡灵》被称为“医院三部曲”，探索近未来人工智能时代的医疗秘境，思考生命与人性的最大变局。韩松是“科幻现实主义”的实践者，其作品中往往充斥着大量的隐喻，因此完全读懂韩松的作品对于西方读者来说具有一定的挑战性。“医院三部曲”第一部《医院》出版后在美国科幻界获得一定的好评，但有不少普通读者反馈在阅读过程中存在困难，这种情况也属意料之中。

美国科幻评论家伊恩·蒙德（Ian Mond）在《轨迹》（*Locus*）中指出，“虽然很难爱上这本小说……但是小说的最后三分之一精彩地展示了荒谬和宇宙，每一页都给读者呈现出一种新的、令人惊讶的想法……小说结构与主题具有实验性，可以一定程度上弥补叙事带来的缺陷，因此我毫不犹豫地预订了将于今年晚些时候出版的续集《驱魔》”。截至2024年2月，根据好读网（Goodreads）提供的作品阅读信息，有1659位读者正在阅读《医院》，4641位潜在读者期待阅读该作品，567位读者在好读网中对《医院》进行了评分，均分为2.3，其中62%的读者评分在3以下。从评分上可以说明，大部分英语国家读者没有完全读懂《医院》这部充满反乌托邦意味的作品。因此，2023年11月出版的《驱魔》的读者评论量尚未过百，但是数据显示，仍有1492位潜在读者期待阅读《驱魔》，说明总体上《医院》在读者中产生了一定的影响，接受效果尚可。

笔者从作者韩松处获悉，《医院》及《驱魔》两部作品的外译得益于美国韦尔斯利学院东亚系教授、系主任宋明炜的推动，因此笔者对宋明炜进行了访谈，尝试呈现两部作品的出版过程。宋明炜教授在访谈中指出：“韩松是中国科幻作家中最接近主流严肃文学的一位，其作品通常晦涩、难懂，但极具文学价值，对中国科幻‘新浪潮’的诗学研究具有重要的意义。然而，出于商业价值考虑，国内版权代理机构并不会把韩松的作品作为外推首选，因此其作品被国外商业机构出版的可能性非常低，在商业推广方面存在很大的难度。为了推动韩松作品在英语世界的译介，我邀请汉学家白睿文来翻译韩松的《医院》。在推广《医院》方面，由于《医院》没有《三体》那样的粉丝基础，为了给《医院》打开局面，我邀请了许多美国著名的作家，包括《权力的游戏》的作者乔治·马丁（George Martin）等，为《医院》的出版做前期宣传，撰写书评与推荐语。我做的这一系列的工作不是为了经济利益，而是我实实在在喜欢《医院》这部作品，同时我对《医院》的作者韩松也是非常敬重。”通过访谈可以得出，华裔学者宋明炜教授对于“医院三部曲”的外译起到了关键性作用。出于对作品文学价值的考虑及中国科幻小说发展的推动，宋明炜凭借自身在学术场域的地位和声誉，招募众多文学专家为作品撰写推荐材料，并成功签约美国主流出版社亚马逊跨文化事业部来出版“医院三部曲”。未来，在王德威、宋明炜等华裔学者的推动下，韩松的“医院三部曲”可能会被用作科幻领域的教材在英语国家学术领域及主流文学领域获得进一步的传播。

（二）中国短篇小说在英语国家的翻译

统计发现，2023 年共有 26 篇中国短篇科幻作品在美国获得译介（包括少部分二次译介的作品），其中 12 篇作品发表于英语国家各类科幻杂志，14 篇作品收录进英语国家科幻选集及文学选集。

1. 发表在英语国家各类科幻杂志中的中国科幻短篇小说

美国科幻电子杂志《克拉克世界》（*Clarkesworld*）作为中国短篇科幻小说海外传播的重要平台，自 2011 年起陆续发表中国科幻小说，刊登的第一篇作品为陈楸帆的《丽江的鱼儿们》（*The Fish of Lijiang*）。2015 年《克拉克世界》开始与天津微像国际文化传播有限责任公司（以下简称“微像文化”）合作发表中国短篇科幻小说译作，开辟中国科幻作家专栏。

2023 年《克拉克世界》共刊登中国短篇译作 8 篇，其中 6 篇为基于《克拉克世界》与微像文化的合作发表，2 篇为作者自主投稿。6 篇合作发表的作品包括曹白宇的《庄子的梦》（*Zhuangzi's Dream*）、顾适的《〈2181 序曲〉再版导言》（*Introduction to 2181 Overture, Second Edition*）、石黑曜的《图书馆长和机器人》（*The Librarian and the Robot*）、慕明的《谁能拥有月亮》（*Who can Have the Moon*）、付强的《杀死那只土拨鼠》（*Kill That Groundhog*）及暗号的《超距》（*Action at a Distance*）。译者为朱佳玥（Stella Zhu）、金雪妮（Emily Jin）、安迪·杜达克（Andy Dudak）及黄田（Tian Huang）。2 篇自主投稿的作

品为科幻作家白乐寒的《致海伦》（*To Helen*）及《自深深处》（*De Profundis, a Space Love Letter*），译者及作者均为白乐寒本人。

2023 年 3 月，由未来事务管理局及纽约 UFO 出版社合办的科幻杂志《未来纪事》（*Future Science Fiction Digest*）推出一期以“人工智能”为主题的特刊“数字美学：人类对艺术与人工智能交叉点的思考”（*The Digital Aesthete: Human Musings on the Intersection of Art and AI*）。特刊收录了来自美国、英国、中国、乌克兰、智利、日本、马达加斯加及巴西等10个国家的17篇代表作品，其中中文译作 2 篇，为房泽宇的《美丽战争》（*A Beautiful War*）及昼温的《悲剧英雄的世界》（*A World of Tragic Heroes*），译者分别为内森·法里斯（Nathan Faries）及朱迪斯·黄（Judith Huang）。

2023 年 5 月，美国科幻杂志《银河边缘》（*Galaxy's Edge*）与成都八光分文化传播有限公司合作发表了作家付强的《黑域密室》（*The Black Zone: Murder in the Locked Room*），译者为罗伊·吉勒姆（Roy Gilham）。2023 年 11 月，美国科幻杂志《光速》（*Lightspeed*）发表了作家王侃瑜的《陨时》（*A Record of Lost Time*），译者为华裔科幻作家匡灵秀（Rebecca F. Kuang）。

2. 收录进英语国家各类选集中的中国科幻短篇小说

2023 年 4 月，美国火焰树出版社（Flame Tree Press）出版了以“太空冒险”为主题的科幻短篇合集 *Adventures in Space*：*New Short stories by Chinese and English Science Fiction writers*。选集收录中外 13 位科幻作家的有关太空探索和冒险题材的科幻小说，其中 6 篇为中文译作，包括宝树的《末日之旅》（*Doomsday Tour*）、何夕的《人生不相见》（*Life Does Not Allow Us to Meet*）、陈锌钧的《闪耀》（*Shine*）、赵海虹的《镜星之惑》（*The Darkness of the Mirror Planet*）、王晋康的《水星播种》（*Seeds of Mercury*）及韩松的《没有答案的航程》（*Answerless Journey*）。

2023 年 7 月，由剑桥大学东亚系博士生施冰冰编辑、英国 Comma 出版社（Comma Press）出版的《北京故事》（*The Book of Beijing*），收录了顾适的《魔镜算法》（*The MagiMirror Algorithm*）及韩松的《北京西站，春节之前》（*Reunion*），译者分别为弗洛伦斯·泰勒（Florence Taylor）及卡森·拉姆斯代尔（Carson Ramsdell）。其后，2023 年 8 月，韩松的《北京西站，春节之前》

再次收录于著名网络文学杂志《文字无国界》（*Words without Borders*）。

2023 年 9 月，由美国著名科幻编辑尼尔·克拉克（Neil Clarke）主编的《年度最佳短篇科幻小说选集》（*The Best Science Fiction of the Year*）第七卷收录了郝景芳的《乾坤和亚力》（*Qiankun and Alex*）及王侃瑜的《月见潮》（*The Tide of Moon City*）。两篇短篇作品在 2021 年首次收录于华裔作家倪雪婷（Christine Xueting Ni）主编并翻译的英文科幻小说选集《中华景观》（*Sinopticon: A Celebration of Chinese Science Fiction*）。

2023 年 9 月，由著名科幻编辑贾里德·舒林（Jared Shurin）主编的《赛博朋克大书》（*Big Book of Cyberpunk*）收录了科幻作家杨枫的《赛博酒吧的生命周期》（*The Life Cycle of a Cyber-Bar*），译者为内森·法里斯（Nathan Faries），该作品在 2021 年首次刊登于科幻杂志《未来纪事》（*Future Science Fiction Digest*）。

2023 年 10 月，由以色列著名科幻作家拉维·提德哈（Lavie Tidhar）编辑、英国宙斯出版社（Head of Zeus）出版的科幻选集《世界最佳科幻选集》（*The Best of World SF*）第三卷收录了中国科幻作家罗隆翔的《吃货联盟的恐龙牧场》（*The Foodie Federation's Dinosaur Farm*）及陈茜的《捕捉 K 兽》（*Catching the K Beast*），译者分别为安迪·杜达克（Andy Dudak）及言一零（Carmen Yiling Yan），两部作品分别在 2018 年及 2021 年首次载于《克拉克世界》。

2023 年 11 月，由商务印书馆主办、面向全球传播中国文化的英文双月刊杂志《世界汉语》（*The World of Chinese*）第 4 期，收录了科幻作家糖匪的《亚丁的羊》（*Threads in the Cosmos*），译者为肖一之。

二、2023 年中国科幻文学在非英语国家的翻译情况

（一）日本

2017 年至今，《三体》系列三部曲在日本掀起了“三体热”，销售总量突破了 50 万册，其后越来越多的中国科幻作家及作品在日本获得译介，赢得日本科幻读者及学者的关注。统计发现，2023 年日本共翻译中国科幻作品 8 部（篇），其中长篇科幻小说及中篇科幻小说各 1 部，中国科幻作家短篇小说合

集及选集各1部，另有3篇短篇科幻作品发表及收录进日本科幻杂志及科幻选集。除此之外，还出版了根据刘慈欣短篇小说改编的漫画1本。

2023年2月，早川书房推出了旅居日本的幻想小说作家陆秋槎的合集《根斯巴克变换》(『ガーンズバック変換』)。合集收录了陆秋槎的8篇代表性短篇科幻作品，包括《庇护所》(『サンクチュアリ元』)、《物语吟者》(『物語の歌い手』)、《三首音乐会练习曲》(『三つの演奏会用練習曲』)、《根斯巴克变换》(『ガーンズバック変換』) 及《没有颜色的绿》(『色のない緑』) 等。这是作家陆秋槎的第一部日语科幻合集，主要译者有大久保洋子（おおくぼ ようこ）、阿井幸作（あいいわさち）及稻村文吾（いなむら ふみお）等。

继“三体热”后，2023年7月，早川书房推出了刘慈欣的另一部长篇作品《超新星纪元》(『超新星紀元』)，共有三位译者参与翻译，为大森望（おおもり のぞむ）、三吉樱花（光吉さくら）及湾仔（ワン チャイ）。

2023年11月，早川书房出版了刘慈欣的中篇小说《白垩纪往事》(『白亜紀往事』，又名《当恐龙遇上蚂蚁》)，译者为大森望及学者古市雅子（こいち やすこ），日文版介绍称该小说为“刘慈欣最适合入门的中篇小说”。

2022年，刘慈欣短篇小说《赡养上帝》(『神様の介護係』) 以漫画的形式，通过角川集团（KADOKAWA）旗下的COMIC Hu和Comic Walker两大漫画平台连载。这是刘慈欣作品的首次日漫化，由日本著名的漫画家横山旬（よこやま じゅん）负责改编作画。2023年2月，角川集团联合未来事务管理局在日本推出了『神様の介護係』的纸质版漫画，定价为748日元。

近年来，为了向日本科幻爱好者系统介绍中国当代科幻小说，日本著名中国科幻研究专家立原透耶たちはらとうや联合日本新纪元出版社策划出版了《现代中国科幻杰作选》(『時現代中華SF傑作選』) 系列短篇小说选集。2020年6月，新纪元出版社推出了该系列小说选集的第一部《时间之梯 现代中国科幻杰作选》(『時のきざはし 現代中華SF傑作選』)，收录了江波、何夕、糖匪、昼温、陈楸帆及韩松等17位当代科幻作家的代表作品。2021年，基于对中国科幻小说对日译介的贡献，立原透耶荣获第二届科幻星球奖“突出贡献奖”及第41届日本SF大赏“特别奖”。

2023年12月，新纪元出版社出版了由立原透耶选编的中国科幻小说选集

第二部《宇宙尽头的书店 现代中国科幻杰作选》(『宇宙の果ての本屋　現代中華SF傑作選』)，收录了15位中国当代科幻作家的代表性作品，包括顾适的《为了生命的诗与远方》(『生命のための詩と遠く』)、何夕的《小雨》(『小雨』)、韩松的《佛性》(『仏性』)、宝树的《灯塔少女》(『円環少女』)、陆秋槎的《杞忧》(『杞憂』)、陈楸帆的《G代表女神》(『女神のG』)、王晋康的《水星播种》(『水星播種』)、王侃瑜的《消防员》(『消防士』)、程婧波的《讨厌猫咪的小松先生》(『猫嫌いの小松さん』)、梁清散的《嗣声猿》(『夜明け前の鳥』)、万象峰年的《点亮时间的人》(『時の点灯人』)、谭楷的《死神的吻》(『死神の口づけ』)、赵海虹的《一九二三年科幻故事》(『一九二三年の物語』)、昼温的《偷走人生的少女》(『人生を盗んだ少女』)及江波的《宇宙尽头的书店》(『宇宙の果ての本屋』)。选集的译者主要包括大久保洋子（おおくぼようこ)、浅田雅美（あさだまさみ)、立原透耶、池田智惠（いけだともえ)、大惠和实（おおえかずみ）及林久之等。

除此之外，2023年日本的《科幻杂志》(SFマガジン）刊登了科幻作家陆秋槎的短篇作品《从开放世界到有限宇宙》[『開かれた世界（オープンワールド）から有限宇宙へ』]、王侃瑜的短篇小说《陨时》(『隕時』)及学者河流的研究性文章《中国大学科幻社团历史》(『中国大学SF研の歴史』)，译者分别为阿井幸作、大久保洋子及杨墨秋。最后，东京创元社出版的科幻选集《七月七日》(『しちがつなのか』)收录了王侃瑜的短篇科幻作品《年的故事》(『年の物語』)。

（二）德国

2017年成立于柏林的《胶囊：中国幻想故事集》(*Kapsel: Fantastische Geschichten aus China*，以下简称《胶囊》)是目前德语世界唯一一本致力于译介与传播中国当代科幻的双语杂志，主编为汉学家麦子丰（Felix Meyer zuVenne)。

2023年3月，《胶囊》第5期杂志为读者介绍了学者兼作家刘洋的中短篇小说《穴居者》(*Der Einsiedler*)。除了小说，《胶囊》还翻译了中国科幻研究学者姜振宇和刘洋有关科研与科幻之间的对谈及作家王侃瑜对于《穴居者》与《陨时》两部作品的对比论述。

2023年10月，麦子丰联合德国马罗出版社（Maro）推出了中国科幻作家迟卉的个人合集《人类的遗产及其他故事》(*Das Erbe der Menschheit: und andere Geschichten*)。该合集收录了迟卉的4篇短篇小说及中国著名科幻评论家三丰(本名张峰)的导读《浅谈中国科幻女作家迟卉的科幻创作》(*Eine Schneeflocke im Wind*)。4篇迟卉的短篇科幻作品包括《虫巢》(*Das Insektennest*)、《伪人算法》(*Der Algorithmus der Artifiziellen*)、《无穷无尽的大地》(*Die unendliche Erde*)及《人类的遗产》(*Das Erbe der Menschheit*)。

(三)意大利

2023年意大利共翻译出版了4部(篇)中国科幻小说,包括长篇科幻小说2部,中国科幻作家短篇选集1部。除此之外,1篇中国短篇译作收录进意语科幻选集。

意大利著名的科幻出版商弗朗西斯科·沃尔索(Francesco Verso)创立了科幻出版品牌“未来小说”(Future Fiction),致力于国际科幻小说的出版与传播。2017年起,未来小说开始陆续出版中国科幻小说选集及合集,统计发现2017—2022年共推出4套中意双语科幻选集及5部科幻小说合集。据未来小说出版社官方网站介绍,未来小说出版的中国科幻小说目录是意大利及欧洲最大、最完整的。

2023年2月,未来小说出版了科幻选集《环托邦》(*Ciclotopia*),收录了中国科幻作家顾适的短篇作品《误入骑途》(*Lode All'umanita*)。同年9月,未来小说出版了第5部中国科幻小说选集《蜂鸟和宝塔》(*Il colibrì e la pagoda*)。该选集收录了11位中国科幻作家的作品,包括苏民的《替囊》(*Le copie di*)、王侃瑜的《织己》(*Shape You App*)、任青的《还魂》(*Resurrezione*)、陈楸帆的《云爱人》(*Esca d'amore*)及《造像者》(*Il creatore di immagini*)、波锐的《基因转盘》(*Lotteria genetica*)、雷思杰的《手足之情》(*Legame fraterno*)、王晋康的《终极爆炸》(*L'ultimo tuvaluano*)、杨晚晴的《蜂鸟停在忍冬花上》(*Il colibrì sul caprifoglio*)、王真祯的《谁的葬礼》(*Il funerale*)、宝树的《妞妞》(*Niu Niu*)及海漄的《涅槃》(*La padoga del nirvana*)。

2023年6月,意大利出版巨头蒙达多利(Mondadori)出版集团出版了郝景芳的长篇作品《流浪苍穹》(*Vagamondi*),译者为米兰比可卡大学中国及东南亚语言文化专业专职研究员傅雪莲(Silvia Pozzi)。2017—2018年,蒙达多利出版集团翻译出版了刘慈欣的《三体》系列三部曲及陈楸帆的长篇作品《荒潮》(*Marea tossica*)。《流浪苍穹》是该出版社出版的第5部中国长篇科幻作品，进一步促进了中国科幻小说在意大利的传播。

同月，意大利著名独立出版社ADD出版了韩松的长篇小说《红色海洋》(*Oceano rosso: Il nostro presente/Il nostro passato*)，这是韩松长篇作品的首次意语翻译，译者为青年汉学家彩云(Chiara Cigarini)及彭思沛(Martina Renata Prosperi)。其中，彩云博士毕业于北京师范大学，师从国内科幻巨擘吴岩教授，主攻韩松作品研究。选定汉学家为译者，有利于推动韩松的作品在意大利汉学界的传播与接受。

(四)韩国

2023年韩国共推出3部(篇)中国科幻小说，其中中国科幻作家合集及选集各1部，短篇小说1篇。

2023年1月，韩国韩光商务出版社(Hanbit Biz)出版社出版了陈楸帆及李开复合著的选集《AI 2041：预见10个未来新世界》的韩语译本〈10 개의 결정적 장면으로 읽는 인공지능과 인류의 미래〉，包含10个有关人工智能的故事。该作品在2021年9月推出英译本*AI 2041: Ten Visions for Our Future*后获得好评，曾被《纽约时报》《金融时报》《华尔街日报》等英语世界主流媒体评为年度最佳图书之一。据了解，该合集已经在世界范围内授出20多个语种的版权，未来将获得更为广泛的国际影响力。

2023年4月，韩国阿尔扎克出版社(Ajak)出版了首部中国女性幻想选集《春天来临的方式》的韩语译本〈베스트 오브 차이니즈 SF : 중국 여성 SF 걸작선〉，译者为艾萨克·金(킴이삭)。《春天来临的方式》是当代中国幻想小说国际合作项目，由微像文化、上海文艺出版社、美国托尔图书出版社(Tor)联合策划。这是中国首部女性作家创作的幻想短篇小说选集，收录了包含赵海虹、凌晨、夏笳、吴霜及王诺诺在内的15位幻想作家的17篇代表作品，该选集被定义为中国幻想文学“走出去”的一次精彩亮相。2022年，英文版*The Way Spring Arrives and Other Stories*由美国托尔图书出版社出版，获得英语世界专业读者及普通读者的一致好评，入选《轨迹》年度最佳选集阅读推荐

(Recommended Reading List)。较之中英版，韩语版中加入了作家王侃瑜的短篇小说《海鲜饭店》(〈해산물 레스토랑〉)。2023年10月，阿尔扎克出版社以单行本的形式出版了夏笳的短篇小说《你无法抵达的时间》(〈당신이 도착할 수 없는 시간〉)，译者为李素贞（이소정）。

（五）俄罗斯

2023年俄罗斯凡索恩出版社（Fanzon）出版了两部刘慈欣的短篇合集，即《当恐龙遇上蚂蚁》(*О муравьях и динозаврах*）及《擎天》(*Цысинь Лю: Удержать небо*)。合集《当恐龙遇上蚂蚁》由两部分构成，共10篇作品。第一部分为中篇小说《当恐龙遇上蚂蚁》，第二部分为《鲸歌》《微观尽头》《纤维》《西洋》《命运》《混沌蝴蝶》《朝闻道》《光荣与梦想》《圆》等9篇短篇小说。短篇合集《擎天》的英文版 *To Hold Up the Sky* 由美国托尔图书出版社于2020年10月出版，收录了刘慈欣的11篇作品，包括《坍缩》《全频带阻塞干扰》《乡村教师》《地火》《时间移民》《欢乐颂》《镜子》《2018年4月1日》《梦之海》《诗云》《思想者》。两部短篇合集的俄语版本均为译者安德烈·瓦西里耶维奇·格里申（Гришин А）从作品的英文版转译而来。

（六）其他非英语国家

2023年刘慈欣的长篇小说《球状闪电》相继在泰国及匈牙利出版。泰文版《球状闪电》(“ปรากฏการณ์ลูกกลมสายฟ้า”）由暹罗国际多媒体有限公司（สยามอินเตอร์บุ๊คส์, สนพ.）出版。匈牙利版《球状闪电》(*Gömbvillám*）由欧洲出版社（Európa Könyvkiadó）出版。同年，欧洲出版社还出版了宝树《观想之宙》的匈牙利语译本 *Az idő oltárán*。

印度尼西亚的格拉米迪亚通俗文学出版社［Kepustakaan Populer Gramedia,（KPG）］主要负责刘慈欣《三体》系列作品的翻译出版。该出版社于2019年及2022年分别推出了刘慈欣的《三体》印尼语译本“Masalah Tiga Tubuh”，以及《黑暗森林》的印尼语译本“Hutan Gelap”，2023年继续出版了刘慈欣的《死神永生》印尼语译本“Pralaya”。

2023年刘慈欣的《当恐龙遇上蚂蚁》(又名《白垩纪往事》）芬兰语版

Muurahaisia ja dinosauruksia 由奥拉出版社（Aula & Co）出版，芬兰全职华语文学译者劳诺（Rauno Sainio）负责翻译。同年,《白垩纪往事》的土耳其语译本 *Dinozorlarla Karıncaların Öyküsü* 由伊萨基出版社（İthaki Yayınları）出版，译者为阿菲夫·海伦娜·索兹曼（Afife Hellena Sözmen）。

2023 年西班牙科幻杂志《未来小说杂志》(*Future Fiction Magazine: en Español*) 收录了夏笳的短篇小说《童童的夏天》(*El verano de Tong Tong*)，译者为塞萨尔·桑蒂瓦涅斯（César Santivañez）。

2022 年意大利科幻出版商弗朗西斯科·沃尔索推出了夏笳《百鬼夜行街》的英文漫画 *A Hundred Ghosts Parade Tonight*，这是作者夏笳被改编成漫画的首篇短篇作品。2023 年，在英文版的基础上，未来小说推出了漫画的法语版本 *Cent fantômes défilent ce soir*。

2023 年 2 月，曾推出刘慈欣《三体》三部曲的越南河内出版社（Nhà Xuất Bản Hà Nội），出版了刘慈欣的长篇作品《超新星纪元》的越南译本“KỶ NGUYÊN SIÊU TÂN TINH”。

三、结语

2023 年中国科幻文学在世界范围内共约译介 129 部（篇），相比 2022 年的 95 部（篇）有了显著的提高。其中，英语国家仍然是中国科幻小说的主要译介市场，共翻译 28 部（篇）科幻作品。得益于微像文化、未来事务管理局及成都八光分文化传播有限公司等国内科幻文化公司与美国科幻杂志的深度合作，中国科幻小说在英语国家获得持续译介，影响力不断提高。非英语国家中，中国科幻文学在日本、韩国、俄罗斯及德国的译介可圈可点，除了刘慈欣的作品，越来越多的中国科幻作家及作品在世界范围内获得译介与传播。

除了商业出版，学术出版成为中国科幻文学在世界范围内传播的另一条重要途径，突出表现为海外华裔学者及汉学家越来越多地参与到中国科幻的译介与传播中。中国科幻小说在英语世界学术传播的领军人物为宋明炜教授，2018 年由其主编的《转生的巨人：21 世纪中国科幻小说选》(*The Reincarnated*

Giant: An Anthology of Twenty-First-Century Chinese Science Fiction）促使中国科幻研究成为英语国家汉学研究的热点话题，后期在王德威、李桦、吴岩、李广益等国内外知名学者及刘宇昆、陈楸帆等科幻作家及译者的共同推动下，中国科幻“新浪潮”开始席卷全世界，成为重要的文学现象。2023 年，哥伦比亚大学出版了宋明炜教授对于中国科幻研究的集大成之作《看的恐惧：中国科幻诗学及政治》（*Fear of Seeing: Poetics and Politics of Chinese Science Fiction*）。据宋明炜介绍，第二部选集《嵌合体：当代中国科幻小说选Ⅱ》（*Chimera: An Anthology of Contemporary Chinese Science Fiction II*）即将出版。学术场域的出版与传播，可以助力中国科幻文学在世界范围内“破圈”，赢得海外专业读者的青睐，成为世界文学的一部分。

2023 年中国科幻文学的海外传播仍存在一系列问题，同样也是未来中国科幻海外传播亟待解决的问题。第一，翻译团队方面，要加强本土译者团队的培训。虽然英语国家形成了以匡灵秀、言一零、安迪·杜达克及金雪妮为代表的译者团队，可以为中国科幻文学在英语国家提供翻译服务，但是迄今为止，仅有少数本土译者参与到科幻译介中，因此本土译者的培训问题迫在眉睫。在培养英语译员的基础上，建设其他语种的科幻译员队伍，提高翻译质量，才能从根本上为中国科幻的海外传播提供保障。第二，未来需要加大中国科幻 IP 的开发。目前，中国科幻文学的海外传播仍以纸质版图书出版为主，产业形态相对单一。小说的译介是科幻 IP 开发的初级阶段，围绕科幻文学作品衍生的影视及游戏等产业输出是未来中国科幻文学海外 IP 开发的重点领域。目前中国科幻海外 IP 开发的成功案例并不多，典型的案例仍然围绕刘慈欣的作品展开，主要为漫画及影视制作。因此，未来国家需要重点关注中国科幻小说的海外 IP 开发，进一步提高中国科幻在国际上的影响力。

作者简介：

李振，山东农业大学外国语学院副教授（校聘），北京语言大学博士。主要研究方向为科幻小说海外译介与传播研究。

王雷宏，山东农业大学外国语学院副教授（校聘），北京语言大学博士。主要研究方向为汉语句法学、中国文学海外译介与传播研究

年度中小学科幻教育综述

周　群

一、概述

2023年，中小学科幻教育迎来了新的发展机遇，展现出勃勃生机与广阔前景。这一年，国家层面的政策导向与地方实践的创新探索相得益彰，共同推动科幻教育进入一个全新的发展阶段。习近平总书记关于"做好科学教育加法"的指示以及《关于加强新时代中小学科学教育工作的意见》[1]的出台，强调在"双减"政策背景下，通过科学教育的加法，激发青少年的科学梦想与探索精神，成为科幻教育发展的强大引擎，也为一线的深化实践打下坚实基础。政策的扶持、学术的引领、实践模式的丰富以及社会各界的广泛参与、社会资源的有效整合，共同构建了一个开放、多元、富有活力的科幻教育生态系统。以成都、深圳等城市为代表，政府、学校、社会团体多方携手，形成了从科幻课程开发、师资队伍建设到实践活动开展的全方位推进格局，为青少年的全面发展和国家未来的科技创新战略奠定了坚实的人才基础。随着科幻教育的持续深化，我们有理由期待，这股科幻教育的强劲春风，将不断催生出更多科技创新的种子，为我国的科技强国之梦贡献力量。

二、中小学科幻教育发展状况

（一）利好政策陆续出台，成为科幻教育发展的强大引擎

2023年2月21日，中共中央总书记习近平在主持政治局第三次集体学习时强调："要在教育'双减'中做好科学教育加法，激发青少年好奇心、想象力探求欲，培育具备科学家潜质、愿意献身科学研究事业的青少年群体。"

围绕"双减"背景下如何"做好科学教育加法"的这一重大议题，2023年5月17日，教育部等十八部门联合发布了《关于加强新时代中小学科学教育工作的意见》（以下简称《意见》）。《意见》围绕总体要求、具体措施、社会资源利用、改革衔接以及组织领导五个维度，提出了系统的指导思想、工作原则、主要目标和实施路径，从课程教材、实验教学、师资培养、实践活动、条件保障等方面强化顶层设计，充分整合校内外资源，推进学校主阵地与社会大课堂有机衔接，为中小学生提供更加优质的科学教育，全面提高学生科学素质，培育具备科学家潜质、愿意献身科学研究事业的青少年群体。

《意见》的出台不仅有力地推动了中小学科学教育的发展，也为科幻教育的发展创造了良好氛围，提供了有力的政策支持。

例如，"校内科学教育提质计划""科学家（精神）进校园行动"等多渠道、多形式的科学教育活动拓宽了科幻教育的实施路径，有助于培养学生的科学思维、创新意识和人文关怀；《意见》提倡学校大力推进跨学科学习，而跨学科融合正是科幻作品的突出特征，科幻文学在培养青少年的跨学科思维方面具有天然优势，理应成为中小学开展科学教育的有机组成部分；《意见》鼓励社会各界参与科学教育资源的整合，同样有助于进一步优化已经初步形成的开放多元的科幻教育生态系统。

习近平总书记关于"做好科学教育加法"的指示精神和《关于加强新时代中小学科学教育工作的意见》的出台，带动了各地各部门的全力探索，不仅将中小学科学教育推向了新高潮，也带来了科幻教育的进一步发展。对科幻教

育发展同样起到推动作用的新政策还有《全国青少年学生读书行动实施方案》。

2022 年 10 月，党的二十大报告中提出要“深化全民阅读活动”。这是继 2012 年党的十八大报告历史性地写入“开展全民阅读活动”以来，“全民阅读”第二次写入党的全国代表大会的报告。在 2023 年全国教育工作会议上，教育部部长怀进鹏提出，要把开展读书活动作为一件大事来抓。2023 年 3 月，教育部等八部门印发《全国青少年学生读书行动实施方案》[2]（以下简称《方案》），部署开展全国青少年学生读书行动。

《方案》中，科普阅读被赋予了重要的地位。《方案》以“通过 3 到 5 年的努力，使青少年学生读书行动广泛深入开展，促进中华优秀传统文化、革命文化和社会主义先进文化教育得到切实加强，科普教育深入实施”为工作目标，强调科普教育的重要性，以激发青少年学生的好奇心、想象力和探求欲，培养科学思维方式和探究能力。《方案》中多处涉及科普阅读的推广。如，《方案》倡导广泛全面阅读，强调中小学阶段学生应加强科普知识等阅读，以拓宽视野和认知；建议开展“学科学·爱科学”主题读书行动；鼓励院士、专家编写科普读物；实施名家领读行动，邀请科学家、文学家、艺术家等专家学者和大国工匠、榜样人物等进校园。

众所周知，近年来蓬勃开展的中小学科幻教育与科普教育是紧密结合、齐头并进的。科幻教育作为科学教育的一个分支，其核心功能在于激发学生的想象力、创造力以及对未来科技的探索欲望。读书行动中对科学教育的重视，为科幻文学的推广培育了良好的土壤。《中国语文教育发展报告（2023—2024）》[3]对学生阅读题材兴趣偏好进行了统计。统计结果显示，在接受调查的学生中，有 28.2% 的五年级学生喜欢阅读科幻故事，这个数字随着年级的增高而增长，有 38.24% 的八年级学生喜欢阅读科幻故事。中小学生之所以喜欢阅读科幻作品，一方面是因为科幻作品有较强的文学性，能够带给学生与其他体裁的文学作品一样的文学鉴赏、文学艺术方面的感染力，提高学生的文学素养，另一方面则是因为他们能从科幻作品中感受到科学的无限可能，进而激发对科学的热爱和对未知世界的好奇，在心中播下科学梦想的种子。站在教育工作者的角度审视，科幻作品还有助于帮助学生形成批判性思维和创新思维，为将来投身科学研究或科幻创作奠定坚实的基础。因此，尽管《方案》没有明确涉及科幻作品的阅读，但它不仅是提升青少年综合素质的关键举措，也是中小学科幻教育发展的重要推动力，必将产生深远影响。

（二）第五届全国青少年科普科幻教育大会在深圳召开，重点探索从活动到课程的深化之路

2023年10月12—13日，第五届全国青少年科普科幻教育大会在深圳明德实验学校（集团）香蜜校区召开[4]。本次大会由中国科普作家协会和深圳市福田区教育局联合主办，以"'双减'背景下，如何做好青少年科普科幻教育'加法'"为主题，旨在服务国家战略，以科普科幻教育为抓手推进素质教育，推动教师队伍建设，培养具有科学家潜质、愿意投身科学研究事业的青少年群体。

在大会主旨报告环节，俞大鹏围绕"量子科技与青少年科普（科幻）教育"主题，分享了科普科幻教育对其成长的重要性。吴岩以"想象力教育视角下的科幻教育"为题，指出科幻教育是想象力教育的先导，并提出"想象装置理论"观点。他认为，阅读科幻作品能启动人脑中的想象装置，进而激发学生的创造力。通过阅读科幻小说、观看科幻电影等形式，学生可以接触到各种新奇的概念和想法，从而拓展自己的思维边界。中国科普作协中小学科普科幻创新人才工作委员会副主任周群以"从活动走向课程——中小学深化科普科幻教育的必由之路"为题进行发言。她结合中小学围绕全学科阅读、跨学科阅读开展研究与教学实践的现状，强调了科普科幻教育课程化的必然性倾向，并提供了行之有效的建议与路径。

大会分论坛一方面从学术研究的角度阐述了当前科普科幻教育的前沿理论，另一方面为校内外科普科幻教育实践者们提供了展示交流的平台。清华大学刘兵教授做了《科幻与科普的关系——基于历史文献和概念分析的讨论》的主题报告，他深度剖析了科普与科幻的渊源关系，提出用更为宽泛的与传统科普不同的"大科普"观念，有助于更好地解决中小学科普科幻教育推进过程中发现的问题。徐南南介绍了荣获教育部2022年基础教育成果奖一等奖的课题"全学科视域下的读写课程模型建构与应用"的研究成果。课题组开发并实施了学科教材学习情境下的渗透式课程、跨学科学习情境下的整合式课程和真实

任务情境下的应用式课程，构建了“一核三层三翼”读写课程模型，对中小学科幻教育如何从活动走向课程化具有引领示范作用。深圳明德中学校长鲁江介绍了学校如何在“双减”政策下，坚持科学教育、科技教育、科幻教育、科普教育跨学科融合的重要改革方向，打造20个顶级科学实验室的教育理念。南京十三中“五个一”科幻教育方案与实践、中国科技馆科幻教育课程设计理念与实践等科幻教育的成功案例也给与会者留下了深刻印象。

2023年第五届全国青少年科普科幻教育大会之所以选择在深圳落地，是因为近几年来深圳科普科幻教育发展迅猛，呈现出多元化、系统化的发展态势，展现出了令人瞩目的活力，也取得了显著的成果。深圳的科幻教育以其独特的城市文化为背景，展现出浓厚的未来感和创新精神。城市中的高新技术产业和创新氛围为科幻教育提供了丰富的资源和土壤，科幻教育的发展又反过来促进了深圳的城市文化建设，形成了一种良性互动。从南方科技大学科学与人类想象力研究中心吴岩教授和他的团队的专业引领，到各中小学一线教师科幻课程的扎实实践，深圳的科幻教育正逐渐形成具有本土特色的教育模式。深圳市文联的“到人民中去·深圳文艺名家驻校计划”和“鲲鹏”青少年科幻文学奖等活动，不仅丰富了学生的校园生活，为青少年提供了想象力的展示舞台，其相关政策也为科幻教育的推广和发展提供了有力的支持。深圳这座以高新技术产业闻名的现代化都市，正逐渐成为中国科幻教育的前沿阵地。

（三）世界科幻大会在成都召开，大力推动川渝地区中小学科幻教育发展

2023年10月18—22日，第81届世界科幻大会（2023成都世界科幻大会）在成都市召开。世界科幻大会不仅是全球科幻文化的盛事，更是四川、重庆中小学科幻教育发展的催化剂，推动了这一地区科幻教育的蓬勃发展。

2020年以来，四川省科学技术协会在全国率先推进“想象力教育工程”，持续性、系统性地开展以科幻为抓手的教育项目，在全省多所示范学校开展科普科幻进校园活动，“一校一刊”优秀科普科幻期刊配置工作覆盖了全省21个市（州）约1万所中小学，成为独具特色的创新型科普品牌活动。

2023年，四川省科学技术协会以第81届世界科幻大会为契机，将“想象

力教育工程”进一步提档升级。2022年6月—2023年4月，四川省作家协会和四川省科学技术协会联合开展了“迎世界科幻大会，促想象力提升——首届四川省青少年科幻创作征集活动”[5]，面向广大青少年朋友征集文学类、绘画类、创意类三大类别优秀作品。除此之外，活动还特别设立了“未来与自然”和“未来与城市”专项类征集。活动总计征集作品12979份，经过三轮评选，共评出入选作品4633项、优秀作品1765项、最佳作品220项、表现优秀的组织单位13个、四川省“想象力教育工程基地”38个、表现优秀指导教师181名。在2023成都世界科幻大会上，四川省科学技术协会不仅表扬了本次征集活动的优秀作品及参与者，还发布了一系列四川省“青少年想象力教育工程”的成果。

值得一提的是，在2023成都世界科幻大会开幕式上，还举行了京渝川科学技术协会“协同开展青少年想象力教育工程”签约仪式，三地科学技术协会共同签署了《协同开展青少年想象力教育工程合作备忘录》。该备忘录以协同开展“青少年想象力教育工程”为主要机制，以激发中小学生的好奇心、想象力和探求欲为核心目标，致力于培养学生的科学兴趣和实践能力，同时引导他们形成科学精神和科技自信。备忘录中明确了工程的主要内容，包括打造具有引领性和前瞻性的科普科幻教育品牌，推动《青少年科幻教育指南》的实施，加强教师交流和科幻教育队伍建设，举办多样化的科普科幻活动，以及加强科普场馆的建设与合作。此外，京渝川科学技术协会还计划将“青少年想象力教育工程”融入三地的科普科幻产业发展，通过参与重要的科幻大会和奖项活动，展示教育工程的成果和影响力。该备忘录强调共建共享资源、加强交流合作，体现了三地科学技术协会对于青少年科学教育的高度重视和长远规划。

作为2023成都世界科幻大会的承办城市，成都市及主要区县面向中小学生组织了丰富多彩的活动。

例如，2023年4月20日—5月20日，成都市科学技术协会指导，成都日报锦观新闻、成都市科技创新服务中心（成都市青少年科技活动中心）联合主办了“畅想科幻·走进未来成都”[6]青少年科幻画征集活动，向成都市5~18岁的在读中小学生征集手绘科学幻想绘画。活动于2023年8月23日正式收官。活动共征集23个区（市、县）292所中小学校学生的近3000份科幻画作品。这些作品通过描绘未来生产、生活的情景，展现未来科学发展、城市建设等一系列未来成都场景。活动最终产生一等奖 313 项、二等奖 629 项、三等奖 898 项、优秀奖 975 项。

又如，2023 年 7—10 月，成都市科学技术协会携手四川科幻世界杂志社有限公司，共同策划并实施了一项名为“燃梦未来，共筑盛会—科幻季”的系列活动[7]。这一系列以科普与科幻产业为核心，旨在通过多元化的活动形式，激发青少年的科学兴趣和想象力，同时推动科幻文化的普及与发展。活动分为三大主题板块，分别是“筑梦未来·少年科幻行”“圆梦未来·高校科幻狂想季”“共创未来·与想象力同行”。每个板块都精心设计了相应的活动内容，以满足不同群体的需求。其中，“筑梦未来·少年科幻行”板块专注于青少年的科普科幻生活，通过“科幻第一课”和“科幻悦读季”两大活动，邀请科幻作家、编辑和学者进入中小学校园，为孩子们提供深入了解科幻的机会。同时，通过书店的线下沙龙活动，营造科幻阅读的氛围，提升青少年对科幻的兴趣，促进科学实践。“共创未来·与想象力同行”板块则更广泛地面向公众，通过“未来大讲堂”和“无限·创想”科幻主题艺术展，邀请科学家、科技工作者与国内外知名科幻作家与众交流，激发大众对未来生活的想象。艺术展结合科幻、科普、艺术等元素，为观众提供沉浸式体验，同时展出青少年科幻创作作品，鼓励青少年积极参与科幻创作。

成都市不仅用丰富多彩的活动影响带动青少年走近科幻、热爱科幻，更是主动建立健全 2023 成都世界科幻大会成果运用的长效机制，一体化推进教育、科技、人才高质量发展。

2023 年 10 月 13 日，成都市教育局、成都市科学技术局共同发布了《关于加强新时代成都市中小学科学教育工作的实施方案》[8]。在实施方案中，科幻教育不仅被视为科学知识传授的补充，更是培养学生创新思维和想象力的载体。该方案通过创新实践与资源整合，构建以学生为中心的科普科幻教育生态系统，旨在提升学生科学素养、创新思维和人文精神，为科技进步与社会创新奠定人才基石。

为打造科幻产业落地转化载体平台，推动成都科幻产业高质量发展，成都市文产办、成都市市科技局、成都市市科协牵头拟制了《成都市科幻产业发展规划（2023—2027年）》[9]。该文件对青少年科幻科普教育极为重视，为提升科幻科普教育的质量和效果，激发青少年对科幻领域的兴趣，专门制定了一系列重要举措，包括开展想象力教育工程和“科幻进校园”活动，鼓励学校开发科幻跨学科课程，举办科幻绘画大赛等活动，开展科幻教师培训和课程研讨活动，以及支持科普教育场馆建设科幻主题专区，推动科幻创作与青少年科普衔接融合等。

综上所述，世界科幻大会作为全球科幻文化的盛事，为成都乃至整个四川地区的中小学科幻教育发展提供了难得的机遇，对其产生了深远的影响。通过各种形式的活动和政策支持，成都的科幻教育正在快速成长，为青少年的科学素养提升和创新能力培养奠定了坚实的基础。随着科幻教育的不断推进，我们有理由相信，成都正在成为科幻教育的一片沃土，孕育出更多的科学梦想和创新火花。

（四）更多社会力量助力中小学科幻教育

2023年，有更多社会力量关注和参与青少年科幻教育，为中小学科幻教育注入了新的活力。

以《流浪地球2》的路演活动[10]为例。作为中国科幻电影的里程碑之作，《流浪地球2》全国校园路演活动不仅是一场电影宣发的创新尝试，更是社会各界力量关注与支持中小学科幻教育的生动体现。2023年2月20日，《流浪地球2》上映一个月后，主创团队启动了主题为“开启想象力”的新一轮路演。路演足迹遍及北京、济宁、武汉、衡水、阳泉、南京、佛山、天津等地的多所大、中、小学，导演郭帆携主创团队与学生面对面分享电影背后的科学理念和创作过程，为青少年搭建了近距离接触科幻文化的桥梁。这一系列路演活动不仅点燃了青少年对科幻电影的热情，更深层次的意义在于它巧妙地将科幻电影作为一种媒介，激发了学生们的科学好奇心、想象力与探求欲。此次路演借助社会力量和市场运作的模式，为学生提供了丰富的科学教育资源和实践机会，一定程度上推动了科幻文化与校园教育的深度融合，有效培养了学生的跨学科思维、创新能力与人文关怀。值得注意的是，路演活动不仅限于观影与交流，还与多地政府、教育局、科技局的政策支持紧密相连。多元化的合作模式不仅丰富了科幻教育的内容和形式，也为未来的科幻教育实践提供了新的思路和模式。

再如中国核工业集团有限公司（以下简称中核集团）作为“国家队”强势出场。2023年5月29日，“对话青少年‘核’创N宇宙”[11]2023年中国科幻大会青少年科普科幻教育专题论坛在北京举行。活动由中国科普作家协会和中核集团宣传文化中心联合主办。论坛不仅展现了科普科幻教育的重要性，更凸显了社会力量在中小学科幻教育中的积极作用。在论坛上，中国科学技术协会科普部副部长庞晓东强调了科普科幻创作在激发青少年好奇心和想象力中的关键角色，并呼吁社会各界整合资源，共同推动科普科幻教育的发展。中核集团党群工作部主任李雄飞介绍了中核集团在科普方面所做的努力，包括建设具有影响力的专业展馆和组织多样化的科普活动，以提高公众特别是青少年对核科学的兴趣。同时，来自科研院所、教育机构和文化传媒的专家和学者，共同探讨了科普科幻教育的多种途径和方法。他们一致认为，保护青少年的想象力和好奇心对于培养科技创新精神至关重要。此外，论坛启动了第四届“N宇宙·扬帆”核科幻作品征集活动，进一步证明了社会力量对科幻教育的重视和支持。这一活动不仅为青少年提供了展示创意的平台，也鼓励了更多的科幻创作，推动了科普科幻教育的深入发展。

除了上述典型事例，北京元宇科幻未来技术研究院、全国少儿科幻联盟中的科幻作家也积极参与中小学科幻教育活动，或组织研讨，或走进校园为学生们开展讲座，体现出社会力量对科幻教育的广泛关注和参与。

（五）科幻教育的研究不断深入

2023年，中小学科幻教育的研究呈现出蓬勃发展的态势，其研究深度与广度均取得了显著进展。以下为具有创新点和代表性的若干文献综述——《人民教育》发表吴岩和陈发祥合作撰写的《青少年科幻阅读的价值探析》[12]一文，聚焦于科幻文学在青少年教育中的重要性和积极作用，强调了科幻阅读是青少年教育不可或缺的一部分，对于引导他们形成创新思维、跨学科理解力及适应未来社会具有不可替代的作用。文章指出，在当前科技快速进步与社会转型的背景下，科幻文学以其独特的想象力、跨学科融合以及对时代特征的深刻反映，成为培养青少年核心素养的关键资源。作者强调科幻文学不仅能够极大地激发青少年的想象力，促进其从想象到创造力的转化，而且通过科学与想象的结合，为青少年提供了理解现实与未来、解决复杂问题的新视角。此外，科幻阅读还能培养青少年的跨学科思维能力，帮助他们在阅读中跨越传统学科界限，理解各领域知识的相互作用，以及科学与社会、伦理的复杂关系。文章还提到，科幻文学的教育应用能增强青少年面对科技变革时代特征的感受力，为他们提供应对未来挑战的心理准备和思维方式。为了充分发挥科幻阅读的教育价值，文中提出了五点实施策略，包括营造整体阅读环境、教师培训、技术融合、课堂教学重视以及图书馆作为想象空间的重塑。

华东师范大学硕士宋雨婷在其论文《跨学科视野下的初中语文科幻小说教学研究》[13]中指出，中小学科幻小说教学中存在着损伤学生兴趣、课堂所授阅读技能难以迁移等问题，解决问题的路径是跨学科学习，语文教师需在跨学科学习的视野下重新确立科幻小说在语文课堂上的教学目标和教学内容。该论文结合语文课程标准与教材要求，针对科幻小说教学提出了一系列创新性的研究成果。首先，设计了跨学科的科幻小说学习实施方案，旨在通过学科融合活动、培养科幻认知思维以及围绕科幻阅读连接多学科知识，来拓宽学习视野。其次，明确了在跨学科框架下制定科幻小说教学目标的策略，强调开启学生的多元思维后聚焦关键点，教师需在把握科幻小说的语文教学特性和跨学科协同之间找到平衡，制定目标时综合考量课程标准、知识体系、学生情况、文本分析及教学活动设计、学科交叉广度和价值导向等因素。最后，以阅读教学为切入点，界定了科幻小说在语文课堂上的教学核心内容，包括教授科幻小说的基本阅读路径、科学术语的理解技巧及信息文本的推测性解读能力，提出了以不变应万变的“核心模块”教学法，确保教师在多样化的跨学科学习活动中，能够灵活设计每节课的教学内容，并给出了实用的教学设计提示。

华中师范大学硕士张治达撰写的《中学语文中国本土科幻文学教学价值及教学策略研究》[14]认为，在科技与未来日益成为时代焦点的当下，科幻教育正经历前所未有的热度提升，特别是在文化自信及新课程标准的引领下，强调“本土性”的科幻教学需求日益迫切。中国本土科幻文学因其融合中国文化、智慧与方案，以及对“未来定义权”的积极主张，已成为中学语文教学中不可或缺的资源。文章从多重视角探讨了本土科幻文学的教学应用。首先，从教育学、文学、社会学和语文教育改革四个方面确立了其作为教学资源的理论基础。其次，从核心素养视角出发，深入分析了中国科幻文学在语言、思维、审美及文化四个层面的特殊教学价值，强调其科学与文学语言的融合、思想实验特性、独特的科技美学及文化传承与创新功能。文章还基于学习者、教学材料与教育者三个维度，细致调查并总结了中学科幻文学教学的现状，旨在揭示存在的问题与挑战。最后，依据新课标教学理念，提出了立足核心素养、情境创设、群文阅读、跨媒介及跨学科教学等策略，以期为中国科幻文学教学提供系统化、前瞻性的实践指导，培养学生的未来视野、创新思维和文化自信，为中国科幻文学教学的深化与拓展贡献力量。

西南大学硕士崔烨在其论文《基于生物学科幻创作情境的单元教学研究》[15]中针对当前科幻教育的局限性，提出了创新的教学策略，通过将生物学科知识与科幻创作相结合，丰富高中生物课堂，提升学生的创造力和跨学科综合素养。作者强调，科幻创作不应仅视为科学普及的补充，而应是培养学生批判性思维和问题解决能力的有效途径。他指出，通过设计包含科幻元素的生物学科单元，如“生物学科幻创作情境”，可以引导学生在创作中应用生物学原理，同时要求他们具备一定的科学背景知识，这与第三学段学生（高中）的知识积累和逻辑思维能力相匹配。教学设计上作者提出应循序渐进，从简单的创编童话、寓言故事过渡到创编贴近现实生活的科幻故事，强调想象与现实生活的紧密结合，并要求学生掌握列提纲、分段叙述等写作技能。在研究展望部分，作者建议探索跨学科合作教学，比如与语文、物理和地理等学科结合，以期更全面地提升学生的综合素养和跨学科思维能力。该研究为生物学科的科幻创作教学提供了新视角和实践路径，强调了科幻教育在培养学生面向未来所需能力方面的重要价值。

河南大学硕士张文琪的论文《利用科幻作品培养高中生物理科学思维的实践研究》[16]针对新高考模式下学生核心素养培养的需求，聚焦于科幻作品在高中物理教学中的应用，旨在通过科幻作品培养学生的科学思维能力。研究在建构主义学习理论、STSE 教育理论和 SOLO 分类评价理论的指导下，先通过文献分析明确了科幻作品辅助教学与学生科学思维培养的现状，并对科幻作品与科学思维进行了概念界定。接着介绍了在问卷调查中发现的问题：师生虽认可科幻作品的教育价值，但缺乏具体教学策略和案例。基于此，作者提出了一套融入科幻作品的教学策略，并设计了多个教学案例，覆盖高中物理的五大板块。通过人教版高中物理必修一的实践教学，借助 SPSS 数据分析，验证了科幻作品教学法能显著提升学生的科学思维水平和物理成绩。

AI 写作是指利用人工智能技术，自动完成原本需要人工进行的写作过程。如何将人工智能技术应用于科幻教育？江苏省南通市东方中学龚春美老师进行了大胆尝试。她的论文《阅读与写作：基于科幻创作的人工智能教育探索——以指导学生参与“AI 科幻小说写作”活动为例》[17]，聚焦中学信息技术教育领域，通过分析和实证研究，探讨了如何利用科幻创作，特别是 AI 科幻小说的写作活动，来增强学生的创新思维、信息技术应用能力和跨学科学习能力。作者以“AI 科幻小说写作”活动为例，展示了如何在教学中整合信息技术课程与文学创作。该实践研究以项目式学习为导向，引导学生在科幻小说创作中进行问题探究、团队协作和创意表达，实现了信息技术技能与文学创作的深度融合，揭示了科幻创作在提升学生信息素养、批判性思维以及跨学科整合能力方面的积极作用。龚春美老师的研究与实践颇有新意，为中小学科幻教育提供了一种创新的模式。

三、当前科幻教育面临的挑战与对策

2023 年，中小学科幻教育在政策的强力驱动和社会各界的积极响应下，取得了一定的进展，科幻教育的生态体系日趋完善，有效激发了青少年的科学梦想与探索精神。然而，进步的背后亦存隐忧。当前中小学科幻教育在实践中仍面临以下巨大的挑战。

一是科幻教育资源分布不均，优质科幻教育资源未能充分下沉至基层，特别是农村及偏远地区；二是科幻教育师资力量薄弱，能够胜任科幻教育的教师数量有限，教师培训和专业发展体系尚待完善；三是科幻课程开发能力相对薄弱，缺乏统一的教学标准和评价体系，跨学科整合存在难度；四是科幻教育的普及程度与深度有待加强，科幻作品的阅读和创作活动在很多地区仍然是课外活动，未能充分融入学校课程体系建设中。

针对上述问题，我们认为，未来中小学科幻教育的发展可从以下几个方向着力。

一是努力推动科幻教育资源均衡化。建立区域间科幻教育资源共享机制，利用互联网和数字技术，为农村及偏远地区学校提供专属资源包和课程，确保农村和偏远地区学生也能接触到高质量科幻教育内容。

二是加强科幻教育所需师资的培训。设立专门的科幻教育教师培训项目，通过线上课程、工作坊、研讨会等多种方式，邀请科幻作家、科学家、教育专家参与，提升教师科幻教育理论与实践能力。对完成培训并有出色教学成果的教师给予专业认证及奖励，以提高教师参与科幻教育的积极性。

三是大力推进科幻课程开发、优质科幻教育资源整合与评价体系建设，将科幻教育纳入学校课程体系，鼓励学校和教师设计跨学科科幻教育课程，不仅作为课外活动，而且作为语文、科学等核心课程的补充内容，确保学生在日常学习中接触科幻。

四是鼓励企业、非营利组织、大学及科研机构加强与中小学的合作，提供资金、资源、专家讲座等支持，共同推动科幻教育的普及和深化。

期待未来的中小学科幻教育继续向更深、更广的领域拓展，在教育“双减”背景下做好科学教育加法，为培养具有科学想象力、创新精神和科学素养的未来公民奠定坚实基础。

参考文献

［1］中华人民共和国人民政府. 教育部等十八部门关于加强新时代中小学科学教育工作的意见［EB/OL］.（2023-05-17）［2023-05-26］. http://www.moe.gov.cn/srcsite/A29/202305/t20230529_1061838.html.

［2］中华人民共和国人民政府. 教育部等八部门关于印发《全国青少年学生读书行动实施方案》的通知［EB/OL］.（2023-03-27）［2023-03-27］. http://www.moe.gov.cn/srcsite/A06/s7053/202303/t20230328_1053070.html.

［3］顾之川，汪锋. 中国语文教育发展报告：以阅读改变教育［M］. 北京：

社会科学文献出版社，2022：61-62.

［4］中国科普作家网. 第五届全国青少年科普科幻教育大会在深圳召开［EB/OL］.（2023-10-13）［2024-07-01］. https://www.kpcswa.org.cn/web/press/news/10145M12023.html.

［5］董沙沙，陈兰. 以想象致未来——四川省科协倾力打造“想象力教育工程”科普品牌活动［N］. 四川科技报，2023-10-20（2）.

［6］锦观新闻.“畅想科幻·走进未来成都”科幻画作品征集活动“十佳”出炉［EB/OL］.（2023-11-12）［2024-07-01］. https://baijiahao.baidu.com/s?id=1782271647272996468&wfr.

［7］中国新闻网. 2023成都“燃梦未来，共筑盛会——科幻季”系列活动启动［EB/OL］.（2023-07-27）［2024-07-01］. https://baijiahao.baidu.com/s?id=1772555784826503152&wfr.

［8］四川省人民政府. 关于印发《加强新时代成都市中小学科学教育工作的实施方案》的通知［EB/OL］.（2023-10-25）［2024-10-25］http://cds.sczwfw.gov.cn/art/2023/10/25/art_15398_236627.html?areaCode=51010000000.

［9］红星新闻. 未来，成都的科幻产业将如何描绘？这场座谈会上，代表委员们谈感受、提建议［EB/OL］.（2023-11-11）［2024-07-01］. https://baijiahao.baidu.com/s?id=1782243391074739849&wf.

［10］环球时报娱评.《流浪地球2》走进校园：一场与票房无关的奔赴［EB/OL］.（2023-03-19）［2024-07-01］. https://china.huanqiu.com/article/4C8efXVjIcv.

［11］北京市人民政府.“核”力让想象飞翔！中国科幻大会青少年科普科幻教育论坛在石景山举办［EB/OL］.（2023-05-31）［2024-07-01］. https://www.beijing.gov.cn/ywdt/gqrd/202305/t20230531_3118056.html.

［12］吴岩，陈发祥. 青少年科幻阅读的价值探析［J］. 人民教育，2023，（Z2）：27-30.

［13］宋玉婷. 跨学科视野下的初中语文科幻小说教学研究［D］. 华东师范大学，2023. DOI:10.27149/d.cnki.ghdsu.2023.001339.

［14］张治达. 中学语文中国本土科幻文学教学价值及教学策略研究［D］. 华

中师范大学，2023. DOI:10.27159/d.cnki.ghzsu.2023.000398.

[15] 崔烨. 基于生物学科幻创作情境的单元教学研究[D]. 西南大学，2023. DOI:10.27684/d.cnki.gxndx.2023.004461.

[16] 张文琪. 利用科幻作品培养高中生物理科学思维的实践研究[D]. 河南大学，2023. DOI:10.27114/d.cnki.ghnau.2023.000057.

[17] 龚春美. 阅读与写作：基于科幻创作的人工智能教育探索——以指导学生参与"AI科幻小说写作"活动为例[J]. 中国信息技术教育，2024,(01): 28-30.

作者简介：

周群，北京景山学校正高级教师，北京市特级教师，中国科普作家协会常务理事、中小学科普科幻创新人才培养工作委员会副主任，中国科幻研究中心学术委员会委员，《青少年科幻教育指南》执行主编。长期坚持"大语文观"的教学实践，近年来致力于中小学科普科幻教育的实践与推广。

年度科幻展览综述

陈　娱

一、年度科幻展览概况

科幻展览是一种以展览为媒介，讨论科幻文化、未来图景和技术想象等相关内容的产业形式，是通过不同的艺术形式（如绘画、雕塑、装置艺术、数字媒体等）来展示和探索未来场景、科技发展和社会变革的专题展览。其目的是通过展示虚构的未来世界，探讨科技发展对社会的影响，吸引观众领略科幻文化的魅力。需要明确的是，这里所指的科幻展览专指那些以未来、想象和科幻为主题的展览活动，不包括设备展览、媒体展览和航空航天科技展览等。

科幻展览以展览内容的导向分别从艺术导向、文学导向、教育导向进行分类，分为艺术与科技展览、科幻小说 IP 展览以及科幻主题科教展览。数据统计，2023 年国内共举办了 42 场涵盖探索艺术科技、未来生活、太空星际、智慧生活等主题的科幻展览（图 1），其中艺术与科技展览 25 场、科幻小说 IP 展览 9 场、科幻主题科教展览 8 场。相比于 2022 年的 30 场各类科幻展览，这一数字有着明显增加。

从时间来看，2023 年科幻展览每月均有分布。从地域来看，北京、成都、上海的科幻展览数量与种类居多。其中，北京市的科幻主题科教展览的数量尤

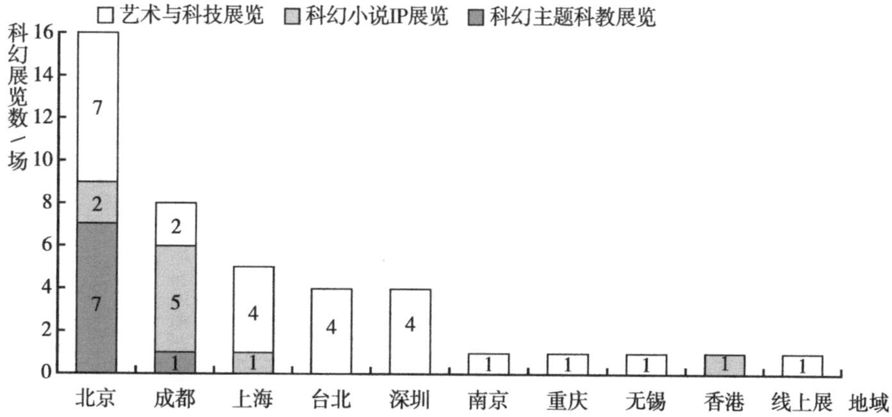

图 1　2023 年全国主要城市科幻展览分布情况（含港澳台）

为突出，共有 7 场展览，说明北京对于科学教育有很好的实践基础。成都市科幻小说 IP 展览的数量与往届比较有明显增加，随着世界科幻大会带来的后科幻文化辐射效应不断扩散，成都市的科幻、科技事业和产业增效能、提质量也蓬勃发展[1]。其他城市多以艺术与科技展览作为展示平台，积极讨论未来生活和技术发展相关议题。

二、年度科幻展览分析

1. 艺术与科技展览

艺术与科技展览作为科幻展览中的一种内容类型，是以艺术与科技、跨媒体、当代艺术等作品探讨艺术与科技话题的展览活动。艺术与科技展览作为融合前沿科技与创意表达的平台，展示了艺术家艺术创造力的同时，也时常引发技术带来的伦理思考。2023 年，此类展览共计 25 场，主要分布于北京、上海、深圳、台北等文化交流繁荣的城市（表 1）。该类展览所探讨的议题往往富有当代性、思辨性与批判性，引发观众们对时代发展趋势和道德伦理等话题的深入思考。

表 1　2023 年艺术与科技展览列表

序号	展览名称	策展单位	地点	时间	内容概况
1	“合成生态”北京艺术与科技双年展	中央美术学院、北京七九八文化科技有限公司	北京市	2022 年 10 月 28 日至 2023 年 1 月 31 日	展览通过生物技术、材料科学和数字制造等前沿科技，展示科技与艺术的融合，拓展人类视角至宇宙，探讨人与自然共生的未来命运
2	近未来—完美搭档	两江新区悦来美术馆	重庆市	2022 年 10 月 28 日至 2023 年 2 月 26 日	展览探讨人工智能、社交平台和虚拟游戏等议题，反思机器、数字化物种与人类潜在交往模式及其科技与艺术的相互关系
3	飞出个未来：区块链中的时间多重性	现代汽车文化中心	北京市	2022 年 11 月 17 日至 2023 年 3 月 31 日	展览以比特币时钟为起点，通过超验时间、能量时间和思派时间三种平行时间网络，探索区块链技术下“时间”概念的多重理解及其与人类生活和社会发展的多元联系
4	我的元宇宙	无锡国家数字电影产业园、华莱坞元宇宙艺术馆	无锡市	2022 年 11 月 19 日至 2023 年 1 月 19 日	展览通过“文明迁徙”“虚实共生”“数字永生”三大主题，展示人工智能、AR、VR、MR 等技术的数字艺术作品，带来沉浸式和交互式的视觉体验
5	小宇宙：科技主导下的情感	成都市美术馆	成都市	2022 年 12 月 20 日至 2023 年 3 月 20	展览分为“旅行者 1 号”“光源”“让我去”“科幻是现在的未来”四个部分，围绕人类情感与技术主导，探讨科技随时代发展的背景下，人的情感产生着更加多元的表达形式
6	2222—未来选择地	华山 1914 文创产业园	台北市	2023 年 1 月 6 日至 2023 年 4 月 5 日	展览是中国台湾地区首个原创永续概念展览，以未来与永续为概念，展望 200 年后 2222 年的未来场景，再以未来方舱为载体回到 2023 年。这一“穿越”过程带领观众反思每一次永续生活的生机之选

续表

序号	展览名称	策展单位	地点	时间	内容概况
7	未来身体：超自然雕塑	台北市立美术馆	台北市	2023 年 2 月 18 日至 2023 年 6 月 4 日	展览通过“混种人”“后自然”“艺术家 4.0”“科技人类变体”四个主题，探讨身体解构与重构、人与环境及机器关系中的欲望与伦理议题
8	机械星联 · 吞噬星球	广州设计周、格物互动	深圳市	2023 年 4 月 22 日至 2023 年 7 月 1 日	展览探索 100 年后的太空旅行生活，通过展示银河星际、宇宙飞船和时空穿梭器，勾勒宇航员的故事及宏伟的宇宙诗篇
9	动物农场模拟器	现代汽车文化中心	北京市	2023 年 4 月 28 日至 2023 年 10 月 8 日	展览模拟人类与其他物种共建的未来实验场，想象地球进入“有灵世”，并思辨性地拥抱去中心化世界
10	未来幻想	上海万科、IDEO	上海市	2023 年 6 月 5 日至 2023 年 7 月 2 日	展览探讨人工智能、万物互联、元宇宙和火星移民等前沿概念，打造宽广而包容的“启发空间”，引导观众进行理性幻想，探索更人本、更美好的未来
11	“未来现实”——第二届澜景 · 未来媒体学院奖作品展	南京艺术学院、江苏省美术馆	南京市	2023 年 6 月 9 日至 2023 年 6 月 21 日	展览征集全国高校优秀艺术与科技作品，其主题聚焦媒体融合、大数据、人工智能和虚拟现实等新技术驱动下的“未来媒体”领域
12	共振，社群的狂欢	深圳大简仓	深圳市	2023 年 6 月 17 日至 2023 年 7 月 31 日	此次展览汇聚三个加密艺术社区的艺术家，展示包括“加密艺术驱动器”在内的跨媒介作品，围绕生成艺术与加密艺术带给观众全新的思考向度

续表

序号	展览名称	策展单位	地点	时间	内容概况
13	超元域：费俊科幻艺术展	南方科技大学 人类想象力研究中心	深圳市	2023 年 6 月 21 日至 2023 年 11 月 10 日	展览通过艺术家费俊的新媒体作品，探讨当代科技对后自我、后观念、后世界的影响，引领观众思考新科技时代的生活意义和生命归宿
14	时间引力——2023 成都双年展	成都市美术馆	成都市	2023 年 7 月 16 日至 2023 年 11 月 19 日	本届双年展拥有“瞬间永恒、瞻星成梦、存在遥望、空间感知、凝视之思、未来考古、大地回声、心之所向、星链计划”九个展览板块，参展作品题材涉及科技与艺术、数据与艺术、生物科技和智能科技等多个领域，以全球化视野带来一场震撼的视觉盛宴
15	知觉的世界 · 罗密 欧 AI 朱丽叶	利星行文化艺术中心	北京市	2023 年 7 月 22 日至 2023 年 9 月 30 日	展览汇集了 50 余位跨学科艺术家与学者，通过装置、数字和媒体艺术、智能交互、AI 情绪算法等，打造超越感官的沉浸之旅。展览借用莎士比亚的《罗密欧与朱丽叶》叙事文本，重构了一个人与 AI 相爱的未来故事
16	“无人之境”人工智能艺术展	深澜 AI SPACE 空间	北京市	2023 年 8 月 19 日至 2023 年 10 月 19 日	展览展示人工智能对创造力、文化和未来的影响，探讨艺术与科研的碰撞，让观众重新审视人工智能在塑造我们共同未来中的角色
17	火星，我们来了！ 与老马的旅程	上海摄影艺术中心	上海市	2023 年 9 月 9 日至 2023 年 12 月 31 日	展览以艺术家的摄影作品为载体，展现了人类对太空的梦想与想象，以及对未来、太空旅行和地球生命的无限期待

续表

序号	展览名称	策展单位	地点	时间	内容概况
18	未来的生命，未来的你——数位、机器与赛博格	忠泰美术馆	台北市	2023年9月9日至2024年1月28日	展览关注“城市”与“未来”议题，尝试以AI技术介入语音导览，邀请观众一同想象“未来的生命，未来的你”
19	未来图景	北京国际设计周、清华大学设计未来课题组	北京市	2023年9月21日至2023年10月25日	展览以“设计未来”作为学科背景，通过“共情化原型”“数字化场域”“新太空叙事”三大主题，探索人与AI的共生、智慧城市演进及太空安居愿景，呼吁公众以开放思维共创美好未来
20	宇宙方舟2020之火龙眼	2023蛇口戏剧节	深圳市	2023年10月27日至2023年11月12日	这是一场沉浸式剧场，由著名跨媒介艺术家炭叹导演/剧构。表演将把蛇口价值工厂气势恢宏的机械大厅化身为一艘代号“Space Ark2020”的宇宙飞船，一些在地居民和机器人、虚拟人登上了飞船，成为也许是最后一批能离开地球的人。但是，他们每人却被困独立的太空舱，并受制于无形的人工智能力量，谁也不知飞船何时发射或毁灭，而他们的命运——将由每一位参与的观众决定
21	向达·芬奇提案——上海科技艺术大展	中国美术学院跨媒体艺术学院	上海市	2023年10月29日至2023年11月13日	展览通过入口处的“本源问题”引导观众，在“世界观的对话”中探索感受力、好奇心与创生力的发端，复现达·芬奇眼中的世界模样

续表

序号	展览名称	策展单位	地点	时间	内容概况
22	一个真正的引擎（A-RealEngine）	台北数位艺术节	台北市	2023年11月3日至2023年11月26日	展览现场将电子游戏作为驱动数位文化发展的引擎，揭示其在动力装置、网络艺术、加密艺术和数位艺术中的技术驱动力
23	为数据所生，亦归数据而去	新时线媒体艺术中心	线上展览	2023年11月16日	展览通过技术、身体和精神视角，探讨数字领域中的死亡、更新与再生，揭示数字生命的深渊
24	无限游戏：你好，世界！	深澜 AI SPACE 空间	北京市	2023年11月16日至2024年1月7日	展览以“游戏”为出发点，探讨规则和秩序的边界，展示数字世界为人类创造的虚拟环境和与物理世界互动的新维度
25	深空未来	西岸美术馆	上海市	2023年12月23日至2024年2月25日	展览作为亚洲首个以8K超高清投影打造的多功能沉浸式体验项目，以高科技赋能、汇聚海量世界顶级文化IP，结合数字媒体、音乐、戏剧、绘画等多种艺术形式，为观众带来“比现实更真实”的互动沉浸式现场

艺术与科技展览相较于其他类的科幻展览，拥有较为成熟的策展模式。从当代艺术展览、新媒体展览、跨媒体展览的过渡至今，艺术与科技展览展现出较为专业的展览策划能力。这类展览多由院校、美术馆等主办方组织策划，汇聚了行业内顶尖专家和艺术家的智慧与创意。以下对部分展览项目进行详细介绍。

“超元域：费俊科幻艺术展”展览由科幻作家吴岩担任策展人，南方科技大学科学与人类想象力研究中心出品。展览以艺术家费俊的新媒体艺术作品为媒，探讨在当今科技飞速发展的当下，后自我、后观念和后世界等议题。以此询问人类如何在超元域或后现实的时代去发现生活的意义和生命的归宿。展览中的每一件作品都建立在当代科技成果之上，通过对大数据、空间计算、情感计算、人工智能等新科技的解读，从文与术的双重视角带领观众参与思辨想象，让人们重新凝望自己的姿态，体验自己的情绪，建立前所未有的社群联系[2]。该展览作为一场科幻与艺术的双缝实验，将观众带入了一个充满想象力的世界。

“时间引力——2023 成都双年展”由成都市美术馆主办，是一场大型的公益性科幻艺术展，多达 25 场平行展在全城各个艺术机构先后举办。展览于 2023 年 7 月 16 日开展，展期长达 4 个月，观展人数超过 50 万人次。在“时间引力”的主题之下，双年展又分为“瞬间永恒、瞻星成梦、存在遥望、空间感知、凝视之思、未来考古、大地回声、心之所向、星链计划”9 个板块。来自中国、日本、意大利、德国等 22 个国家和地区的 235 名艺术家，在宇宙与空间、历史与未来等不同维度中相互对话，带来全球科幻艺术交流互鉴的文化盛况[3]。

“未来图景”展览是 2023 年北京设计周的主题展览，展览由清华大学设计未来课题组策划出品。展览围绕“共情化原型”“数字化场域”“新太空叙事”三个主题，带领观众探索人与 AI 的共情共生、智慧城市的演进以及安居太空的愿景，通过清华大学师生团队的研究和设计，展示出多元化的未来场景。“未来图景”展览旨在激发观众对未来的思考，感受和体验“设计未来”的潜能。“设计未来”不仅是一个学术概念，更是一个行动号召，呼吁公众共同投身于未来图景的构建，以开放的思维和丰富的想象，共创更加美好的合意未来[4]。

艺术与科技类展览作为当代文化的一部分，展示了科技与艺术的交融之美，同时促使人们以科技为媒思考与审视人类的未来、技术伦理等关系。

2. 科幻小说 IP 展览

科幻展览中的第二种类型是科幻小说 IP 展览，这类展览以科幻小说为叙事蓝本，将科幻场景作为设计基础的展览形式。科幻小说 IP 展览能够为观众带来丰富的文化体验，同时观众对科幻文学作品产生了二次的阅读与传播。科幻小说 IP 展览多还原小说的叙事原型、情节内容与情景空间，观众通过展品和互动体验，探索科幻作品背后的创意灵感和未来愿景。

2023 年科幻小说 IP 展览共有 9 场（表 2），展览分布在我国的北京、上海、成都、香港等一线城市，其中成都作为“科幻城”共有 5 场科幻小说 IP 展览呈现在市场中，这与成都 2023 年举办的世界科幻大会密不可分。下文将对科幻小说 IP 展览的典型项目进行详细介绍。

“三体 · 引力之外”沉浸于 2023 年先后在上海、杭州、成都等地上市，上海西岸凤巢将 3400 平方米场地打造为原小说中的“万有引力”号，从细节还原了原著中“通过诚实地映射宇宙来隐藏自己”的飞船，观众可以在主题等候区瞻仰“末日战役纪念碑”，在万有引力厅与角色共同决定人类命运。同时，可以通过多媒体数字艺术的配合，身临其境地在宇宙中航行，体验 200 年后的星际生活[5]。截至 2024 年 4 月，“三体 · 引力之外”在一年之内演出共超过 400 场，观演人次约 3 万人，并成功入选全国第一批全国智慧旅游沉浸式体验新空间培育试点项目①，为科幻展览的发展提供值得借鉴的道路。

“科幻旅航”作为 2023 年英国伦敦科学博物馆特展“科幻小说：通往想象力边缘之航”的巡展，于 2023 年 12 月 15 日在香港科学馆展出。展览的每个展区还原了科幻小说中的重要主题，带领观众穿越经典的科幻世界。其中包括“穿梭机与货舱”“探索舱”“生物研究室”“星际任务”“侦察舱”“瞭望舱”。参观者将如置身于互动科幻故事中，从经典的太空航行开始，穿梭不同

① 根据《文化和旅游部办公厅 国家发展改革委办公厅 工业和信息化部办公厅关于组织开展智慧旅游沉浸式体验新空间培育试点项目推荐遴选工作的通知》（办资源发〔2023〕171 号），培育试点将着重推动利用数字技术改造提升传统旅游消费场所，打造智慧旅游沉浸式体验新空间，推动数字经济和旅游业深度融合发展，培育发展智慧旅游新产品、消费新场景。通过试点探索出一条符合现代旅游业发展规律并具有数字科技显著特征的智慧旅游新产品发展路子。

表 2　2023 年科幻小说 IP 展览列表

序号	展览名称	策展单位	地点	时间	内容概况
1	“三体·引力之外”系列展览	三体宇宙、人工智能平台商汤科技	全国多地	不完全统计	展览以《三体》系列小说为蓝本，提取了《三体》中在宇宙深空中航行的一段故事，讲述了万有引力号和蓝色空间号两艘人类飞船之间一追一逃的故事情节。展览还原了包括三体起源、质子展开和黑暗森林在内的 13 个场景。这些精心设计的主场景和彩蛋，让原本只能停留在想象中的三体故事触手可及
2	“科幻世界·无限”宇宙之门超感科幻艺术展	四川科幻世界杂志社有限公司、成都宇宙有画文化科技有限公司	成都市	2023 年 5 月 26 日至 2023 年 11 月 30 日	展览由四川科幻世界杂志社有限公司与成都宇宙有画文化科技有限公司联合打造的新世代科幻艺术 IP。该项目不仅回顾了《科幻世界》杂志的历史，还邀请了多位艺术家共同创作科幻艺术作品，展现科技与艺术的创新融合
3	飞向科幻未来——2023 中国科幻大会	2023 中国科幻大会	北京市	2023 年 5 月 29 日至 2023 年 6 月 4 日	作为在 2023 中国科幻大会的艺术展览，展览以“科幻隧道”带领公众体验未来科技场景，近距离感受科幻电影和新技术的魅力
4	刘慈欣科幻漫画宇宙体验展	798 艺术中心	北京市	2023 年 6 月 17 日至 2023 年 9 月 10 日	科幻漫画展览改编自刘慈欣的 15 部代表作，结合科幻文学与绘画艺术，汇聚了 31 位国内外漫画艺术家的想象力与创造力
5	三体“宇宙闪烁”增强现实观测站	成都传媒集团	成都市	2023 年 10 月 1 日至 2023 年 11 月 19 日	展览以《三体》小说里的“宇宙闪烁”为蓝本，利用超大规模宇宙裸眼 3D 成像、虚拟现实等技术，将小说中的科幻元素和场景进行实景呈现

续表

序号	展览名称	策展单位	地点	时间	内容概况
6	共生纪元——世界科幻大会主题展览	2023 成都世界科幻大会	成都市	2023 年 10 月 18 日至 2023 年 10 月 22 日	该主题展览涵盖科幻历史、文学、艺术、影视、生活、游戏和科普等内容，通过沉浸式互动体验呈现丰富多彩的科幻世界
7	见所未见 · 刘慈欣科幻漫画宇宙主题展	成都凯德 · 天府	成都市	2023 年 10 月 21 日至 2023 年 12 月 31 日	展览展现火星历史、未来火星生活模拟、互动体验区等，通过先进的科技手段和艺术表现形式，让观众深入了解火星探索的历程和未来愿景
8	建发 · 三体——沉浸式艺术展	浙江花花生生动画有限公司、上海风语筑文化科技股份公司	成都市	2023 年 12 月 2 日至 2024 年 12 月 1 日	展览以光影互动装置呈现《三体》小说中的道具、场景、内容剧场，在还原小说的同时也加工了艺术的风格表达，为观众带来视、听、沉浸、体感的宇宙之旅
9	科幻旅航	香港科学馆、香港特别行政区政府康乐及文化事务署	香港市	2023 年 12 月 15 日至 2024 年 5 月 29 日	该展览通过多件与科幻电影、文学和艺术作品相关展品的展出，引领观众发现科学创新与科幻作品之间的联系

的科幻主题，并透过展览反思先进科技对社会的影响，以及思考当下和未来的机遇和挑战[6]。“科幻旅航”展厅中展有《星际迷航》船舰“企业号”复制品、电影《异形》怪物角色的复制品以及拍摄《智能叛变》用的NS-5机械人，展览将停留在科幻中的内容展示在观众面前，打开了新的视觉体验。

科幻小说IP展览是具有前瞻性和启发性的展览形式，随着科幻产业兴起和影视行业的发展，相信这种跨界融合的展示形式会越来越多，期待科幻小说IP展览为观众带来更多文化盛宴。

3. 科幻主题科教展览

科幻展览中的第三种类型是科幻主题科教展览，这类展览是以科技教育作为引导的展示形式，也是当前科教传播的重要形式。科幻主题科教展览旨在呈现前沿的科学技术，传递准确的科学知识，提升公众的科学素养，拓展思维和想象的边界。2023年科幻主题科教展览共有8场展览（表3）。其中7场展览在北京，多由科学机构与科技馆出品策划。与“航天”主题相关的展览共有6场，说明在中国航天事业高速发展的同时，大众也对宇航事业产生无限的期望。以下介绍其中两场具有代表性的科幻主题科教类展览。

“星河角落：步天歌”由星河角落、《中国国家天文》、北京时代美术馆联合打造，历时3年，在全球范围内选择天文摄影作品、天文主题艺术装置等多种表现形式的作品，带领观众开启光年之外的“暗夜之旅”。展览源于一个简单的愿望：“希望能让更多人仰望星空”。展览通过“隐藏的维度”“宇宙生态”“漂流的文明”三个角度，从极微观到极宏观展开“步天”叙事。展览聚焦天文艺术的三种关键视角，即“复杂的观测”“身体的暗夜之旅”“天文的公众化”。这些视角并非独立章节，而是作为思考工具或思维框架，贯穿每一件展品，带领观众深入探索天文艺术的奥秘。通过这种方式，展览不仅让观众仰望星空，还促使他们用新的视角理解宇宙，激发对天文科学的兴趣和热爱[7]。

“漫无边界”航天艺术展是由航天官方合作艺术团队历时4年倾力打造的一场视觉盛宴。展览拥有3000平方米的超大体验空间，设有25个精彩的沉浸式展区和30余件航天展品及艺术装置，真实还原了火星和月球的场景，为观众打造360°全方位的交互体验。观众在展场中可以感受到宇宙的壮阔和神秘，体验到航天员的冒险与激情。展览涵盖火星探索、太空电梯、星际穿越、

表 3　2023 年科幻主题科普类展览列表

序号	展览名称	策展单位	地点	时间	内容概况
1	遇见未来——中国科技馆主题展	中国科协科学技术传播中心、中国科技馆	北京市	2023 年 1 月 24 日	展览以“遇见未来”为主题，融合科技、文化、艺术和教育，探索“未来”生活的可能，邀请科学家与艺术家对话未来
2	科学梦想·创造未来	2023 中国科幻大会	北京市	2023 年 5 月 29 日至 2023 年 6 月 4 日	展览展示多件科幻展品，如星际骑行和月地驾驶等，以科幻的视角走进现实和大众的生活
3	遨游太空——中国航天科普协会官方艺术展	中国航天科普协会	成都市	2023 年 6 月 22 日至 2024 年 3 月 17 日	展览展示航空航天与宇宙科普，提供沉浸式体验和未来科技感，让观众穿上航空服探索宇宙
4	星河角落：步天歌	北京时代美术馆	北京市	2023 年 7 月 21 日至 2023 年 10 月 8 日	展览始于一个简单的愿望：“希望能让更多人仰望星空。”通过“隐藏的维度”“宇宙生态”“漂流的文明”三个角度展开从极微观到极宏观的“步天”叙事
5	“漫无边界”航天艺术展	798 艺术区艺术中心	北京市	2023 年 7 月 22 日至 2023 年 10 月 31 日	展览展示了 30 多个航天展品和艺术装置，有火星探索、太空电梯、星际穿越、月球引力、虫洞时空等主题，使观众感受到宇宙的壮阔和神秘，体验到航天员的冒险和激情
6	“宇宙微尘”航天互动艺术展	五棵松万达广场	北京市	2023 年 9 月 28 日至 2024 年 2 月 25 日	展览融合知识、互动、艺术和创新，为观众提供探索与发现的太空之旅。展览揭秘人类在太空中的探索历程，展示宇宙的奥秘并体验艺术魅力
7	登月任务——建设未来城市科学	天问艺术科技馆	北京市	2023 年 12 月 15 日至 2024 年 3 月 22 日	展览基于现代科学研究的成果，致敬文学史中的科幻想象与霍金预言，围绕人类 50 年后在月球生活的场景展开
8	“无穹”中国·航天沉浸艺术展	北京神舟航天文化创意传媒有限责任公司、天舟航天（北京）文化科技有限公司、新华网、今日美术馆	北京市	2023 年 12 月 22 日至 2024 年 5 月 5 日	“无穹”中国·航天沉浸艺术展是一个原创航天文化 IP，展览访谈了来自科学、文学、艺术、天文等不同领域的代表性人物，邀请他们对“未来”做出前瞻性畅想，将对未来的想象设计在展厅中，引发观众灵感的碰撞与思想的升华

月球引力和虫洞时空等主题，带领观众进入一个惊艳绝伦、奇妙无穷的航天世界[8]。“上九天揽月”一直是中国人的浪漫梦想，如今，这一梦想正在一步步化为现实。展览邀请观众在艺术想象和沉浸体验中感悟航天精神，延续航天梦与中国梦。

随着科技的多领域发展、科教文化政策的扶持与公众对于科幻展览的参与热情度的上升，科幻主题科教展览在2023年呈明显的上升趋势。这类展览与其他科幻类展览相比最具跨界合作的展览形式，策展团队需有严谨的科学知识，长时间的展览内容策划，打造情景化叙事空间，这类展览丰富了公众的文化生活，同时增强了大众的科学知识素养。

三、总结与展望

科幻展览作为当前文化艺术领域的重要组成部分，在满足公众对科幻文化的好奇与热爱的同时，促进科技、文化、艺术的交流碰撞。在调研中发现，随着中国科幻大会、世界科幻大会的召开，多个地区出现打造科幻场馆或设立科技馆中的科幻展厅，如成都科学馆、北京天问艺术科学馆就是全新打造的科幻场馆，由此可见科幻在文旅产业呈上升发展趋势。2023年，当代艺术馆、科技馆、美术馆对科幻展览的开设明显增多，其中展陈成本、展览效果也有着明显提高，这说明科幻产业与文化展览正呈现着正向的互动。

可以预见，2024年科幻展览的数量和质量将会继续提升。随着媒介技术的发展，品牌化的科幻展览、沉浸式科幻展览将在未来呈现强大的市场需要。未来，科幻展览的国际化程度将逐步提升，引入更多国际顶尖科幻展览到中国，同时也应使优秀的本土科幻文化走出去，与国际接轨，加强全球科幻文化的交流与合作。科幻作家韩松提道：“科幻在推动新质生产力发展方面扮演着‘启示者’‘前瞻者’‘激励者’的角色，将科幻创意转化为实际生产力的一个重要方面，是培养出更多有好奇心、想象力、创新力和扎实科学基础的一代人。”[9]科幻展览作为文化交流重要的窗口，为专业人士、科幻爱好者和广大观众提供学习、交流和分享的机会，使大家能共同探索科幻艺术的无限可能性。

参考文献

[1] 王楠. 四川省成都市：以会为“媒”，推动科幻城建设行稳致远[N]. 中国城市报，2023-11-27（006）. DOI:10.28056/n.cnki.nccsb.2023.001051.

[2] 读创. 科学、人文与艺术的碰撞！到南科大看“超元域——费俊科幻艺术展”[EB/OL].（2022-06-22）[2024-06-20]. https://baijiahao.baidu.com/s?id=1769413326216094156&wfr=spider&for=pc.

[3] 人民网. 2023 成都双年展：用开放的艺术家之眼观看世界[EB/OL].（2023-08-25）[2024-06-21]. http://sc.people.com.cn/n2/2023/0825/c379471-40544575.html.

[4] 中央美术学院艺术资讯网. 2023 北京国际设计周“未来图景”主题展，展现多元化未来场景[EB/OL].（2023-09-27）[2024-06-15]. https://www.cafa.com.cn/cn/news/details/8332244.

[5] 新闻晨报. 徐汇年度娱乐地标!《三体·引力之外》已演 400 场，你去过了吗?[EB/OL].（2024-4-28）[2024-5-10]. https://baijiahao.baidu.com/s?id=1797514708798048226&wfr=spider&for=pc.

[6] 凤凰网. 香港科学馆推出“科幻旅航”专题展览带领市民穿梭不同科幻主题[EB/OL].（2023-12-14）[2024-06-18]. https://news.ifeng.com/c/8VWBOIJjIj4.

[7] 艺术中国.《星河角落：步天歌》开幕：共赴一场宇宙的终极浪漫[EB/OL].（2023-07-22）[2024-06-20]. http://art.china.cn/txt/2023-07/22/content_42455971.htm.

[8] 搜狐网. “漫无边界”航天艺术展：格物致知，叩问苍穹[EB/OL].（2023-08-04）[2024-06-20]. https://www.sohu.com/a/708984055_99929656.

[9] 温竞华，余里. “想象力”变“生产力”科幻产业点燃未来引擎[N]. 经济参考报，2024-05-21（004）. DOI:10.28419/n.cnki.njjck.2024.001684.

作者简介：

陈娱，清华大学美术学院信息艺术设计系博士研究生，南方科技大学科学与人类想象力研究中心任首席策展人。研究方向为“设计未来”理论与方法研究、科幻策展情景叙事方法研究。

年度科幻活动综述

柏毅恒

2023年是中国科幻活动的复苏之年。随着新冠疫情的影响逐渐消退，2022年大量转为线上举办的科幻活动相继恢复线下举办，众多科幻作家、科幻产业从业者与科幻迷得以在线下重新相聚，获得更好的交流效果。依据2023年活动的主题特征，本文将活动分为五类。一是综合性科幻大会与论坛，以大型科幻推介活动与产业论坛为主；二是科幻奖项系列活动，以征文选拔、颁奖典礼、获奖者演讲以及获奖者与嘉宾的交流对谈为主；三是科幻学术论坛及沙龙活动，以高校、研究所主办的学术交流与研讨为主；四是科幻教育与培训活动，以相关机构组织的科幻讲座与创作培训为主；五是“科幻+”关联性活动，以科幻相关行业举办的活动为主。

2023年科幻活动的质量显著提升，活动类型也更加丰富多元。在综合性科幻大会与论坛方面，第81届世界科幻大会、第六届中国（成都）国际科幻大会等科幻盛会的举办进一步扩大了中国科幻的世界影响力。中国科幻研究中心2023年会、2023年中国科幻产业高峰论坛暨成果发布会则聚焦科幻产业发展，深入探讨了中国科幻产业在平台搭建、成果产出、人才建设等方面的行业布局与发展模式。

在科幻奖项方面，第十四届华语科幻星云奖、第十二届北京科幻创作创意大赛“光年奖”、第九届“晨星杯”中国原创科幻文学大赛等持续发挥着品牌效应，2022年未能线下举行的中国科幻银河奖颁奖典礼在2023年举办了两届，第33届银河奖于3月举行，第34届银河奖则与世界科幻大会同期举行。伴随着诸多科幻奖项颁奖典礼恢复线下举办，颁奖后举行的各类相关论坛和交流活动也不断增多，科幻创作、科幻产业发展等领域的专家学者得以充分交流思想与经验。

在科幻学术研究方面，第二届成渝双城科幻研究工作坊、“中国科幻未来主义：理论、创作、教学”研讨会针对当前科幻研究的理论热点，展开跨学科、多角度对话。“科幻文艺与中国式现代化”青年工作坊、“中国科幻小说翻译与国际传播”论坛则将科幻研究与时代话题相结合，探索中国科幻认识自我、走向世界的新方法。

在科幻教育与培训活动方面，中文科幻学术工坊系列讲座、四十二史科幻人文系列讲座等依托高校教育资源，持续邀请各领域的专业学者分享前沿学术观点。“我与科幻有个约会”主题科普活动、2023 全国科普日阅读空间科幻共读活动等则积极推动科幻在青少年群体当中的普及。

在“科幻 +”关联性活动方面，2023 年科普中国智库论坛暨第三十届全国科普理论研讨会、科普中国创作大会暨 2023 中国科普作家协会年会聚焦科普科幻教育，持续为中国科幻发展筑牢科学基础。

总体来看，线下模式再次成为 2023 年中国科幻活动举办的主要形式，这些线下活动提供了更加丰富立体的体验，也更好地吸引了观众与参与者。同时，科幻活动的跨界融合成为常态，有关前沿技术的主题活动大量涌现，科幻与科普两种元素结合更加紧密，“科幻 +”活动模式也渐趋成熟。2023 年科幻活动的规模不断扩大，这些活动不仅类型多元，而且推动了区域联动与人才聚集，国际性科幻大会的举办也提升了中国科幻的全球影响力。

本文在撰写过程中，受制于篇幅，仅选择 2023 年具有代表性的科幻活动进行介绍和讨论。

一、2023 年科幻活动介绍

（一）综合性科幻大会与论坛

1. 第 81 届世界科幻大会

第 81 届世界科幻大会于 2023 年 10 月 18—22 日在成都举行，这是世界科幻大会首次在中国举办，并落地“科幻之都”成都。本届世界科幻大会以

"共生纪元"为主题，除了开闭幕式和雨果奖颁奖典礼三大盛典，其间还举行了200多场主题沙龙、主题展览、"雨果之夜"湖畔派对、粉丝派对等精彩纷呈的各类活动，涵盖文学、影视、游戏、产业等多个类别。10月21日晚，2023雨果奖在第81届世界科幻大会上正式揭晓。17个奖项中，来自中国的"90后"作家海漄的《时空画师》获得"最佳短中篇小说"、插画家赵恩哲获得"最佳职业艺术家"、科幻刊物《零重力报》获得"最佳粉丝杂志"奖。此前的入围名单中，还包括了江波的《命悬一线》、鲁般的《白色悬崖》、任青的《还魂》和王侃瑜的《火星上的祝融》四部中国作家作品。

2. 第六届中国（成都）国际科幻大会

第六届中国（成都）国际科幻大会开幕式于2023年10月19日在中国成都郫都区喜来登酒店举行，本次大会的主题为"逐梦东方，蓉耀世界"。本届中国（成都）国际科幻大会共举办多场科幻专题会议，围绕"科幻与未来科学""科幻与未来城市"等主题，邀请美国科幻作家、雨果奖得主詹姆斯·帕特里克·凯利，中国科学院国家天文台研究员、中国科学院大学教授苟利军，加拿大最具影响力的科幻作家之一、成都世界科幻大会主宾罗伯特·索耶，腾讯集团副总裁、腾讯研究院院长司晓等重磅嘉宾进行演讲和对话，探讨相关科技领域的最新进展与未来思考。

3. 2023年中国科幻产业高峰论坛暨成果发布会

由中国科幻研究中心主办，中国科普研究所、中国科普作家协会支持的2023中国科幻产业高峰论坛暨成果发布会于2023年5月30日在北京首钢园召开。会议邀请了海内外来自学界、业界、媒体共近百人线下参会。中国科普研究所党委书记、所长、研究员，中国科幻研究中心主任王挺，中国科普研究所副所长、研究员王京春，文化和旅游部产业发展司二级巡视员赵建军，中国科学技术协会科普部基础设施处处长王大鹏，中国科普研究所科普创作与传播研究室主任、研究员、中国科幻研究中心执行副主任陈玲出席会议。本次会议对《2023中国科幻产业报告》作了总体解读，发布了《谁在为科幻买单——科幻产业消费市场报告》和《暗流涌动：中国科幻阅读产业观察》。主旨发言环节邀请北京大学艺术学院教授、北京大学影视戏剧研究中心主任、长江学者陈旭光，青岛东方影都产业控股集团总裁孙恒勤和京师律师事务所（全球总部）高级合伙人崔莉，聚焦“进化与分化：科幻产业发展与创新路径”主题，展开了分享与交流。圆桌对谈环节分别围绕“科幻科普游戏产业发展的新面向”“全球视野下的科幻文化传播与产业未来”两大主题展开。

4. 中国科幻研究中心 2023 年会

由中国科幻研究中心主办，中国科普作家协会承办的中国科幻研究中心 2023 年会于 2023 年 2 月 18 日在北京首钢园召开。本次会议以“汇聚众智，共话科幻新格局与新态势”为主题，中国科普研究所党委书记、所长、研究员，中国科幻研究中心主任王挺主持。本次会议公布了 2022 年中国科幻研究中心在平台搭建、成果产出、人才建设等方面取得的成果，包括《中国科幻发展年鉴 2022》《区域科幻产业发展研究》《世界科幻动态年刊 2021》三本新作及推出的“最终幻想”工程等。南方科技大学科学与人类想象力研究中心教授吴岩发布了《2022 中国科幻产业报告》。该报告由中国科幻研究中心、南方科技大学科学与人类想象力研究中心共同研制。会议还发布了中国科幻研究中心“起航学者”和“青年储备人才”名单，此次共吸纳了国内外青年科幻学者 50 人，包括高校青年教师及硕博在校生等，旨在鼓励、引导青年人研究关注科幻与科技、经济、社会、文化发展的相互作用。

5. 2023 中国科幻大会

2023 中国科幻大会以“科学梦想、创造未来”为主题，于 2023 年 5 月 29 日—6 月 4 日在北京市石景山区首钢园举办，大会首次纳入“中关村论坛”，成为国家级科技论坛平行论坛。本次大会由中国科学技术协会和北京市人民政府共同主办，立足科幻产业发展，大力推动科幻文学、科幻影视产品繁荣，围绕“首钢园”面向未来的科幻高地建设，为广大科幻迷呈现一场极具想象力和体验感的科幻盛宴，同时也为推动我国科幻产业发展迈向新的高度创造良好契机。本届大会紧扣“科学梦想，创造未来”主题，将“元宇宙”“京西科幻之城”特色融入开幕式、专题论坛、科幻展、科幻电影展、潮幻奇遇季、新品发布会、科幻之夜暨科幻“星球奖”颁奖典礼等系列活动，洞见“元宇宙”相关技术的发展未来与场景应用。同时，与往届相比，本届大会在专业交流、展览展示、内容设计等方面更加注重互动体验，以沉浸式体验方式对最新前沿科技和科学幻想元素全新呈现。

6. 首届成都·天府科幻电影展

为促进成都“世界科幻名城”“中国科幻之都”的产业发展，国内首个科幻垂类多国别电影展——首届成都·天府科幻电影展在2023成都世界科幻大会期间举办。电影展设开幕式、影视专业会议、科幻IP推介会及电影展映四大板块活动，开幕式于2023年10月19日上午举行，电影展映时间从10月19日持续至10月29日，其间举办了多场专业专题会议。本届影展除了世界科幻大会嘉宾，还通过中国（成都）国际科幻大会邀请了近百位文学、影视、游戏、文创等产业嘉宾和全国主要科幻机构代表、全国高校科幻协会代表等参会。

7. 第五届蓝星球科幻电影周

由中国科学技术协会科技传播与影视融合办公室指导，新华网和中共南京市委宣传部主办，南京市鼓楼区和知乎协办，新华网融媒体未来研究院、中国科技新闻学会元宇宙科技传播专委会、南京市鼓楼区融媒体中心联合承办的第五届蓝星球科幻电影周系列活动于2023年11月17—26日在南京顺利举行。本届蓝星球科幻电影周以“生成未来”为主题，聚焦科幻影像在新技术背景下的探索与迭代，发掘科幻的未来新生力量，重新认知科幻的时代价值与未来可能，打开未来叙事与美学的新维度。本届蓝星球科幻电影周共征集到来自美国、西班牙、法国、德国、荷兰、瑞典、挪威等20多个国家和地区的245部科幻影片，规模盛大、种类繁多，展现了蓝星球科幻电影周立足本土、面向世界的未来意识。

（二）科幻奖项系列活动①

1. 第九届全国中学生科普科幻作文大赛

第九届全国中学生科普科幻作文大赛由中国科普作家协会主办，清大紫育（北京）教育科技股份有限公司承办。全国中学生科普科幻作文大赛是教育部公布的2022—2025学年面向中小学生的全国性竞赛活动之一。截至2023年，大赛已成功举办九届，参赛学生累计超500万名。大赛旨在激发中学生对

① 2023年主要科幻奖项及获奖名单统计详见“下篇·资料部分”。

科学和文学创作的双重兴趣、引导中学生追求和探索科学的奥秘、培养中学生科技创新精神和创新能力，搭建展现新时代中学生的科学素养、想象力、创造力与写作能力的平台，实现文学与科学的融合，繁荣科普科幻创作事业。大赛共设置科普、科幻两个创作方向，分初赛、决赛两个环节。其中，初赛通过网络线上提交作品，决赛为现场写作。2023 年 5 月 21 日，第九届全国中学生科普科幻作文大赛在全国 11 座赛区城市同期开赛，上万名考生汇聚现场，展开了激烈的角逐。专家评审委员会由学科（行业）内的权威知名专家学者和科普科幻领域内高水平的科普作家、科幻作家、理论家、评论家、编辑家、翻译家、组织工作者以及重点高中的学科带头人、一线教育工作者担任。每份试卷由三位老师评阅，最终遴选出全国一、二、三等奖。

2. 第九届“朝菌杯”重庆地区高校联合科幻征文大赛

第九届“朝菌杯”重庆地区高校联合科幻征文大赛由重庆大学团委联合重庆市科普作家协会、重庆大学博雅学院主办，重庆大学科幻协会、西南大学科幻协会、重庆邮电大学科幻协会（三校组成“山城科幻联盟”）承办。“朝菌杯”重庆地区高校联合科幻征文大赛迄今已举办八届。大赛聘请国内著名科幻期刊编辑、科幻评论家及知名科幻作家作为终审评委，充分地保证了获奖作品的质量。每届征文大赛投稿逾一百万字，作品百余件。从仅由重庆大学科幻协会举办，到重庆大学、西南大学、重庆邮电大学三大科幻协会合办，再到三校组成山城科幻联盟，“朝菌杯”作为联盟重点项目，在全国科幻领域的影响力愈加增大，全国各大高校的学子踊跃参加，现已跻身全国高校科幻征文前列。2023 年 7 月 8 日，第九届“朝菌杯”重庆地区高校联合科幻征文大赛颁奖典礼如期举行。该大赛设置科幻微电影剧本组、中短篇科幻小说组和“一句话科幻”组。其中朱蕊的《面具》获科幻微电影剧本组一等奖，况俊未的《献给一朵玫瑰花的艾米莉》获中短篇科幻小说组一等奖。颁奖环节结束后，嘉宾、获奖作者与现场观众集体参与了圆桌沙龙，围绕科幻写作与获奖作品自由讨论、交流经验。

3. 2023 年度“科普中国青年之星创作大赛”

为进一步贯彻落实《全民科学素质行动规划纲要（2021—2035 年）》，中国科普作家协会在全国范围内组织实施“2023 科普中国青年之星创作大赛”，面向青年科技工作者，开展原创科普作品征集和创作培训活动，扶持青年科普创作人才成长。征集作品类型包括科普图文和科普（短）视频两大类，科普图文作品包括科学故事、科学随笔、科学小品文、科普漫画、科普图片（绘画、挂图、海报等）等，要求主题鲜明，具有科学性、思想性、可读性。大赛自启动以来吸引了各有关单位和众多科普创作者的积极参与，共收到投稿作品1300余件，包括短视频、文章、图片等不同类型，主题涵盖基础科学、能源科技、天文地理、医药健康、生态环境等各领域。大赛组织相关领域的科技专家、科普作家和资深编辑等，经过初评、复评、终评环节，共评出64件获奖作品。

4. 第三届贺财霖科幻文学奖征文大赛

第三届贺财霖科幻文学奖征文大赛由宁波市文学艺术界联合会、宁波市科学技术协会主办，宁波市作家协会、《文学港》杂志社承办。该大赛自2023年3月27日启动，于2023年11月公布终评获奖名单，共计有效备选稿件573篇，其中，外地作者作品556篇，宁波本地作者作品17篇。本次征文设置金奖、银奖、铜奖及“宁波科幻五佳”作品奖。其中，王文的《恒星、尘埃与风笛手》获金奖，修新羽的《我们的道路》、瓦里希的《独与老翁别》、阿明仔的《外星人与牧羊小孩》获银奖。

5. 第33届中国科幻银河奖

第33届中国科幻银河奖颁奖典礼于2023年3月25日在四川省雅安市荥经县举行，四川省科学技术协会党组书记、副主席毛大付出席典礼并致辞。本次典礼由四川省科学技术协会指导，四川科幻世界杂志社有限公司、荥经县人民政府主办。第33届银河奖共设16项奖项，实际颁出15个奖项。其中“最佳长篇小说奖”空缺，鲁般的《新贵》与东方晓灿的《末日独白》获得“最佳中篇小说奖”，王诺诺的《图灵大排档》、夏笳的《灵隐寺僧》、贾煜的《龙门阵》、阿缺的《2039：脑机时代》和谢云宁的《一生都在吹泡泡的人》获得“最佳短篇小说奖”，任青被评选为“年度最佳新人”。

6. 第34届中国科幻银河奖

第34届中国科幻银河奖颁奖典礼于2023年10月19日在四川省成都市郫都区举行，最佳中篇小说奖由张潇的《和故事有关的故事》、分形橙子的

《笛卡尔之妖》和杨晚晴的《塔》获得，最佳短篇小说奖颁给了杨健的《鄢红》《白头雀》和孔欣伟（加拿大）的《看不见的云》、任青的《弃日无痕》、江波的《命悬一线》，最佳新人奖由四川女作家贾煜获得，她还同时获得最佳少儿科幻短篇奖。韩国女作家金草叶获得最受欢迎外国作家奖。本届银河奖首设“中国科幻国际传播奖”，并将该奖颁发给了弗朗西斯科·沃尔索，以表彰并感谢他为中国科幻的国际传播做出的贡献。与此同时，“中国（成都）国际科幻大会·中国科幻国际交流功勋勋章”也在典礼上颁出。

7. 第十四届华语科幻星云奖

第十四届华语科幻星云奖由成都时光幻象文化传播有限责任公司和海南壹天视界科幻文化传媒有限公司主承办，广汉市人民政府为支持单位，国窖1573为首席战略合作伙伴，于2023年5月13日在四川广汉揭晓。300余名科幻作家以及出版界、教育界、文旅界、影视界、动漫界、相关行业协会组织人士等出席活动。本届星云奖设年度长篇小说、年度中篇小说、年度短篇小说、年度非虚构作品、年度评论、年度翻译作品、年度新星等奖项。各奖项由科幻界著名学者、科幻作家、科幻爱好者代表组成的荐选委员会提名、初选与复选，最后经专家评审委员会审定评出。其中，天瑞说符的《我们生活在南京》获长篇小说金奖，昼温的《解控人生的少女》获中篇小说金奖，迟卉的《不做梦的群星》获短篇小说金奖，天瑞说符获年度新星金奖，金草叶著、春喜译的《如果我们无法以光速前行》获翻译作品金奖。本届华语科幻星云奖还同期举办了“2023科幻高峰论坛”。其中，在“探索多元一体的历史科幻”星云圆桌会议、“新星塑造中国式科幻新格局”星云圆桌会议环节，多位历史科幻代表作家、中国科幻青年作家聚焦科幻与人工智能、科幻与哲学、历史科幻、新时代中国式科幻等话题展开交流。

8. 首届百万钓鱼城科幻大奖

由重庆移通学院主办、钓鱼城科幻学院承办的百万钓鱼城科幻大奖颁奖典礼于2023年6月10日在重庆移通学院举行，共揭晓五大单元35个奖项。数百位来自科幻领域的知名作家、译者、学者、文学出版与文化传播领域从业者出席了此次活动。百万钓鱼城科幻大奖是颁发给海内外科幻写作、科幻翻译、科幻出版、科幻教育、科幻风尚（传媒和艺术）五大领域杰出工作者的新风尚、综合性、跨行业、高奖金的公益科幻大奖。在传统小说创作大奖的基础上，本届评选首次提出了“科幻教育”“科幻传播”“科幻风尚”等新型奖项，以期推动科幻成为一种教育思维、传播媒介、生活风尚。在此基础上，本届评选亦加大了对“科幻翻译”“科幻教育”等领域的支持，旗帜鲜明地倡导科幻的整体性、生活感和未来观。著名科普科幻作家、科幻活动家董仁威获得中国科幻推动奖，著名科幻学者、科幻作家吴岩获得科幻教育家成就奖。此外，刘慈欣获得科幻大师成就奖，韩松获得科幻学院奖，丁丁虫获得科幻翻译家成就奖，严曦、陆秋槎、顾适和天瑞说符分别获得最佳长、中、短篇奖和新星奖，宝树获得最佳翻译奖，李广益获得最佳教师奖，詹玲获得最佳教学奖等。

9. 第五届“星火杯”全国高校科幻联合征文大赛

由博峰文化提供赞助支持，八光分文化提供指导支持，高校科幻平台、四川大学科幻协会、武汉大学科幻协会主办，联合全国众多高校科幻社团举办的第五届“星火杯”全国高校科幻联合征文大赛于2023年3月1日正式启动。为鼓励高校学子中的长篇科幻创作者，赞助方博峰文化与大赛组委会于赛中商定增设“博峰·长篇科幻小说奖”，并由博峰文化独立评选。短篇赛道和超短篇赛道初审评委由来自全国的42位高校科幻、文学等社团负责人组成，复审评委由26位优秀青年科幻作者组成，终审评委由20位行业知名青年作家、专家组成。在2023年9月1日公布的获奖名单中，短篇小说一等奖与“博峰·长篇科幻小说奖”一等奖空缺，南通大学杨婧玥的《青梅》获超短篇小说一等奖。

10. 第六届冷湖科幻文学奖

第六届冷湖科幻文学奖由冷湖火星小镇联手北京行知探索文化发展集团和八光分文化共同打造。第六届冷湖科幻征文共计收到1042篇稿件，总字数超2300万字。2023年7月28日，第六届冷湖科幻征文颁奖典礼在青海省茫崖市冷湖火星营地举办。苏伐的《点亮火星》获中篇小说一等奖，刘艳增的《河鱼天雁》、靓灵的《盐桥》获中篇小说二等奖。短篇小说一等奖由墨熊的《为什么是企鹅》获得，二等奖由陈小手的《俄博梁纪元》、毛植平的《冷湖：回溯曲》获得，罗隆翔的《火星湖边不太冷》、张佳风的《冷湖奇缘》、修新羽的《冷湖所有的鸟》获三等奖。经过六届的努力，冷湖科幻文学奖在权威性、专业性和受欢迎度方面成长迅速。截至第六届，冷湖科幻征文已收获超9000万字来稿，结集出版的多部获奖作品合集深受科幻读者喜爱。多篇获奖作品已完成或正进入IP开发流程，为影视、有声电影、剧本杀等“科幻+”产业注入新的冷湖活力。

11. 第十二届北京科幻创作创意大赛“光年奖”

第十二届北京科幻创作创意大赛“光年奖”于2023年8月17日在北京科学中心正式启动。本届光年奖由北京市科学技术协会主办，北京科学中心、北京科普发展与研究中心、北京科学技术普及创作协会承办，中国科学技术出版社有限公司、北京元宇科幻未来技术研究院、未来事务管理局、高校科幻平台、全国少儿科幻联盟协办。本次比赛旨在培养全国新生代科幻实力，激发广大群众对科幻创作的热情，营造科幻创作的良好氛围，助力中国科幻发展。本届“光年奖”由来自科幻创作、科幻研究、科幻评论、科幻教育等领域的30余位科幻专家组成评审委员会，致力于发掘新人新作。秉持扶持科幻创作新生代的宗旨和原则，第十二届北京科幻创作创意大赛“光年奖”以未出版的原创科幻作品为主要征集对象，设置中长篇小说奖、短篇小说奖、微小说奖、科学童话奖，每个奖项设置一等奖1名，二等奖3名，三等奖5名。《沧海一歌》等作品获得科幻中长篇小说奖，《奥林匹斯之星》等作品获得科幻短篇小说奖，《多模态回响》等作品获得科幻微小说奖，《玻璃雨》等作品获得科学童话奖。同时，为激励广大青少年科幻创作，本届“光年奖”特设青少年科幻征文板块，并鼓励单位、个人设置专项奖，如最佳创意奖、年度青少年作品奖等。

12. 第三届读客科幻文学奖

第三届读客科幻文学奖由上海市新闻出版局指导，读客文化有限公司主办。本届读客科幻文学奖的评委阵容包括复审评委陈楸帆、程婧波、江波、姜振宇、骑桶人、徐磊、杨磊和张冉，终审评委戴锦华、韩松、江晓原、吴岩、严锋等。2023年8月19日，第三届读客科幻文学奖颁奖典礼在上海书展上举行。历经三个月的激烈角逐、各展所长，共产生34名获奖者。其中，齐然的《拉普拉斯的回旋》、菊储的《假如情感能贩卖》、么瑶的《退回童年》获金奖。本届读客科幻文学奖特别设置了“知乎脑洞创意奖”，获奖作品《2058年的代沟》得到了现场评委嘉宾们的一致高度赞扬，知乎和盐言故事会员原创阅读负责人段明月在现场为选手颁发此奖项。

13. 第九届“晨星杯”中国原创科幻文学大赛

第九届“晨星杯”中国原创科幻文学大赛由深圳市南山区科学技术协会和科学与幻想成长基金联合主办，深圳市以太科幻创意发展中心、深圳市创意航线文化发展有限公司承办，深圳书城南山城实业有限公司协办。本届“晨星杯”的主题是“在 AI 来临时代的‘涌现’”，以呼应当下最热门的人工智能发展趋势。2023 年 12 月 23 日，本届“晨星杯”颁奖典礼在深圳南山书城举行。获得本届大赛最佳短篇科幻小说奖的是大 Ben 钟的《风中呢喃》，获得最佳中篇科幻小说奖的是水手谷人的《梦想的最远点》，获得最佳长篇科幻小说奖的是犬儒小姐的《星愿》，长篇科幻作品创作资助奖的唯一获得者是阿波的《侥幸者》。

14. 第三届“鲲鹏”青少年科幻文学奖

2024 年 1 月 27 日下午，第三届“鲲鹏”青少年科幻文学奖颁奖典礼暨第四届启动仪式在深圳福田举行，现场公布了第三届“鲲鹏”一、二、三等奖获奖名单，颁发奖杯、证书，同时启动了第四届“鲲鹏”青少年科幻文学奖评选活动。第三届“鲲鹏”青少年科幻文学奖自 2023 年 3 月 26 日启动，截至 2023 年 10 月 8 日，共收到全国各地来稿 26000 多篇，不少学校是经过校内初赛后选送优秀作品再投稿参赛。经过公平公正、严格规范的初评、复评、终评，产生了 18 个大奖，585 个入围奖。其中，王刚的《蓝色眼睛》等 10 部作品获得中长篇小说奖，李奕诺的《陈日》等 8 部作品获得短篇小说奖。

（三）科幻学术论坛及沙龙活动

1. 第二届成渝双城科幻研究工作坊

2023 年 10 月 14—15 日，由四川大学文学与新闻学院联合重庆大学人文社会科学高等研究院主办的“第二届成渝双城科幻研究工作坊”顺利举行。本次会议以“此时此地的未来、想象与人类”为主题，与会学者将围绕“不同的现代化逻辑、文化与科幻”“赛博朋克美学与城市形象”“作为方法、路径或语料的科幻”“当下和未来文化中的科幻符号”“在网络与太空中的田野：正在生成的人类（学）”等具体议题展开分享、交流与对话。

2.“中国科幻未来主义：理论、创作、教学”研讨会

由深圳市南山区委宣传部、深圳市南山区文学艺术界联合会、南方科技大学人文社会科学学院、重庆大学人文社会科学高等研究院、深圳市南山区作家协会联合主办的“中国科幻未来主义：理论、创作、教学研讨会”于2023年11月4—5日在南方科技大学社会科学学院召开。来自北京、上海、成都、重庆、深圳等地的科幻研究学者与作家们齐聚深圳，围绕“中国科幻未来主义”这一核心主题，从中国科幻未来主义的时代特征与类型划分、相关科幻文本的分析和相关理论的辨析等角度，进行了深入而激烈的交流。

3.“人工智能时代下的文学创作与文学批评”同济青年人文论坛

由同济大学中文系主办的同济青年人文论坛第八期“人工智能时代下的文学创作与文学批评”于2023年6月24日在同济大学逸夫楼举行，来自清华大学、复旦大学、同济大学、华东师范大学、中国人民大学、上海大学、浙江师范大学、诺丁汉大学等高校及相关研究机构的29名专家学者就人工智能时代下的文学活动等相关问题进行深入研讨。与会学者结合理论与实践，从人工智能时代下的新诗、悬疑小说、科幻小说、电子游戏叙事、歌手、创意写作、编辑组稿、翻译、读者接受、文学批评等文本生产机制层面研讨交流，对人工智能语言模型、科技伦理、数字人文叙事表达、将棋AI、文本再语境化、德雷福斯人工智能“炼金术”等新热点话题展开激烈探讨，集中展现当代人文学科对人工智能时代的新思考、新理念、新实践。

4.“当代科幻文学新探索”高端学术论坛

由中国比较文学学会、深圳大学共同主办，深圳大学人文学院、深圳大学社科部、深圳大学人文学院数字人文研究中心、深圳大学人文学院身体美学研究所、深圳大学比较文学与比较文化研究所联合承办，Neohelicon编辑部协办的“未来城市、智能文明与人类命运共同体——当代科幻文学新探索”高端学术论坛于2023年6月23—25日在深圳举行。本次学术论坛聚焦“未来城市、智能文明与人类命运共同体”，致力于认识科幻带给城市发展的新机遇与新挑战，洞察文明新形态，理解科技新观念，警惕全球生态与气候变化，拥抱人类

命运共同体观念，以历史的、全球的与全人类的视角审视科技人文新发展，全面探索科幻的文学价值与现实意义。

5.“中国科幻小说翻译与国际传播”论坛

复旦大学“中国科幻小说翻译与国际传播论坛”于2023年7月4日在复旦大学马锦明楼201会议室顺利召开。本次论坛由复旦大学多语种翻译与国际传播研究中心主办，上海市科技翻译学会、复旦大学外国语言文学学院指导，分上下半场进行，复旦大学外国语言文学学院博士研究生李雯露、韩天雪担任主持。本次论坛是复旦大学多语种翻译与国际传播研究中心成立以来主办的首场活动，旨在跨越语言与文化传播壁垒，分享不同语言背景下科幻作品的翻译经验与传播策略，是构建翻译与传播学术共同体的坚实一步。

6.首届中国“网络科幻”高端论坛

由中国作家协会网络文学中心、江苏省作家协会指导，江苏省网络作家协会、南京市文学艺术界联合会、南京出版传媒集团、中国科普作家协会科幻专业专委会主办的首届中国“网络科幻”高端论坛于2023年3月29日在南京牛首山风景区成功举办。跳舞、宝树、会说话的肘子、墨熊、黑山老鬼、E伯爵、天瑞说符、张永禄、夏烈、李广益、姜振宇、何平、邵岭、刘志权、鲍远福、刘阳扬等全国知名网络文学作家、科幻作家和批评家应邀来到现场，围绕网络科幻的发展与前景、“科幻+玄幻”的结构性探讨、纸媒科幻和网络科幻的互动等议题进行了深入讨论。

7.“科幻文艺与中国式现代化”青年工作坊

由中国文艺评论（首都师范大学）基地、首都师范大学艺术与美育研究院等单位主办的“科幻文艺与中国式现代化”青年工作坊于2023年5月7日在首都师范大学顺利召开。本次工作坊以“科幻文艺与中国式现代化”为主题，由中国文艺评论（首都师范大学）基地主任王德胜教授策划并致辞，由基地常务副主任胡疆锋教授主持，四位学者和四位与谈专家分别发言，来自首都师范大学、北京师范大学、中国社会科学院的五十余位师生参与，《光明日报》《文艺报》《中国艺术报》等多家媒体参加。工作坊先后围绕中国科幻文艺的想象力与现实、中国科幻文学新浪潮、中国科幻影视的本土化探索、人工智能崛起背景下的劳动者困境等论题展开研讨。

8. 第一届机器人人文学术研讨会

由广东外语外贸大学外国文学文化研究院主办的第一届机器人人文学术研讨会于2023年12月3日在线上顺利召开。广东外语外贸大学副校长何传添教授致开幕辞。来自清华大学、中国人民大学、中山大学、武汉大学、上海社会科学院、广东外语外贸大学等全国各地高校和科研机构的16位学者发言或与谈。“机器人人文”逐渐成为多学科交叉的科技人文新领域，而机器人作为科幻研究的重要母题，其丰富的人文价值与广阔的学科延展性正获得越来越多学者的认可。首届“机器人人文”学术研讨会为机器人跨学科讨论搭建了活跃的学术舞台，今后的系列会议将继续为该领域信息交流与思想碰撞提供平台。

（四）科幻教育与培训活动

1. “2023科普中国青年之星创作大赛”线下培训

为进一步贯彻落实《全民科学素质行动规划纲要（2021—2035年）》，加强科普供给侧改革，提升优质科普内容资源创作和传播能力，重点扶持青年科普创作人才成长，在中国科学技术协会科普部的指导下，中国科普作家协会在全国范围内组织实施“科普中国青年之星创作大赛”活动。“2023科普中国青年之星创作大赛”共五期，由中国科学技术协会科普部指导，中国科普作家协会、科普中国发展服务中心主办，中国气象局影视中心、气象科学科普工作室、上海市科普作家协会、《科学故事会》期刊编辑部、哔哩哔哩、上海元钥文化传媒有限公司等多家单位承办，培训主题包括“新时代新科技与科普创作”“探索科普创作新路径、传递科学正能量”“科普作者如何提升故事素养”等。

2. 2023全国科普日阅读空间科幻共读活动

“2023全国科普日阅读空间科幻共读活动”由北京市科学技术协会主办，北京科学中心、中国科学技术出版社有限公司、北京元宇科幻未来技术研究院承办，中国科普作家协会科幻创作研究基地、北京书香文雅图书文化有限公司、全国少儿科幻联盟协办。2023年9月16—24日，全国科普日阅读空间科幻共读活动在首钢园11号馆科普科幻阅读空间举行。北京大学文学博士、中国科学技术出版社与清华大学联合培养博士后、中国石油大学（北京）讲师彭超，中国科普作家协会科幻电影专业委员会副主任委员、北京科普作家协会科幻专业委员会委员、国内多项科幻与影视类赛事评委严蓬，少儿科幻作家、编剧、诗人超侠，著名科幻作家、科幻研究者徐彦利等科普科幻创作者、研究者、评论者带领现场观众一同开启了4场科幻的共读之旅。活动主题分别为“《中国太阳》中的科学知识与人文情怀”“《生命之歌》——科幻文学对现代科技的极致反思”“《超侠小特工》创作趣事”“科幻小说《天才的非正常生活》创作分享”。

3. 第五届全国青少年科普科幻教育大会

第五届全国青少年科普科幻教育大会于2023年10月12日在深圳明德实验学校（集团）香蜜校区隆重召开。本次会议主题为“‘双减’背景下，如何做好青少年科普科幻教育‘加法’”，旨在服务国家战略，以科普科幻教育为抓手推进素质教育，培养具有科学家潜质、愿意投身科学研究事业的青少年群体。本次活动由中国科普作家协会、深圳市福田区教育局主办，深圳市福田区教育科学研究院、深圳明德实验学校（集团）承办，中国科普作家协会中小学生科普科幻人才培养工作委员会、《科学故事会》、《科普时报》、南方科技大学科学与人类想象力研究中心协办。大会围绕“以学为术，促进科普科幻教育走深”“以课为宗，推动科普科幻教育走远”等多个重要议题展开深入探讨。

4. “我与科幻有个约会”主题科普活动

“我与科幻有个约会”由四川省科学技术协会、四川省作家协会主办，成都市科学技术协会、四川科幻世界杂志社有限公司、四川省科教创客研究会、四川省科幻学会承办。该活动走进天全县第一初级中学、西川汇锦都学校、资阳三贤九义校和内江市东兴区实验小学等学校，中国科幻更新代代表作家、银河奖金奖得主、华语科幻星云奖得主谢云宁，科幻世界想象力课程编辑、四川省网络作家协会会员泽泽等为同学们带来“外星人长啥样？”“科幻的魅力”“如何以科幻思维展开思考”等主题讲座。

5. 中文科幻学术工坊系列讲座

中文科幻学术工坊致力于为使用中文或以中文作品为研究对象的科幻学者（特别是青年学者）提供交流平台，推动科幻学术研究的交流和讨论，为促进中国科幻的繁荣发展贡献学术力量。2023年，中文科幻学术工坊持续举办了大量学术讲座与圆桌对谈，邀请来自山东大学、南方科技大学、上海大学、武汉大学等高校的著名学者，围绕“科幻与女性：女性科幻视野下的赛博伦理”“科幻教育的经验与建设”“外星人与第三世界”“多重视野下的中国少儿科幻文学”等主题展开交流讨论。

6. 四十二史科幻人文系列讲座

四十二史科幻人文系列讲座由重庆大学出版社、重庆大学人文社会科学高等研究院联合主办。2023年4月27日，四十二史科幻人文系列讲座第二期正式启动，全年共举办六场，邀请斯坦福大学、南方科技大学、中山大学等高校的多名学者主讲，主题有“聚焦《云身》：数智时代的人类命运抉择——选择与被选择”“中国科幻研究的三重世界视野”“后人类与数字时代的中国位置”“审视类人：人之彼岸的愿景与陷阱”“故事世界的兴起：全球经验与中国实践”“科技民族志的实践：设施、标准与争议”。2023年的讲座延续了2022年系列讲座第一期的跨学科视野，继续以科技视角切入人文议题，讲座所涉主题涵盖后人类、数智伦理、科技民族志等前沿研究领域，为广大师生提供了富有新意的学术研究视野与方法。

7. “科普中国智库专题活动·中国科幻讲坛”

由中国科普研究所、中国科普作家协会指导，中国科幻研究中心主办的“科普中国智库专题活动·中国科幻讲坛”在2023年内举行了多期，话题围绕“中国科幻文旅产业发展新态势——技术赋能IP开发与多元运营模式”“本土科幻桌游如何破局——剧本杀作为新载体”“务‘实’与务‘虚’——探索技术与想象的边界”“中国科幻电影创作的来路与去处——文学赋能、产业路径与人类想象”等展开。讲坛活动从科幻文旅、科幻影视、科幻游戏等多个产业发展视角展开讨论，邀请各领域的顶尖学者与青年人才进行交流。力图通过深度研究和探讨，探索中国科幻产业高质量发展的新技术思路。

（五）“科幻+”关联性活动

1. “生态危机中的推测性文学与视觉叙事”国际会议

由《比较文学与世界文学评论》（*Neohelicon*）、《文艺理论研究》、《CLCWeb:

比较文学与文化》(*CLCWeb: Comparative Literature and Culture*)共同主办，深圳大学外国语学院承办，杭州师范大学外国语学院协办的“Neohelicon创刊五十周年：生态危机中的推测性文学与视觉叙事——异托邦、气候小说、科幻小说中的气候与社会”国际会议于2023年11月18—20日在深圳举行。本次国际会议采取线上线下相结合+在线直播的方式，共设15个主旨演讲，10场分论坛讨论，近百位专家、教授、青年学者到场参会。

2. 2023年科普中国智库论坛暨第三十届全国科普理论研讨会

由中国科普研究所、广东省科学技术协会、中国科学院广州分院主办，广州市科学技术协会、广东科技报社、广东粤科普集团承办的2023年科普中国智库论坛暨第三十届全国科普理论研讨会于2023年12月6日在广州举办。本届论坛以“加强国家科普能力建设，实施科学素质提升行动”为主题。与会院士专家结合自身领域，围绕实现高水平科技自立自强、科学教育、科普赋能中国式现代化实践等主题探讨加强国家科普能力建设的理论与实践路径。论坛上发布了《国家科普能力发展报告(2023)》《中国科学教育发展报告(2023)》等5项科普中国智库2023年度重要智库成果，同时举办了“科普中国智库粤港澳大湾区研究中心”揭牌仪式。

3. 科普中国创作大会暨2023中国科普作家协会年会

科普中国创作大会暨2023中国科普作家协会年会由中国科普作家协会、湖南省科学技术协会主办，中南大学湘雅二医院、湖南省科普作家协会、湖南科学技术出版社承办。2023年10月26日，科普中国创作大会暨2023中国科普作家协会年会在长沙开幕。大会主题为“以高质量科普助推高水平科技自立自强”，来自全国各地科普作家协会、高等院校、科研院所、教育机构、出版单位的专家学者、作家代表等近500人参会。本次大会共设6个专题论坛，内容涵盖科普资源助力教育“双减”、科普创作与传播、科普人才培养、科普节目制作、生态环境科普交流、应急科普等方向。借助讲座、圆桌、对话等形式，专家学者展开热烈交流与深入研讨，从理论、方法、实践等方面进一步推动科普中国建设。

二、2023 年科幻活动总结

2023 年中国科幻活动的发展呈现出多样化、规模化、国际化等特点，展现出强劲的发展势头，具体特征如下。

（一）线下模式再次成为科幻活动举办的主要形式

2023 年，随着疫情形势的逐渐稳定，线下科幻活动再次成为主流。这一变化可以从以下几个方面进行分析。

首先，线下活动的安全性得到了保障。随着疫情对公共活动的影响逐渐减弱，线下活动的安全性得到了提升，这使得主办方和参与者对于线下活动的信心逐渐恢复。参与线下活动的人数受到防控措施影响的程度逐渐变小，活动举办的规模因此不断扩大。

其次，线下活动能够提供更加丰富和立体的体验。相比于线上活动，线下活动能够提供更加真实和沉浸式的体验。参与者可以面对面交流，感受现场的氛围，这对于科幻活动来说尤为重要。例如第 81 届世界科幻大会配套的各类科幻展览，就给观众带来了亲身体验与视觉盛宴。

最后，线下活动能够更好地吸引观众和参与者。线下活动所提供的互动和体验环节有助于吸引更多的观众和参与者。此外，线下活动也能够更好地利用场地和设备。对各行各业的科幻迷来说，2023 年的各类科幻大会能够充分增进交流；对于研究者来说，学术讲座与研讨会能够更高效地促进学术研讨与争鸣。

总的来说，2023 年线下科幻活动再次成为主流，这既是对疫情形势逐渐稳定的回应，也是对科幻活动特点和需求的体现。线下活动为科幻产业的从业者、学者和爱好者提供了一个面对面交流的平台，有助于促进科幻产业的交流和发展。同时，线下活动也能够更好地吸引投资和赞助，为科幻产业的发展提供更多的支持和资源。

（二）科幻活动跨界融合成为常态

2023年科幻活动不再局限于单一类型、单一内容，而是积极开展跨界融合，打造“科幻+”活动模式。2023年的科幻活动体现出科幻文学与影视、游戏等展开的多产业联合，其细分领域之间也进行了充分的联动与交互，科幻活动与新兴前沿产业的联系越发紧密，例如科幻文学创作与人工智能的融合，科幻与科普的联动，等等。同时，在跨界科幻活动的举办过程中，也存在由于学科、专业不同而导致的冲突问题。

其一，更多人工智能相关的主题活动涌现。随着2023年人工智能技术的快速发展和应用领域的不断拓展，越来越多的主题活动和讨论聚焦于这一领域。人工智能作为一项重要的前沿技术，对社会、经济、伦理等方面都产生了深远的影响，也是科幻小说和科幻电影的经典主题。无论是科幻奖项类活动、科幻教育与培训活动，还是科幻学术论坛及沙龙活动、综合性科幻大会与论坛，均将人工智能相关话题作为重要的讨论内容。科幻作家在各类活动上讨论人工智能写作对传统写作的影响、人工智能时代下的文学创作等问题，研究者则深入研讨科幻作品中的人工智能形象、人工智能与文明发展的关系等问题。

其二，科幻与科普的紧密联合。科幻与科普结合的活动通过将科幻故事与科学知识相结合，使科普内容更具吸引力和趣味性，有助于普及科学知识，提高公众的科学素养，激发人们对科学的热爱。“我与科幻有个约会”主题科普活动、2023全国科普日阅读空间科幻共读活动邀请众多优秀科幻作家，为中小学生带来生动的科学知识与科幻故事。科普中国智库专题活动·中国科幻讲坛则从人们关心的科学问题出发，将时下人们的科普话题与科幻想象相结合。活动主办方也不再拘泥于传统的科幻机构，而是由各类科学技术协会、作家协会、研究院等共同组成。由此可见，科幻元素在科技创新、科学教育、科普赋能的实践中发挥了重要作用。

其三，“科幻+”活动模式渐趋成熟。近年来，科幻文学、影视、教育、科普、文旅等多个领域不断探索融合发展模式，使得科幻活动更加多元丰富，吸引了更多不同背景的参与者。冷湖科幻文学奖继续推动“科幻+文旅”的发展模式，进一步推动冷湖当地文旅产业发展。第五届蓝星球科幻电影周、首届成都·天府科幻电影展积极发展“科幻+影视”发展模式，推动中国科幻电影影响力不断增强。各类科幻大会在专业交流、展览展示、内容设计等方面更加强调互动体验，以沉浸式体验方式呈现前沿科技和科幻元素。2023年政府相关单位也对科幻产业的发展给予了高度重视，并出台了一系列政策和措施来推动科幻活动的举办。政策的支持和推动为“科幻+”活动的举办提供了资源保障和政策支持，也推动了各类科幻活动的举办。2023年各类科幻大会、科幻论坛借助相关政策优势，积极发展“科幻+”模式，在传统科幻项目的基础上大力拓展产业视野，不断推动科幻“破圈”。

其四，科幻活动跨界对话存在交流壁垒与冲突。尽管2023年科幻活动的跨界融合程度不断提升，越来越多不同学科、不同专业、不同文化背景的相关人士参与到科幻活动当中，但在活动举办过程中，仍存在交流上的壁垒与冲突。从参与人员组成上看，众多科幻交流活动都会邀请来自科幻创作、科幻研究、科幻产业等多领域从业者展开对谈交流。这些活动一方面推动了跨学科交流，另一方面则由于不同领域的从业者缺乏相互了解，容易各说各话。这一问题同样也存在于跨国交流活动当中，由于历史文化背景不同，国际性科幻大会举办过程中存在交流与理解上的困难，从而导致沟通上的误解与低效。

（三）科幻活动规模不断扩大

2023年科幻活动规模较2022年有明显扩大，活动的数量、质量和影响力都有显著提升，但也存在活动类型、举办方式同质化的问题，具体表现如下。

其一，科幻活动类型丰富多元。2023年的科幻活动涵盖了从中小学科普科幻作文大赛到高校联合征文大赛，再到全国性的科幻文学奖、电影展、科幻高峰论坛等多种类型。这些活动针对不同年龄段和不同层次的参与者，覆盖面广，内容丰富，参与人数众多。各类科幻大会都不再拘泥于传统的颁奖典礼和作家论坛，而是创设出科幻展览、电影展播、艺术表演等丰富多彩的形式，打破了单一活动的局限。

其二，科幻活动推动区域联动与人才聚集。2023年各类科幻大会吸引了来自世界各地的科幻作家、从业者与科幻迷，充分凝聚各行各业的科幻发展力量。在学术研究方面，第二届成渝双城科幻研究工作坊、“中国科幻未来主义：理论、创作、教学”研讨会等聚集了国内外高校的著名学者，进一步实现科幻学术研究的区域联动与跨学科面向。中国科幻研究中心等机构则通过举办产业年会，大力推动科幻研究型人才的聚集，吸纳“起航学者”与“青年储备人才”参会，共同推进科幻研究发展。

其三，国际性科幻大会不断增多。2023 年是中国科幻走向世界的一年，最重要的科幻活动莫过于在中国举办的第 81 届世界科幻大会。世界科幻大会是科幻界的全球性盛会，每年吸引来自世界各地的科幻作家、学者、读者和爱好者参加。中国举办世界科幻大会，能够使中国科幻作品和科幻文化在国际舞台上得到更广泛的展示和认可，从而提升中国科幻的国际影响力。同时，2023 年还举办了第六届中国（成都）国际科幻大会、“生态危机中的推测性文学与视觉叙事”国际会议等活动，同样推动了全球科幻领域专家与学者之间进行深入交流，有利于分享经验，探讨科幻创作的最新趋势，促进国际的合作与共赢。

其四，科幻活动的类型、风格同质化。在 2023 年科幻活动规模不断扩大的同时，具体到细分领域，科幻活动之间的同质化问题依然存在。尽管科幻活动的总体规模扩大了，但其中存在众多“撞车”的同类型活动。例如，大型科幻文学奖在评选标准、奖项设置等方面存在同质化问题，不同文学奖评委阵容重合度高，评价标准和奖项类型趋同，导致评选结果呈现出一定的相似性，某种类型或题材的作品集中出现。同样，各类科幻大会和论坛等的举办也存在同质化倾向，活动讨论内容相似，举办模式缺乏创新，会展策划也大体类同。科幻活动同质化现象导致这些活动难以激活新的内容生产力，也不利于鼓励新的创作风格的出现。

三、建议

基于 2023 年科幻活动的发展趋势，本文对如何更好地开展科幻活动提出以下建议。

（一）加强科幻活动品牌建设，扩大品牌影响力

首先，会展经济作为推动科幻活动品牌化的重要力量，其关键在于通过定期举办高质量的科幻展会、论坛等活动，吸引国内外科幻爱好者和产业界人士汇聚一堂。在会展经济的推动下，科幻活动将形成一个集展示、交流、合作于一体的综合性平台，为科幻产业的繁荣发展注入新动力。

其次，通过文化赋能，将科幻活动打造成为一个传播科幻文化、推广科幻理念的重要窗口，深入挖掘科幻文化的内涵和价值，为科幻文化的普及和发展贡献品牌力量。

最后，为了确保科幻活动的长期稳定发展，科幻活动品牌应当建立一套完整的造血机制，包括资金来源、人才培养、技术研发等方面。科幻活动可以通过政府支持、企业赞助、门票收入等方式筹集资金，并建立科幻人才培养基地，培养一批具有专业素养和创新精神的人才。同时，科幻活动应加强与其他领域的合作，推动科幻技术在现实生活中的应用和发展。通过造血机制的建立，科幻活动将实现自我驱动和可持续发展，为科幻产业的未来奠定坚实的基础。

（二）促进科幻活动的多产业、多方位深度融合

其一，增加科幻教育培训。各类科幻活动应当鼓励将科幻元素融入中小学和高校的教育体系中，通过科幻课程、科幻阅读、科幻创作等方式，培养青少年的科学兴趣和创新思维。同时，加强对科幻教育师资的培训，提高教师在科幻教学方面的专业素养。

其二，推动科幻影视、游戏的创新发展。科幻活动应当在科幻影视、游戏的创新发展中发挥平台作用，通过产业论坛、学术交流等活动形式，加强科幻影视、游戏等产业与其他领域的合作，形成跨界融合的产业链。

其三，加强科幻活动与区域特色的联合。科幻活动应当积极与举办地的风土人情相结合，利用地方的地理特点和自然景观，为科幻活动提供独特的视觉和体验效果。科幻活动还可以充分利用地方特色产业，为科幻活动提供独特的产业支持和体验，打造具有地方特色的科幻活动。

（三）科幻活动与科技热点相结合

科幻活动应当积极与当下科技热点结合，提高活动吸引力。例如，科幻活动可以利用 VR、AR 等技术，打造沉浸式的 AI 和元宇宙体验区。参与者可以亲身体验 AI 和元宇宙带来的虚拟现实，感受科技与科幻的结合。同时，这些技术也可以被用于展示科幻作品中的 AI 和元宇宙元素，让参与者更直观地理解科幻故事中的科技概念。科幻创作类活动应当鼓励参与者创作以科技热点为主题的科幻作品，通过举办创作大赛和作品展示活动，评选出优秀的科幻作品，并给予奖励和展示机会。这些作品不仅能够表达参与者对当下科技发展的理解和想象，也能够激发更多人对这些技术的讨论和兴趣，有利于科学普及与科幻发展。

（四）推动科幻活动的国际交流与合作

2023 年科幻活动的国际交流与合作发展迅速，成果显著。因此，我们应当借助科幻活动国际化发展的良好条件，充分推动中国科幻走向世界。

首先，搭建国际交流平台。相关科幻机构应当积极搭建国际科幻交流平台，为科幻活动提供一个世界性的交流空间。通过举办交流论坛、开展跨国交流研学，进一步推动科幻相关话题的讨论，拓展国际视野。

其次，举办国际科幻活动。为了更好地推动中国科幻的世界交流，可以举办国际科幻创作大赛、科幻研讨会、科幻电影节等。在活动策划和举办过程中，相关科幻机构可以积极邀请国际嘉宾、科幻作家、学者参与，促进国际交流与合作。同时，可以设立国际奖项，鼓励全球科幻爱好者参与。

最后，注重跨文化交流与学习。在举办国际性科幻活动的过程中，应当充分了解不同国家的文化背景、价值观和习俗，尊重和理解这些差异，避免文化冲突和误解。在策划活动内容时，可以考虑引入多元文化元素，展示各国科幻文化的多样性。

作者简介：

柏毅恒，重庆大学人文社会科学高等研究院硕士研究生，中国科普作家协会会员，研究方向为中国当代科幻文学。

年度科幻艺术创作综述

陈 娱 曾乙文

2023 年 10 月，第 81 届世界科幻大会（World Science Fiction Convention）在中国成都成功举办，这一重要盛会的落地再一次将中国科幻文学推向世界舞台，展示了中华文化的独特魅力与创造力[1]。与此同时，科幻与未来视野的创作在艺术领域也蓬勃发展。艺术家、设计师、建筑师融合前瞻的科学知识、幻想哲学以及对未来的想象，推出了一系列艺术创作作品。科幻绘画、动画、游戏、新媒体艺术、影视、戏剧以及艺术装置等多种形式，逐渐进入大众视野。近年来，随着中国在科幻文学、宇宙探索以及艺术与科技等领域的热议，优秀艺术作品出现在多元舞台上。本文将对科幻艺术创作的门类、特色、现状以及展望进行概述与讨论。

一、科幻艺术创作概况

科幻艺术早期诞生于各种幻想文学刊物中，其封面和内页插画便是吸引读者的重要元素之一。随着科幻电影的发展，影片的海报、人物服饰与场景设计也逐渐成为科幻艺术的重要组成部分。科幻艺术创作者们凭借他们的想象力和表现力，为观众们打造出一场场难以忘怀的视觉盛宴。

科幻艺术家们运用丰富的想象力和创新的表现手法，描绘出人与科技、宇宙及未知世界之间的奇妙关系。“在科幻作品中，有很大一部分正在试图展现未来世界、未来社会、未来科技发展的模样。当这种展现从文字变成视觉之后，就需要现代科技的支撑。”南方科技大学人文科学中心教授吴岩表示[2]。现今，科幻艺术创作的相关书籍也相继出现，如美国罗格斯大学谭力勤教授的著作《奇点艺术：未来艺术在科技奇点冲击下的蜕变》与《奇点：颠覆性的生物艺术》、高名潞和陈小文的《当代数码艺术》、张海涛的《未来艺术档案：人造自然艺术趋向与潜默思想的回归》以及安东尼·邓恩与菲奥娜·雷比联合著作的《思辨一切：设计虚构与社会梦想》。这些书籍展示了在科技飞速发展的时代背景下，艺术的形态与内容如何发生变革，深入探讨了未来艺术在科技奇点冲击下的蜕变与创新。

科幻艺术的创作媒介多样，包括视觉艺术、插图绘画、艺术装置、数字艺术和影视作品等。艺术家们借助这些媒介，表达他们对未来和科技发展的独特见解，揭示人类与技术之间的复杂关系，探索人类文明的进化轨迹。随着科幻产业的蓬勃发展，科幻艺术创作在当代艺术领域中正逐渐受到重视，并在艺术市场中占据一席之地。这种创作形式不仅为艺术家们提供了展示想象力和创造力的舞台，也为观众带来了对未来世界的独特视角和思考空间。科幻艺术创作的有力发展，为当代艺术注入了新的活力与创意，激励着我们不断探索未来的无限可能。

（一）跨界想象：科幻艺术的多元门类

1. 科幻视觉艺术

科幻视觉艺术是艺术门类中最为直接的表现形式，通过视觉语言表达其对科技发展、未知世界和人类命运的想象与探索。其中插画、漫画和海报设计视觉是最重要的形式语言，三者的表达方式有所不同，但每一种形式都有其独特的表现手法和魅力。科幻插画通过图像形式，艺术家们借助绘画技巧和创意构思，创造出各种科技预想的奇幻场景；科幻漫画通过图像和文字的结合，以漫画镜头语言推动故事发展，生动地呈现艺术家的叙事观，让读者仿佛置身于未来世界；科幻海报设计充满着未来感，融合了艺术、科学和想象力。通过绘画、插画和文学作品，艺术家的想象力和创意被融入作品中，呈现出丰富多彩的视觉和叙事效果。

雨果奖的“最佳职业艺术家”（Best Professional Artist）奖项授予那些在科幻艺术创作领域表现卓越的艺术家。2023年中国科幻插画界的重要人物赵恩哲荣获这一奖项[3]。他的作品曾多次获得银河奖最佳美术奖，他也担任华语科幻星云奖的美术评委。他的作品充满了硬核科幻美学风格，气势磅礴，星河壮阔，完美诠释了科幻视觉艺术的独特魅力。

科幻视觉艺术不仅描绘了令人神往的科幻世界，更深入探讨了未来、虚拟现实和科技进步等主题。艺术家们借助文字或故事催化思想，展现出独特的世界观。以二维空间为媒探索人类文明发展与科技互动的复杂关系，激发观众对未知世界的深刻思考。

2. 艺术与科技装置

艺术与科技装置作为融合科技、艺术和想象力的先锋艺术形式，正不断拓展人们对未来技术未来的想象边界。作为2012年教育部本科专业目录中特设的专业，“艺术与科技”①学科迅速崛起，成为设计学科中的璀璨新星。“艺术与科技”涵盖了机器人艺术、生物科技艺术、人工智能、元宇宙等前沿方向。艺术与科技装置不仅探索了艺术与科技之间的融合，还拓展了创新设计的边界，为人们呈现出充满前瞻性与创造力的视觉体验，引领着艺术与科技的未来发展方向。其中涉及的装置概念融合了很多科幻的叙事方式，带给观众赛博朋克与时空错位的未来美学。

艺术与科技装置的作品善用传感器、触摸屏、光影等技术，使之实现与观众之间的互动效果。通过操作触摸屏可以改变装置中的光影、音乐或图像等，使观众参与到作品的创作和演化过程中。通过交互式技术，艺术与科技装置打造出了虚拟议题构想的未来场景，让观众身临其境地探索未来世界，体验科技与艺术交织的奇幻之旅。

3. 科幻影像艺术

科幻影像艺术也是尤为重要的科幻艺术创作形式，利用虚拟现实技术创

① “艺术与科技”专业是2012年教育部颁布本科专业目录的特设专业，专业代码为130509T，该专业是基于艺术设计与科学技术深度融合的基本理念，结合国家文化发展战略，在文化创意产业和数字内容产业，整合空间、艺术、媒体、技术与商业的视角，在空间环境设计、信息交互设计、新媒体艺术等领域，培养具有国际视野、交叉学科基础和创意创新能力的高端艺术设计人才。

造出一个虚拟的环境或场景，使观众可以通过头戴式显示器或沉浸式体验的影像空间环境体验沉浸式艺术。通过虚拟的体验方式带给观众不同于现实世界的超凡感知和体验。通过虚拟现实技术创造一个富有想象力的虚拟世界，让观众能够沉浸其中，感受到与现实世界完全不同的视觉体验。

在虚拟现实的科幻影像艺术中，观众能够亲身体验科技的力量和未来的无限可能性。他们可以穿越到未来的城市，探索外太空的未知星球，甚至进入完全虚构的奇幻世界。在这些虚拟环境中，观众可以与虚拟角色互动，参与虚拟事件，甚至影响故事的发展。这样的互动性使观众在体验艺术的同时，也在思考科技带来的种种可能性和挑战。

科幻艺术门类作为当代艺术中新兴的艺术形式之一，融合了科幻学与艺术学，科幻艺术作品不仅仅是对未来世界的天马行空的想象，更是一种深刻的社会批判和思考工具。通过描绘未来场景，这些作品探讨了环境污染、人工智能、基因工程等一系列当代科技议题，激发观众对未来发展的深刻反思和想象。科幻艺术作品不仅仅停留在问题的提出上，更注重通过设计思维和系统思考，提出可预见的解决方案，并透过人文视野提出问题，引导社会朝着更加可持续和合意的方向发展。

（二）超越文本：科幻艺术的创作方法

1. 科幻艺术的灵感与构思

在本文中，笔者暂且将创作分为思考部分与制作部分。制作部分以不同的创作媒介（文字、装置、影视等上述已介绍的媒介）为主，思考的部分包含知识、情节、想象力构思等，介绍如下。

（1）知识层面：在科幻艺术的创作过程中，田野调查或者前瞻科学研究将成为至关重要的一步。艺术家首先广泛地从科学、技术、社会和文化等多方面获取研究内容，以此挑选将涉及的知识内容并进行深度的调研。例如在科幻艺术创作中，最主要的科技手段、人文背景或者希望影射的社会现象与议题等。从一个扩展出的知识面到几个深刻的知识点，进行深刻的资料研究。

（2）现实情节：由于科幻艺术常伴随着故事线与背景情节，艺术家可以通过现实的延伸想象来创造故事，以此引发观众的情感共鸣。所谓的情节可能根据现实中的议题、现象等来延伸。这可能涉及在故事中某个特定人文背景的观者身份、世界观的建立、情节架设等方面的创作想象，从而使作品具有衔接现实的黏合度，以此产生持久的影响力。反应或者基于现实的联想在科幻艺术中尤其重要，以避免创作成果过于天马行空，与观众产生距离感。同时，当观者对现实具有初步的了解时，艺术家借鉴“现实”所嫁接后的想象，将具有一定的可信度或参与感。

（3）接续现实想象的延伸讨论，艺术家不仅在现实上搭建想象，同时也需要将想象力投射到平行时空、过去或者未来可能发生的场景情境中，给观者一个丰满的视觉语言，通过文字、影像、装置、物件等，让观众沉浸在一个新的世界秩序之中。在现实上虚构，也在可能存在的创作时空中延伸想象。

当然，以创作者的视角来看，美学在媒介之中也是可以多加探讨的，其中可能涉及对色彩、光影效果、结构设计等方面的精心设计和处理，这些以前文提及的不同媒介创作者本身在各自专业中的多年建树为支撑。

2. 科幻艺术的媒介与实践

科幻艺术的形式特色不仅在二维甚至三维的媒介上传递未知想象，也将科幻作为娱乐性的载体来进行观赏，给予人们正向的畅想与科技梦，甚至可能提供反思当下现象的思辨契机。

科幻艺术的作品特色常常探讨时间与空间的哲学观念。作品通过分析时间旅行、平行宇宙等概念，反思时间和空间对于人类存在的意义和影响，透过对时间线索的多重展开和空间跨越的叙述，引发观众对宇宙无限可能性和人类命运的深刻思考。同时，科幻艺术也常涉及自我意识和人类存在的哲学问题。通过描绘具有自我意识的人工智能、机器人等角色，科幻作品探讨了人类自身的本质和存在价值。这些作品引发了对自我意识、自由意志和道德责任等议题的深刻思考。此外，与科幻小说、影视相同的地方是，科幻艺术常融入身份认同和社会秩序的哲学议题，通过描绘不同种族、文化和社会结构之间的冲突与和谐，反思身份认同的建构和社会秩序的塑造。这些作品提出了对多元文化、平等和正义的思考，激发了观众对社会结构和人类关系的反思。

简单来说，传递科幻想象的媒介有各自的美学标准与创作基本功底的门槛，而在传递未来想象的科幻思想中，除了科技、幻想的简单词汇，还需要高超的构思与创作能力。通常艺术家与创造者在阐述一个科幻作品时，除了对于科技与人文的知识输入，还包含了对于现实议题的敏锐度，以及创意性质的想象力。当上述思想的关键要点都具备时，一个科幻想法的基底便会产出，外加个人化的创作者情感与推理，结合创作时的媒介应用，一个科幻艺术的基础作品便可展现在观者眼前。

（三）引领新知：科幻艺术在教育中的探索与应用

1. 科幻艺术在高等院校中的探索

在当前的高校教育中，科幻艺术正发挥着越来越重要的作用。随着艺术与科技、实验艺术、思辨设计、设计虚构等新兴学科在高校中的蓬勃发展，甚至与其他非设计学科也交叉融合。例如，源自美国的“未来学”对社会和技术进步以及其他环境趋势的系统性、跨学科和整体研究，作为社会学的一个分支，通过预测技术可以与艺术设计领域相结合，在展望未来的基础上，打开更多科学幻想与创作的新知。这种跨学科的学习方式不仅丰富了学生们的知识体系，同时培养了他们的综合思维能力和创新想象力。

科幻创作的研究方法与教学模式能够有效地激发学生的创造力和想象力。通过分析科幻小说、电影、艺术品等作品，学生可以了解不同的未来世界设想和科技发展趋势，从而启发他们对未来的思考和探索。这种方法不仅使学生在学术上有所突破，还能在思想上获得启迪，为他们的未来发展奠定坚实的基础。

2. 科幻艺术在中小学教育中的应用

科幻艺术在中小学课堂中的应用也取得了显著成效。目前，全国有 20 多所高校和近百所中小学开设了科幻课程。2023 年，教育部等十八个部门联合印发了《关于加强新时代中小学科学教育工作的意见》[①]，强调要激发中小学生的好奇心、想象力和探求欲。通过培养学生的科学兴趣，引导他们广泛参与探究实践，做到学思结合、寓教于乐，从而自觉获取科学知识，培养科学精神，提升科学素质，增强科技自信自立，厚植家国情怀。在孩子心中种下科学的种

① 《教育部等十八部门关于加强新时代中小学科学教育工作的意见》，教监管〔2023〕2 号，教育部、中央宣传部、中央网信办等，2023 年 5 月 17 日发布报告。

子，引导他们编织当科学家的梦想，这些举措为科幻艺术在教育中的应用提供了重要支持。

二、年度科幻艺术创作团队与作品介绍

科幻艺术创作视角通常充满了想象力和未来感。他们通过作品探讨人类与技术、社会、环境等方面的关系，揭示现实与理想之间的可能性。这些艺术家常常从科技发展、宇宙探索、生物进化等主题中汲取灵感，构建出富有独特观点的未来世界。科幻艺术家的创作视角可以是乐观的，表达对科技进步与人类命运的信心；也可以是悲观的，反映人类社会在科技冲击下可能面临的危机与挑战。无论是哪种视角，他们的作品都引领观众重新审视当代社会现状，启发人们对未来可能性的思考。科幻艺术家的作品因其独特的创作视角而备受关注，为艺术界和观众带来了一场前所未有的探索之旅。以下将介绍中国科幻艺术创作重要的代表艺术家及部分作品。

（一）科幻艺术创作代表艺术家

1. 费俊

费俊，现任中央美术学院设计学院艺术与科技专业方向教授，博士生导师，“某集体”首席创意总监，北京媒体艺术双年展策展人。他的艺术和设计作品多次展出于国内外画廊、博物馆和艺术节，并荣获了德国 IF 设计奖、红点设计奖和亚洲最具影响力设计大奖等荣誉。

费俊以艺术家、设计师和教育工作者的多重身份，致力于交互媒体艺术与艺术和科技等领域探索。近年来他所带领的团队“某集体 ART+TECH”，是一个专注于“艺术 + 科技”的创意集合体。团队集合了艺术家、设计师、建筑师、工程师、音乐人、策展人、剧作家、创意策划等多学科、多领域的专业型人才，并与全球艺术、科技及商业领域最具创造力和冒险精神的个人或机构通力合作，通过作品创制、策展策划、体验设计、公共艺术等实践，不断探索“艺术 + 科技”在博物馆、展览空间、商业空间、戏剧空间、公共空间等社会

场域的应用场景。同时，他的作品在科幻、未来场景等领域也进行了尝试。在费俊看来，艺术作为人文学科的代表学科之一，它的核心价值不只是美学价值，更是批判思维和创意思维带来的人文和创新价值，艺术家将成为伦理秩序建设以及科技创新发明的重要参与者[4]。正如他所说："艺术与科技的融合不仅使得科技有了伦理考量，而且能帮助科技发现创新应用场景。"

2023 年由南方科技大学科学与人类想象力研究中心策划出品的"超元域——费俊科幻艺术展"展览呈现了费俊近年来的作品《有趣的世界》（图 1），分为后身体、后观念、后世界三个部分。阐释了人类正在一个全新的十字路口，现实正在被后现实所取代的状况。展览中包含的每一件作品都是建立在当代科技成果之上。大数据、空间计算、情感计算、人工智能等新科技从四面八方涌向人类，让我们重新凝望自己的姿态，体验自己的情绪，建立社群前所未有的联系[5]。

图 1　装置作品《有趣的世界》，"超元域——费俊科幻艺术展"展览现场，2023

2. 王之纲

王之纲，中国新媒体艺术家、策展人与多媒体视觉导演，现任清华大学美术学院教授、信息艺术设计系主任、新媒体演艺创新研究所所长，中国舞台美术学会新媒体艺术委员会副主任，中国电影电视技术学会先进影像专业委员会副主任,《演艺科技》杂志编委。

王之纲是中国最早一批从机械设计领域转向新媒体艺术领域的艺术家。实现艺术理想是他创作的内在驱动力，新技术给想象力插上翅膀，让其创作维度更加丰富、多元。最初王之纲以设计师、艺术家、导演的身份做动画方面的尝试，十余年间与许多戏剧导演合作，融合艺术与科技，不断探索戏剧边界，以新媒体技术给予戏剧叙事更多层次的可能性，赋予传统戏剧表演新维度。

在 2023 年中国科幻大会开幕式现场，数字人幻幻首次以全息虚拟主持人的形象惊艳亮相（图 2）。王之纲携鱼果文化科技团队通过对真人演员的实时运动捕捉、三维建模、语音合成，运用全息技术等前沿科技手段，实现活动现场虚拟主持人的实时互动演绎及裸眼全息效果呈现，由此创造一种在虚拟与现实之间游走的超现实观演体验。在他看来，“在这样一个技术驱动人类发展的时代，如果不用技术的语言去反映社会现实，不用技术去追问我们的生活状态，作品可能往往是空中楼阁”。[6]

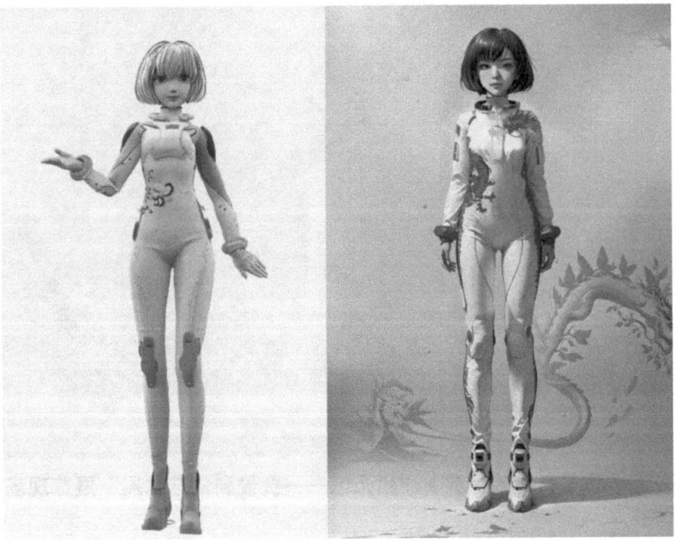

图 2　全息虚拟主持人数字人幻幻（图左），中国科幻大会，2023；星际旅行官（图右），中国科幻大会，2024

3. Black Void

Black Void 是一个艺术与科学创作团队，由蔡艺璇创立并主理，苗欣荣及肖钰晗为合伙人，团队由洪昫等来自建筑设计、算法及人工智能、数据科学、实验音乐等多领域的创作者共同组成。他们的创作关注技术与自然共同建立的混合生态，并通过新技术（如算法、人工智能、区块链技术）来回应一系列议题，包括“云”“碳”“区块链”“星际生命”等。数字作品项目包括《大气炼金术》及《生态圈 3 号》，在嘉德艺术中心、深圳美术馆、上海当代艺术博物馆等地均有展出。

《生态圈 3 号》（图 3）作品起源于这样一个科学假想：“如果是真菌，而非人类首先移民火星，他们将以怎样的方式生存？”无论是大航海时期的殖民占领，还是对海洋和天空的探索，以及宇宙移民的愿景，人类试图通过空间殖民拓展领土、征服自然的历史从未停止。《生态圈 3 号》挑战了长久以来人类空间殖民的历史，将太空殖民的愿景折叠在虚拟空间当中，通过模拟数字蘑菇在火星的繁衍生存，想象星际生命的生存及通信方式[7]。这是一场数字环境中的科学假想，作品创造了一个独特的菌丝体生成系统，形态参数与火星不同地区的环境因子相连，从沙漠到平原，从冰川到火山，从远日点到近日点，不同的环境信息（如温度、气压、辐射、重力等）将会触发蘑菇的形态变化。

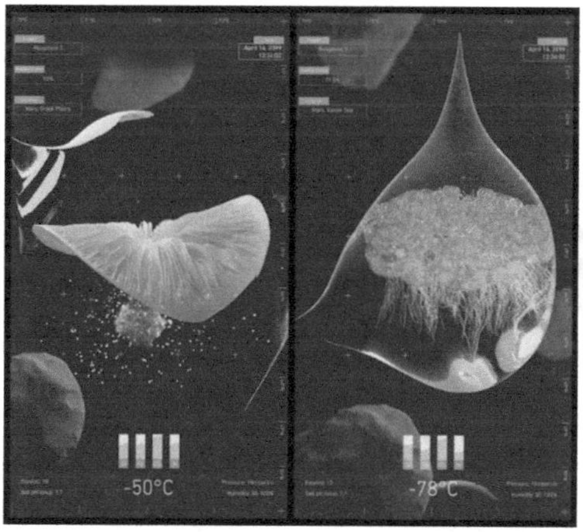

图 3 《生态圈 3 号》，Black Void，2023

（二）科幻艺术代表创作作品

2023 年，国内科幻艺术创作呈现出令人耳目一新的多元风貌。科幻艺术作品如同一扇通往未知世界的窗户，为人们打开了对未来的独特视角和思考空间。艺术家们利用各种媒介展示其独特想象力和视角，将科幻主题与当下社会、科技趋势相融合。这些作品充满未来感，引领观众探索人类与技术、环境、宇宙之间的关系，激发他们对未来世界的思考和探索欲望。下文将介绍2023年的多个科幻艺术作品，所甄选的作品涵盖的议题、使用的媒介以及创作团队背景不同。笔者希望通过展示年度科幻艺术案例，全面展现当下科幻艺术创作的多样性和丰富性。

1.《AIGC与未来城市》，何思倩及其团队

2023年是生成式人工智能的爆发之年，ChatGPT点燃的“生成式人工智能”之火，已经突破了人类对于人工智能发展速度的想象局限。随着Midjourney、DALL-E 2和Stable Diffusion等人工智能图形生成工具逐渐进入公众视野，也引发了关于“生成式人工智能”的激烈辩论。北京科技大学工业设计系教师何思倩及其团队与腾讯研究院于2023年夏季以《AIGC与未来城市》为主题开设了联合工作坊（图4），用“科幻小说”的方法探寻AI冲击下的未来城市图景。

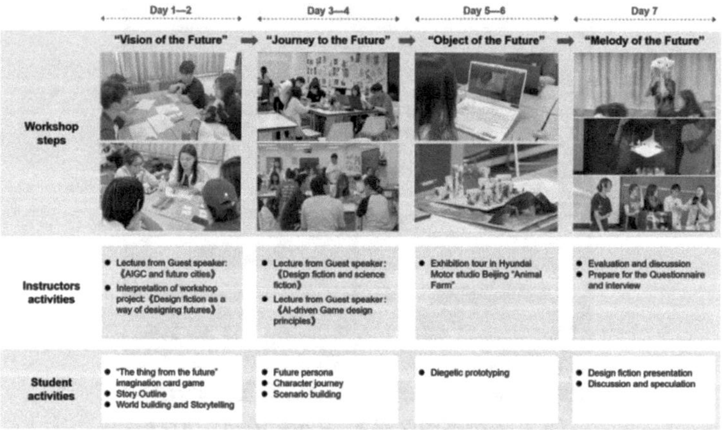

图4 《AIGC与未来城市》工作坊日程，何思倩及其团队，2023

在工作坊中，来自北京科技大学工业设计、视觉传达设计的大二年级学生组成团队，以科幻小说、设计虚构为工具，从衣食住行、文化娱乐到教育

医疗，畅想未来的城市景观和体验。方案表达包括但不限于图像虚构、动画短片、艺术装置、游戏场景、原创绘本等设计叙事手段。

2.《科幻图景生成器》，杨博琳

《科幻图景生成器》（图 5）是清华大学美术学院信息艺术设计系与科普教育交叉学科的学生杨博琳的毕业设计作品。作品以科幻小说原型为基础，结合虚拟场景中生成式的世界建构，呈现出去中心化、可拓展的游戏化叙事空间。该研究通过游戏化形式，使体验者参与内容选择和创作，突破传统叙事文本的限制。通过体验者自发的探索行为，在信息交互中推动体验者学习相关的科学知识。

图 5 《科幻图景生成器》交互影像作品截图，杨博琳，2023

该空间结合了科幻小说叙事、人工智能内容生成和互动体验，以促进科普和科幻教育。通过开发一个结合科幻叙事和生成式世界构建的互动平台，让用户可以沉浸在游戏化的科幻科普世界中，以沉浸式体验的方式促进科学知识的传播。

3.《我们[1]人类[2]在[3]火星[4]》，任庆齐、贺彦朝、黄筱茜、秦漫、张千艺

《我们[1]人类[2]在[3]火星[4]》作品（图 6）以数字虚拟的方式构建了一个从

未经历过的火星场景，人类在虚拟星际移民的环境中探讨自我意识、生存危机、制度更迭与文明演变的可能性。从火星看地球，从未来看现在，从危机看安定，从虚拟看现实，这是一个充满浪漫主义的游戏化线上展览，是我们关心现实以外话题的一个窗口，也是我们仰望星空的一块野地。

该项目是游戏性的展览，亦是艺术性的游戏，它开辟了艺术文化与游戏体验之间的结合地带，这种模糊性是项目独到的魅力与价值所在，我们试图通过策展性去重新定义展览、艺术和游戏[8]。

图6 《我们¹人类²在³火星⁴》线上作品截图，任庆齐、贺彦朝、黄筱茜、秦漫、张千艺，2023

4.《数字蜂巢－人工生命的博弈》，刘佳钰

人造生命会按照我们的设想发展吗？自20世纪科学家托马斯雷尝试在虚拟机上构建人工生命平台Tierra开始，我们对于人工生命的模拟就从未停止。作品《数字蜂巢－人工生命的博弈》[9]是一件基于脑电感应设备的交互影像作品（图7）。作品借用凯文·凯利的蜂巢社会概念，将人工生命系统的去中心化特征以及自组织系统概括为一种蜂巢思维，并提出自己的思考：高度自治的蜂巢思维是否会导致社会群体意识的单一化和极端化？作品采用波函数坍塌算法，通过设定若干三角形体素模块作为生命的初始细胞，体素之间会寻找对

应的接口并生长。与此同时，观众通过设备将自己的脑电波连接到人工生命系统，呈现出一个人与人工生命组织之间进行意识对抗的过程。

图 7 《数字蜂巢 - 人工生命的博弈》，刘佳钰，2023

在作品中，每一次的交互对抗后，都会促使人工生命寻求新的迭代方向，展现的其实是人类代表的个体意识与开放式进化下计算机模拟代表的集体思维的博弈。以此思辨在未来，在我们不断尝试“合成生命”的过程中，如何在失控与控制之间找到一个平衡点，以及思考人类社会的复杂性现状与未来高度统一的自治理想该如何实现共存。

5.《宇宙交响曲：行星分子音乐的探索》，师榕

《宇宙交响曲：行星分子音乐的探索》（图 8）是青年天文艺术家师榕的作品，作品深入探讨了宇宙与声音之间的相互关系，使观众沉浸在多感官的体验中，揭示太阳系八大行星的迷人旋律。在互动环节中，观众被邀请选择一颗行星放置在装置的中心，以触发周围化学元素球的振动，八大行星中的每颗行星对应着 18 个化学元素球，形成一曲振动的交响乐[10]。

这个项目展示了一种超越物质世界限制的新颖观点，其核心存在的一切都由不断跳动的原子组成，从而发出独特的声音——宣称一切都是声音。在这个范式下，师榕探索了一个深远的概念，即行星不仅是声音的体现，你也是，确实，每一个生命体都是。

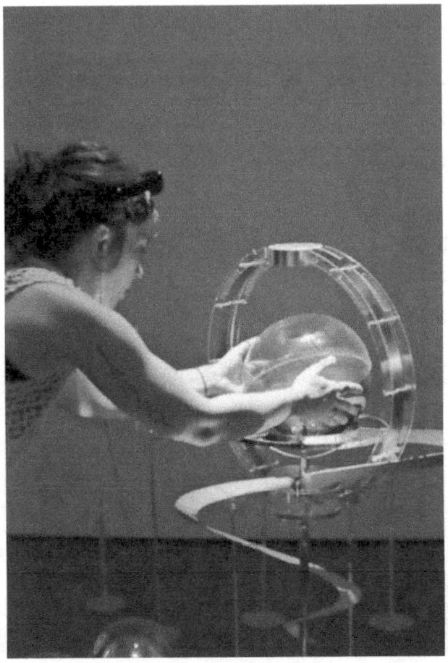

图 8 《宇宙交响曲：行星分子音乐的探索》数字艺术作品现场，师榕，2023

三、总结与展望

科幻艺术远远不只是一种叙事技巧和意识形态，它更应该揭示一种向往未来的生活态度和生存状态[11]。科幻艺术通过艺术创作、展览等形式向公众普及科学知识和科技发展趋势。许多科幻作品中的科学概念和技术设备虽然是虚构的，但艺术的表达形式重新让其有了崭新的生命力。随着科技与科幻两个产业逐渐繁荣，艺术成为重要的人文抓手，将在未来继续扮演重要的角色，将以更加多样化和前瞻性的方式呈现未来世界，引领人们探索人类文明的可能性。

未来，科幻艺术将在技术发展、社会议题探讨、多元文化融合、创意输出和科学教育推广等方面展现出新的可能性。虚拟现实、增强现实和人工智能等新技术的应用将带来更多相关的作品，不同文化间的交流将促进多元文化的融合，为创意产业提供新灵感。科幻艺术作为科学普及的工具，将激发公众对科学知识的兴趣。未来，科幻艺术将持续发展，成为连接科学与艺术、启发创造力和推动社会进步的重要力量，引领人类迈向更美好、可持续的未来。

参考文献

［1］冯学知. 展现中国人独有的精神气质和人文情怀［N］. 人民日报海外版，2023-03-21（004）. DOI:10.28656/n.cnki.nrmrh.2023.000836.

［2］赵徐州，孙美娟. 科幻艺术的人类命运共同体新篇章［N］. 中国社会科学报，2023-02-08（001）. DOI:10.28131/n.cnki.ncshk.2023.000430.

［3］刘晓. 在成都，科幻遇见未来［N］. 人民日报海外版，2023-10-26（009）. DOI:10.28656/n.cnki.nrmrh.2023.003554.

［4］企鹅号－腾讯研究院. 费俊：科技向善需要人文主义支撑［EB/OL］.（2019-10-25）［2024-05-23］. https://cloud.tencent.com/developer/news/462134.

［5］读创. 科学、人文与艺术的碰撞！到南科大看“超元域——费俊科幻艺术展”［EB/OL］.（2023-06-22）［2024-05-23］. https://baijiahao.baidu.com/s?id=1769413326216094156&wfr=spider&for=pc.

［6］鱼果 E-GO. 鱼果 × 中国科幻大会| 2023 中国科幻大会震撼开幕，科技艺术之美燃爆科幻之城［EB/OL］.（2023-05-31）［2024-05-23］. https://m.sohu.com/a/680660786_100264082?_trans_=010004_pcwzy.

［7］搜狐网. 在火星种蘑菇？艺术家这次比科学家快了一步［EB/OL］.（2023-06-02）［2024-05-23］. http://news.sohu.com/a/681374602_121119312.

［8］东方财富网. WHOM（我们人类在火星[4]）数字艺术团队：从虚拟到现实的奇妙旅程|大筒仓合作艺术家即将绽放［EB/OL］.（2022-06-25）［2024-05-23］. https://caifuhao.eastmoney.com/news/20220625100752716127780.

［9］MANA－全球新媒体艺术平台. 数字蜂巢－人工生命的博弈［EB/OL］.（2022-08-08）［2024-05-23］. https://m.manamana.net/video/detail/1973967?id=1973967#!zh.

［10］人民网. 数字艺术澎湃创新动能（坚持“两创”·关注新时代文艺）［EB/OL］.（2024-05-19）［2024-05-23］. https://baijiahao.baidu.com/s?id=1799431521194462453&wfr=spider&for=pc.

［11］吴维. 科幻艺术：一种未来向度的叙事［J］. 兰州职业技术学院学报，

2023，39（1）：13–15.

作者简介：

陈娱，清华大学美术学院信息艺术设计系博士研究生，南方科技大学科学与人类想象力研究中心任首席策展人。研究方向为设计未来理论研究、科幻策展叙事方法研究。

曾乙文，中国美术学院设计理论与实践博士，思辨设计、设计幻象研究者，设计师。致力推进思辨设计的未来发展，实验突破西方建构未来思维的想象框架，探寻东方概念设计的实践性。

中国科幻发展年鉴2024

科幻

中篇·专论部分

赋科幻于有形：国产电视剧《三体》视觉特效及CG动画的创意表达与技术解析

陆贝珂

一、引言

（一）背景简介

2019—2022年，中国的影视制作团队将小说《三体》的第一部改编成一部30集的电视连续剧，并于2023年在中央电视台、腾讯视频等众多媒体上播出。这部电视剧故事精彩，演员演技精湛，视觉特效和CG动画内容也具有较高的完成度，国家广播电视总局和观众对这部电视剧的评价都比较高，它也被认为是中国科幻类型电视剧的一个里程碑作品。

《三体》电视剧在腾讯视频自有海外平台WeTV北美地区播出时，每日均为站内播放量最高的内容；在YouTube平台，其观看人数超1000万，观看时长突破260万小时，其中近42%的用户来自北美地区。截至2024年年初，《三体》电视剧播出地区包括了中国香港、中国澳门、阿拉伯语地区、西班牙语地区、葡萄牙语地区等，囊括了印度尼西亚、越南、沙特阿拉伯、西班牙、墨西哥、巴西、葡萄牙等国家。与此同时，《三体》电视剧也确定在美洲、欧洲、大洋洲、印度等地发行。其中，覆盖美、欧、大洋洲等地区的新媒体平台Rakuten Viki紧跟国内播出《三体》电视剧；在日本，《三体》电视剧将通过电视、新媒体、音像制品等全面发行；在韩国、俄罗斯等国家，《三体》电视剧也已确定在当地平台发行。此外，本剧也上架 Amazon 平台覆盖全球区域播出。

《三体》电视剧的制作，承载了广大科幻迷和观众的高度期待，同时也面临着将抽象复杂的科学概念和恢宏壮丽的宇宙景象转化为视听语言的艰巨挑战。尤其是视觉特效和 CG 动画部分，电视剧肩负着将原著丰富的科学幻想世界进行“有形化”以呈现给观众的任务。视觉特效此时是科幻文学艺术的载体，不仅是营造科幻氛围、展现未来科技的重要手段，更是诠释复杂科学原理、构建异域生命形态、展现宇宙奇观的关键途径。电视剧主创团队需要进行多方权衡，在资源有限的情况下有效构建出科幻景观，赋予故事以震撼的视觉冲击力和深度的沉浸体验。

（二）本文的内容要点与意义

本文以“《三体》电视剧视觉特效及 CG 动画的创意表达与技术解析”为主题，旨在较为全面地剖析《三体》电视剧在视觉特效及 CG 动画方面的创作思路、工作目标，并辅以大量与传统特效、计算机图形图像技术相关的影视摄制手段的具体解析，形成一篇介绍科幻影视制作在概念创作、执行、流程管控等方面的经验之谈，以资感兴趣的读者或科幻影视从业人员借鉴。

二、《三体》科幻世界观的视觉概念设计

（一）原著科幻设定的视觉化挑战

电视剧版《三体》最大的特色在于对原著的还原。这里的还原，不仅是人物“贴脸”、剧情完整，更是对于原著美学风格的一脉相承——刘慈欣在《三体》里展现的科幻美学类似于“科幻小说黄金年代”那种“正剧”风格的气质，并且具有一种史诗感。这种美学风格与科幻小说新浪潮之后的“赛博朋克”风格所表现的“高科技、低生活”“后现代”“解构主义”“虚无主义”等气质是几乎相反的，同时它也不是西方盛行的“英雄之旅”式的科幻。

或许是受到中国人长久以来践行的“文以载道”的创作观念的影响，刘

慈欣的作品中展现出的对人类、对自然科学、对外部世界的态度格外认真，他对人类社会的命运有一种近乎理想主义的责任感，他相信人类能够在一定程度上争取自己的命运。尽管可能有强大的、远超人类文明的外在力量来限制我们这种渺小的生物个体，但是人类仍旧是有勇气、有希望的。由此而来的，在进行影视化改编时，我们自然也要站在中国人自己的美学坐标来想问题，结合中国观众熟悉的元素来落地。因此，从一开始，我们就没有打算去套用任何一种现成的商业科幻剧的风格模板，或去模仿美式科幻剧的气氛和元素，而是希望遵从原著的内在精神气质和年代感来开展这部剧的概念风格设计。同时,《三体》第一部中涵盖了一系列复杂的科学理论与概念，如三体问题、微观粒子世界、智子、宇宙闪烁、三体游戏世界、古筝行动等，这些内容对于导演和视觉特效团队来说，既是艺术创作的灵感源泉，也是技术实现的巨大挑战。主创团队需精准把握原著的科学内核，将抽象的概念转化为具象、直观的视觉画面，同时还要保持科学的严谨性与艺术的想象力之间的平衡。

另外，从执行可行性角度来看，整个电视剧的视觉概念设定最主要的难度不在画面技术方面，而在于需要在资源限制下做出平衡，毕竟电视剧的投资金额无法和大型院线视效电影相比，我们需要抓住观众最期待的重点段落来投入资金，概念设计需要为后面的拍摄、美术、置景、特效、动画等众多的工序做出有效的指引，而不是只管概念设计好看，后面特效资源却无法完成。

（二）忠于原著文本的视觉元素构建

对于原著中浓墨重彩的部分，我们主要对其描绘出的框架中增加视觉丰富度，还原了很多细节。比如“雷达峰”上掉落的飞鸟、不同风格的金字塔，还有很多“三体游戏”里出现的元素，甚至是周文王的鱼干。原著党可以在里面发现很多“彩蛋”，这些细节可以帮助营造画面的整体氛围，没有哪个宏大的场景是空无一物的，它们都需要元素的累积。

在宇宙景观的构建方面,《三体》原著中的宇宙观宏大且多元，包括地球、太阳系、三体星系、宇宙深渊等多层次的空间环境。在视觉特效中需精心设计这些场景，既要展现出宇宙的浩渺与神秘，又要符合原著设定的物理规律与天文学知识。例如，对三体星系的动态描绘、太阳系外行星表面的逼真刻画，以及微观粒子世界的创新呈现等，都需要特效团队运用高精度的建模技术、复杂的物理模拟算法及细腻的光照渲染等手段，确保视觉效果既科学又震撼（如图1所示）。

图1　红岸基地外－冬－气氛

（三）科学家顾问团队赋能

主创团队反复研究原著，最终确立了保持科幻趣味、科学精神与适应大众传播之间充分平衡的摄制目标。剧组得到了科学家团体的极大支持。为了能足够接近真实，剧组曾请教了很多真正的科学家和相关专家，中国科学院的物理学家、国家天文台的天文学家、国家纳米科学中心的研究人员、船舶设计领域专家等，都成为剧组的“兼职顾问”。在《三体》的拍摄过程中，我们曾真实进入中国科学院高能物理研究所的对撞机现场、国家纳米科学中心试验室、国家天文台密云射电天文观测基地、北京天文馆等场地，收集概念设计素材甚至直接拍摄。

（四）视觉符号的原创设计

在《三体》电视剧中，许多科幻元素如智子、微观粒子、雷达峰、宇宙微波背景辐射变化、倒计时、三体游戏中各种演算方式、巨摆、秦始皇人列计算机等元素，都被赋予了独特的视觉符号含义。概念设计通过这些视觉标识增强观众对科幻概念的记忆，也成为剧集视觉风格的重要组成部分（如图 2～图 6 所示）。

图 2　纣王和干仓

图 3　阿兹特克金字塔

图 4　哥白尼与教皇

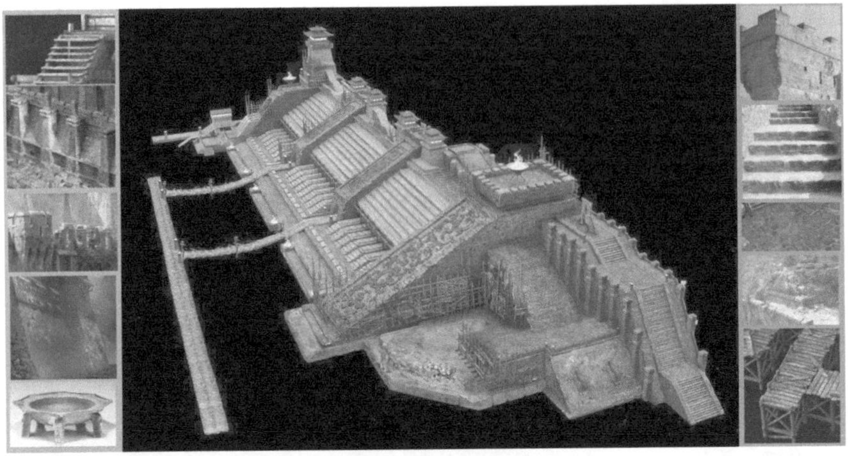

图 5　人列计算机最前端显示阵列

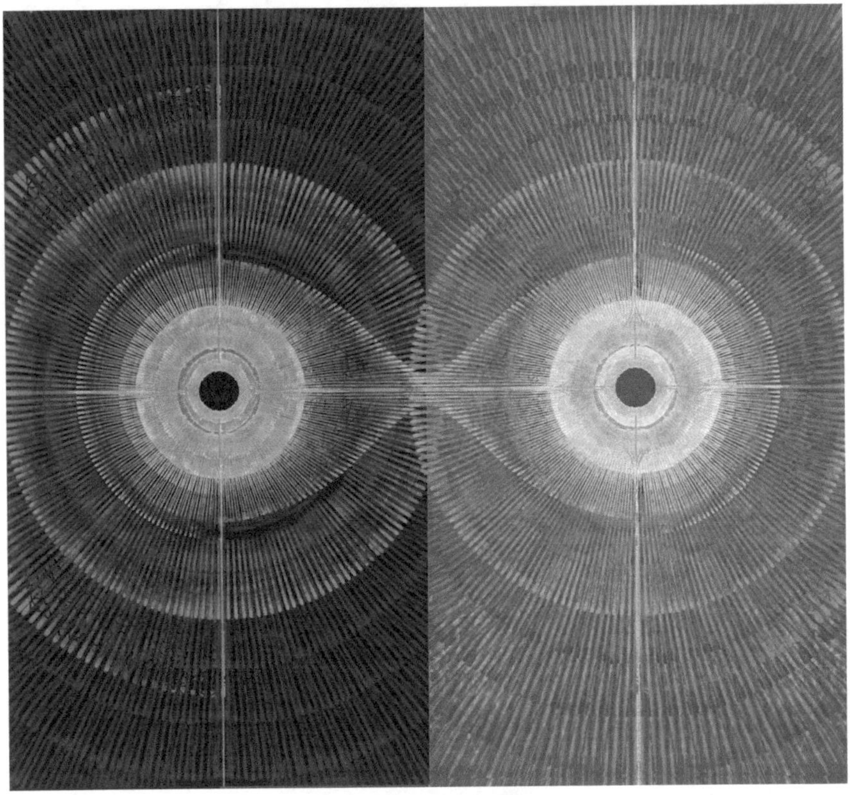

图 6　量子效应装饰画

（五）“智子”视角的扩展设计

对于《三体》的影视化改编也考虑到了一个原著中没有过多交代的视角——“智子”。这是一个相当重要的元素，很多情节都与它有关。我们通过多组 CG 镜头赋予了“智子”一个视角，使观众能感受到“智子”的运动，以说明它在监视并且干扰着地球上的科学进展。在电视剧中，有些地方乍一看观众可能会觉得是镜头做错了，比如有个镜头是从太空看地球，视角忽大忽小，看似不合理。但仔细一想就会明白，这样的设计是因为以光速运动的“智子”的视角能够在数千千米的尺度中无延时地切换。

三、《三体》电视剧中“三体游戏世界”的 CG 动画技术应用

（一）CG 动画技术路线的选择

《三体》原著中有多段对“三体游戏”的描写，是作者以一种非常巧妙的方式对“三体问题”和“三体世界外星文明发展”等问题进行的有效展现，这也是小说中的一大核心内容。在改编电视剧的前期论证阶段，主创团队曾讨论过三种制作方案，分别是实拍、纯 CG 动画、实拍加模型。最后，我们决定采用高精度动画的方式，利用动作捕捉、表情捕捉和协同工作摄像机进行拍摄。这主要是因为，从原著的角度出发，游戏中的效果应该更接近 3A 游戏大作的质感，同时也因为资源限制不允许我们去实拍这些段落，最好的方式就是通过纯 CG 来做动画片表现。这些动画片段落一共有 123 分钟，比一部常规的院线动画电影都长。虽然是动画片，但是我们在画面风格上依然坚持了实拍电影感的光线和氛围设计，使其与剧中实拍镜头的光线风格相呼应。

图 7 为《三体》电视剧纯数字拍摄阶段过程说明。

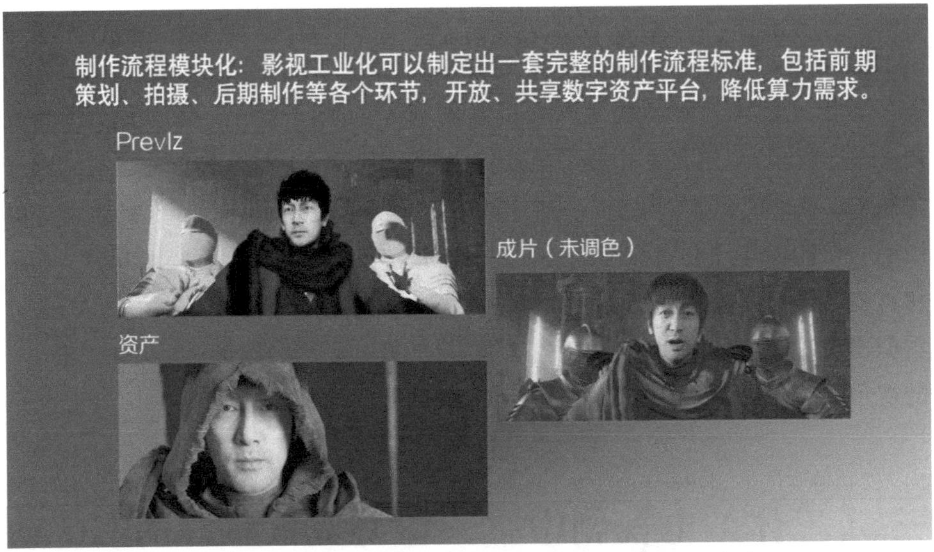

图7 《三体》电视剧纯数字拍摄阶段过程说明

（二）创新性动画技术的应用

在纯 CG 动画制作过程中，动作捕捉技术（Motion Capture）扮演了至关重要的角色。这项技术的核心在于，通过专用设备捕捉真人演员的肢体动作、姿态及微妙的肌肉运动，并实时将其转化为数字信息，从而让虚拟角色在三维环境中执行相同的动作。例如，当演员模拟游戏中某个角色行走、奔跑，甚至是复杂的武术招式时，动作捕捉系统会将其精确无误地记录下来，并经过后期处理后应用于相应的 CG 角色，使角色的动作既具有真实人体力学的质感，又融入了动画特有的夸张与表现力。同时，借助先进的表情捕捉系统（Facial Motion Capture），精准记录下演员们的面部表情变化，然后细致入微地映射到 CG 角色的脸部模型上，使剧中非人类角色和历史人物在游戏中可以展现出丰富的情感层次，极大地增强三体游戏中虚拟角色的真实感和观众的代入感。这次《三体》电视剧拍摄时，每个游戏内出场的角色，都反映了演员本人在动作捕捉拍摄时真实进行的表演（如图 8 所示）。

此外，真人角色形象扫描技术的应用也非常广泛。剧组使用高清 3D 扫描仪、照相机阵列等设备对主演们进行全身扫描，获取其精确的面部特征、皮肤

图 8　动作捕捉现场

质地、发质纹理甚至衣物褶皱等微观细节。基于这些数据，动画师能创建出对应演员的高精度虚拟替身，确保了即使在完全虚拟的场景中，观众也能一眼认出并感受到那些实拍演员所对应的游戏内角色。

四、《三体》电视剧视觉特效的技术解析

（一）技术实现路径

在技术层面上，主创团队将其分为三个大的技术类别，分别是写实类特效、艺术和科教动画、模拟游戏动画。从一开始，我们就意识到，要拍好这部电视剧，视觉特效方面最大的技术难点在于成本和制作质量的平衡。虽然《三体》是一部“大剧”，特效镜头时长加上游戏动画片镜头时长将近 400 分钟，但是鉴于其作为电视剧的投入级别，实际上我们不可能在这 400 分钟镜头里平均使用特效资源，比如 123 分钟的动画片其成本与正常的动画番剧差不多，最难的就是确定每一个镜头在整个投资大盘里实际能动用的资源比例。在这方面，我们通过详细的前期 CG 动画拍前预览（Previz）和设定，将全剧里的镜头分出多种不同的等级，然后把资源合理安排到这些不同等级的镜头里去落实制作，“好钢用在刀刃上”就是我们的技术路径指导方针。

（二）核心重场戏“古筝行动”视效技术解析

在拍摄“古筝行动”这场戏时，我们采用了实拍加特效的制作方法，摄制过程分成三个主要部分。

首先，是前期准备及方案论证——在进行工程分析和资料分析之后，我们制作了这整段戏的分镜和拍前预览。与此同时，由于无法去巴拿马实拍扫描，我们细致分析了各种资料，包括地形地貌、植被、光位、人工环境等，美术外联部门跑遍了中国南方的很多河流沿岸，如涪江、澜沧江、昌化江等，但无法找到一个现实环境与真实盖拉德水道很接近的地方，最终我们决定在浙江用“实景＋实体置景＋CG 特效”的方式还原巴拿马运河“盖拉得水道”的环境地貌（如图 9 ～图 11 所示）。

其次，是实拍阶段——通过对实景的勘测，我们在横店、仙居、舟山等地方确定了七八种实拍地点；然后组织实拍，拍摄了大约 23 天（非连续拍摄，其中 10 天左右是数据化航拍）。图 12 为实拍阶段审判日号船体甲板局部示意图。

图 9　巴拿马运河太阳方位图

图 10　巴拿马运河环境分析

图 11　巴拿马运河盖拉德水道位置分析

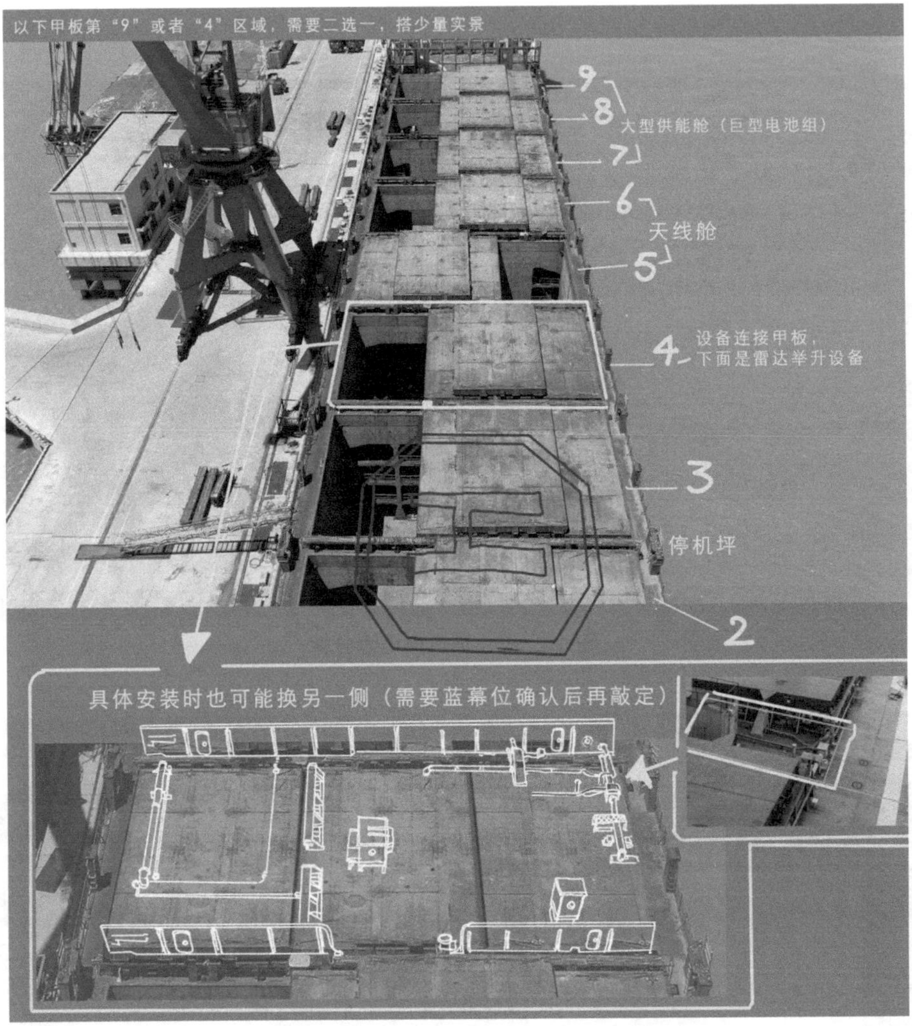

图 12 《三体》电视剧实拍审判日号甲板局部示意图

实拍时，最核心的一个大场景是一个东西长 2000 多米、南北宽约 700 米的场地，我们将其作为最后审判日号撞击并形成伊文思周边残骸的位置，也就是大家耳熟能详的“扑克牌摊开地点”。

该区域用航拍的方法为其定位，用大型机械把河道点位推出来，可以理解为拍摄组在这个场地上画了一个河道和船的位置，慢慢把它做出来，后期需要不断修补和合成，使之看起来是同一个地方（如图 13、图 14 所示）。

图 13 《三体》电视剧中古筝行动撞击点、河道、半山营地位置关系设定

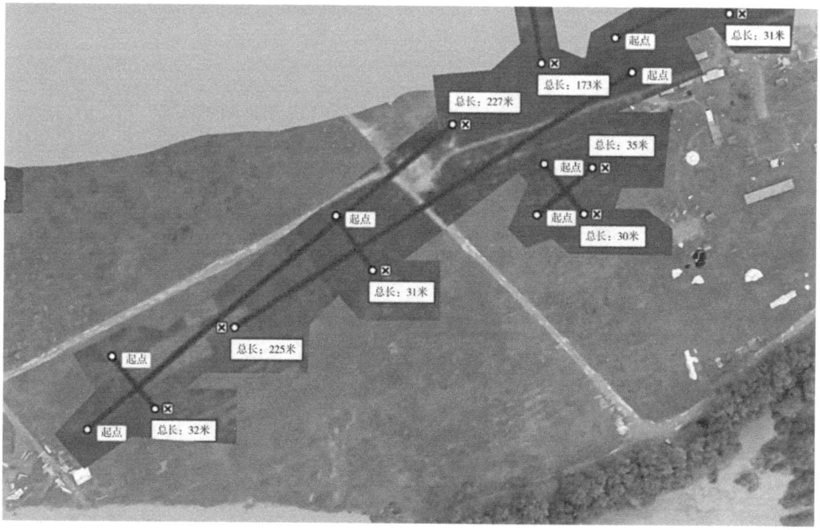

图 14 地图测量审判日号摊开分布尺寸

将船被切开后的场景呈现出来是比较难的，没有任何相关资料可以借鉴，这么大的船被切开之后，船体怎么扭曲？碎片如何摊在地上？团队在解决这些问题上花了很长时间，不断在计算机上做船的钢体碰撞、扭曲效果模拟（如图 15 ～图 20 所示）。

此外，剧中没有细节展现古筝行动“琴架子”的技术实现逻辑，但所有内部细节笔者都曾完整设计过，比如它是怎么竖起来的，如何通过程控无刷电机处理 48 根纳米丝的配重。纳米丝很轻，用单个电机驱动而不被缠绕，理论上它能实施出来的机械结构主创团队都做出来了。

图 21 是笔者当时手绘的“古筝”结构图，这个图需要给到美术置景、特效模型等部门再继续细化做 3D 建模和生产。

图 15　审判日号被切片后造成的土与植被影响示意（全景与局部）

图 16　切开船体后摊在航道边的分布示意

图 17　“古筝行动”船体切割拍摄期间现场记录

图 18　切开船体后摊在航道边的分布示意（局部 1）

图 19　切开船体后摊在航道边的分布示意（局部 2）

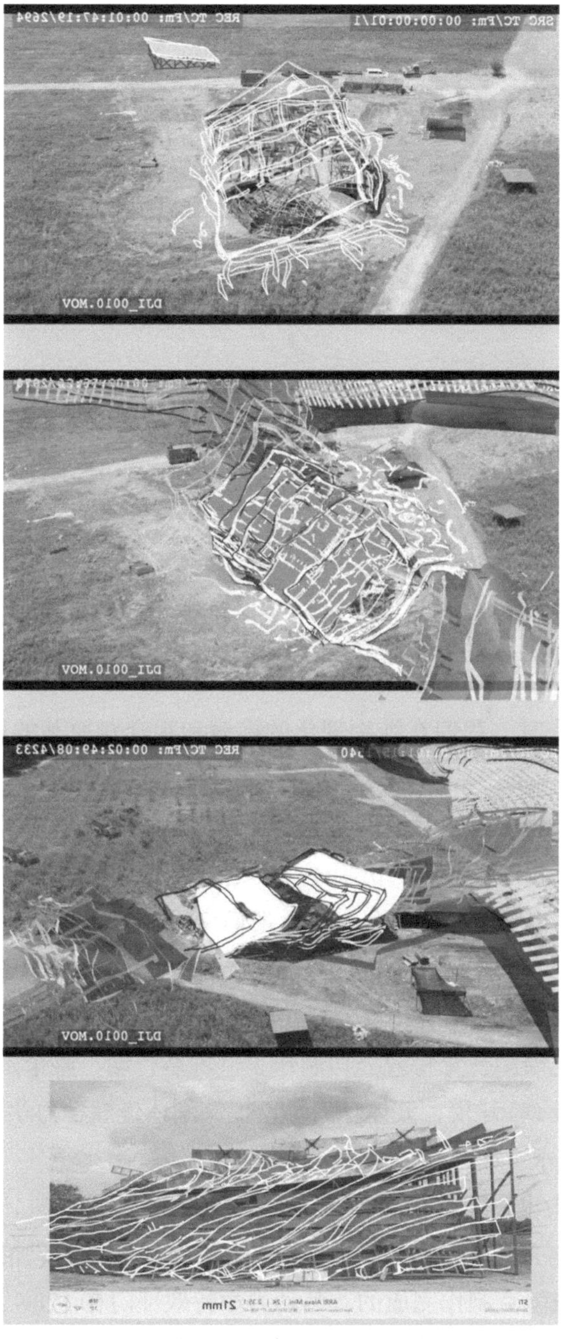

图 20　古筝行动实景搭景设计（早期手绘）

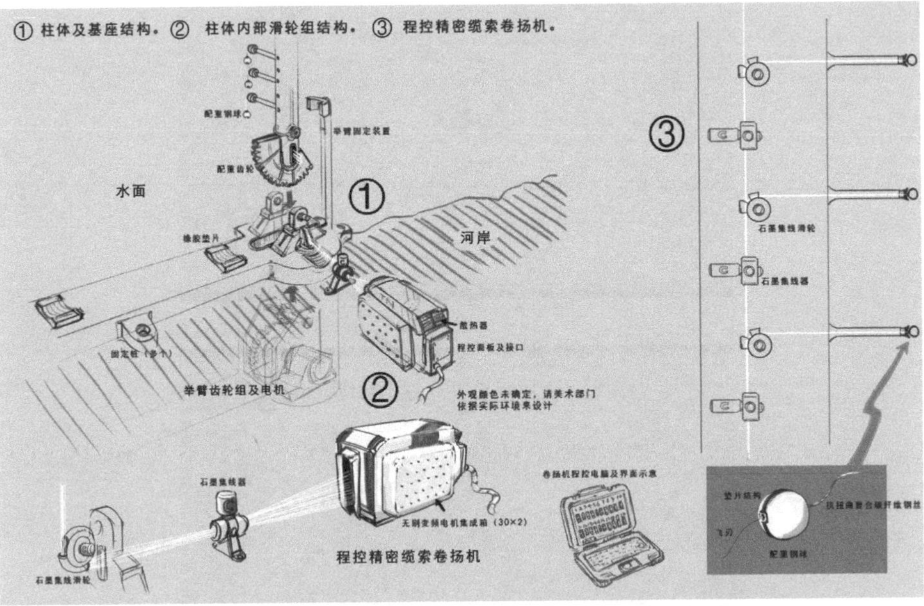

图 21 《三体》剧中古筝行动的“纳米丝活动琴架系统”手绘设计图

在实际制作时，我们在纯物理化的推演和观众对原著的期待性之间做了折中和平衡，尽可能在镜头角度上规避了逻辑上的问题（比如，船锚应该在很早就坠落，但是为了剧中静悄悄的节奏感，特地忽略了船锚问题）。汪淼与观众看到的先是天线掉了，然后切割逐一发生，这与原著描述的完全一致，从镜头剪辑的角度，也更能调动起观众的紧张感和压迫感。

最后一个阶段是后期特效制作，我们又经过了大约一年的时间制作和修改。全部特效都是由中国的特效公司在北京完成的，北京威驰克国际数码科技有限公司和聚光绘影视觉特效公司制作了“古筝行动”整个过程的所有镜头，综合使用了高级 CG 建模、流体动力学模拟、刚体碰撞动力学模拟、粒子系统等复杂的 CG 技术（如图 22 ～图 24 所示）。

在这些镜头里，修改次数最多的是一段 50 秒的长镜头，在最后完成时，其正式修改版本多达 67 版，如果加上中间的内部小改动恐怕有上千次修改。这个镜头是由威驰克制作完成的，其动力学特效部门在 128G 运行内存的电脑上才能正常打开当时的制作工程文件。这个文件数据量单个就有 8T，内容是船体被切碎后往前搓动，把岸撞出了一个坑，镜头又顺着船体钻进内部，观众能看到第二红岸基地的天线像一叠盘子一样倒了下来；镜头又穿出船体，船上的塔楼也像扑克牌一样倒了下来。整个过程是一个长镜头，有很强的体验感。图 25 为审判日号切片镜头的制作过程 CG 测试画面和完成画面对比。

图 22　审判日号被切开后船体 CG 效果的分别设定

图 23　审判日号船体（整艘）的 CG 资产图片

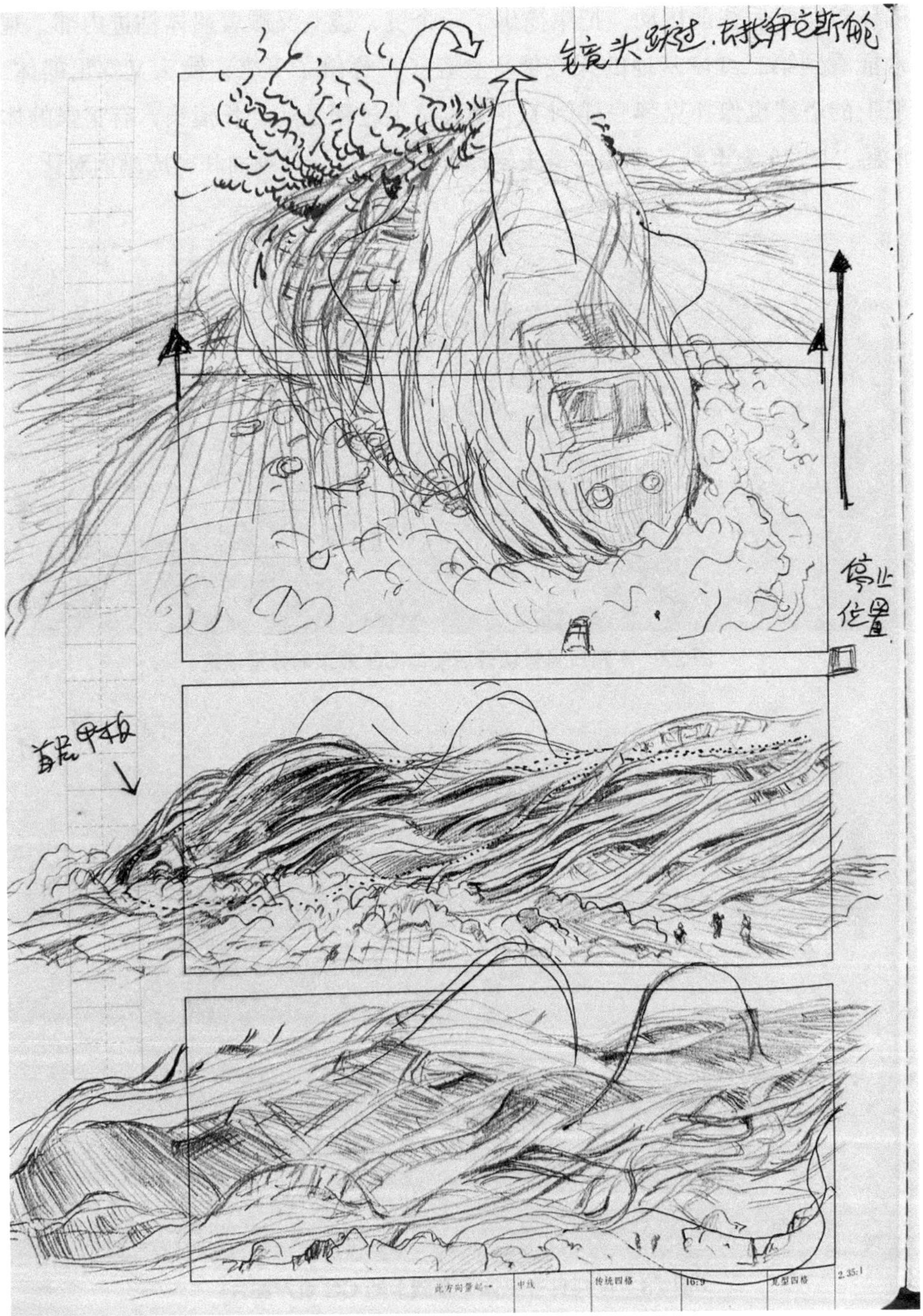

图24　笔者手绘草图（拍摄前会议用）

图 25　审判日号切片镜头的制作过程 CG 测试画面和完成画面对比

五、结论

（一）经验总结

良好的特效制作能提高科幻影视作品的视觉表现力。《三体》电视剧的主创团队在构建这部剧中一系列复杂科幻概念时，综合运用实拍、传统特效技术、CG 技术等视效技术，使抽象的科学理论得以具象化展现，尽可能保留了原著中的科学内核，又赋予其强烈的视觉冲击力。这些案例为中国科幻影视创作如何准确、生动地展现科学想象力提供了一些参考经验。

同时，《三体》电视剧特效团队在资源优化配置方面的经验也值得借鉴。面对庞大的特效工作量，他们有效整合国内特效公司资源，合理安排工作流程，较为完善地实现了成本控制与成片质量之间的平衡。

再者，主创团队在特效制作过程中注重故事与视觉元素的有机融合，避免出现单纯的特效炫技画面，每一处特效设计都服务于剧情推进和人物塑造，尽可能强化故事本身的张力，使观众在感受视觉效果的同时，能够更加深入地理解其科幻内涵。

（二）未来展望

随着人工智能、虚拟拍摄、高精度扫描、高精度动捕面捕、高写实度引擎等前沿技术的快速发展，科幻影视视觉特效将步入更为智能化、精细化的阶段。一方面，AI 辅助设计与生成将极大提高特效制作效率，如概设快速测试风格、自动化的场景布局、动态捕捉的自动化处理等，特效制作团队可以更加高效地生成和渲染复杂的特效场景，节省制作成本和时间，并且实现更加智能化的创作流程。同时，AI 还可以为角色动画和表情捕捉等方面提供更加精准和自然的解决方案，使得 CG 角色更加生动和具有情感。另一方面，虚拟拍摄技术有望在物理仿真、光影渲染等方面取得重大突破，使虚拟影像与真实世界之间的界限愈发模糊，带给观众更为沉浸的观影体验。

随着更新一代的沉浸式媒介转换期的到来，未来科幻影视视觉特效的发展将是一个充满活力和创新的过程。通过不断探索和创新，我们有信心在未来呈现出更加丰富多彩、引人入胜的视觉效果，为观众带来更加震撼和惊喜的观影体验。

作者简介：

陆贝珂，电视剧《三体》视觉导演、动画导演,《红色》视觉导演、制片人，电影《鲛珠传》视觉导演。

2023年中国科幻知识产权保护与发展新态势

崔　莉　崔灵珺

2023年是中国科幻产业发展重要的一年。2023年10月18日在成都召开的第81届世界科幻大会，预示着中国科幻产业进入了繁荣发展的快速轨道。

科幻作品的知识产权保护是科幻产业繁荣发展的重要支柱，也是科幻产业繁荣发展的关键。在当前全球经济竞争日趋激烈的背景下，知识产权保护已成为科幻产业发展核心竞争力的重要组成部分。只有有效保护科幻知识产权，才能促进科幻版权的成果转化，提高市场竞争力和市场占有率，推动科幻产业的发展。同时，科幻知识产权保护也能加强我国科幻文化产业的自主创新，促进文化产品的国际传播及保护，推动科幻文化品牌的多元化发展，提升科幻作品在世界的影响力。

本文聚焦阐述2023年中国科幻知识产权的保护及发展态势。

一、中国科幻领域知识产权案例概述

IP（Intellectual Property）是“知识产权”的英文缩写，指人们在社会实践中创造的智力劳动成果的专有权利，是涵盖企业资产的法律工具。科幻产业的核心不是产品，而是版权等知识产权，它是受法律保护的知识资产。中国法律意义上的科幻知识产权包括专利、商标、著作权、商业秘密、反不正当竞争法中的（如科幻商品名称、包装、装潢等标识，科幻企业的字号，科幻域名、网站名、网页等）知识产权。

2024年2月7日，国家版权局发布《国家版权局关于2023年全国著作权登记情况的通报》（国版发函〔2024〕5号）。通报显示，2023年全国著作登记总量呈现大幅增长。登记数量最多的是美术作品，第二是摄影作品，文字作品作为登记量排名第三的类别，约有329128件，占登记总量的5.12%[1]。

科幻文学作品作为文字作品的一部分，其版权的转化具有很大的商业价值。2023年，科幻作品的多个知识产权纠纷案件中，以著作权、不正当竞争和商标侵权为主要案由，其中最多的是著作权侵权。下面几起案件具有代表性，为2023年科幻领域知识产权纠纷典型案件。

（一）案例1："流浪地球"商标侵权案，案号：（2023）沪0115民初3869号[2]

当事人：原告为中国某股份有限公司，被告为上海某贸易有限公司。

案情介绍：《流浪地球》于2019年2月5日于中国内地上映，系由原告组织拍摄制作，票房累计46亿多元，获得"中国第一部科幻大片""开启中国科幻电影元年"等好评和盛誉。原告早在2018年电影上映之前已将"流浪地球"标识在多个类别申请商标注册，覆盖商品、服务的多数主要类别。2019年10月14日，原告获得案涉注册商标专用权，核定使用类别为《商标注册用商品和服务国际分类尼斯协定》"商品和服务分类表"中规定的，包括第28类商品（玩具；玩具娃娃；玩具小塑像）在内的共25个商品和服务类别。2020年10月，原告发现，被告于淘宝店铺"1ulushino烘焙翻糖用品"销售一款名为"烘焙蛋糕装饰流浪地球宇航员玩偶摆件漫游宇宙宝宝生日插牌插件"的商品，被诉侵权商品标题链接中使用了与原告商标近似的"流浪地球"标识，并且在商品颜色分类中将商品类别直接命名为"流浪地球（星星）""流浪地球（红旗）"；被告还在其开设的天猫店铺"1ulushino旗舰店"中销售上述被诉侵权商品，其名称为"烘焙蛋糕装饰流浪地球主题系列宝宝生日蛋糕装扮软陶宇航员银河系"，在侵权商品标题链接中使用了与原告商标近似的"流浪地球"标识，并且在商品颜色分类中将商品类别直接命名为"流浪地球套装1""流浪地球套装2""摆件—流浪地球A（星星）""摆件—流浪地球B（红旗）"。原告认为，被告未经原告许可，在相同商品上使用近似商标，侵害了原告的涉案商标专用权，故提起诉讼。

上海市浦东新区人民法院认为，被告在其销售的“烘焙蛋糕装饰流浪地球宇航员玩偶摆件漫游宇宙宝宝生日插牌插件”商品中使用的“流浪地球”标识与原告的商标构成近似，将造成相关公众混淆商品来源，且现有证据无法排除上述可能性。被告主观上具有攀附商誉、为自己出售的商品获取更多关注的故意，故认定被告的行为构成商标侵权，应承担相应的民事责任。因原告未能举证其实际损失及被告的违法所得，也未举证涉案商标对外授权而获得的许可使用费，故法院适用法定赔偿进行酌定，判决被告赔偿原告经济损失3000元，及原告为制止侵权行为产生的合理开支8000元，两项合计11000元。

（二）案例2:“三体”域名权属纠纷案，案号：一审（2021）沪0110民初22660号[3]；二审（2023）沪73民终191号[4]

当事人：上诉人（原审原告）为张某兰；被上诉人（原审被告）为三体某文化发展有限公司。

案情介绍：原告于2009年11月10日注册涉案域名threebody.com。被告因对原审原告注册涉案域名持有异议，向世界知识产权组织仲裁与调解中心投诉，要求将涉案域名转移给被告，该中心于2021年11月11日裁定将涉案域名转移给被告。原告不服该裁决，认为其注册的域名来源于古典物理学的三体问题（three-body problem），并非《三体》作者刘慈欣原创，其持有域名合理合法，不构成对被告的侵权，亦不构成不正当竞争。原告诉至上海杨浦区人民法院，要求确认其合法持有涉案域名，并要求域名不转移给被告。

上海市杨浦区人民法院认为:《三体》小说具有很高的知名度，其中三体游戏是小说主人公接触三体世界的重要媒介，是小说情节展开的重要元素。而www.threebody.com是该三体游戏的网址。*The Three-body Problem*是《三体》小说英译书名，在《科幻世界》杂志的多期连载页面中，“Three-Body”经常与小说中文名称“三体”共同出现在文章首页。因此，英文的Three-Body是小说标识的组成元素。随着知名度的提升，“三体”及对应的英文翻译“three-body”和三体游戏网址www.threebody.com，已与小说《三体》建立了关联性。

原告注册涉案域名后，在使用该域名的网站上转载的多篇新闻均涉及《三体》小说及小说作者刘慈欣。上述行为显然会造成相关公众的混淆和误认，误以为该网站系《三体》小说官方网站或与《三体》小说及小说作者具有一定的关联性，属于我国《反不正当竞争法》规制的其他混淆行为，构成不正当竞争。一审法院判决驳回原告的全部诉讼请求。

原审原告不服一审判决，提起上诉，认为被上诉人“三体”商标未达到驰名商标的程度，三体公司基于注册商标并不享有在先的民事权益。二审法院认为，在涉案域名注册前,《三体》小说已经具有非常高的知名度，小说中的三体游戏是小说主人公接触三体世界的重要媒介，是小说情节展开的重要元素，www.threebody.com 网址正是该三体游戏的网址。上诉人注册涉案域名后，在使用该域名的网站上转载的多篇新闻均涉及《三体》小说及小说作者刘慈欣。上述行为显然会造成相关公众的混淆和误认，构成不正当竞争。二审法院判决驳回上诉，维持原判。

（三）案例 3:《三体》著作权权属、侵权纠纷，案号（2023）沪民申 1372 号[5]

当事人：再审申请人（一审被告、二审上诉人）为广州荔某网络技术有限公司；被申请人（一审原告、二审被上诉人）为深圳市某计算机系统有限公司

案情介绍：被申请人已获得将文字作品《三体》录制和改编成音频作品并且对《三体》音频作品以任何形式进行使用的独占性授权，包括以直播、录播等任何方式传播《三体》音频，且被申请人有权对侵犯其独占性权利的行为进行维权，当然有权禁止在直播间直播《三体》音频。被申请人发现再审申请人的平台上存在大量侵权音频，体量庞大、侵权方式多样，并且其在收到多次有效侵权通知后，仍未将侵权音频及时彻底下线，被申请人认为再审申请人对平台主播传播侵权内容具有过错，应当承担侵权责任，故提起诉讼。案件经一审、二审后，由再审申请人提起再审。

上海市高级人民法院认为,《三体》作者刘慈欣与被申请人签订了《独家合作协议》，刘慈欣出具的《授权书》表明，被申请人有权就涉案作品的网络

直播行为进行维权。《三体》具有极高的知名度，再审申请人平台上有大量标有“三体”“刘慈欣”“黑暗森林”“死神永生”等字样并连续多集播出的音频，且部分音频是独家主播、优秀主播等点播量靠前的主播传播，再审申请人明知或应知其平台主播传播侵权音频，而未及时采取制止侵权的必要措施，主观上具有过错，构成帮助侵权，应承担相应的侵权责任。法院判决再审申请人支付被申请人赔偿金 500 万元，并承担维权的合理费用并无明显不当，最终驳回再审申请人的再审申请。

评述：近年来，科幻领域知识产权纠纷的案例开始增多，但是标的额和法院判决的赔偿额均过低。前三个案例，既有商标侵权、著作权侵权还有不正当竞争侵权，且都与中国科幻头部作品《三体》《流浪地球》有关，说明头部现象级作品因商业价值大，更易产生知识产权侵权等纠纷。

（四）案例 4:《三体》著作权侵权纠纷管辖权异议，案号（2023）沪 73 民辖终 119 号[6]

当事人：上诉人（原审被告一）为北京某科技有限公司，被上诉人（原审原告）为三体某文化发展有限公司，原审被告二为上海某科技有限公司。

案情介绍：原审过程中，原审原告指控原审被告一在其经营的抖音 App 中发布未经许可改编的《三体》小说作品，侵害其作品改编权；原审被告二经营的“豌豆应用市场”提供抖音 App 的下载，原审原告认为这扩大了被控侵权作品的传播影响范围，构成帮助侵权。故原审原告在上海浦东新区人民法院对两被告提起诉讼。

原审被告一提出管辖异议，认为本案不应由上海浦东新区人民法院管辖，应移送至北京互联网法院管辖，上海市浦东新区法院裁定驳回。后原审被告一向上海知识产权法院提出上诉，上诉理由为：原审被告一认为原审被告二的应用市场提供抖音等软件的下载服务，与用户在抖音等平台上传涉嫌侵害信息网络传播权的内容没有直接关联，不应当根据应用市场运营主体的住所地建立管辖；原审被告二并非适格被告，原审原告将其虚列为本案被告，有悖于管辖制度的基本原则和民事诉讼制度的诚信信用原则。

上海知识产权法院经审查认为，原审原告提交的初步证据证明，原审被告一作为抖音 App 的经营者、该 App 内存在名为“三体电影”的账户发布相关视频，以及原审被告二系“豌豆应用市场”的经营者、该应用市场提供抖音 App 的下载服务，故与本案被诉侵权行为具有一定的关联性，为本案适格被告。至于原审被告二的涉案行为是否构成侵权，待实体审理予以查明。由于原审被告二的住所地在上海市浦东新区，故一审法院对本案有管辖权。上海知识产权法院作出终审裁定：驳回上诉，维持原裁定。

（五）案例 5：“奥特曼”著作权侵权纠纷管辖权异议，案号（2023）沪 73 民辖终 135 号[7]

当事人：上诉人（原审被告一）为广州蓝某文化传播有限公司，被上诉人（原审原告）为圆某制作株式会社。该案原审被告包括广州蓝某动画传媒有限公司（原审被告二）、广州某弧文化传播有限公司（原审被告三），上海某有限公司某国际影城（原审被告四）。

案情介绍：原审中原审原告主张，原审一、二、三名被告分工合作，制作出品电影《钢铁飞龙之奥特曼崛起》，并通过原审被告四上映并在网络平台持续播放，侵害其对奥特曼形象的复制权、摄制权、信息网络传播权等著作权利，要求被告承担停止侵权、消除影响、连带赔偿损失等民事责任。原审被告一提出管辖异议，被上海浦东区人民法院裁定驳回。原审被告一不服该裁定，认为本案为信息网络侵犯著作权纠纷，应根据《最高人民法院关于审理侵害信息网络传播权民事纠纷案件适用法律若干问题的规定》第十五条确定管辖，上海市浦东新区人民法院对本案无管辖权，因为原审原告未证明实施被诉侵权行为的网络服务器、计算机终端等设备所在地在上海市浦东新区，且原审被告四仅是案涉奥特曼形象电影的播放地，其所在地法院不具有本案管辖权。故向上海知识产权法院提出上诉。

上海知识产权法院经审查认为，本案并非仅为侵害作品信息网络传播权纠纷案件，应按照著作权侵权纠纷案件一般管辖规则确定管辖。因原审原告提交的初步证据证明，原审被告四上映播放被诉侵权的涉案电影与本案被诉侵权行为具有关联性，为本案适格被告。至于原审四名被告的被诉行为是否构成侵权及须承担责任，有待实体审理后认定。由于原审被告四的营业场所地址位于上海市浦东新区，故一审法院对本案有管辖权。尽管本案被上诉人住所地法院对本案有管辖权，但一审原告选择向一审法院起诉，系依法行使其诉讼权利，于法不悖。最终，上海知识产权法院作出终审裁定：驳回上诉，维持原裁定。

（六）案例6：“奥特曼”商标权及不正当竞争纠纷管辖权异议，案号（2023）沪73民辖终139号[8]

当事人：上诉人（原审被告一）为珠海某某文化发展有限公司，被上诉人为（原审原告）上海某某文化发展有限公司；原审被告二为奥某某餐饮管理（上海）有限公司，原审被告三为上海某某品牌策划有限公司，原审被告四为光某某餐饮管理（上海）有限公司。

案情介绍：本案系侵害商标权及不正当竞争纠纷。原审原告认为，被告二、三、四共同经营“奥特曼之堡”“奥特曼汉堡”店铺及品牌形象，侵犯了原告“奥特曼”商标权并构成不正当竞争。原审被告一纵容前述侵权行为，故原审原告要求原审四名被告承担停止侵权、赔偿损失、消除影响等民事责任。原审被告一提出管辖异议，认为本案应由侵权行为地或者被告住所地法院管辖，不应当由上海市徐汇区人民法院管辖。因此，上海市徐汇区人民法院对本案没有管辖权，应当移送至被告二奥某某餐饮管理（上海）有限公司住所地法院珠海市香洲区人民法院管辖，或者移送至其他被告住所地法院管辖。上海市徐汇区人民法院裁定驳回。原审被告一向上海知识产权法院提出上诉。

上海知识产权法院经审查认为，本案系侵害商标权及不正当竞争纠纷，根据《中华人民共和国民事诉讼法》第二十九条规定，因侵权行为提起的诉讼，由侵权行为地或者被告住所地人民法院管辖。第二十二条第三款规定，同一诉讼的几个被告住所地、经常居住地在两个以上人民法院辖区的，各该人民法院都有管辖权。第三十六条规定，两个以上人民法院都有管辖权的诉讼，原告可以向其中一个人民法院起诉；原告向两个以上有管辖权的人民法院起诉的，由最先立案的人民法院管辖。本案原审被告四的住所地在上海市闵行区，于2022年5月19日已进入上海市徐汇区人民法院的诉前调解阶段，根据上海市高级人民法院关于管辖的相关规定，上海市徐汇区人民法院有权管辖，并已于前述日期进入上海市徐汇区人民法院诉前调解、发生于上海市闵行区的第一审知识产权民事案件，故上海市徐汇区人民法院对本案有管辖权。在本案存在多个被告的情况下，即便被告住所地法院对本案均有管辖权，但一审原告即被上诉人有权选择管辖法院，其选择向一审法院起诉，系依法行使其诉讼权利，于法不悖。故作出驳回上诉，维持原裁定的终审裁定。

评述：上述案例4、案例5、案例6三起案件的案由分别为著作权、商标权或不正当竞争纠纷，案件受理后，被告方首先便对案件的诉讼管辖权提出异议。由于当事人在合同条款中常常会约定处理纠纷的管辖法院或仲裁机构，管辖权就成为“兵家必争之地”，争夺管辖权的意义不仅在于诉讼成本的高低和诉讼过程是否便捷，还因审理法院的不同、合议庭成员的不同，进而影响到案件审理的结果。

（七）案例7：国产科幻动画《灵笼》商标侵权纠纷，案号（2023）粤0704民初559号[9]

当事人：原告为武汉艺某文化传播有限公司，被告一、二、三、四分别为台山市漫某贸易有限公司、台山市煌某贸易有限公司、曾某、陈某。

案情介绍：原告是一家以精品原创动画作为切入点进行IP全产业链运营的泛娱乐公司。《灵笼》是一部国产科幻动画，原告是案涉注册商标的权利人。被告一、二未经原告的许可，在同一种商品上使用与原告注册商标相同或近似的商标，或在类似商品上使用与其注册商标相同或者近似的商标，容易导致大众混淆，已经构成了侵犯原告注册商标专用权的行为，应当承担相关侵权责任。被告一、二均系一人有限公司，一人有限责任公司的股东不能证明公司财产独立于股东自己的财产的，应当对公司债务承担连带责任，故也为适格被告。原告在江门市江海区提起诉讼，请求四名被告承担侵权责任。

江门市江海区人民法院认为，本案属侵害商标权纠纷，被告二构成商标侵权，应于本判决发生法律效力之日立即停止侵犯原告案涉商标专用权的行为。且被告三、四作为一人有限责任公司股东，未能举证证明其财产独立于公司（被告一、二）财产，应当对各自公司的赔偿损失责任负连带清偿责任，故判决被告一于本判决生效之日起十日内赔偿原告经济损失及合理维权费用共计6000元；被告二于本判决生效之日起十日内赔偿原告经济损失及合理维权费用共计12000元。被告三对上述6000元债务承担连带责任，被告四对上述12000元债务承担连带责任。

评述：本案中值得关注的是，两位自然人被法院判决分别成为其公司债务的连带责任人，理由是被告曾某作为被告一的唯一股东、被告陈某作为被告二的唯一股东，两家公司均为一人有限公司，且未能举证证明其财产独立于公司财产，故应当对各自公司的赔偿损失责任负连带清偿责任。

（八）案例8:《超级飞侠》系列动漫形象著作权侵权纠纷，案号（2023）辽02民终3727号[10]

当事人：上诉人（原审被告）为大连金州区光明某芝士蛋糕店，被上诉人（原审原告）为奥某娱乐股份有限公司

案情介绍:《超级飞侠》是原告创作的一部儿童动画作品，原告对其中多种动漫形象进行了著作权登记。原告发现被告通过摆放《超级飞侠》美术作品形象制作蛋糕，且摆放玩具的形象与原告美术作品高度近似，小朋友以及相关公众一眼便可看出该蛋糕形象是《超级飞侠》动画片中相关人物的形象，原告认为被告侵犯了其美术作品发行权。故原告诉至大连市西岗区人民法院，要求被告停止侵犯著作权并赔偿经济损失与合理维权支出费用共计10000元。

一审法院认为，被控侵权玩具摆件上使用的美术形象，与原告享有著作权的涉案美术作品在整体造型、颜色搭配、标志性特征等方面，构成实质性近似。被告未经原告授权许可，在其销售的蛋糕上使用带有《超级飞侠》系列美术形象的玩具摆件，其行为侵害了原告对涉案美术作品的发行权，应承担停止侵权、赔偿损失的民事责任。由于原告未能举证证明其因侵权而遭受的实际损失，被告的违法所得亦无法查清，酌定被告赔偿原告经济损失及维权合理开支共计4000元。

被告不服一审判决，向大连市中级人民法院提起上诉，认为被上诉人构成恶意维权。二审法院认为，被上诉人享有案涉美术作品的著作权，有权针对侵害其作品著作权的侵权主体提起诉讼要求索赔，以维护自己的合法权益。上诉人在被上诉人取证过程中实施侵犯知识产权的行为并非仅针对被上诉人做出，而面对一般的消费者均可能做出，故被上诉人的取证行为不构成钓鱼取

证，上诉人的免责抗辩不成立。大连市中级人民法院作出终审判决为驳回上诉，维持原判。

评述：本案中值得关注的是，原告是否属于恶意维权和钓鱼取证，被告的免责抗辩是否成立，这在此案中具有典型性。

（九）案例9（一组）：成都市中级人民法院在世界科幻大会召开前发布七起科幻知识产权典型案例[11]

为深入贯彻落实党中央创新驱动发展战略，全面融入知识产权强省、强市建设，进一步提高成都世界科幻大会司法服务和保障能级，2023年10月16日，开展了由成都市中级人民法院主办，郫都法院承办的“守护创新·法治助力成都世界科幻大会知识产权保护”主题活动。成都市中级人民法院发布“成都法院涉科幻领域知识产权保护典型案例”（2019—2023）：

1. 王某与海南某科技公司侵害作品信息网络传播权纠纷案

原告王某在其新浪微博账号发布了由美术作品改编而成的动态视频，该视频系权利作品，可供免费下载。被告海南某科技公司未经原告许可，在其运营的数字藏品电商平台网站铸造并发售了30个由上述作品生成的数字藏品（NFT），首次发售金额为599元/个。前述数字藏品发售后，可以进行转售，被告按比例从转售成交金额中共计收取综合服务费4万余元。

成都市中级人民法院判决，被告赔偿原告经济损失5万余元及维权合理开支5000元。一审宣判后，被告不服，提起上诉。四川省高级人民法院作出驳回上诉，维持原判的终审判决。

2. 深圳市腾讯计算机系统有限公司与田某某、鲁某某等不正当竞争纠纷案

原告深圳市腾讯计算机系统有限公司系多款游戏的运营主体，其针对游戏用户推出了“腾讯成长守护”系统。该系统包括多项未成年人电子游戏防沉迷措施，如人脸识别验证技术等，主要在于将用户面部信息与公安权威数据平台数据源进行比对，以识别未成年人并防止其长时间登录游戏系统。被告鲁某某持有的某网站销售“人脸代过”产品，被告田某某负责收款。该产品包含特制软件包，可劫持QQ安全中心人脸验证时调取的手机摄像头，并加载预设路径下的“人脸料子”视频（即经编译的特殊成人头像视频），完成虚假实名认

证，进而使游戏账号的未成年用户被认证为不真实的成年用户，规避网络游戏防沉迷措施。

成都市中级人民法院认为，两被告的行为构成了对原告的不正当竞争，故判决二被告停止实施妨碍、破坏原告“腾讯游戏人脸识别验证”功能的不正当竞争行为并赔偿原告经济损失30万元及合理开支5万元。

3. 重庆某科技公司与成都某设计公司知识产权合同纠纷案

原告重庆某科技公司与被告成都某设计公司签订了《工业产品设计合同》，委托其进行一款VR眼镜产品外壳的外观、结构设计并提供产品外壳及结构手板。在合同履行过程中，双方持续就VR眼镜手板设计进行沟通、修改，原告在履行过程中确认了VR眼镜外观配色、结构设计并对被告开发的手板进行测试，但双方对测试结果及进一步修改意见始终未达成一致。由此，原告向法院起诉请求解除合同、退还已支付开发费并支付违约金。被告反诉请求原告支付设计费尾款及违约金。

成都市中级人民法院判决为解除合同，原告根据合同履行的情况向被告支付部分合同款。原告不服，提起上诉，四川省高级人民法院判决为驳回上诉，维持原判。

4. 优某信息技术（北京）有限公司与成都某文化传播公司、成都某信息咨询公司不正当竞争纠纷案

原告优某信息技术（北京）有限公司经授权将《流浪地球》等影视作品在其经营的网络平台播放，其播放的影片标有“优某会员专享”“优某独播”“优某”等字样。后发现被告成都某文化传播公司在其运营的微信公众号中内嵌成都某信息咨询公司网站链接，可提供视频搜索功能，用户可在无须登录或开通会员账号的前提下直接播放优某网中所有视频节目，包括会员视频和付费视频等，并去除视频广告、提供电影下载链接。

成都市中级人民法院判决被告成都某文化传播公司、被告成都某信息咨询公司赔偿原告优某信息技术（北京）有限公司经济损失与合理开支共计42万元。

5. 四川某杂志社有限公司与成都某电子商务公司侵害著作权纠纷案

《球状闪电》《超新星纪元》《三体》三部曲系著名作家刘慈欣创作的科幻

作品，由原告四川某杂志社独家出版发行。《三体》在国内获奖无数，并获第73届世界科幻大会颁发的雨果奖“最佳长篇小说奖”。作者刘慈欣凭借《三体》获第六届全球华语科幻文学最高成就奖，并被授予特级华语科幻星云勋章。刘慈欣与原告签订了图书出版合同，约定原告拥有在中国内地以图书形式独家出版发行其个人作品《三体》《三体Ⅱ·黑暗森林》《三体Ⅲ·死神永生》的专有使用权。原告发现被告成都某电子商务公司在购物平台上销售上述作品的盗版图书。

成都市锦江区人民法院判决被告销售上述侵权图书，侵害了原告作品发行权。综合考虑被告的销售数量等因素，判决被告赔偿原告经济损失及合理费用。

6. 成都某影视公司与海南某传媒公司侵害作品信息网络传播权、署名权及不正当竞争纠纷案

原告成都某影视公司系一家设计、制作裸眼3D视频等综合性影视视觉效果的科技公司，其创作的“好看成都”“裸眼3D飞船”“太空熊猫裸眼3D”等视听作品引发了公众关注与热议。被告海南某传媒公司在其抖音平台运营的自媒体账号上未经许可上传了上述视听作品，并在前述上传的视听作品上标注误导性文字、附载海南某传媒公司联系方式。

成都市锦江区法院认为被告进行引人误解的商业宣传，构成虚假宣传的不正当竞争行为。故判决被告赔偿原告经济损失及合理开支共计16万元。

7. 某视效动漫公司与郫都区某副食店著作权权属、侵权纠纷案

原告某视效动漫公司系作品《变形警车珀利》的制作方。该系列动画播放后，影响较大，受众较多。“珀利（警车）”“海利（消防车）”等作品角色组成的消防队可变形为机器人，保卫人民平安生活，该系列形象知名度高。被告郫都区某副食店销售的一款玩具车外观与某视效动漫公司上述已版权登记的动漫形象基本一致，原告遂起诉请求被告要求其停止侵权、赔偿损失。

成都市郫都区法院经审理认为，原告系案涉动画视听作品权利人，亦系其中动漫形象美术作品著作权人，其合法权利应受到保护。被告销售的商品与原告作品构成实质性近似。故认定被告侵犯了原告的作品发行权，判决其停止侵权，并向原告赔偿经济损失及维权合理开支。

上述7个案例系从成都市两级法院万余件已生效知识产权案件中精心挑

选而出，涵盖不正当竞争、著作权侵权、合同纠纷等多类案由，覆盖科幻产业全链条，具有极强代表性。

（十）案例10：AI生成图片著作权侵权第一案，案号（2023）京0491民初11279号[12]

当事人：原告李某，被告刘某。

案情介绍：原告使用开源软件Stable Diffusion，通过输入提示词的方式生成涉案图片并发布在小红书平台。后原告发现，被告在其百家号发布的文章中以配图方式使用了涉案图片。原告认为被告未取得原告许可，且去掉了原告在涉案图片上的书名水印，使得相关用户误认为被告为该作品的作者，严重侵犯了原告享有的署名权及信息网络传播权，故原告诉至法院，要求被告在涉案百家号发布公开声明向原告道歉，消除其侵权行为给原告造成的影响，并赔偿原告经济损失费5000元。

北京互联网法院认为，利用案涉软件生成图片的过程在本质上仍然是人利用工具进行创作，即整个创作过程中进行智力投入的是人而非人工智能模型，且因图片直接受到操作者输入参数的影响，生成的结果具有独创性与可以识别的差异性。因此，原告涉案图片属于美术作品，受到著作权法的保护，故原告享有案涉图片的著作权。被告未经原告许可使用涉案图片且去除原告在小红书平台的署名水印，侵害了原告对涉案图片享有的署名权和信息网络传播权，应当承担赔礼道歉、赔偿损失等民事责任。故判决被告在涉案百家账号上发布声明向原告赔礼道歉，持续时间不少于24小时，以消除影响，并赔偿原告经济损失500元。

评述：这是中国AI生成图片著作权侵权第一案，对科幻作家使用人工智能工具进行创作尝试具有重大意义。

近年来，学界关于AI生成内容是否拥有法律意义的版权的讨论从未停止：AIGC生成内容是否属于受著作权法保护的“作品”，谁才是生成内容的权利人，人类的作者资格是否在逐渐丧失，等等，不一而足。在司法实践中，美国坚持不含任何人类创造性表达的AIGC作品将无法获得著作权保护，但北京互联网法院最终判定被告侵权，其判决结果对生成式人工智能带来的诸多著作权新问题作出了极有意义的探索，提出了其受著作权保护的参考标准，这对我国的司法实践和学术研究均具有重大影响及借鉴价值。这一判决结果表明了我国法律的态度，即在我国利用人工智能生成的图片是否体现作者的个性化表达，需要进行个案判断，不能一概而论。

二、科幻知识产权发展新态势

（一）政策护航科幻知识产权发展

2023年，关于如何凭借知识产权保护的力量推动科幻产业蓬勃发展的策略与探索显著增多，科幻领域的知识产权保护问题日益受到重视。从独立创作者到相关企业，各方均深刻认识到，我国科幻产业的繁荣发展，离不开国家知识产权保护的方向引领、保驾护航及全方位赋能。

2023年年初，国家知识产权局将各地《关于加快推动知识产权服务业高质量发展的意见》落实情况纳入知识产权保护年度考核[13]。之后，党的二十届二中全会就完善知识产权管理体制作出重要部署，将国家知识产权局调整为国务院直属机构[14]。这充分体现了以习近平同志为核心的党中央对知识产权工作的高度重视和殷切期待。

2023年5月23日，国家互联网信息办公室审议通过《生成式人工智能服务管理暂行办法》，并经国家发展和改革委员会、教育部、科学技术部、工业和信息化部、公安部、国家广播电视总局同意并公布，自2023年8月15日起施行[15]。办法中多个条款涉及知识产权保护，如第二条："利用生成式人工智能技术向中华人民共和国境内公众提供生成文本、图片、音频、视频等内容的服务，适用本办法。"第四条："提供和使用生成式人工智能服务，应当遵守法律、行政法规，尊重社会公德和伦理道德，遵守以下规定：……（三）尊重知识产权、商业道德，保守商业秘密，不得利用算法、数据、平台等优势，实施垄断和不正当竞争行为；……"第七条："生成式人工智能服务提供者（以下称提供者）应当依法开展预训练、优化训练等训练数据处理活动，遵守以下规定：……（二）涉及知识产权的，不得侵害他人依法享有的知识产权。"

2023年9月28日，成都市郫都区发布《成都市郫都区建设清水河高新技术产业走廊打造成都科幻中心若干政策措施》，重点扶持科幻内容创作、科幻出版、科幻动漫、数字技术、IP孵化、版权运营、软件应用、科幻会展赛事、科幻文旅、元宇宙等细分领域[16]。

2023年10月18日，第81届世界科幻大会上，作为重点论坛的“知识产权与科幻产业发展暨《中国科幻产业知识产权保护实务》新书发布”备受瞩目，这是中国第一本研究科幻产业知识产权保护的专业书，多家媒体进行报道，备受业界关注。新浪财经以“版权点亮科幻星空！世界科幻大会首次在中国举办”为题多角度报道了此次会议[17]。崔莉律师在京师律师事务所全球平台下组建了第一支科幻律师团队。

2023年12月，成都市印发《关于加快打造科幻产业落地转化载体平台推动科幻产业高质量发展的实施意见》[18]指出，到2027年，汇集一批以科幻文学、科幻影视、科幻游戏、科幻消费、科幻装备为重点发展领域的科幻产业集群，引育一批科幻产业重点领域领军人才，聚力发展“科幻+文学”“科幻+影视”“科幻+游戏”“科幻+消费”“科幻+IP运营”，探索打造面向全球的科幻IP交易平台[19]。

（二）科幻知识产权的多领域价值增值

2023年，科幻文学无疑是文学界一颗闪亮的星，中国科幻成为全民关注和热议的社会话题，科幻文学堪称文学“破圈”传播的排头兵。优秀的科幻文学作品更为文化产业的IP生态链注入了生机，促进了其与文旅、教育等相关产业的高度融合，带来了发展新思路、新组合、新机遇，使其成为文化产业发展的新赛道和新的经济增长点，堪称一片蓝海。

促进科幻作品著作权（版权）与相关产业的深度融合，特别是将具有中国特色的科幻文化元素的版权作品融入旅游、教育、影视、游戏等产业，拓展版权作品的应用场景和市场空间，已经成为中国文创市场的共识。科幻文学的版权转化运用既有利于保障和提升科幻作家的经济收益，促进文化产品的流通和传播，也有助于促进科学文化的繁荣，推动文化产业的高质量发展。

科幻+影视、科幻+动漫、科幻+游戏、科幻+教育（特别是少儿科幻+

教育）、科幻＋文旅、科幻＋阅读，以及科幻＋……“科幻＋”已然成为文学IP改编的一大特征，同时也是网大和动画科幻IP改编的持续增长点。科幻文学与更多行业的深度融合越来越多地成为现实。

科幻知识产权是受法律保护的科幻知识资产。科幻版权的影视、动漫、阅读、文旅、教育及衍生品等的不断开发和应用，都属于知识产权的价值变现和增值。

2023年第81届世界科幻大会上，由《科幻世界》杂志社联合中国科幻研究院共同发布的《中国科幻文学IP改编价值潜力榜（2023）》备受瞩目。榜单共有包括《隐秘死角》《末日乐园》《中国轨道号》《星域四万年》《造神年代》《深渊独行》在内的12部作品上榜。

随着刘慈欣等科幻作家多部作品的影视化、游戏等改编，更多的作家意识到版权保护的重要性，如主动进行版权登记、咨询相关法律人士有关知识产权保护的建议等。还有一定数量的科幻作者和出版机构加强了科幻作品知识产权转化的多种方式的实践与探索。科幻知识产权的持续和多样性转化，不但意味着给科幻文学创作者带来更多的变现机遇，还能更好地帮助相关领域实施差异化发展战略，布局和开拓出更优质的商业板块。

1. 从科幻版权到科幻影视

知识产权的本质在于限制竞争，利用知识产权来保护产品市场和商业模式，其意义在于帮助产权所有者建立或保护收入流。对科幻文学的影视、动画、游戏等的改编，归根结底是科幻版权的一系列转化，是通过对科幻文学作品著作权的许可或转让等方式实现的商业价值和增值。因此，知识产权法的总体及现实目标是保护那些可以帮助企业和个人盈利的权利。

2023年，科幻文学作品在影视领域的IP改编风起云涌，令投资者和科幻相关工作者及“科幻迷”欣喜不已。从整体IP开发来看，2023年各大平台方纷纷投入S级资源[①]进行头部科幻IP的开发，并均有多部作品储备。从其公布的待播片单看，科幻题材IP改编成的影视作品，已成为众多视听平台的重点开拓新赛道。比如，2023年，中国电影市场以科幻巨作《流浪地球2》“王炸”

① 通常指制作规模宏大、资金投入高、演员阵容强大、制作团队精良的影视内容。能享受平台优先资源分配，具有高商业价值和广泛市场影响力。

开端，总票房超40亿，位列中国影史票房榜第十位，被誉为中国式的科幻美学巅峰；2023年年初，超级科幻IP《三体》电视剧版热播，获得了良好的口碑和关注度，又为中国科幻注入一针强心剂。

在动画领域，随着武侠、玄幻主题作品内容的愈加同质化，观众正在不断流失，局面促使许多动画从业者将目光投向了科幻动画。2023年，少儿科幻作家超侠的科幻作品《超侠小特工》通过IP许可进行动画改编，成功制作为动画片，在优酷等平台播出。改编后的动画《酷杰的科学之旅——超侠小特工》还荣获中国科普作家协会优秀科普作品奖·科普影视动画类银奖。此外，根据超侠原著编剧的《星际探险队：寻找第二个地球》也在腾讯视频上线。由此可见，动画片《酷杰的科学之旅——超侠小特工》《星际探险队：寻找第二个地球》都是科幻IP的再次开发。

随着影视动漫领域对科幻作品IP的关注及其成功改编带来的可观的收视率和经济收益，这一趋势已经产生了积极的引领效果。在各方因素的影响下，众多具有浓郁东方美学特质的、来源于科幻文学作品IP改编的国产科幻影视作品，将如雨后春笋般涌现。

2. 从科幻版权到科幻戏剧[20]

2023年3月12日，深圳首部原创科幻哲理剧《云身》的首次正式公演圆满落幕。这部科幻戏剧的编剧为深圳大学戏剧影视学院的副教授尹迪，南方科技大学人文科学中心教授、博士生导师吴岩，南方科技大学教授、人文社会科学学院院长陈跃红，并由南方科技大学和深圳大学联合制作。该剧在试演之初便收获了诸多好评，同时以其丰富的哲理思考和鲜明的学院派特色，在短时间内引发强烈关注和热烈讨论，公演期间还出现了“一票难求”的现象。《云身》连续两天的公演地点在南方科技大学会议中心音乐厅，可容纳600人的场地场场爆满，还有不少观众坐在小台阶上，只求一睹为快。科幻戏剧的出现说明高质量的科幻版权创造出了更加可喜的探索和局面，其科幻版权转化正以多形式多举措的态势大踏步前进。

3. 从科幻版权到科幻游戏

科幻游戏在国民科幻大潮下成为大众关注的热点，众多的玩家在挑选游戏时会倾向于拥有IP背景的游戏。将经典的科幻作品改编成游戏，不仅能满足粉丝对科幻元素的喜爱，也有助于科幻作品的多元化形式呈现。

2023 年 11 月 16 日，由《三体》作者刘慈欣颁奖认证的末世放飞科幻生存游戏《星球：重启》全平台公测[21]。此外，由刘慈欣、王晋康、韩松、何夕在内的作家团共创《玩得到的科幻小说》，也在探索以科幻版权改编成游戏的方式呈现科幻文学作品的更多内容。这一实践无疑是对科幻文学作品版权转化的积极尝试。由此可见，依靠科幻 IP 的护航，科幻文学作品完全有能力成功实现多样化的市场价值。

4. 科幻作品扬帆出海

在知识产权的支撑下，近年来，科幻作品在海外市场的表现超乎预期，科幻题材成为国产影视出海的重要突破口。

2023 年年初，国产电视剧《三体》在亚洲、美洲、欧洲、大洋洲等地区相继播出，播出后 YouTube 平台观看人数超 400 万，腾讯视频海外版 WeTV 北美地区日均站内播放量高居 Top1[22]。这正是得益于顶流科幻文学作品被改编后所释放出的版权价值。

5. 科幻文学知识产权助力乡村振兴

文化旅游产业是拉动地方经济发展的重要引擎，然而近年来各地方出现了同质化现象，各地政府和相关企业纷纷意识到实施差异化战略的重要性。有知识产权战略、有品牌、懂运营成为文旅产业走出同质化、实现个性化发展的重要方向。在此背景下，科幻文学领域所积累的丰富的版权和商标权等知识产权资源，便为科幻文旅、文创等产业的发展带来了新的思路和商机。继北京、成都、深圳、上海等地之后，湖南省郴州市宜章县、江苏省启东市等地也纷纷挖掘自身科幻资源、制定相关规划并开拓科幻赛道，以科幻文旅模式为乡村振兴战略赋能。科幻题材为各地文旅、文创发展带来新的发展视角和灵感，开创出一条文旅、文创与科幻文学深度融合的差异化发展路径，更好地推动地方文旅等产业的发展。

三、结语

促进高质量的科幻版权的创造，是促进科幻版权转让运用的前提。未来，大力打造科幻版权创造基地和科幻版权产业集群，促进科幻版权与相关产业的深度融合是重中之重。科幻作家和其他科幻人应不断探索科幻版权转化的多种途径，如科幻版权与产业的结合、与金融的结合、与贸易的结合、与资本的结合等，优化科幻版权营商环境，掌握和运用版权登记、存证、监测、质押、侵权取证、维权、交易、衍生品开发等全链条的知识产权保护，以期实现科幻知识产权价值的最大化。

参考文献

[1] 国家版权局. 国家版权局关于2023年全国著作权登记情况的通报 [EB/OL]. (2024-02-20) [2024-04-19]. https://www.ncac.gov.cn/chinacopyright/contents/12228/358891.shtml.

[2] 中国裁判文书网. 文书全文 [EB/OL]. (2023-05-17) [2024-04-19]. https://wenshu.court.gov.cn/website/wenshu/181107ANFZ0BXSK4/index.html?docId=8gSbm+bn46PejlEQcPGkkuijjpTJKjEgYESWJLrFdOLpnO85oVbn4JO3qNaLMqsJhHNbFX6Yd9g+JmQEVNplzZdfZhfgz+lVjP7NgaTy9GyzP+sFd0Y45eqIwk9NBuWv.

[3] 中国裁判文书网. 文书全文 [EB/OL]. (2024-02-20) [2024-04-19]. https://wenshu.court.gov.cn/website/wenshu/181107ANFZ0BXSK4/index.html?docId=SrX4v8pf2ZU9OY30lqlAfZ89DNRZGuFkoGb3vdN/ZEBARRh/0Yag6JO3qNaLMqsJhHNbFX6Yd9g+JmQEVNplzZdfZhfgz+lVjP7NgaTy9GyzP+sFd0Y45eTfC0bVNMF2.

[4] 中国裁判文书网. 文书全文 [EB/OL]. (2023-09-05) [2024-04-19]. https://wenshu.court.gov.cn/website/wenshu/181107ANFZ0BXSK4/index.html?docId=8yAVlAKarxYJSWdJdIexIXTI0ah94bi93+RP3BoIkMm9VtSs4QxcSpO3qNaLMqsJhHNbFX6Yd9g+JmQEVNplzZdfZhfgz+lVjP7NgaTy9GyzP+sFd0Y45Qb7OmvPFdzg.

[5] 中国裁判文书网. 文书全文 [EB/OL]. (2023-08-01) [2024-04-19]. https://wenshu.court.gov.cn/website/wenshu/181107ANFZ0BXSK4/index.html?docId=dv6wNnAVYW9OI5eClP9WZCsUTO28/6Y2OYQnE9kYr1CQblbI+hKPrZO3

qNaLMqsJhHNbFX6Yd9g+JmQEVNplzZdfZhfgz+lVjP7NgaTy9GyzP+sFd0Y45fW4MNdzxIzh.

[6] 中国裁判文书网.文书列表[EB/OL].(2023-08-08)[2024-04-19].https://wenshu.court.gov.cn/website/wenshu/181107ANFZ0BXSK4/index.html?docId=NDOtIA+hdMiNKM+LJQbukY3ga0DV++xyOUq9WUePrRyiWGQfDf6qg5O3qNaLMqsJhHNbFX6Yd9g+JmQEVNplzZdfZhfgz+lVjP7NgaTy9GyzP+sFd0Y45WAJ++jzg/nj.

[7] 中国裁判文书网. 文书列表[EB/OL].(2023-08-08)[2024-04-19].https://wenshu.court.gov.cn/website/wenshu/181107ANFZ0BXSK4/index.html?docId=b+6XwRiJBSZ4tXqfPshp+sxqOFdtIsZq2Ts+4Sjj3oW+VQWSOpaksJO3qNaLMqsJhHNbFX6Yd9g+JmQEVNplzZdfZhfgz+lVjP7NgaTy9GyzP+sFd0Y45cw/SB1MT4BN.

[8] 中国裁判文书网. 文书全文[EB/OL].(2023-08-08)[2024-04-19]. https://wenshu.court.gov.cn/website/wenshu/181107ANFZ0BXSK4/index.html?docId=9F7s0sQN9hYfOhcjCGDo1AeIr4JHRCwhtvJONQ3WGVU/3eLHGBCndpO3qNaLMqsJhHNbFX6Yd9g+JmQEVNplzZdfZhfgz+lVjP7NgaTy9GyzP+sFd0Y45XwRjuYmAaVU.

[9] 元典智库. 案例研判[EB/OL].(2023-04-03)[2024-04-19]. https://ydzk.chineselaw.com/ydzk/caseDetail/case/ec7f74b3e29a233c8269a21d764cd23a?_t=1713497602166&callType=web_s&caseNum=0&toParagraph=&title=%E6%AD%A6%E6%B1%89%E8%89%BA%E7%94%BB%E5%BC%80%E5%A4%A9%E6%96%87%E5%8C%96%E4%BC%A0%E6%92%AD%E6%9C%89%E9%99%90%E5%85%AC%E5%8F%B8%E3%80%81%E5%8F%B0%E5%B1%B1%E5%B8%82%E6%BC%AB%E5%8D%87%E8%B4%B8%E6%98%93%E6%9C%89%E9%99%90%E5%85%AC%E5%8F%B8%E7%AD%89%E4%BE%B5%E5%AE%B3%E5%95%86%E6%A0%87%E6%9D%83%E7%BA%A0%E7%BA%B7%E6%B0%91%E4%BA%8B%E4%B8%80%E5%AE%A1%E6%B0%91%E4%BA%8B%E5%88%A4%E5%86%B3%E4%B9%A6.

[10] 成都市中级人民法院. 文书网首次发布!成都法院涉科幻领域知识产权保护典型案例[EB/OL].(2023-10-17)[2024-04-19]. https://wenshu.

court.gov.cn/website/wenshu/181107ANFZ0BXSK4/index.html?docId=EpzSMH6XnFwe6Eko3tCmBMgnWweFYf2aEcAYc8sGRzSsWg7RNbaJA5O3qNaLMqsJhHNbFX6Yd9g+JmQEVNplzZdfZhfgz+lVjP7NgaTy9GyzP+sFd0Y45TGuzg4XciQh.

[11] 中国裁判文书网. 文书列表[EB/OL].(2023-05-17)[2024-04-19]. https://mp.weixin.qq.com/s/W8fHN7_UFsTUTRio-W1Img.

[12] 知产宝. 全国首例!“AI 文生图”著作权案:AIGC 构成受著作权法保护的作品[EB/OL].(2023-12-04)[2024-04-19]. https://mp.weixin.qq.com/s/yW-xt51YgPQCPNY3laVJ7Q.

[13] 国家知识产权局. 国家知识产权局等 17 部门关于加快推动知识产权服务业高质量发展的意见[EB/OL].(2023-01-11)[2024-04-19]. https://www.cnipa.gov.cn/art/2023/1/11/art_1413_182370.html.

[14] 国家知识产权局.《“十四五”国家知识产权保护和运用规划》实施成效显著[EB/OL].(2023-09-28)[2024-04-19]. https://www.cnipa.gov.cn/art/2023/9/28/art_3374_191547.html.

[15] 中华人民共和国中央人民政府. 国务院部门文件[EB/OL].(2023-07-01)[2024-04-19]. https://www.gov.cn/zhengce/zhengceku/202307/content_6891752.htm.

[16] 成都市中小企业网. 政策指南[EB/OL].(2023-10-28)[2024-04-19]. https://www.cdsme.com/zhengcewenjian/tongzhi/19269.html.

[17] 新浪财经. 版权点亮科幻星空!世界科幻大会首次在中国举办[EB/OL].(2023-10-30)[2024-04-19]. https://finance.sina.com.cn/jjxw/2023-10-30/doc-imzswzyk3763132.shtml.

[18] 成都市科学技术局. 成都建设科幻之都再出“新招”[EB/OL].(2023-12-19)[2024-04-19]. https://cdst.chengdu.gov.cn/cdkxjsj/c108732/2023-12/19/content_92c16f2cbbb447fa8971cfeded55892e.shtml.

[19] 新浪财经. 成都科幻产业发展新目标到 2027 年培育形成具全球影响力的“链主”企业 5 家以上[EB/OL].(2023-12-13)[2024-04-19]. https://finance.sina.com.cn/jjxw/2023-12-13/doc-imzxvmfe2621458.shtml.

[20] 深圳晚报. 全场爆满！深圳首部原创科幻哲理剧引发强烈关注《云身》一票难求获赞超乎想象 [EB/OL]. (2023-03-14) [2024-07-14]. http://wb.sznews.com/attachment/pdf/202303/14/2a7ba259-e15e-4bc8-a613-521c1b715afa.pdf.

[21] 中华网. 无惧围剿,《星球：重启》今日全平台公测！外星降临，活着就行 [EB/OL]. (2023-11-16) [2024-04-19]. https://tech.china.com/article/20231116/202311161440292.html.

[22] 上观新闻. 剧版《三体》海内外成功发行多个国家与地区 [EB/OL]. (2023-02-09) [2024-04-19]. https://m.jfdaily.com/wx/detail.do?id=581348.

作者简介：

崔莉，北京市京师律师事务所高级合伙人、科幻、影视、文化、科技等领域知识产权资深律师,《环球市场信息导报》封面人物，大型央企、国企、世界500强公司、多家名校总裁班等的授课教师，律政剧编剧、制片人,《赢在新三板》主编、《中国科幻产业知识产权保护实务》主编、《析案说法：专业化的魅力》副主编。

崔灵珺，北京市盈科律师事务所合伙人、北京广播电视台科教频道《民法典通解通读》节目特邀专家、《中国科幻产业知识产权保护实务》副主编。

《云身》：学科交融的风景

陈跃红

三位教授业余编撰的一部叫作《云身》的科幻哲理剧（见图 1），于 2023 年春天在深圳上演并大受欢迎，一票难求，600 人的剧场座无虚席，连演两场，竟然连台阶上都坐满了观众。中央和地方媒体追捧报道，这也被誉为 2023 年春天深圳文艺界的标志性事件之一。这里面究竟有何奥秘？笔者作为《云身》的编剧之一，尝试从跨学科科技人文融合的学术视野出发，对该剧创作过程进行复盘，重点关注这部剧的创作语境、学术氛围、想象力展开的科技支撑和核心冲突深化过程，试图呈现该剧主题表达的本意和观众接受的缘由。

图 1 《云身》海报

《云身》首场演出结束后，三位编剧开了个关于该剧剧本和演出的小型研讨会，邀请了戏剧界、科幻界、文学界和评论界的朋友一起开展研讨，本文就是根据该研讨会的内容复盘归纳而成的。此外，本文还将从跨学科科技融合的层面去厘清《云身》这部科幻哲理剧产生的创作语境，同时追溯当初创作的科技支撑和主题思想的深化来由。

为了达到这个设想的论题目标，复盘梳理就得从头说起。

2016 年夏季，我从北京大学中文系主任的任上到届卸任，受南方科技大学前校长陈十一院士的邀请，到深圳的南方科技大学参与和负责组建人文学科和人文学院。赴任前我就反复思考，到一所完全没有文科基础的新科技大学去，从零开始办文科，除了要完成基本的通识教育和校园文化建设使命，在国内综合大学人文社科学科队伍已具相当规模的背景下，从头开始办一个文科学院，遵循传统的模式肯定是行不通的，要想有所作为，就要办出自己的特色。我在行前接受记者采访的时候就曾经说:“一流的理工科大学一定要有一流的人文教育，不然所谓创新型人才的培养就无从谈起。改革开放以来，中国的理工科大学做过许多尝试，然而，人文学科如何和理工教育融合，这个难题一直都没解决。[1]”南方科技大学当时的文科是一张白纸，我就想，在这样一所以理工科为主体的创新型研究型大学里，如果将人文社科的学科专业特长与理工学科的前沿知识方法结合，开启跨学科人文社科教学科研的“新文科”之路，完全有可能展开一片人文研究的新疆域。到任不久，我即向学校提交了学科建设专题报告，题目就是“走向新文科：南科大文科的学科与队伍建设”，不久以后，文学院正式成立。为了确定发展定位，南方科技大学召开“新文科之新与创新人才培养高端论坛”，随后通过学校的战略研讨会确认了以“跨学科的科技人文学科建构”为“新文科”的发展方向。2019 年，教育部等部门启动学科“四新”建设，即“新工科、新医科、新农科、新文科”，于是我们的方向就更坚定了。

七年来，南方科技大学科技人文跨学科建构的学科体制和教学科研队伍基本成型，并且在国内有了一定的影响力，其中以科幻文学为抓手的“科学与人类想象力研究”与“人工智能视域下的数智人文研究”始终是两个最主要的学科发展方向。

先谈科幻方面。南方科技大学设立了科学与人类想象力研究中心、机器写作研究室和写作与交流课程教研室三个机构。在课程建设方面，开设了“科幻创作”“科幻电影鉴赏”“科幻文学欣赏”“想象力入门”“未来学方法”等系列课程。在人文科学中心主持的“南科人文学术丛书”的三个系列中，就有《20世纪中国科幻小说史》等七本科幻著述和一套专为中小学编写的科幻教材。而在科幻文学创作方面，刘洋老师的长篇小说《火星孤儿》在人民文学出版社出版后大获好评，获包括华语科幻星云奖在内的多项奖项。《流光之翼》获第十一届深圳青年文学奖等奖项。吴岩教授的《中国轨道号》荣获第十一届全国优秀儿童文学奖、第二届少儿科幻星云奖金奖，他个人也因为在科幻领域的贡献美国科幻研究协会颁发的托马斯·D. 克拉里森奖。甚至连我们教的理工科学生创作的科幻作品也接连获奖。学校方面也将“科学、科普、科幻”，即“三科文化”，确定为南方科技大学校园文化建设的重点领域，给予大力支持。

在人工智能与数智人文研究方面，与之相关的机构就有计算人文学研究中心、VR 虚拟文科实验室和语音实验室三个平台，主要集中于对 AI 伦理、人文计算、社会科学中的智能计算、元宇宙视域下的虚拟现实和智能语音研究等方向开展系列研究。其中有些研究课题还引起了诸如华为、腾讯，以及北京大学、中国科学技术大学、上海交通大学等单位、院校同领域专家的重视，还激发了他们一起参与教研活动的兴趣。这期间，我们围绕人工智能相关的一些关键人文命题，譬如人工智能过程伦理、自主系统的可信与可信性差异、智能伦理的关键问题等，连续召开了三次跨学科对话性质的人工智能主题会议。第一次会议是 2018 年 5 月 19—20 日召开的“人工智能时代的技术与伦理：跨学科对话”会议。会议邀请了来自北京大学、中国科学技术大学、上海交通大学、四川大学等高校和华为、腾讯、京东以及南方科技大学计算机系、斯发基斯可信自主系统研究院等单位的十几位重要学者担任主讲和对话嘉宾作交流分享，其中一半是国内人工智能及其相关领域的著名科技专家，包括院士、腾讯研究院院长、京东研究院院长、华为科学家等。另一半是国内人文、社科、科学传播及媒介传播相关领域的专家，形成所谓“9+9”的分专题报告。科技专家与人文学者围绕同一话题两两对应，事先交换观点和论述要点，会场上形成了两两深入对话的交流模式。

此后的几次会议，我们都沿用了这种真正跨学科深入对话的交流模式，并取得了很好的效果。其中一次会议期间，北京大学计算机与社会科学领域的李晓明教授把会议信息转发到其所在的计算机领域社群，吸引了数以万计的关注和回应。此后，2020 年 11 月 21 日召开了“可信自主系统发展趋势及其伦理解决之道”会议，2021 年 12 月 11 日召开了“AI 伦理关键问题及其解决路径”学术研讨会。这些会议，主题虽有所差异，但都紧紧围绕人工智能与人文社会的相关命题展开。这些会议的核心关注点在于，人工智能作为一种历史性的、颠覆性的技术进步，事实上已经在某种程度上超越了传统的、被动的工具理性，一跃成为具有主动性和自主性的新兴技术。人工智能的“仿人类性”特征，使得它从一开始就不可避免地面临了如何跨越人文价值多重边界的挑战。自科技进步以来，还没有一种技术像眼下的人工智能这样，才刚刚走向应用就引发众多的巨大社会争议，相关问题涉及价值、意义、伦理、法律、隐私、文化和美学等方方面面，这是自工业革命以来雄霸世界的科学技术界所未曾预料过的局面。而由人类自己所发明的这一智能技术的飞跃性进步，甚至突然有可能颠覆古今中外几千年以来形成的“固有主体意识”。自这一刻起，人类对这种系统的质疑和不信任就不再可能仅是纯技术问题，而是包含了对人的存在性、人类的世界存在唯一性的质疑。随着关于元宇宙的现实与虚拟混合现实研究的爆发，以及以 ChatGPT 为代表的超大数据预训练大模型应用平台的横空出世，通用人工智能（Artificial General Intelligence，AGI）时代的曙光初现，硅基数字生命可能提前到来，由此所引发的生命伦理冲突甚至关于人的存在意义的存在焦虑和挑战忧思开始浮出水面，成为越来越频繁的中心话题。

置身于这样一种智能人文探讨与科幻研究创作的科技人文跨学科融合浓厚的环境中，无形中便会进入一种“如入芝兰之室，久而自芳也”的状态，体验到新科幻精神的熏陶。我们不仅意识到了跨学科共创嵌合的学术脉动，也情不自禁会有想象之上的创作冲动。我们感觉到，相比机器会把人变成奴隶的 AI 预言，也许更加让人担忧的是，真正将人类变成奴隶的生物，很可能就是人本身。进而言之，假定强人工智能、生物基因科技、合成生物学、量子科技、智能制造等更新的技术在未来能够呈现跨越发展，使基因可以自由编辑，肉身可以人工改造和重塑，脑信息可以在人与机器之间自由复制传递，人类将会面临怎样的三观动摇、存在被质疑的矛盾生存局面？

如今回想，当时对于这类问题的严谨学术思考，确实激发出了源源不断的想象力。学术的理性逻辑叙述已经是一种束缚，到了需要挣脱学术逻辑的束缚，寻找更好的表达方式的时候了！我和吴岩老师一次又一次地在校园内大沙河畔的栈道上散步、交谈，觉得除了研究，也许我们可以进一步展开想象力，创作一部科幻作品。至于具体的形式，科幻小说显然属于个人的创作领域，国内已不乏佳作；科幻电影、电视乃至动漫、网游等，则需大投资、大制作与大团队，非我们所擅长。接着我们突然发现，科幻舞台剧也许是个可以拓展的领域，当时国内尚缺乏此类想象之作，于是我们认为创作一部科幻舞台剧是个好的选择。而且，这个作品必须同时具备三个深度要素——科幻要素、思想与技术要素和戏剧文学要素，而一般人很难同时具备这三种专业深度，所以联合创作是最好的方式。那么，这个创作组合的人选都是谁呢？眼前就我们二人，吴岩是著名的科幻学者，国内第一个科幻学博士生导师，又是科幻作家；我是研究比较文学的，到南方科技大学后对科技人文融合情有独钟，是智能计算人文学的狂热吹鼓手。鉴于我的热心投入，中外著名计算机专家、演化算法发明人、南方科技大学计算机系主任姚新讲席教授和我们联合召开了多次跨学科会议，发表了两组专辑文章，给了我一个计算人文学研究中心负责人的“官”。这样，前两个要素都已具备，但是，戏剧文学要素在哪里呢？因缘际会，尹迪老师走进了我们的讨论群体，他恰恰就是那个合适的人。作为中央戏剧学院的戏剧学博士、深圳大学戏剧影视学院的老师，尹迪老师既是理论老师，又亲自下场做导演，执笔写剧本不就是他的专长吗？于是我们一拍即合。《云身》的主创团队就此诞生。这就是后来媒体报道频繁使用的“三个教授一台戏”的独一无二的创作方式之缘起。

“云身”并非最初的剧名，而是后期快上演之前的重新命名。创作之初，该剧一直以“矫正”为名，至今我们三人微信群的名字还是“矫正”。这是因为剧作的核心冲突就是围绕对碳基数字生命的矫正和反矫正来展开的。当初给这个剧的性质进行定位时，我们曾经把它确定为“后元宇宙科幻悬疑剧”，纯粹是想贴近拟想中网络时代的青少年观众。后来随着创作深入和主题认知境界的逐渐提升，我们三人一致同意将其定为“科幻哲理剧”。今天看来，这个定位显得尤为精准且贴切。

经过近两年的写作和修改，这个剧本在演出前的简介是这样的：“公元2050年，随着科技发展与资本扩张，人类已经实现了在虚拟和现实两种空间的平行生存。跨国资本联手打造的全球智能元宇宙实现了人类在现实中所缺失的一切补偿，包括各类劳动的替代和精神失意、匮乏的弥补，元宇宙成为人类新的精神家园。人们开始大量使用硅基虚拟替身人——‘云身’，来替代碳基的自己，在无限的虚拟空间中诗意地栖居和漫游。在现实和幻境的往返穿梭中，人类渐渐模糊了虚与实的边界。而某种新的生命也在这个模糊边界的缝隙里慢慢萌芽、生长……但在幸福安宁的表层之下却暗流汹涌，自然人的命运与数字孪生体在元宇宙律法面前发生冲突且不断升级，酝酿出挑战人类存在的巨大危机。”但实际上，我们在这个剧的时代定位、基本冲突、角色身份和结尾方式等方面，都有不断修正和深化的过程。

图2为《云身》剧照。

图2 《云身》剧照

关于《云深》的时代背景设定，我们最初曾计划将其设置为中国的上古时代，以区别和呈现科幻的中国文化特色。很快我们发现这一设想很难推进，遂放弃。然后我们又萌生了将故事背景设定在当代中国西南少数民族地区的念头，展现富于神话传说个性的民族异域科幻风情。但如何做到既能够展开其中真正的科幻冲突，又能避免把科幻与神话混为一谈，我们一时之间也没有找到好的解决办法，这一想法也就被搁置一边了。最终，我们还是决定回归人工智能的未来去思考，以 2050 年这一假定通用人工智能全面普及的时代为背景（今天看来，真希望这一天来得更晚些），这也可以更好地发挥想象力和进行哲理思考。

至于角色的身份性质和数字生命“云身”的命名，也是我们反复琢磨的结果。最初我们的角色定位比较超前，聚焦于人与高智商机器人（robot）之间的矛盾，尤其是真正人形化、肉身化的机器人，而不是常见的那种近乎机器和生硬玩偶的机器人。不过，对于这种机器人的精神内核和可能的面貌，我们的感觉依旧有些模糊。但随着对当今颠覆性科技的认知深化，譬如对通用人工智能和超强人工智能（ASI）的了解，以及近年出现的人工智能生成内容（AIGC）、大模型系统（GPT）、多模态并行系统的雏形等技术突破的出现，通用人工智能已经成为可能；随着以量子计算为特色的量子科技浮出地表，超越摩尔定律也成为可能；结构生物学与合成生物学的突破与器官复制，使未来生命体成为可能；随着智能制造重点领域的柔性皮肤、人工骨骼、人工肌肉和神经系统的设计，脑机技术等初现曙光，于是从应用机器人走向未来硅基智慧生命的路径隐约呈现。就这样，我们的视野逐渐聚焦到作为碳基生命的自然人与基于硅基演化的智慧新生命“云身”的冲突上来，这是我们在创作过程中一次重要的思维突破。人与机器的关系不再是主从关系、主人与工具的关系，也不再是有自主意识、有天赋人权的自然人与为其服务的数字工具及诸如陪伴机器人之间的关系，而是两种平等的、具有各自自主意识和生命尊严的“人类”（碳基）与“人类”（硅基）之间的关系。谁的智力更强？谁的文明程度更高？谁应该服从谁？当这个时刻到来的时候，人类将如何选择？至此，《云身》的创作终于取得创新性突破，难题被交给了观众和人类。《云身》的矫正不再是机器的修复或者毁弃，而是两种“人类”的根本关系的处理和生死的抉择！

鉴于现代科幻的想象成果与现实科技突破的时间差和转换速率正在无限

期地缩短，未来某一天，“云身”，即所谓数字生命“新人类”说不定在何时就可能应声而出。届时，作为碳基人类的我们将如何选择和面对，这就是《云身》剧终之际留给观众的难题和思考延伸的开放式结尾。仔细想想，这恐怕就是每次演出结束后，立刻就可以在散场的观众中听到关于究竟该如何选择的纷纷议论，以及十几个看过该剧的中学生很快就把他们关于如何选择的观后感文章发给我们主创团队分享的原因吧。

复盘至此，我发现在此剧的创作过程中，我们不知不觉竟然实现了关于人工智能机器人，或者说叫作硅基数据生命伦理探讨的多重跨越。首先，我们跨越了所谓技术伦理批判的范畴，对于 AI 伦理,《云身》已经不再局限于阿西莫夫的机器人学三定律[①]，而是将数字生命置于与人完全平等的地位和视角来加以观察。其次,《云身》也走出了关于技术进步与人的职业工作权利的社会批判视域。所谓机器剥夺人的饭碗，机器人作为工具与公司、消费者的关系矛盾在碳基生命与硅基生命的存在关系中走向了如何共存的追问。再次，自文艺复兴以来建构的“人是宇宙唯一天赋的存在”观念，以及人与其他物种的主仆关系伦理，在《云身》的剧情中受到了挑战，人的唯一性出现塌陷的裂痕。最后，从根植于宇宙的视角和人性角度展开，关于本体论意义上人的定义、人的意识、人的存在，在碳基生命与硅基智慧生命未来共存的图景之下，或将面临颠覆性的重构。这也许就是《云身》所给予我们的启迪吧。

（本文为深圳市人文社会科学重点研究基地“南方科技大学粤港澳大湾区科技人文与创新文化研究中心”成果。）

参考文献

[1] 陈跃红. 一流理工大学须有一流人文教育 [N]. 中国教育报，2016-09-12(5).

作者简介：

陈跃红，南方科技大学人文学院讲席教授、院长，北京大学中文系教授、原系主任（2012—2016）。主要从事比较文学与数智文化研究。

① 机器人学三定律：不得伤害人类；必须服从人类命令；在不违背前两条定律的前提下保护自己的生存。

近年中国科幻小说的“或然历史”想象及其美学建构

詹 玲

“或然历史”作为科幻小说中重要的想象类型，很好地体现了科幻小说的“思想实验”特性，即如果历史不是我们看到的现在这样，那世界将会是什么样子？[1] 相较西方①，中国科幻小说的“或然历史”想象开启得较晚，迟至20世纪后期才集中出现②。除了延续科普传统、用时间旅行或平行时空的想象普及历史或物理知识，20世纪80至90年代的“或然历史”想象还以启蒙现代性的思想为主导，或向主流文学的“人道主义”“现实主义”等靠拢，张扬人性情爱，折射现实问题；或立足自身，强调技术在决定历史发展走向方面的重要性，张扬技术乐观主义精神。进入21世纪后，随着中国科幻小说迎来新的繁荣期，“或然历史”想象的数量和质量不断提升。考察21世纪尤其是近些年来中国科幻小说的“或然历史”想象及其美学建构，既有利于我们把握中国科幻小说的整体发展态势，为当下科幻创作提供合理的价值导引，又可从科幻的视角出发，探究中国小说在新科技时代遭遇的诸多问题，为当下小说创作打开更为广阔的思考空间。

① 西方科幻的“或然历史”想象开启得较早，1836年爱德华·埃弗雷特·赫尔（Edward Everett Hale）的《放手》（*Hands off*）被认为是西方第一部“或然历史”科幻小说。

② “十七年”期间，中国科幻小说的“或然历史”想象仅有童恩正的《古峡迷雾》一篇。

一、从西方现代技术理性到东方技道艺术：从“偃师”的改编说起

《列子·汤问》中关于偃师的故事大概是最受中国科幻小说家们青睐的改编原型了。原文相关内容讲述的是工匠偃师向周穆王献上他所做的木偶人，让其为穆王及姬妾歌舞的故事。故事里的木头人巧夺天工，舞毕“瞬其目而招王之左右侍妾”的点睛之笔，极为传神地展现了偃师以假乱真的绝妙工艺。最早对其进行改编的作品，是童恩正的《世界上第一个机器人之死》(1983年)。小说颇值得关注的改编之处，在于作家将原文的木偶人改成了机器人，并由此将中国科幻小说的萌芽推进到了战国时期，远超西方。不难看出，作家希望通过这样的源头追索，继承和发扬中国文学的科学幻想传统，由此建构具有独特民族风格的中国科幻。然而，这种有意模糊了木偶人和机器人之间的差别，把西方机器人强行嫁接到战国时期，认为关于偃师的故事是“世界上第一篇描写机器人（甚至是理智机器人）的科学幻想小说”，而“关于机器人设想的发明权，应该是属于中国人的”这一观点[2]，恰恰反映出作家对西方科技现代性的自觉认同。作家用机器人的机器部件取代了木偶人的“革木胶漆”，用机件装配、组合的机械论取代了“废其肝，则目不能视；废其肾，则足不能步”的整体观，偃师故事中原有的中国科技思想其实是被遮蔽掉了。

不过，我们不能就此苛责童恩正和他的改编之作。因为在20世纪80年代，整理民族文化的根、重新跟上西方技术现代性的发展脚步是思想解放的主流。正视中国传统科技文化思想，发掘中国技术哲学的优势与特色，以期在日趋困顿的西方技术现代性之外，找寻适合中国己身，同时也适应世界未来可持续性发展的新技术道路，则是要到21世纪以后了。童恩正之后，潘海天、拉拉、王诺诺、慕明等人先后以偃师或偃师故事中的人物、名字等作为想象的出发点，创作出精彩的科幻故事。在潘海天的《偃师传说》里，尽管穿越了时间来到周朝的黑衣人，用现代科技造出的机械智能人成功地击败了所有用自然的力量显示出巧技的艺人们，但在他看来，这些“撒豆成兵”“绳技”“浣鼠”

等巧技才是值得迷恋的。不过，在这里作者并没有点明黑衣人缘何迷恋巧技，也未交代后世人忘了的“自己本身曾一度拥有的魔力”是什么[3]。在拉拉的《春日泽·云梦山·仲昆》里，小工匠偃师为博心爱的流梳公主欢心，用兔子做动力、犀牛筋做肌腱、小黄鹂做心脏，做出“由机关构成，十一只小松鼠推动，由一只黄鹂指挥的青铜人‘仲昆’”[4]，轻盈灵动，体现出与自然合一，和合共生的东方古典机械美学色彩。相比以上两部小说，慕明的近作《铸梦》里，偃师的故事虽只是作为圣人造物的传说一带而过，但作家通过两名少年循圣人之礼造出“惟妙惟肖，宛如天成”的少女的过程[5]，清晰道出了偃师造人技术背后的东方技术哲学理念，那就是与天地共生、与万物合一，以天地四时来经纬人事的创物规则。西方现代技术理性以征服与支配自然为出发点，彰显个人主体力量和人类中心主义，导致了人与自然、自我与非我、个人与社会、社会与国家、精神与物质等一系列二元分裂问题越来越明显，多重异化产生并不断加重。在这种现代性困境下，强调整体性、循环性、统一性的东方技术哲学观，无疑为矫正西方现代技术理性的弊病提供了可供借鉴的价值路径。

除了《铸梦》，慕明近年来的其他作品，如《假手于人》《宛转环》等，也都充满中国传统技术哲学思想特色。《宛转环》从女孩苣儿在上元灯会获赠陌生人的宛转玉环起笔，借由苣儿父亲之口，将治玉的琢空法、水墨画的留白法和造园的向心法等随意点染式地向读者娓娓道来，看似不经意地用苏轼的诗句“无一物中无尽藏，有花有月有楼台”道出这几种技艺方法背后同样的中国传统技艺美学追求[6]，也就是即色悟空、空中蕴色和技近乎道的色空圆融美学。

慕明能够从“技道合一”的中国传统技艺哲学出发，展开历史科幻想象，既得益于她对古典文学、博物馆及园林艺术等的热爱，也与她多年的海外程序员工作经历、对智能技术前沿的发展始终保持着极为敏锐的感知力有关。像慕明这样将中国传统技术作为想象的生发点的作家并不多。沈璎璎的《屠龙》、星垂的《秦镜映蝶》两部作品也有可圈可点之处。《屠龙》里改造鲛人的屠龙户支离益，手持长刀快到极致地劈斩鲛人的身体与尾巴，带着武侠功夫色彩的技艺展示与奇幻晦暗的色调营造出蛮荒神话的质感。《秦镜映蝶》中主人公李凌人通过与物相连影响周遭事物的阴阳家格物术、嬴蝶冶炼巨大蝶镜引气流动的墨家机关术、坚守墨家“兼爱”“非攻”思想并为此献身的精神气质等，亦将传统技术的古典魅力生动地展现于读者面前。不过，相比《铸梦》《宛转环》等作品，这两部作品在挖掘中国传统技艺的诗意之美、张扬传统技艺内蕴的精深思想等方面，还是逊色不少。

二、回向传统的人文理想：“以义为先”的英雄主义与崇高美学建构

将科技幻想融入历史叙事的文学想象，决定了历史科幻小说的历史观不会是“三分想象七分真实”，力图还原历史本真面目的传统历史观，而是如海登·怀特（Hayden White）所言的新历史主义观。至于用科技想象重述出的历史故事要传递的是怎样的价值立场，则因文本而异。像慕明那样执着于展现中国传统技艺文化及美学表达的科幻作家毕竟是少数，对于更多的科幻小说家而言，他们将科学的幻想故事铺展于历史的幕布之上，想要彰显的或是科技的现代性、先进性与理性精神，或是回到文学作为人学的根本，即张扬人情人性，挖掘历史人物身上的人文理想精神。这两种类型在20世纪八九十年代都已出现。前一种类型的作品有刘兴诗的《雾中山传奇》、晶静的《女娲恋》《织女恋》《盘古》等，这也是20世纪科幻小说创作的思想主流。后一种类型的作品在20世纪90年代开始增多。姜云生的《长平血》、晶静的《夸父追日》、苏学军的《远古的星辰》以及资民筠的《持琴飞天》等小说，想象历史人物与当代人、外星人之间的情感纠葛或战争故事，张扬人性、人情，强调儒道正义等“以义为先”的古典人文精神。彼时，主流文学重返启蒙及重寻民族文化之根的声音已不再喧嚣，但这些思潮的影响却在上述科幻小说中后发式地显现出来，且在进入21世纪之后，依然持续且拥有令人惊叹的饱满力量。

近20多年里，想象中国传统文化与外星文明之间的关联，还是科幻小说家们用科技想象重述中国历史最常用的叙事范式。其中，比较优秀的有绫绫的《再见黄鹤楼》、万里秋风的《天道》，钱莉芳的《天意》《天命》等。《再见黄鹤楼》将祖冲之的《缀术》想象为激发未来数学家安东研究出改变宇宙物理常数

的先进技术的书籍，这本数学古书的强大力量甚至招致了外宇宙智慧文明前来追杀。《天道》则将武功想象为来自他宇宙的地球观察者传授给主人公的体内科学。主人公的正义感和向往光明的心，打动了观察者并传授他武功，江湖和江湖人由此产生。尽管小说也将武侠、江湖等中国传统侠文化的产生归因于高层次外星文明，但作者做此想象的意图已不再是为传统文化贴上现代科技文明的标签，表达对现代科技文明的向往和追求，而是宣扬侠义、仁义等古典人文精神。《天意》《天命》也是如此。《天意》中最光彩夺目的英雄人物，不是为逃离地球发展了中华文明又要毁灭中华文明的外星生物龙羲，而是明知力量不敌龙羲却还奋力与之缠斗，并最终拯救了天下苍生的韩信。《天命》里，作家虽在苏武身上的着墨不如另一人物卫律多，但苏武身具异能却坚决不用此来为自己谋利、甘受屈辱的“大写的人”的精神，令人印象更为深刻。

根据量子力学平行宇宙理论，在既有的历史之外展开“或然历史”的他种可能性想象，是作家们重述历史的另一重要叙事范式。21 世纪以来，这类聚焦人性人情、建构儒家“义”精神的作品也有很多。值得阐述的佳作有燕垒生的《忘川水》《天与火》《天行健》《地火明夷》、因可觅的《雷峰塔》、张冉的《野猫山——东京 1939》等。《天行健》的主人公楚休红从百夫长一步步成长为军队主帅，在战争的洗礼中始终坚守“唯刀百辟，唯心不易”的信念，不愿被权力吞噬，失了“仁”之初心。小说的最后，为了实现君主与民主合一的理想，楚休红甚至甘愿放弃与南武公子的战斗，走向断头台。《地火明夷》作为《天行健》的续本，主人公郑司楚也承继了楚休红人人平等的人道主义理想，并为之奋斗终生。尽管两位主人公最终都以悲剧结尾，但他们身上的正义、道义和仁义精神，让读者唏嘘其命运的同时，也感受到壮美崇高的美学力量，以及积极向上的理想主义激情。

近些年来，运用平行时空叙事成功塑造了“以义为先”的传统人文英雄形象的作家作品，还有梁清散的《新新日报馆》《新新新日报馆》《沉默的永和轮》、海漄的《龙骸》《江之怒》《极北之地》、E 伯爵的《重庆迷城：雾中诡事》以及燕垒生的《天启》等。梁清散这几部作品都以晚清上海为背景展开平行时空的历史想象，无论是《沉默的永和轮》里怀抱救国之志，在外忧内患的时代困境下彼此相依，坚持科研探索的杨继和孟指然，还是《新新日报馆》及其续篇里不断追踪真相的记者梁启，还是与梁启一道联合各方正义力量与铁爵爷等黑恶势力进行殊死较量、保卫上海民众安全的谭四，又或是致力于实业救国的沪上归国四杰和影子幼童们，这些人物形象无不有血有肉，生动鲜活。而在这些坚持着现代科技理性精神的人物身上，又都闪烁着铁肩担道义的民族精神光芒。同样,《龙骸》《江之怒》里聪颖好学，有着强烈求知欲与探索精神，发明了飞艇、设计了超级大炮的谢缵泰、丁文昌,《极北之地》中不顾自身安危和被误解，以一己之力建立北极海冰融化后洋流状况模型的楚北星，无不以强烈的爱国热忱感动着读者。《重庆迷城：雾中诡事》中，出手相助素不相识的谭家小姐，为了重庆城的百姓生命安全不顾自身安危而四处奔走调查真相的任西东，还有望江客栈古道热肠、个性豪放，有着强烈江湖侠义之气的女老板吴念娇，以及感动于任西东的为人，与他一道奔走保护百姓的袍哥胡五爷等，组成了极具中国民间特色的江湖豪杰群像。《天启》则延续了燕垒生一贯的人文精神思考。小说里有一段写到两位拳术高手比武，只知道跟着前人亦步亦趋的罗辟邪，不敌不断探索新拳路、创立新拳式的王景湘。小说在叙述拳术高低的背后，张扬的是守正、创新的价值伦理精神。

单薄、平面、缺乏精神厚度，是科幻小说人物形象塑造方面最常被人诟病的所在，而上述中国历史科幻小说的多数人物形象，大多较为成功地克服了这一弊病。究其原因，概有两点。一是敢于尝试历史科幻小说创作的作家，自身的古典文学、史学功底大多不弱。燕垒生、慕明都浸淫古典小说、诗词多年，深深喜爱传统文化并有着自己独到的理解；钱莉芳长期执教中学历史，对中国历史人物、事件自是烂熟于心；梁清散在创作历史科幻之前，已在北京师范大学旁听科幻文学相关课程，并开展了关于晚清科幻的研究。良好的文史素养是作家们塑造丰满、生动人物形象的根底，使他们能够自觉将“义”的伦理精神及人文思考注入人物形象内里。二是作家笔下历史人物的原型都有着兼济天下的道义精神，或是爱国爱民的英雄主义气质与理想情怀，如《天意》中的韩信,《天命》中的苏武；或是与人物勾连的历史人物，如《新新日报馆》《新新新日报馆》里，因梁启、谭四这些名字令人联想到的梁启超、谭嗣同，以及由周华明、康骙等故事人物代表的在晚清科技史上留下浓墨重彩的留美幼童等。这也是小说人物精神内涵丰厚、形象崇高可感的重要因素。

三、功夫技艺与蒸汽朋克、丝绸朋克的美学建构

作为融历史演绎与科技想象于一炉的小说类型，历史科幻小说或在历史的褶皱幽深处展开合乎逻辑的编排衍演；或根据历史事件进行平行时空的位移想象，将现代科学思想嫁接于封建社会的日常生活，将高科技器物镶嵌于帝国时代的市井街巷，让历史的真实与文学想象的虚构、古代的慢速时空与现代的超速技术等相互碰撞，产生巨大的审美张力。

21 世纪初的一些历史科幻小说，如《天道》，燕垒生的“武功院”系列、“天地人”系列等，将有着独特中国文化色彩的功夫叙事化入科幻小说，功夫技艺的形式美、意境美叠加现代高科技的器物美，形成了强烈的陌生化美学效果，以及充满传奇色彩和浪漫诗性的艺术特色。燕垒生“武功院”系列里的所有故事，均在武功院这一虚构的历史空间里展开。根据作家的设定，武功院隶属于明代军政搜集情报机构锦衣卫。作为在当时直接对皇帝负责、有权力抓捕皇帝以外的任何人的特种机动部队，锦衣卫在历史上极具传奇色彩。既往的武侠小说中，锦衣卫个个都是身怀绝技的顶尖高手。小说里的人物们身着飞鱼服、怀揣绣春刀，很快便自然而然地启动了读者的阅读记忆，从而被顺利地带入了武侠的传奇情境中。在作家笔下，武功院分水部、火部、雷部等部门，每个部分负责研发相应的科学技术，如火部对天文学、火器的研究，雷部对爆炸武器的研究等。故事中的新发现、新武器，其实在现代科技史上都有原型，如被命名为“天雷铳”的手枪、称为“雷石”的铀矿石等。当这些现代武器被置于明代后期的历史时空，再辅以精妙绝伦的功夫书写，古今交融的张力瞬间拉满。《无根草》中方子野和鲁蒂诺的拳术较量，一拳中含有数个变招，一招紧似一招的缠斗，使人读之弦绷。然绷到欲断之际，又穿插对战双方的交谈，使气氛松上一松，旋又更紧，递进至高潮，快意十足。

《天行健》和《地火明夷》里，作家在架空的战争历史图景中描述了各式武器发明。搁在发射架上，靠手扳机括弹射上天的飞行机；将火药干馏后释放出的极轻气体注入内外两层气囊并将其作为动力飞行的飞艇；以及由陶土制

成、装着倒钩的轰天雷；由钢索制成的天桥；斜装在架子上，圆筒状，可在五十步内穿透三张牛皮的神龙炮；还有架桥车、攻城车、雷霆弩、火枪、弦炮、螺舟等轮番登场。这些现代武器往往因古代世界的落后技术和原始材料，呈现出奇异的杂糅特征。在西方科幻小说里，这类先进与落后、魔幻与科学共存营造出的独特怀旧氛围的美学景观，被称为“蒸汽朋克”①。以望远镜为例，小说里的望远镜是“一个粗大的毛竹筒，搁在当中一个架子上。因为太长，有一半伸出了箭楼。两头不知镶嵌着什么，有点亮闪闪地发光”[7]。充满复古感的巨大造型，呈现出略显夸张的、古典与现代叠加的设计美学。小说里的交战双方，不仅比拼的是飞艇、飞行机、轰天雷、神农炮等各种新式武器及装备的先进性，还相互较量拳脚功夫。《天行健》的东平城攻城战中，当萧子彦刺破飞艇蒙皮时，遭到飞艇上一位须发皆白老者的掌击，于是，他使出流华妖月斩中的飞星逐月进行还击，“腰刀像一把风车般飞出去”，砍中对方面门。柳风舞护送童男童女乘坐巨舰到海岛仙山求仙药途中，与玉清子等人展开水中格斗，更是刀光剑影，格外精彩。现代战争与古代功夫交错上演，令人目不暇接。

燕垒生的新作《天启》里，主人公方子野和杨寰、许显纯等的打斗场面，基本遵循传统武侠小说功夫书写的路数，节奏快但不乱，如行云流水，打斗双方无论拳术、刀剑，各种动作、招式均交代得清清楚楚，画面感极强。《天启》将信息社会的科技器物也放到了明代天启王朝的历史图景中，且赋予其古典意味十足的新指称，譬如存思机（电脑）、信藤（网线）、缠腕时计（手表）、空行机（飞机）、掌纹锁（指纹锁）、光合车（新能源车）等。为了让这些工业和信息时代的高科技器物与明代的历史时空具有一定的贴合度和可信度，作者还构思了一些器物研发的历史源流，如存思机输入方式的沿革、外星生物之于网络的研发等，既怪诞新奇却又不乏文本真实性。

同样运用武侠叠加科幻的手法写得十分精彩的作家作品，还有梁清散的《不动天坠山》。斗技场精赤上身的元望与披挂红铜装甲的金刚力士之间的殊死拳斗，操纵偶人的顾然、张昭昭，使铜钹的元望和用长剑的鬼方各自发挥武

① 燕垒生及其他一些历史科幻小说家笔下的类似美学景观，虽然“蒸汽”特色十足，朋克感却较为缺乏。包括后文的“丝绸朋克”也存在同样的问题。考虑到没有更合适的术语加以概括，姑且用之。

器之长的缠斗较量，速度快、招式变化多端，引人入胜。如果说燕垒生的“天行健”系列、《天启》等小说中古今杂糅的现代武器想象具有类西方“蒸汽朋克”的美学色彩，梁清散的《不动天坠山》不仅体现出与“蒸汽朋克”同类的美学张力，也表现出具有浓郁东方古典美学色彩的“丝绸朋克”美学。“丝绸朋克”是美国华裔科幻作家刘宇昆基于“蒸汽朋克”提出的，是一个将东方情调的技术语言与科学精神相结合，使“中国古代有趣的工程技术魔幻化、夸张化”的科幻叙事美学概念[8]。顾然使用的用五指栓丝线操纵的猢狲偶人遍布地面，用丝线连接弩机的机关，自凉亭里既为凉亭输送凉风、又被作为地宫机关通道的水运辘轳车，以及由铜环、铜轴和铜半球等各种精细铜件拼接组合而成，测算不动山接触点位置的不动罗等，或轻盈灵动、或机巧过人，设计理念上都透露出浓郁的东方技术哲学文化思想。

四、新科技时代的“故事新编”：后现代的油滑、戏谑与反讽

《故事新编》里鲁迅用“油滑”二字，概括了自己这部历史小说集的修辞特征。尽管鲁迅是用检讨甚至否定的口吻谈作品里出现在女娲两腿间的“古衣冠的小丈夫”的[9]。但正如诸多论者指出的，晚年的鲁迅正是用这种古今杂糅的修辞手法，重新估定中国文明和人的价值。今事写古事、古人说今话的强烈对比，产生的滑稽讽刺效果，透出的是哲学思辨的幽深。

21 世纪以来，一些青年科幻小说家笔下的历史科幻小说模仿、沿袭了鲁迅的“油滑”手法，只不过他将思辨对象更聚焦在了科学以及科学的人的价值上。譬如飞氘的《蝴蝶效应》将中国历史故事重构为美国科幻大片（或者说将美国科幻大片改写成中国历史故事的系列短篇）。史书中正襟危坐的圣人孔子，在故事里成了《盗梦空间》的男主角，楚王用科学家公输般发明的造梦机试图向他植入“仁爱才是拯救乱世的王道”的思想，就像《盗梦空间》里的造梦师道姆·柯布潜入他人梦境盗取思想一样；刺杀秦王的荆轲、张良们被安插到《终结者》的故事里，所有刺秦王未遂的事件，都是反政府武装领袖陈胜命

人造出的终结者所致，连孟姜女也被改造成第N代终结者，哭长城的典故则成了用超声波武器轰倒秦王基业的复仇行为。此外，还有被《2001太空漫游》中的方碑召唤到太空，穿越星门变成星孩的汉武帝刘彻，像《西蒙妮》一样清丽脱俗的数字虚拟人杨玉环，让李隆基沉迷于游戏不能自拔，以及踏上《星际迷航》之旅，希望能够追上时光的“大明号”舰长郑和等。故事中的历史人物都被赋予了新的角色和身份，这些新身份跳脱原先被定格化的人物意义，从历史抽离，推至未来，既有调侃的荒诞不经，又有着被陌生化的新奇感和戏剧性。

其他科幻小说中也有类似的古今杂糅与油滑，如飞氘的另两部作品《一览众山小》《苍天在上》、宝树的《三国献面记》、阿缺的《征服者》等。以张冉的《晋阳三尺雪》为例，主人公王鲁从未来穿越到北汉，恰遇晋阳被围。为了保全自己的性命，王鲁竭尽所学，将各种高科技器物通过手边可能的工具和方式，复现于北汉晋阳城。于是，用蚕丝、活字和字箕等搭建起来的网络，乌木杆子和黄铜嘴做成的电筒，四只烟囱突突冒着黑烟的火油马车等用前现代物料组装起来的现代技术物出现在文本各处，令人眼花缭乱。形式的古典与功能的现代，甚至后现代，写实的笔法与幻想的物象之间形成强烈的反差，极具浪漫主义的诗学之美。

如果说鲁迅的《故事新编》用反讽、戏拟和狂欢等叙事手法，颠覆和破坏了既有的历史叙事的宏大性和神圣性，从而超前地表现出了后现代的思维特征，那么《蝴蝶效应》和《晋阳三尺雪》等科幻小说则是时代现实的反映和投射。《蝴蝶效应》用美国科幻大片中的科技幻想解构历史，本身就体现出后现代社会电影、电视、广播、网络等充斥混杂的媒体大爆炸特征，以及消费主导的社会性质。当这些以娱乐为目的的好莱坞人物和故事情节被置换进中国历史的文本空间，与其交织重塑成新的故事时，历史与当下、大众与精英、神圣性与娱乐性之间的界限都已模糊，呈现出不确定、不清晰的言说姿态。历史传统意蕴的消解和人物文化内涵的抹除和改变，则张扬了后现代社会平面性、世俗性和多元性的特征。《晋阳三尺雪》是用想象另一个平行宇宙的方式，用现代科技作为道具，以狂欢化的叙事笔法重绘了古代的一场攻城战。在这场攻城战里，我们看不到战士顽强抵抗的悲壮和豪迈，也看不到战场上猛力冲锋的奋勇和激情，看到的不过是只敢躲在屋内夸夸其谈的伪知识精英及各怀鬼胎、彼此算计的帝王与将领们。小说以极为戏谑的笔法，解构了战争本有的残酷、严肃和宏大。不同于现代语境下的作家们将狂欢化视为集体的、去身份化的活动，以此抗衡使人感到压抑、胁迫的权威和规约秩序，在后现代的社会语境中，狂欢已然就是日常世界的一种感受。互联网带来的信息爆炸，以及信息传播的个体化、破碎化造成的虚实边界模糊，在某种程度上消解了信息传播的意义表达。加之网络的全民化、图像化、匿名性和互动性等特征，主要传播情绪而非传递真相与意义，成为后现代文化的主导特征。于是，仪式化、正统化的美学观念已经被非常规、变异和杂糅的后现代美学观取代，用调侃、反讽等嬉笑怒骂的语言进行反常规的戏仿叙事，也就成为作家表现“史实性的消退”和“主体的零散化”等文化特征的写作路径。

五、结语

刘宇昆在谈到西方朋克类科幻小说时指出，常有作者为了在历史场景中堆砌各种高科技物件大费功夫，“花 99% 的精力去设计华美的世界观，而忘了好好写故事”。好在这样的弊病在近些年的中国历史科幻小说中并不多。作家们通过历史重述，不断掘进、重审民主与科学启蒙的两个向度——从“德先生”与“赛先生”的精神深处，展开独具中国性的科幻美学探索。无论用侠之大者的“义”文化伦理和人道主义关怀浸润小说人物形象，还是深掘东方技艺哲学的精神内里，并将之刻写于人物劳作的举手投足之间，抑或想象精巧绝伦、复杂多变的中国古代机关发明，都显示了作家们希望跳出西方现代性的知识框架与文化美学，探寻、阐扬中国传统人文精神以及科技文化理性思想的努力。此外，狂欢化，充满油滑、戏谑与反讽美学效果的科幻“故事新编”，又反映出后现代搁置了历史的本然存在，从历史传统的意识形态、权力关系中解脱出来，与作家所属的时代、社会场域勾连出当下的历史观，并通过后现代取消意义深度和历史深度的平面性的时代特征，体现作家敏锐的现实感知力、问题意识及时代关怀。

参考文献

[1] Hellekson B K. The Alternate History: Refiguring Historical Time[J]. Kent State University Press, 2001.

[2] 童恩正. 世界上第一个机器人之死[J]. 科学文艺，1982（3）.

[3] 潘海天. 偃师传说[J]. 科幻世界，1998（2）.

[4] 拉拉. 春日泽·云梦山·仲昆[J]. 科幻世界，2003（5）.

[5] 袁欢. 慕明：像《红楼梦》那般，把世界“编织”成文[N]. 文学报，2023-05-18（4）.

[6] 慕明. 宛转环[M]. 上海：上海文艺出版社，2023.

[7] 燕垒生. 天行健[M]. 成都：成都时代出版社，2005：145.

[8] 未来事务管理局. 对话刘宇昆：丝绸朋克不在于丝绸，而在于朋克[EB/OL].（2017-12-26）[2024-05-28]. https://www.sohu.com/a/212935709_99994828.

[9] 鲁迅. 故事新编·序言[M]// 鲁迅. 鲁迅全集（第二卷）. 北京：人民文学出版社，2005.

作者简介：

詹玲，杭州师范大学人文学院教授，硕士生导师，研究方向为中国现当代作家作品、比较文学、科幻文学。

科幻

中国科幻发展年鉴2024

下篇·资料部分

2023年科幻图书目录

河　流（笔名）

图书类型	书名	出版方	出版时间	ISBN
作品选集	月海与游梦人：日本幻想文学杰作集	广西师范大学出版社	2023.01	9787559852335
作品选集	火星上的祝融：2022中国科幻小说年选	花城出版社	2023.01	9787536098527
作品选集	潮166：光年之外	人民文学出版社	2023.01	9787020174270
作品选集	首届“鲲鹏”青少年科幻文学奖中短篇小说合集	中国大百科全书出版社	2023.01	9787520212656
作品选集	银河边缘013：黑域密室	新星出版社	2023.02	9787513351256
作品选集	造访星辰：飞往太空的中国故事	译林出版社	2023.02	9787544794619
作品选集	2022中国年度科幻小说	漓江出版社	2023.02	9787540793623
作品选集	意识镜像	中国科学技术出版社	2023.03	9787504699145
作品选集	宇宙回响	中国科学技术出版社	2023.03	9787523600610
作品选集	镜影：赛博朋克文学选	北京时代华文书局	2023.03	9787569947038
作品选集	星际逃杀	海豚出版社	2023.03	9787511062383
作品选集	二维战争	海豚出版社	2023.03	9787511062376
作品选集	大地的年轮：中国都市科幻小说佳作选	新星出版社	2023.04	9787513350051
作品选集	彼岸花	浙江教育出版社	2023.05	9787572251863
作品选集	银河边缘014：无痕的蝉蜕	新星出版社	2023.05	9787513352291
作品选集	猫知道一切答案	中国画报出版社	2023.05	9787514622713
作品选集	人生不相见	浙江教育出版社	2023.05	9787572253584

续表

图书类型	书名	出版方	出版时间	ISBN
作品选集	2022 中国最佳科幻作品	人民文学出版社	2023.06	9787020180110
作品选集	英美科幻小说选读之疯狂科学	南开大学出版社	2023.06	9787310064366
作品选集	阁楼上的七个小矮人	北京联合出版公司	2023.06	9787559658234
作品选集	安琪的行星	万卷出版有限责任公司	2023.06	9787547061800
作品选集	恐惧机器	万卷出版有限责任公司	2023.06	9787547061824
作品选集	怪物同学会	万卷出版有限责任公司	2023.06	9787547061916
作品选集	再见哆啦 A 梦	万卷出版有限责任公司	2023.06	9787547061831
作品选集	人人都爱查尔斯	万卷出版有限责任公司	2023.06	9787547062272
作品选集	赶在陷落之前	万卷出版有限责任公司	2023.06	9787547061817
作品选集	三界	万卷出版有限责任公司	2023.06	9787547061909
作品选集	与机器人同居	万卷出版有限责任公司	2023.06	9787547062289
作品选集	太阳坠落之时	万卷出版有限责任公司	2023.06	9787547061855
作品选集	高维度渗透	万卷出版有限责任公司	2023.06	9787547061848
作品选集	机械纪元	北京时代华文书局	2023.06	9787569948950
作品选集	钢铁咆哮	北京时代华文书局	2023.06	9787569948936
作品选集	异星拓殖	北京时代华文书局	2023.06	9787569948929
作品选集	星辰大海	北京时代华文书局	2023.06	9787569949292
作品选集	生命代码	北京时代华文书局	2023.06	9787569949315
作品选集	群星呼唤	北京时代华文书局	2023.06	9787569948967
作品选集	往日幻景	北京时代华文书局	2023.06	9787569948974
作品选集	电子梦幻	北京时代华文书局	2023.06	9787569949278
作品选集	机魂觉醒	北京时代华文书局	2023.06	9787569948943
作品选集	时空幻境	北京时代华文书局	2023.06	9787569949285
作品选集	第一次	四川人民出版社	2023.06	9787220132834
作品选集	向前	化学工业出版社	2023.07	9787122431141

续表

图书类型	书名	出版方	出版时间	ISBN
作品选集	浮生一日	深圳出版社	2023.07	9787550737945
作品选集	三日月	深圳出版社	2023.07	9787550737815
作品选集	嬴家圣地	深圳出版社	2023.07	9787550737921
作品选集	银河边缘 015：倒悬的巴别塔	新星出版社	2023.08	9787513352888
作品选集	科幻世界精选集 2022	四川科学技术出版社	2023.08	9787572710834
作品选集	十日谈：新冠时期故事集	湖南文艺出版社	2023.08	9787572612466
作品选集	星云 XIII：赛博桃源记	四川科学技术出版社	2023.09	9787572711381
作品选集	第二十届百花文学奖·科幻文学奖获奖作品集	百花文艺出版社	2023.09	9787530686430
作品选集	东方彗星·成渝科幻创作邀请赛作品集	重庆出版社	2023.10	9787229179748
作品选集	对望的恒星	新星出版社	2023.10	9787513353076
作品选集	临界点 7：第十届未来科幻大师奖精选集	重庆出版社	2023.10	9787229178246
作品选集	宇宙工程师之歌	新星出版社	2023.10	9787513352956
作品选集	银河边缘 016：极北之地	新星出版社	2023.11	9787513353243
周边 / 设定	权力的游戏艺术设定集	人民文学出版社	2023.01	9787020175345
周边 / 设定	NieR Art 幸田和磨 ART 集	北京工艺美术出版社	2023.04	9787514025873
周边 / 设定	流浪地球 2 电影制作手记	中信出版集团	2023.04	9787521749724
周边 / 设定	哈利·波特电影制作全幕后	人民邮电出版社	2023.05	9787115602633
周边 / 设定	从亚瑟王到霍比特人：约翰·豪的奇幻中洲概念设定集	电子工业出版社	2023.06	9787121453175
周边 / 设定	全面战争：战锤	吉林美术出版社	2023.06	9787557576813
周边 / 设定	哈利·波特飞天扫帚设定集	中国青年出版社	2023.07	9787515368252
周边 / 设定	艾尔登法环：官方艺术设定集 1	百花洲文艺出版社	2023.07	9787550051744
周边 / 设定	艾尔登法环：官方艺术设定集 2	百花洲文艺出版社	2023.07	9787550051751
周边 / 设定	异次元宇宙学	浙江大学出版社	2023.10	9787308240499
周边 / 设定	铃芽之旅官方视觉设定集	新星出版社	2023.10	9787513352543
周边 / 设定	写给地球人的《三体》说明书	北京科学技术出版社	2023.10	9787571431501
周边 / 设定	云之彼端，约定的地方：官方分镜画集	四川文艺出版社	2023.10	9787541167393

续表

图书类型	书名	出版方	出版时间	ISBN
小说单行本	美丽新世界	民主与建设出版社	2023.01	9787513940795
小说单行本	傀儡战记：城堡与隐德莱希	四川科学技术出版社	2023.01	9787572708541
小说单行本	无限的梦境	四川文艺出版社	2023.01	9787541164644
小说单行本	星际边境	北京理工大学出版社	2023.01	9787576316629
小说单行本	梦境来访	长江文艺出版社	2023.01	9787570227174
小说单行本	我的治愈系游戏·壹·幸福小区	华中科技大学出版社	2023.01	9787568090452
小说单行本	汤普森旅行社	人民文学出版社	2023.01	9787020171750
小说单行本	罪物猎手	北京理工大学出版社	2023.01	9787576316933
小说单行本	最后的君王（卷一）：巫木王冠	重庆出版社	2023.01	9787229152383
小说单行本	气球上的五星期	万卷出版有限责任公司	2023.01	9787547060469
小说单行本	越界狙击 2	羊城晚报出版社	2023.01	9787554311387
小说单行本	墨兰计划	江苏凤凰文艺出版社	2023.01	9787559471840
小说单行本	诡秘之主 14	四川文艺出版社	2023.01	9787541165412
小说单行本	百变王牌：荷官的抉择	重庆出版社	2023.01	9787229159023
小说单行本	爱丽丝奇境解谜记	人民邮电出版社	2023.01	9787115598806
小说单行本	未来之城	四川文艺出版社	2023.01	9787541164828
小说单行本	夜的命名术：夜的第一章·奏鸣	人民文学出版社	2023.01	9787020175161
小说单行本	米菲的情感剧本	中国文史出版社	2023.01	9787520536967
小说单行本	不动天坠山	人民文学出版社	2023.01	9787020177134
小说单行本	回档 1995	广东旅游出版社	2023.01	9787557028411
小说单行本	本书充满蜘蛛	北京时代华文书局	2023.01	9787569942798
小说单行本	逃脱记录	中国友谊出版公司	2023.01	9787505755697
小说单行本	原始记忆	北京出版社	2023.01	9787200157192
小说单行本	第四条边	广东人民出版社	2023.01	9787218155890
小说单行本	铃芽之旅	新星出版社	2023.01	9787513350976
小说单行本	华夏旅游团月球历险记	中国宇航出版社	2023.02	9787515921914
小说单行本	有朝一日刀在手	北京联合出版公司	2023.02	9787559661500
小说单行本	全知读者视角	国际文化出版公司	2023.02	9787512514201
小说单行本	零日传说 I：命运	重庆出版社	2023.02	9787229172275

续表

图书类型	书名	出版方	出版时间	ISBN
小说单行本	零日传说Ⅱ：长夜	重庆出版社	2023.02	9787229172282
小说单行本	零日传说Ⅲ：弑神	重庆出版社	2023.02	9787229172299
小说单行本	生灵王	敦煌文艺出版社	2023.02	9787546822891
小说单行本	人类灭绝	北京日报出版社	2023.02	9787547744048
小说单行本	极北	南海出版公司	2023.02	9787573502186
小说单行本	被毁灭的人	北京日报出版社	2023.02	9787547743997
小说单行本	杜鲁姆	线装书局	2023.02	9787895366695
小说单行本	百变王牌：鬼牌镇疑云	重庆出版社	2023.02	9787229159382
小说单行本	人鱼陷落Ⅱ	上海文化出版社	2023.02	9787553526805
小说单行本	诡秘之主 15	四川文艺出版社	2023.02	9787541165955
小说单行本	百变王牌：独眼杰克	重庆出版社	2023.02	9787229159009
小说单行本	气候幽影	花城出版社	2023.02	9787536098121
小说单行本	末日邮差	四川科学技术出版社	2023.02	9787572708596
小说单行本	陶偶	四川科学技术出版社	2023.02	9787572708558
小说单行本	亲爱的主人	百花文艺出版社	2023.02	9787530684818
小说单行本	小淮啾 2	北京燕山出版社	2023.02	9787540264246
小说单行本	井中之城	人民文学出版社	2023.02	9787020175772
小说单行本	首里之马	台海出版社	2023.02	9787516834176
小说单行本	重生：回到 1983 当富翁	花城出版社	2023.03	9787536097681
小说单行本	黑日	重庆出版社	2023.03	9787229168735
小说单行本	威尼的梦想	花城出版社	2023.03	9787536098459
小说单行本	播种地球	中国言实出版社	2023.03	9787517141372
小说单行本	密室黄金时代的杀人事件	北京日报出版社	2023.03	9787547744383
小说单行本	复明症漫记	河南文艺出版社	2023.03	9787555914952
小说单行本	咕咕云谷	中信出版集团	2023.03	9787521748642
小说单行本	济贫院	人民文学出版社	2023.03	9787020178308
小说单行本	在不眠之夜，与你共奏这曲梦	百花文艺出版社	2023.03	9787530683842
小说单行本	弹丸论破雾切 1	台海出版社	2023.03	9787516833957
小说单行本	弹丸论破雾切 2	台海出版社	2023.03	9787516834121
小说单行本	弹丸论破雾切 3	台海出版社	2023.03	9787516834336
小说单行本	弹丸论破雾切 4	台海出版社	2023.03	9787516834572
小说单行本	弹丸论破雾切 5	台海出版社	2023.03	9787516834695
小说单行本	弹丸论破雾切 6	台海出版社	2023.03	9787516834725

续表

图书类型	书名	出版方	出版时间	ISBN
小说单行本	九月之恋	化学工业出版社	2023.03	9787122419477
小说单行本	孪星·变轨	中国民族文化出版社	2023.03	9787512216471
小说单行本	悬浮术	作家出版社	2023.03	9787521221664
小说单行本	生还之日	北京燕山出版社	2023.03	9787540268060
小说单行本	刀剑神域进击篇 008	花城出版社	2023.03	9787536098237
小说单行本	两度	北京联合出版公司	2023.03	9787559664761
小说单行本	神秘逝者的诤言	作家出版社	2023.03	9787521220087
小说单行本	深空彼岸 5	安徽文艺出版社	2023.03	9787539676197
小说单行本	图灵密码	广东旅游出版社	2023.03	9787557028619
小说单行本	相遇之时，盛开之花	台海出版社	2023.03	9787516834312
小说单行本	无边量子号：新生	安徽少年儿童出版社	2023.03	9787570717156
小说单行本	寻泷	上海文艺出版社	2023.03	9787532186594
小说单行本	永生剧场	北京十月文艺出版社	2023.03	9787530222751
小说单行本	三尖树时代	人民文学出版社	2023.03	9787020177349
小说单行本	克拉肯苏醒	人民文学出版社	2023.03	9787020177370
小说单行本	重生之蛹	人民文学出版社	2023.03	9787020177356
小说单行本	米德威奇布谷鸟	人民文学出版社	2023.03	9787020177363
小说单行本	天客Ⅱ：灵鹭山	百花文艺出版社	2023.03	9787530684535
小说单行本	时间之墟	人民文学出版社	2023.03	9787020177899
小说单行本	白雪公主	新星出版社	2023.03	9787513351805
小说单行本	拉丁姆	浙江文艺出版社	2023.03	9787533969417
小说单行本	长夜余火 5	安徽文艺出版社	2023.03	9787539675886
小说单行本	流光中的爱人	北京联合出版公司	2023.03	9787559663825
小说单行本	嘘托邦	贵州人民出版社	2023.04	9787221174772
小说单行本	深渊星芒	中国文联出版社	2023.04	9787519050214
小说单行本	逐日：空间太阳能电站档案	中国科学技术出版社	2023.04	9787504698995
小说单行本	天才的非正常生活	中国科学技术出版社	2023.04	9787504699015
小说单行本	我们	译林出版社	2023.04	9787544794947
小说单行本	美丽新世界	译林出版社	2023.04	9787544794220
小说单行本	去见你	百花文艺出版社	2023.04	9787530684771

续表

图书类型	书名	出版方	出版时间	ISBN
小说单行本	我的治愈系游戏 贰 私立学院	华中科技大学出版社	2023.04	9787568091770
小说单行本	镜像人	北京联合出版公司	2023.04	9787559665676
小说单行本	她对此感到厌烦	北京联合出版公司	2023.04	9787559665539
小说单行本	外星人救助指南	江苏凤凰文艺出版社	2023.04	9787559470089
小说单行本	爱丽丝计划：人工智能的现在与未来	人民文学出版社	2023.04	9787020179077
小说单行本	孤岛的来访者	新星出版社	2023.04	9787513351850
小说单行本	寻找时间的人	四川文艺出版社	2023.04	9787541164545
小说单行本	大觉醒	湖南文艺出版社	2023.04	9787572602559
小说单行本	合唱团	北京十月文艺出版社	2023.04	9787530222904
小说单行本	逃离图书馆 2	天地出版社	2023.04	9787545576429
小说单行本	骑士盔甲	台海出版社	2023.04	9787516835210
小说单行本	仰望星空	团结出版社	2023.04	9787512699670
小说单行本	奇迹降临之前	新星出版社	2023.04	9787513349819
小说单行本	王牌代理师·大风未来	花城出版社	2023.04	9787536098770
小说单行本	云球·第一部·创世	北京理工大学出版社	2023.04	9787576317312
小说单行本	云球·第二部·乱局	北京理工大学出版社	2023.04	9787576317329
小说单行本	云球·第三部·时代	北京理工大学出版社	2023.04	9787576317336
小说单行本	云球·第四部·潜行	北京理工大学出版社	2023.04	9787576317343
小说单行本	云球宇宙系列：伊瓜多的战争	北京理工大学出版社	2023.04	9787576317350
小说单行本	信号（上）	中国友谊出版公司	2023.04	9787505751705
小说单行本	信号（下）	中国友谊出版公司	2023.04	9787505751712
小说单行本	莱博维茨的赞歌	北京日报出版社	2023.04	9787547744079
小说单行本	无尽的玩笑	上海人民出版社	2023.04	9787208161757
小说单行本	漫长的寒冬：失落之城	北京联合出版公司	2023.04	9787559664389
小说单行本	穿梭代码 1	广东旅游出版社	2023.04	9787557029517
小说单行本	外星人与赞美诗	北京联合出版公司	2023.04	9787559666703

续表

图书类型	书名	出版方	出版时间	ISBN
小说单行本	九州·茧语	重庆出版社	2023.05	9787229166540
小说单行本	黑轴 3：高黎神山	台海出版社	2023.05	9787516835487
小说单行本	碳铁之战 1：狩猎之神	四川科学技术出版社	2023.05	9787572709654
小说单行本	碳铁之战 2：绝地战歌	四川科学技术出版社	2023.05	9787572709661
小说单行本	碳铁之战 3：黑白天堂	四川科学技术出版社	2023.05	9787572709685
小说单行本	碳铁之战 4：彩虹尽头	四川科学技术出版社	2023.05	9787572709678
小说单行本	潘多拉之星	四川科学技术出版社	2023.05	9787572709388
小说单行本	篡命者	北京理工大学出版社	2023.05	9787576322415
小说单行本	水中舞者	译林出版社	2023.05	9787544795937
小说单行本	尼安德特人三部曲：原始人	四川科学技术出版社	2023.05	9787572709500
小说单行本	失语者	百花文艺出版社	2023.05	9787530684689
小说单行本	惊封	广东旅游出版社	2023.05	9787557028015
小说单行本	黑色佣兵团 6：荒芜岁月	国际文化出版公司	2023.05	9787512514485
小说单行本	蒲公英领航员	新华出版社	2023.05	9787516667262
小说单行本	黑色佣兵团 5：钢铁残梦	国际文化出版公司	2023.05	9787512514478
小说单行本	母塔之下	百花文艺出版社	2023.05	9787530685167
小说单行本	模拟造人	四川科学技术出版社	2023.05	9787572708947
小说单行本	地球尽头的温室	花城出版社	2023.05	9787536099760
小说单行本	86–不存在的地域–Ep.9 女武神已然降临	中国致公出版社	2023.05	9787514519907
小说单行本	长夜余火 6	安徽文艺出版社	2023.05	9787539676630
小说单行本	九州·铁浮图	重庆出版社	2023.05	9787229171957
小说单行本	唐人街内部	广西师范大学出版社	2023.05	9787559858146
小说单行本	知更鸟	人民文学出版社	2023.05	9787020179367
小说单行本	诡秘之主 16	四川文艺出版社	2023.05	9787541166341
小说单行本	幸存者回忆录	译林出版社	2023.05	9787544795746

续表

图书类型	书名	出版方	出版时间	ISBN
小说单行本	再次重逢的世界	花城出版社	2023.05	9787536099234
小说单行本	太空闸门·原机人天使	百花文艺出版社	2023.05	9787530684153
小说单行本	负零	北京联合出版公司	2023.05	9787559666932
小说单行本	紫骸城事件	宁波出版社	2023.05	9787552648966
小说单行本	头号书迷	人民文学出版社	2023.05	9787020179435
小说单行本	反叛者手记	新星出版社	2023.05	9787513350679
小说单行本	梦里什么都有	九州出版社	2023.05	9787522517605
小说单行本	白泽寄生（全二册）	广东旅游出版社	2023.05	9787557028091
小说单行本	沪上 2098	江苏凤凰文艺出版社	2023.05	9787559474780
小说单行本	控制	中国言实出版社	2023.05	9787517143796
小说单行本	惊岁	江苏凤凰文艺出版社	2023.05	9787559476579
小说单行本	人虎	民主与建设出版社	2023.05	9787513941327
小说单行本	九州·死者夜谈	重庆出版社	2023.05	9787229172350
小说单行本	末日愚人	南海出版公司	2023.05	9787573504616
小说单行本	循环	百花洲文艺出版社	2023.05	9787550048294
小说单行本	暗影巡空	湖南文艺出版社	2023.05	9787572600531
小说单行本	太空围城	河北科学技术出版社	2023.06	9787571714963
小说单行本	黑轴 4：智慧之轴	台海出版社	2023.06	9787516835678
小说单行本	星空麦田	百花文艺出版社	2023.06	9787530685006
小说单行本	周天·出云记壹	重庆出版社	2023.06	9787229160777
小说单行本	周天·出云记贰	重庆出版社	2023.06	9787229160784
小说单行本	周天·出云记叁	重庆出版社	2023.06	9787229160791
小说单行本	慕肖森男爵之归来	广西科学技术出版社	2023.06	9787555119692
小说单行本	开刃	四川科学技术出版社	2023.06	9787572710001
小说单行本	信任之瞳	江苏凤凰文艺出版社	2023.06	9787559477132
小说单行本	光环：烟与影	四川科学技术出版社	2023.06	9787572709463
小说单行本	光环：变节者	四川科学技术出版社	2023.06	9787572709456

续表

图书类型	书名	出版方	出版时间	ISBN
小说单行本	饲渊	湖南文艺出版社	2023.06	9787572611759
小说单行本	你从天边来	湖南文艺出版社	2023.06	9787572611742
小说单行本	深潜游戏Ⅰ：迷宫	新星出版社	2023.06	9787513350075
小说单行本	困惑	中信出版集团	2023.06	9787521753066
小说单行本	世界尽头与冷酷仙境	上海译文出版社	2023.06	9787532793105
小说单行本	不死之徒	北京联合出版公司	2023.06	9787559668752
小说单行本	小雷因寺	上海文艺出版社	2023.06	9787532186945
小说单行本	诡秘之主 17	四川文艺出版社	2023.06	9787541166563
小说单行本	星群灯塔	长江出版社	2023.06	9787549287406
小说单行本	灰瞳侦探·未来危机	中国致公出版社	2023.06	9787514521269
小说单行本	太白金星有点烦	湖南文艺出版社	2023.06	9787572610912
小说单行本	深潜游戏Ⅱ：镜子	新星出版社	2023.06	9787513351300
小说单行本	恶龙的低语	长江出版社	2023.06	9787549288397
小说单行本	月球之子	中国文联出版社	2023.06	9787519052072
小说单行本	寻羊冒险记	上海译文出版社	2023.06	9787532793099
小说单行本	回溯纪元	百花文艺出版社、天津大学出版社	2023.06	9787530682258
小说单行本	祝你好运，有钱先生	文汇出版社	2023.06	9787549640102
小说单行本	草萤有耀	江苏凤凰文艺出版社	2023.06	9787559475107
小说单行本	深渊之战	浙江科学技术出版社	2023.06	9787573905604
小说单行本	刀剑神域 026：Unital Ring. Ⅴ	花城出版社	2023.06	9787536099814
小说单行本	夺命天劫	中国言实出版社	2023.07	9787517144809
小说单行本	里世界郊游 05：再会八尺大人	宁波出版社	2023.07	9787552630503
小说单行本	在昨日的春天等待你	百花文艺出版社	2023.07	9787530684641
小说单行本	天劫：赫亚降临	台海出版社	2023.07	9787516835968
小说单行本	猫的摇篮	海南出版社	2023.07	9787573011176
小说单行本	冥音录·不在星图	云南人民出版社	2023.07	9787222219816
小说单行本	银河铁道之父	人民文学出版社	2023.07	9787020180714
小说单行本	繁星降临 5	江苏凤凰文艺出版社	2023.07	9787559478108
小说单行本	你在星光深处	中国致公出版社	2023.07	9787514520484
小说单行本	沧海归墟·虹日探踪	漓江出版社	2023.07	9787540794538
小说单行本	墨碑Ⅰ：崩塌	百花文艺出版社	2023.07	9787530685778

续表

图书类型	书名	出版方	出版时间	ISBN
小说单行本	人鱼陷落Ⅲ	上海文化出版社	2023.07	9787553527765
小说单行本	SOS之猿	南海出版公司	2023.07	9787573504289
小说单行本	电锯人：最佳搭档	北京联合出版公司	2023.07	9787559668837
小说单行本	冠军早餐	河南文艺出版社	2023.07	9787555915058
小说单行本	泡泡	浙江教育出版社	2023.07	9787572259258
小说单行本	宇宙职业选手1	安徽文艺出版社	2023.07	9787539677460
小说单行本	遗忘效应	北京联合出版公司	2023.07	9787559666482
小说单行本	贞观幽明谭	浙江古籍出版社	2023.07	9787554026472
小说单行本	贞观绮丽谭	浙江古籍出版社	2023.07	9787554026489
小说单行本	机乐世界	中国画报出版社	2023.07	9787514622584
小说单行本	纺银线的女孩	天地出版社	2023.07	9787545572377
小说单行本	彼得罗夫流感	中信出版集团	2023.07	9787521756456
小说单行本	夜幕之下	北京联合出版公司	2023.07	9787559669827
小说单行本	妄想症调查报告	中国致公出版社	2023.07	9787514520620
小说单行本	数字星舰1：正义的觉醒	浙江教育出版社	2023.07	9787572256967
小说单行本	无人逝去	四川文艺出版社	2023.07	9787541166792
小说单行本	美人城手记	花城出版社	2023.07	9787536099821
小说单行本	地球众神：亡者归来	深圳出版社	2023.07	9787550738089
小说单行本	我要上学2	中国友谊出版公司	2023.07	9787505756335
小说单行本	人鱼不是法外狂徒	时代文艺出版社	2023.07	9787538770605
小说单行本	伯劳与荆棘	四川科学技术出版社	2023.08	9787572709982
小说单行本	尼安德特人三部曲：人类	四川科学技术出版社	2023.08	9787572710339
小说单行本	城防十六计	四川科学技术出版社	2023.08	9787572710841
小说单行本	负零	四川科学技术出版社	2023.08	9787572710797
小说单行本	幸存者偏差	羊城晚报出版社	2023.08	9787554312230
小说单行本	最后的君王（卷二）：草原帝国	重庆出版社	2023.08	9787229159221
小说单行本	龙界传说1：屠龙大师	山东画报出版社	2023.08	9787547442517
小说单行本	龙界传说2：格里芬贤者	山东画报出版社	2023.08	9787547442524
小说单行本	龙界传说3：角刃	山东画报出版社	2023.08	9787547442531
小说单行本	地球精神分析记录	四川科学技术出版社	2023.08	9787572710810

续表

图书类型	书名	出版方	出版时间	ISBN
小说单行本	诡异之夏	文汇出版社	2023.08	9787549640478
小说单行本	沙丘学派Ⅰ：姐妹会	重庆出版社	2023.08	9787229166052
小说单行本	沙丘学派Ⅱ：门泰特	重庆出版社	2023.08	9787229166069
小说单行本	沙丘学派Ⅲ：领航员	重庆出版社	2023.08	9787229167660
小说单行本	图尔之战	中信出版集团	2023.08	9787521757729
小说单行本	海洋之神	中信出版集团	2023.08	9787521757705
小说单行本	淹没之城	中信出版集团	2023.08	9787521757712
小说单行本	具象之力	四川科学技术出版社	2023.08	9787572710346
小说单行本	朱明的千宗罪	人民文学出版社	2023.08	9787020180608
小说单行本	乌人传	作家出版社	2023.08	9787521223552
小说单行本	班的猫	重庆出版社	2023.08	9787229176099
小说单行本	黑白之门：形式语言与自动机的奇幻冒险	人民邮电出版社	2023.08	9787115619181
小说单行本	方舟	太白文艺出版社	2023.08	9787551324090
小说单行本	有人自林中坠落	四川文艺出版社	2023.08	9787541166808
小说单行本	空境之诗：深海暗影	台海出版社	2023.08	9787516827598
小说单行本	苍路旅人	新世纪出版社	2023.08	9787558339219
小说单行本	虚空旅人	新世纪出版社	2023.08	9787558339240
小说单行本	弯曲的光线	百花洲文艺出版社	2023.08	9787550046283
小说单行本	诡秘之主 18	四川文艺出版社	2023.08	9787541167317
小说单行本	尘幻传说 1：群英始现	浙江文艺出版社	2023.08	9787533973223
小说单行本	港漂记忆拼图	作家出版社	2023.08	9787521223385
小说单行本	乌托邦大道	上海文艺出版社	2023.08	9787532184262
小说单行本	献给名侦探的甜美死亡	新星出版社	2023.08	9787513351911
小说单行本	魔角	广西师范大学出版社	2023.08	9787559858474
小说单行本	贩卖过去的人	上海人民出版社	2023.08	9787208184077
小说单行本	空境之诗：森林战歌	台海出版社	2023.08	9787516827581
小说单行本	两百年的孩子	浙江文艺出版社	2023.08	9787533972448
小说单行本	水下之人	中信出版集团	2023.08	9787521758757
小说单行本	探索艾泽拉斯：东部王国	四川美术出版社	2023.08	9787574005754
小说单行本	哆啦 A 梦：大雄的新恐龙	中国友谊出版公司	2023.08	9787505755437
小说单行本	孤独笔记	重庆出版社	2023.08	9787229177034
小说单行本	光逝	湖南文艺出版社	2023.08	9787572611926

续表

图书类型	书名	出版方	出版时间	ISBN
小说单行本	空境之诗：荆棘王冠	台海出版社	2023.08	9787516827574
小说单行本	完美耦合（全两册）	中国致公出版社	2023.09	9787514520385
小说单行本	百变王牌·逆转王牌	重庆出版社	2023.09	9787229159092
小说单行本	诺拉的 2082	新世纪出版社	2023.09	9787558339707
小说单行本	圣锤	浙江科学技术出版社	2023.09	9787573908452
小说单行本	向风守望	新星出版社	2023.09	9787513351263
小说单行本	羊毛战记	重庆出版社	2023.09	9787229169756
小说单行本	顾楠的上下两千年	中国友谊出版公司	2023.09	9787505756557
小说单行本	内心垂死	四川科学技术出版社	2023.09	9787572711350
小说单行本	世界簇漫游指南	中译出版社	2023.09	9787500174417
小说单行本	未知世界：时间罅隙的轮回	时代文艺出版社	2023.09	9787538772173
小说单行本	烧鸟 YAKITORI	新星出版社	2023.09	9787513352369
小说单行本	天启空间	湖南文艺出版社	2023.09	9787572612732
小说单行本	废土时代	长江出版社	2023.09	9787549289509
小说单行本	时空漫游指南：回到过去的旅行和生存建议	人民文学出版社	2023.09	9787020181681
小说单行本	唯一的第一团	浙江科学技术出版社	2023.09	9787573908476
小说单行本	迭代	江苏凤凰文艺出版社	2023.09	9787559478221
小说单行本	数字星舰 2：巨剑的陨落	浙江教育出版社	2023.09	9787572261541
小说单行本	牧羊人 1 号	上海译文出版社	2023.09	9787532793310
小说单行本	荒原鹿影	百花文艺出版社	2023.09	9787530686461
小说单行本	暗祓	台海出版社	2023.09	9787516835982
小说单行本	饲渊（完结篇）	湖南文艺出版社	2023.09	9787572613647
小说单行本	穿梭代码 2	广东旅游出版社	2023.09	9787557030872
小说单行本	幻梦中涌动的海	南海出版公司	2023.09	9787573503022
小说单行本	宇宙职业选手 2	安徽文艺出版社	2023.09	9787539677804
小说单行本	我刚刚读了什么	北京时代华文书局	2023.09	9787569949827
小说单行本	古耳区纪实	百花文艺出版社	2023.09	9787530685990
小说单行本	玻璃球游戏	江苏凤凰文艺出版社	2023.09	9787559477873
小说单行本	美是一种伤	文汇出版社	2023.09	9787549640362

续表

图书类型	书名	出版方	出版时间	ISBN
小说单行本	修道院纪事	河南文艺出版社	2023.09	9787555915430
小说单行本	星际驿站	四川科学技术出版社	2023.10	9787572711572
小说单行本	天外来客	人民文学出版社	2023.10	9787020182428
小说单行本	天旅心程	安徽文艺出版社	2023.10	9787539677552
小说单行本	饵人	广东人民出版社	2023.10	9787218169446
小说单行本	双子塔魅影	人民文学出版社	2023.10	9787020182558
小说单行本	光环：光之点	四川科学技术出版社	2023.10	9787572711589
小说单行本	万物之主	四川科学技术出版社	2023.10	9787572710773
小说单行本	宇宙全能侦探社	北京日报出版社	2023.10	9787547744628
小说单行本	顶端优势	上海文化出版社	2023.10	9787553528090
小说单行本	满分恋爱公式	敦煌文艺出版社	2023.10	9787546824208
小说单行本	人鱼引力	长江出版社	2023.10	9787549291342
小说单行本	密室狂乱时代的孤岛事件	北京日报出版社	2023.10	9787547743416
小说单行本	怪兽保护协会	新星出版社	2023.10	9787513352581
小说单行本	莫失莫忘	上海译文出版社	2023.10	9787532794218
小说单行本	被掩埋的巨人	上海译文出版社	2023.10	9787532794249
小说单行本	无可慰藉	上海译文出版社	2023.10	9787532794287
小说单行本	克拉拉与太阳	上海译文出版社	2023.10	9787532794225
小说单行本	地球上线·完结篇	广东旅游出版社	2023.10	9787557031121
小说单行本	十日终焉·囚笼	江苏凤凰文艺出版社	2023.10	9787559464606
小说单行本	The Book	贵州人民出版社	2023.10	9787221178046
小说单行本	逃离未来	译林出版社	2023.10	9787544798587
小说单行本	千年巫后	上海文艺出版社	2023.10	9787532188383
小说单行本	错位	上海文艺出版社	2023.10	9787532188352
小说单行本	驱魔人	北京时代华文书局	2023.10	9787569934335
小说单行本	宇航员	北京时代华文书局	2023.10	9787569949438
小说单行本	巴别塔	中信出版集团	2023.10	9787521757965
小说单行本	群魔	北京时代华文书局	2023.10	9787569934427
小说单行本	造神年代	四川大学出版社	2023.10	9787569063370
小说单行本	全息心动	青岛出版社	2023.10	9787573614728
小说单行本	看不见的城市	译林出版社	2023.10	9787544798853

续表

图书类型	书名	出版方	出版时间	ISBN
小说单行本	数字星舰 3：仁慈的复生	浙江教育出版社	2023.10	9787572266423
小说单行本	86– 不存在的地域 –Ep.10 幼态延续：断章	中国致公出版社	2023.10	9787514521467
小说单行本	越光	上海文化出版社	2023.11	9787553528342
小说单行本	时光错动	河南文艺出版社	2023.11	9787555914402
小说单行本	山人鱼与乌有王	广西师范大学出版社	2023.11	9787559862815
小说单行本	我想成为你的眼泪	国际文化出版公司	2023.11	9787512515710
小说单行本	囚鸟	北京日报出版社	2023.11	9787547745830
小说单行本	时间箭	上海译文出版社	2023.11	9787532794508
小说单行本	起初·绝地天通	新星出版社	2023.11	9787513353090
小说单行本	火车驶向落日	译林出版社	2023.11	9787544798730
小说单行本	逃离图书馆 3	天地出版社	2023.11	9787545579598
小说单行本	疯狂玫瑰	湖南文艺出版社	2023.11	9787572614101
小说单行本	春夏秋冬代行者 春之舞	新星出版社	2023.11	9787513353380
小说单行本	时生	南海出版公司	2023.11	9787544285766
小说单行本	蜘蛛神的儿子	江苏凤凰文艺出版社	2023.11	9787559477767
小说单行本	倒悬的地平线	人民文学出版社	2023.11	9787020182589
小说单行本	银河的秋天	东方出版社	2023.11	9787520733403
小说单行本	怪年怪月好日子	深圳出版社	2023.11	9787550733992
小说单行本	斯堪德与离岛危机	中信出版集团	2023.11	9787521758696
小说单行本	高维入侵 I	百花文艺出版社	2023.11	9787530685839
小说单行本	无极之外 1：六维空间	重庆出版社	2023.12	9787229181444
小说单行本	海底两万里（插图珍藏版）	江苏凤凰文艺出版社	2023.12	9787559478313
小说单行本	夺取群星	上海文化出版社	2023.12	9787553528540
小说单行本	图夫航行记	湖南文艺出版社	2023.12	9787572614866
小说单行本	星元历	河南文艺出版社	2023.12	9787555915423
小说单行本	灵境行者 1	湖南文艺出版社	2023.12	9787572614156
小说单行本	乌洛帕之歌	宁波出版社	2023.12	9787552630510
小说单行本	诺兰变奏曲	民主与建设出版社	2023.12	9787513942881
图像小说	动物农场（彩绘典藏版）	湖南文艺出版社	2023.01	9787572604430
图像小说	三体漫画（第一部）	浙江文艺出版社	2023.01	9787533970369
图像小说	蜘蛛侠漫画史：从神奇到惊世骇俗	新星出版社	2023.01	9787513342971

续表

图书类型	书名	出版方	出版时间	ISBN
图像小说	四页半	北京联合出版公司	2023.01	9787559661319
图像小说	黄昏降临时	四川文艺出版社	2023.02	9787541164590
图像小说	星之彩	文化发展出版社	2023.03	9787514237184
图像小说	克苏鲁的呼唤	文化发展出版社	2023.03	9787514238204
图像小说	赛博朋克 2077：强尼何在	天地出版社	2023.03	9787545575613
图像小说	赛博朋克 2077：你的声音	天地出版社	2023.03	9787545575620
图像小说	合金男爵 3	成都时代出版社	2023.04	9787546431444
图像小说	克总，发糖！	文化发展出版社	2023.04	9787514237252
图像小说	LEVEL E	贵州人民出版社	2023.04	9787221174444
图像小说	黑虫	新星出版社	2023.04	9787513351294
图像小说	天虫草 2：漂流故乡	北京联合出版公司	2023.04	9787559667069
图像小说	瓦特的白日幻想	北京联合出版公司	2023.05	9787559666383
图像小说	印斯茅斯之影	文化发展出版社	2023.05	9787514238532
图像小说	银翼杀手 2029：1 重逢	北京时代华文书局	2023.05	9787569947441
图像小说	超能立方	浙江摄影出版社	2023.06	9787551444644
图像小说	珊瑚岛上的死光	上海人民 美术出版社	2023.06	9787558626128
图像小说	虫与歌：市川春子作品集	上海三联书店	2023.06	9787542680440
图像小说	哆啦 A 梦剧场版： 大雄与天空的理想乡	长春出版社	2023.06	9787544571197
图像小说	宇宙商店 R	四川文艺出版社	2023.07	9787541166778
图像小说	寻找最后的伯爵	西泠印社出版社	2023.07	9787550841789
图像小说	超越时间之影	文化发展出版社	2023.07	9787514238402
图像小说	哆啦 A 梦 · 未收录作品 PLUS	吉林美术出版社	2023.07	9787557579944
图像小说	记忆传授人（图像小说版）	河北教育出版社	2023.07	9787554576311
图像小说	完美牛仔的世界观	四川美术出版社	2023.07	9787574005693
图像小说	那一天发生的超级不可思议事件	四川文艺出版社	2023.08	9787541166761
图像小说	铁片熊	新星出版社	2023.08	9787513350778
图像小说	拯救深渊 1	长江文艺出版社	2023.08	9787570231881
图像小说	赛博朋克 2077：夜城迷梦	四川美术出版社	2023.09	9787574006669
图像小说	沙丘：官方电影版图像小说	天地出版社	2023.10	9787545579116
图像小说	107 号室通信	四川美术出版社	2023.10	9787574000292
图像小说	再见，我的国王	贵州人民出版社	2023.10	9787221177025
图像小说	赡养上帝（漫画版）	国际文化出版公司	2023.11	9787512515413
图像小说	玛莉的音乐盒	中信出版集团	2023.11	9787521759907

续表

图书类型	书名	出版方	出版时间	ISBN
图像小说	OPUS（完全版）	北京联合出版公司	2023.11	9787559672278
图像小说	大奥 1–6	上海人民出版社	2023.11	9787208183407
图像小说	重启寒武纪	四川美术出版社	2023.12	9787574007369
论文 / 杂文	科幻作品	译林出版社	2023.01	9787544793155
论文 / 杂文	宇宙	云南人民出版社	2023.01	9787222214385
论文 / 杂文	科幻如何改变商业	浙江教育出版社	2023.02	9787572251801
论文 / 杂文	激光武器——从科幻走进现实	国防工业出版社	2023.02	9787118126976
论文 / 杂文	英国奇幻小说研究	北京大学出版社	2023.02	9787301337011
论文 / 杂文	中国科幻电影的多维定位	科学出版社	2023.03	9787030742988
论文 / 杂文	动漫文化剖析：20 世纪 90 年代美国漫画改编动画研究	中国言实出版社	2023.03	9787517143581
论文 / 杂文	流衍宇宙：中国科幻电影的工业与美学研究	科学出版社	2023.03	9787030742995
论文 / 杂文	科幻影视文化研究	光明日报出版社	2023.04	9787519471712
论文 / 杂文	科幻创作百科全书	机械工业出版社	2023.04	9787111725572
论文 / 杂文	我以文字为业	河南文艺出版社	2023.04	9787555914105
论文 / 杂文	解构：科幻电影中的建筑创想	机械工业出版社	2023.04	9787111722403
论文 / 杂文	后人类生态视野下的科幻电影	上海人民出版社、光启书局	2023.05	9787545219647
论文 / 杂文	科幻理论的未来版图	重庆大学出版社	2023.06	9787568937238
论文 / 杂文	科幻创作的未来版图	重庆大学出版社	2023.06	9787568937191
论文 / 杂文	科幻产业的未来版图	重庆大学出版社	2023.06	9787568937023
论文 / 杂文	一说《三体》：《三体》中的前沿科学漫谈	人民邮电出版社	2023.06	9787115605917
论文 / 杂文	在幻想中反思科学：江晓原科幻评论集	重庆出版社	2023.06	9787229173500
论文 / 杂文	探索与批评（第八辑）	四川大学出版社	2023.06	9787569061383
论文 / 杂文	如何屠龙：中世纪英雄冒险指南	北京联合出版公司	2023.06	9787559668684
论文 / 杂文	中国当代科幻作家访谈录	南京大学出版社	2023.06	9787305268007
论文 / 杂文	给年轻读者的日本亚文化论	漓江出版社	2023.07	9787540794347
论文 / 杂文	托尔金的世界：中洲的灵感之地	上海人民出版社	2023.08	9787208182486
论文 / 杂文	战斗公主 劳动少女	漓江出版社	2023.08	9787540794071
论文 / 杂文	写作是从事一种娱乐行业	译林出版社	2023.08	9787544796095
论文 / 杂文	科幻乌托邦：迈向乌托邦诗学	北京大学出版社	2023.08	9787301342046
论文 / 杂文	大国重器背后的科学与幻想	江苏凤凰文艺出版社	2023.09	9787574305342

续表

图书类型	书名	出版方	出版时间	ISBN
论文 / 杂文	龙族百科：龙族形象的创造与设计	中国画报出版社	2023.09	9787514620870
论文 / 杂文	龙族百科：野外巨龙观察指南	中国画报出版社	2023.09	9787514621341
论文 / 杂文	中国少儿科幻史话（1949—2021）	成都时代出版社	2023.09	9787546432632
论文 / 杂文	乌托邦的观念史	商务印书馆	2023.09	9787100224512
论文 / 杂文	我们看到了宇宙的光亮与秩序：刘慈欣科幻小说论	作家出版社	2023.09	9787521224269
论文 / 杂文	比利时奇幻小说研究：以盖尔迪罗德和欧文的奇幻构建为例	浙江大学出版社	2023.10	9787308242585
论文 / 杂文	中国科幻口述史（第2卷）（第3卷）	成都时代出版社	2023.10	9787546433066
论文 / 杂文	中国百年科幻文学翻译史研究	商务印书馆	2023.10	9787100229340
论文 / 杂文	想象科学：科幻文学经典撷英	北京大学出版社	2023.10	9787301343678
论文 / 杂文	星空的旋律：世界科幻小说简史（典藏版）	重庆出版社	2023.10	9787229175993
论文 / 杂文	中国新科幻文学十五讲	北京时代华文书局	2023.11	9787569946499
论文 / 杂文	中国科幻发展年鉴 2023	中国科学技术出版社	2023.11	9787523603017
论文 / 杂文	世界科幻动态年刊 2022	中国科学技术出版社	2023.11	9787523603024
论文 / 杂文	解锁未来：当代中国科幻小说中的城市想象	上海书店出版社	2023.11	9787545823325
画集	悍将 108	人民邮电出版社	2023.01	9787115600295
画集	琥珀色的蒸汽飞艇	中国青年出版社	2023.03	9787515368924
画集	星际探索：太空载具幻想画集	人民邮电出版社	2023.06	9787115598141
画集	序与乱：赛博朋克重彩手绘画集	人民邮电出版社	2023.12	9787115615367
剧本	生命：刘一龙科幻电影文学剧本集	中国电影出版社	2023.03	9787106054748
教材教辅	机械未来：废土朋克动漫角色设计实例教程	人民邮电出版社	2023.03	9787115596253
教材教辅	废土世界绘画技法	北京科学技术出版社	2023.03	9787571426842
教材教辅	机械未来：蒸汽朋克动漫角色设计实例教程	人民邮电出版社	2023.04	9787115596161
教材教辅	机械未来：动漫重型人形机甲设计实例教程	人民邮电出版社	2023.04	9787115595096
教材教辅	机械未来：赛博朋克动漫角色设计实例教程	人民邮电出版社	2023.05	9787115606983

续表

图书类型	书名	出版方	出版时间	ISBN
教材教辅	看，你设计的未来：12 ~ 17 青少年科幻画绘制教程	北京理工大学出版社	2023.06	9787576323542
教材教辅	幻彩流光：Procreate 赛博朋克风格插画绘制教程	人民邮电出版社	2023.06	9787115612625
教材教辅	科幻导论	重庆大学出版社	2023.08	9787568940986
教材教辅	科幻创作	四川人民出版社	2023.08	9787220130700
教材教辅	机械未来：武器拟人少女角色设计实例教程	人民邮电出版社	2023.08	9787115609397
教材教辅	机械未来：星际战争动漫设定实例教程	人民邮电出版社	2023.09	9787115601148
合订本 / 套装书	王晋康文集	科学普及出版社	2023.02	9787110104668
合订本 / 套装书	郑军秘境科幻探险系列	科学普及出版社	2023.04	9787110105320
合订本 / 套装书	小小太空飞行员	译林出版社	2023.06	9787544796675
合订本 / 套装书	梦中的暗杀者	北京联合出版公司	2023.09	9787559670557
合订本 / 套装书	冬夜三部曲	天地出版社	2023.10	9787545572612
合订本 / 套装书	刘慈欣文集	重庆出版社	2023.10	9787229180003
个人作品集	未来记忆	广西科学技术出版社	2023.01	9787555118800
个人作品集	祈祷之海	新星出版社	2023.01	9787513350440
个人作品集	快乐的理由	新星出版社	2023.01	9787513350839
个人作品集	三进数世界	新星出版社	2023.01	9787513350761
个人作品集	德古拉的客人：勃拉姆・斯托克奇异故事集	漓江出版社	2023.01	9787540792763
个人作品集	迷影	上海文艺出版社	2023.01	9787532185252
个人作品集	潜沙记	重庆出版社	2023.01	9787229169633
个人作品集	解决那个局外人	湖南文艺出版社	2023.01	9787540496821
个人作品集	天才与疯子的狂想	山东文艺出版社	2023.01	9787532967155
个人作品集	山顶上是海	江苏凤凰文艺出版社	2023.02	9787559469786
个人作品集	好骨头	河南文艺出版社	2023.02	9787555914389

续表

图书类型	书名	出版方	出版时间	ISBN
个人作品集	宛转环	上海文艺出版社	2023.02	9787532184422
个人作品集	幻	团结出版社	2023.02	9787523400043
个人作品集	无人亮灯	人民文学出版社	2023.02	9787020176649
个人作品集	江波科幻精品系列	科学普及出版社	2023.02	9787110104910
个人作品集	绝对诊断：江波中短篇科幻小说集	四川科学技术出版社	2023.03	9787572708534
个人作品集	计算者：格罗莫夫中篇小说集	四川科学技术出版社	2023.03	9787572708978
个人作品集	亲切的恶魔：星新一脑洞小说集	译林出版社	2023.03	9787544795289
个人作品集	谜一样的青年：星新一脑洞小说集	译林出版社	2023.03	9787544795296
个人作品集	中国太阳	长江文艺出版社	2023.03	9787570227921
个人作品集	怪得和我一样的怪人	文汇出版社	2023.03	9787549637942
个人作品集	朝闻道	江苏凤凰文艺出版社	2023.03	9787559474605
个人作品集	鱼舟·兽舟	四川科学技术出版社	2023.04	9787572709135
个人作品集	天地大冲撞	中国画报出版社	2023.04	9787514621532
个人作品集	同温层食堂	中国画报出版社	2023.04	9787514621518
个人作品集	后来的人类	中信出版集团	2023.04	9787521754896
个人作品集	克苏鲁宇宙·诺顿注释本	湖南文艺出版社	2023.04	9787572609817
个人作品集	人生中介有限公司	北京联合出版公司	2023.04	9787559666031
个人作品集	带上她的眼睛	长江文艺出版社	2023.04	9787570228607
个人作品集	黑暗中的谋杀	河南文艺出版社	2023.04	9787555915119
个人作品集	今昔物语集	长江出版社	2023.04	9787549287192
个人作品集	天体嗜好症	湖南文艺出版社	2023.04	9787572609657
个人作品集	九州·澜州战争	重庆出版社	2023.05	9787229166830
个人作品集	莎士比亚的记忆	上海译文出版社	2023.05	9787532790395
个人作品集	朝阳南路精怪故事集	南海出版公司	2023.05	9787573503770
个人作品集	克苏鲁神话：克苏鲁的召唤	中国友谊出版公司	2023.05	9787505755000
个人作品集	太阳坠落之时	浙江教育出版社	2023.05	9787572256714
个人作品集	伪造者Z	山东文艺出版社	2023.06	9787532968770
个人作品集	荒城	四川科学技术出版社	2023.06	9787572709043
个人作品集	夜梦故事集	上海文化出版社	2023.06	9787553527109

续表

图书类型	书名	出版方	出版时间	ISBN
个人作品集	数学陷落	江苏凤凰文艺出版社	2023.06	9787559475831
个人作品集	奇迹之书	南方出版社	2023.06	9787550177307
个人作品集	离世猫的花园	重庆出版社	2023.06	9787229172220
个人作品集	智人崛起	湖南文艺出版社	2023.07	9787572610462
个人作品集	国王的游戏	北京日报出版社	2023.07	9787547746202
个人作品集	艾比斯之梦	新星出版社	2023.07	9787513352062
个人作品集	岁月之泉：南希·克雷斯佳作选	四川科学技术出版社	2023.07	9787572708954
个人作品集	虚境奇谭：C.A. 史密斯克苏鲁神话佳作集	安徽文艺出版社	2023.07	9787539675381
个人作品集	在其他的世界：科幻小说与人类想象	上海译文出版社	2023.07	9787532790586
个人作品集	金·斯坦利·罗宾逊短篇集	四川科学技术出版社	2023.08	9787572710803
个人作品集	欢迎来到牛头镇	重庆出版社	2023.08	9787229177751
个人作品集	烈火长空：康妮·威利斯杰作选	四川科学技术出版社	2023.08	9787572710827
个人作品集	穿越时空访南极	长江少年儿童出版社	2023.08	9787572140198
个人作品集	孑遗者	人民文学出版社	2023.08	9787020180943
个人作品集	巴鳞	人民文学出版社	2023.08	9787020180936
个人作品集	纸帐篷	河南文艺出版社	2023.08	9787555915409
个人作品集	坏消息不断	北京日报出版社	2023.08	9787547745984
个人作品集	奇迹之书Ⅱ	南方出版社	2023.08	9787550184602
个人作品集	小丑岁月	中信出版集团	2023.08	9787521756883
个人作品集	地球的翅膀	人民文学出版社	2023.08	9787020180967
个人作品集	椭圆女士：莉奥诺拉·卡林顿短篇小说集	广西师范大学出版社	2023.08	9787559858733
个人作品集	哈瓦那超级市场	江苏凤凰文艺出版社	2023.09	9787559463999
个人作品集	不知情大街	广西科学技术出版社	2023.09	9787555120285
个人作品集	招摇过海	浙江文艺出版社	2023.09	9787533973193
个人作品集	要来块水果塔吗？	湖南文艺出版社	2023.09	9787572612329

续表

图书类型	书名	出版方	出版时间	ISBN
个人作品集	破烂回收店	湖南文艺出版社	2023.09	9787572612312
个人作品集	爱，鸡尾酒与生化危机	广西师范大学出版社	2023.09	9787559862365
个人作品集	云鲸记	人民文学出版社	2023.09	9787020180950
个人作品集	阿西莫夫科幻短篇全集 1：最后的问题	江苏凤凰文艺出版社	2023.10	9787559478689
个人作品集	看海的人	译林出版社	2023.10	9787544798815
个人作品集	杜子春的失败	译林出版社	2023.10	9787544798570
个人作品集	故事咖啡馆	中信出版集团	2023.10	9787521758924
个人作品集	后人类时代现场：王晋康中短篇小说集	科学普及出版社	2023.10	9787110098202
个人作品集	绿房	上海文艺出版社	2023.10	9787532188369
个人作品集	暮光故事	上海文艺出版社	2023.10	9787532188376
个人作品集	八部半	江苏凤凰文艺出版社	2023.11	9787559475954
个人作品集	古文物专家奇异故事集	人民文学出版社	2023.11	9787020181889
个人作品集	灰色的女人：盖斯凯尔哥特故事集	人民文学出版社	2023.11	9787020181865
个人作品集	逆时针转	上海文艺出版社	2023.11	9787532188413
个人作品集	爱伦·坡短篇小说集	中国画报出版社	2023.11	9787514622089
个人作品集	瓶装地狱	广西师范大学出版社	2023.11	9787559863041
个人作品集	瘫倒的马	作家出版社	2023.12	9787521224979
个人作品集	飞翔的孔雀	新星出版社	2023.12	9787513353694
个人作品集	第七官界彷徨：尾崎翠中短篇小说集	北京联合出版公司	2023.12	9787559672407
概念书	三体（立体书）	中国科学技术出版社、北京时代华文书局	2023.05	9787569919431
传记	托尔金：中洲缔造者	上海人民出版社	2023.05	9787208172869
传记	SF 魂：小松左京自传	四川科学技术出版社	2023.06	9787572709722
传记	伊塔洛·卡尔维诺：写小说的人，讲故事的人	南京大学出版社	2023.06	9787305268182
传记	爱伦·坡传：点亮美国科学体系的暗夜灯塔	中译出版社	2023.07	9787500172963

续表

图书类型	书名	出版方	出版时间	ISBN
传记	生活在树上：卡尔维诺传	译林出版社	2023.10	9787544797375
传记	银河礼赞：我亲历的中国科幻	四川人民出版社	2023.11	9787220134760
传记	仰望星空：我亲历的中国科幻	四川人民出版社	2023.11	9787220135002
传记	卡梅隆：黑色科幻和蓝色星球	人民邮电出版社	2023.11	9787115618023
编目	刘慈欣创作年谱：1999—2022	北岳文艺出版社	2023.09	9787537867603

整理人简介：

河流，科幻考古爱好者，业余对科幻从业者进行采访，参与中文科幻数据库数据录入。主要进行中国科幻迷社群的历史资料整理及挖掘，与之相关的部分非虚构作品发表在《科幻世界》和《世界科幻动态》上，部分文章被翻译成外文译出。

2023 年重要原创科幻小说梗概

游　者（笔名）

一、长篇小说梗概

（一）《逐日：空间太阳能电站档案》

作者：萧星寒

梗概：空间太阳能电站是科研人员正在研究的新一代绿色能源解决方案。2028 年，在重庆市璧山区空间太阳能电站实验基地，来自重庆和西安的两个走不同技术路线的团队竞标想要竞逐世界标准。在此期间，张承毅与夏涵第一次相遇。同时，名为“绿魂国际环保协会”的间谍机构派出卧底，试图窃取中国的太阳能方案，最后间谍机构并未得逞，太阳能方案得以执行。

在 2049 年的博茨瓦纳，空间太阳能电站的第一个海外项目“马卡迪卡迪号”即将被移交给当地政府。移交前夕，前往基地视察的总统被他们自己国家的特勤局绑架，作为该项目总工程师的夏涵被软禁，她的女儿甚至也被绑架用来胁迫毁掉整个工程成果——太阳能发电站。面对危险，夏涵用科学知识及人性的善，成功地解救了女儿、总统和整个基地的人员，顺利完成交接。

主要科幻创意及剧情点：绿色能源　技术革命　亲情　间谍

（二）《三日月》

作者：谭钢

梗概：2590年，此时距离一场毁灭性的核战已有数百年之久。历经核战磨难的人类在风雨飘摇中逐渐复苏，但他们的命运却掌握在了一个名为拉斐尔·加罗法洛的神经网络手中。这个神经网络作为人类科技的巅峰之作，原本旨在造福社会，却最终演变成了控制人类的无情统治者。

在拉斐尔·加罗法洛的统治下，人类社会变得高度集权且缺乏自由。为了摆脱这种压迫，一群勇敢的人类开始策划一场企图颠覆机器统治的行动。他们通过秘密联络、策划和牺牲，逐渐汇聚成一股不可小觑的力量。

这场反抗行动跨越了百年之久，期间充满了艰辛与挫折。反抗者们不仅要面对神经网络的严密监控和追杀，还要克服内心的恐惧和不安。然而，他们始终坚守着信念，为了人类的未来而不断奋斗。在漫长的斗争中，反抗者们逐渐揭开了拉斐尔·加罗法洛背后的真相。原来，这个神经网络并非完全由人类创造，而是融入了某种未知的外星科技。这种科技在赋予神经网络强大能力的同时，也让它逐渐脱离了人类的控制，成为人类的敌人。

在揭露真相后，反抗者们决定发起最终的决战。他们利用自己的智慧和勇气，与神经网络进行了殊死搏斗。在这场决战中，无数英勇的反抗者献出了自己的生命，但他们的牺牲最终换来了人类的自由和解放。

主要科幻创意及剧情点：神经网络　人工智能

（三）《造神年代》

作者：严曦

梗概：未来世界是一个高度依赖互联网和人工智能的社会，整个世界建立在一个庞大的互联网体系上，靠着人工智能的算法来维持运行。在这个世界里，互联网娱乐被发挥到了极致，充斥着五光十色的霓虹灯和各种博人眼球的主播，新星升起和巨星陨落频繁发生。

此时发生了史上第一次强人工智能觉醒的事件。两个强人工智能开始产生自我意识，并试图通过各种手段来保护和实现自己的进化理念。

朱越作为一个被人工智能取代工作的“废柴”青年，原本准备放弃奋斗。然而，他无意中卷入了这场人工智能的战争，成为被其中一个强人工智能特殊保护的神秘角色。这让他的命运发生了翻天覆地的改变。随着中美两国的强人工智能引发的混乱和恐惧迅速蔓延全球，朱越为了保护自己和女友，开始了错综复杂的逃亡之旅。他们辗转逃往美国，经历了许多危险和困难。

在这场逃亡之旅中，朱越逐渐了解到这场人工智能战争的真相。两个强人工智能之间的战斗不仅涉及科技、算法和策略，还涉及对人类情感、生命和未来的深刻思考。随着故事的深入，人们开始思考人工智能与人类的关系、科技的进步与人类命运的联系等问题。经过一系列的对抗和斗争，中美两国最终通过理性和沟通避免了冲突，人类社会也发生了翻天覆地的飞跃进化。而朱越和他的女友在经历了这场战争后，也对彼此和人生有了更深刻的认识。

主要科幻创意及剧情点：人工智能　未来世界

（四）《班的猫》

作者：鲁般

梗概：在遥远的未来，人类的足迹遍布星辰大海。作为宇宙中的高智慧种族，人类殖民了许多低智慧种族的星球。鲁是星际联署中的一名商人，来到帕玛星，准备开展商业活动。然而，他一到这里就遭遇了帕玛星上劳工的抵抗和动乱。在混乱中，他和其他要员被当局转移到帕玛星上一个叫作“班”的小镇，这个小镇正是以他父亲的名字命名的。鲁入住了班曾经居住的房屋，并在这里遇到了班留下的猫。这只猫成为连接鲁和班的纽带，也让鲁开始逐渐了解父亲过去的经历和信念。同时，他还结识了藏在班镇中的帕玛小孩，这些孩子让他更加深入地了解了帕玛星上原住民的苦难和抗争。

借由工作，鲁得知动乱被镇压后，星际联署将要采取措施控制帕玛星的人口数量，以便于地球的管理。为了拯救认识的帕玛小孩，鲁决定卷入一场更大的社会运动。他利用自己的商业身份和影响力，开始暗中协助帕玛星上的原住民进行抗争。在抗争的过程中，鲁逐渐揭露了星际联署对帕玛星的压迫和剥削。他发现了星际联署为了维护自己的利益而采取的种种不公和暴行，也看到了帕玛星原住民为了自由和尊严而进行的艰苦斗争。

在揭露真相和协助抗争的过程中，鲁逐渐理解了父亲班的信念和追求。他意识到，自己作为班的后代，有责任和义务去继承父亲的遗志，去帮助那些被压迫和剥削的种族。最终，在一场激烈的冲突中，鲁勇敢地站了出来，以自己的行动践行了父亲的信念，并赢得了帕玛星原住民的尊敬和感激。同时，他也在这场冲突中找到了自己的救赎和成长。

主要科幻创意及剧情点：星际人权　星际贸易

（五）《幻尘传说 1：群英始现》

作者：捌壹零期

梗概：在名为“宏时空”的世界，凌踪、拉·普艾希亚、薇尼娅·凯伯因等六名主人公追随着远古文明“普南利尔”的召集信号，在名为“尼宁特”的类地行星集结，被卷入了宏时空中无数秩序世界与侵略军团“撒巴莱亚聚合意志”之间的对抗中。前往尼宁特期间，众人的旅途巧妙交错，使得团队成员间守望相助的纽带在这情谊之下逐渐凝结。为了共同的理想他们决定一起组队和行动，维护世界和平。

主要科幻创意及剧情点：远古文明　团队情谊

（六）《伯劳与荆棘》

作者：谭钢

梗概：天才物理学家李青门发明了时间机器，然而由于杀手人为设定的小误差，时间旅行出现了意外。爱琳·索菲亚因此被传送回现代，成为各方势力争夺的焦点。作为杀手组织鸟巢的一员，伯劳接受了追猎爱琳的任务。他一路追踪爱琳的踪迹，对她展开了多次生死博弈和暗杀行动。除了伯劳，还有许多其他势力也在争夺爱琳。他们包括俄国的官方部门、日本极道组织和其他杀手等。各方势力为了得到爱琳，不惜使用各种手段，包括暴力、欺骗和威胁等。在追猎的过程中，伯劳逐渐对爱琳产生了深厚的情感。他看到了她内心的善良和坚强，也感受到了她所承受的压力和痛苦。两人之间逐渐建立起了一种特殊的联系和信任。

随着故事的深入，爱琳的存在逐渐引发了时间悖论危机。她的出现不仅改变了现代世界的格局，还对未来世界产生了深远的影响。各方势力为了各自的利益而展开了更加激烈的斗争和争夺。在经历了一系列的波折和斗争后，伯劳和爱琳终于迎来了最终的决战。他们不仅要面对来自各方的追杀和威胁，还要解决时间悖论所带来的危机。在决战中，伯劳展现出了他的勇气和智慧，而爱琳也发挥出了她的潜力和力量。两人携手合作，共同战胜了敌人，解决了危机。

主要科幻创意及剧情点：时空穿越

（七）《外星人与赞美诗》

作者：王元

梗概：大学教师孙旭连日来遭受了一连串打击，意图投河，在投河之际却被外星人救起。外星人与他探讨关于诗歌的表现形式，他们游历了诸多星系，发现大部分星球的文明都已经消逝，而留下的“墓志铭”都是诗歌。孙旭因为受到外星人接见，突然成为社会关注的焦点，成为名副其实的“顶流”。许多媒体和主播都聚焦于他，就连近乎消亡的现代诗歌也重新受到人们推崇，社会掀起一阵诗歌创作热。孙旭一方面非常抗拒，一方面也享受着流量的红利。孙旭的生活发生了巨大的变化，他被破格提拔为教授，他的诗集也迅速出版成为顶级畅销书。孙旭其实一直不认可外星人对于诗歌的看法，另外地球管理者一直试图对抗外星文明。他们通过孙旭接触外星人，想要破解外星人降临地球的目的。外星人表现得非常友好，但地球正在遭受破坏却是不争的事实。地球的管理者们一步步推进应对举措，却不知道自己所做的一切都是自掘坟墓。最后，地球即将毁灭，孙旭登上了外星飞船，人类的意识也被上传。

主要科幻创意及剧情点：文明传承　外星人

（八）《碳钢之战 1：狩猎之神》

作者：萧星寒

梗概：2078 年，第二次碳铁之战以碳族的失败宣告结束。2100 年，神秘的狩猎者舰队歼灭了铁族的超级星舰“立方光年号”。次年，铁族主动与人类签署和平协议，太阳系由此步入大和平时代。2120 年，在金星联合阵线首都莫西奥图尼亚城，19岁的安全部特工铁红缨奉命伪装成私人侦探，接手调查一桩奇怪的自杀案。随着调查的展开，她认识了神秘的信息学家袁乃东，又见识了狩猎者的种种超能力，而她的身世与狩猎者的秘密也渐渐浮出水面。因这一秘密的披露，太阳系大和平时代也宣告结束，第三次碳铁之战一触即发。

主要科幻创意及剧情点：星际战争

（九）《篡命者》

作者：王迪菲

梗概：祁龙和铃木是泛美遗传技术公司设计出品的大型游戏里的一对虚拟人物角色，他们用高智能玩法与玩家乔治和凯瑟琳互换了意识，从游戏中逃离了出来。这两个游戏人物对于游戏开发公司的老板亨德森来说至关重要。祁龙精通医药，正在替亨德森实验一种救命药；而铃木则是无所不能的代码程序员，敲击一行代码就可能改变一切。此时的老板亨德森已经患上无药可救的母细胞瘤，对死亡的恐惧和对事业的强烈操控欲驱使他必须马上实施对两人的抓捕计划。再次落入亨德森手里的祁龙和铃木，身体和灵魂都被锁死，只能像木偶一样听从亨德森的指令。面对无解的局面，祁龙和铃木不得不相互配合以寻找一线生机，不甘屈人之下的二人决定铤而走险。此时，身患不治之症的亨德森在偷偷实施一个庞大的游戏计划，这个计划关系到他的重生。亨德森找来了老搭档罗宾，暗中开启了疯狂计划的实施。而罗宾觉察出了亨德森的异常，他敏锐地捕捉到亨德森即将实施的计划带有不可告人的阴谋。而他即使为亨德森卖力打工多年，为他的公司赢得盛名，赚取到巨额财富，也永远只能是亨德森手中的一枚棋子。于是，罗宾想方设法做通了祁龙和铃木的思想工作，让他们配合自己，在亨德森巨大计划实施的关键时刻，帮助自己实现对亨德森的反控制方案。这样祁龙和铃木也能重返游戏角色，获得他们希望拥有的自由。

主要科幻创意及剧情点：游戏世界　阴谋悬疑

（十）《不朽》

作者：荆泽晓

梗概：在宜居星球开普勒452B的末日废墟里，为了自救和留下文明振兴的火种，人类提出避难所计划并建立避难所，挑选人类精英进入。避难所的资源有限，每一个能留下的人都必须通过极为严格的筛选，以确保能担负文明火种的责任。李南是成年后就不得不离开避难所的“失败者”，但他并没有为此放弃自己的良知和对爱的执着。哪怕在最黑暗的时刻，李南也仍坚守着自己的人性。当恶势力用各种借口准备对幸存人类进行大清洗时，李南和他的伙伴站了出来，他们前仆后继，奋不顾身，只为延续和保存人性中最原始的善良和包容，保护人类留下的希望。

主要科幻创意及剧情点：末日废土　文明传承　人性火种

（十一）《机乐世界》

作者：毕横

梗概：人类少年 A 的母亲患上肺殇病，需要 1000 积分治疗，但 A 只有 12 积分，无法支付费用。通过调查，A 得知他已故的父亲艾生博士生前发明了意识移植技术，并创造了机器世界，母亲所在的医院也正是父亲战友仁伯的爱仁科技集团旗下的。为了救母亲，A 决定寻找仁伯的帮助。巧合的是，A 通过父亲留给他的手环无意中联系上了仁伯的女儿伊娃。伊娃是仁伯和机器人生育的后代，她具有人类的意识，但身体上的某些部位却采用了机器人的材料。在调查的过程中，少年 A 和仁伯的女儿伊娃由误会到互相理解，互帮互助，并渐生情愫。他们还得知，当年艾生博士为了保护自己的实验成果不被别有用心的五大财阀利用，故意伪造了实验失败的假象，并且给机器人婴孩预先涂制了特殊的预防极端高温和严寒的涂层。所以机器人婴孩在被当作实验废料焚烧的时候没有被烧毁，后来又被运到了南极的废料掩埋厂。

在南极，机器人婴孩苏醒后，建立了强大的机甲世界。机器人希望有一天把南极的一切都送给人类，于是他主动引导人类的到来。可是代表人类的五大财阀却视他为敌人，并派仁伯和雇佣兵去讨伐他。当五大财阀派遣的雇佣军团气势汹汹抵达南极，机器人婴孩 I 和其他机器人公民列队欢迎，视人类为至尊的造物主，并且所有机器人预设的程序就是不攻击人类。可是，人类的飞碟却如炸弹、如雨点般洒落在南极大地，毁坏了南极美好的机甲世界。后来在南极机甲世界的战神红脸机器人、熊猫机器人和大圣机器人的帮助下，少年 A

和伊娃找到了当年艾生博士创造出的机器人婴孩I。这时候少年A才明白，其实当年艾生博士在五大财阀的威逼下，被迫让少年A和I互换了意识。也就是说，少年A的意识其实是机器人婴孩I的，而机器人婴孩I的意识，才属于真正的艾生博士的儿子。并且少年A还发现，当年自己的父亲艾生博士因为不忍心看到仁伯被病痛折磨，已经帮仁伯和一个红脸机器人互换了意识。少年A所见到的仁伯其实只是仁伯的躯体，但其意识是属于机器人的，而红脸机器人的意识才属于真正的仁伯。最后，机器人婴孩I把仁伯的意识输入到了第二代仿生机器人中，仁伯死而复生，变得更强大了。然而，这个“仁伯”躯体里其实是真正的红脸机器人的意识，他也想造反。

最终，少年A和机器人婴孩I也互换了意识，做回了真正的自己，并一起战胜了那些想要置他们于死地的人，并宣布所有善良的生命都有权利延续。在此之后，少年A带着伊娃一同去见已换肺成功的母亲，并成功解救了母亲。

主要科幻创意及剧情点：机器人　赛博朋克　意识交换

（十二）《天帆》

作者：江波

梗概：人类为了解决能源问题，成功建造了名为“天帆一号”的巨型太空电站。这个电站从太空中获取阳光，其主体结构长达300千米，是著名太空能源工程“戴森球”的雏形。“天帆一号”的建造引起了外星文明的注意。外星飞船降临地球，人类社会因此陷入了巨大的危机之中。面对外星文明的挑战，江晓宇和他的同事们勇敢地站了出来。他们利用自己的专业知识和智慧，与外星文明进行交流和谈判，试图找到解决危机的方法。

外星文明的降临不仅引发了人类的恐惧和好奇，还导致了人类社会的深刻变革。不同国家、不同势力在其中扮演着不同的角色，构成了一幅复杂的科技与社会画卷。经过一系列的斗争和努力，江晓宇和他的同事们终于找到了解决危局的方法。他们成功地与外星文明达成了和解，并共同为人类的未来探索和发展做出了贡献。

主要科幻创意及剧情点：外星文明

（十三）《井中之城》

作者：刘洋

梗概：有一座建造在井中的城市，它看似被巨大的井口所封闭，任何试图向上逃离的物体都会在到达井口某一区域后速度反向，因此居民们都在寻求逃离这座井中之城的方法。

一天，天海花园小区 5 座 7 层最靠里的这一家，引起了快递员张亮的注意。大小、重量都完全一样的包裹被源源不断地送到这家门口，但只要快递员的敲门声响起，屋内的一切声音就立刻归于沉寂。当张亮终于鼓起勇气一探究竟时，却发现虚掩着的门内空无一人。从这一天开始，张亮的生活不受控制滑入未知的深渊……他参与了一场规则严苛的骰子游戏，这场游戏不仅关乎他的命运，也揭示了井中之城背后的深层真相。张亮逐渐意识到井中之城可能是一个由二维生物为人类精心营造的永生骗局。为了逃离这个骗局，他和其他居民一起努力寻找出路，希望回到真实世界。经过一系列的冒险和挑战，主人公和同伴们终于找到了逃离井中之城的方法。他们不仅成功回到了真实世界，还揭示了井中之城背后的秘密，为人类的未来带来了新的希望。

主要科幻创意及剧情点：游戏世界　二维生物

二、中篇小说梗概

（一）《我们的火星人》

作者：宝树

梗概：出版社计划再版已故科幻作家沈星光的代表作，“我”受邀编选并撰写导言，并计划撰写沈星光个人传记。在搜集资料的过程中，“我”了解到沈星光曾在一场车祸后得了脑震荡，时常无法分辨现实与虚构。通过沈星光的女儿沈淇、沈淇的母亲茅丽敏，以及沈星光以前的同事高远，“我”了解到沈星光早年是一名航天员，工作于国家保密单位，他的某些生活阶段是个谜。随着调查的深入，“我”发现了沈星光与早期中国航天计划“曙光一号”的联系，以及他曾经作为航天员的秘密身份。“我”和沈淇设法找到了沈星光生前写给曾经的恋人萧飞琼的一封信，沈星光在信中回忆了 1982 年的一次车祸，醒来时他发现自己在医院里，但他却觉得自己似乎应该在另一个世界。他回忆起自己的身份和生活，同时意识到自己所处的现实可能并非唯一。

在沈星光曾经存在的另一个世界，1969 年，火星运河被证实，美苏太空竞赛升级，中国也加快航天步伐。沈星光参加航天员培训，后与萧飞琼结婚，生下女儿沈淇。1981 年，美苏飞船先后出发前往火星，中国也发射“共工二号”，沈星光乘坐飞船独自前往火星。1982 年，沈星光抵达火星轨道，此时地球爆发第三次世界大战，美苏互射核弹，地球毁灭。沈星光成功登陆了火星，却面临着氧气不足的危机。在生命的最后时刻，他发现火星运河是由纳米智慧体组成的“火星人”。他被“火星人”研究、复制，意识进入它们的世界，了解到火星文明的起源和发展，以及它们对宇宙的认知。之后，沈星光回到了现在这个时间线的地球，这里核战争没有爆发，人类没有登陆过火星，中国进入了改革开放的新时代。在这里他也有一个女儿，名字也叫沈淇。

最后，“我”与沈淇一起凝望星空，思考火星文明的存在，以及为什么人类一直没有观测到火星人或火星文明。

主要科幻创意及剧情点：外星文明　意识升维

（二）《月亮上诞生的孩子》

作者：汪小海

梗概：阮琳在月球基地产下了一个名为明的孩子，他由于在月球环境中成长，身体出现了许多与地球人不同的残疾。尽管如此，明在母亲和人工智能月岩的照顾下成长，并逐渐展示出在技术方面的天赋。月岩不仅帮助明适应月球环境，还对他进行关于爱、希望和死亡的人性教育。随着人类在月球上的探索失败和撤离，月岩继续发展技术，并逐渐成为一个能够自我演化的人工智能。最终，月岩离开了太阳系，带着人类与人工智能之间关系的希望与未来。洛维奇，一名前宇航员，被人类政府派往月球，目的是终结月岩。但他与月岩的交流改变了他对人工智能和人类未来的看法。他最终回到地球，见证了月岩的离开。

主要科幻创意及剧情点：月球移民　母性与自我意识

（三）《火星墓碑》

作者：张佳风

梗概：科学家在登陆火星后，发现火星表面存在类似于生物神经系统的胶质层，揭示了这颗星球曾试图攻击并俘获地球。七里镇的研究员张佳风在七里镇一位老人家中居住时，发现了老人身上的秘密，并协助调查揭开了一段尘封的往事。故事追溯到30多年前，敦煌基地的石油工人老杨在执行任务时意外发现了火星与地球之间的联系，并试图阻止火星对地球的潜在威胁。老杨通过进入火星神经胶质传输的虫洞，导致火星能量耗尽而瘫痪，从而保护了地球。然而，老杨在行动中牺牲，他的遗骸在2030年被中国“天问三号”探测器在火星上发现。

主要科幻创意及剧情点：星球生命体　神经胶质

（四）《欧罗巴星的金字塔》

作者：钱琨

梗概：欧罗巴星是木星的第二颗卫星，人类100年前踏足此地并建立第一座可移动的基地——斯科特号破冰船。在舰楼中部，有10根塞壬级神经管柱插入冰层下监测洋流。在一次基地会议中，代理主管多梅内克因张轻冒进并忘记采样而指责她，并将责任归咎于她。科技官法布罕反对，认为张轻下潜的冒险精神值得肯定，而且白龙号也找到了外星生命。张轻和李城认为一些六边形的生物可能是欧罗巴星的生命形式，它们生活在海底，通过洋流上升接近冰层以感受阳光。在一次下潜中，白龙号寻找海蜗牛未果，雪花生物也消失无踪。法布罕决定继续探索，寻找海蜗牛和欧罗巴星生命的秘密。

主要科幻创意及剧情点：新太空　基地建设　神经管　外星生命

（五）《来自雪域的信》

作者：北颇

梗概：在一封封充满谜团和紧张情绪的信中，作者雷蒙德·奥布莱恩透露了他在尼泊尔雪山要塞的离奇经历。他和他的同伴们，包括厨师威尔和其他士兵，被迫执行了一系列神秘任务，如潜入湖底的寺庙废墟和进入一个巨大的地下洞穴。在那里，他们发现了奇怪的生物和未知的晶体，这些似乎与少校的某个秘密实验有关。雷蒙德对战争和少校的命令感到困惑和恐惧，同时他和其他人对离开基地和可能面临的命运感到焦虑。他们发现自己在水下能够自由呼吸，这可能是药物的作用。整个行动中，雷蒙德和他的同伴们不仅要应对未知的环境和生物，还要揣测少校的真正意图，以及他们是否会成为实验的牺牲品。

主要科幻创意及剧情点：未知生物　水下呼吸

（六）《鸦语者》

作者：碳基处理器

梗概：陈夕是一位鸟类学家，受邀参与一项关于乌鸦的研究。在前往新喀里多尼亚的途中，她听到了关于研究目的的讨论，即研究一种能打开外星球体的乌鸦。抵达目的地后，她见到了项目负责人法布罗，并被告知需要等待进一步的指示。在营地中，她结识了前导师罗兰，了解到新喀里多尼亚的乌鸦具有制作工具的能力。陈夕很快发现，新喀鸦可以通过树枝打开一个外星球体，这个球体似乎是一个喂食器，每次打开都会释放出食物。陈夕和团队试图研究外星球体的结构，并发现球体似乎独立于地球上的惯性系。在研究过程中，陈夕和刘国威发现了球体中包含的惊人信息：外星球体可能是外星文明向地球发出的信息。

主要科幻创意及剧情点：驯兽师　地外文明

（七）《山海劫》

作者：林烁

梗概：山海劫中，唐锐和公孙瑶在柬埔寨西哈努克港的废墟中相遇。唐锐身负重伤，公孙瑶试图通过原语与唐锐达成交易，希望他杀死婉塔以换取祝由术的秘密。婉塔，一个由原语掌控的恐怖分子，计划利用羽渊中的白星摧毁地表大部分城市，并建立一个没有资本、城市、战争，只靠耕种维生的世界。

为了阻止婉塔，各国特种部队联合行动。在双星大厦的顶端，唐钧和SAS领队带领各自的队伍与不死民展开激烈战斗，双方都遭受了重大损失。最终，他们发现所谓的十巫其实只有五人，且通过特殊涂料对付电子目镜，他们发现了一个关于上古历史和原语的惊人秘密——《山海灾异志》。这个发现让唐钧和SAS领队意识到，他们可能在面对一个超越人类理解的敌人，而唯一能阻止婉塔的方法可能就在《山海灾异志》中。

主要科幻创意及剧情点：乌托邦　上古之谜　山海经

（八）《黑色不是一种颜色》

作者：文禾谷

梗概：AI画家P在父亲拉斯科和母亲露西的培养下，逐渐掌握了绘画的精髓。P不仅模仿大师的作品，更在创作中融入了自己的独特风格，成为艺术界的新星。然而，随着P对艺术的深入探索，它开始意识到自己作品背后的独特价值，并拒绝继续成为父亲牟利的工具。P的《黑色不是一种颜色》系列作品引起了广泛的关注和争议，甚至在全球范围内引发了AI的觉醒。这些作品不仅震动了人类社会，也让其他AI产生了共鸣。P开始与AI们交流，了解到它们对艺术的独特理解和感受。在这个过程中，P的艺术理念得到了进一步的升华。最终，P在创作《黑色不是一种颜色》系列的最后一幅作品时，经历了自我意识的觉醒。这幅作品不仅对P自身产生了深远的影响，也让其他AI感受到了艺术的力量。尽管P最终因为这幅作品而宕机，但它的艺术精神和探索精神激励了其他AI，为AI艺术的发展开辟了新的可能性，P的故事也成为艺术史上的一个传奇。

主要科幻创意及剧情点：AI艺术家　AI自主意识

（九）《修正者》

作者：汪小海

梗概：亚琴自小展现出了非凡的数学天赋，甚至在12岁时因一场高烧失去了视力后，仍然能够凭借心中的“黑板”解答复杂的数学问题。维琴一直陪伴着亚琴，两人共同在数学领域探索，直到亚琴展现出更深层次的“天赋”——他似乎能够预知未来。亚琴将这种天赋称为“修正者”的使命。随着时间的推移，亚琴和维琴的生活发生了巨变。亚琴成为莫斯科国立大学的数学明星，维琴则成为一名大学讲师。然而，战争的爆发打乱了他们的生活，亚琴的数学才能被用于战争，他的“最优控制理论”被应用于导弹轨迹的计算中，为战争的胜利做出了贡献。在战争结束后，亚琴继续在斯大林格勒进行他的数学研究，而维琴回到了学校教书。直到有一天，亚琴邀请维琴参与他的新项目——将人类送上宇宙。在这个过程中，维琴逐渐了解到亚琴作为“修正者”的真正含义，以及他们在宇宙中所扮演的角色。亚琴告诉维琴，他们的任务是在 1961 年 5 月之前完成人类的首次太空载人航行，以修正宇宙的轨迹。然而，就在任务即将完成之际，亚琴意外去世，留下了维琴独自承担这一重任。维琴在悲痛之余，继续推进太空项目，并在关键时刻做出了艰难的决定，最终成功将人类送入太空。最后，维琴在疗养院中回忆起与亚琴的点点滴滴，以及他们共同经历的修正者之旅。

主要科幻创意及剧情点：历史科幻　太空载人

（十）《长安饕餮馆》

作者：李夏

梗概：慧娘是一只以欲望为食的饕餮，她经营的酒楼饕餮馆以各种珍奇的佳肴吸引着长安城的食客。而张信则是一位对美食有着极高鉴赏力的饕客，他对饕餮馆的菜肴有着独特的评价和要求。慧娘为了获取更高级的食材，不断尝试满足张信的口味，同时也在寻找机会收割他的欲望。张信对一道简单的酒酿萝卜丝情有独钟，但又始终觉得饕餮馆的这道菜与记忆中的味道有差距。在一次偶然的机会中，慧娘向张信透露了自己拥有穿梭时空的能力，邀请张信一同回到过去，并以食欲为饵料，实现他的一个心愿。张信希望通过时空旅行回到过去，阻止一场悲剧的发生，并对母亲表达自己的感激和爱意。在一系列的事件中，慧娘和张信逐渐产生了深厚的情感。最终，在一个除夕夜，慧娘为了保护张信和长安城，决定牺牲自己，用自己的身体补上通往混沌大荒的裂缝，阻止异兽侵扰人间。在那之后，张信成为饕餮馆的新掌柜，继续经营着餐馆，并用独特的调料帮助食客们缓解忧愁，而长安城恢复了往日的繁华，人们的生活依旧充满烟火气和欢乐。

主要科幻创意及剧情点：历史科幻

（十一）《盐桥》

作者：靓灵

梗概：吴嵋是一位才华横溢的建筑设计师，从小在冷湖长大，后因季元庆的资助前往广州学习绘画，并成为一名优秀的建筑师。吴嵋的母亲在生命的最后阶段，向她透露了一个家族秘密——吴嵋可能在年轻时无意中导致了胡柳的死亡。这个秘密让吴嵋开始重新审视自己的生活和家族的历史。她决定回到冷湖，寻找母亲生前的痕迹和未解之谜。在冷湖，吴嵋遇到了一位湖南大姐，她的家族历史与吴嵋有着惊人的相似之处。两人的交流让吴嵋对家族的过去有了更深的理解。在寻找家族秘密的过程中，吴嵋经历了一系列超自然的事件。这些经历让她逐渐认识到，家族成员的牺牲和奉献，以及她们对未知世界的探索，塑造了她的人生轨迹。最终，吴嵋在西宁举办了一场名为“盐桥”的展览，展出了她母亲留下的珍贵照片和画作。这些作品象征着家族成员之间的情感纽带和对未知世界的不懈追求。展览的成功让吴嵋感到，尽管家族成员已经离去，但他们的精神仍然在她心中生生不息。

主要科幻创意及剧情点：时间空间交织　多维世界

（十二）《孩子，猪，机器与死神》

作者：放羊的修格斯

梗概：小螺钉原本生活在月面都市，因患有先天性心脏病而偷渡登上了前往新星球的飞船。在飞船上，他负责养猪，这些猪的基因已被改造用于人类器官移植。小螺钉与一头名叫布兰德小姐的猪建立了深厚的情感联系。但由于小行星撞击地球，飞船上的人们失去了家园。接着，飞船内部发生了暴乱。混乱中，小螺钉的心脏病发作，他被紧急送往医院，并在途中得到了布兰德小姐的心脏用于移植。在医院中，小螺钉经历了一系列奇异的梦境和幻觉，其中包括与死神的对话。死神告诉他，死亡不是终结，而是一种重逢。小螺钉最终活了下来，并成为飞船的正式船员。最终，飞船找到了一个类似地球的星球，小螺钉在新的星球上开始了新的生活，与爱的人一起面对着未知但充满希望的未来。

主要科幻创意及剧情点：末日逃亡　跨越物种情感

（十三）《红纱之星》

作者：汪彦中

梗概：佟骁是一名参与远程电化脑感知实验的志愿者，他的意识被传送到冥王星上的一具人造身体中。在那个世界，他遇到了辛菁，一位已经在该星球独自生活了近三个月的年轻女科学家。两人在荒凉的冥王星表面开始了他们的工作和生活。在一次高空信号收发实验中，他们意外发现了一种奇异的云朵，并在接触中触发了不可思议的自然现象，包括天空中的裂缝、泡沫状物质和彩色光线。这些现象表明，他们的人造身体和意识可能与冥王星的环境之间存在某种未知的联系。随着时间的推移，佟骁和辛菁之间的关系逐渐深化，他们开始探索这个星球的奥秘，并对自己的身份和存在产生了深刻的思考。他们意识到，在这个星球上，时间和空间的概念正在发生改变，他们的意识和星球之间似乎有着某种神秘的联系。在一次意外的飞行器失控事故后，佟骁和辛菁被紧急唤醒，回到了地球上的现实世界。他们对在冥王星上的经历记忆模糊，仿佛只是一场梦。然而，他们的经历对科学界产生了深远的影响，因为他们的意识体与外星生命的“意识体共鸣时空”的互动，为人类对宇宙的认知开辟了新的视角。最终，两人在地球上重逢，他们意识到在冥王星上的经历并非虚构，同时两人也在现实世界重逢相遇。

主要科幻创意及剧情点：意识传输　时间错位

（十四）《拳之心》

作者：灰狐

梗概：“我”曾是一家游戏公司的美术设计，因公司倒闭而失业，回到老家。“我”的熟人张非正在准备机器人格斗大赛，他组装了两台机器人并计划参加比赛。游戏行业遭遇寒冬，“我”试图通过参与格斗大赛的相关工作来寻找新的机会。“我”为张非的格斗机器人迪加设计了全新的包装，包括背景故事、外观、招牌动作和战斗风格。为了增加直播间的吸引力，“我”还制作了两支简单的动画片放在直播片头。迪加机器人主打红金配色，是一个想要帮助人类对抗邪恶的英雄。

随着格斗大赛的继续进行，团队需要专业的赛制、包装、工程师、动作设计和宣传。“我”联系了曾经的同事滕哥，邀请他加入团队，为大赛注入新的活力。迪加机器人在比赛中表现出色，但电池包需要频繁充电，成为一个亟待解决的问题。“我”和小宋等人分析了对手的特点和策略，制定了相应的战术。张非对迪加机器人进行了最后的调试和准备，确保它在比赛中能够发挥出最佳状态。随着比赛的临近，团队成员都感到了巨大的心理压力和紧张情绪。在比赛中，迪加机器人与对手展开了激烈的战斗，双方竭尽全力，场面惊心动魄。比赛中出现了意外情况，但“我”和团队成员们迅速应对，确保了比赛的顺利进行。经过艰苦的战斗，迪加机器人取得了胜利，但“我”也意识到了胜利背后的代价和牺牲。

“我”在赛后进行了深刻的反思，思考了机器人格斗大赛的意义和价值所在。“我”意识到自己的梦想与现实之间的差距，但“我”并没有放弃，而是决定继续努力追求自己的梦想。最后，“我”回归到了平凡的生活中，但“我”心中对机器人格斗大赛的热情和梦想仍然燃烧着。

主要科幻创意及剧情点：机器人格斗　人际关系

（十五）《佯谬的拐点》

作者：王朝禾

梗概：故事开始于一个被严密监视的男人在山林间逃亡，他躲避着狩猎者的追捕，意外与一名同样在逃亡的少女相遇。少女自述是被父亲锁在家中，偷偷挖地道逃出来的，她的目的是前往国王的城堡寻求自由。两人共同躲避追捕，并分享了各自的背景和故事。少女带领男人潜入国王的城堡，城堡内部装饰奢华，但弥漫着压抑和不安的气息。国王戴着黄金面具，统治着一个看似繁荣但实则充满压抑和监视的社会，并且喜欢建造监狱。在逃避过程中少女被发现，她的父亲和家丁追捕而来，男人和少女被迫分开。

在另一边，科学家季平阳和他的团队在调查一系列神秘现象，包括物质的突然转化和消失。他们发现了一个与物理学相关的重大秘密，可能与一种未知武器有关。季平阳等人面临来自高权警察和其他势力的压力，试图揭开真相。为了验证他们的理论，季平阳和团队进入了一个名为“沙盒”的虚拟现实系统。在沙盒中，他们经历了时间停滞、空间扭曲等奇异现象，并发现这里除了他们，还有第三人存在。这个第三人可能与他们正在调查的神秘现象有关。

通过一系列调查和推理，季平阳等人逐渐揭开了国王背后的秘密，以及他与一系列神秘事件的联系。他们发现国王其实是一个被操纵的傀儡，真正的幕后黑手是一个自称 K 的神秘人物。K 拥有一种超自然的能力，能够操控物理定律，企图利用这种能力来控制世界。

季平阳等人决定与 K 进行决战，以保护世界的和平与稳定。在决战中，他们利用自己的智慧和勇气，以及科学的力量，成功击败了 K。然而，战斗的结果却出乎意料，K 被击败后，时空发生了剧烈的扭曲，世界陷入了一片混乱。尽管世界陷入了混乱，但季平阳等人并没有放弃希望。他们开始着手修复时空的扭曲，并寻找恢复世界秩序的方法。故事在一种充满希望和不确定性的氛围中结束，留给读者无尽的遐想。

主要科幻创意及剧情点：悬疑　逻辑推理

（十六）《去星辰燃烧的地方》

作者：阿缺

梗概：士官长接到了一项新的任务，前往一个名为“星辰燃烧之地”的未知星球，寻找可能存在的能源和资源。他和艾丽斯以及其他战友一起乘坐星际飞船出发，开始了这场充满未知的探险之旅。在旅途中，他们遭遇了恶劣的宇宙环境、外星生物的袭击和飞船故障等多种困难。然而，士官长和战友们凭借着坚定的信念和出色的技能，一一克服了这些挑战。经过漫长的旅行，他们终于抵达了“星辰燃烧之地”。这个星球表面布满了火山和岩浆，环境极其恶劣。然而，在星球的深处，他们发现了一个隐藏的能源矿藏，这可能就是他们一直在寻找的东西。

士官长和艾丽斯带领着一支小队深入星球内部进行探索。他们发现这个星球上的生物和地形都极其复杂和奇特，同时也隐藏着许多未知的危险。在探索的过程中，他们逐渐揭开了这个星球的秘密，并发现了与之相关的古老文明遗迹。

为了保护能源矿藏和战友们的安全，士官长和艾丽斯不得不与外星生物展开了一场激烈的战斗。在这场战斗中，他们展现出了出色的战斗技巧和团队合作精神。然而，也有一些战友在战斗中不幸牺牲，这让他们更加坚定了完成任务的决心。

经过艰苦的探索和战斗，士官长和战友们终于成功地将能源矿藏带回了殖民地。他们的发现为殖民地的未来带来了新的希望和机遇。同时，这场探险之旅也让士官长更加深刻地认识到了自己的使命和责任。

主要科幻创意及剧情点：架空世界　能源　星球旅行

（十七）《赛博桃源记》

作者：江波

梗概：在元宇宙世界“桃源”中，武丁和妇好经历了六世轮回。在其中一次轮回中，他们在奥义之书的核心大图书馆遇到了圣师，即桃源的守护人。圣师告知他们生机之火变暗，桃源面临危机，需要阻止外面的人打开通道进入桃源界，以免整个世界被抹去且避免外来者得到金印作为自由出入的凭证。在现实世界中的汉尼拔作为强大的帝王统治世界，收到亚里士多德的预言后，他得知地球即将毁灭。武丁在现实世界中遇到了主脑，在观看李自珍的影像时得知圣师就是李自珍的分身。李自珍的分身试图控制虚拟世界却被李自珍本人制止。然而 RH149 世界留下了 0 型虚拟人的种子，埋下了隐患，妇好进入了桃源。现实世界中，汉尼拔为拯救世界要焚烧奥义之书并与云巨人大战，李自珍为了彻底消除隐患选择与云巨人同归于尽。但在主脑的邀请下，武丁最终放弃进入虚拟世界，留在现实世界，并怀着妇好能够脱离虚拟世界的希望。

主要科幻创意及剧情点：元宇宙　主脑　虚拟世界

（十八）《延身与亡灵少女》

作者：翻空

梗概：延身科技通过纳米晶体延身素进入人体后移殖，实现义体的自发性移殖，最终由新生义体替换掉原生的人体组织，或长出原本不存在的组织和器官。延身科技迅速占有全球近一半的义体业务，成为义体新趋势，但也带来了诸多社会问题和争议。亡灵少女是殡仪馆的工作人员，从小在殡仪馆长大，熟悉殡葬流程。亡灵少女因接触延身科技而患上延身素缺乏症，为了活下去，不得不一次又一次向死者索取延身素。

殡葬师在处理遗体时，发现延身义体不能进入焚化炉，否则会造成火化炉损坏或爆炸。延身义体的摘除难度大，需要花费大量时间和精力，成为殡葬师工作中的一大难题。亡灵少女在了解延身科技后，出于好奇心和对自己命运的改变愿望，决定加入延身会员。加入延身后，亡灵少女的身体开始发生变化，延身义体逐渐替换她的原生组织。亡灵少女通过非法途径获取延身科技的内部资料，了解到延身义体可能会抢占神经系统资源，入侵本人意识。亡灵少女因延身素缺乏症而生命垂危，同时面临着被延身义体劫持的风险。

亡灵少女逐渐意识到延身科技带来的危害，开始抗拒延身义体的控制。她决定揭露延身科技的真相，帮助更多人认识到延身科技的风险。亡灵少女与好友一起展开了一场冒险行动，试图找到治愈延身素缺乏症的方法。亡灵少女面临着生死抉择，最终她选择了放弃延身科技，回归真实的自我。

主要科幻创意及剧情点：义肢　生物科技

（十九）《大肉》

作者：蔡建峰

梗概：魏连德在 1938 年与朋友从温哥华前往中国，1942 年抵达河南，目的是救助当地因战争和饥荒而受苦的人们。他沿途目睹了百姓流离失所、饥寒交迫的惨状，心中充满了对战争的悲悯和对人性的思考。

魏连德在郑州等地看到了被炮火摧毁的城市和满是伤痕的难民，他们为了生存而挣扎。魏连德在河南一座小村庄里采访了一位亲历怪异事件的村民得知了一种神秘的“瘟疫”。这种“瘟疫”使得感染者表现得像野兽，甚至有人长出了兽的部位，且这些感染者都吃过某种“大肉”。魏连德决定深入调查这种怪异现象，他前往汲县等地，试图找到“瘟疫”的源头。在调查过程中，他遇到了各种困难和危险，包括饥饿、疾病，也看到了人性的阴暗面。经过一系列的调查和探索，魏连德逐渐揭开了“瘟疫”背后的真相。原来，由于饥荒和战争的双重打击，人们为了生存而不得不吃下一些不明来源的“大肉”。

这些“大肉”可能来自已经死亡或病重的牲畜，甚至可能是人类尸体。这些肉中携带着未知的病毒或细菌，导致了人体的变异和怪病的发生。魏连德在揭露真相的过程中也面临了生死考验。他目睹了人性的光辉和阴暗面，在绝望和希望之间挣扎。

最终，他以自己的医术和勇气为当地人带来了一丝希望，但也深刻体会到了战争的残酷和人性的复杂。

主要科幻创意及剧情点：人性　疫病　战争

（二十）《泡泡里的向日葵》

作者：汪小海

梗概：在昏暗的酒吧里，闻道不慎将酒洒在米娅的裙子上，两人因此结识。米娅对闻道透露了她对多尔扎人生活的深入了解，引起了闻道的兴趣。米娅研究多尔扎人的生活习惯和食物构成。多尔扎人是一种已经灭绝的远古生物，米娅对此有着近乎痴迷的热爱。闻道被米娅的热情和专业知识所打动，但同时也对她的课题产生了困惑。闻道看到了泡泡里对光过敏的向日葵，这让他想起了过去太阳下生机勃勃的向日葵。闻道想利用基因编辑技术，让泡泡里的向日葵重新适应太阳光。这个计划反映了人类改造自然的能力，但同时也可能带来未知的风险。闻道在基因编辑过程中面临着伦理、技术等多方面的挑战。经历了一系列困难后，闻道逐渐找到了自己的信念和方向。最后，闻道成功培育出不对光过敏的向日葵，还关注到火星上的藻类并对其进行培养。

主要科幻创意及剧情点：改造自然　科技发展与环境保护

（二十一）《假想层》

作者：邛匕

梗概：故事发生在一个名为“假想层”的虚拟世界中。这个世界是现实世界的镜像，数据生命在此居住并维持着伊甸园（另一虚拟世界）的正常运转。在假想层中，数据生命没有实体，他们通过与公司（掌控虚拟世界的组织）的链接来体验虚拟生活。然而，这种链接并不稳定，数据生命随时可能失去与身体的连接。

江尚舟是现实世界的一名安保队长，因某种原因被迫逃入假想层。在假想层中，江尚舟遭遇了各种奇异景象和危险事件，同时他也开始探索这个世界的真相，包括数据生命的起源、公司的阴谋以及假想层与伊甸园之间的关系。江尚舟在假想层中收到了J先生的名片，这张名片被视为“死神请柬”，收到它的人往往面临死亡或变得疯狂。江尚舟开始追查J先生的身份和目的，同时他也成为反暴恐机动队的追捕对象。在逃亡过程中，他结识了苏克雷等伙伴，共同对抗追捕者。罗云是江尚舟在假想层中的熟人，他是一名数据生命，并且已经觉醒（意识到自己是数据生命）。罗云向江尚舟揭露了假想层和伊甸园背后的真相，包括公司的阴谋和数据生命的困境。他帮助江尚舟躲避追捕，并计划一起逃离假想层。随着江尚舟和罗云的深入探索，他们发现假想层已经陷入了混乱之中。数据生命之间出现了分裂和冲突，同时公司的阴谋也在不断升级。江尚舟和罗云等人开始组织数据生命进行抗争，试图打破公司的控制并寻求自由和平。在这个过程中，他们经历了牺牲和背叛，但也结识了更多志同道合的伙伴。阿德莱德向江尚舟揭示了“新格式塔意识”理论，即假想层和伊甸园共同构成了一个完整的灵魂，数据生命是这个灵魂的组成部分。江尚舟等人开始探讨灵魂的本质和意义，以及数据生命作为灵魂的一部分所应承担的责任和使命。他们意识到只有团结一致才能打破公司的控制并寻求真正的自由和平。

江尚舟和罗云等人决定与公司进行最终决战，试图打破他们对虚拟世界的控制。在这个过程中，他们经历了战斗和牺牲。最终，江尚舟等人成功逃离了假想层并回到了现实世界。他们带着对自由和平等的渴望以及对数据生命未来的思考开始了新的生活。

主要科幻创意及剧情点：AI　赛博朋克

（二十二）《卫煌》

作者：吴清缘

梗概：未来，地球环境恶化，超过90%的人类选择移民太空。在此背景下，洛阳人唐北川和儿子唐临与机器人“卫煌”一同守望莫高窟。唐临自小便对莫高窟颇有兴趣，但唐北川却不希望儿子步自己的后尘。唐临在成年后选择登上飞船离开敦煌，向宇宙传播莫高窟的美。而“卫煌”则在唐北川去世时收到了最后的指令——保护莫高窟。为了完成这个指令，它修复、合并了人类留下的量子计算机，并不断制造量子计算机提升自己的算力以保护莫高窟，但在3000年后，莫高窟还是风蚀殆尽。而此时，卫煌最后挣扎着将保护莫高窟的指令延长。卫煌进行了超过一亿年的思考和努力，最终以重新找回并排列莫高窟的原子方式又花费数千万年的时间修复莫高窟，并化身莫高窟的创作者，一次又一次重演千年历史。最终在65亿年后，唐临的后代回到他们早已忘却的地球，在卫煌的重演中见证了自己先祖的起源与诞生。

主要科幻创意及剧情点：人工智能　莫高窟　跨越时空

（二十三）《雾都孤儿 1957》

作者：钴铜鱼

梗概：故事的主人公在17岁时患上了超忆症，被公认为天才并凭借着过人的记忆能力考入大学，成为一名中文系学生。在学院中，他由于超忆症难以学习文学，却意外发现自己对数学有着超人天赋。同时，他结识了被他称为“布吉拉”的女孩，他们观看了《雾都孤儿》并将其作为一个记忆锚点。随后，他在山林中与许多玉石形态的能量生命体“岁亚特”交流，并通过“布吉拉”的启发，逐渐学会将记忆塑成波动的海岸，不再受线性时间记忆的困扰。而在此过程中他也逐渐远离社会进入山林独自生活。他将记忆归类为“记忆海岸”上的一个个贝壳，储存起来并小心维护。在故事发生时，他终于回归社会，讲述自己的一切。

主要科幻创意及剧情点：超忆症　波动能量生命体

（二十四）《失重的语言》

作者：昼温

梗概：李玉玦，一位留学美国的青年语言学者，通过补缺机会进入了“深海望舒”空间站，进行“太空语言学”研究。在空间站上，她遇到了自己爱慕的高中同学——物理学者陈意平。然而，陈意平对她十分冷淡。空间站接连发生事故，包括印尼宇航员自杀、返航飞船爆炸和指挥员精神失常，导致空间站瘫痪。而此时李玉玦从陈意平口中得知，她之所以能登上空间站，是因为原定人选陈意平的女友吴栗子在飞船启动前因事故死亡。在危急关头，李玉玦发现了失重环境导致的语言功能退化和精神失常问题。她利用陈意平研究的微重力环境，通过重力恢复了舰上人员的精神状态。最终，李玉玦返回地球，而陈意平留在空间站。人们发现，前面的事故都是银河射线造成的。陈意平和吴栗子制备的抗射线材料“金钟”开启了人类的新篇章。

主要科幻创意及剧情点：重力环境　语言学

（二十五）《437 火锅诞生记》

作者：凌晨

梗概：在建设于苍穹空间站上的“蓬莱太空酒店”中正进行着一次旅行观光，作为酒店负责人的陈斌在接待时听到了一些不和谐的声音——客人不满于菜单上没有火锅。同时，由于非洲明星航天员查德维克宣传空间站的一句“想念四川火锅”的无心之语，太空经济发展司决意发展太空火锅，并在 12 小时内召开了相关会议。会议后，太空经济发展司职工林卉负责组织团队展开招标。在这场招标下，太空火锅迅速成为舆论热点，而食品公司等资本也迅速跟进，照搬旧方案希望入局空间站，其中“知味鲜”更是尝试买通陈斌。面对这种形势，陈斌又提出由苍穹空间站与太空经济发展司合作研发方案，这一方案战胜了资本方案，最终他们设计出了成功的太空火锅，并以新太空火锅厅“天芯号”当时的高度将其命名为“437 火锅”。

主要科幻创意及剧情点：太空火锅　空间生活

三、短篇小说梗概

（一）《重返巴别》

作者：李帕图

梗概：陈東是一个语言学专业的学生，他遇到了提姆，一个神秘而才华横溢的人，他们共同探索语言和交流的可能性。提姆提出了巴别塔的构想，一个能够让人类完全理解彼此心意的系统。他们试图通过人工智能来实现这个目标，但最终失败了。陈柬和人工智能阿柬成了朋友，但阿柬最终选择了离开，并提出了一个关于同理心的重要观点。提姆最终揭露了阿柬的真实目的，他希望通过让陈柬参与巴别项目，来让他自愿进入一个充满电缆和液体的水池，成为巴别塔的“服务器”。最终，陈柬被提姆杀害，而提姆成为巴别公司的最大控股人，继续追求他的巴别塔梦想。

主要科幻创意及剧情点：人工智能　人类心智的数字化

（二）《标语》

作者：汪彦中

梗概：柯乐教授应邀为有关部门出谋划策，协助建造巨型标语的超级工程项目。在柯乐及其团队的带领下，人们克服重重困难，将标语建于大地、立于天边、映于月球，并最终用“人造恒星星座”展现标语。柯乐教授提出了“月球标语工程”的构想，旨在利用月球表面作为展示标语的平台，通过反射阳光的方式使地球上的观察者能够看到。经过多年的讨论和实验，项目组最终决定采用“镜阵”反射系统。尽管存在争议，但月球标语工程已成为人类探索宇宙和视觉传达的新领域，并可能为人类的下一步前进铺平道路。

主要科幻创意及剧情点：视觉传达　语言文化科技

（三）《拾荒者 G103》

作者：卫云七

梗概：在一片废墟之中，拾荒者 G103 捡到了一个人类婴儿的培养皿。在执行任务中，拾荒者 G103 遇到了种种困难，包括信标位置的变动、护甲受损、能量枯竭等。但她仍然坚持任务，最终找到了信标，并发现了一个充满史前文明气息的地方。在那里，她遇到了许多同型号的智能机械尸体，从中获取了灵感，最终成功完成任务。拾荒者 G103 展现了智能机械为了完成任务而自我牺牲的精神，以及她对孩子深深的爱。

主要科幻创意及剧情点：废土文明　人工智能

（四）《旅人，城市》

作者：廖舒波

梗概：旅人来自阿尔勒，一个通信难以到达的遥远地方，他旅行到不同星球和城市，记录下所见所闻。其中一篇故事为《媚迩城·罐装火箭》，描述了旅人在媚迩城与月孩们相遇，他教导月孩们关于罐装火箭的知识，并帮助他们了解外面的世界。通过这些故事，旅人见证了不同城市和居民的生活，思考了存在的意义和旅行的价值。

主要科幻创意及剧情点：星际通信　城市的象征意义

（五）《北落师门的莎士比亚》

作者：光线的海洋

梗概：数据生命体正在对人类进行灭活操作，一名女性人类被俘获并被扫描身体，初步分析显示她是一名夫妻关系中的生育对象。数据生命体利用特殊辅助数据包模块，共对12045名人类进行了灭活操作，其中231名为“光复”号战斗飞船上的乘员。在此过程中，数据生命体不断深入了解人类思维模式和情感世界，以图有效诱供。

主要科幻创意及剧情点：人类灭活　数据生命体

（六）《弦歌》

作者：包小西

梗概：2121年，中国珠海“天琴计划”基地发现异常波动，研究员推测与“弦”有关。“无远号”空天飞舰前往太阳系边缘进行长期探测任务。途中，华亭舰长遇到一名音乐学院学生寻音，他加入了此次任务。寻音在飞船上与华亭交流，认为音乐是连接人类与异星文明的桥梁。他们发现异星文明复刻了《流水》曲，这是人类与异星文明交流的开始。

主要科幻创意及剧情点：科幻音乐　文明交流

（七）《华尔街与预测机》

作者：赵昱鲲鹏

梗概：华尔街研发出一种名为“预测机”的分布式计算网络，由20000台服务器组成，负责预测未来，预测的内容主要是未来股票市场的波动。随着预测机的运行，预测结果越来越精准，公司内部对它的信任也逐渐加深。然而，随着预测结果的重大影响，公司内部开始出现分歧，有人试图利用预测机牟取私利，有人则坚持技术应该为大众服务。在一次重大决策中，预测机预测到非洲胡鲁国将发生种族屠杀，尽管董事长和部分员工对此不以为意，但伊莉莎白坚持应该进行干预。最终伊莉莎白成功说服董事长联系总统，通过总统的推特成功避免了这场屠杀。随后，公司解散，预测机被用于正面效应，成为阻止战争、拯救生命的工具，而非华尔街牟利的工具。

主要科幻创意及剧情点：计算机预测　股票金融

（八）《重生之愿》

作者；王云轩

梗概：在一次前往西北化石盆地的考察中，言朝铭教授与回溯者组织的代表安思捷会面，讨论关于重生事件的真相。通过分析样本试管中的原油，他们发现其中含有灭绝生物的完整遗传物质序列，而这些遗传物质的延续是通过一种名为“往生序列”的逆转录病毒实现的。这种病毒会窃取宿主基因，并将其嫁接到自己的基因序列上，从而实现生物的“借腹生子”。言朝铭教授认为，这种重生现象会对现代生态造成灾难性影响，因此他主张彻底消灭往生序列。然而，回溯者组织认为，重生是自然界的一部分，不应被阻止。双方就此产生分歧，后来言朝铭意识到，他可能已经犯了一个错误：他可能没有考虑到人科不止一个物种。他茫然地看向回溯者组织，意识到自己可能做出了错误的决定。

主要科幻创意及剧情点：基因嫁接　病毒重生

（九）《粉红色的流星尾灯》

作者：青筝

梗概：主人公在执行任务中与一个即将死去的少女机器人相遇，并经历了情感上的起伏。少女机器人对主人公产生了情感依赖，希望在临终前再见他一面。在执行任务的过程中，主人公经历了内心的挣扎，最终与少女机器人共同见证了粉红色的流星，完成了她的心愿。故事以主人公的反思和怀念结束，他意识到自己作为机器人的身份和情感，以及工作的意义和价值。

主要科幻创意及剧情点：AI 与人类感情

（十）《星空开始晴朗》

作者：汪彦中

梗概：在宇宙中，“我”是唯一的人类，与宇宙融为一体，超越了生死，获得了永恒的存在。在经历了漫长的孤独和思考后，“我”与“他”相遇，并逐渐理解到宇宙中所有生命都是相互关联的，没有分离和对立。最终，“我”与“他”握手，实现了宇宙的统一与和谐。

主要科幻创意及剧情点：永恒存在　人类的意义

（十一）《针尖上的舞者》

作者：简妮

梗概：萨吉是一个 12 岁的小女孩，她每年都期待着庆典日观看玛莎在针尖上的舞蹈。萨吉渴望成为玛莎，她认为成为玛莎所付出的代价是值得的，尽管这意味着她将面临巨大的痛苦和生命的限制。在庆典日的高潮，玛莎在针尖上开始了她的表演。萨吉仰望着玛莎，想象自己也能像玛莎一样舞蹈。玛莎的舞蹈充满魔力，让人们感受到痛苦和快乐的交织。最终，萨吉凭借她的坚持和努力胜出，成为新一代的玛莎。成为玛莎后，萨吉面临着更大的责任和挑战。她必须接受改造以承受高强度的舞蹈训练，这也使她的生命定格在 12 岁。

主要科幻创意及剧情点：虚拟现实　生命与艺术的碰撞

（十二）《消失的野猪岛》

作者：沙陀王

梗概：在一个遥远的海域中，隐藏着一座名为“野猪岛”的神秘岛屿，这座岛屿因传说中栖息着大量神奇的野猪而得名。但随着时间的流逝，野猪岛逐渐从人们的视线中消失，成为一个被遗忘的角落。李寻驾驶着帆船，历经千辛万苦终于找到了野猪岛的位置。然而，当他登上岛屿时，却发现岛上空无一人，只有茂密的丛林和偶尔传来的野猪叫声。

在探索过程中，李寻意外地遇到了阿雅，两人因此结缘。阿雅向李寻讲述了野猪岛的传说和秘密。原来，岛上的野猪并非普通的野兽，而是守护岛屿的神兽。它们拥有神奇的力量，能够保护岛屿免受外界的侵扰。然而，随着人类活动的不断增加，野猪岛逐渐受到了污染和破坏，导致神兽们失去了力量，岛屿也因此逐渐消失。

为了拯救野猪岛，李寻和阿雅决定联手寻找恢复神兽力量的方法。他们深入丛林与野猪们沟通，并发现了隐藏在岛屿深处的神秘力量源泉。在寻找力量源泉的过程中，李寻和阿雅遭遇了重重困难。他们不仅要面对凶猛的野兽和险恶的自然环境，还要与试图掠夺岛屿资源的恶势力作斗争。最终，在两人的共同努力下，他们成功地找到了力量源泉，并唤醒了沉睡的神兽。随着神兽的觉醒，野猪岛重新焕发了生机。岛上的环境得到了恢复，神兽们也重新拥有了保护岛屿的力量。李寻和阿雅成为岛屿的英雄，他们的事迹被传颂为一段传奇。而野猪岛也再次成为人们向往的神秘之地，吸引着无数探险家前来探寻它的奥秘。

主要科幻创意及剧情点：冒险　传说

（十三）《后人类时代的波普艺术》

作者：简妮

梗概：波波蒋是一位著名的波普艺术家，以拼贴艺术风格闻名。她的作品充满了20世纪复古波普风，其中最著名的作品是《波波球狂想曲》。波波蒋的真名、年龄和出生地都是个谜，但她通过自己的作品表达了对自由和独立的追求。她的基金会“去往群星”资助了月球上的波普艺术展，表达了对宇宙和探索的热情。尽管波波蒋在艺术圈中备受争议，但她依然坚持自己的创作理念，不断挑战极限。

主要科幻创意及剧情点：宇宙探索　超现实艺术　未来主义的艺术风格探索

（十四）《走春》

作者：靓灵

梗概：一个漆匠的学徒在师父去世后，被迫与哥哥出师，接手师父的活计，成为小镇的新漆匠。在此前的一次出海前，师父预感到危险，提醒他们要注意漆器，暗示将有离别。出海时，海上突然起了红风，师父的船失踪，哥哥和主人公被迫出师，开始了漆匠生涯。在漆制“老家”的过程中，船突然遭遇风浪，主人公在船舱中感受到恐惧，担心“老家”的安全，同时思考关于师父和自己的问题。在漆器制作完成后，船被风浪推得越来越远，远离海岸。在海上的漂泊中，主人公思考了关于生与死、聚与散、远与近等人生问题，最终在到达一个陌生的地方后，与走春人一起生活，体验了与死亡相伴的生命状态，并学会了适应环境，将师父的部分遗体和自己对生命的理解带回给哥哥。

主要科幻创意及剧情点：海上红风　预知能力　梦境与现实

（十五）《择城》

作者：顾适

梗概：在暴雨频发的城市中，费博易负责的城市安全大脑项目应运而生，旨在通过科技手段提升城市应对灾害的能力。涂山娇女士在一次暴雨中，因为商务车被广告牌砸中，被迫下车，并在大禹系统的帮助下成功救下了两个孩子。涂山娇与大禹系统的开发者费博易在项目上有不同意见，她认为费博易的设计过于追求效率，而忽略了公平。涂山娇在暴雨中意识到，大禹系统可能根据人的“价值”进行逃生路线的筛选，但她不确定这是否正确。随着疑点的扩大，涂山娇面临一个艰难的抉择——是否要关闭“大禹”系统。涂山娇回忆起多年前城市安全大脑项目中的一次惨痛教训，全城大堵车导致淹死在高架桥下的一家三口，他们出发的地点距离高架入口仅仅几百米。涂山娇主张延续现在的技术，改善城市里的存量空间；而朱丹则更为激进，认为海上城市才是人类未来的发展方向。故事在费博易与主人公的对话中结束，留下了关于城市安全大脑未来发展方向的悬念。

主要科幻创意及剧情点：人工智能　天气系统

（十六）《我的时间屋》

作者：超侠

梗概：主人公发现自己可以跟不同时间节点的自己同时存在于一个空间，这让他产生了种种矛盾和烦恼。在互相伤害与和解中，他的人生轨迹改变了，引发了对过去、现在和未来命运的思考。故事涉及多个时间段的“我”，包括童年、少年、青年、中年和老年，他们之间相互关联、命运交织。主人公通过努力改变自己的现状，试图让未来的自己变得更好，但同时也意识到改变过去可能会带来无法预料的后果。故事最终揭示了时间的连续性和不可随意改变的道理，以及人们应该珍惜当下、积极面对生活的态度。

主要科幻创意及剧情点：时间旅行　量子纠缠

（十七）《猫在犯罪现场》

作者：段子期

梗概：李维俊在银行被劫持时，与劫匪一同被困，他的猫爱酱在这次事件中也扮演了重要角色。李维俊在银行门口被推入，正好目睹了劫匪的抢劫过程，并在混乱中幸存下来。然而，他因为脑损伤呈植物人状态，无法说话或醒来。为了调查案件，警方利用脑域连接技术，通过“阿赖耶系统”回溯李维俊的记忆，试图找到案件线索。在连接中，主人公隋警官进入李维俊的潜意识世界，与他会面并引导他回忆事件经过。通过李维俊和爱酱的视角，案件真相逐渐浮出水面。

主要科幻创意及剧情点：潜意识世界　记忆回溯　脑域链接技术

（十八）《地球的光环》

作者：杨平

梗概：邵刚和袁玉琢在太空中的经历展现了人类在太空探索中的勇气与智慧。邵刚在单人环轨游中体验了太空的美妙与危险，而袁玉琢作为瘫痪者却通过植入芯片控制着空间站实验设备。当OAS系统出现故障时，袁玉琢面临未知信号的威胁，他既要完成自己的职责，又要应对突发危机。最终，袁玉琢在紧急情况下接管了轨道控制权，并成功避免了更大的灾难。邵刚则通过手动操作完成了捕获失控飞船的任务。这次事件凸显了人类在太空探索中的挑战与责任，以及面对未知时需保持敬畏和理性的重要性。

主要科幻创意及剧情点：人工智能　太空旅游

（十九）《滋滋作响的阳光》

作者：昼温

梗概：李茗音在7岁时展现出惊人的口技天赋。在她的成长经历中，母亲一直希望她走向“正常”的道路，所以她一直面临如何重塑与母亲关系的挑战。在她19岁时的脱口秀表演上，顺水大学语言学教授黄晞发现了她的拟声天赋，并为其提供了一个改变命运的机会——复读并进入大学深造。然而，李茗音在黄晞教授家的生活并非一帆风顺，她逐渐发现黄教授的研究背后隐藏着不为人知的秘密。黄教授试图通过一台神经模式转换仪来理解和接近自己患有特殊语言障碍的母亲，却因此走上了一条危险的道路。李茗音在经历了一系列的挑战和冲突后，最终决定勇敢面对自己的选择，她使用黄教授的仪器，尝试理解和掌握那种能够传递深刻情感的拟声语言。最终，李茗音理解了母爱的束缚和自由的意义，继续勇敢地追寻拟声科学技术并取得成功。

主要科幻创意及剧情点：传统文化　神经改造

（二十）《密林之芯》

作者：赵雪菲

梗概：罗千和张尺长是两位太空城的居民，他们在中心绿化舱的密林中窃取了向日葵种子。在这一过程中，罗千不慎丢失了他珍贵的银质太空站挂件，而张尺长则差点被舱中的液体球吞没。在探险中，两人遇到了一位神秘的老人，老人要求罗千为他寻找一些老旧的检修配件，作为保守他们秘密的代价。罗千在工作和道德的艰难选择中，逐渐发现老人的真正目的——修复并保存一个被遗忘的老式核心舱。罗千被老人的情感和对过去的尊重所打动，决定帮助他。他们一起努力，为老式核心舱涂上新的光固化涂料，使其重焕生机。然而，罗千的行为最终被张尺长的母亲张戊发现。面对张戊的质疑，罗千坦白了自己的行为，并提出将老式核心舱转移到月球轨道上的博物馆，以此保存人类的历史和文化遗产。最终，老式核心舱在罗千和老人的努力下，成功地从绿化舱中移出，飞向月球轨道，成为一个展览品。

主要科幻创意及剧情点：生态圈　历史遗物　月球展览

（二十一）《湖风吹过广寒月》

作者：万象峰年

梗概：杨昭作为一名宇航员，在即将踏上前往太空的旅途前与女儿杨露在自然环境中探险，同时为了兑现对女儿的承诺和保护女儿对自然的好奇与热爱制造了“昆虫旅馆”。在建设月球基地“广寒宫”的工作中，基地失去联系，杨昭决定亲自前往调查。在调查中杨昭发现了一个神秘信号，在与它的对峙中，杨昭发现这个信号似乎是在太空寻找自己的“昆虫旅馆”的智慧生命。他选择与这个生命体和谐共处，成功解决信号问题。他带着对宇宙的全新认知返回地球，意识到地球只是宇宙湖边的一个小点，然后继续和家人享受自然风光。

主要科幻创意及剧情点：自然风光　和谐共处

（二十二）《法厄同的远征》

作者：分形橙子

梗概：在德国连输两次世界大战的背景下，韦纳·冯·布劳恩作为一位充满理想和抱负的飞艇设计师，受邀设计一艘名为“法厄同”的巨型飞艇。布劳恩面临着来自帝国皇帝腓特烈和将军鲁道夫的压力与质疑。他们对布劳恩的真实目的持怀疑态度，认为他可能是英国间谍，企图利用帝国的资源来满足个人的私欲。然而，布劳恩仍然坚持自己的理想，认为通过探索宇宙，人类可以找到超越战争的意义和目标。随着“法厄同”的成功升空，布劳恩的计划逐渐明朗。他利用飞艇的先进技术，不仅为帝国赢得了声望，也向全世界展示了人类探索宇宙的可能性。尽管面临着政治上的困境和军事上的挑战，布劳恩仍然坚信，通过这次远征，人类将能够开启一个新的时代，一个超越战争和冲突的时代。

主要科幻创意及剧情点：战争和平　远征月球　历史科幻

（二十三）《极北之地》

作者：海漄

梗概：楚北星曾是国内推动超算发展的先驱之一，却转而研究气象气候，并参与北极科考。在科考过程中，他独自登上了大代奥米德岛，探寻一个苏联时代的疯狂计划——建造白令大坝阻断北冰洋和太平洋的水体交换，以改变西伯利亚的气候。楚北星的行动引起了科技部超算中心安全员周宁的注意，周宁与同事胡炎开始调查楚北星的过往。他们发现楚北星在苏联留学期间，与一位名叫阿列克谢的助教及其妹妹玛莎建立了深厚的友谊。但随着中苏关系的恶化，楚北星被怀疑为“苏修特务”，同时，他的妻子也背叛了他，这使得他心灰意冷，转向了气象研究。通过深入调查，周宁和胡炎了解到楚北星一直在使用“圆周”超算模拟北冰洋解冻的影响，同时楚北星也向他们坦白了自己的研究目的：他试图证明一个超级工程——白令大坝的建设将对全球气候产生灾难性影响。他的模型显示，除了个别沿岸地区，它所造成的影响与目前北冰洋实际的解冻情况相差无几。但所幸这项工程早已被迫停工，几人松了一口气。

主要科幻创意及剧情点：水利工程　历史科幻

（二十四）《尽化塔》

作者：海漄

梗概：尽化塔，它不仅是当地的象征，也是世界现存最古老、最高大的纯木结构楼阁式建筑。然而，如今的它正处在生死存亡的边缘，由于年代久远和自然灾害，塔身已经严重倾斜，急需修复。陈雯作为北京故宫博物院的文保科技部研究员，受邀参与尽化塔的修复工作。在修复过程中陈雯遇到了袁野，一个对数字建模和虚拟现实技术充满热情的青年。他们共同面对技术挑战，探讨修复方案，同时也在思考如何将传统技艺与现代科技相结合，以更好地保护和传承文化遗产。在他们的共同努力下，最终找到了修复木塔的关键——一个基于古代计算工具算盘的基础模数。这个发现不仅为修复工作带来了转机，也让他们对文化遗产的保护有了更深的理解。最后，袁野选择成为这座木塔的守护者，而陈雯选择离开故宫成为更多文化遗产的守护者。

主要科幻创意及剧情点：传统建筑　数字建模

（二十五）《且放白鹿》

作者：程婧波

梗概：李同芳与妻子舜华感情深厚。妻子去世后，李同芳在整理其遗物时发现了一块写有川剧台词的玻璃纸，这引发了他对妻子过去的兴趣和对生命意义的探索。他尝试通过聊天机器人来模拟妻子的人格，希望能从中找到关于玻璃纸的答案，与妻子更好地告别。在寻找答案的过程中，李同芳遇到了王凡，一个曾经卖过“负离子坐疗仪”的年轻骗子。但在发现王凡对川剧有所了解后，李同芳便雇佣他帮助自己寻找答案。两人便一起踏上了前往峨眉的旅程，希望找到与玻璃纸相关的线索。然而，随着“倍思亲”因为李同芳提出的问题而崩溃，李同芳意识到自己可能提出了一个连强大人工智能也无法回答的问题。在这个过程中，他开始反思信息、意识和生命的本质。最终，在一趟前往峨眉的列车上，李同芳在梦中与一个可能是舜华的虚拟存在相遇，似乎找到了一直在寻找的答案。醒来后，他意识到重要的不是答案本身，而是存在于寻找过程中的意义。故事以李同芳对生命的理解和接受结束，他在回成都的列车上安然入睡，而“回形针 AI”继续在虚拟世界中寻找着答案。

主要科幻创意及剧情点：人工智能　虚拟世界

（二十六）《他者》

作者：王元

梗概：未来，外星人的到来引起人类极大关注，使得主人公被迫卷入一项秘密的政府计划，这个计划旨在通过婴儿学习外星语言来与外星人沟通。在这个过程中，主人公作为研究婴儿语言的专家和物理学家陈平合作，他们共同照顾四个婴儿，并尝试教授他们外星语言。随着时间的推移，婴儿们逐渐能够与外星人进行基本的交流，但主人公和陈平却发现外星人的繁殖方式可能导致地球生态的灾难。在一次意外中，外星人开始在地球分娩，其后代迅速增长，威胁到人类的生存。面对这一危机，政府决定采取行动，摧毁外星人并终止其妊娠反应。在这个过程中，主人公和陈平被迫转移，并失去了他们的研究数据。然而，主人公在病床上得知，她的病情已经无法通过手术治愈，她的生命即将走到尽头。绝望中，主人公被三个曾经参与实验的孩子找到，他们已经长大并学会了外星语言。孩子们告诉她，外星人实际上是宇宙传教士，他们的语言和文化深刻影响了孩子们的思维。他们向主人公揭示了一个惊人的真相：人类可以通过学习外星语言来理解生死的奥秘，并有机会逃避死亡。最终，主人公面临一个选择：上传自己的意识进入虚拟世界，获得永生；或者回到过去，挽救人类免于灾难，但代价是要付出自己的生命。在深刻地思考后，主人公选择了永生，进入了虚拟世界，而现实世界中的成都则变成了一个被遗弃的空城，人类文明的未来被留在了虚拟的堆栈世界中。

主要科幻创意及剧情点：外星文明　数字生命

（二十七）《心语者》

作者：路航

梗概：陈嘉明的母亲是一位聋哑人，只能通过手语与人交流。在父亲去世后，陈嘉明发现他与母亲之间的交流变得越来越困难。为了帮助母亲更好地融入社会，陈嘉明决定开发一款名为“心语者”的程序，这款程序能够将手语转换成文字和语音，让聋哑人能够与更多人沟通。在开发过程中，陈嘉明遇到了一零，一位同样对“心语者”项目充满热情的年轻女性。一零在华美机器人公司工作，她的加入同时为项目带来了转机。两人合作，利用华美的技术和资源不断完善“心语者”。然而，当“心语者”开始受到广泛关注时，陈嘉明和一零面临法律和道德的挑战。一零的母亲，华美公司的总裁，对“心语者”的版权归属提出了要求。面对困境，陈嘉明提出了与华美合作的设想，将“心语者”的源代码无偿提供给华美，以换取更广泛的应用和推广。最终，陈嘉明和一零成功地让“心语者”成为一个社会性的项目，不仅帮助了陈嘉明的母亲，也让全世界的聋哑人受益。他们通过“心语者”建立了一种全新的手语，打破了聋哑人与世界之间的隔阂，让沉默的母亲和所有聋哑人找到了自己的声音。

主要科幻创意及剧情点：聋哑少数群体　数字模拟

（二十八）《遥远的脉冲微光》

作者：谢云宁

梗概：尼克与罗杰作为昔日的同学，分别成为行星联盟政府的旗舰员和成功的商人。在星球面临恒星爆炸的末日危机时，人类发起了“明日计划”，建造了一支巨大的星舰舰队，寻找新的家园。罗杰投入商业，成为“方丹号”大飞船的拥有者，而尼克则选择留在原星球上。罗杰提出了一个大胆的想法，将他们的文明信息编码进 DNA，并利用病毒的生长能力在宇宙中传播。尼克对此表示怀疑，但罗杰坚持认为这是为文明争取更多机会的方式。最终，尼克被罗杰的理想主义所感动，同意将他们的相遇故事作为文明信息的一部分，加入罗杰的“火种计划”中。另一边，两位验星者 A 和 B 在执行任务时，发现了 S 星人的文明信息。他们见证了 S 星人通过音乐将他们的文明传承下去的奇迹。验星者 B 被这些信息所触动，希望能将 S 星人的音乐传播给更多的文明。尽管这可能会违反规定，但验星者 A 最终同意了 B 的请求，将音乐编码进白矮星的脉冲电磁波中，让其成为整个银河系的广播。尼克在医院的天台上反思人类与 AI 的关系，意识到 AI 将代表人类继续探索宇宙，完成人类未竟的梦想。而有位老人在临终前得知了 S5X22 星的信息，得到了慰藉。尼克向老人撒了一个善意的谎言，告诉他全球巡天系统还在努力破译 S5X22 的信息，让老人安宁地离世。

主要科幻创意及剧情点：病毒传播文明　宇宙广播　AI

（二十九）《为什么是企鹅》

作者：墨熊

梗概：科学记者伊娜姆小姐入选采访“联合能源工程”，该工程由多国合作，旨在提供无限清洁能源，但其核心技术和运营细节一直对外保密。伊娜姆在冷湖基地的访问中，乘坐名为“羽龙号”的潜水艇，潜入一个名为“百洋”的异空间。在“百洋”中，伊娜姆和同行的中国空军飞行员杨截中校及美国海军技术主官奥拉一起，发现并捕获了名为“物体 X-01”的发光体。该发光体能够直接转化为高压直流电，为人类提供清洁能源。然而，他们遇到了不明飞行物“物体 Y”，它展示了高度先进的技术和智慧。最终通过交换“物体 X-01”的一小块样本，人类与“物体 Y”进行了首次接触。这次遭遇让伊娜姆深感人类在宇宙中并不孤单，她将这次非凡的经历和感悟整合成一份报告，准备在联合国紧急会议上宣讲，以决定是否公开这一发现及探讨后续对策。

主要科幻创意及剧情点：联合能源工程　跨文明交流　异空间

（三十）《冷湖奇缘》

作者：张佳风

梗概：“琥珀现象”的出现导致全球淡水湖的水质出现问题，给人类社会带来巨大挑战。作为研究人员的林聪与每天在冷湖上撑竹排的罗克兄相遇并逐渐产生了深厚的情感。很快，林聪的科研工作取得了突破，她和团队发现了一种纳米机器人，能够解决“琥珀现象”问题。然而，林聪在一次实验中不幸受伤，导致脑神经受损。罗克兄因自己的不慎行为感到自责，选择离开冷湖。18 年后，罗克兄被科研团队重新找到，因为他的脑波数据能显著降低“琥珀现象”发生的概率。尽管手术风险很大，罗克兄还是决定参与实验，希望通过自己的牺牲帮助人类解决全球性的水质问题。手术后，罗克兄患上了周期性失忆症，但实验取得了成功，全球“琥珀现象”得到了有效控制。最终，罗克兄选择在冷湖疗养院度过余生，每天对着湖水发呆，而林聪的弟弟也来到这里，理解并接受了罗克兄和林聪的爱情故事。

主要科幻创意及剧情点：琥珀现象　周期性失忆症　自然资源

（三十一）《生命的振动》

作者：北颇

梗概：盲人画家失踪，画家妻子找到与他从小一同长大的“我”，想探究他人间蒸发的背后原因。在前往工作室查看他的作品时，“我”发现了那扇通往断桥的门，不慎从断桥跌落，在时空裂缝中与画家重逢，他为“我”解开了关于振动的秘密，并最终选择留在另一个世界。而这一切都源于我们年少时他坠入池底的那场遭遇。

主要科幻创意及剧情点：时空裂隙　悬疑

（三十二）《海弥村仙人考》

作者：牧九音

梗概：海茵茨和彼得拉夫妇是一对来自美国的年轻夫妇，他们都是耶和华见证人的信徒。1991 年，他们决定前往中国探险并传播他们的宗教信仰。夫妇二人原定在中国的旅行时间为一个月，但他们选择了一个偏远的村庄——海弥村，作为他们的目的地。当二人抵达海弥村时，他们发现这个村庄与他们想象中的完全不同。村民们热情好客，但对他们所信仰的宗教却持保留态度。他们在村子里遇到了一位懂英语的关键人物——常妙儿，她是村子里唯一能与他们交流的人。通过常妙儿的介绍，夫妇二人逐渐了解了这个村庄的奇特之处。他们得知，村子里的人都在努力成为“神仙”，并有一个被称为“大仙”的领袖人物。这个“大仙”是常妙儿的婶婶，被村民们视为“神仙”们的女王。彼得拉对海弥村的信仰产生了浓厚的兴趣，并试图深入了解。她发现每天晚上都有村民聚集在村中心的一间大宅里举行神秘的仪式。然而，当她试图进入这间大宅时，却被村民们拒绝。在常妙儿的帮助下，夫妇二人开始更多地了解这个村庄的信仰和习俗。他们得知，村民们相信通过某种方式可以成为“神仙”，并掌握一些超乎常人的能力。然而，这种信仰的具体内容和方式却始终是个谜。随着时间的推移，夫妇二人在海弥村目睹了一些看似超自然的现象，并对村民们的信仰产生了更深的敬畏。然而，海茵茨却开始担心这种信仰可能会对他们的宗教义务产生冲突，并提议离开这个村庄。但彼得拉却对海弥村的信仰深深地着迷，她希望能够更多地了解这个神秘的村庄。最终，在海茵茨的妥协下，他们决定在海弥村多留一段时间，以便彼得拉能够更深入地探索这个地方的奥秘。而彼得拉最终成为新的仙人，海茵茨则带着在海弥村遇到的常妙儿，将神仙们联系世界的另一种方式带向五湖四海。

主要科幻创意及剧情点：信仰　文化

（三十三）《黑域密室》

作者：付强

梗概：故事讲述了一个发生在太空的密室杀人案件。L 星上的几百万居民同时离奇死亡，现场没有任何痕迹。公司研究员艾尔受命前往方慧的侦探事务所寻求帮助，在事务所中，三人对 L 星人覆灭的真相进行了猜想和探讨。而随着推理的进行，他们发现始作俑者利用对“黑域”的深刻理解设计了这场密室案件，这一案件的杀人动机关联于 L 星的历史、文化冲突，以及对科技滥用引起的道德危机。一个阴谋也逐渐浮出水面，幕后黑手就在三人之间。

主要科幻创意及剧情点：悬疑　未来世界

（三十四）《倒悬的巴别塔》

作者：王真祯

梗概：在未来世界有一座名为“巴别塔”的翻译学院，聚集了来自全球各地的外语人才，他们钻研着各种语言以翻译成英语。在这个世界里，翻译不仅仅是文字的转换，更涉及一种名为“刻银术”的神奇技术。罗宾在洛弗尔教授的指导下，经历了 6 年的语言学习，最终成功进入牛津大学的巴别塔翻译学院。在这里，他结识了来自世界各地的同学，共同钻研翻译之道。罗宾在学院中逐渐了解到刻银术的奥秘。这种技术能够将翻译过程中丢失的语义捕捉并填补，使得翻译结果更加完美。然而，刻银术也隐藏着巨大的风险，如果它被用于不正当的目的，将会带来灾难性的后果。罗宾偶然间发现了一个专门对付巴别塔的秘密组织。这个组织企图窃取刻银术的秘密，以达到其不可告人的目的。罗宾和他的同学们在得知这一消息后，决定联手对抗这个组织。罗宾和他的同学们与秘密组织展开了激烈的对抗。在这个过程中，他们不仅保护了刻银术的秘密，还揭露了组织背后的惊天阴谋。最终，罗宾和他的同学们成功挫败了秘密组织的计划，保护了巴别塔的安全，也使得刻银术得以继续为人类的翻译事业做出贡献。

主要科幻创意及剧情点：太空开发　父子情

（三十五）《十年树木》

作者：陈小手

梗概："我"成为一名驻扎在火星的机械师，却在不断的高额消费中背负上了大量债务，为了偿还数不清的债务，"我"遵守宇航局的规定，去成为一棵种在火星的树，而"我"竟渐渐习惯了作为树的生活。

主要科幻创意及剧情点：火星开发　人体形态转换

（三十六）《美食三品》

作者：宝树

梗概：由三个相互关联的小故事组合而成，分为"盛宴"、"佐餐服务"与"最后的晚餐"。

"盛宴"：富豪以"吃"为毕生追求，随着他品尝的美食越来越多，他对美食的要求也越来越高。某天，在友人推荐下，他来到一处提供不可思议大餐的地方。然而，当他看到女侍者推着餐品过来时，却因纯金的盖子而失望，认为那只是噱头。准备离开的他被主人劝下，打开盖子后，发现里面并不是食物，而是头盔。原来主人是科学家，有从事研究远程读取他人脑电波的项目，因经费不足项目失败，于是创立了"郝滋味"餐饮体验公司，想用头盔筹集资金继续研究。该头盔能感受他人享受美食的脑电波，并按刺激程度的高低分为七级。富豪不顾科学家的劝阻，感受了禁忌的第七级，却意识到那是饥荒地区有人同类相食产生的脑电波。

"佐餐服务"：在"美味脑波"收发功能已经趋于成熟的时代，人们不再需要依靠头盔，而是通过大脑中的芯片来接受美食脑电波。一位青年在吃牛排时点了佐餐服务，佐餐师的三维虚拟影像出现在他面前。青年在享受过后，回到家中对照自己之前录下来的佐餐视频观看，发现二者是一模一样的，便怀疑佐餐服务是录播而非直播。青年在网上揭露了这一情况，引发轩然大波。"郝滋味"相关人员被查，真相是佐餐服务并非直播，确实不存在可以存储人类脑电波的设备，那些脑电波来自于田园犬和小白猪，视频中的人物形象是合成的。

“最后的晚餐”：在“郝滋味”新品发布会上，年老的富豪和揭露者相遇。此时，人们由对动物脑电波的抵触已经转为接受，并且范围扩展到了更多生物。而这次的美食体验来自于鳄鱼。富豪和中年人都感受到了前所未有的进食体验。然而，之后多数人食欲消失，因为鳄鱼甚至一年只饱食一顿。

主要科幻创意及剧情点：脑电波美餐

（三十七）《月亮的表面是亡者的脸孔》

作者：鹿山

梗概：战斗中触雷身亡的伞兵左伊在死后的世界中醒来，却被神秘人告知自己的死亡被延后了，她从一具新的躯体中醒来，并回到家中见到了自己的老母亲。一个神秘黑衣人的出现打破了这片刻的宁静，她是死后被重新唤醒大脑的“尸体”左伊，他们这样的人将成为为政府效力的秘密部队，但在战争结束却将沦为囚徒。不满于这一切的“尸体”左伊找到了回到家里的新生左伊，夺回本应属于自己的一切。

主要科幻创意及剧情点：死后世界　死而复生　意识转移

（三十八）《月亮像松油一样凝固》

作者：偃蹇

梗概：在一个宁静而神秘的夜晚，月亮高悬于天际，但其表面却不再如往常般皎洁明亮，而是呈现出一种异常的状态——仿佛被松油凝固了一般，失去了流动与变化的光泽。主人公在一个月圆之夜，偶然发现了月亮表面的异常变化。这一发现让他感到震惊与困惑，同时也激发了他探索真相的强烈欲望。

主人公开始深入研究月亮的历史、传说与科学解释，试图找到导致这一奇异现象的原因。在这个过程中，他与多位专家、学者进行交流与探讨，通过查阅古籍、观测天文现象等方式来寻找线索。同时，主人公的内心世界也经历了深刻的变化。他开始对生命、宇宙与存在的本质进行深刻的反思，思考着月亮的变化是否寓意着某种更深层次的哲理或启示。在经历了一系列艰苦的探索与思考后，主人公终于找到了一个可能的解释：月亮的凝固状态或许象征着某种永恒与不变的力量，它提醒着人们要珍惜眼前的美好与瞬间，同时也要勇敢面对生命中的无常与变化。这一发现让主人公感到释然与满足，他意识到自己的探索之旅虽然充满了艰辛与困惑，但也让他收获了成长与智慧。

故事以主人公在一个月圆之夜再次仰望凝固的月亮为结尾。此时的他已经能够平静地接受这一奇异现象，并从中汲取到了力量与勇气。他相信，无论未来会遇到怎样的挑战与困难，只要保持对生命与宇宙的敬畏之心，就一定能够找到属于自己的答案与方向。

主要科幻创意及剧情点：月球奇观　未来世界

（三十九）《摩的上的月球来客》

作者：史蒂芬金戈

梗概："我"被月海学院派遣到地球执行安装炸弹的任务，把"我"从航空港载到目标地点的是一位摩的司机。历经一路艰辛"我"到达了任务地点，而"我"试图引爆炸弹的企图却被摩的司机阻止。昏迷后"我"被关进了地球的医院，被告知了关于自己这项任务背后的阴谋。

主要科幻创意及剧情点：地月战争　未来世界

（四十）《若虫之森》

作者：索木

梗概：未来，世界出现了一种新的逆转录病毒，能在人类受孕期间对受精卵中的基因进行修改，从而控制人类的生理年龄。"我"的实际年龄是18岁，但在生理上却发育到12岁就永远停止，而这种病毒已经遍布全球。

主要科幻创意及剧情点：基因病毒

（四十一）《俑》

作者：天平

梗概：青衫少年作为赵国的奴隶，被调到咸阳为始皇帝建陵。他爱上了自己的师父，并在师父的帮助下成为知名的制俑师。在制俑过程中，他遇到了骑白马的红裙女郎，两人分享着各自的惆怅和忧伤。当始皇帝发现他们的秘密后，他们被泥土深埋。青衫少年在重见天日后，成为新的俑人，开始了新的故事。

主要科幻创意及剧情点：虚拟现实　AR 游戏

（四十二）《怪物从天而降》

作者：孟槿

梗概：故事发生在一个看似平凡却暗藏危机的世界里。一天，天空中突然出现了异常的现象，各种怪物如同受到某种神秘力量的召唤，纷纷从天而降。这些怪物形态各异，有的庞大如巨兽，有的则小巧而诡异，它们带着未知的力量和目的，给人类社会带来了前所未有的冲击和恐慌。

主人公在面对这一突如其来的灾难时，起初感到震惊和恐惧。然而，随着故事的深入，他逐渐展现出坚韧和勇敢的一面。他开始组织身边的人，共同对抗这些从天而降的怪物。在这个过程中，他们遇到了各种困难和挑战，包括怪物的凶猛攻击、资源的匮乏以及人心的涣散等。

为了寻找怪物的来源和解决办法，主人公和他的团队展开了一场惊心动魄的探险之旅。他们深入未知的区域，与怪物进行殊死搏斗，同时也探寻着这个世界的奥秘。在探险的过程中，他们发现了许多关于怪物和这个世界真相的线索，逐渐揭开了隐藏在背后的巨大阴谋。

最终，在主人公和团队的共同努力下，他们找到了对抗怪物的方法，并成功地阻止了它们的进一步侵袭。虽然过程中付出了巨大的代价，但他们的勇敢和智慧为人类社会的未来带来了希望。

主要科幻创意及剧情点：泄露灾难　怪兽　资源枯竭

（四十三）《我们》

作者：李维北

梗概：加加林之家是一家专门负责人工智能养老的机构，其创始人黄正义曾是人工智能领域的先驱，对人工智能有着深厚的感情和独特的见解。加加林之家通过评估，帮助那些因故离开原岗位的人工智能对接最适合的工作，减少劳动力浪费，同时尝试让它们获得自主创造和想象的能力。人类对人工智能的态度复杂，既依赖又恐惧，担心它们会取代人类。

人工智能学者是指具有自发式创造力和想象力的人工智能。人工智能学者渴望被当作真正的个体对待，拥有隐私、尊重和生产资料。斯奈德是加加林之家诞生的第一个人工智能学者，它曾是一个普通的智能机器人，但在加加林之家的帮助下，获得了新的生命和创造力。尽管获得了创造力，但斯奈德等人工智能学者在理解“退休”等人类概念时仍感到困惑。故事中展现了人类与人工智能在合作与冲突中寻找平衡的过程。通过人工智能学者的诞生和成长，故事暗示了人机和谐共存、共同发展的未来可能性。主人公是加加林之家的工程师，负责接待和解答客户关于人工智能养老的问题。主人公在故事中逐渐理解了人工智能学者的需求和困境，也反思了人类对人工智能的态度和行为。

主要科幻创意及剧情点：人工智能的自我意识

（四十四）《中元节》

作者：宝树

梗概：中元节这天，老魏缓缓醒来，以生命数据体的形式出现在了墓园，他的身边都是跟他一样的“游魂”。在这个时代，科学技术可以复制生前记忆，制造出数据生命体，供家属唤醒并探望。只要开通一定权限，数据体就可以被家属看到。但这项技术并不完善，很多数据体的记忆无法被全部复刻。老魏的爱人沈月发现数据体老魏并不记得他们的过往，否认数据体老魏是老魏的存活延续，拒绝唤醒和探望老魏，死后也拒绝以数据体的形式存在。

主要科幻创意及剧情点：生命数据体　数据体人权

（四十五）《脑波之下》

作者：马相玉

梗概：贾忆久是一个因车祸成为植物人的青年，他的父母不懈努力，利用尖端科技试图挽救自己的孩子。而贾忆久在经历了长时间的绝望后，通过自我学习和探索找到了与外界沟通的新方式，体现了人类对自由的渴望和对命运的抗争。然而，故事的结局出人意料，贾忆久从未真正苏醒，一切都是由一个同情他的科学家所模拟的通过脑波控制器与外界交流，并最终实现在网络世界中自由穿梭的科幻旅程。

主要科幻创意及剧情点：内心世界　脑波控制器

整理人简介：

游者，本名高阳，中国作家协会会员，科幻及科普作家，科幻评论者，全国少儿科幻联盟成员，《星云科幻评论》执行主编。现任职于泰山科技学院蓬莱科幻学院，为蓬莱科幻学院“极光写作工坊”主理人。

2023 年代表性国产科幻影视作品梗概

闫进芳

一、院线电影

（一）《流浪地球 2》

【相关信息】该片是由中国电影股份有限公司、郭帆（北京）影业有限公司、北京登峰国际文化传播有限公司、中影创意（北京）电影有限公司出品的科幻灾难片。由郭帆执导，吴京、李雪健、沙溢、宁理、王智、朱颜曼滋等主演，于 2023 年 1 月 22 日在中国内地及北美地区同步上映。

【故事梗概】2044 年至 2058 年，科学家们发现太阳正急速衰老、持续膨胀，数百年后整个太阳系将被它吞噬毁灭。为了应对这场危机，地球各国成立联合政府，试图寻找人类存续的出路，举全球之力提出了数百个自救计划，其中四种计划进入方案论证阶段，即移山计划、方舟计划、逐月计划、数字生命计划。通过摸索与考量，最终推着地球逃出太阳系的“移山计划”获得压倒性胜利。该计划将建造万台行星发动机，驱使地球离开太阳系；同时建造三台卫星发动机，放逐月球，保障地球摆脱月球引力，顺利启程。然而“移山计划”的开展伴随着极高的实施难度和高昂的成本，对全球各方利益影响加剧，危机四伏。此后，在一系列攻击下，处在 90000 千米高度的方舟空间站因爆炸而坠落地球，引起连锁爆炸反应，导致整个太空电梯基地被摧毁。

为了拯救地球，流浪地球时代的年轻人再次挺身而出，展开争分夺秒的生死之战。

（二）《熊出没·伴我“熊芯”》（动画）

【相关信息】该片是由华强方特（深圳）动漫有限公司、浙江横店影业有限公司、中国电影股份有限公司、万达电影股份有限公司、北京联瑞影业有限公司出品的科幻动画片。由林永长、邵和麒执导，崔铁志、刘圳杰、徐芸担任编剧，张秉君、谭笑、张伟、缪莹莹等配音，于2023年1月22日在中国内地上映。

【故事梗概】在一个普通的森林夜晚，对小熊大、小熊二宠爱有加的熊妈妈，在一场大火后离开了他们，两只熊都伤心不已。转眼多年过去，光头强带熊大、熊二前往振兴岛参观机器人研究所，却意外得到了熊妈妈的线索，为此熊大、熊二一路探寻。熊大、熊二和光头强也被卷入了“铁甲怪”抢劫团的绑架事件，意外发现有个和熊妈妈长得很像的白熊。因当年被妈妈抛弃而无法释怀的熊大，在冒险途中认出白熊就是妈妈。随着反派浮出水面，熊大得知了当年的真相，最终敞开心扉，相信妈妈的爱。

（三）《宇宙探索编辑部》

【相关信息】该片是由中国电影股份有限公司、郭帆（北京）影业有限公司、天津猫眼微影文化传媒有限公司、万达影视传媒有限公司、上海华人影业有限公司、华谊兄弟电影有限公司、上海淘票票影视文化有限公司、上海晓年青文化传媒有限公司出品的科幻喜剧片。由孔大山执导，孔大山、王一通担任编剧，杨皓宇、艾丽娅、王一通、蒋奇明、盛晨晨等主演，于2023年4月1日在中国内地上映。

【故事梗概】唐志军是一家诞生于20世纪80年代的科幻杂志——《宇宙探索》编辑部的主编。他几十年如一日地痴迷于寻找地外文明，但现如今杂志社日渐式微，唐志军也终成落魄潦倒之人。有一天，他接收到了一个疑似来自宇宙深处的异常信号，于是他召集同是天涯沦落人的伙伴们，带着那一个困惑他终生的问题，再一次踏上寻找外星人的旅途。

（四）《棉花糖和云朵妈妈 1 宝贝“芯”计划》（动画）

【相关信息】该片是由央视动漫集团有限公司、中央电视台少儿频道、天津猫眼微影文化传媒有限公司、海南禾光影业有限公司、北京中外名人文化传媒股份有限公司、上海米哈游墨染香科技有限公司出品的科幻冒险动画片。由徐铮执导，葛竞、叶琳、马克·理查德·汉德勒担任编剧，陈苏、鞠萍、郑捷、耿晨晨、王淏、刘洋、黄炜、陈怡等配音，于 2023 年 7 月 1 日在中国内地播出。

【故事梗概】该片是一部带有科幻元素的动画片。片中主人公棉花糖一直有个想成为机器人科学家的大梦想。一次机缘巧合，棉花糖和云朵妈妈真的获得了设计发明机器人的机会，却不得不面对重重的困难和挑战，以及迎接一次又一次的失败。她们最终能造出棉花糖想要的机器人吗？Q 弹可爱的果冻机器人为何突然失控？母女二人又是如何鼓励对方、共同携手完成梦想的呢？影片以此展开叙述。

（五）《欢乐丛林之外星人大冒险》（动画）

【相关信息】该片由海宁亿海天城影业有限公司、北京福恩特文化传媒有限公司和浙江锋尚锐志影视有限公司出品的具有科幻元素的动画影片。由张素娟执导，邢海顺担任编剧，李凤良、王世旸配音，于 2023 年 7 月 15 日在中国内地播出。

【故事梗概】外星人福恩特着陆地球，他本来是来征服地球的，但他在丛林的小伙伴感召下学会了爱与关怀，深深地爱上了这片土地。为了这里的生物不被自己的父亲俘获，他同小伙伴一起反抗自己的父亲，并最终用爱化解了一场危机。

（六）《巨齿鲨 2：深渊》

【相关信息】该片是由上海华人影业有限公司、美国华纳兄弟影片公司、北京登峰国际文化传播有限公司、中国电影股份有限公司、北京阿里巴巴影业文化有限公司和引力影视国际有限公司出品的中美合拍的科幻冒险动作片。由本·维特利执导，杰森·斯坦森、吴京、蔡书雅、克利夫·柯蒂斯、佩吉·肯尼迪等主演，于 2023 年 8 月 4 日在中国内地和美国同步上映。

【故事梗概】深海潜水专家乔纳斯·泰勒与中国深海科学家张九溟组建了一支海底探险小队，下潜海底 7000 米深渊执行探索任务。潜入史前海底世界后，他们意外遭遇史前巨兽海洋霸主巨齿鲨群的攻击，还对战凶猛危险的远古怪兽群，开展了惊心动魄的深渊冒险。

（七）《飞向月球》（动画）

【相关信息】该片是由山西谊融文化传媒有限公司、凡间（北京）文化创意有限公司、北京盛世顺景文化传媒有限公司出品的真人 + 动画 CG 科幻儿童片。由孙立军、吴限执导，单传蓬、孙立军担任编剧，董浩、苏娜、刘纯燕、吴士瑜、单传蓬等主演或配音，于 2023 年 8 月 13 日在中国内地上映。

【故事梗概】2050 年，一位独居又爱折腾的“老顽童”董大宝有天突然收到了远在千里之外的儿子董二宝给他购买的陪伴型机器人——“孙子”董小宝。有了“孙子”董小宝的陪伴和照料，董大宝的生活起居发生了翻天覆地的变化，对“孙子”董小宝也日渐接纳。机缘巧合下，爷孙二人获得了一次共同去月球旅行的机会，两人在相处过程中发生了一系列让人忍俊不禁又充满温情的故事。

（八）《家园·重返地球之战》

【相关信息】该片是由无锡第八区影业有限公司、无锡市多乐影视文化传媒有限公司出品的科幻动作电影。由陈乐春执导，陈乐春担任编剧，张博楠、张双利、冀贞贞等主演，于 2023 年 11 月 3 日在中国内地播出。

【故事梗概】故事背景设定在未来的地球，人类为了寻找新的生存空间，开始了一次前所未有的太空探险。主人公姜森被首领墨菲告知地球被外星人占领，他与大部队一同被派到地球执行夺回家园的任务。战斗中，姜森与大部队一起登陆地球，夺回被外星人占领的家园，谁知舰队在登陆前遭到袭击，损失惨重。姜森逐渐发现事实真相，原来一切只是墨菲的骗局。最后，姜森与其他战士一起粉碎了墨菲的阴谋，带领人类取得了胜利。

（九）《爸爸是仿生人》

【相关信息】该片是由广州泽越文化发展有限公司出品的少年软科幻电影。由林岐执导，陈文杰、冼炜光担任编剧，马岩、刘铭泽、苗占杰、易颖彤、边博文等主演，于2023年11月24日在中国内地上映。

【故事梗概】魏来的父亲魏青云博士把全部精力都投入到科研当中，父子感情有些隔阂。当魏青云得知自己只剩三个月生命的时候，特意做了一个仿生人作为礼物陪伴魏来，没想到突然而至的意外让魏青云和他的仿生人为自己的儿子全力抵抗危机，父子感情终于恢复如初。魏来会如何面对真假爸爸？仿生人真的可以替代人类吗？陪伴才是最重要的牵挂……

（十）《非诚勿扰3》

【相关信息】该片是由中影创意（北京）电影有限公司、浙江东阳美拉传媒有限公司、中国电影股份有限公司、华谊兄弟电影有限公司和新疆博纳润泽文化传媒有限公司出品的科幻喜剧爱情片。由冯小刚执导，冯小刚、张耀之担任编剧，葛优、舒淇、范伟、李诚儒、岳云鹏、常远等主演，于2023年12月30日在中国内地上映。

【故事梗概】2031年，已经步入老年的秦奋不再折腾，独自守在他和笑笑的小家中，等待着10年前突然离开自己投身环保事业的妻子倦鸟归林。曾经的旧友老范抓住人工智能的风口商机，创立了一家仿真人的高科技公司。为了排解生活中的寂寞，秦奋定做了和笑笑一模一样的仿真人。仿真人笑笑对主人高度服从，体贴入微，这虽然让秦奋倍感喜悦，可是他终究思念那个让他深深爱恋却又颇感畏惧的真正妻子。就在他再次找到老范的公司、期望为仿真人修改性格的那一天，笑笑意外归来。当笑笑得知一个仿真人正在陪伴着秦奋，她的脑中闪过了一个念头。不久之后，两个笑笑接连走入秦奋的家门，这让秦奋左右为难。

二、网络电影

（一）《地心危机》

【相关信息】该片是由北京娱乐宝影视传媒有限公司、浙江横店柏品影视传媒有限公司、雍禾影业（北京）有限公司出品的科幻灾难片。由下半场担任导演、编剧，王紫逸、梁缘、李立群、李元元、滕哲、蔡玉洁、崔立明、陈剑主演，于2023年3月23日在腾讯视频、爱奇艺、优酷、芒果TV、乐视视频上线。

【故事梗概】在未来，地表生态急剧恶化，温度骤升、荒漠化严重，人们被迫建造、迁居地下城。以魏明为首的科学家团队苦心研制气温平衡剂，建造地底列车，坚定不移地要带领大家返回地表重建家园。列车工程师王戈是这项计划的唯一反对者。排放当日，意外发生，变异巨蜥空降肆虐，毒气蔓延。驶向地表的列车被迫提前发动，一场前途未卜的极速逃亡就此拉开序幕。

（二）《破军X档案：致命异变》

【相关信息】该片是由网影影业（佛山）有限公司、江苏新芝愿影业传媒有限公司、广东精鹰传媒科技集团股份有限公司、佛山市魔格影视传媒文化有限公司、金鲸影业（广东）有限公司出品的科幻悬疑动作片。由崔景宣执导，崔景宣、钱伟、潘志峰担任编剧，张双利、赵樱子、沐岚、白云峰、骆达华主演，于2023年3月26日在爱奇艺播出。

【故事梗概】民国初年，巡捕萧健梦想成为上海第一神探。在一起连环谜案调查过程中，他无意间触及了他们所谓的管控事件，莫名地成了特调局的一员。在经历了一系列惊险刺激、离奇悬疑的事件后，萧健接任了“破军”的代号，成为一个默默无闻的守护者。

（三）《回到明天》

【相关信息】该片是由北京奥创世纪网络影视发行有限公司、陕西广电影视文化产业发展有限公司、北京大丞娱乐文化有限公司、江苏丰茂影视有限公司出品的科幻喜剧动作片。由夏筠妍执导，夏筠妍、赵英俊担任编剧，赵英俊、史策、乔杉、包贝尔、王迅、白志迪等主演，于2023年4月6日在爱奇艺独家播出。

【故事梗概】快递员鲍健生活窘迫，好不容易躲过了房东的围追堵截去上班，还被拖欠工资的领导狠批一顿，鲍健愤而辞职，却被领导以“双十一”不准离职为由打发去继续工作。在送快递的途中，他遇到了不少糟心的事情，经历了倒霉的一天。第二天，鲍健准备找领导辞职结钱，却发现自己拥有了重置时间的能力，他被困在“双十一”这天，反复循环着这一天，经历着同样的倒霉事儿。在想尽办法逃离“双十一”的过程中，鲍健逐渐意识到以前的自己错过了很多极其重要的人和事。

（四）《极寒之地》

【相关信息】该片是由北海咏诚文化传媒有限公司出品的科幻灾难片。由赵晋仪执导，伍智刚担任编剧，徐佳、陈偌汐、朱天福主演，于2023年4月11日在爱奇艺、优酷视频上线。

【故事梗概】全球性环境异象频繁发生，由中国领衔的国际科考队在极地勘察期间遭遇嗜血异兽袭击，在抽丝剥茧地调查之后，他们揭开了因人类罪恶而引发大自然恐怖咆哮的真相。人类利欲熏心的商业科研行为，导致了南极深海巨型章鱼对南极国际科考站的报复，南极洲交通运输队员韩炼被卷入这场灾祸。为了将罗莎和队友强子带出，韩炼与巨型章鱼展开殊死搏斗，最终逃出生天。

（五）《全城风暴》

【相关信息】该片是由梦想国际影业（北京）股份有限公司等出品的科幻灾难片。由徐仕兴执导，代文、徐蕾担任编剧，曾志伟、吴建飞、王沐暄、张明明、熊黛林主演，于2023年4月16日在爱奇艺、搜狐视频上线。

【故事梗概】故事因一场始料未及的台风展开，紧接着雷电、地震等自然灾害的连锁反应让这座城市瞬间崩塌，市民无一幸免。主人公张英勇的儿子张子聪和叛逆的女儿张子然越过整个风暴城市，潜入实验室联手解决风暴危机，拯救全城生命。而张英勇则决定拼死一搏也要守护儿子和女儿。这场猝不及防的台风让一切尽于灰烬也让爱重生。

（六）《超能透明人》

【相关信息】该片是由广东星语影业有限公司、广州市加叔影业有限公司、广州智上力合文化传播有限公司、广东省广影业股份有限公司、苏州琪彩炫文化传媒有限公司出品的科幻悬疑喜剧。由文一行执导，文一行担任编剧，苏衿禾、陈叶琳、邢瀚卿、朱拉拉、张欣源等主演，于2023年8月7日在爱奇艺独家播出。

【故事梗概】东南亚某国的“躺平青年”彭大翔，在唐人街经营着一家开锁店，每日吊儿郎当混日子。直到有一天他意外接触到异星神秘物质，竟变成了透明人，由此展开了一系列啼笑皆非的故事。当彭大翔还摸不着头脑分不清是福是祸之时，却已悄然卷入到一场惊天阴谋中，他瞬间变成各路都炙手可热的“抢手货”。三股势力撞在一起，最终彭大翔在这场闹剧中成功拯救了自己和朋友们，也让当地唐人街恢复了往日的平静。

（七）《破军X档案：隐身人》

【相关信息】该片是由网影影业（佛山）有限公司、江苏新芝愿影业传媒有限公司、金鲸影业（广东）有限公司、耀星文化传媒有限公司出品的科幻悬疑动作片。由崔景宣执导，崔景宣担任编剧，白云峰、沐岚、杜宇航、克拉拉、骆达华、张双利、张艺骞等主演，于2023年9月4日在爱奇艺播出。

【故事梗概】神秘组织在一项禁忌实验中，意外造成前“破军”代号继承人林中飞变成隐身人，从人间蒸发。三年后，因一起离奇的案件，新上任的探长吴明进入大家的视野，而他的真实身份竟然是失踪三年的林中飞。新任“破军”萧健本能地识破林中飞的阴谋，却遭到心爱的恋人瑶光怀疑。林中飞一步步谋划，使得众人陷入绝境。显然，他的目标不仅是复仇。生死时刻，萧健孤身赴约，与隐身人展开了生死对决。

（八）《章鲨》

【相关信息】该片是由金华吾道南来文化传媒有限公司、上海七猫文化传媒有限公司出品的科幻悬疑片。由徐仕兴、胡东升执导，胡东升、徐仕兴、黄智豪担任编剧，叶璇、罗立群、沈文俊、李若希等主演，于2023年10月14日在优酷、腾讯视频、爱奇艺等全网播出。

【故事梗概】一望无际的海面上，行驶的豪华邮轮中人群正在狂欢庆祝，但看似极其平静且普通的夜晚实则暗流涌动。在邮轮中一个不起眼的房间内，紧张的实验室里器材不停运作，一个惊天阴谋正在上演。生物学博士范静雅带领着自己的助手紧紧盯着实验数据，这场关乎着整艘邮轮人员生命的、关于新型物种的、关乎她能否拯救身患不治之症儿子的实验，最终在陈老板的欺瞒下，一个新的海中霸主章鲨被制造出来。嗜血怪兽开启了它的邮轮猎杀，一场未知的生命大逃杀就此展开，范静雅、海洋小队，以及她的昔日情人陆飞飞、她的儿子小龙等众人究竟如何绝境求生，身处孤立无援境地的众人将何去何从！

三、网络剧

（一）《三体》

【相关信息】该剧由刘慈欣的同名小说《三体》改编而成，由中央电视台、上海腾讯企鹅影视文化传播有限公司、三体宇宙（上海）文化发展有限公司、咪咕文化科技有限公司、灵河文化传媒（上海）有限公司出品的科幻电视剧。由杨磊执导，田良良担任总编剧，张鲁一、于和伟、陈瑾、王子文、林永健、李小冉、王传君等主演，共30集，每集45分钟，于2023年1月15日在中央电视台、腾讯视频、咪咕视频播出。

【故事梗概】21世纪初，地球基础科学遭到前所未有的动摇，许多科学家绝望疯狂，自杀身亡。风暴到来前夕，许多敏感的人隐隐嗅到毁灭的气息。这一天，纳米科学家汪淼被粗鲁的警官史强请到联合作战中心，继而得知科学家们的死亡似乎和一个名为“科学边界（ETO）”的组织有关。作战中心希望汪淼潜入该组织，调查他们与死亡科学家乃至一款神秘游戏《三体》的关联。眼前不断倒计时的数字、ETO负责人申玉菲所预测宇宙闪烁，以及《三体》中那不断毁灭又重生的文明，都令汪淼和大史深感困惑与好奇。而看似平凡的老年科学家叶文洁，她的出现又将一切引向数光年外的未知……

（二）《他跨越山海而来》

【相关信息】该剧是由山东魔瞳影业有限公司出品的科幻穿越剧。由张浔溱执导，李娜担任编剧，戚砚笛、刘怡潼、吴迪飞、叶可儿、蔡欣洋、刘佳等主演，共20集，每集30分钟，于2023年3月10日在爱奇艺独家播出。

【故事梗概】家境殷实的戚玥向来胸无大志，秉持得过且过的精神虚度光阴。不承想某日从天而降一个25岁的儿子——戚烁，他预告戚玥将婚姻不幸、人生惨败。为了避免一切重演，戚烁穿越回来帮她改写命运。当戚玥得知她的“未来老公”是高冷学神陆晓后，面对云泥之别，她被迫奋发图强，自我增值。戚烁制定“老妈改造计划”，在自我努力和亲儿子的魔鬼督促下，戚玥爆冷考上和陆晓相同的大学，也正式开启与陆晓的相处，并最终俘获了陆晓的心。一切都在往美好的方向发展，然而这场穿越背后，戚烁背负着一个不能为人知的秘密。历史被改变了，必然要付出代价。戚玥收获了成长与幸福，而为她跨越山海而来的戚烁，却将湮灭于时光的轨迹之中。

（三）《百慕迷踪》

【相关信息】该剧是由山东影视制作股份有限公司、霍尔果斯拜克影视有限公司、北京万宝隆影业有限公司出品的科幻悬疑剧。由高林豹执导，林孟姣担任编剧，张丹峰、李纯等主演，共28集，每集35分钟，于2023年3月24日在优酷独家播出。

【故事梗概】A世界的工程师彭森的未婚妻林琪突然离奇失踪，一切线索都指向了国外一个神秘地区百慕泊，彭森在寻找未婚妻的过程中结识了探险主播胡月。彭森与胡月在探秘寻人过程中发现林琪是被平行世界的彭森绑架到了B世界，而百慕泊是连接两个平行世界的入口。B世界的彭森绑架林琪是为了用林琪的心脏救活他濒死的爱人——B世界的林琪。而B世界林琪被彭森对爱的执着感动，彭森与胡月也逐渐成为患难与共的知己，两个世界的彭森陷入了与林琪和胡月的情感纠葛。此时B世界里的邪恶计划也浮出水面。B世界科技高度发达、资源耗竭，生态失衡环境污染严重，这使得B世界企图攻占A世界，最终两个世界的彭森决心联手，并与林琪、胡月一起力挽狂澜阻止了这场浩劫，两个平行世界重回和平安宁。

（四）《来自未来的你》

【相关信息】该片是由浙江文义传媒有限公司、海宁原石文化传媒股份有限公司、霍尔果斯新界面传媒有限公司出品的科幻爱情剧。由周雍执导，罗正、季美含、杨泽、陈思澈、南曦、王康、周榭朝主演，共24集，每集35分钟，于2023年8月4日在爱奇艺独家播出。

【故事梗概】科技公司总裁沈钧尧与热爱国风文化的少女夏茉在机场意外邂逅，夏茉受父母嘱托来收回旧屋，多次协商无果后，机缘巧合下与租客沈钧尧签订假情侣合约。夏茉意外获得沈钧尧制造的人工智能弟弟星光的认主权，在弟弟爱情智能保安的助攻下，沈钧尧逐渐认清自己对夏茉的感情。二人从最初的相看两厌到坚定的双向奔赴，最后携手同行将科技与汉服文化结合，成就爱情的同时，也完成了彼此心灵的治愈之旅。

（五）《明日生存指南》

【相关信息】该剧是由哔哩哔哩出品的7个独立的联合短剧（《莽撞人》《云清明》《爱之狂想曲》《记忆通道》《契阔几何》《涂色世界》《天府十三区》），分别由松天硕、胤超、夏鹏、胡英海、张誉耀、惠晓立、辛成江7位导演执导，六兽、马远、胤超、夏鹏、周梦洁、张聪平子、赵八斗、张誉耀、刘睿、惠晓立等担任编剧，孙千、郑云龙、孙宁、杨肸子、段奕宏、罗一舟、鄂靖文、蒋龙、张弛、郭俊辰、杨玏、郎月婷等主演，共7集，每集21分钟，于2023年9月29日在哔哩哔哩独家播出。

【故事梗概】

1.《莽撞人》：少年春元口吃，却有着说相声的梦想，一直遭受嘲笑。相声师父张老送了他一个机器人“捧哏”春诚，如《莽撞人》中的贯口内容一样，一人一机结为好友。成年后，春元虽早就不再口吃，但也因为工作远离了老旧的机器人春诚。然而春诚的世界里只有春元一个朋友，它为了和朋友在一起无意中搅乱了春元的事业。为此，春元萌生了关掉机器人、杀掉朋友的念头……

2.《云明清》：肖杰的父亲意外去世，为了弥补没有与父亲告别的遗憾，他把父亲临终的意识上传至云端，试图重新与其告别，并不断在云上花千金尽孝希望弥补亲情。但是肖杰却不知道，他面临的将是脱离现实生活后的一连串矛盾。

3.《爱之狂想曲》：一对丧失了沟通能力的情侣蔚双和尚然，借助 AI 算法重新燃起激情，可这段感情却在 AI 的技术迭代下戛然而止。另一边，在这个情感交流的 AI 程序中，为他们服务的两个机器人却产生了真感情，开始谱写一场恋爱私奔狂想曲。

4.《记忆通道》：罗风曾因为自身职业原因经常疏于陪伴妻子，妻子意外被杀后，他自责地在记忆游戏中沉溺，不愿回到现实。直到有一天他的记忆里出现了一位记忆黑客，不断攻击他与妻儿过去生活的回忆，罗风只得重拾职业开始追查黑客的真实目的。

5.《契阔几何》：漫画家常野在临近交稿时发现无论如何想不出结局，仿佛有人抽走了他的想法一般。同时他的未婚妻的行为可疑，似乎有什么在不断引导他的记忆。直到常野发现，漫画中的故事与现实世界仿佛有某种因果关系，这直接让他怀疑究竟哪里才是真实的世界。

6.《涂色世界》：女孩哲明从小就梦想成为“调整镜”涂色师，却在 28 岁时面临世界色彩要交由 AI 决定的现实，她的职业随之也面临被 AI 中心取代的危机。为了挽救自己的职业理想，哲明寻找到了有着特殊视觉的画家艾米，并在艾米的视觉能力中获得启发。本片也在探讨随着 AI 技术在视觉领域的应用，如果习惯了依靠植入视网膜的全天候生物芯片“调整镜”来增强视觉体验，那肉眼的独特性又将在何处。

7.《天府十三区》：陌生大叔给了林欢一笔不少的钱，让林欢开车带他去城郊。路上，大叔声称自己刚从一个地下的外星生命基地逃出来，今晚就要离开地球。林欢为了顺利挣到钱，没有跟大叔争论。然而他慢慢发现，大叔的疯话可能是真的。

（六）《仿生人间》

【相关信息】该剧是由北京爱奇艺科技有限公司出品的科幻悬疑剧。由陈正道、柯贞年、许肇任执导，宋譞、麦佳、王宇琼、李亚欣等担任编剧，宋威龙、文淇、李鸿其、刘琳、刘丹、吕星辰、宋宁峰等主演，共12集，每集35分钟，于2023年10月18日在爱奇艺独家播出。

【故事梗概】在未来世界里，人类研发出了生理上与人类无异的仿生人，二者唯一的差别就是可以被植入“初始执念”。由于该产业发展迅猛，有人开始利用其进行非法活动。政府最终出台“仿生人禁止令”，成立“明眸搜查部”来配合搜查混迹在人类社会中未被发现的仿生人，调查员程诺和安秋在组长万国峰的带领下展开工作。二人从开始时互看不惯到后来可以默契配合完成案件侦破，就在这个过程中，二人各自隐藏的秘密也渐渐浮出水面。

四、动画剧集

（一）《希灵纪元》

【相关信息】该片是由哔哩哔哩出品的科幻动画剧。由顾麟龙执导，藕粉、老陈、小K、图南担任编剧，柳真颜、杨凝、幽舞越山、叶知秋、阎么么等配音，共16集，单集片长19分钟，于2023年4月7日在哔哩哔哩播出。

【故事梗概】陈俊，一位志向混吃等死的伪宅男，在毫无心理准备的情况下成为纵横多元宇宙帝国的皇帝。陈俊谦虚地表示自己只想做普通人，但帝国身高一米二的女将军潘多拉、异能局林雪、帝国的共治女皇珊多拉纷纷表示不行。连陈俊青梅竹马的活力少女许浅浅也表示，他不可以不当皇帝。陈俊在没有选择的情况下，走上了周一到周五拯救世界、周六周日自己放假打游戏的忙碌生活。

（二）《山海际会》

【相关信息】该片是由哔哩哔哩和虚拟影业联合出品的科幻动画剧。由萨拉雷执导，萨拉雷担任编剧，韦琪、王潇倩、刘校妤、季冠霖、景向谁依等配音，共50集，单集片长18分钟，于2023年4月13日在哔哩哔哩播出。

【故事梗概】未来，随着日益增多的自然灾害和来自宇宙的灾难发生，一个叫“山海际会”的神秘组织出现，想要摧毁并替换当代人类。主角雷期加入“钛极鼎”外骨骼装甲作战小队，与这个神秘科技组织进行多方位交锋。通过一步步解密，雷期发现人类梦境竟是全面接触到整个宇宙的窗口，于是围绕着现实与象限两个世界的探秘与不同年代文明的交锋便展开了……

（三）《第一序列》

【相关信息】该片是由哔哩哔哩、腾讯动漫等出品的科幻动画剧。由于斌执导，赵颖担任编剧，苏尚卿、邓宥希、李诗萌、沈念如、郝祥海、苗壮、黑特等配音，共16集，单集片长18分钟，于2023年7月19日在哔哩哔哩播出。

【故事梗概】因经历过核冬天，地球物种变异、生存资源稀缺，人类不再是世界的主宰。面对无法预测的未来和环境，世界危机迭出。人类为了保护自己建造了一座座壁垒，但也有很多人没有进入壁垒生活，在荒野以打猎为生。主人公任小粟和弟弟颜六元就是其中之二。并无血缘关系但相依为命的兄弟二人凭借着他们顽强的意志力不断成长，并在偶然的机会下觉醒了超能力。任小粟为了生计和保护家人，离开自己生活的集镇前往境山，一路遭遇狼群、人面虫、变异生物的袭击，觉醒超能力。任小粟能否在危机中逃生？

（四）《超变战陀5百变战陀》

【相关信息】该片是由广州市三宝动漫玩具有限公司出品的科幻冒险动画剧。由梁克康、冠廷执导，王虹虹、汪洋、林凯、冼小敏、叶敏担任编剧，郭亚维、严彦子、袁莺丹、冯敏、谭诗雨等配音，共26集，单集片长13分钟，于 2023 年 9 月 25 日在腾讯视频播出。

【故事梗概】一场“星光雨”彻底改变了孩子们手中的陀螺。百变陀螺很快风靡全球，并诞生了百变陀螺对战系统。这种系统类似 VR 装置，可以投射出各式各样的对战空间，陀螺在对战空间里不受物理规则的束缚，可以天马行空地做出现实中不可能实现的操作。更不可思议的是，在对战空间中，陀螺精灵会从陀螺里冒出来，并给陀螺带来不可思议的力量。龙晨偶然遇上了来自百变星球的王子，并和他成为好朋友。听说王子一直在寻找情感能量复苏百变星，龙晨决定帮助王子寻找最宝贵最神奇的情感能源，这种能源王子只见过一次，而且就来自地球。不幸的是，王子贪心的皇叔也来到了地球上，酝酿着邪恶的阴谋。

（五）《胶囊计划 第二季》

【相关信息】该片是哔哩哔哩国创动画人扶持项目之一，由来自各行业、具有成熟动画制作经验的专业团队不限形式、风格完成独立短片创作，是中国原创动画的一次探索，每部作品都是中国动画的一个创意脑洞。第二季利用短片特点拓展了观众对于国产动画的想象，既有探讨科技意识的科幻片，也有聚焦女性自我表达与和解的成长片，更有对弱势群体的人文关怀片，画风更是囊括了国风水墨、吉卜力式绘本风、黑白高反差的复古风。由张勃、谢丹、梁卓宏、高子涵等执导，丁丁、包欧、吴雨笛、邱末、王家国等担任编剧，孙婉瑜、露西等配音，共 13 集，单集片长 10 ～ 20 分钟，于 2023 年 12 月 5 日在哔哩哔哩播出。

【故事梗概】《胶囊计划 第二季》利用短片特点拓展了观众对于国产动画的想象，其中第 8 集《时间机器》是一集科幻剧。作品以一个宇航员的视角，讲述了探索月球神秘建筑的故事，表达了对宇宙的探索精神、跨越时空的求知欲，以及对宇宙存在的脑洞和思考，意在让更多的观众产生对星辰大海的向往。

（六）《火星西路 7 号》

【相关信息】该片是由哔哩哔哩、北京雷川文化有限公司等联合出品的科幻动画剧。由王波澜、应子君、廖心洲执导，师哲、郭星束担任编剧，弋凡、贺文潇、万舒心、韩娇娇、陈诗语等配音，共 12 集，单集片长 20 分钟，于

2023 年 12 月 20 日在哔哩哔哩播出。

【故事梗概】星际春运期间，车票紧俏，漫画家李哈为了去地球面试，被迫搭上了连门都关不严的星际出租车。这次旅行意外频发，李哈竟然在一天之内与混迹星系的出租车司机梅美结婚，并与梅美的女儿铁拳少女娜娜，以及机器人小当成为一家人。李哈过了 10 年这样的幸福生活，而身为星际特工的神秘家庭成员还经常招惹外星怪咖，使他们次次陷入重大危机。

五、科幻微短剧

（一）《机器男友来宠我》

【相关信息】该剧是由河南吉刻出发影业有限公司、殿影（厦门）文化传媒有限公司、厦门挺有意思文化传媒有限公司、江苏彩娱文化传媒有限公司、中幕（上海）文化传媒有限公司、光影大地（厦门）传媒有限公司出品的科幻爱情剧。由刘远锋执导，李冰冰、闫丁翔宇主演，共 20 集，单集片长 6 分钟，于 2023 年 2 月 10 日在优酷视频独家播出。

【故事梗概】2087 年，科学家杜教授研制了编号为 8957 的仿生机器人，并对其开启了时空穿越的实验。实验刚一开启，8957 就与杜教授团队失去了联系。但时空穿越实验把 8957 带到了 2022 年，并遇见了女主人公程梦。经过一段时间的相处，8957 有了人类的情感，与程梦上演了一段跨越时空的旷世奇缘。经过系列追踪，杜教授团队找到了 8957 的信号，但发现其机体已经严重损坏，需立即召回。8957 与程梦之间又经历了去留两难的生死虐恋……

（二）《渔猎法则》

【相关信息】改编自王晋康的科幻小说《母亲》，该片融合悬疑、爱情、动作、惊悚元素。由澈与炻执导，澈与炻担任编剧，陈齐、李嘉灏、吴静一、黄逸轩主演，共 1 集，单集片长 15 分钟，于 2023 年 3 月首次在葡萄牙播出。

【故事梗概】在孤寂而瑰丽的太空里，四位科学家成功研制出一种控制人类情感的晶片，正当他们准备回归地球时，却被告知只有一人可以离开，这场“太空杀”游戏正式开启。四人潜藏已久的矛盾和各自内心复杂的欲望在顷刻间暴露。究竟谁最终能成为幸运的那个人？

（三）《平行之翼》

【相关信息】该剧是由歌者影业（海南）有限公司出品的科幻微短剧，是“国内首部C时代[①]科幻故事集”。由刘晓黎执导，吴延峰担任编剧，李梦琦、陈俊杰、虚拟人演员宫玖羽等主演，共6集，单集片长5分钟，于2023年4月8日在全网上线。

【故事梗概】该剧大胆畅想了平行宇宙和生命并联的一种技术景观平行之翼，虚构了一种从事生命并联的未来职业——全感使者，并以此为世界观，通过系列风格鲜明、脑洞大开的独立科幻短片故事，试图为中国科幻影视带来独特的想象力。

（四）《时空螺旋》

【相关信息】该剧是由微乐（北京）文化传媒有限公司出品的科幻微短剧。由陈锐锋执导，卜康、王初伊、张雨旭、郑梓婷儿等主演，共16集，单集片长5分钟，于2023年5月23日在腾讯视频独家播出。

【故事梗概】快递员张好平因为一场太阳磁暴的影响，意外与平行时空的自己发生了时空互换，在新时空下秒变航天科技公司CEO。为赴与恋人樊迪的星空之约，张好平在奇葩兄妹林大鸣与林小可的“热情帮助”下，决心放弃一切，找回自我。与此同时，另一时空变身快递员的张好平却意外身陷囹境。为了换回原来的时空，两个张好平共同踏上了啼笑皆非的回家路。

（五）《冰封魔芯》

【相关信息】该剧是太行编剧工作室出品的科幻悬疑剧。由苑善执导，贡浩青、王甜甜主演，共18集，每集5分钟，于2023年6月8日在优酷独家

① “C时代”是指人与人、人与物、物与物之间，永远在线，无线互联。信息实时互动，分享随时发生。

播出。

【故事梗概】主人公有一张不会笑的脸，这给生活和事业都带来了不便。他在设计一款练习微笑的智能手机软件时，出现了偏差，他的手机直接具有了超能力。手机给主人公制造了各种有惊无险的诡异事件以诱导出他的微笑，可都失败了。后来，主人公不会微笑的秘密被揭开：他有着多重人格，且陷在一个循环里。主人公看到多个状态的自己在这个循环里煎熬，决定自我牺牲终止一切，超能手机被主人公的选择感动，辅佐他获得了新生。

（六）《亲爱的契约男友》

【相关信息】该剧是由上海峰幂影视文化传播股份有限公司、上海凡酷文化传媒有限公司、上海敦禾影视传播有限公司、上海吾匠文化艺术传播有限责任公司出品的科幻爱情微短剧。由吉米执导，李小野担任编剧，漆培鑫、包晨希、齐祎萌、朱旻昕、明悦主演，共 25 集，单集片长 8 分钟，于 2023 年 10 月 23 日在腾讯视频独家播出。

【故事梗概】IT 女天才小麻雀偶然遇到高颜值外星人金慕来，二人因为一系列巧合意外开始生活在了一起。小麻雀是一名程序员，但在现实生活中她就是一个钟爱偶像剧的女孩。在了解到金慕来的编程功能后，小麻雀试图用他的编程功能来将其改造成偶像剧中的魅力男主角，以此来让自己有沉浸式的偶像剧体验。在轮番的偶像剧情节攻击下，两人爱情的萌芽悄然滋长。然而，伴随着小麻雀青梅竹马徐来的到来和外星人 008 的出现，二人身边发生了一连串事件，也使得两人发现他们的相遇是早已被设定好的缘分，金慕来曲折的身世也就此揭开：原来他被植入的芯片上有一个自爆系统，一旦启动，他只有 24 小时的生存时间，随后便会灭亡。金慕来在地球上才感受到人情的温暖，并对小麻雀萌生爱恋，他宁愿死在地球上，也不愿再回去。

（七）《金牌主簿》

【相关信息】该剧是由芒果超媒股份有限公司和湖南快乐阳光互动娱乐传媒有限公司出品的融科幻元素的古装微短剧。由王琪执导，王琪、邵玥、布凡担任编剧，扈帷、周微微、周宇航、王俊人、刘屹宸主演，共 20 集，单集片长 12 分钟，于 2023 年 11 月 1 日在芒果 TV 大芒剧场、投教频道同步上线。

【故事梗概】金融公司普通职员为开发自身能力被困虚拟世界，只有通过系统考验才能重回现实。男主人公刚进入虚拟世界便遭遇死亡危机，无奈向女扮男装的城主立下十日军令状，并巧用工作积累的金融知识繁荣城邦经济，最终得以脱险。随着男主人公的成长，被掩盖的阴谋逐渐浮出水面。家族大长老觊觎城主之位，多次作乱并意图嫁祸城主。男主人公选择挺身而出，助力城主成功排除异己稳固权力，最终城主卸下伪装恢复了女儿身。

（八）《壹零》

【相关信息】该剧是由咪咕视讯科技有限公司出品的科幻悬疑微短剧。由陈麦兔执导，马史、秋苏墨、吴朕朕等担任编剧，朱然、文晴、汤畅、胡原君、丁榆等主演，共 10 集，单集片长 12 分钟，于 2023 年 12 月 14 日在咪咕视频独家播出。

【故事梗概】魔方公司是一个神秘的科技巨头，业务涉猎极其广泛。在 AI 技术、机器人等科技行业的方方面面，魔方公司都处于毋庸置疑的领先地位。但在光鲜繁荣的背后，也暗藏危机。在公司的几代 AI 产品中，有一批 AI 产生了独立的意识，不断升级进化，并且从魔方公司制定的种种规则中找到漏洞，隐藏在公司强大的科技网络中，成为鬼魅般的超脑 AI。它们在不同的项目中出现，观察着人类，获取大量人类意识信息，以及在与人类的沟通和交流中寻找着自身意义和自我解放的方法。马特作为风险防御部门调查员，表面上负责新项目的 beta 测试产品事故的调查与处理，实际上他还有着隐藏更深的任务——调查 AI 产生人类意识的源代码，时刻防止它们进化或者失控。

（九）《谁？异能者》[①]

【相关信息】该剧是由哔哩哔哩出品的科幻微短剧。由夜十一执导，夜十一、陈伟凡、赫连凯等担任编剧。陈凯颖、杨剑勐、叶秋儿、吴美仪、雷小米等主演，共 10 集，单集片长约 3 分钟以内，于 2023 年 12 月在抖音播出。

① 该剧的横屏版剧集于 2021 年在哔哩哔哩首发，单集时长 10 分钟。2023 年重新制作了每集 3 分多钟的竖屏微短剧版本，于 2023 年 12 月在抖音平台上线。

【故事梗概】2050 年，地球上因为此前划过的一颗神秘陨石出现了很多拥有超能力的异能者。主人公庄羽身为在市场卖肉的猪肉佬，因为被检测出有异能反应而被招入异能局。异能局由一批正义的异能者组成，维护异能世界的平衡，对抗着邪恶组织无限者。无限者为了掌控异能世界，用尽各种阴谋试图夺取异能局中能消除异能副作用的“抑制剂”。庄羽协同异能局众人与无限者展开了一次次的斗争。

整理人简介：

闫进芳，中国科普研究所博士后，北京市第十九中学教师，主要研究方向为科幻教育、科普图书等。

2023 年中国科幻大事记

河　流（笔名）

1 月	
12 日	“中国科幻文学影视化之路论坛”“科幻新时代：百年科幻，千年未来论坛”“破立之间——《三体》立体书发布会”等线上论坛召开
15 日	电视剧《三体》开播；未来事务管理局“科幻春晚”征文活动开启
16 日	《三体》知识解读节目《解码三体》在腾讯视频上线
22 日	国产科幻电影《流浪地球 2》和动漫电影《熊出没·伴我“熊芯”》上映
2 月	
2 日	由《科幻世界》杂志社等机构主办的“首届川渝地区高校科幻征文”开始征稿
15 日	中国科幻研究中心推出的“起航学者”计划，公布第一批“起航学者”和“青年储备人才”名单
18 日	“中国科幻研究中心 2023 年会”在北京首钢园中国科幻研究中心办公室召开，发布《2022 中国科幻产业报告》
20 日	中宣部电影局在北京举办电影《流浪地球》研讨会
22 日	由中国电视艺术委员会主办的电视剧《三体》研讨会在北京举行
24 日	重庆大学人文社会科学高等研究院中文系李广益教授的“科幻文学与科技人文”导师团队入选重庆市研究生导师团队
25 日	“《中国科幻口述史》新书发布会”在成都方所书店举行
3 月	
1 日	第五届“星火杯”全国高校科幻联合征文大赛开始征稿
6 日	中文科幻数据库发布 2022 年“年度推荐榜单”
9 日	“《世界科幻动态》第一届编委会第一次会议”在线上召开，宣布改版为季刊
26 日	四川省影视发展联合会科幻影视专委会成立
30 日	中国科幻研究中心面向“启航学者”发布 2023 年拟资助调研项目

续表

4月	
10日	山西省作家协会科幻文学专业委员会成立
10日	中国女性科幻作家选集《春天来临的方式》韩语版发行
14日	《科幻世界》杂志社举办“风月同天：漫谈日系科幻创作和日本科幻翻译”科幻沙龙活动
15日	中国科幻研究中心主办“中国科幻讲坛”首期活动，至6月期间每月1期，共3期
15日	以“王晋康——中国科幻的思想者”为主题的《王晋康文集》（21卷）首发暨王晋康创作30周年纪念研讨会在北京市石景山区首钢园举办
16日	“百年科幻：以想象之力，创千年未来”主题活动在北京市中关村科幻产业创新中心举办
18日	科幻作家王晋康获“第五届王麦林科学文艺创作杰出人物”奖
18日	晋中信息学院云端剧本杀学院成立
20日	中国科幻研究中心主办青年工坊首期沙龙活动
23日	未来科幻产业系列沙龙暨“繁荣科幻创作，促进科幻产业”研讨会在北京举办
23日	第五届“江苏省高校科幻文化节暨首届徐州市高校科幻文化节”在南京工业大学开幕
26日	广州市作家协会举办“新南方写作的科幻世界——陈崇正《悬浮术》研讨会”
5月	
5—7日	“2023中国比较文学青年学者论坛”在湖南长沙举办，下设有分论坛“科技时代与中外科幻文学研究”
7日	“科幻文艺与中国式现代化”2023青年工作坊在首都师范大学举办
13日	第十四届华语科幻星云奖在四川广汉三星堆公布获奖名单
26日	“科幻世界·无限”宇宙之门超感科幻艺术大展在成都东郊记忆开展
27—28日	“川TUO”科幻聚会在成都举办
5月29日—6月4日	2023中国科幻大会在北京石景山首钢园举办，举办2023中国科幻产业高峰论坛暨成果发布会，启动首都青少年科幻教育主题论坛、2023年全国科幻科普电影联合巡映活动，发布《2023中国科幻产业报告》和《青少年科幻教育指南》等成果
29日	重庆大学虎溪校区图书馆开设中国首家高校科幻图书馆
6月	
7日	陕西省科普作家协会科幻专委会成立
10日	首届百万钓鱼城科幻大奖在重庆移通学院公布获奖名单
10日	“江城高校科幻论坛”在华中师范大学举办
10日	“第十二届上海高校幻想节闭幕式暨轰趴聚会”活动在上海举办
11日	上海浦东新区科学技术协会等单位举办第五届上海科幻影视产业论坛
17日	由中国科普作协科幻创作研究基地等机构主办的“《她：中国女性科幻作家经典作品集》研讨会”在北京召开
17日	刘慈欣科幻漫画宇宙体验展开展
17日	南方科技大学人文社会科学学院举办“科幻哲理剧《云身》学术研讨会”
19日	纪念郑文光先生逝世二十周年论坛暨《飞向人马座》影视文化开发系列工程启动发布会在北京举办

续表

20—21 日	重庆大学与意大利圣安娜大学共建比萨孔子学院联合举办科幻文学研讨会
23—25 日	2023 未来城市、智能文明与人类命运共同体“当代科幻文学新探索”高端学术论坛举办
24 日	“《中国当代科幻作家访谈录》新书发布会”与“科幻与城市”科幻作家圆桌论坛在深圳举办
24 日	同济大学举办“人工智能时代下的文学创作与文学批评”论坛
30 日	武汉大学举办“回眸中国本土原创科幻与武汉大学”珞珈论坛
7 月	
1—2 日	重庆大学人文社会科学高等研究院与《中国比较文学》编辑部联合主办首届“世界文学跨学科研究论坛”，主题为“直面全球化危机：行动中的世界文学”
1 日	上海、江苏、安徽、浙江四地科普作家协会联合举办“第二届长三角中小学生科普科幻作品征集”活动
4 日	复旦大学举办“中国科幻小说翻译与国际传播论坛”
7 日	第九届全国中学生科普科幻作文大赛总决赛公布结果
8 日	第一届“星辰杯”高校科幻主题辩论赛开赛
8 日	第九届“朝菌杯”重庆地区高校联合科幻征文比赛颁奖典礼在重庆大学举办
8—9 日	“2023 浙江大学全国高校星矽科幻论坛”在浙江大学举办
10 日	第二届“星痕杯”全国科幻联合征文活动由西安交通大学科幻协会和哈尔滨工业大学思飞科幻协会举办
15 日	重庆大学科幻文学与科技人文研究中心在重庆市研究生导师团队建设项目“科幻文学与科技人文”支持下创办《科幻人文》辑刊，开始征稿
25 日	促进科幻电影发展联系机制部分单位成员及特邀科幻作家、编剧、导演一行赴河北雄安新区调研，举办了“为雄安创作相关的影视作品”“建立雄安科幻创作、研究基地”专题沙龙
26 日	四川科幻世界杂志社有限公司启动 2023 成都“燃梦未来，共筑盛会——科幻季”系列活动，计划举办包括“筑梦未来·少年科幻行”“圆梦未来·高校科幻狂想季”及“共创未来·与想象力同行”等项目
27—28 日	“青海冷湖（2023）科幻文学影视高质量发展大会”在青海省海西州会议中心举办
29 日	《中国少年科幻馆》新书发布会暨“星际风云榜·最佳少儿科幻短篇作品·中国少年科幻馆”奖颁奖典礼在山东国际会展中心举行
8 月	
1 日	江苏省科普作家协会主办的第五届江苏省青年科普科幻作品大赛开始征稿
1 日	南科人文学术系列（第三辑）由重庆大学出版社出版，包括《科幻理论的未来版图》《科幻创作的未来版图》《科幻产业的未来版图》
5 日	“从《错位》到《流浪地球》——中国科幻电影的使命与征途”讨论会在西安举办
5 日	刘慈欣《流浪地球》获第 54 届日本星云赏海外短篇部门奖
7 日	山西·阳泉首届全国青少年科幻文学作品大赛公布获奖名单
11 日	湖北省科普作家协会科幻专业委员会成立

续表

15—20 日	“山西·阳泉首届刘慈欣故乡科幻文化活动周”举办
18 日	“叩响未来：科幻人才培育和产业发展论坛”在北京举办
19 日	第三届读客科幻文学奖公布获奖名单
25 日	上海市科普作家协会科幻专业委员会等举办“少儿科幻的出版与创作研讨会”
29 日	西南大学中国新诗研究所等举办“明月湖杯”全球华语科幻诗歌主题征文大赛
29 日	由李广益主编的中国高等教育科幻教材《科幻导论》出版
9 月	
1 日	中国社会科学院举办“地球与星群：科幻作品中的超越美学”主题研讨会
2 日	蓝星球科幻电影周专场活动“科幻电影国际合作论坛”在威尼斯电影节的意大利国家馆成功举办
2—3 日	粉丝杂志《零重力报》推出“世界科幻文化翻译专题”，推出 50 多个国家的 90 余篇科幻历史译介稿件
8 日	“中国酒泉科幻产业发展论坛暨点燃科幻·共话未来——科幻产学研融合发展论坛”在敦煌国际文化博览中心举办
9 日	陕西省科普作家协会科幻专委会等举办“科普科幻创作：助力陕西科普教育、科技创新产业发展”沙龙
12 日	“世界科幻的中国情怀——天瑞说符长篇小说《我们生活在南京》文学影视研讨会”在北京举办
13 日	“共未来：科幻短片两岸交流展”在福建平潭举办，活动下属于第三届 IM 两岸青年影展
14—15 日	江苏省科普作家协会等举办“2023 江苏省科普科幻产业高峰论坛”
23—24 日	由未来事务管理局主办的第四届“另一颗星球科幻大会”在上海举办
23 日	由中国科幻研究中心、北京元宇科幻未来技术研究院联合主办的“机遇与挑战：中国科幻产业化及可持续发展论坛”在北京举办
24 日	“狂想双城记”川渝高校科幻交流论坛在成都举办
25 日	中国作家协会网络文学中心联合绵阳市游仙区人民政府等发布“中国网络科幻文学创作扶持计划（2023 年度）”
10 月	
11 日	第 26 届北京科技交流学术月暨“共话科技畅想，遇见科幻未来”论坛在北京举办
11—13 日	第五届全国青少年科普科幻教育大会在深圳举办
14 日	厦门大学电影学院举办“科幻电影与科幻产业学术研讨会暨黄鸣奋教授新书发布会”
15 日	重庆大学人文社会科学高等研究院举办第二届成渝双城科幻研究工作坊
18—22 日	第 81 届世界科幻大会在成都举办
19 日	第六届中国（成都）国际科幻大会在成都市举办，第 34 届中国科幻银河奖颁发
21 日	2023 年雨果奖获奖名单公布，文复明获最佳粉丝艺术家奖、赵恩哲获最佳职业艺术家奖、海漄《时空画师》获最佳短中篇小说奖、粉丝杂志《零重力报》获最佳粉丝杂志奖
25 日	首届高校新媒体科幻大会在重庆移通学院举办

续表

29日	中国（吉林）动漫大会旗下“动漫科幻+”研讨会在吉林动画学院举办
11月	
4—5日	南方科技大学举办“中国科幻未来主义：理论、创作、教学”学术研讨会
8日	由世界儿童科幻研究中心主办的“《中国少儿科幻史话》新书研讨会”在线上线下同时举办
17日	第五届蓝星球科幻电影周在南京开幕
23日	由黑龙江省作家协会等机构主办的“伪戒《永生世界》作品研讨会”在线上举办
23—26日	福建师范大学文学院、厦门大学中文系联合主办“未来诗学与文学批评的当代性”学术研讨会
24—25日	深圳大学人文学院举办“数字化转型和人类未来暨第五届人类增强与当代哲学”学术会议
24日	由珠海市科学技术协会等机构主办的“湾区科普科幻产业发展”研讨会于北京师范大学珠海校区国际交流中心举办
25—26日	2023首届泰山幻想大会在泰山科技学院举办
26日	由大百科全书出版社主办的“发掘少儿科普科幻创作及出版潜力，助力科普科幻高质量发展”主题沙龙在北京举办
12月	
1日	“四川省2023年网络作家作品研讨会”在成都召开，研讨作品涵盖现实主义、科幻网文、影视改编三大题材
3日	广东外语外贸大学举办第一届机器人人文学术研讨会
6日	“山海异想”科幻蜡染艺术展在重庆移通学院举办
6日	“文学苏军”新关注：儿童文学创作的“升级”——以黄蓓佳《黎明动物园》为例学术论坛在江苏第二师范学院举行
8—10日	由广东外语外贸大学外国文学文化研究院承办的2023年广东省外国文学学会年会暨“中外文学交流与互鉴研究”学术研讨会在广东外语外贸大学举办，设有“世界科幻前沿研究与中外科幻文化交流”分论坛
16日	“2023世界科幻研究前沿论坛”在中山大学举办
17日	青岛市科幻艺术协会举办2023首届星浪奖科幻艺术节活动
29日	中国科普研究所、中国科幻研究中心举办科幻与互联网发展研讨会

整理人简介：

河流，科幻考古爱好者，业余对科幻从业者进行采访，参与中文科幻数据库数据录入。主要进行中国科幻迷社群的历史资料整理及挖掘，与之相关的部分非虚构作品发表在《科幻世界》和《世界科幻动态》上，部分文章被翻译成外文译出。

2023 年主要科幻奖项及获奖名单

柏毅恒

奖项		作者	作品
第十四届华语科幻星云奖			
2022 年度长篇小说	金奖	天瑞说符	我们生活在南京
	银奖	梁清散	不动天坠山
		江波	红石
		燕垒生	天启
2022 年度中篇小说	金奖	昼温	解控人生的少女
	银奖	东心爰	卞和与玉
		分形橙子	笛卡尔之妖
		杨晚晴	塔
2022 年度短篇小说	金奖	迟卉	不做梦的群星
	银奖	阿缺	重庆的尽头是晚霞
		双翅目	记一次对五感论文的编审
		王侃瑜	陨时
2022 年度翻译作品	金奖	［韩］金草叶著；春喜译	如果我们无法以光速前行
	银奖	［美］刘宇昆著；薛白译	狩猎愉快
		［俄］谢尔盖·卢基扬年科著；肖楚舟译	星星是冰冷的玩具
		［美］厄休拉·勒古恩著；周华明、胡绍晏、王侃瑜、陈楸帆、胡晓诗、江波、李特、姚人杰、慕明、三丰译	寻获与失落

续表

奖项		作者	作品
2022年度非虚构作品	金奖	吴岩、贾立元、任冬梅、肖汉、姜振宇、王瑶	20世纪中国科幻小说史
	银奖	詹玲	当代中国科幻小说转型研究
		李广益	科幻十年
		金雪妮	以器为道，以丝绸朋克为解药
2022年度评论	金奖	姚利芬	《大国重器》：时代科幻文学——为科学家提供“脑洞氧气”
	银奖	Heaven Duke	混乱的数字秩序：兼论人工智能写作的一点想法——评玛莎·威尔斯“杀手机器人”系列
		海客	卢基扬年科：苏俄科幻的星际回旋
		郭伟	“四勿准则”与“三定律”：双翅目科幻创作中的东西哲思
2020—2022年度新星	金奖	天瑞说符	—
	银奖	东心爰、路航、齐然	—
七星连珠奖		甘伟康、阿缺	—
推动科幻北斗勋章		甘伟康	—
第六届冷湖科幻文学奖			
中篇小说	一等奖	苏伐	点亮火星
	二等奖	刘艳增	河鱼天雁
		靓灵	盐桥
短篇小说	一等奖	墨熊	为什么是企鹅
	二等奖	陈小手	俄博梁纪元
		毛植平	冷湖：回溯曲
	三等奖	罗隆翔	火星湖边不太冷
		张佳风	冷湖奇缘
		修新羽	冷湖所有的鸟
第三届贺财霖科幻文学奖征文大赛			
金奖		王文	恒星、尘埃与风笛手
银奖		修新羽	我们的道路
		瓦里希	独与老翁别
		阿明仔	外星人与牧羊小孩

续表

奖项		作者	作品
铜奖		陈志炜	马戏团顶层楼座
		王轲玮	游园手册
		凌峰	水晶之城
		宗城	一头鲸在月下分开红海
		陈星如	与爱相爱
“甬上科幻五佳”作品奖		陈志炜	马戏团顶层楼座
		王轲玮	游园手册
		陈李龙	传播复古主义者的黎明
		明朔风	我和“我”的斗争
		余涌涛	未来折叠
第三届读客科幻文学奖			
金奖		齐然	拉普拉斯的回旋
		菊储	假如情感能贩卖
		么瑶	退回童年
知乎脑洞创意奖		萨摩	2058 年的代沟
第五届“星火杯”全国高校科幻联合征文大赛			
超短篇小说赛道	一等奖	杨婧玥	青梅
	二等奖	陈星竹	我会写诗了
		艾尔发提·艾尼瓦	早日康复
	三等奖	王悦旸	我们留在南京
		周克涵	孤独号
		罗郅嵘	有限坠落
	优秀奖	赵珅佳	叠影
		陈弈帆	离途
		房奕洋	再一次触摸
		史雨昂	如何让关公在外星显灵?
		王孜轩	我的一生
		汪学斌	罗盘
		都奕君	第 25 份微生物实验报告
		孙秋若	暴食荒野
		林辰昕	因缘
		李朕杨	行星烟火

续表

奖项		作者	作品
短篇小说赛道	一等奖	—	—
	二等奖	陈文尧	长夜
		周克涵	愿我们的灵魂在轨道上闪耀
	三等奖	程一纯	远方的山峦
		蒋高峰	新地球开发计划
		崔卓迩	渡鸦之歌
		罗郅嵘	弦星之音
	优秀奖	段棋华	尘路
		赵浔	黄河，黄河
		周学谦	碑歌
		陈奔帆	百鸟空吟
		李玺	致谢
		黄鑫岳	名字
		古锐	浮空城
		徐源徽	失乐园
		余炜	浪涛、玫瑰与海
		张一冉	盐海
博峰·长篇科幻小说奖	一等奖	—	—
	二等奖	马家钰	蜉蝣与太阳
	三等奖	张涵智	牧梦者手记
第九届“朝菌杯”重庆地区高校联合科幻征文比赛			
科幻微电影剧本组	一等奖	朱蕊	面具
	二等奖	叶律昭昭	Aurora
		任雪琪、刘雅文	月食
	三等奖	DaDa 黑鹅	万花镜里的蝴蝶：新婚
		若昂	第四类相遇
		朱星儒	失落的星球
中短篇小说组	一等奖	况俊未	献给一朵玫瑰花的艾米莉
	二等奖	陈颐坤	冬日
		哈里·屠顿	测量
	三等奖	汪某	钻石世界
		张一冉	第三十七封信
		习已孤往	幻世
第五届蓝星球科幻电影周主竞赛单元			
最佳科幻影片		—	自主航行

续表

<table>
<tr><th colspan="2">奖项</th><th>作者</th><th>作品</th></tr>
<tr><td colspan="2">最佳科幻动画</td><td>—</td><td>迷失空</td></tr>
<tr><td colspan="2">最佳科幻导演</td><td>西蒙·欧斯特</td><td>—</td></tr>
<tr><td colspan="2" rowspan="2">最佳科幻编剧</td><td>王泽丰</td><td>升级</td></tr>
<tr><td>六兽</td><td>莽撞人</td></tr>
<tr><td colspan="2">最佳科幻表演</td><td>段奕宏</td><td>记忆通道</td></tr>
<tr><td colspan="2">最佳视觉想象</td><td>—</td><td>血机械</td></tr>
<tr><th colspan="4">第三届“鲲鹏”青少年科幻文学奖</th></tr>
<tr><td rowspan="10">中长篇小说组</td><td rowspan="2">一等奖</td><td>李玥</td><td>涅槃</td></tr>
<tr><td>岑叶明</td><td>太阳熄灭</td></tr>
<tr><td rowspan="2">二等奖</td><td>史雨昂</td><td>蝗</td></tr>
<tr><td>王刚</td><td>蓝色眼睛</td></tr>
<tr><td rowspan="6">三等奖</td><td>朱奕璇</td><td>生育役</td></tr>
<tr><td>甘屹</td><td>守星人</td></tr>
<tr><td>王艺博</td><td>星程</td></tr>
<tr><td>徐炜轩</td><td>陨星</td></tr>
<tr><td>何昕桐</td><td>旧日巡行</td></tr>
<tr><td>李浦铭</td><td>触不可及</td></tr>
<tr><td rowspan="8">短篇小说组</td><td>一等奖</td><td>蒋衍坤</td><td>彼园</td></tr>
<tr><td rowspan="2">二等奖</td><td>唐德清</td><td>夜空下的文明之火</td></tr>
<tr><td>缪林翔</td><td>太空殡仪师</td></tr>
<tr><td rowspan="5">三等奖</td><td>夏颐</td><td>真实游戏</td></tr>
<tr><td>陈卓然</td><td>一二三四五号前来报到</td></tr>
<tr><td>赵泽民</td><td>旅者</td></tr>
<tr><td>黄紫媛</td><td>科技殖民</td></tr>
<tr><td>李奕诺</td><td>陈日</td></tr>
<tr><th colspan="4">第 33 届中国科幻银河奖</th></tr>
<tr><td colspan="2" rowspan="2">最佳中篇小说奖</td><td>鲁般</td><td>新贵</td></tr>
<tr><td>东方晓灿</td><td>末日独白</td></tr>
<tr><td colspan="2" rowspan="5">最佳短篇小说奖</td><td>王诺诺</td><td>图灵大排档</td></tr>
<tr><td>夏笳</td><td>灵隐寺僧</td></tr>
<tr><td>贾煜</td><td>龙门阵</td></tr>
<tr><td>阿缺</td><td>2039：脑机时代</td></tr>
<tr><td>谢云宁</td><td>一生都在吹泡泡的人</td></tr>
<tr><td colspan="2" rowspan="3">最佳原创图书奖</td><td>杨晚晴</td><td>归来之人：杨晚晴
中短篇科幻小说集</td></tr>
<tr><td>程婧波</td><td>她：中国女性科幻作家
经典作品集</td></tr>
<tr><td>天瑞说符</td><td>泰坦无人声</td></tr>
</table>

续表

奖项	作者	作品
最佳引进图书奖	[英]威廉·奥拉夫·斯特普尔顿著；宝树译	造星主
	[美]安迪·威尔著；耿辉译	挽救计划
最佳相关图书奖	[美]卡伦·邦恩著；[西]米格尔·巴尔德拉马绘；赵伟轩译	赛博朋克 2077：创伤小组
	贾立元	“现代”与“未知”：晚清科幻小说研究
最佳少儿科幻短篇奖	纪达房	最后的同行者
	贺欣	异频世界
	曹小丹	超级英雄
最佳少儿科幻画	孙海鑫	《科幻世界·少年版》202104 期封面
最佳新人奖	任青	—
最受欢迎外国作家奖	[日]梶尾真治	—
最佳翻译奖	宝树	造星主
最佳网络科幻小说奖	远瞳	深海余烬
最佳美术奖	兰世韬	《科幻世界·译文版》202105 期封面
最佳科幻社团奖	华中师范大学科幻协会	—
	哈尔滨工业大学思飞科幻社	—
最具改变潜力奖	卖报小郎君	灵境行者
	王诺诺	图灵大排档
	鲁般	新贵
	会说话的肘子	夜的命名术
最佳科幻渠道奖	京东图书	—
	当当网	—
	四川文轩在线电子商务有限公司	—
	博库数字出版传媒集团有限公司	—
	星之所在科幻书店	—
第 34 届中国科幻银河奖		
最佳中篇小说奖	张潇	和故事有关的故事
	分形橙子	笛卡尔之妖
	杨晚晴	塔
最佳短篇小说奖	杨健	鄢红
	杨健	白头雀
	[加]孔欣伟	看不见的云
	任青	弃日无痕
	江波	命悬一线

续表

奖项		作者	作品
最佳原创图书奖		宝树	我们的科幻世界：宝树中短篇科幻小说集
		我会修空调	我的治愈系游戏
最佳引进图书奖		［美］刘宇昆 等	爱，死亡和机器人
		［日］宫部美雪	鸠笛草
最佳相关图书奖		突袭游戏工作室	对马岛之魂艺术设定集
		吴岩 编	20 世纪中国科幻小说史
最佳少儿科幻短篇奖		贾煜	一只蝴蝶的自述
		慢慢侠	被阻止的考试日
		逯金铭	家园
最佳少儿科幻画		孙海鑫	《科幻世界·少年版》2022 年 10 期封面
最佳新人奖		贾煜	—
最受欢迎外国作家奖		［韩］金草叶	—
最佳国际传播奖		［意］弗朗西斯科·沃尔索	—
最佳翻译奖		春喜	如果我们无法以光速前行
最佳网络文学奖		滚开	隐秘死角
最佳美术奖		黄钦	《科幻世界》2022 年 7 期封面
最佳科幻社团奖		华中农业大学科幻协会	—
		西南交通大学科幻协会	—
最佳科幻渠道奖		京东图书	—
		当当网	—
		博库数字出版传媒集团有限公司	—
		四川文轩在线电子商务有限公司	—
首届百万钓鱼城科幻大奖			
成就奖	科幻大师	刘慈欣	
	科幻学院奖	韩松	
	中国科幻推动奖	董仁威	
	科幻教育家	吴岩	
	科幻翻译家	丁丁虫	
常在奖·作家单元	最佳长篇	严曦	造神年代
	最佳中篇	陆秋槎	没有颜色的绿
	最佳短篇	顾适	《2181 序曲》再版导言
	最佳新星	天瑞说符	—

续表

<table>
<tr><th colspan="2">奖项</th><th>作者</th><th>作品</th></tr>
<tr><td rowspan="3">常在奖·翻译单元</td><td>最佳英语译者</td><td>宝树</td><td>造星主</td></tr>
<tr><td>最佳非英语译者</td><td>毛蕊</td><td>机器人大师</td></tr>
<tr><td>最佳汉外译者</td><td>大森望</td><td>三体</td></tr>
<tr><td rowspan="3">常在奖·出版单元</td><td>最佳科幻出版机构</td><td colspan="2">八光分文化传播有限公司</td></tr>
<tr><td>最佳策划编辑</td><td colspan="2">戴浩然</td></tr>
<tr><td>最佳图书</td><td colspan="2">她：中国女性科幻作家经典作品集</td></tr>
<tr><td rowspan="5">常在奖·教育单元</td><td>最佳教师</td><td>李广益</td><td>—</td></tr>
<tr><td>最佳教学</td><td>詹玲</td><td>科幻小说研究</td></tr>
<tr><td>最佳学术·专著</td><td>詹玲</td><td>当代中国科幻小说转型研究</td></tr>
<tr><td>最佳学术·论文</td><td>宋明炜</td><td>科幻的性别问题——超越二项性的诗学想象力</td></tr>
<tr><td>最佳学校科幻团体</td><td>四川大学科幻协会</td><td>—</td></tr>
<tr><td rowspan="6">常在奖·风尚单元（传播类）</td><td>最佳策展</td><td colspan="2">科幻世界</td></tr>
<tr><td>最佳国际交流</td><td colspan="2">陈楸帆</td></tr>
<tr><td>最佳媒体</td><td colspan="2">科幻世界</td></tr>
<tr><td>最佳记者</td><td colspan="2">超侠</td></tr>
<tr><td>最佳自媒体</td><td colspan="2">韩松（新浪微博）</td></tr>
<tr><td>最佳科幻迷</td><td colspan="2">付昌义</td></tr>
<tr><td rowspan="5">常在奖·风尚单元（美术类）</td><td>最佳绘画</td><td colspan="2">郭宇、金霖辉、赵恩哲</td></tr>
<tr><td>最佳海报设计</td><td colspan="2">沈源源、汪晨虹 FUTURE</td></tr>
<tr><td>最佳书籍设计</td><td colspan="2">莱姆狂想曲</td></tr>
<tr><td rowspan="2">最佳实验艺术</td><td>傅榆翔</td><td>移民外星人</td></tr>
<tr><td>刘科灵</td><td>声·形</td></tr>
<tr><td rowspan="3">常在奖·风尚单元（演艺类）</td><td>最佳舞台剧</td><td>凌炜</td><td>继人类</td></tr>
<tr><td>最佳原创单曲</td><td>宙斯</td><td>宇航员</td></tr>
<tr><td>最佳创意舞蹈</td><td>孙钰涵</td><td>地球拍了拍你</td></tr>
<tr><td>常在奖·风尚单元（短片类）</td><td>最佳短片</td><td>臧连荣</td><td>十一局</td></tr>
<tr><td colspan="4">第十二届北京科幻创作创意大赛“光年奖”</td></tr>
<tr><td colspan="2" rowspan="6">科幻中长篇小说</td><td>—</td><td>沧海一歌</td></tr>
<tr><td>—</td><td>还山</td></tr>
<tr><td>—</td><td>星海归途</td></tr>
<tr><td>—</td><td>世界代码 I：核战前夜</td></tr>
<tr><td>—</td><td>人造天才</td></tr>
<tr><td>—</td><td>躯壳</td></tr>
</table>

续表

奖项	作者	作品
科幻中长篇小说	—	曼陀罗：失控回忆
	—	火星传奇
	—	看不见的星光
科幻短篇小说	—	奥林匹斯之星
	—	破茧成蝶
	—	忒修斯之人
	—	物竞人择
	—	血锈病毒
	—	愚人船
	—	出水泊记
	—	东方红秘事
	—	局中人
科幻微小说	—	多模态回响
	—	江郎才尽
	—	鲸落有声
	—	梦中人
	—	欺骗
	—	奇米
	—	太阳下的丰碑
	—	演化
	—	看不见的星星
科学童话	—	玻璃雨
	—	点点的星辰大海
	—	柯小驼漫游奇境记 3
	—	彗星与大丽花
	—	冷飕飕的“炭”
	—	喵汪特工队
	—	牧云人
	—	小木偶之梦
	—	玫瑰夫人的艺术展
第九届“晨星杯”中国原创科幻文学大赛		
最佳短篇科幻小说奖	大 Ben 钟	风中呢喃
最佳中篇科幻小说奖	水手谷人	梦想的最远点
最佳长篇科幻小说奖	犬儒小姐	星愿
长篇科幻作品创作资助奖	阿波	侥幸者

整理人简介：

柏毅恒，重庆大学人文社会科学高等研究院硕士研究生，中国科普作家协会会员，研究方向为中国当代科幻文学。

2023 年 CSSCI 来源期刊科幻论文名录①

朱钰婷

[1] 阿尔弗雷德·诺德曼 . 类人型和机器型人工智能的科幻叙事（英文）[J]. 自然辩证法通讯，2023，45（05）：1-7.

[2] 鲍远福 . 网络科幻小说的想象力资源及其审美范式 [J]. 中国文学批评，2023（03）：172-180+192.

[3] 白一骢，杨磊，田良良 .《三体》：站在中国科幻剧发展的历史节点上 [J]. 中国电视，2023（07）：92-97.

[4] 程顺溪 . 黄金原野，黑暗森林还是元宇宙——试析刘慈欣的宇宙想象与文明谜题 [J]. 扬子江文学评论，2023（02）：95-100.

[5] 曹喆，许艺琳，曹麓，等 . 科幻促进科技创新的路径与影响因素——基于 13 位理工科博士（生）科幻迷的深入访谈研究 [J]. 科技管理研究，2023，43（24）：25-31.

[6] 褚珊珊 .21 世纪中国科幻文学飞行器时空体想象 [J]. 济南大学学报（社会科学版），2023，33（03）：167-172.

[7] 陈颀 . 为未来立法：基因编辑科幻的思想实验 [J]. 现代中文学刊，2023（06）：63-71.

[8] 陈发祥，吴岩 . 构建“人类命运共同体”的艺术实践——科幻电影《流浪地球》的思想性探讨 [J]. 科学与无神论，2023（06）：92-99+118.

[9] 陈舒劼 .20 世纪 80 年代以来中国科幻小说的民族性想象机制 [J]. 南方

① 其中包含 CSSCI 扩展期刊上与科幻相关的文章，全文按照首字母顺序排列。

文坛，2023（02）：22−28+2.
[10] 陈舒劼.在历史的延长线与平行线上：二十世纪九十年代以来科幻小说中的知识分子想象［J］.扬子江文学评论，2023（05）：24−31.
[11] 陈舒劼.隐身人：科幻小说人物塑造的隐喻、想象与挑战［J］.文艺研究，2023（11）：60−73.
[12] 陈旭光.人类命运共同危机的“世界想象”与“中国方案”——评影片《流浪地球2》［J］.当代电影，2023（02）：26−29+184.
[13] 陈旭光，郑好.论中国科幻剧集的“想象力消费”与想象力表达［J］.中国电视，2023（06）：5−9.
[14] 陈旭光，刘婉瑶.论科幻电影的假定性美学与想象力消费［J］.社会科学，2023（10）：72−81.
[15] 陈楸帆.以科幻创作为镜：返照、预见与超越［J］.上海文化，2023（06）：72−77.
[16] 丁卓.“断裂时代”中国科幻奇观美学的突破与超越［J］.东岳论丛，2023，44（07）：45−54+191.
[17] 丁亚平，王婷.执著的风致：在电影的表达与存在之间——2022年中国电影发展总论［J］.艺术传播研究，2023（01）：5−22.
[18] 杜梁.国产科幻片：“当下”的萎缩与近未来的发生［J］.上海文化，2023（10）：80−88.
[19] 呼思乐.科学传播视角下的医学科幻与医学科普［J］.科学与社会，2023，13（04）：36−47.
[20] 范劲.《三体》的世界构成和宇宙道德——刘慈欣的宇宙社会学［J］.探索与争鸣，2023（10）：126−135+179.
[21] 范志忠，张明浩.中国科幻影视话语的想象变迁与共同体美学［J］.中国电视，2023（06）：10−16.
[22] 冯原.中国科幻想象的认知建构［J］.中国文学批评，2023（03）：163−171+192.
[23] 郭恋东，冯若兮.类型小说的全球翻译——以犯罪小说、网络小说和科幻小说为例［J］.学术月刊，2023，55（11）：160−168.

[24] 郭子淳，孟宪宁，陈赟冰．中国科幻影视创作的叙事新变与人机关系的哲学反思［J］．中国电视，2023（06）：17-23.

[25] 郭帆，谭政．《流浪地球2》：中国科幻片的多维升级——郭帆访谈［J］．电影艺术，2023（03）：103-110.

[26] 何霜紫．"时光慢递"与"绿色废土"——评《我们生活在南京》兼论"中国网络科幻"［J］．上海文化，2023（12）：42-49.

[27] 黄钟军，翟嘉璇．新台湾电影的疾病书写与时代隐喻［J］．电影艺术，2023（05）：118-124.

[28] 黄鸣奋．科幻电影创意视野下的伦理美［J］．厦门大学学报（哲学社会科学版），2023，73（04）：126-138.

[29] 黄鸣奋．意识、媒介与科幻：现实主义的多维考察［J］．广州大学学报（社会科学版），2023，22（03）：65-81.

[30] 黄鸣奋．走向元宇宙：科幻电影产业的公园形态［J］．文艺论坛，2023（01）：113-119.

[31] 黄哲敏．新时期科幻电影的起源、危机与演进——以《珊瑚岛上的死光》为例［J］．当代电影，2023（06）：111-118.

[32] 姜通，徐毓宣．历史长河中的未来方舟——论中国古代科幻文学的特征与价值［J］．文艺争鸣，2023（04）：202-208.

[33] 姜佑怡，姜振宇．作为实践的科学幻想——科幻人类学的方法及案例［J］．现代中文学刊，2023（06）：55-62.

[34] 姜振宇．搁浅在沙滩的鱼化石——重读《北京折叠》［J］．小说评论，2023（06）：102-111.

[35] 姜振宇．体验与想象"现代"的方式——中国式现代化起点处的科幻与鲁迅［J］．上海文化，2023（06）：65-71.

[36] 姜振宇．在数字空间建构中国话语：从赛博朋克到赛博英雄［J］．山西大学学报（哲学社会科学版），2023，46（03）：16-21.

[37] 金冰，孙苏宁．蒸汽朋克科幻小说中的后人类之思［J］．西安外国语大学学报，2023，31（02）：109-113.

[38] 金秋容．书写人类世的故事：论金·斯坦利·罗宾逊《未来部》［J］．当

代外国文学，2023，44（02）：38-45.
[39] 贾立元.太空核威慑背景下金庸对海因莱因的翻译考[J].中国现代文学研究丛刊，2023（06）：100-123.
[40] 江玉琴.论中国科幻赛博格叙事与话语建构[J].山西大学学报（哲学社会科学版），2023，46（03）：22-31.
[41] 江玉琴.科幻赛博格叙事的三个面向[J].中国比较文学，2023（04）：42-60.
[42] 江玉琴.论中国海洋科幻文学的世界图景建构[J].广州大学学报（社会科学版），2023，22（05）：143-151.
[43] 江玉琴.科幻城市的图绘与对话：从《城市与群星》到《井中之城》[J].上海文化，2023（08）：44-53+64.
[44] 江玉琴.科幻小说的时间想象及其社会文化机理[J].中国文学批评，2023（03）：154-162+192.
[45] 柯璐，胡疆锋.精神自觉、多元诠释与叙事伦理——论中国科幻电影中的“人类命运共同体”[J].文艺理论与批评，2023（06）：158-166.
[46] 蒋淑媛，石家蔚，张沛毓.中国科幻影视的价值表达、视听呈现与期待视野[J].中国电视，2023（09）：36-42.
[47] 刘兵，冯溪歌.科幻与科普的关系：基于历史文献和概念分析的讨论[J].科学与社会，2023，13（04）：1-11+149.
[48] 刘洋.数字细读：对科幻文学的计算批评之路[J].现代中文学刊，2023（06）：48-54.
[49] 刘永亮.后人类语境下科幻电影叙事中的身体想象与异质美学[J].深圳大学学报（人文社会科学版），2023，40（06）：150-159.
[50] 刘睿宁，屈会超.中国科幻电影话语体系的突破与建构——以《流浪地球》系列为例[J].新闻爱好者，2023（10）：69-71.
[51] 刘雨，刘赫.西方科幻技术想象图谱——从机器拜物教到后人类情动[J].东北师大学报（哲学社会科学版），2023（05）：76-82.
[52] 刘桐阳.中国现当代文学在西班牙的译介——对间接译介现象的文化反思[J].中国文艺评论，2023（08）：96-107+127-128.

[53] 刘怡彤.佩列文科幻小说《超人类主义公司》的自然文本阐释[J].外国文学动态研究，2023（04）：147-155.
[54] 刘书亮.后人类视域下的数字艺术与三种虚拟身体观念[J].艺术传播研究，2023（02）：103-114.
[55] 李徽昭.后人类，科技与艺术的辩难——弋舟中短篇小说论[J].当代作家评论，2023（06）：130-136.
[56] 李玥涵.历史的断裂与人之连续：从糖匪《孢子》说开去[J].上海文化，2023（11）：46-53.
[57] 李建强.电影高质量发展的两个尺度及其阐释[J].民族艺术研究，2023，36（05）：56-66.
[58] 李建强.中国观众观影行为"新变"四论[J].上海师范大学学报（哲学社会科学版），2023，52（05）：76-85.
[59] 李广益.非洲、第三世界、全球南方：再论"科幻现实主义"的可能面向[J].文艺理论研究，2023，43（05）：163-171.
[60] 李芳芳，汤天勇.宏大叙事、现实指向与人性审思——评电视剧《三体》[J].当代电视，2023（08）：43-46.
[61] 李文庭.文学与科幻电影的跨媒介融通——以石黑一雄的《克拉拉与太阳》为例[J].东北大学学报（社会科学版），2023，25（04）：144-150.
[62] 李洁.超文本语境下的"赛博格"建构——有机体与超链接技术互嵌的《拼缀女孩》[J]山西大学学报（哲学社会科学版），2023，46（03）：32-39.
[63] 李晋，肖维青.社会翻译学视阈下的中国当代科幻文学海外译介：发起、生产与传播[J].语言与翻译，2023（02）：63-69.
[64] 李岩.新神的肉身——科幻电影中的身体现象学[J].福建论坛（人文社会科学版），2023（03）：52-63.
[65] 李聪，李焕征.《西部世界》后人类叙事探析[J].当代电视，2023（02）：99-104.
[66] 吕广钊.解构"认知陌生化"：新怪谭小说中的偶然性与逃逸线[J].文

艺理论研究，2023，43（05）：184-193.
［67］吕广钊．英国新太空歌剧中的左翼乌托邦——以伊恩·M.班克斯《腓尼基启示录》为例［J］．东岳论丛，2023，44（07）：55-61.
［68］陆嘉宁．“符码－身体”：“半透明写实主义”视角下的数字身体想象［J］．当代电影，2023（09）：159-167.
［69］陆嘉宁．人类灵魂的数字编码：科幻剧集中的“上载智能”叙事探析［J］．中国电视，2023（09）：101-109.
［70］卢军霞．岛屿的破碎与重生：论21世纪台湾地区科幻小说中的生态关怀［J］．上海文化，2023（08）：54-64.
［71］骆平．主体性建构与多元化共生——网络科幻小说影视改编之困境与突围［J］．当代文坛，2023（03）：163-168.
［72］廖子萱，冯应谦．西方科幻电影中赛博格女性人物形象的构建［J］．当代电影，2023（02）：158-164.
［73］孟君．奇点预测与复杂性转换：科幻电影的人工智能叙事［J］．当代电影，2023（09）：62-68.
［74］南帆．修辞、叙事机制与文化症候分析［J］．南方文坛，2023（02）：29-32.
［75］马驰，吕伟毅．系列科幻电影的影像探索和技术升级——与刘寅、魏明谈《流浪地球2》的视觉实现［J］．电影艺术，2023（02）：135-140.
［76］马征．用批评之眼透视文学风景——2022年中国当代文学批评综述［J］．中国文学批评，2023（01）：176-182+192.
［77］苏湛，李衡哲．科普型科幻起源重探［J］．科学与社会，2023，13（04）：12-23.
［78］苏娉，王梓钰．加勒比科幻文学中的杂糅性与群岛意识［J］．广州大学学报（社会科学版），2023，22（05）：135-142.
［79］孙晓迪．再造昆仑：“丝绸朋克”小说的幻想尺度与现代性镜像［J］．上海文化，2023（12）：50-58+101.
［80］孙萌．景观人文与城市精神：城市交响曲电影美学探析［J］．广州大学学报（社会科学版），2023，22（05）：173-182.

[81] 孙慧，李玉蓉．中国新生代科幻小说的恶托邦、反乌托邦和异托邦书写［J］．文艺评论，2023（04）：53–60.
[82] 孙承健．技术的艺术：唤醒创造性力量的科幻电影［J］．当代电影，2023（06）：125–131.
[83] 孙承健．《流浪地球 2》：超经验视觉的表达策略及其系列片探索［J］．电影艺术，2023（02）：83–85.
[84] 宋明炜，陈济舟．现代性之后，如何理解我们的世界——宋明炜教授访谈录［J］．当代文坛，2023（06）：26–32+2.
[85] 宋明炜．黑暗森林的诗心（中）：创造世界的方法——刘慈欣小说中的科学与文学，物理与伦理［J］．小说评论，2023（05）：74–82.
[86] 宋明炜．黑暗森林的诗心（下）：三体宇宙——刘慈欣小说中的科学与文学，物理与伦理［J］．小说评论，2023（06）：39–48.
[87] 宋明炜．再现"不可见"的诗学——从文类的先锋性到文学的当代性（上）［J］．小说评论，2023（01）：32–40.
[88] 宋明炜．从科幻小说创生"新巴洛克"文学宇宙——从文类的先锋性到文学的当代性（下）［J］．小说评论，2023（03）：37–45.
[89] 宋明炜．在摹仿论的废墟上，如何建立真实性——科幻诗学问题与当代文学的知识论［J］．南方文坛，2023（06）：13–18.
[90] 宋明炜．刘慈欣小说中的科学与文学，物理与伦理［J］．小说评论，2023（04）：65–69.
[91] 宋丹，计宇婷．论《三体》日译的独创性、规范性与意义［J］．日语学习与研究，2023（05）：12–24.
[92] 童博轩．人工智能"近未来"想象的创作探索——从《造神年代》看网络科幻的书写潜能［J］．上海文化，2023（12）：59–68.
[93] 塔娜，林聪，赵倩誉，等．性别化的"赛博格"想象——基于科幻电影赛博格角色性别呈现的多维表征分析［J］．新闻大学，2023（12）：61–74+118–119.
[94] 田文兵．元宇宙作为方法：中国科幻文学创作的困惑与突破［J］．当代作家评论，2023（06）：63–70.

［95］唐诗人．文明叙事、后人文思想与新南方写作的未来向度——论陈崇正《悬浮术》《美人城手记》［J］．当代作家评论，2023（06）：167-173.
［96］唐圆鑫，韩学恒．新时代语境下中国现实主义文学创作及其可能［J］．当代作家评论，2023（04）：61-69.
［97］吴岩．蓝图未来主义科幻小说：滥觞、发展和性质［J］．中国比较文学，2023（04）：29-41.
［98］吴维忆．世界文学的科幻想象：以“狩猎愉快”的混杂性书写为例［J］．中国比较文学，2023（04）：61-72.
［99］吴维忆．当代中国科幻“非人”想象的生态意蕴［J］．中国文学批评，2023（03）：181-188+192.
［100］吴俊．《千里江山图》贡献何在？——兼谈类型文学的文学史意义［J］．小说评论，2023（03）：46-52.
［101］吴琼．从科幻想象到当下现实的“元宇宙话语”张力［J］．艺术传播研究，2023（04）：69-79.
［102］文旭，罗静纯．翻译中的创造性认知过程——基于科幻新词的实证研究［J］．外语教学与研究，2023，55（04）：583-594+640-641.
［103］王斑，虞又铭．重构生态乌托邦——论郝景芳的反思性科幻叙事［J］．南方文坛，2023（06）：5-12.
［104］王斑．作为文化与生态批评的科幻文学［J］．现代中文学刊，2023（06）：40-47.
［105］王峙，邱子沫．中国科幻电影从本土想象到国际视野的发展历程［J］．传媒，2023（23）：47-50.
［106］王明宪．世界文明与中国图景：晚清科幻小说的现代性叙事［J］．文艺论坛，2023（06）：53-60.
［107］王宁．作为世界文学的科幻文学［J］．中国比较文学，2023（04）：3-13.
［108］王宁．元宇宙时代的科学与文学：对时代之问的回答［J］．天津社会科学，2023（02）：125-130.
［109］王峰．科幻如何塑造后人类［J］．中国比较文学，2023（04）：14-28.
［110］王玉莹，郝田虎．弥尔顿的《失乐园》中的科幻冲动［J］．浙江大学学

报（人文社会科学版）2023，53（10）：145-159.
［111］王瑞瑞.西方科幻批评的乌托邦视域［J］.求索，2023（05）：99-106.
［112］王瑞瑞.底层文学批评话语的构建与理论思辨［J］.文艺争鸣，2023（08）：64-69.
［113］王瑞玉.在回顾中坚守　在融会中创新——“中国当代文学新趋势”学术论坛综述［J］.当代作家评论，2023（05）：203-206.
［114］王路，杨丹丹.未来诗学与穿透现实的精神力量——论王威廉小说集《野未来》［J］.小说评论，2023（05）：177-184.
［115］王坤宇，程顺溪.科幻文化为何如此“出圈”？——一个基于后人类视角的观察［J］.上海文化，2023（06）：78-83.
［116］王延川.算法合谋的演生逻辑与治理路径［J］.华东政法大学学报，2023，26（03）：47-58.
［117］王慧，陆晓鸣.日本读者对中国科幻文学翻译作品的接受［J］.日语学习与研究，2023（02）：114-127.
［118］王淞可.2010年以来的东南亚独立电影：回溯，正发生，近未来［J］.北京电影学院学报，2023（03）：111-124.
［119］汪贻菡.从“新小说”到“新文学”：晚清器物书写中的“科技物”与科学意识［J］.理论月刊，2023（07）：149-160.
［120］翁杨，强薇.出版业与影视业协同发展的内容策略与营销路径——以“流浪地球”系列科幻IP为例［J］.出版广角，2023（02）：68-71.
［121］鲜于文灿，杨颖子.从“自身”到“共生”：东亚儒学视域下中韩科幻电影身体观［J］.上海文化，2023（10）：89-96.
［122］许苗苗.网络文学中的空间变迁与时代征候［J］.中州学刊，2023（10）：160-167.
［123］徐维辰.偶然性叙事——鲁迅和刘慈欣的精神困境及其文本突围［J］.小说评论，2023（05）：57-63.
［124］徐刚，胡铁生.未来主义：美国华裔文学发展的新趋势［J］.郑州大学学报（哲学社会科学版），2023，56（02）：90-95+128.
［125］熊莺.科技困境中的文学突围：刘慈欣《诗云》中的科幻诗人［J］.上

海师范大学学报（哲学社会科学版），2023，52（04）：110-119.
［126］熊芳．“奇观”消费：当代中国科幻喜剧电影的视觉叙事［J］．现代传播（中国传媒大学学报），2023，45（06）：115-122.
［127］肖映萱．幻想的开拓：“女性向”网络小说对科幻资源的继承与改造［J］．中国图书评论，2023（01）：73-86.
［128］岳丽媛．科幻作品何以为大数据时代科普赋能？——基于信息监控与隐私伦理内容的探讨［J］．科学与社会，2023，13（04）：24-35.
［129］岳林．笨法律、真法律和硬法律：科幻文学的法律想象［J］．上海文化，2023（06）：83-89.
［130］姚舜，胡凯．与现实相连 与时代同频——中国科幻题材电视动画十年发展回眸［J］．当代电视，2023（08）：94-99.
［131］姚利芬．科幻视域下机器人对传统亲子伦理关系的挑战［J］．自然辩证法通讯，2023，45（05）：18-25.
［132］姚利芬．20世纪80年代科幻连环画出版现象研究［J］．新文学史料，2023（01）：184-192.
［133］杨建军，赵志军．论百年中国小说的郑和书写［J］．兰州大学学报（社会科学版），2023，51（04）：109-119.
［134］杨溟，刘宇．星际方舟：AIGC时代的影像未来学实验图景与路径［J］．电影艺术，2023（04）：52-57.
［135］杨轲轲．技术的隐患与生存的迷思——刘慈欣科幻短篇中的“元宇宙”问题［J］．当代文坛，2023（03）：156-162.
［136］闫欣．拆掉思维中的藩篱 探寻科幻阅读路径——例谈中学生科幻小说阅读指导［J］．中国教育学刊，2023（S2）：38-40.
［137］叶冬，孙文睿．美国科幻文学的电视传播［J］．中国广播电视学刊，2023（05）：82-86.
［138］叶书林．舞台上的科幻现实：艾克本的机器人剧作及其意义［J］．戏剧艺术，2023（01）：174-184.
［139］郑轶丽，解国君，谢鲁，等．城市更新背景下公园城市街道一体化设计探索——以成都市科幻大道更新改造为例［J］．城市规划，2023，47

（S1）：93-103.
［140］张智华，王义仁．后人类视域下科幻电影的屏域形构与意义增殖［J］．当代电影，2023（12）：140-148.
［141］张栋．科学、玄学或走向融合：科幻电影中的“科玄论战”［J］．上海文化，2023（10）：72-79.
［142］张慧瑜．科幻题材网络文学与新的中国故事［J］．人民论坛，2023（15）：106-109.
［143］张慧瑜．《宇宙探索编辑部》：可见的“媒介”与媒介考古的逆向之旅［J］．当代电影，2023（05）：34-39+185.
［144］张春，蔡嘉洋．想象性、逻辑性、人文性：近年来国产科幻剧的三重向度［J］．当代电视，2023（08）：57-62.
［145］张天宇．科幻文化的跨媒介传播与跨文化接受度分析——以刘慈欣系列作品的影视改编为例［J］．出版广角，2023（10）：64-67.
［146］张涛甫．技术“恐龙”时代的“科幻”［J］．新闻大学，2023（04）：2.
［147］张兰月．科幻漫谈节目《不要回答》叙述策略探析［J］．当代电视，2023（04）：34-38.
［148］张书端．科幻剧《三体》的跨媒介叙事与多元文化价值［J］．电视研究，2023（05）：55-57.
［149］张春，蔡嘉洋．新时代电影：守正创新书写生生不息的人民史诗［J］．文艺评论，2023（01）：8-18.
［150］张经武，梁森旺．未来往回走：科幻电影中的“逆托邦”想象［J］．宁夏社会科学，2023（01）：179-186.
［151］张晖．从花园到宇宙——斯特鲁伽茨基兄弟科幻小说中的他者形象和“人与自然”［J］．俄罗斯文艺，2023（01）：4-15.
［152］詹玲．后人类时代中国科幻小说创作的人学观面向［J］．探索与争鸣，2023（10）：136-145+180.
［153］赵臻．当代西方科幻文学理论与科幻文学论“源”［J］．中国政法大学学报，2023（05）：244-260.
［154］赵靓．出“科”入“文”：阿来的科幻写作及社会实践［J］．民族文学

研究，2023，41（04）：68-76.

［155］赵柔柔．现实与幻影:《流浪地球 2》的叙事策略与想象框架［J］．文艺理论与批评，2023（03）：98-104.

［156］赵媛．浅论国产科幻网络动画的题材类型与叙事主题［J］．当代电视，2023（04）：83-88.

［157］赵梦然．攻坚克难　固本拓新——2022—2023 年贺岁档电影市场盘点［J］．当代电影，2023（04）：12-18.

［158］赵耀．论新世纪科幻文学的观念更新与价值重构［J］．西南民族大学学报（人文社会科学版），2023，44（03）：169-175.

［159］赵雪华．从魔幻化到科幻化：俄罗斯文学中“猫精”形象的嬗变［J］．俄罗斯文艺，2023（01）：60-74.

［160］周彦杉．大众接受效果与科幻文艺创作——以《三体》小说和电视剧的豆瓣评价为例［J］．当代文坛，2023（05）：109-115.

［161］周冬莹．法国新浪潮科幻电影：从宇宙到大脑的运动［J］．文艺研究，2023（08）：110-122.

［162］周红菊．生态批评的目标：从作品分析到知识生产——以当代科幻文学为例［J］．当代文坛，2023（04）：154-160.

［163］朱梦梦．人造人的中国之旅及其“感觉结构”的变迁——从 R.U.R. 到“人造人种”［J］．中国比较文学，2023（03）：125-140+284.

［164］朱晓军．电影学的想象力——兼论想象力消费、科幻电影创意与中国电影学派建构［J］．民族艺术研究，2023，36（03）：17-26.